# Inhalt

# Gotthold Ephraim Lessing

**Miß Sara Sampson**

**Fabeln**

**Minna von Barnhelm** oder **Das Soldatenglück**

**Emilia Galotti**

**Nathan der Weise**

**Fabeln und Erzählungen in Versen**

**Neudruck nach der von Georg Witkowski 1911 herausgegebenen Ausgabe**

STUDIENKREIS Edition

Text-, seiten- und zeilenidentischer Nachdruck
nach den Bänden
1 *(Fabeln und Erzählungen in Versen* und *Miß Sara Sampson),*
2 *(Minna von Barnhelm, Emilia Galotti* und *Nathan der Weise)* und
3 *(Fabeln)*
der 1911 von Georg Witkowski herausgegebenen Ausgabe
des Bibliographischen Instituts Leipzig und Wien
(= Meyers Klassiker-Ausgaben).

Herausgeber: Studienkreis
Idee: Studienkreis und Stiftung Lesen
Lektorat und Nachwort: Hans-Diether Grohmann
Korrektur: Iris Brinkmann, Hans-Peter Grohmann und Anja Kühn

Übernommene Texte aus:
Meyer's Klassiker-Ausgaben; Lessings Werke;
herausgegeben von Georg Witkowski;
kritisch durchgesehene und erläuterte Ausgabe.

ISBN 3-935723-45-8
Satz, Druck und Bindung: Druckerei C. H. Beck, Nördlingen

# Miß Sara Sampson.

Ein bürgerliches Trauerspiel in fünf Aufzügen.

(1755.)

## Personen.

**Sir William Sampson.**
**Miß Sara,** dessen Tochter.
**Mellefont.**
**Marwood,** Mellefonts alte Geliebte.
**Arabella,** ein junges Kind, der Marwood Tochter.
**Waitwell,** ein alter Diener des Sampson.
**Norton,** Bedienter des Mellefont.
**Betty,** Mädchen der Sara.
**Hannah,** Mädchen der Marwood.
**Der Gastwirt** und einige Nebenpersonen.

## Einleitung des Herausgebers.

---

Mit Lessings „Miß Sara Sampson" beginnt die Vorgeschichte des deutschen Dramas der Gegenwart. Alle früheren Stücke, auch die Lessings, sind für uns tot, weil ihre Menschen, von keinem subjektiven Empfinden durchwärmt, uns in ihrem Handeln und Sprechen wie Marionetten anmuten, deren Bewegungen von einer fremden Hand geleitet werden, und deren Worte nicht aus ihrer eignen Brust tönen.

Nicht die Bezeichnung „bürgerliches Trauerspiel" ist das Neue und Wertvolle. Warum sollten fürstliche Männer und Frauen weniger als bürgerliche imstande sein, durch ihr Schicksal tragische Erschütterungen zu bewirken? Wenn die alte Poetik ihnen das Feld der Tragödie vorbehielt, verfuhr sie zwar äußerlich und ohne klare Empfindung für das, worauf es im Drama ankommt, aber doch mit einem gewissen Instinkt für das der Wirkung Vorteilhafte. Denn es verstärkt die Wucht der tragischen Katastrophe, wenn sie die Helden von der schwindelnden Höhe königlicher Macht jäh hinabstürzt. Das Gesetz, an dem die Leidenschaften zerschellen, erfüllt sich dort reiner, wo keine menschliche Satzung strafende Gewalt ausüben darf. Falsch ist auch die Annahme, als empfänden wir unter allen Umständen leichter und stärker mit bürgerlichen Menschen. Vielmehr können Gestalten und Vorgänge aus unsrer eigenen Welt nur zu leicht Gefühle in uns erwecken, die die unbefangene Hingabe an das Kunstwerk stören, weil sie uns nicht ästhetisch, sondern pathologisch berühren.

Die historische Bedeutung der „Miß Sara Sampson" liegt also nicht darin, daß ihre Menschen dem Bürgerstande und dem niederen Adel (denn Sir William Sampson ist ein Edelmann) angehören. Wären diese Menschen ebenso dargestellt wie die tragischen Helden der französischen Klassiker und ihrer Nachahmer, als typische Vertreter großer, allgemein menschlicher Leidenschaften, in jenem idealisierenden Monumentalstil, der die feineren und feinsten Nuancen des

Innenlebens und der Umwelt unterdrückt, – dann bedeutete diese Tat Lessings nur ein vielleicht für seine Zeit kühnes, aber schwerlich sehr folgenreiches Auftrumpfen gegen die ständische Gliederung der Gattungen des Dramas.

Es käme dem Stücke nicht einmal das Verdienst eines ersten Versuchs zu. Schon 1650 hatte der große Corneille in der Vorrede zu seiner *comédie héroïque „Don Sanche d'Aragon"* es ausgesprochen, daß die notwendigen Eigenschaften des Helden nichts mit seiner Herkunft zu tun haben und nur von seinem Schicksal und seinem Charakter abhängen. Auch in seinem *„Discours"* von den drei Einheiten wehrte er sich gegen die Vorschriften der Aristoteliker; aber in der Praxis beugte er sich ihnen mit allen seinen Nebenbuhlern und Nachfolgern. Selbst Molière, der so stark volkstümlicher, freier Kunstübung zuneigte, mußte im *„Misanthrope"* die tiefste Tragik in das Gewand der Posse hüllen, weil ein bürgerlicher Mann von ihr betroffen wurde.

Die deutsche Literatur hat vor Lessing nur ein einziges ernsthaftes bürgerliches Drama aufzuweisen: „Cardenio und Celinde" von Andreas Gryphius (1657). Auch hier entschuldigt sich der Dichter, die Personen seien fast zu niedrig für ein Trauerspiel. Ebenso hat überall, bis über das erste Viertel des 18. Jahrhunderts hinaus, der geltende Gebrauch die Tragödie den Fürsten und den Helden vorbehalten. Widerspruch dagegen erheben zuerst die Italiener: im Jahre 1723 Maffei, 1731 Riccoboni, 1732 der Graf Calepio. Der Schweizer Bodmer befördert die Schrift Calepios zum Druck, in der dieser als Vorgänger Lessings die französische Theorie an dem richtiger interpretierten Aristoteles mißt und verurteilt. Ende 1732 schrieb Bodmer an Gottsched über Calepio: „Ein Grundsatz meines vornehmen Freundes ist, daß das Trauerspiel *poema popolare* und vor die Bürgerschaft gewidmet sey, zumalen die Zuhörer aus allerley Leuten bestehen."

Ein Jahr zuvor (1731) war dieser Grundsatz in England zur Tat geworden. Der Juwelier Lillo schrieb das Drama „Georg Barnwell, oder der Kaufmann von London". Nicht um den Klassizismus zu brechen, der auch in England durch John Dryden und seine Nachahmer herrschend geworden war, wählte Lillo das bürgerliche Millieu. Er wollte seine Zuschauer warnen und bessern, und er benutzte dazu dasselbe Mittel, dessen sich seine Landsleute Addison und Steele in ihren „moralischen" Wochenschriften so erfolgreich bedient hatten. Er schilderte ein alltägliches Ereignis, um die Folgen des Lasters zu zeigen und zur Tugend zu mahnen. Der leichtsinnige Kaufmannslehrling Barnwell läßt sich von einer Buhlerin verleiten, seinen kreuzbraven Herrn zu bestehlen, entflieht, ermordet seinen reichen Onkel, wird von der Geliebten verraten und auf der Bühne hingerichtet.

Als Kunstwerk steht der „Kaufmann von London" auf der tiefsten Stufe; die Charakterzeichnung kommt nicht über die gröbsten Striche hinaus; das Handeln der Menschen wird nirgends begründet und ist nur von Erwägungen einer platten Nützlichkeitsmoral gelenkt, die noch dazu in endlosen Predigten ausdrücklich anempfohlen wird.

Aber anderseits besaß das Stück Eigenschaften, die ihm trotz aller seiner Mängel die tiefste Wirkung sicherten. Es war die Dramatisierung einer allbekannten Ballade und stellte so den Kontakt der Bühne mit der Volkskunst und dem Fühlen des Volkes wieder her. In seinem Prolog sagte Lillo:

„Wir wagen euch zu zeigen, o verzeiht,
Mit wenig Kunst ein Stück vom Bürgerleid.
Ein Lehrling Londons, der zugrunde ging,
Und dessen Namen einst ein Lied empfing.
Wir hoffen, daß Geschmack euch nicht verwehrt
Ein sittlich Lied, seit Väter Zeit geehrt,
Das ein Jahrhundert durch mit Tränen mild
Tausend und tausend Augen hat gefüllt."

Die Moral und die Rührseligkeit, daneben die Verherrlichung des Kaufmannstandes, haben dem Stücke in seiner Heimat sogleich, bald auch in Frankreich und Deutschland den größten Erfolg verschafft, zumal in den Handelsstädten, wo es sich bis zum Schlusse des Jahrhunderts auf der Bühne behauptete.

Lessing bezeugt uns, wie tief auch er davon ergriffen wurde, in der Vorrede zu Thomsons von Weiße übersetzten Trauerspielen (1756): „So wie ich unendlich lieber den allerungestaltetsten Menschen, mit krummen Beinen, mit Buckeln hinten und vorne, erschaffen als die schönste Bildsäule eines Praxiteles gemacht haben wollte, so wollte ich auch unendlich lieber der Urheber des ‚Kaufmanns von London' als des ‚Sterbenden Cato' sein, gesetzt auch, daß dieser alle die mechanischen Richtigkeiten hat, derenwegen man ihn zum Muster für die Deutschen hat machen wollen. Denn warum? Bei einer einzigen

Vorstellung des ersteren sind auch von den Unempfindlichsten mehr Tränen vergossen worden, als bei allen möglichen Vorstellungen des andern auch von den Empfindlichsten nicht können vergossen werden. Und nur diese Tränen des Mitleids und der sich fühlenden Menschlichkeit sind die Absicht des Trauerspiels, oder es kann gar keine haben."

Diese neue Anschauung vom Zwecke des Trauerspiels hat Lessing in der „Miß Sara Sampson" verkörpert, aber reiner und mit besserem künstlerischen Empfinden als Lillo. Er moralisiert weniger, wenn auch nach den Anschauungen einer späteren Zeit zu viel; bei ihm vollzieht sich der tragische Ausgleich ohne Beihilfe des Henkers, weil er seinen Lasterhaften von gemeinen Vergehen frei hält; er bereichert die Handlung, indem er nach dem Vorbilde der antiken Medea (vgl. S. 330, Z. 35 dieses Bandes) die verlassene Geliebte und Mutter an dem Treulosen durch den Mord der Nebenbuhlerin die furchtbarste Rache üben läßt.

Aber alle diese sozusagen technischen Vorzüge verschwinden neben der neuen Innerlichkeit des Lessingschen bürgerlichen Trauerspieles. Alle früheren, auch Lillo, hatten das Handeln und Fühlen ihrer Menschen von Antrieben des Verstandes, des Willens und der begehrenden Sinnlichkeit ausgehen lassen. Lessing ist der erste Dramatiker seiner Zeit, der die vom Bewußtsein, vom Wollen und Begehren unabhängigen Empfindungen in den Vordergrund stellt. Nicht die Buhlerin und der reuige Verführer sind seine Helden, sondern die zarte Geliebte, deren Seelenleiden in dem Konflikt der Liebe und der Pflicht nur ein reines, tiefes Mitleid erwecken wollen. Deshalb unterläßt auch Lessing ihr gegenüber jede moralische Abrechnung und wendet sogar alles auf, sie zu entlasten.

Diese verzeihende Milde entspringt der neuen Moral des Zeitalters der Empfindsamkeit. Die erbarmungslose Verurteilung des Sünders ohne jede Rücksicht auf die Ursachen seines Falles weicht einem liebevollen Eindringen in die dunkeln Tiefen des Gefühlslebens und der daraus entspringenden Überzeugung, daß die Schwäche oft gerade mit den besten menschlichen Eigenschaften aufs innigste verknüpft ist.

In diese von der Dichtung lange Zeit nicht betretenen Regionen des Seelenlebens hatten die Romanschreiber hineingespürt, seitdem 1669 die französische Übersetzung der *„Lettres Portugaises"* durch ihre Schilderung einer an unglücklicher Liebe krankenden Seele weit stärkere Eindrücke als der alte heroische Roman erregte. In Briefen, der subjektivsten Form der Seelenschilderung, verfaßte auch der englische Buchdrucker Samuel Richardson seine Romane „Pamela" (1741) und „Clarissa Harlowe" (1746), die ersten großen Dokumente der neuen sentimentalen Psychologie. Clarissa, die mit Gewalt verführte, von Reue und Gewissensqualen verzehrte Unschuld, und ihr Anbeter Lovelace, dieser liebenswürdige Wüstling, leben nach der Flucht in einem schlechten Wirtshause, und vergebens erfleht sie immer wieder die „Zeremonie", die ihre bürgerliche Ehre wiederherstellen soll. Diese Motive und einige Namen, die Lessing von Richardson übernahm, bedeuten weniger als die Gesamtstimmung, durch die sich „Clarissa" und „Sara" so weit über den „Kaufmann von London" erheben. Wie überall hat Lessing auch hier auf die eigene Erfindung kein Gewicht gelegt und außer den Hauptquellen auch andere, vornehmlich englische, wo sie seiner Absicht dienen konnten, ohne Scheu abgeschöpft, vielleicht auch manches dem Liebesleben des Satirikers Swift entlehnt, das so unstet von der schönen Esther Johnson zu den früheren Ansprüchen der Witwe van Homrigh hinüberschwankte.

Lessing hat nichts getan, um die Herkunft seiner Gestalten und Motive zu verhüllen, und seine völlige Unbefangenheit beweist schon die Tatsache, daß sein Stück in England spielt, zugleich ein Rest traditioneller Idealisierung, welche der Handlung durch die räumliche Ferne einen Teil ihrer realistischen Gewalt nehmen will. Wie stark diese trotzdem noch für die Zeitgenossen blieb, lehren die Berichte über die ersten Wirkungen des Stückes. Nachdem Lessing es im Januar und Februar 1755, von aller Welt abgeschlossen, in Potsdam schnell niedergeschrieben hatte, erschien es schon zur Ostermesse im sechsten Teile der Schriften. Die tüchtige Ackermannsche Truppe führte es am 10. Juli in Frankfurt an der Oder in Gegenwart des Dichters auf. Ramler schrieb darüber an Gleim, die Zuschauer hätten drei und eine halbe Stunde zugehört, stille gesessen wie Statuen und geweint. Bei den Aufführungen in Berlin ging nach Gleims Zeugnis jedesmal kein Zuschauer mit trockenen Augen heim, und Nicolai versiegten gar vor allzu starker Rührung im vierten Akt die Zähren. In Leipzig tröstete sich Gottsched damit, daß nichts weniger für ein Stück beweise als der Erfolg.

Am sonderbarsten erging es dem Stücke in Wien. Hier wurde es im Kärtnertortheater noch 1763 zu der alten Technik jener Haupt- und Staatsaktionen zurückgeschraubt, wo der Hanswurst mit seinen Späßen die tragischen Eindrücke in dummes Gelächter auflöste. Der Titel lautete demgemäß: „Neues bürgerliches Trauerspiel von fünf Handlungen, aus dem Englischen gezogen, betitelt *Missara und Sirsampson.* Mit Hanswurst des Mellefonts getreuen Bedienten. Dargegeben Von Christiana Friederica gebornen Lorenzin." Das ist dieselbe Schauspielerin, der Lessing als Student in Leipzig gehuldigt hatte, und die nun an seinem Geisteskinde so schlecht seine Liebe lohnte.

Der Franzose Duval suchte die ungewohnte Form durch eine Bearbeitung in Versen zu mildern; Diderot übertrug das Stück getreuer in seine Sprache, und so wurde es 1764 von Angehörigen des höchsten französischen Adels auf einer Liebhaberbühne in St. Germain wiederholt dargestellt. 1770 erschien es in dänischer Sprache, 1790 englisch in Philadelphia.

In Deutschland erfüllte das Stück lange Zeit hindurch die Zuschauer wie den ersten Rezensenten Johann David Michaelis „mit Schauder und Vergnügen". Noch am Ende der sechziger Jahre schickte Ifflands Vater alle seine Kinder hinein, weil es lehrreich anzusehen sei, wie die Tochter in das Unglück gerate, und weil Kinder da einsehen könnten, was ein armer Vater durch ihren Leichtsinn leide. Auch eine Schar von Nachahmern bezeugte den Erfolg. Das bürgerliche Trauerspiel beherrschte die Bühne als Modegattung ohne gleichberechtigte Nebenbuhler bis zum Anfang der siebziger Jahre. Gerade die Mängel, die unwahre Sprache, die einseitige Charakterzeichnung, die breite Rührseligkeit haben am stärksten gewirkt. Lessing selbst hat im vierzehnten Stücke der „Hamburgischen Dramaturgie" mit dem Worte Voltaires von dem Buckligen, dem man das Leben nehmen müßte, um ihn von seinem Buckel zu heilen, es ausgesprochen, daß die Fehler des Stückes organisch mit seinen Vorzügen verbunden sind. Er hat es deshalb auch später nicht umgearbeitet, als er es in der Sammlung seiner Trauerspiele und einzeln 1772 von neuem herausgab.

# Erster Aufzug.

---

## Erster Auftritt.

Der Schauplatz ist ein Saal im Gasthofe.

**Sir William Sampson** und **Waitwell** treten in Reisekleidern herein.

**Sir William.** Hier meine Tochter? Hier in diesem elenden Wirtshause?

**Waitwell.** Ohne Zweifel hat Mellefont mit Fleiß das allerelendeste im ganzen Städtchen zu seinem Aufenthalte gewählt. Böse Leute suchen immer das Dunkle, weil sie böse Leute sind. Aber was hilft es ihnen, wenn sie sich auch vor der ganzen Welt verbergen könnten? Das Gewissen ist doch mehr als eine ganze uns verklagende Welt. – Ach, Sie weinen schon wieder, schon wieder, Sir! – Sir!

**Sir William.** Laß mich weinen, alter ehrlicher Diener. Oder verdient sie etwa meine Tränen nicht?

**Waitwell.** Ach, sie verdient sie, und wenn es blutige Tränen wären!

**Sir William.** Nun, so laß mich.

**Waitwell.** Das beste, schönste, unschuldigste Kind, das unter der Sonne gelebt hat, das muß so verführt werden! Ach, Sarchen! Sarchen! Ich habe dich aufwachsen sehen; hundertmal habe ich dich als ein Kind auf diesen meinen Armen gehabt; auf diesen meinen Armen habe ich dein Lächeln, dein Lallen bewundert. Aus jeder kindischen Miene strahlte die Morgenröte eines Verstandes, einer Leutseligkeit, einer – –

**Sir William.** O schweig! Zerfleischt nicht das Gegenwärtige mein Herz schon genug? Willst du meine Martern durch die Erinnerung an vergangne Glückseligkeiten noch höllischer machen? Ändre deine Sprache, wenn du mir einen Dienst tun willst. Tadle mich; mache mir aus meiner Zärtlichkeit ein Verbrechen; vergrößre das Vergehen meiner Tochter; erfülle mich, wenn du kannst, mit Abscheu gegen sie; entflamme aufs neue meine Rache gegen ihren verfluchten Verführer; sage, daß Sara nie tugendhaft gewesen, weil sie so leicht aufgehört hat, es zu sein; sage, daß sie mich nie geliebt, weil sie mich heimlich verlassen hat.

**Waitwell.** Sagte ich das, so würde ich eine Lüge sagen, eine unverschämte, böse Lüge. Sie könnte mir auf dem Todbette wieder einfallen, und ich alter Bösewicht müßte in Verzweiflung sterben. – Nein, Sarchen hat ihren Vater geliebt, und gewiß! gewiß! sie liebt ihn noch. Wenn Sie nur davon überzeugt sein wollen, Sir, so sehe ich sie heute noch wieder in Ihren Armen.

**Sir William.** Ja, Waitwell, nur davon verlange ich überzeugt zu sein. Ich kann sie länger nicht entbehren; sie ist die Stütze meines Alters, und wenn sie nicht den traurigen Rest meines Lebens versüßen hilft, wer soll es denn tun? Wenn sie mich noch liebt, so ist ihr Fehler vergessen. Es war der Fehler eines zärtlichen Mädchens, und ihre Flucht war die Wirkung ihrer Reue. Solche Vergehungen sind besser als erzwungene Tugenden. – Doch ich fühle es, Waitwell, ich fühle es: wenn diese Vergehungen auch wahre Verbrechen, wenn es auch vorsätzliche Laster wären, ach, ich würde ihr doch vergeben. Ich würde doch lieber von einer lasterhaften Tochter als von keiner geliebt sein wollen.

**Waitwell.** Trocknen Sie Ihre Tränen ab, lieber Sir! Ich höre jemanden kommen. Es wird der Wirt sein, uns zu empfangen.

---

## Zweiter Auftritt.

**Der Wirt. Sir William Sampson. Waitwell.**

**Der Wirt.** So früh, meine Herren, so früh? Willkommen! Willkommen, Waitwell! Ihr seid ohne Zweifel die Nacht gefahren? Ist das der Herr, von dem du gestern mit mir gesprochen hast?

**Waitwell.** Ja, er ist es, und ich hoffe, daß du abgeredetermaßen – –

**Der Wirt.** Gnädiger Herr, ich bin ganz zu Ihren Diensten. Was liegt mir daran, ob ich es weiß oder nicht, was Sie für eine Ursache hierher führt, und warum Sie bei mir im Verborgnen sein wollen? Ein Wirt nimmt sein Geld und läßt seine Gäste machen, was ihnen gut dünkt. Waitwell hat mir zwar gesagt, daß Sie den fremden Herrn, der sich seit einigen Wochen mit seinem jungen Weibchen bei mir aufhält, ein wenig beobachten wollen. Aber ich hoffe, daß Sie ihm keinen Verdruß verursachen werden. Sie würden mein Haus in einen übeln Ruf bringen, und gewisse Leute würden sich scheuen, bei mir abzutreten[1]. Unsereiner muß von allen Sorten Menschen leben. –

**Sir William.** Besorget nichts; führt mich nur in das Zimmer, das Waitwell für mich bestellt hat. Ich komme aus rechtschaffnen Absichten hierher.

**Der Wirt.** Ich mag Ihre Geheimnisse nicht wissen, gnädiger Herr! Die Neugierde ist mein Fehler gar nicht. Ich hätte es zum Exempel längst erfahren können, wer der fremde Herr ist, auf den Sie achtgeben wollen; aber ich mag nicht. So viel habe ich wohl herausgebracht, daß er mit dem Frauenzimmer muß durchgegangen sein. Das gute Weibchen, oder was sie ist! Sie bleibt den ganzen Tag in ihrer Stube eingeschlossen und weint.

**Sir William.** Und weint?

**Der Wirt.** Ja, und weint – – Aber, gnädiger Herr, warum weinen Sie? Das Frauenzimmer muß Ihnen sehr nahe gehen. Sie sind doch wohl nicht – –

**Waitwell.** Halt' ihn nicht länger auf.

**Der Wirt.** Kommen Sie! Nur eine Wand wird Sie von dem Frauenzimmer trennen, das Ihnen so nahe geht, und die vielleicht – –

**Waitwell.** Du willst es also mit aller Gewalt wissen, wer – –

**Der Wirt.** Nein, Waitwell, ich mag nichts wissen.

---

1 Absteigen, einkehren.

**Waitwell.** Nun, so mache und bringe uns an den gehörigen Ort, ehe noch das ganze Haus wach wird.

**Der Wirt.** Wollen Sie mir also folgen, gnädiger Herr? (Geht ab.)

---

## Dritter Auftritt.

Der mittlere Vorhang wird aufgezogen.[1] Mellefonts Zimmer.

**Mellefont** und hernach **sein Bedienter.**

**Mellefont** (unangekleidet in einem Lehnstuhle). Wieder eine Nacht, die ich auf der Folter nicht grausamer hätte zubringen können! – Norton! – Ich muß nur machen, daß ich Gesichter zu sehen bekomme. Bliebe ich mit meinen Gedanken länger allein, sie möchten mich zu weit führen. – He, Norton! Er schläft noch. Aber bin ich nicht grausam, daß ich den armen Teufel nicht schlafen lasse? Wie glücklich ist er! – Doch ich will nicht, daß ein Mensch um mich glücklich sei. – Norton!

**Norton** (kommend). Mein Herr!

**Mellefont.** Kleide mich an! – O, mache mir keine sauern Gesichter! Wenn ich werde länger schlafen können, so erlaube ich dir, daß du auch länger schlafen darfst. Wenn du von deiner Schuldigkeit nichts wissen willst, so habe wenigstens Mitleiden mit mir.

**Norton.** Mitleiden, mein Herr? Mitleiden mit Ihnen? Ich weiß besser, wo das Mitleiden hingehört.

**Mellefont.** Und wohin denn?

**Norton.** Ah, lassen Sie sich ankleiden und fragen Sie mich nichts.

**Mellefont.** Henker! So sollen auch deine Verweise mit meinem Gewissen aufwachen? Ich verstehe dich; ich weiß es, wer dein Mitleiden erschöpft. – Doch ich lasse ihr und mir Gerechtigkeit widerfahren. Ganz recht; habe kein Mitleiden

---

[1] Der mittlere Vorhang ist der Prospekt, der die Vorderbühne rückwärts abschließt. Indem er emporgezogen wird, verwandelt sich die Bühne durch Sichtbarwerden der Hinterbühne in einen andern Raum, ohne daß die Seitenkulissen der Vorderbühne verändert werden.

mit mir. Verfluche mich in deinem Herzen, aber – verfluche auch dich!

**Norton.** Auch mich?

**Mellefont.** Ja; weil du einem Elenden dienest, den die Erde nicht tragen sollte, und weil du dich seiner Verbrechen mit teilhaft gemacht hast.

**Norton.** Ich mich Ihrer Verbrechen teilhaft gemacht? Durch was?

**Mellefont.** Dadurch, daß du dazu geschwiegen.

**Norton.** Vortrefflich! In der Hitze Ihrer Leidenschaften würde mir ein Wort den Hals gekostet haben. – Und dazu, als ich Sie kennen lernte, fand ich Sie nicht schon so arg, daß alle Hoffnung zur Beßrung vergebens war? was für ein Leben habe ich Sie nicht von dem ersten Augenblicke an führen sehen! In der nichtswürdigsten Gesellschaft von Spielern und Landstreichern – ich nenne sie, was sie waren, und kehre mich an ihre Titel, Ritter und dergleichen nicht – in solcher Gesellschaft brachten Sie ein Vermögen durch, das Ihnen den Weg zu den größten Ehrenstellen hätte bahnen können. Und Ihr strafbarer Umgang mit allen Arten von Weibsbildern, besonders der bösen Marwood – –

**Mellefont.** Setze mich, setze mich wieder in diese Lebensart; sie war Tugend in Vergleich meiner itzigen. Ich vertat mein Vermögen; gut. Die Strafe kömmt nach, und ich werde alles, was der Mangel Hartes und Erniedrigendes hat, zeitig genug empfinden. Ich besuchte lasterhafte Weibsbilder; laß es sein. Ich ward öfter verführt, als ich verführte; und die ich selbst verführte, wollten verführt sein. – Aber – ich hatte noch keine verwahrlosete Tugend auf meiner Seele. Ich hatte noch keine Unschuld in ein unabsehliches Unglück gestürzt. Ich hatte noch keine Sara aus dem Hause eines geliebten Vaters entwendet und sie gezwungen, einem Nichtswürdigen zu folgen, der auf keine Weise mehr sein eigen war. Ich hatte – wer kömmt schon so früh zu mir?

## Vierter Auftritt.

**Betty. Mellefont. Norton.**

**Norton.** Es ist Betty.

**Mellefont.** Schon auf, Betty? Was macht dein Fräulein?

**Betty.** Was macht sie? (Schluchzend.) Es war schon lange nach Mitternacht, da ich sie endlich bewegte, zur Ruhe zu gehen. Sie schlief einige Augenblicke, aber Gott! Gott! was muß das für ein Schlaf gewesen sein! Plötzlich fuhr sie in die Höhe, sprang auf und fiel mir als eine Unglückliche in die Arme, die von einem Mörder verfolgt wird. Sie zitterte, und ein kalter Schweiß floß ihr über das erblaßte Gesicht. Ich wandte alles an, sie zu beruhigen, aber sie hat mir bis an den Morgen nur mit stummen Tränen geantwortet. Endlich hat sie mich einmal über das andre an Ihre Türe geschickt, zu hören, ob Sie schon auf wären. Sie will Sie sprechen. Sie allein können sie trösten. Tun Sie es doch, liebster, gnädiger Herr, tun Sie es doch. Das Herz muß mir springen, wenn sie sich so zu ängstigen fortfährt.

**Mellefont.** Geh, Betty, sage ihr, daß ich den Augenblick bei ihr sein wolle – –

**Betty.** Nein, sie will selbst zu Ihnen kommen.

**Mellefont.** Nun, so sage ihr, daß ich sie erwarte – Ach ! – – (Betty geht ab.)

## Fünfter Auftritt.

**Mellefont. Norton.**

**Norton.** Gott, die arme Miß!

**Mellefont.** Wessen Gefühl willst du durch deine Ausrufung rege machen? Sieh, da läuft die erste Träne, die ich seit meiner Kindheit geweinet, die Wange herunter! – Eine schlechte Vorbereitung, eine trostsuchende Betrübte zu empfangen. Warum sucht sie ihn auch bei mir? – Doch, wo soll sie ihn sonst suchen? – Ich muß mich fassen. (Indem er sich die Augen abtrocknet.) Wo ist die alte Standhaftigkeit, mit der ich ein schönes Auge konnte weinen sehen? Wo ist die Gabe der Verstellung hin, durch die ich sein und sagen konnte, was ich wollte? – Nun wird sie kommen und wird unwiderstehliche Tränen weinen. Verwirrt, beschämt werde ich vor ihr stehen; als ein verurteilter Sünder werde ich vor ihr stehen. Rate mir doch, was soll ich tun? was soll ich sagen?

**Norton.** Sie sollen tun, was sie verlangen wird.

**Mellefont.** So werde ich eine neue Grausamkeit an ihr begehen. Mit Unrecht tadelt sie die Verzögerung einer Zeremonie, die itzt ohne unser äußerstes Verderben in dem Königreiche nicht vollzogen werden kann.

**Norton.** So machen Sie denn, daß Sie es verlassen. Warum zaudern wir? Warum vergeht ein Tag, warum vergeht eine Woche nach der andern? Tragen Sie mir es doch auf. Sie sollen morgen sicher eingeschifft sein. Vielleicht, daß ihr der Kummer nicht ganz über das Meer folgt, daß sie einen Teil desselben zurückläßt und in einem andern Lande – –

**Mellefont.** Alles das hoffe ich selbst. – Still, sie kömmt. Wie schlägt mir das Herz – –

---

## Sechster Auftritt.

**Sara. Mellefont. Norton.**

**Mellefont** (indem er ihr entgegengeht). Sie haben eine unruhige Nacht gehabt, liebste Miß – –

**Sara.** Ach, Mellefont, wenn es nichts als eine unruhige Nacht wäre – –

**Mellefont** (zum Bedienten). Verlaß uns!

**Norton** (im Abgehen). Ich wollte auch nicht dableiben, und wenn mir gleich jeder Augenblick mit Golde bezahlt würde.

---

## Siebenter Auftritt.

**Sara. Mellefont.**

**Mellefont.** Sie sind schwach, liebste Miß. Sie müssen sich setzen.

**Sara** (sie setzt sich). Ich beunruhige Sie sehr früh; und werden Sie mir es vergeben, daß ich meine Klagen wieder mit dem Morgen anfange?

**Mellefont.** Teuerste Miß, Sie wollen sagen, daß Sie mir es nicht vergeben können, weil schon wieder ein Morgen erschienen ist, ohne daß ich Ihren Klagen ein Ende gemacht habe.

**Sara.** Was sollte ich Ihnen nicht vergeben? Sie wissen, was ich Ihnen bereits vergeben habe. Aber die neunte Woche, Mellefont, die neunte Woche fängt heut an, und dieses elende Haus sieht mich noch immer auf eben dem Fuße als den ersten Tag.

**Mellefont.** So zweifeln Sie an meiner Liebe?

**Sara.** Ich an Ihrer Liebe zweifeln? Nein, ich fühle mein Unglück zu sehr, zu sehr, als daß ich mir selbst diese letzte, einzige Versüßung desselben rauben sollte.

**Mellefont.** Wie kann also meine Miß über die Verschiebung einer Zeremonie unruhig sein?

**Sara.** Ach, Mellefont, warum muß ich einen andern Begriff von dieser Zeremonie haben? – Geben Sie doch immer der weiblichen Denkungsart etwas nach. Ich stelle mir vor, daß eine nähere Einwilligung des Himmels darin liegt. Umsonst habe ich es nur wieder erst den gestrigen langen Abend versucht, Ihre Begriffe anzunehmen und die Zweifel aus meiner Brust zu verbannen, die Sie, itzt nicht das erstemal, für Früchte meines Mißtrauens angesehen haben. Ich stritt mit mir selbst; ich war sinnreich genug, meinen Verstand zu betäuben; aber mein Herz und ein inneres Gefühl warfen auf einmal das mühsame Gebäude von Schlüssen übern Haufen. Mitten aus dem Schlafe weckten mich strafende Stimmen, mit welchen sich meine Phantasie, mich zu quälen, verband. Was für Bilder, was für schreckliche Bilder schwärmten um mich herum! Ich wollte sie gern für Träume halten – –

**Mellefont.** Wie? Meine vernünftige Sara sollte sie für etwas mehr halten? Träume, liebste Miß, Träume! – Wie unglücklich ist der Mensch! Fand sein Schöpfer in dem Reiche der Wirklichkeiten nicht Qualen für ihn genug? Mußte er, sie zu vermehren, auch ein noch weiteres Reich von Einbildungen in ihm schaffen?

**Sara.** Klagen Sie den Himmel nicht an! Er hat die Einbildungen in unserer Gewalt gelassen. Sie richten sich nach unsern Taten, und wenn diese unsern Pflichten und der Tugend gemäß sind, so dienen die sie begleitenden Einbildungen zur Vermehrung unserer Ruhe und unseres Vergnügens. Eine einzige Handlung, Mellefont, ein einziger Segen, der von einem Friedensboten im Namen der ewigen Güte auf uns gelegt wird, kann meine zerrüttete Phantasie wieder heilen. Stehen Sie noch an, mir zuliebe dasjenige einige Tage eher zu tun, was Sie doch einmal tun werden? Erbarmen Sie sich meiner und überlegen Sie, daß, wenn Sie mich auch dadurch nur von Qualen der Einbildung befreien, diese eingebildete Qualen doch Qualen, und für die, die sie empfindet, wirkliche Qualen sind. – Ach, könnte ich Ihnen nur halb so lebhaft die Schrecken meiner vorigen Nacht erzählen, als ich sie gefühlt habe! – Von Weinen und Klagen, meinen einzigen Beschäftigungen, ermüdet, sank ich mit halbgeschlossenen Augenlidern auf das Bett zurück. Die Natur wollte sich einen Augenblick erholen, neue Tränen zu sammeln. Aber noch schlief ich nicht ganz, als ich mich auf einmal an dem schroffsten Teile des schrecklichsten Felsen sahe. Sie gingen vor mir her, und ich folgte Ihnen mit schwankenden, ängstlichen Schritten, die dann und wann ein Blick stärkte, welchen Sie auf mich zurückwarfen. Schnell hörte ich hinter mir ein freundliches Rufen, welches mir stillzustehen befahl. Es war der Ton meines Vaters. – Ich Elende! kann ich denn nichts von ihm vergessen? Ach! wo[1] ihm sein Gedächtnis ebenso grausame Dienste leistet, wo er auch mich nicht vergessen kann! – Doch er hat mich vergessen. Trost! grausamer Trost für seine Sara! – Hören Sie nur, Mellefont. Indem ich mich nach dieser bekannten Stimme umsehen wollte, gleitete mein Fuß; ich wankte und sollte eben in den Abgrund herabstürzen, als ich mich noch zur rechten Zeit von einer mir ähnlichen Person zurückgehalten fühlte. Schon wollte ich ihr den feurigsten Dank abstatten, als sie einen Dolch aus dem Busen zog. „Ich rettete dich", schrie sie, „um dich zu verderben!" Sie holte mit der bewaffneten Hand aus – und ach! ich erwachte mit dem Stiche. Wachend fühlte ich noch alles, was ein tödlicher Stich Schmerzhaftes haben kann, ohne das zu empfinden, was er Angenehmes haben

1 Wenn.

muß: das Ende der Pein in dem Ende des Lebens hoffen zu dürfen.

**Mellefont.** Ach! liebste Sara, ich verspreche Ihnen das Ende Ihrer Pein ohne das Ende Ihres Lebens, welches gewiß auch das Ende des meinigen sein würde. Vergessen Sie das schreckliche Gewebe eines sinnlosen Traumes.

**Sara.** Die Kraft, es vergessen zu können, erwarte ich von Ihnen. Es sei Liebe oder Verführung, es sei Glück oder Unglück, das mich Ihnen in die Arme geworfen hat, ich bin in meinem Herzen die Ihrige und werde es ewig sein. Aber noch bin ich es nicht vor den Augen jenes Richters, der die geringsten Übertretungen seiner Ordnung zu strafen gedrohet hat – –

**Mellefont.** So falle denn alle Strafe auf mich allein!

**Sara.** Was kann auf Sie fallen, das mich nicht treffen sollte? – – Legen Sie aber mein dringendes Anhalten nicht falsch aus. Ein andres Frauenzimmer, das durch einen gleichen Fehltritt sich ihrer Ehre verlustig gemacht hätte, würde vielleicht durch ein gesetzmäßiges Band nichts als einen Teil derselben wiederzuerlangen suchen. Ich, Mellefont, denke darauf nicht, weil ich in der Welt weiter von keiner Ehre wissen will als von der Ehre, Sie zu lieben. Ich will mit Ihnen nicht um der Welt willen, ich will mit Ihnen um meiner selbst willen verbunden sein. Und wenn ich es bin, so will ich gern die Schmach auf mich nehmen, als ob ich es nicht wäre. Sie sollen mich, wenn Sie nicht wollen, für Ihre Gattin nicht erklären dürfen[1]; Sie sollen mich erklären können, für was Sie wollen. Ich will Ihren Namen nicht führen, Sie sollen unsere Verbindung so geheim halten, als Sie es für gut befinden, und ich will derselben ewig unwert sein, wenn ich mir in den Sinn kommen lasse, einen andern Vorteil als die Beruhigung meines Gewissens daraus zu ziehen.

**Mellefont.** Halten Sie ein, Miß, oder ich muß vor Ihren Augen des Todes sein. Wie elend bin ich, daß ich nicht das Herz habe, Sie noch elender zu machen! – Bedenken Sie, daß Sie sich meiner Führung überlassen haben; bedenken Sie, daß ich schuldig bin, für uns weiter hinaus zu sehen, und daß ich

1 In der älteren Bedeutung von „brauchen".

itzt gegen Ihre Klagen taub sein muß, wenn ich Sie nicht in der ganzen Folge Ihres Lebens noch schmerzhaftere Klagen will führen hören. Haben Sie es denn vergessen, was ich Ihnen zu meiner Rechtfertigung schon oft vorgestellt?

**Sara.** Ich habe es nicht vergessen, Mellefont. Sie wollen vorher ein gewisses Vermächtnis retten. – Sie wollen vorher zeitliche Güter retten und mich vielleicht ewige darüber verscherzen lassen.

**Mellefont.** Ach, Sara, wenn Ihnen alle zeitliche Güter so gewiß wären, als Ihrer Tugend die ewigen sind – –

**Sara.** Meiner Tugend? Nennen Sie mir dieses Wort nicht! – Sonst klang es mir süße, aber itzt schallt mir ein schrecklicher Donner darin!

**Mellefont.** Wie? Muß der, welcher tugendhaft sein soll, keinen Fehler begangen haben? Hat ein einziger so unselige Wirkungen, daß er eine ganze Reihe unsträflicher Jahre vernichten kann, so ist kein Mensch tugendhaft, so ist die Tugend ein Gespenst, das in der Luft zerfließet, wenn man es am festesten umarmt zu haben glaubt, so hat kein weises Wesen unsere Pflichten nach unsern Kräften abgemessen, so ist die Lust, uns strafen zu können, der erste Zweck unsers Daseins, so ist – ich erschrecke vor allen den gräßlichen Folgerungen, in welche Sie Ihre Kleinmut verwickeln muß! Nein, Miß, Sie sind noch die tugendhafte Sara, die Sie vor meiner unglücklichen Bekanntschaft waren. Wenn Sie sich selbst mit so grausamen Augen ansehen, mit was für Augen müssen Sie mich betrachten!

**Sara.** Mit den Augen der Liebe, Mellefont.

**Mellefont.** So bitte ich Sie denn um dieser Liebe, um dieser großmütigen, alle meine Unwürdigkeit übersehenden Liebe willen, zu Ihren Füßen bitte ich Sie: beruhigen Sie sich. Haben Sie nur noch einige Tage Geduld.

**Sara.** Einige Tage! Wie ist e i n Tag schon so lang!

**Mellefont.** Verwünschtes Vermächtnis! Verdammter Unsinn eines sterbenden Vetters, der mir sein Vermögen nur mit der Bedingung lassen wollte, einer Anverwandtin die Hand zu geben, die mich ebensosehr haßt als ich sie! Euch, unmenschliche Tyrannen unserer freien Neigungen, euch werde alle das

Unglück, alle die Sünde zugerechnet, zu welchen uns euer Zwang bringet! – Und wenn ich ihrer nur entübriget sein könnte[1], dieser schimpflichen Erbschaft! Solange mein väterliches Vermögen zu meiner Unterhaltung hinreichte, habe ich sie allezeit verschmähet und sie nicht einmal gewürdiget, mich darüber zu erklären. Aber itzt, itzt, da ich alle Schätze der Welt nur darum besitzen möchte, um sie zu den Füßen meiner Sara legen zu können, itzt, da ich wenigstens darauf denken muß, sie ihrem Stande gemäß in der Welt erscheinen zu lassen, itzt muß ich meine Zuflucht dahin nehmen.

**Sara.** Mit der es Ihnen zuletzt doch wohl noch fehlschlägt.

**Mellefont.** Sie vermuten immer das Schlimmste. – Nein; das Frauenzimmer, die es mit betrifft, ist nicht ungeneigt, eine Art von Vergleich einzugehen. Das Vermögen soll geteilt werden; und da sie es nicht ganz mit mir genießen kann, so ist sie es zufrieden, daß ich mit der Hälfte meine Freiheit von ihr erkaufen darf. Ich erwarte alle Stunden die letzten Nachrichten in dieser Sache, deren Verzögerung allein unsern hiesigen Aufenthalt so langwierig gemacht hat. Sobald ich sie bekommen habe, wollen wir keinen Augenblick länger hier verweilen. Wir wollen sogleich, liebste Miß, nach Frankreich übergehen, wo Sie neue Freunde finden sollen, die sich itzt schon auf das Vergnügen, Sie zu sehen und Sie zu lieben, freuen. Und diese neuen Freunde sollen die Zeugen unserer Verbindung sein – –

**Sara.** Diese sollen die Zeugen unserer Verbindung sein? – Grausamer! So soll diese Verbindung nicht in meinem Vaterlande geschehen? So soll ich mein Vaterland als eine Verbrecherin verlassen? Und als eine solche, glauben Sie, würde ich Mut genug haben, mich der See zu vertrauen? Dessen Herz muß ruhiger oder muß ruchloser sein als meines, welcher nur einen Augenblick zwischen sich und dem Verderben mit Gleichgültigkeit nichts als ein schwankendes Brett sehen kann. In jeder Welle, die an unser Schiff schlüge, würde mir der Tod entgegenrauschen; jeder Wind würde mir von den väterlichen Küsten Verwünschungen nachbrausen, und der kleinste Sturm

[1] D. h.: Wenn ich sie nur entbehren könnte.

würde mich ein Blutgericht über mein Haupt zu sein dünken. – Nein, Mellefont, so ein Barbar können Sie gegen mich nicht sein. Wenn ich noch das Ende Ihres Vergleichs erlebe, so muß es Ihnen auf einen Tag nicht ankommen, den wir hier länger zubringen. Es muß dieses der Tag sein, an dem Sie mich die Martern aller hier verweinten Tage vergessen lehren. Es muß dieses der heilige Tag sein – Ach, welcher wird es denn endlich sein?

**Mellefont.** Aber überlegen Sie denn nicht, Miß, daß unserer Verbindung hier diejenige Feier fehlen würde, die wir ihr zu geben schuldig sind?

**Sara.** Eine heilige Handlung wird durch das Feierliche nicht kräftiger.

**Mellefont.** Allein – –

**Sara.** Ich erstaune. Sie wollen doch wohl nicht auf einem so nichtigen Vorwande bestehen? O, Mellefont, Mellefont! wenn ich mir es nicht zum unverbrüchlichsten Gesetze gemacht hätte, niemals an der Aufrichtigkeit Ihrer Liebe zu zweifeln, so würde mir dieser Umstand – – Doch schon zu viel; es möchte scheinen, als hätte ich eben itzt daran gezweifelt.

**Mellefont.** Der erste Augenblick Ihres Zweifels müsse der letzte meines Lebens sein! Ach, Sara, womit habe ich es verdient, daß Sie mir auch nur die Möglichkeit desselben voraussehen lassen? Es ist wahr, die Geständnisse, die ich Ihnen von meinen ehemaligen Ausschweifungen abzulegen kein Bedenken getragen habe, können mir keine Ehre machen; aber Vertrauen sollten sie mir doch erwecken. Eine buhlerische Marwood führte mich in ihren Stricken, weil ich das für sie empfand, was so oft für Liebe gehalten wird und es doch so selten ist. Ich würde noch ihre schimpflichen Fesseln tragen, hätte sich nicht der Himmel meiner erbarmt, der vielleicht mein Herz nicht für ganz unwürdig erkannte, von bessern Flammen zu brennen. Sie, liebste Sara, sehen und alle Marwoods vergessen, war eins. Aber wie teuer kam es Ihnen zu stehen, mich aus solchen Händen zu erhalten! Ich war mit dem Laster zu vertraut geworden, und Sie kannten es zu wenig – –

**Sara.** Lassen Sie uns nicht mehr daran gedenken – –

## Achter Auftritt.

**Norton. Mellefont. Sara.**

**Mellefont.** Was willst du?

**Norton.** Ich stand eben vor dem Hause, als mir ein Bedienter diesen Brief in die Hand gab. Die Aufschrift ist an Sie, mein Herr.

**Mellefont.** An mich? Wer weiß hier meinen Namen? – (Indem er den Brief betrachtet.) Himmel!

**Sara.** Sie erschrecken?

**Mellefont.** Aber ohne Ursache, Miß, wie ich nun wohl sehe. Ich irrte mich in der Hand.

**Sara.** Möchte doch der Inhalt Ihnen so angenehm sein, als Sie es wünschen können.

**Mellefont.** Ich vermute, daß er sehr gleichgültig sein wird.

**Sara.** Man braucht sich weniger Zwang anzutun, wenn man allein ist. Erlauben Sie, daß ich mich wieder in mein Zimmer begebe.

**Mellefont.** Sie machen sich also wohl Gedanken?

**Sara.** Ich mache mir keine, Mellefont.

**Mellefont** (indem er sie bis an die Szene[1] begleitet). Ich werde den Augenblick bei Ihnen sein, liebste Miß.

---

## Neunter Auftritt.

**Mellefont. Norton.**

**Mellefont** (der den Brief noch ansieht). Gerechter Gott!

**Norton.** Weh' Ihnen, wenn er nichts als gerecht ist!

**Mellefont.** Kann es möglich sein? Ich sehe diese verruchte Hand wieder und erstarre nicht vor Schrecken? Ist sie's? Ist sie es nicht? Was zweifle ich noch? Sie ist's! Ah, Freund, ein Brief von der Marwood! Welche Furie, welcher Satan hat ihr meinen Aufenthalt verraten? Was will sie noch von mir? – Geh, mache sogleich Anstalt, daß wir von hier wegkommen. – Doch verzieh! Vielleicht ist es nicht nötig; vielleicht haben meine verächtlichen Abschiedsbriefe die Marwood

1 Die Kulissen.

nur aufgebracht, mir mit gleicher Verachtung zu begegnen. Hier! Erbrich den Brief; lies ihn. Ich zittere, es selbst zu tun.

**Norton** (er liest). „Es wird so gut sein, als ob ich Ihnen den längsten Brief geschrieben hätte, Mellefont, wenn Sie den Namen, den Sie am Ende der Seite finden werden, nur einer kleinen Betrachtung würdigen wollen – –"

**Mellefont.** Verflucht sei ihr Name! Daß ich ihn nie gehört hätte! Daß er aus dem Buche der Lebendigen vertilgt würde!

**Norton** (liest weiter). „Die Mühe, Sie auszuforschen, hat mir die Liebe, welche mir forschen half, versüßt."

**Mellefont.** Die Liebe? Frevlerin! Du entheiligest Namen, die nur der Tugend geweiht sind!

**Norton** (fährt fort). „Sie hat noch mehr getan – –"

**Mellefont.** Ich bebe – –

**Norton.** „Sie hat mich Ihnen nachgebracht." – –

**Mellefont.** Verräter, was liest du? (Er reißt ihm den Brief aus der Hand und liest selbst.) „Sie hat mich Ihnen – nachgebracht. – Ich bin hier; und es stehet bei Ihnen, – ob Sie meinen Besuch erwarten – oder mir mit dem Ihrigen – zuvorkommen wollen. Marwood." – Was für ein Donnerschlag! Sie ist hier? – Wo ist sie? Diese Frechheit soll sie mit dem Leben büßen.

**Norton.** Mit dem Leben? Es wird ihr einen Blick kosten, und Sie liegen wieder zu ihren Füßen. Bedenken Sie, was Sie tun! Sie müssen sie nicht sprechen, oder das Unglück Ihrer armen Miß ist vollkommen.

**Mellefont.** Ich Unglücklicher! – Nein, ich muß sie sprechen. Sie würde mich bis in das Zimmer der Sara suchen und alle ihre Wut gegen diese Unschuldige auslassen.

**Norton.** Aber, mein Herr – –

**Mellefont.** Sage nichts! – Laß sehen (indem er in den Brief sieht), ob sie ihre Wohnung angezeigt hat. Hier ist sie. Komm, führe mich. (Sie gehen ab.)

Ende des ersten Aufzugs.

## Zweiter Aufzug.

### Erster Auftritt.

Der Schauplatz stellt das Zimmer der Marwood vor in einem andern Gasthofe.

**Marwood** im Negligé. **Hannah**.

**Marwood.** Belford hat den Brief doch richtig eingehändiget, Hannah?

**Hannah.** Richtig.

**Marwood.** Ihm selbst?

**Hannah.** Seinem Bedienten.

**Marwood.** Kaum kann ich es erwarten, was er für Wirkung haben wird. – Scheine ich dir nicht ein wenig unruhig, Hannah? Ich bin es auch. – Der Verräter! Doch gemach! Zornig muß ich durchaus nicht werden. Nachsicht, Liebe, Bitten sind die einzigen Waffen, die ich wider ihn brauchen darf, wo ich anders seine schwache Seite recht kenne.

**Hannah.** Wenn er sich aber dagegen verhärten sollte? –

**Marwood.** Wenn er sich dagegen verhärten sollte? So werde ich nicht zürnen – ich werde rasen. Ich fühle es, Hannah, und wollte es lieber schon itzt.

**Hannah.** Fassen Sie sich ja. Er kann vielleicht den Augenblick kommen.

**Marwood.** Wo er nur gar kömmt![1] Wo er sich nur nicht entschlossen hat, mich festes Fußes bei sich zu erwarten! – Aber weißt du, Hannah, worauf ich noch meine meiste Hoffnung gründe, den Ungetreuen von dem neuen Gegenstande seiner Liebe abzuziehen? Auf unsere Bella.

---

1 Wenn er nur überhaupt kommt.

**Hannah.** Es ist wahr, sie ist sein kleiner Abgott, und der Einfall, sie mitzunehmen, hätte nicht glücklicher sein können.

**Marwood.** Wenn sein Herz auch gegen die Sprache einer alten Liebe taub ist, so wird ihm doch die Sprache des Bluts vernehmlich sein. Er riß das Kind vor einiger Zeit aus meinen Armen unter dem Vorwande, ihm eine Art von Erziehung geben zu lassen, die es bei mir nicht haben könne. Ich habe es von der Dame, die es unter ihrer Aufsicht hatte, itzt nicht anders als durch List wiederbekommen können; er hatte auf mehr als ein Jahr vorausbezahlt und noch den Tag vor seiner Flucht ausdrücklich befohlen, eine gewisse Marwood, die vielleicht kommen und sich für die Mutter des Kindes ausgeben würde, durchaus nicht vorzulassen. Aus diesem Befehle erkenne ich den Unterschied, den er zwischen uns beiden macht. Arabellen sieht er als einen kostbaren Teil seiner selbst an und mich als eine Elende, die ihn mit allen ihren Reizen bis zum Überdrusse gesättiget hat.

**Hannah.** Welcher Undank!

**Marwood.** Ach, Hannah, nichts zieht den Undank so unausbleiblich nach sich als Gefälligkeiten, für die kein Dank zu groß wäre. Warum habe ich sie ihm erzeigt, diese unseligen Gefälligkeiten? Hätte ich es nicht voraussehen sollen, daß sie ihren Wert nicht immer bei ihm behalten könnten? Daß ihr Wert auf der Schwierigkeit des Genusses beruhe und daß er mit derjenigen Anmut verschwinden müsse, welche die Hand der Zeit unmerklich, aber gewiß aus unsern Gesichtern verlöscht?

**Hannah.** O, Madam, von dieser gefährlichen Hand haben Sie noch lange nichts zu befürchten. Ich finde, daß Ihre Schönheit den Punkt ihrer prächtigsten Blüte so wenig überschritten hat, daß sie vielmehr erst darauf losgeht und Ihnen alle Tage neue Herzen fesseln würde, wenn Sie ihr nur Vollmacht dazu geben wollten.

**Marwood.** Schweig, Hannah! Du schmeichelst mir bei einer Gelegenheit, die mir alle Schmeichelei verdächtig macht. Es ist Unsinn, von neuen Eroberungen zu sprechen, wenn man nicht einmal Kräfte genug hat, sich im Besitze der schon gemachten zu erhalten.

## Zweiter Auftritt.

**Ein Bedienter. Marwood. Hannah.**

**Der Bediente.** Madam, man will die Ehre haben, mit Ihnen zu sprechen.

**Marwood.** Wer?

**Der Bediente.** Ich vermute, daß es eben der Herr ist, an welchen der vorige Brief überschrieben war. Wenigstens ist der Bediente bei ihm, der mir ihn abgenommen hat.

**Marwood.** Mellefont! – Geschwind, führe ihn herauf! (Der Bediente geht ab.) Ach, Hannah, nun ist er da! Wie soll ich ihn empfangen? Was soll ich sagen? Welche Miene soll ich annehmen? Ist diese ruhig genug? Sieh doch!

**Hannah.** Nichts weniger als ruhig.

**Marwood.** Aber diese?

**Hannah.** Geben Sie ihr noch mehr Anmut.

**Marwood.** Etwa so?

**Hannah.** Zu traurig!

**Marwood.** Sollte mir dieses Lächeln lassen[1]?

**Hannah.** Vollkommen! Aber nur freier – Er kömmt.

---

## Dritter Auftritt.

**Mellefont. Marwood. Hannah.**

**Mellefont** (der mit einer wilden Stellung hereintritt). Ha! Marwood –

**Marwood** (die ihm mit offnen Armen lächelnd entgegenrennt). Ach, Mellefont –

**Mellefont** (beiseite). Die Mörderin, was für ein Blick!

**Marwood.** Ich muß Sie umarmen, treuloser, lieber Flüchtling! – Teilen Sie doch meine Freude! – Warum entreißen Sie sich meinen Liebkosungen?

**Mellefont.** Marwood, ich vermutete, daß Sie mich anders empfangen würden.

**Marwood.** Warum anders? Mit mehr Liebe vielleicht? mit mehr Entzücken? Ach, ich Unglückliche, daß ich weniger

---

[1] Gut stehen.

ausdrücken kann, als ich fühle! – Sehen Sie, Mellefont, sehen Sie, daß auch die Freude ihre Tränen hat? Hier rollen sie, diese Kinder der süßesten Wollust! – Aber ach, verlorne Tränen, seine Hand trocknet euch nicht ab.

**Mellefont.** Marwood, die Zeit ist vorbei, da mich solche Reden bezaubert hätten. Sie müssen itzt in einem andern Tone mit mir sprechen. Ich komme her, Ihre letzten Vorwürfe anzuhören und darauf zu antworten.

**Marwood.** Vorwürfe? Was hätte ich Ihnen für Vorwürfe zu machen, Mellefont? Keine.

**Mellefont.** So hätten Sie, sollt' ich meinen, Ihren Weg ersparen können.

**Marwood.** Liebste, wunderliche Seele, warum wollen Sie mich nun mit Gewalt zwingen, einer Kleinigkeit zu gedenken, die ich Ihnen in ebendem Augenblicke vergab, in welchem ich sie erfuhr? Eine kurze Untreue, die mir Ihre Galanterie, aber nicht Ihr Herz spielet, verdient diese Vorwürfe? Kommen Sie, lassen Sie uns darüber scherzen.

**Mellefont.** Sie irren sich; mein Herz hat mehr Anteil daran, als es jemals an allen unsern Liebeshändeln gehabt hat, auf die ich itzt nicht ohne Abscheu zurücksehen kann.

**Marwood.** Ihr Herz, Mellefont, ist ein gutes Närrchen. Es läßt sich alles bereden, was Ihrer Einbildung ihm zu bereden einfällt. Glauben Sie mir doch, ich kenne es besser als Sie. Wenn es nicht das beste, das getreuste Herz wäre, würde ich mir wohl so viel Mühe geben, es zu behalten?

**Mellefont.** Zu behalten? Sie haben es niemals besessen, sage ich Ihnen.

**Marwood.** Und ich sage Ihnen, ich besitze es im Grunde noch.

**Mellefont.** Marwood, wenn ich wüßte, daß Sie auch nur noch einen Faser davon besäßen, so wollte ich es mir selbst hier vor Ihren Augen aus meinem Leibe reißen.

**Marwood.** Sie würden sehen, daß Sie meines zugleich herausrissen. Und dann, dann würden diese herausgerissenen Herzen endlich zu der Vereinigung gelangen, die sie so oft auf unsern Lippen gesucht haben.

**Mellefont** (beiseite). Was für eine Schlange! Hier wird das beste sein, zu fliehen. – Sagen Sie mir es nur kurz, Marwood, warum Sie mir nachgekommen sind, was Sie noch von mir verlangen. Aber sagen Sie es nur ohne dieses Lächeln, ohne diesen Blick, aus welchem mich eine ganze Hölle von Verführung schreckt.

**Marwood** (vertraulich). Höre nur, mein lieber Mellefont; ich merke wohl, wie es itzt mit dir steht. Deine Begierden und dein Geschmack sind itzt deine Tyrannen. Laß es gut sein, man muß sie austoben lassen. Sich ihnen widersetzen, ist Torheit. Sie werden am sichersten eingeschläfert und endlich gar überwunden, wenn man ihnen freies Feld läßt. Sie reiben sich selbst auf. Kannst du mir nachsagen, kleiner Flattergeist, daß ich jemals eifersüchtig gewesen wäre, wenn stärkere Reize als die meinigen dich mir auf eine Zeitlang abspenstig machten? Ich gönnte dir ja allezeit diese Veränderung, bei der ich immer mehr gewann als verlor. Du kehrtest mit neuem Feuer, mit neuer Inbrunst in meine Arme zurück, in die ich dich nur als in leichte Bande und nie als in schwere Fesseln schloß. Bin ich nicht oft selbst deine Vertraute gewesen, wenn du mir auch schon nichts zu vertrauen hattest als die Gunstbezeigungen, die du mir entwandtest, um sie gegen andre zu verschwenden? Warum glaubst du denn, daß ich itzt einen Eigensinn gegen dich zu zeigen anfangen würde, zu welchem ich nun eben berechtiget zu sein aufhöre, oder – vielleicht schon aufgehört habe? Wenn deine Hitze gegen das schöne Landmädchen noch nicht verraucht ist, wenn du noch in dem ersten Fieber deiner Liebe gegen sie bist, wenn du ihren Genuß noch nicht entbehren kannst, wer hindert dich denn, ihr so lange ergeben zu sein, als du es für gut befindest? Mußt du deswegen so unbesonnene Anschläge machen und mit ihr aus dem Reiche fliehen wollen?

**Mellefont.** Marwood, Sie reden vollkommen Ihrem Charakter gemäß, dessen Häßlichkeit ich nie so gekannt habe, als seitdem ich in dem Umgange mit einer tugendhaften Freundin die Liebe von der Wollust unterscheiden gelernt.

**Marwood.** Ei, sieh doch! Deine neue Gebieterin ist also wohl gar ein Mädchen von schönen sittlichen Empfindungen?

Ihr Mannspersonen müßt doch selbst nicht wissen, was ihr wollt. Bald sind es die schlüpfrigsten Reden, die buhlerhaftesten Scherze, die euch an uns gefallen; und bald entzücken wir euch, wenn wir nichts als Tugend reden und alle sieben Weisen auf unserer Zunge zu haben scheinen. Das Schlimmste aber ist, daß ihr das eine sowohl als das andre überdrüssig werdet. Wir mögen närrisch oder vernünftig, weltlich oder geistlich gesinnet sein, wir verlieren unsere Mühe, euch beständig zu machen, ein Mal wie das andre. Du wirst an deine schöne Heilige die Reihe Zeit genug kommen lassen. Soll ich wohl einen kleinen Überschlag machen? Nun eben bist du im heftigsten Paroxysmo[1] mit ihr, und diesem geb' ich noch zwei, aufs längste drei Tage. Hierauf wird eine ziemlich geruhige Liebe folgen, der geb' ich acht Tage. Die andern[2] acht Tage wirst du nur gelegentlich an diese Liebe denken. Die dritten wirst du dich daran erinnern lassen, und wann du dieses Erinnern satt hast, so wirst du dich zu der äußersten Gleichgültigkeit so schnell gebracht sehen, daß ich kaum die vierten acht Tage auf diese letzte Veränderung rechnen darf. – Das wäre nun ungefähr ein Monat. Und diesen Monat, Mellefont, will ich dir noch mit dem größten Vergnügen nachsehen; nur wirst du erlauben, daß ich dich nicht aus dem Gesichte verlieren darf.

**Mellefont.** Vergebens, Marwood, suchen Sie alle Waffen hervor, mit welchen Sie sich erinnern, gegen mich sonst glücklich gewesen zu sein. Ein tugendhafter Entschluß sichert mich gegen Ihre Zärtlichkeit und gegen Ihren Witz. Gleichwohl will ich mich beiden nicht länger aussetzen. Ich gehe und habe Ihnen weiter nichts mehr zu sagen, als daß Sie mich in wenig Tagen auf eine Art sollen gebunden wissen, die Ihnen alle Hoffnung auf meine Rückkehr in Ihre lasterhafte Sklaverei vernichten wird. Meine Rechtfertigung werden Sie genugsam aus dem Briefe ersehen haben, den ich Ihnen vor meiner Abreise zustellen lassen.

**Marwood.** Gut, daß Sie dieses Briefes gedenken. Sagen Sie mir, von wem hatten Sie ihn schreiben lassen?

---

[1] Fieberglut. – [2] Andern hier in der Bedeutung von „zweiten".

**Mellefont.** Hatte ich ihn nicht selbst geschrieben?

**Marwood.** Unmöglich! Den Anfang desselben, in welchem Sie mir, ich weiß nicht was für Summen vorrechneten, die Sie mit mir wollen verschwendet haben, mußte ein Gastwirt, so wie den übrigen, theologischen Rest ein Quäker geschrieben haben. Demungeachtet will ich Ihnen itzt ernstlich darauf antworten. Was den vornehmsten Punkt anbelangt, so wissen Sie wohl, daß alle die Geschenke, welche Sie mir gemacht haben, noch da sind. Ich habe Ihre Bankozettel[1], Ihre Juwelen nie als mein Eigentum angesehen und itzt alles mitgebracht, um es wieder in diejenigen Hände zu liefern, die mir es anvertrauet hatten.

**Mellefont.** Behalten Sie alles, Marwood.

**Marwood.** Ich will nichts davon behalten. Was hätte ich ohne Ihre Person für ein Recht darauf? Wenn Sie mich auch nicht mehr lieben, so müssen Sie mir doch die Gerechtigkeit widerfahren lassen und mich für keine von den feilen Buhlerinnen halten, denen es gleichviel ist, von wessen Beute sie sich bereichern. Kommen Sie nur, Mellefont, Sie sollen den Augenblick wieder so reich sein, als Sie vielleicht ohne meine Bekanntschaft geblieben wären, und vielleicht auch nicht.

**Mellefont.** Welcher Geist, der mein Verderben geschworen hat, redet itzt aus Ihnen? Eine wollüstige Marwood denkt so edel nicht.

**Marwood.** Nennen Sie das edel? Ich nenne es weiter nichts als billig. Nein, mein Herr, nein; ich verlange nicht, daß Sie mir diese Wiedererstattung als etwas Besonders anrechnen sollen. Sie kostet mich nichts, und auch den geringsten Dank, den Sie mir dafür sagen wollten, würde ich für eine Beschimpfung halten, weil er doch keinen andern Sinn als diesen haben könnte: Marwood, ich hielt Euch für eine niederträchtige Betriegerin; ich bedanke mich, daß Ihr es wenigstens gegen mich nicht sein wollt.

**Mellefont.** Genug, Madam, genug! Ich fliehe, weil mich mein Unstern in einen Streit von Großmut zu verwickeln drohet, in welchem ich am ungernsten unterliegen möchte.

---

1 Banknoten, Zahlungsanweisungen.

**Marwood.** Fliehen Sie nur; aber nehmen Sie auch alles mit, was Ihr Andenken bei mir erneuern könnte. Arm, verachtet, ohne Ehre und ohne Freunde will ich es alsdann noch einmal wagen, Ihr Erbarmen rege zu machen. Ich will Ihnen in der unglücklichen Marwood nichts als eine Elende zeigen, die Geschlecht, Ansehen, Tugend und Gewissen für Sie aufgeopfert hat. Ich will Sie an den ersten Tag erinnern, da Sie mich sahen und liebten, an den ersten Tag, da auch ich Sie sahe und liebte, an das erste stammelnde, schamhafte Bekenntnis, das Sie mir zu meinen Füßen von Ihrer Liebe ablegten, an die erste Versicherung von Gegenliebe, die Sie mir auspreßten, an die zärtlichen Blicke, an die feurigen Umarmungen, die darauf folgten, an das beredte Stillschweigen, wenn wir mit beschäftigten Sinnen einer des andern geheimste Regungen errieten und in den schmachtenden Augen die verborgensten Gedanken der Seele lasen, an das zitternde Erwarten der nahenden Wollust, an die Trunkenheit ihrer Freuden, an das süße Erstarren nach der Fülle des Genusses, in welchem sich die ermatteten Geister zu neuen Entzückungen erholten. An alles dieses will ich Sie erinnern und dann Ihre Kniee umfassen und nicht aufhören, um das einzige Geschenk zu bitten, das Sie mir nicht versagen können, und ich ohne zu erröten annehmen darf, – um den Tod von Ihren Händen.

**Mellefont.** Grausame! Noch wollte ich selbst mein Leben für Sie hingeben. Fordern Sie es, fordern Sie es; nur auf meine Liebe machen Sie weiter keinen Anspruch. Ich muß Sie verlassen, Marwood, oder mich zu einem Abscheu der ganzen Natur machen. Ich bin schon strafbar, daß ich nur hier stehe und Sie anhöre. Leben Sie wohl! Leben Sie wohl!

**Marwood** (die ihn zurückhält). Sie müssen mich verlassen? Und was wollen Sie denn, das aus mir werde? So wie ich itzt bin, bin ich Ihr Geschöpf; tun Sie also, was einem Schöpfer zukömmt; er darf die Hand von seinem Werke nicht eher abziehn, als bis er es gänzlich vernichten will. – Ach, Hannah, ich sehe wohl, meine Bitten allein sind zu schwach. Geh, bringe meinen Vorsprecher her, der mir vielleicht itzt auf einmal mehr wiedergeben wird, als er von mir erhalten hat. (Hannah geht ab.)

**Mellefont.** Was für einen Vorsprecher, Marwood?

**Marwood.** Ach, einen Vorsprecher, dessen Sie mich nur allzugern beraubet hätten. Die Natur wird seine Klagen auf einem kürzern Wege zu Ihrem Herzen bringen – –

**Mellefont.** Ich erschrecke. Sie werden doch nicht – –

---

## Vierter Auftritt.

**Arabella. Hannah. Mellefont. Marwood.**

**Mellefont.** Was seh' ich? Sie ist es! – Marwood, wie haben Sie sich unterstehen können – –

**Marwood.** Soll ich umsonst Mutter sein? – Komm, meine Bella, komm; sieh hier deinen Beschützer wieder, deinen Freund, deinen – Ach! das Herz mag es ihm sagen, was er noch mehr als dein Beschützer, als dein Freund sein kann.

**Mellefont** (mit abgewandtem Gesichte). Gott! wie wird es mir hier ergehen?

**Arabella** (indem sie ihm furchtsam nähertritt). Ach, mein Herr! Sind Sie es? Sind Sie unser Mellefont? – Nein doch, Madam, er ist es nicht. – Würde er mich nicht ansehen, wenn er es wäre? Würde er mich nicht in seine Arme schließen? Er hat es ja sonst getan. Ich unglückliches Kind! Womit hätte ich ihn denn erzürnt, diesen Mann, diesen liebsten Mann, der mir erlaubte, mich seine Tochter zu nennen?

**Marwood.** Sie schweigen, Mellefont? Sie gönnen der Unschuldigen keinen Blick?

**Mellefont.** Ach! – –

**Arabella.** Er seufzet ja, Madam. Was fehlt ihm? Können wir ihm nicht helfen? Ich nicht? Sie auch nicht? So lassen Sie uns doch mit ihm seufzen! – Ah, nun sieht er mich an! – Nein, er sieht wieder weg! Er sieht gen Himmel! Was wünscht er? Was bittet er vom Himmel? Möchte er ihm doch alles gewähren, wenn er mir auch alles dafür versagte!

**Marwood.** Geh, mein Kind, geh; fall' ihm zu Füßen. Er will uns verlassen, er will uns auf ewig verlassen.

**Arabella** (die vor ihm niederfällt). Hier liege ich schon. Sie uns verlassen? Sie uns auf ewig verlassen? War es nicht schon eine kleine Ewigkeit, die wir Sie itzt vermißt haben? Wir sollen Sie wieder vermissen? Sie haben ja so oft gesagt, daß Sie uns liebten. Verläßt man denn die, die man liebt? So muß ich Sie wohl nicht lieben; denn ich wünschte, Sie nie zu verlassen. Nie, und ich will Sie auch nie verlassen.

**Marwood.** Ich will dir bitten helfen, mein Kind; hilf nur auch mir! – Nun, Mellefont, sehen Sie auch mich zu Ihren Füßen – –

**Mellefont** (hält sie zurück, indem sie sich niederwerfen will). Marwood, gefährliche Marwood! – Und auch du, meine liebste Bella (hebt sie auf), auch du bist wider deinen Mellefont?

**Arabella.** Ich wider Sie?

**Marwood.** Was beschließen Sie, Mellefont?

**Mellefont.** Was ich nicht sollte, Marwood, was ich nicht sollte.

**Marwood** (die ihn umarmt). Ach, ich weiß es ja, daß die Redlichkeit Ihres Herzens allezeit über den Eigensinn Ihrer Begierden gesiegt hat.

**Mellefont.** Bestürmen Sie mich nicht weiter. Ich bin schon, was Sie aus mir machen wollen: ein Meineidiger, ein Verführer, ein Räuber, ein Mörder.

**Marwood.** Itzt werden Sie es einige Tage in Ihrer Einbildung sein und hernach werden Sie erkennen, daß ich Sie abgehalten habe, es wirklich zu werden. Machen Sie nur und kehren Sie wieder mit uns zurück.

**Arabella** (schmeichelnd). O ja! Tun Sie dieses.

**Mellefont.** Mit euch zurückkehren? Kann ich denn?

**Marwood.** Nichts ist leichter, wenn Sie nur wollen.

**Mellefont.** Und meine Miß – –

**Marwood.** Und Ihre Miß mag sehen, wo sie bleibt! – –

**Mellefont.** Ha! barbarische Marwood, diese Rede ließ mich bis auf den Grund Ihres Herzens sehen – – Und ich Verruchter gehe doch nicht wieder in mich?

**Marwood.** Wenn Sie bis auf den Grund meines Herzens gesehen hätten, so würden Sie entdeckt haben, daß es mehr wahres Erbarmen gegen Ihre Miß fühlt als Sie selbst. Ich sage w a h r e s Erbarmen; denn das Ihre ist ein eigennütziges, weichherziges Erbarmen. Sie haben überhaupt diesen Liebeshandel viel zu weit getrieben. Daß Sie als ein Mann, der bei einem langen Umgange mit unserm Geschlechte in der Kunst zu verführen ausgelernt hatte, gegen ein so junges Frauenzimmer sich Ihre Überlegenheit an Verstellung und Erfahrung zunutze machten und nicht eher ruhten, als bis Sie Ihren Zweck erreichten, das möchte noch hingehen; Sie können sich mit der Heftigkeit Ihrer Leidenschaft entschuldigen. Allein, daß Sie einem alten Vater sein einziges Kind raubten, daß Sie einem rechtschaffnen Greise die wenigen Schritte zu seinem Grabe noch so schwer und bitter machten, daß Sie Ihrer Lust wegen die stärksten Banden der Natur trennten, das, Mellefont, das können Sie nicht verantworten. Machen Sie also Ihren Fehler wieder gut, soweit es möglich ist, ihn gut zu machen. Geben Sie dem weinenden Alter seine Stütze wieder und schicken Sie eine leichtgläubige Tochter in ihr Haus zurück, das Sie deswegen, weil Sie es beschimpft haben, nicht auch öde machen müssen.

**Mellefont.** Das fehlte noch, daß Sie auch mein Gewissen wider mich zu Hülfe riefen! Aber gesetzt, es wäre billig, was Sie sagen, müßte ich nicht eine eiserne Stirne haben, wenn ich es der unglücklichen Miß selbst vorschlagen sollte?

**Marwood.** Nunmehr will ich es Ihnen gestehen, daß ich schon im voraus bedacht gewesen bin, Ihnen diese Verwirrung zu ersparen. Sobald ich Ihren Aufenthalt erfuhr, habe ich auch dem alten Sampson unter der Hand Nachricht davon geben lassen. Er ist vor Freuden darüber ganz außer sich gewesen und hat sich sogleich auf den Weg machen wollen. Ich wundre mich, daß er noch nicht hier ist.

**Mellefont.** Was sagen Sie?

**Marwood.** Erwarten Sie nur ruhig seine Ankunft und lassen sich gegen die Miß nichts merken. Ich will Sie selbst jetzt nicht länger aufhalten. Gehen Sie wieder zu ihr; sie möchte Verdacht bekommen. Doch versprech' ich mir, Sie heute noch einmal zu sehen.

**Mellefont.** O, Marwood, mit was für Gesinnungen kam ich zu Ihnen, und mit welchen muß ich Sie verlassen! Einen Kuß, meine liebe Bella – –

**Arabella.** Der war für Sie; aber nun einen für mich. Kommen Sie nur ja bald wieder, ich bitte. (Mellefont geht ab.)

---

## Fünfter Auftritt.

### Marwood. Arabella. Hannah.

**Marwood** (nachdem sie tief Atem geholt). Sieg, Hannah! Aber ein saurer Sieg! – Gib mir einen Stuhl; ich fühle mich ganz abgemattet – (Sie setzt sich.) Eben war es die höchste Zeit, als er sich ergab; noch einen Augenblick hätte er anstehen dürfen, so würde ich ihm eine ganz andre Marwood gezeigt haben.

**Hannah.** Ach, Madam, was sind Sie für eine Frau! Den möchte ich doch sehn, der Ihnen widerstehen könnte.

**Marwood.** Er hat mir schon zu lange widerstanden. Und gewiß, gewiß, ich will es ihm nicht vergeben, daß ich ihm fast zu Fuße gefallen wäre.

**Arabella.** O nein! Sie müssen ihm alles vergeben. Er ist ja so gut, so gut – –

**Marwood.** Schweig, kleine Närrin!

**Hannah.** Auf welcher Seite wußten Sie ihn nicht zu fassen! Aber nichts, glaube ich, rührte ihn mehr als die Uneigennützigkeit, mit welcher Sie sich erboten, alle von ihm erhaltenen Geschenke zurückzugeben.

**Marwood.** Ich glaube es auch. Ha! ha! (Verächtlich.)

**Hannah.** Warum lachen Sie, Madam? Wenn es nicht Ihr Ernst war, so wagten Sie in der Tat sehr viel. Gesetzt, er hätte Sie bei Ihrem Worte gefaßt?

**Marwood.** O geh! Man muß wissen, wen man vor sich hat.

**Hannah.** Nun, das gesteh' ich! Aber auch Sie, meine schöne Bella, haben Ihre Sache vortrefflich gemacht; vortrefflich!

**Arabella.** Warum das? Konnte ich sie denn anders machen? Ich hatte ihn ja so lange nicht gesehen. Sie sind doch nicht böse, Madam, daß ich ihn so lieb habe? Ich habe Sie so lieb wie ihn; ebenso lieb.

**Marwood.** Schon gut; dasmal will ich dir verzeihen, daß du mich nicht lieber hast als ihn.

**Arabella.** Dasmal? (Schluchzend.)

**Marwood.** Du weinst ja wohl gar? Warum denn?

**Arabella.** Ach nein! ich weine nicht. Werden Sie nur nicht ungehalten. Ich will Sie ja gern alle beide so lieb, so lieb haben, daß ich unmöglich weder Sie noch ihn lieber haben kann.

**Marwood.** Je nun ja!

**Arabella.** Ich bin recht unglücklich – –

**Marwood.** Sei doch nur stille – Aber was ist das?

---

## Sechster Auftritt.

**Mellefont. Marwood. Arabella. Hannah.**

**Marwood.** Warum kommen Sie schon wieder, Mellefont? (Sie steht auf.)

**Mellefont** (hitzig). Weil ich mehr nicht als einige Augenblicke nötig hatte, wieder zu mir selbst zu kommen.

**Marwood.** Nun?

**Mellefont.** Ich war betäubt, Marwood, aber nicht bewegt. Sie haben alle Ihre Mühe verloren; eine andre Luft als diese ansteckende Luft Ihres Zimmers gab mir Mut und Kräfte wieder, meinen Fuß aus dieser gefährlichen Schlinge noch zeitig genug zu ziehen. Waren mir Nichtswürdigem die Ränke einer Marwood noch nicht bekannt genug?

**Marwood** (hastig). Was ist das wieder für eine Sprache?

**Mellefont.** Die Sprache der Wahrheit und des Unwillens.

**Marwood.** Nur gemach, Mellefont, oder auch ich werde diese Sprache sprechen.

**Mellefont.** Ich komme nur zurück, Sie keinen Augenblick länger in einem Irrtume von mir stecken zu lassen, der mich selbst in Ihren Augen verächtlich machen muß.

**Arabella** (furchtsam). Ach! Hannah –

**Mellefont.** Sehen Sie mich nur so wütend an, als Sie wollen. Je wütender, je besser. War es möglich, daß ich zwischen einer Marwood und einer Sara nur einen Augenblick unentschlüssig bleiben konnte, und daß ich mich fast für die erstere entschlossen hätte?

**Arabella.** Ach, Mellefont! – –

**Mellefont.** Zittern Sie nicht, Bella. Auch für Sie bin ich mit zurückgekommen. Geben Sie mir die Hand und folgen Sie mir nur getrost.

**Marwood** (die beide zurückhält). Wem soll sie folgen, Verräter?

**Mellefont.** Ihrem Vater.

**Marwood.** Geh, Elender, und lern' erst ihre Mutter kennen.

**Mellefont.** Ich kenne sie. Sie ist die Schande ihres Geschlechts – –

**Marwood.** Führe sie weg, Hannah!

**Mellefont.** Bleiben Sie, Bella. (Indem er sie zurückhalten will.)

**Marwood.** Nur keine Gewalt, Mellefont, oder – –

(Hannah und Arabella gehen ab.)

---

## Siebenter Auftritt.

**Mellefont. Marwood.**

**Marwood.** Nun sind wir allein. Nun sagen Sie es noch einmal, ob Sie fest entschlossen sind, mich einer jungen Närrin aufzuopfern?

**Mellefont** (bitter). Aufzuopfern? Sie machen, daß ich mich hier erinnere, daß den alten Göttern auch sehr unreine Tiere geopfert wurden.

**Marwood** (spöttisch). Drücken Sie sich ohne so gelehrte Anspielungen aus.

**Mellefont.** So sage ich Ihnen, daß ich fest entschlossen bin, nie wieder ohne die schrecklichsten Verwünschungen an Sie zu denken. Wer sind Sie? Und wer ist Sara? Sie sind eine wollüstige, eigennützige, schändliche Buhlerin, die sich itzt kaum mehr muß erinnern können, einmal unschuldig gewesen zu sein. Ich habe mir mit Ihnen nichts vorzuwerfen, als daß ich dasjenige genossen, was Sie ohne mich vielleicht die ganze Welt hätten genießen lassen. Sie haben mich gesucht, nicht ich Sie; und wenn ich nunmehr weiß, wer Marwood ist, so kömmt mir diese Kenntnis teuer genug zu stehen. Sie kostet mir mein Vermögen, meine Ehre, mein Glück – –

**Marwood.** Und so wollte ich, daß sie dir auch deine Seligkeit kosten müßte! Ungeheuer! Ist der Teufel ärger als du, der schwache Menschen zu Verbrechen reizet und sie dieser

Verbrechen wegen, die sein Werk sind, hernach selbst anklagt? Was geht dich meine Unschuld an, wann und wie ich sie verloren habe? Habe ich dir meine Tugend nicht preisgeben können, so habe ich doch meinen guten Namen für dich in die Schanze geschlagen. Jene ist nichts kostbarer als dieser. Was sage ich? Kostbarer? Sie ist ohne ihn ein albernes Hirngespinst, das weder ruhig noch glücklich macht. Er allein gibt ihr noch einigen Wert und kann vollkommen ohne sie bestehen. Mochte ich doch sein, wer ich wollte, ehe ich dich, Scheusal, kennen lernte; genug, daß ich in den Augen der Welt für ein Frauenzimmer ohne Tadel galt. Durch dich nur hat sie es erfahren, daß ich es nicht sei; durch meine Bereitwilligkeit bloß, dein Herz, wie ich damals glaubte, ohne deine Hand anzunehmen.

**Mellefont.** Eben diese Bereitwilligkeit verdammt dich, Niederträchtige.

**Marwood.** Erinnerst du dich aber, welchen nichtswürdigen Kunstgriffen du sie zu verdanken hattest? Ward ich nicht von dir bered't, daß du dich in keine öffentliche Verbindung einlassen könntest, ohne einer Erbschaft verlustig zu werden, deren Genuß du mit niemand als mit mir teilen wolltest? Ist es nun Zeit, ihrer zu entsagen? Und ihrer für eine andre als für mich zu entsagen?

**Mellefont.** Es ist mir eine wahre Wollust, Ihnen melden zu können, daß diese Schwierigkeit nunmehr bald wird gehoben sein. Begnügen Sie sich also nur, mich um mein väterliches Erbteil gebracht zu haben, und lassen mich ein weit geringeres mit einer würdigern Gattin genießen.

**Marwood.** Ha! nun seh' ich's, was dich eigentlich so trotzig macht. Wohl, ich will kein Wort mehr verlieren. Es sei darum! Rechne darauf, daß ich alles anwenden will, dich zu vergessen. Und das erste, was ich in dieser Absicht tun werde, soll dieses sein – Du wirst mich verstehen! Zittre für deine Bella! Ihr Leben soll das Andenken meiner verachteten Liebe auf die Nachwelt nicht bringen; meine Grausamkeit soll es tun. Sieh in mir eine neue Medea!

**Mellefont** (erschrocken). Marwood – –

**Marwood.** Oder wenn du noch eine grausamere Mutter

weißt, so sieh sie gedoppelt in mir! Gift und Dolch sollen mich rächen. Doch nein, Gift und Dolch sind zu barmherzige Werkzeuge! Sie würden dein und mein Kind zu bald töten. Ich will es nicht gestorben sehen; sterben will ich es sehen! Durch langsame Martern will ich in seinem Gesichte jeden ähnlichen Zug, den es von dir hat, sich verstellen, verzerren und verschwinden sehen. Ich will mit begieriger Hand Glied von Glied, Ader von Ader, Nerve von Nerve lösen und das kleinste derselben auch da noch nicht aufhören zu schneiden und zu brennen, wenn es schon nichts mehr sein wird als ein empfindungsloses Aas. Ich – ich werde wenigstens dabei empfinden, wie süß die Rache sei!

**Mellefont.** Sie rasen, Marwood – –

**Marwood.** Du erinnerst mich, daß ich nicht gegen den Rechten rase. Der Vater muß voran! Er muß schon in jener Welt sein, wenn der Geist seiner Tochter unter tausend Seufzern ihm nachzieht. – (Sie geht mit einem Dolche, den sie aus dem Busen reißt, auf ihn los.) Drum stirb, Verräter!

**Mellefont** (der ihr in den Arm fällt und den Dolch entreißt). Unsinniges Weibsbild! – Was hindert mich nun, den Stahl wider dich zu kehren? Doch lebe, und deine Strafe müsse einer ehrlosen Hand aufgehoben sein!

**Marwood** (mit gerungenen Händen). Himmel, was hab' ich getan? Mellefont – –

**Mellefont.** Deine Reue soll mich nicht hintergehen! Ich weiß es doch wohl, was dich reuet; nicht daß du den Stoß tun wollen, sondern daß du ihn nicht tun können.

**Marwood.** Geben Sie mir ihn wieder, den verirrten Stahl! Geben Sie mir ihn wieder, und Sie sollen es gleich sehen, für wen er geschliffen ward. Für diese Brust allein, die schon längst einem Herzen zu enge ist, das eher dem Leben als Ihrer Liebe entsagen will.

**Mellefont.** Hannah! – –

**Marwood.** Was wollen Sie tun, Mellefont?

## Achter Auftritt.

**Hannah,** erschrocken. **Marwood. Mellefont.**

**Mellefont.** Hast du es gehört, Hannah, welche Furie deine Gebieterin ist? Wisse, daß ich Arabellen von deinen Händen fodern werde.

**Hannah.** Ach, Madam, wie sind Sie außer sich!

**Mellefont.** Ich will das unschuldige Kind bald in völlige Sicherheit bringen. Die Gerechtigkeit wird einer so grausamen Mutter die mördrischen Hände schon zu binden wissen. (Er will gehen.)

**Marwood.** Wohin, Mellefont? Ist es zu verwundern, daß die Heftigkeit meines Schmerzes mich des Verstandes nicht mächtig ließ? Wer bringt mich zu so unnatürlichen Ausschweifungen[1]? Sind Sie es nicht selbst? Wo kann Bella sicherer sein als bei mir? Mein Mund tobet wider Sie, und mein Herz bleibt doch immer das Herz einer Mutter. Ach, Mellefont, vergessen Sie meine Raserei und denken zu ihrer Entschuldigung nur an die Ursache derselben.

**Mellefont.** Es ist nur e i n Mittel, welches mich bewegen kann, sie zu vergessen.

**Marwood.** Welches?

**Mellefont.** Wenn Sie den Augenblick nach London zurückkehren. Arabellen will ich in einer andern Begleitung wieder dahin bringen lassen. Sie müssen durchaus ferner mit ihr nichts zu tun haben.

**Marwood.** Gut, ich lasse mir alles gefallen; aber eine einzige Bitte gewähren Sie mir noch. Lassen Sie mich Ihre Sara wenigstens einmal sehen.

**Mellefont.** Und wozu?

**Marwood.** Um in ihren Blicken mein ganzes künftiges Schicksal zu lesen. Ich will selbst urteilen, ob sie einer Untreue, wie Sie an mir begehen, würdig ist, und ob ich Hoffnung haben kann, wenigstens einmal einen Anteil an Ihrer Liebe wiederzubekommen.

**Mellefont.** Nichtige Hoffnung!

**Marwood.** Wer ist so grausam, daß er einer Elenden auch

[1] Phantasien, Einfällen.

nicht einmal die Hoffnung gönnen wollte? Ich will mich ihr nicht als Marwood, sondern als eine Anverwandte von Ihnen zeigen. Melden Sie mich bei ihr als eine solche; Sie sollen bei meinem Besuche zugegen sein, und ich verspreche Ihnen, bei allem was heilig ist, ihr nicht das geringste Anstößige zu sagen. Schlagen Sie mir meine Bitte nicht ab; denn sonst möchte ich vielleicht alles anwenden, in meiner wahren Gestalt vor ihr zu erscheinen.

**Mellefont.** Diese Bitte, Marwood (nachdem er einen Augenblick nachgedacht) – – könnte ich Ihnen gewähren. Wollen Sie aber auch alsdann gewiß diesen Ort verlassen?

**Marwood.** Gewiß; ja, ich verspreche Ihnen noch mehr; ich will Sie, wo nur noch einige Möglichkeit ist, von dem Überfalle ihres Vaters befreien.

**Mellefont.** Dieses haben Sie nicht nötig. Ich hoffe, daß er auch mich in die Verzeihung mit einschließen wird, die er seiner Tochter widerfahren läßt. Will er aber dieser nicht verzeihen, so werde ich auch wissen, wie ich ihm begegnen soll. – Ich gehe, Sie bei meiner Miß zu melden. Nur halten Sie Wort, Marwood! (Geht ab.)

**Marwood.** Ach, Hannah! Daß unsere Kräfte nicht so groß sind als unsere Wut! Komm, hilf mich ankleiden. Ich gebe mein Vorhaben nicht auf. Wenn ich ihn nur erst sicher gemacht habe. Komm!

Ende des zweiten Aufzugs.

# Dritter Aufzug.

## Erster Auftritt.

Ein Saal im erstern Gasthofe.

**Sir William Sampson. Waitwell.**

**Sir William.** Hier, Waitwell, bring ihr diesen Brief. Es ist der Brief eines zärtlichen Vaters, der sich über nichts als über ihre Abwesenheit beklaget. Sag ihr, daß ich dich damit vorweggeschickt, und daß ich nur noch ihre Antwort erwarten wolle, ehe ich selbst käme, sie wieder in meine Arme zu schließen.

**Waitwell.** Ich glaube, Sie tun recht wohl, daß Sie Ihre Zusammenkunft auf diese Art vorbereiten.

**Sir William.** Ich werde ihrer Gesinnungen dadurch gewiß und mache ihr Gelegenheit, alles, was ihr die Reue Klägliches und Errötendes eingeben könnte, schon ausgeschüttet zu haben, ehe sie mündlich mit mir spricht. Es wird ihr in einem Briefe weniger Verwirrung und mir vielleicht weniger Tränen kosten.

**Waitwell.** Darf ich aber fragen, Sir, was Sie in Ansehung Mellefonts beschlossen haben?

**Sir William.** Ach, Waitwell, wenn ich ihn von dem Geliebten meiner Tochter trennen könnte, so würde ich etwas sehr Hartes wider ihn beschließen. Aber da dieses nicht angeht, so siehst du wohl, daß er gegen meinen Unwillen gesichert ist. Ich habe selbst den größten Fehler bei diesem Unglücke begangen. Ohne mich würde Sara diesen gefährlichen Mann nicht haben kennen lernen. Ich verstattete ihm wegen einer Verbindlichkeit, die ich gegen ihn zu haben glaubte, einen allzufreien Zuritt in meinem Hause. Es war natürlich, daß ihm die dankbare Aufmerksamkeit, die ich für ihn bezeigte, auch die Achtung meiner Tochter zuziehen mußte. Und es war ebenso natürlich, daß sich ein Mensch von seiner Denkungsart durch diese Achtung verleiten ließ, sie zu etwas Höherm zu treiben. Er hatte Geschicklichkeit genug gehabt, sie in Liebe zu verwandeln, ehe ich noch das Geringste merkte, und ehe ich noch Zeit hatte, mich nach seiner übrigen Lebensart zu erkundigen. Das Unglück war geschehen, und ich hätte wohlgetan, wenn ich ihnen nur gleich alles vergeben hätte. Ich wollte unerbittlich gegen ihn sein und überlegte nicht, daß ich es gegen ihn nicht allein sein könnte. Wenn ich meine zu späte Strenge erspart hätte, so würde ich wenigstens ihre Flucht verhindert haben. – Da bin ich nun, Waitwell! Ich muß sie selbst zurückholen und mich noch glücklich schätzen, wenn ich aus dem Verführer nur meinen Sohn machen kann. Denn wer weiß, ob er seine Marwoods und seine übrigen Kreaturen eines Mädchens wegen wird aufgeben wollen, das seinen Begierden nichts mehr zu verlangen übriggelassen hat und die fesselnden Künste einer Buhlerin so wenig versteht.

**Waitwell.** Nun, Sir, das ist wohl nicht möglich, daß ein Mensch so gar böse sein könnte. –

**Sir William.** Der Zweifel, guter Waitwell, macht deiner Tugend Ehre. Aber warum ist es gleichwohl wahr, daß sich die Grenzen der menschlichen Bosheit noch viel weiter erstrecken? – Geh nur jetzt und tue, was ich dir gesagt habe. Gib auf alle ihre Mienen acht, wenn sie meinen Brief lesen wird. In der kurzen Entfernung von der Tugend kann sie die Verstellung noch nicht gelernt haben, zu deren Larven nur das eingewurzelte Laster seine Zuflucht nimmt. Du wirst ihre ganze Seele in ihrem Gesichte lesen. Laß dir ja keinen Zug entgehen, der etwa eine Gleichgültigkeit gegen mich, eine Verschmähung ihres Vaters anzeigen könnte. Denn wenn du diese unglückliche Entdeckung machen solltest, und wenn sie mich nicht mehr liebt, so hoffe ich, daß ich mich endlich werde überwinden können, sie ihrem Schicksale zu überlassen. Ich hoffe es, Waitwell – Ach! wenn nur hier kein Herz schlüge, das dieser Hoffnung widerspricht. (Sie gehen beide auf verschiedenen Seiten ab.)

## Zweiter Auftritt.

Das Zimmer der Sara.[1]

**Miß Sara. Mellefont.**

**Mellefont.** Ich habe unrecht getan, liebste Miß, daß ich Sie wegen des vorigen Briefes in einer kleinen Unruhe ließ.

**Sara.** Nein doch, Mellefont; ich bin deswegen ganz und gar nicht unruhig gewesen. Könnten Sie mich denn nicht lieben, wenn Sie gleich noch Geheimnisse vor mir hätten?

**Mellefont.** Sie glauben also doch, daß es ein Geheimnis gewesen sei?

**Sara.** Aber keines, das mich angeht. Und das muß mir genug sein.

**Mellefont.** Sie sind allzu gefällig. Doch erlauben Sie mir, daß ich Ihnen dieses Geheimnis gleichwohl entdecke. Es waren einige Zeilen von einer Anverwandten, die meinen hiesigen Aufenthalt erfahren hat. Sie geht auf ihrer Reise nach London hier durch und will mich sprechen. Sie hat zugleich um die Ehre ersucht, Ihnen ihre Aufwartung machen zu dürfen.

**Sara.** Es wird mir allezeit angenehm sein, Mellefont, die würdigen Personen Ihrer Familie kennen zu lernen. Aber überlegen Sie es selbst, ob ich schon, ohne zu erröten, einer derselben unter die Augen sehen darf.

**Mellefont.** Ohne zu erröten? Und worüber? Darüber, daß Sie mich lieben? Es ist wahr, Miß, Sie hätten Ihre Liebe einem Edlern, einem Reichern schenken können. Sie müssen sich schämen, daß Sie Ihr Herz nur um ein Herz haben geben wollen, und daß Sie bei diesem Tausche Ihr Glück so weit aus den Augen gesetzt.

**Sara.** Sie werden es selbst wissen, wie falsch Sie meine Worte erklären.

**Mellefont.** Erlauben Sie, Miß; wenn ich sie falsch erkläre, so können sie gar keine Bedeutung haben.

**Sara.** Wie heißt Ihre Anverwandte?

**Mellefont.** Es ist – Lady Solmes. Sie werden den Namen von mir schon gehört haben.

---

[1] Auch diese Verwandlung erfolgt auf die oben, S. 306, Anm. 1, angegebene Weise.

**Sara.** Ich kann mich nicht erinnern.

**Mellefont.** Darf ich bitten, daß Sie ihren Besuch annehmen wollen?

**Sara.** Bitten, Mellefont? Sie können mir es ja befehlen.

**Mellefont.** Was für ein Wort! – Nein, Miß, sie soll das Glück nicht haben, Sie zu sehen. Sie wird es betauern; aber sie muß es sich gefallen lassen. Miß Sara hat ihre Ursachen, die ich auch, ohne sie zu wissen, verehre.

**Sara.** Mein Gott! wie schnell sind Sie, Mellefont! Ich werde die Lady erwarten und mich der Ehre ihres Besuchs soviel möglich würdig zu erzeigen suchen. Sind Sie zufrieden?

**Mellefont.** Ach, Miß, lassen Sie mich meinen Ehrgeiz gestehen. Ich möchte gern gegen die ganze Welt mit Ihnen prahlen. Und wenn ich auf den Besitz einer solchen Person nicht eitel wäre, so würde ich mir selbst vorwerfen, daß ich den Wert derselben nicht zu schätzen wüßte. Ich gehe und bringe die Lady sogleich zu Ihnen. (Gehet ab.)

**Sara** (allein). Wenn es nur keine von den stolzen Weibern ist, die voll von ihrer Tugend über alle Schwachheiten erhaben zu sein glauben. Sie machen uns mit einem einzigen verächtlichen Blicke den Prozeß, und ein zweideutiges Achselzucken ist das ganze Mitleiden, das wir ihnen zu verdienen scheinen.

---

## Dritter Auftritt.

**Waitwell. Sara.**

**Betty** (zwischen der Szene[1]). Nur hier herein, wenn Er selbst mit ihr sprechen muß.

**Sara** (die sich umsieht). Wer muß selbst mit mir sprechen? – Wen seh' ich? Ist es möglich? Waitwell, dich?

**Waitwell.** Was für ein glücklicher Mann bin ich, daß ich endlich unsere Miß Sara wiedersehe!

**Sara.** Gott! was bringst du? Ich hör' es schon, ich hör' es schon, du bringst mir die Nachricht von dem Tode meines Vaters! Er ist hin, der vortrefflichste Mann, der beste Vater! Er ist hin, und ich, ich bin die Elende, die seinen Tod beschleuniget hat.

[1] In den Kulissen stehend.

**Waitwell.** Ach! Miß – –

**Sara.** Sage mir, geschwind sage mir, daß die letzten Augenblicke seines Lebens ihm durch mein Andenken nicht schwerer wurden, daß er mich vergessen hatte, daß er ebenso ruhig starb, als er sich sonst in meinen Armen zu sterben versprach, daß er sich meiner auch nicht einmal in seinem letzten Gebete erinnerte – –

**Waitwell.** Hören Sie doch auf, sich mit so falschen Vorstellungen zu plagen! Er lebt ja noch, Ihr Vater; er lebt ja noch, der rechtschaffne Sir William.

**Sara.** Lebt er noch? Ist es wahr, lebt er noch? O, daß er noch lange leben und glücklich leben möge! O, daß ihm Gott die Hälfte meiner Jahre zulegen wolle! Die Hälfte? – Ich Undankbare, wenn ich ihm nicht mit allen, soviel mir deren bestimmt sind, auch nur einige Augenblicke zu erkaufen bereit bin! Aber nun sage mir wenigstens, Waitwell, daß es ihm nicht hart fällt, ohne mich zu leben, daß es ihm leicht geworden ist, eine Tochter aufzugeben, die ihre Tugend so leicht aufgeben können, daß ihn meine Flucht erzürnet, aber nicht gekränkt hat, daß er mich verwünschet, aber nicht betauert.

**Waitwell.** Ach, Sir William ist noch immer der zärtliche Vater, so wie sein Sarchen noch immer die zärtliche Tochter ist, die sie beide gewesen sind.

**Sara.** Was sagst du? Du bist ein Bote des Unglücks, des schrecklichsten Unglücks unter allen, die mir meine feindselige Einbildung jemals vorgestellet hat! Er ist noch der zärtliche Vater? So liebt er mich ja noch? So muß er mich ja beklagen? Nein, nein, das tut er nicht, das kann er nicht tun! Siehst du denn nicht, wie unendlich jeder Seufzer, den er um mich verlöre, meine Verbrechen vergrößern würde? Müßte mir nicht die Gerechtigkeit des Himmels jede seiner Tränen, die ich ihm auspreßte, so anrechnen, als ob ich bei jeder derselben mein Laster und meinen Undank wiederholte? Ich erstarre über diesen Gedanken. Tränen koste ich ihm? Tränen? Und es sind andre Tränen als Tränen der Freude? – Widersprich mir doch, Waitwell! Aufs höchste[1] hat er einige leichte Regungen des

1 Höchstens.

Bluts für mich gefühlet; einige von den geschwind überhingehenden Regungen, welche die kleinste Anstrengung der Vernunft besänftiget. Zu Tränen hat er es nicht kommen lassen. Nicht wahr, Waitwell, zu Tränen hat er es nicht kommen lassen?

**Waitwell** (indem er sich die Augen wischt). Nein, Miß, dazu hat er es nicht kommen lassen.

**Sara.** Ach, dein Mund sagt nein, und deine eignen Tränen sagen ja.

**Waitwell.** Nehmen Sie diesen Brief, Miß; er ist von ihm selbst.

**Sara.** Von wem? von meinem Vater? an mich?

**Waitwell.** Ja, nehmen Sie ihn nur; Sie werden mehr daraus sehen können, als ich zu sagen vermag. Er hätte einem andern als mir dieses Geschäfte auftragen sollen. Ich versprach mir Freude davon, aber Sie verwandeln mir diese Freude in Betrübnis.

**Sara.** Gib nur, ehrlicher Waitwell! – Doch nein, ich will ihn nicht eher nehmen, als bis du mir sagst, was ungefähr darin enthalten ist.

**Waitwell.** Was kann darin enthalten sein? Liebe und Vergebung.

**Sara.** Liebe? Vergebung?

**Waitwell.** Und vielleicht ein aufrichtiges Betauern, daß er die Rechte der väterlichen Gewalt gegen ein Kind brauchen wollen, für welches nur die Vorrechte der väterlichen Huld sind.

**Sara.** So behalte nur deinen grausamen Brief!

**Waitwell.** Grausamen? Fürchten Sie nichts; Sie erhalten völlige Freiheit über Ihr Herz und Ihre Hand.

**Sara.** Und das ist es eben, was ich fürchte. Einen Vater wie ihn zu betrüben, dazu habe ich noch den Mut gehabt. Allein ihn durch ebendiese Betrübnis, ihn durch seine Liebe, der ich entsagt, dahin gebracht zu sehen, daß er sich alles gefallen läßt, wozu mich eine unglückliche Leidenschaft verleitet, das, Waitwell, das würde ich nicht ausstehen. Wenn sein Brief alles enthielte, was ein aufgebrachter Vater in solchem Falle Heftiges und Hartes vorbringen kann, so würde ich ihn zwar mit Schaudern lesen, aber ich würde ihn doch lesen können.

Ich würde gegen seinen Zorn noch einen Schatten von Verteidigung aufzubringen wissen, um ihn durch diese Verteidigung womöglich noch zorniger zu machen. Meine Beruhigung wäre alsdann diese, daß bei einem gewaltsamen Zorne kein wehmütiger Gram Raum haben könne, und daß sich jener endlich glücklich in eine bittere Verachtung gegen mich verwandeln werde. Wen man aber verachtet, um den bekümmert man sich nicht mehr. Mein Vater wäre wieder ruhig, und ich dürfte mir nicht vorwerfen, ihn auf immer unglücklich gemacht zu haben.

**Waitwell.** Ach, Miß, Sie werden sich diesen Vorwurf noch weniger machen dürfen, wenn Sie jetzt seine Liebe wieder ergreifen, die ja alles vergessen will.

**Sara.** Du irrst dich, Waitwell. Sein sehnliches Verlangen nach mir verführt ihn vielleicht, zu allem ja zu sagen. Kaum aber würde dieses Verlangen ein wenig beruhiget sein, so würde er sich seiner Schwäche wegen vor sich selbst schämen. Ein finsterer Unwille würde sich seiner bemeistern, und er würde mich nie ansehen können, ohne mich heimlich anzuklagen, wie viel ich ihm abzutrotzen mich unterstanden habe. Ja, wenn es in meinem Vermögen stünde, ihm bei der äußersten Gewalt, die er sich meinetwegen antut, das Bitterste zu ersparen, wenn in dem Augenblicke, da er mir alles erlauben wollte, ich ihm alles aufopfern könnte, so wäre es ganz etwas anders. Ich wollte den Brief mit Vergnügen von deinen Händen nehmen, die Stärke der väterlichen Liebe darin bewundern und, ohne sie zu mißbrauchen, mich als eine reuende und gehorsame Tochter zu seinen Füßen werfen. Aber kann ich das? Ich würde es tun müssen, was er mir erlaubte, ohne mich daran zu kehren, wie teuer ihm diese Erlaubnis zu stehen komme. Und wenn ich dann am vergnügtesten darüber sein wollte, würde es mir plötzlich einfallen, daß er mein Vergnügen äußerlich nur zu teilen scheine und in sich selbst vielleicht seufze, kurz, daß er mich mit Entsagung seiner eignen Glückseligkeit glücklich gemacht habe. – Und es auf diese Art zu sein wünschen, trauest du mir das wohl zu, Waitwell?

**Waitwell.** Gewiß, ich weiß nicht, was ich hierauf antworten soll.

**Sara.** Es ist nichts darauf zu antworten. Bringe deinen Brief also nur wieder zurück. Wenn mein Vater durch mich unglücklich sein muß, so will ich selbst auch unglücklich bleiben. Ganz allein ohne ihn unglücklich zu sein, das ist es, was ich jetzt stündlich von dem Himmel bitte; glücklich aber ohne ihn ganz allein zu sein, davon will ich durchaus nichts wissen.

**Waitwell** (etwas beiseite). Ich glaube wahrhaftig, ich werde das gute Kind hintergehen müssen, damit es den Brief doch nur lieset.

**Sara.** Was sprichst du da für dich?

**Waitwell.** Ich sage mir selbst, daß ich einen sehr ungeschickten Einfall gehabt hätte, Sie, Miß, zur Lesung des Briefes desto geschwinder zu vermögen.

**Sara.** Wieso?

**Waitwell.** Ich konnte so weit nicht denken. Sie überlegen freilich alles genauer, als es unsereiner kann. Ich wollte Sie nicht erschrecken; der Brief ist vielleicht nur allzu hart; und wenn ich gesagt habe, daß nichts als Liebe und Vergebung darin enthalten sei, so hätte ich sagen sollen, daß ich nichts als dieses darin enthalten zu sein wünschte.

**Sara.** Ist das wahr? – Nun, so gib mir ihn her. Ich will ihn lesen. Wenn man den Zorn eines Vaters unglücklicherweise verdient hat, so muß man wenigstens gegen diesen väterlichen Zorn so viel Achtung haben, daß er ihn nach allen Gefallen gegen uns auslassen kann. Ihn zu vereiteln suchen, heißt Beleidigungen mit Geringschätzung häufen. Ich werde ihn nach aller seiner Stärke empfinden. Du siehst, ich zittre schon – Aber ich soll auch zittern, und ich will lieber zittern als weinen. – (Sie erbricht den Brief.) Nun ist er erbrochen! Ich bebe – Aber was seh' ich? (Sie lieset.) „Einzige, geliebteste Tochter!" – Ha! du alter Betrieger, ist das die Anrede eines zornigen Vaters? Geh, weiter werde ich nicht lesen – –

**Waitwell.** Ach, Miß, verzeihen Sie doch einem alten Knechte. Ja gewiß, ich glaube, es ist in meinem Leben das erstemal, daß ich mit Vorsatz betrogen habe. Wer einmal betriegt, Miß, und aus einer so guten Absicht betriegt, der ist ja deswegen noch kein alter Betrieger. Das geht mir nahe, Miß. Ich weiß wohl, die gute Absicht entschuldigt nicht immer; aber was konnte ich denn tun? Einem so guten Vater seinen Brief ungelesen wiederzubringen? Das kann ich nimmermehr. Eher will ich gehen, so weit mich meine alten Beine tragen, und ihm nie wieder vor die Augen kommen.

**Sara.** Wie? Auch du willst ihn verlassen?

**Waitwell.** Werde ich denn nicht müssen, wenn Sie den Brief nicht lesen? Lesen Sie ihn doch immer. Lassen Sie doch immer den ersten vorsätzlichen Betrug, den ich mir vorzuwerfen habe, nicht ohne gute Wirkung bleiben. Sie werden ihn desto eher vergessen, und ich werde mir ihn desto eher vergeben können. Ich bin ein gemeiner[1], einfältiger Mann, der Ihnen Ihre Ursachen, warum Sie den Brief nicht lesen können oder wollen, freilich so muß gelten lassen. Ob sie wahr sind, weiß ich nicht; aber so recht natürlich scheinen sie mir wenigstens nicht. Ich dächte nun so, Miß: ein Vater, dächte ich, ist doch immer ein Vater; und ein Kind kann wohl einmal fehlen, es bleibt deswegen doch ein gutes Kind. Wenn der Vater den Fehler verzeiht, so kann ja das Kind sich wohl wieder so aufführen, daß er auch gar nicht mehr daran denken darf[2]. Und wer erinnert sich denn gern an etwas, wovon er lieber wünscht, es wäre gar nicht geschehen? Es ist, Miß, als ob Sie nur immer an Ihren Fehler dächten und glaubten, es wäre genug, wenn Sie den in Ihrer Einbildung vergrößerten und sich selbst mit solchen vergrößerten Vorstellungen marterten. Aber ich sollte meinen, Sie müßten auch daran denken, wie Sie das, was geschehen ist, wieder gutmachten. Und wie wollen Sie es denn wieder gutmachen, wenn Sie sich selbst alle Gelegenheit dazu benehmen? Kann es Ihnen denn sauer werden, den andern[3] Schritt zu tun, wenn so ein lieber Vater schon den ersten getan hat?

**Sara.** Was für Schwerter gehen aus deinem einfältigen Munde in mein Herz! – Eben das kann ich nicht aushalten, daß er den ersten Schritt tun muß. Und was willst du denn? Tut er denn nur den ersten Schritt? Er muß sie alle tun, ich kann ihm keinen entgegentun. So weit ich mich von ihm entfernet, so weit muß er sich zu mir herablassen. Wenn er mir vergibt,

---

1 Gewöhnlicher. – 2 Braucht. – 3 Zweiten.

so muß er mein ganzes Verbrechen vergeben und sich noch dazu gefallen lassen, die Folgen desselben vor seinen Augen fortdauern zu sehen. Ist das von einem Vater zu verlangen?

**Waitwell.** Ich weiß nicht, Miß, ob ich dieses so recht verstehe. Aber mich deucht, Sie wollen sagen, er müsse Ihnen gar zu viel vergeben, und weil ihm das nicht anders als sehr sauer werden könne, so machten Sie sich ein Gewissen, seine Vergebung anzunehmen. Wenn Sie das meinen, so sagen Sie mir doch, ist denn nicht das Vergeben für ein gutes Herz ein Vergnügen? Ich bin in meinem Leben so glücklich nicht gewesen, daß ich dieses Vergnügen oft empfunden hätte. Aber der wenigen Male, die ich es empfunden habe, erinnere ich mich noch immer gern. Ich fühlte so etwas Sanftes, so etwas Beruhigendes, so etwas Himmlisches dabei, daß ich mich nicht entbrechen konnte, an die große, unüberschwengliche Seligkeit Gottes zu denken, dessen ganze Erhaltungen der elenden Menschen ein immerwährendes Vergeben ist. Ich wünschte mir, alle Augenblicke verzeihen zu können, und schämte mich, daß ich nur solche Kleinigkeiten zu verzeihen hatte. Recht schmerzhafte Beleidigungen, recht tödliche Kränkungen zu vergeben, sagt' ich zu mir selbst, muß eine Wollust sein, in der die ganze Seele zerfließt. – Und nun, Miß, wollen Sie denn so eine große Wollust Ihrem Vater nicht gönnen?

**Sara.** Ach! – Rede weiter, Waitwell, rede weiter!

**Waitwell.** Ich weiß wohl, es gibt eine Art von Leuten, die nichts ungerner als Vergebung annehmen, und zwar weil sie keine zu erzeigen gelernt haben. Es sind stolze, unbiegsame Leute, die durchaus nicht gestehen wollen, daß sie unrecht getan. Aber von der Art, Miß, sind Sie nicht. Sie haben das liebreichste und zärtlichste Herz, das die Beste Ihres Geschlechts nur haben kann. Ihren Fehler bekennen Sie auch. Woran liegt es denn nun also noch? – Doch verzeihen Sie mir nur, Miß, ich bin ein alter Plauderer und hätte es gleich merken sollen, daß Ihr Weigern nur eine rühmliche Besorgnis, nur eine tugendhafte Schüchternheit sei. Leute, die eine große Wohltat gleich ohne Bedenken annehmen können, sind der Wohltat selten würdig. Die sie am meisten verdienen, haben auch immer das meiste

Mißtrauen gegen sich selbst. Doch muß das Mißtrauen nicht über sein Ziel getrieben werden.

**Sara.** Lieber alter Vater, ich glaube, du hast mich überredet.

**Waitwell.** Ach Gott! Wenn ich so glücklich gewesen bin, so muß mir ein guter Geist haben reden helfen. Aber nein, Miß, meine Reden haben dabei nichts getan, als daß sie Ihnen Zeit gelassen, selbst nachzudenken und sich von einer so fröhlichen Bestürzung zu erholen. – Nicht wahr, nun werden Sie den Brief lesen? O, lesen Sie ihn doch gleich!

**Sara.** Ich will es tun, Waitwell. – Welche Bisse, welche Schmerzen werde ich fühlen!

**Waitwell.** Schmerzen, Miß, aber angenehme Schmerzen.

**Sara.** Sei still! (Sie fängt an, für sich zu lesen.)

**Waitwell** (beiseite). O, wenn er sie selbst sehen sollte!

**Sara** (nachdem sie einige Augenblicke gelesen). Ach, Waitwell, was für ein Vater! Er nennt meine Flucht eine Abwesenheit. Wie viel sträflicher wird sie durch dieses gelinde Wort! (Sie lieset weiter und unterbricht sich wieder.) Höre doch! er schmeichelt sich, ich würde ihn noch lieben. Er schmeichelt sich! (Lieset und unterbricht sich.) Er bittet mich – Er bittet mich? Ein Vater seine Tochter, seine strafbare Tochter? Und was bittet er mich denn? – (Lieset für sich.) Er bittet mich, seine übereilte Strenge zu vergessen und ihn mit meiner Entfernung nicht länger zu strafen. Übereilte Strenge! – Zu strafen! – (Lieset wieder und unterbricht sich.) Noch mehr! Nun dankt er mir gar, und dankt mir, daß ich ihm Gelegenheit gegeben, den ganzen Umfang der väterlichen Liebe kennen zu lernen. Unselige Gelegenheit! Wenn er doch nur auch sagte, daß sie ihm zugleich den ganzen Umfang des kindlichen Ungehorsams habe kennen lernen! (Sie lieset wieder.) Nein, er sagt es nicht! Er gedenkt meines Verbrechens nicht mit einem Buchstaben. (Sie fährt weiter fort, für sich zu lesen.) Er will kommen und seine Kinder selbst zurückholen. Seine Kinder, Waitwell! Das geht über alles! – Hab' ich auch recht gelesen? (Sie lieset wieder für sich.) – Ich möchte vergehen! Er sagt, derjenige verdiene nur allzuwohl sein Sohn zu sein, ohne welchen er keine Tochter haben könne. – O! hätte er sie nie gehabt, diese unglückliche Tochter! – Geh, Waitwell, laß mich allein. Er verlangt eine

Antwort, und ich will sie sogleich machen. Frag' in einer Stunde wieder nach. Ich danke dir unterdessen für deine Mühe. Du bist ein rechtschaffner Mann. Es sind wenig Diener die Freunde ihrer Herren!

**Waitwell.** Beschämen Sie mich nicht, Miß. Wenn alle Herren Sir Williams wären, so müßten die Diener Unmenschen sein, wenn sie nicht ihr Leben für sie lassen wollten. (Geht ab.)

---

## Vierter Auftritt.

**Sara.** Sie setzet sich zum Schreiben nieder.

Wenn man mir es vor Jahr und Tag gesagt hätte, daß ich auf einen solchen Brief würde antworten müssen! Und unter solchen Umständen! – Ja, die Feder hab' ich in der Hand. – Weiß ich aber auch schon, was ich schreiben soll? Was ich denke, was ich empfinde. – Und was denkt man denn, wenn sich in einem Augenblicke tausend Gedanken durchkreuzen? Und was empfindet man denn, wenn das Herz vor lauter Empfinden in einer tiefen Betäubung liegt? – Ich muß doch schreiben. – Ich führe ja die Feder nicht das erstemal. Nachdem sie mir schon so manche kleine Dienste der Höflichkeit und Freundschaft abstatten helfen, sollte mir ihre Hülfe wohl bei dem wichtigsten Dienste entstehen[1]? – (Sie denkt ein wenig nach und schreibt darauf einige Zeilen.) Das soll der Anfang sein? Ein sehr frostiger Anfang. Und werde ich denn bei seiner Liebe anfangen wollen? Ich muß bei meinem Verbrechen anfangen. (Sie streicht aus und schreibt anders.) Daß ich mich ja nicht zu obenhin davon ausdrücke! – Das Schämen kann überall an seiner rechten Stelle sein, nur bei dem Bekenntnisse unserer Fehler nicht. Ich darf mich nicht fürchten, in Übertreibungen zu geraten, wenn ich auch schon die gräßlichsten Züge anwende. – Ach! warum muß ich nun gestört werden?

---

## Fünfter Auftritt.

**Marwood. Mellefont. Sara.**

**Mellefont.** Liebste Miß, ich habe die Ehre, Ihnen Lady Solmes vorzustellen, welche eine von denen Personen in

1 Ältere Bedeutung: im Stiche lassen, mangeln.

meiner Familie ist, welchen ich mich am meisten verpflichtet erkenne.

**Marwood.** Ich muß um Vergebung bitten, Miß, daß ich so frei bin, mich mit meinen eignen Augen von dem Glücke eines Vetters zu überführen, dem ich das vollkommenste Frauenzimmer wünschen würde, wenn mich nicht gleich der erste Anblick überzeugt hätte, daß er es in Ihnen bereits gefunden habe.

**Sara.** Sie erzeigen mir allzuviel Ehre, Lady. Eine Schmeichelei wie diese würde mich zu allen Zeiten beschämt haben; itzt aber sollte ich sie fast für einen versteckten Vorwurf annehmen, wenn ich Lady Solmes nicht für viel zu großmütig hielte, ihre Überlegenheit an Tugend und Klugheit eine Unglückliche fühlen zu lassen.

**Marwood** (kalt). Ich würde untröstlich sein, Miß, wenn Sie mir andre als die freundschaftlichsten Gesinnungen zutrauten. – (Beiseite.) Sie ist schön!

**Mellefont.** Und wäre es denn auch möglich, Lady, gegen so viel Schönheit, gegen so viel Bescheidenheit gleichgültig zu bleiben? Man sagt zwar, daß einem reizenden Frauenzimmer selten von einem andern Gerechtigkeit erwiesen werde; allein dieses ist auf der einen Seite nur von denen, die auf ihre Vorzüge allzu eitel sind, und auf der andern nur von solchen zu verstehen, welche sich selbst keiner Vorzüge bewußt sind. Wie weit sind Sie beide von diesem Falle entfernt! – (Zur Marwood, welche in Gedanken steht). Ist es nicht wahr, Lady, daß meine Liebe nichts weniger als parteiisch gewesen ist? Ist es nicht wahr, daß ich Ihnen zum Lobe meiner Miß viel, aber noch lange nicht so viel gesagt habe, als Sie selbst finden? – Aber warum so in Gedanken? – (Sachte zu ihr.) Sie vergessen, wer Sie sein wollen.

**Marwood.** Darf ich es sagen? – Die Bewunderung Ihrer liebsten Miß führte mich auf die Betrachtung ihres Schicksals. Es ging mir nahe, daß sie die Früchte ihrer Liebe nicht in ihrem Vaterlande genießen soll. Ich erinnerte mich, daß sie einen Vater und, wie man mir gesagt hat, einen sehr zärtlichen Vater verlassen müßte, um die Ihrige sein zu können; und ich konnte mich nicht enthalten, ihre Aussöhnung mit ihm zu wünschen.

**Sara.** Ach, Lady, wie sehr bin ich Ihnen für diesen Wunsch verbunden! Er verdient es, daß ich meine ganze Freude mit Ihnen teile. Sie können es noch nicht wissen, Mellefont, daß er erfüllt wurde, ehe Lady die Liebe für uns hatte, ihn zu tun.

**Mellefont.** Wie verstehen Sie dieses, Miß?

**Marwood** (beiseite). Was will das sagen?

**Sara.** Eben itzt habe ich einen Brief von meinem Vater erhalten. Waitwell brachte mir ihn. Ach, Mellefont, welch ein Brief!

**Mellefont.** Geschwind, reißen Sie mich aus meiner Ungewißheit. Was hab' ich zu fürchten? Was habe ich zu hoffen? Ist er noch der Vater, den wir flohen? Und wenn er es noch ist, wird Sara die Tochter sein, die mich zärtlich genug liebt, um ihn noch weiter zu fliehen? Ach, hätte ich Ihnen gefolgt, liebste Miß, so wären wir jetzt durch ein Band verknüpft, das man aus eigensinnigen Absichten zu trennen wohl unterlassen müßte. In diesem Augenblick empfinde ich alles das Unglück, das unser entdeckter Aufenthalt für mich nach sich ziehen kann. – Er wird kommen und Sie aus meinen Armen reißen. – Wie hasse ich den Nichtswürdigen, der uns ihm verraten hat! (Mit einem zornigen Blick gegen die Marwood.)

**Sara.** Liebster Mellefont, wie schmeichelhaft ist diese Ihre Unruhe für mich, und wie glücklich sind wir beide, daß sie vergebens ist! Lesen Sie hier seinen Brief. – (Gegen die Marwood, indem Mellefont den Brief für sich lieset.) Lady, er wird über die Liebe meines Vaters erstaunen. Meines Vaters? Ach, er ist nun auch der seinige.

**Marwood** (betroffen). Ist es möglich?

**Sara.** Jawohl, Lady, haben Sie Ursache, diese Veränderung zu bewundem. Er vergibt uns alles, wir werden uns nun vor seinen Augen lieben, er erlaubt es uns, er befiehlt es uns. – Wie hat diese Gütigkeit meine ganze Seele durchdrungen! – Nun, Mellefont? (Der ihr den Brief wiedergibt.) Sie schweigen? O nein, diese Träne, die sich aus Ihrem Auge schleicht, sagt weit mehr, als Ihr Mund ausdrücken könnte.

**Marwood** (beiseite). Wie sehr habe ich mir selbst geschadet! Ich Unvorsichtige!

**Sara.** O, lassen Sie mich diese Träne von Ihrer Wange küssen!

**Mellefont.** Ach, Miß, warum haben wir so einen göttlichen Mann betrüben müssen? Jawohl, einen göttlichen Mann; denn was ist göttlicher als vergeben? – Hätten wir uns diesen glücklichen Ausgang nur als möglich vorstellen können, gewiß, so wollten wir ihn jetzt so gewaltsamen Mitteln nicht zu verdanken haben; wir wollten ihn allein unsern Bitten zu verdanken haben. Welche Glückseligkeit wartet auf mich! Wie schmerzlich wird mir aber auch die eigne Überzeugung sein, daß ich dieser Glückseligkeit so unwert bin!

**Marwood** (beiseite). Und das muß ich mit anhören!

**Sara.** Wie vollkommen rechtfertigen Sie durch solche Gesinnungen meine Liebe gegen Sie.

**Marwood** (beiseite). Was für Zwang muß ich mir antun!

**Sara.** Auch Sie, vortreffliche Lady, müssen den Brief meines Vaters lesen. Sie scheinen allzuviel Anteil an unserm Schicksale zu nehmen, als daß Ihnen sein Inhalt gleichgültig sein könnte.

**Marwood.** Mir gleichgültig, Miß? (Sie nimmt den Brief.)

**Sara.** Aber Lady, Sie scheinen noch immer sehr nachdenkend, sehr traurig. – –

**Marwood.** Nachdenkend, Miß, aber nicht traurig.

**Mellefont** (beiseite). Himmel! Wo sie sich verrät!

**Sara.** Und warum denn?

**Marwood.** Ich zittere für Sie beide. Könnte diese unvermutete Güte Ihres Vaters nicht eine Verstellung sein, eine List?

**Sara.** Gewiß nicht, Lady, gewiß nicht. Lesen Sie nur, und Sie werden es selbst gestehen. Die Verstellung bleibt immer kalt, und eine so zärtliche Sprache ist in ihrem Vermögen nicht. (Marwood lieset für sich.) Werden Sie nicht argwöhnisch, Mellefont, ich bitte Sie. Ich stehe Ihnen dafür, daß mein Vater sich zu keiner List herablassen kann. Er sagt nichts, was er nicht denkt, und Falschheit ist ihm ein unbekanntes Laster.

**Mellefont.** O, davon bin ich vollkommen überzeugt, liebste Miß. – Man muß der Lady den Verdacht vergeben, weil sie den Mann noch nicht kennt, den er trifft.

**Sara** (indem ihr Marwood den Brief zurückgibt). Was seh' ich, Lady? Sie haben sich entfärbt? Sie zittern? Was fehlt Ihnen?

**Mellefont** (beiseite). In welcher Angst bin ich! Warum habe ich sie auch hergebracht?

**Marwood.** Es ist nichts, Miß, als ein kleiner Schwindel, welcher vorübergehn wird. Die Nachtluft muß mir auf der Reise nicht bekommen sein.

**Mellefont.** Sie erschrecken mich, Lady. – Ist es Ihnen nicht gefällig, frische Luft zu schöpfen? Man erholt sich in einem verschloßnen Zimmer nicht so leicht.

**Marwood.** Wann Sie meinen, so reichen Sie mir Ihren Arm.

**Sara.** Ich werde Sie begleiten, Lady.

**Marwood.** Ich verbitte diese Höflichkeit, Miß. Meine Schwachheit wird ohne Folgen sein.

**Sara.** So hoffe ich denn, Lady bald wiederzusehen.

**Marwood.** Wenn Sie erlauben, Miß – (Mellefont führt sie ab.)

**Sara** (allein). Die arme Lady! – Sie scheinet die freundschaftlichste Person zwar nicht zu sein; aber mürrisch und stolz scheinet sie doch auch nicht. – Ich bin wieder allein. Kann ich die wenigen Augenblicke, die ich es vielleicht sein werde, zu etwas Besserm als zur Vollendung meiner Antwort anwenden? (Sie will sich niedersetzen zu schreiben.)

---

## Sechster Auftritt.

**Betty. Sara.**

**Betty.** Das war ja wohl ein sehr kurzer Besuch.

**Sara.** Ja, Betty. Es ist Lady Solmes, eine Anverwandte meines Mellefont. Es wandelte ihr gähling[1] eine kleine Schwachheit an. Wo ist sie jetzt?

**Betty.** Mellefont hat sie bis an die Türe begleitet.

**Sara.** So ist sie ja wohl wieder fort?

**Betty.** Ich vermute es. – Aber je mehr ich Sie ansehe, Miß – Sie müssen mir meine Freiheit verzeihen – je mehr finde ich Sie verändert. Es ist etwas Ruhiges, etwas Zufriednes

1 Plötzlich.

in Ihren Blicken. Lady muß ein sehr angenehmer Besuch oder der alte Mann ein sehr angenehmer Bote gewesen sein.

**Sara.** Das letzte, Betty, das letzte. Er kam von meinem Vater. Was für einen zärtlichen Brief will ich dich lesen lassen! Dein gutes Herz hat so oft mit mir geweint, nun soll es sich auch mit mir freuen. Ich werde wieder glücklich sein und dich für deine guten Dienste belohnen können.

**Betty.** Was habe ich Ihnen in kurzen neun Wochen für Dienste leisten können?

**Sara.** Du hättest mir ihrer in meinem ganzen andern Leben nicht mehrere leisten können als in diesen neun Wochen. – Sie sind vorüber! – Komm nur itzt, Betty; weil Mellefont vielleicht wieder allein ist, so muß ich ihn noch sprechen. Ich bekomme eben den Einfall, daß es sehr gut sein würde, wenn er zugleich mit mir an meinen Vater schriebe, dem seine Danksagung schwerlich unerwartet sein dürfte. Komm! (Sie gehen ab.)

---

## Siebenter Auftritt.

Der Saal.[1]

**Sir William Sampson. Waitwell.**

**Sir William.** Was für Balsam, Waitwell, hast du mir durch deine Erzählung in mein verwundetes Herz gegossen! Ich lebe wieder neu auf, und ihre herannahende Rückkehr scheint mich ebenso weit zu meiner Jugend wieder zurückzubringen, als mich ihre Flucht näher zu dem Grabe gebracht hatte. Sie liebt mich noch! Was will ich mehr? – Geh ja bald wieder zu ihr, Waitwell. Ich kann den Augenblick nicht erwarten, da ich sie aufs neue in diese Arme schließen soll, die ich so sehnlich gegen den Tod ausgestreckt hatte. Wie erwünscht wäre er mir in den Augenblicken meines Kummers gewesen, und wie fürchterlich wird er mir in meinem neuen Glücke sein! Ein Alter ist ohne Zweifel zu tadeln, wenn er die Bande, die ihn noch mit der Welt verbinden, so fest wieder zuziehet. Die endliche Trennung

---

[1] Diese Verwandlung vollzieht sich, indem der Prospekt, der die Vorderbühne abschließt, wieder herabgelassen wird.

wird desto schmerzlicher. – Doch der Gott, der sich jetzt so gnädig gegen mich erzeigt, wird mir auch diese überstehen helfen. Sollte er mir wohl eine Wohltat erweisen, um sie mir zuletzt zu meinem Verderben gereichen zu lassen? Sollte er mir eine Tochter wiedergeben, damit ich über seine Abfoderung aus diesem Leben murren müsse? Nein, nein; er schenkt mir sie wieder, um in der letzten Stunde nur um mich selbst besorgt sein zu dürfen. Dank sei dir, ewige Güte! Wie schwach ist der Dank eines sterblichen Mundes! Doch bald, bald werde ich in einer ihm geweihten Ewigkeit ihm würdiger danken können.

**Waitwell.** Wie herzlich vergnügt es mich, Sir, Sie vor meinem Ende wieder zufrieden zu wissen! Glauben Sie mir es nur, ich habe fast so viel bei Ihrem Jammer ausgestanden als Sie selbst. Fast so viel, gar[1] so viel nicht; denn der Schmerz eines Vaters mag wohl bei solchen Gelegenheiten unaussprechlich sein.

**Sir William.** Betrachte dich von nun an, mein guter Waitwell, nicht mehr als meinen Diener. Du hast es schon längst um mich verdient, ein anständiger Alter zu genießen. Ich will dir es auch schaffen, und du sollst es nicht schlechter haben, als ich es noch in der Welt haben werde. Ich will allen Unterschied zwischen uns aufheben; in jener Welt, weißt du wohl, ist er ohnedies aufgehoben. – Nur dasmal sei noch der alte Diener, auf den ich mich nie umsonst verlassen habe. Geh und gib acht, daß du mir ihre Antwort sogleich bringen kannst, als sie fertig ist.

**Waitwell.** Ich gehe, Sir. Aber so ein Gang ist kein Dienst, den ich Ihnen tue. Er ist eine Belohnung, die Sie mir für meine Dienste gönnen. Ja gewiß, das ist er. (Sie gehen auf verschiedenen Seiten ab.)

Ende des dritten Aufzuges.

[1] In der älteren Bedeutung von „ganz", wie meist bei Lessing.

# Vierter Aufzug.

## Erster Auftritt.

Mellefonts Zimmer.

**Mellefont. Sara.**

**Mellefont.** Ja, liebste Miß, ja, das will ich tun, das muß ich tun.

**Sara.** Wie vergnügt machen Sie mich!

**Mellefont.** Ich bin es allein, der das ganze Verbrechen auf sich nehmen muß. Ich allein bin schuldig, ich allein muß um Vergebung bitten.

**Sara.** Nein, Mellefont, nehmen Sie mir den größern Anteil, den ich an unserm Vergehen habe, nicht. Er ist mir teuer, so strafbar er auch ist; denn er muß Sie überzeugt haben, daß ich meinen Mellefont über alles in der Welt liebe. – Aber ist es denn gewiß wahr, daß ich nunmehr diese Liebe mit der Liebe gegen meinen Vater verbinden darf? Oder befinde ich mich in einem angenehmen Traume? Wie fürchte ich mich, ihn zu verlieren und in meinem alten Jammer zu erwachen! – Doch nein, ich bin nicht bloß in einem Traume, ich bin wirklich glücklicher, als ich jemals zu werden hoffen durfte; glücklicher, als es vielleicht dieses kurze Leben zuläßt. Vielleicht erscheint mir dieser Strahl von Glückseligkeit nur darum von ferne und scheinet mir nur darum so schmeichelhaft näher zu kommen, damit er auf einmal wieder in die dickste Finsternis zerfließe und mich auf einmal in einer Nacht lasse, deren Schrecklichkeit mir durch diese kurze Erleuchtung erst recht fühlbar geworden. – Was für Ahnungen quälen mich! – Sind es wirklich Ahnungen, Mellefont, oder sind es gewöhnliche Empfindungen, die von der

Erwartung eines unverdienten Glücks und von der Furcht, es zu verlieren, unzertrennlich sind? – Wie schlägt mir das Herz, und wie unordentlich schlägt es! Wie stark itzt, wie geschwind! – Und nun, wie matt, wie bange, wie zitternd! – Itzt eilt es wieder, als ob es die letzten Schläge wären, die es gern recht schnell hintereinander tun wolle. Armes Herz!

**Mellefont.** Die Wallungen des Geblüts, welche plötzliche Überraschungen nicht anders als verursachen können[1], werden sich legen, Miß, und das Herz wird seine Verrichtungen ruhiger fortsetzen. Keiner seiner Schläge zielet auf das Zukünftige, und wir sind zu tadeln, – verzeihen Sie, liebste Sara, – wenn wir des Bluts mechanische Drückungen zu fürchterlichen Propheten machen. – Deswegen aber will ich nichts unterlassen, was Sie selbst zur Besänftigung dieses kleinen innerlichen Sturms für dienlich halten. Ich will sogleich schreiben, und Sir William, hoffe ich, soll mit den Beteurungen meiner Reue, mit den Ausdrückungen meines gerührten Herzens und mit den Angelobungen des zärtlichsten Gehorsams zufrieden sein.

**Sara.** Sir William? Ach, Mellefont, fangen Sie doch nun an, sich an einen weit zärtlichern Namen zu gewöhnen. Mein Vater, Ihr Vater, Mellefont – –

**Mellefont.** Nun ja, Miß, unser gütiger, unser bester Vater! – Ich mußte sehr jung aufhören, diesen süßen Namen zu nennen; sehr jung mußte ich den ebenso süßen Namen Mutter verlernen – –

**Sara.** Sie haben ihn verlernt, und mir – mir ward es so gut nicht, ihn nur einmal sprechen zu können. Mein Leben war ihr Tod. – Gott! Ich ward eine Muttermörderin wider mein Verschulden. Und wie viel fehlte – wie wenig, wie nichts fehlte – so wäre ich auch eine Vatermörderin geworden! Aber nicht ohne mein Verschulden, eine vorsätzliche Vatermörderin! – Und wer weiß, ob ich es nicht schon bin? Die Jahre, die Tage, die Augenblicke, die er geschwinder zu seinem Ziele kömmt, als er ohne die Betrübnis, die ich ihm verursacht, gekommen wäre – diese hab' ich ihm – ich habe sie ihm geraubt. Wenn ihn sein

[1] Französische Konstruktion: *je ne puis que ...*, ich muß ...

Schicksal auch noch so alt und lebenssatt sterben läßt, so wird mein Gewissen doch nichts gegen den Vorwurf sichern können, daß er ohne mich vielleicht noch später gestorben wäre. Trauriger Vorwurf, den ich mir ohne Zweifel nicht machen dürfte[1], wenn eine zärtliche Mutter die Führerin meiner Jugend gewesen wäre! Ihre Lehren, ihr Exempel würden mein Herz – So zärtlich blicken Sie mich an, Mellefont? Sie haben recht: eine Mutter würde mich vielleicht mit lauter Liebe tyrannisiert haben, und ich würde Mellefonts nicht sein. Warum wünsche ich mir denn also das, was mir das weisere Schicksal nur aus Güte versagte? Seine Fügungen sind immer die besten. Lassen Sie uns nur das recht brauchen, was es uns schenkt: einen Vater, der mich noch nie nach einer Mutter seufzen lassen, einen Vater, der auch Sie ungenossene Eltern will vergessen lehren. Welche schmeichelhafte Vorstellung! Ich verliebe mich selbst darein und vergesse es fast, daß in dem Innersten sich noch etwas regt, das ihm keinen Glauben beimessen will. – Was ist es, dieses rebellische Etwas?

**Mellefont.** Dieses Etwas, liebste Sara, wie Sie schon selbst gesagt haben, ist die natürliche furchtsame Schwierigkeit, sich in ein großes Glück zu finden. – Ach, Ihr Herz machte weniger Bedenken, sich unglücklich zu glauben, als es jetzt zu seiner eignen Pein macht, sich für glücklich zu halten! – Aber wie dem, der in einer schnellen Kreisbewegung drehend geworden, auch da noch, wenn er schon wieder stillsitzt, die äußern Gegenstände mit ihm herumzugehen scheinen, so wird auch das Herz, das zu heftig erschüttert worden, nicht auf einmal wieder ruhig. Es bleibt eine zitternde Bebung oft noch lange zurück, die wir ihrer eignen Abschwächung überlassen müssen.

**Sara.** Ich glaube es, Mellefont, ich glaube es, weil Sie es sagen, weil ich es wünsche. – Aber lassen Sie uns einer den andern nicht länger aufhalten. Ich will gehen und meinen Brief vollenden. Ich darf doch auch den Ihrigen lesen, wenn ich Ihnen den meinigen werde gezeigt haben?

**Mellefont.** Jedes Wort soll Ihrer Beurteilung unter-

1 Brauchte.

worfen sein, nur das nicht, was ich zu Ihrer Rettung sagen muß; denn ich weiß es, Sie halten sich nicht für so unschuldig, als Sie sind. (Indem er die Sara bis an die Szene[1] begleitet.)

---

## Zweiter Auftritt.

**Mellefont.** Nachdem er einigemal tiefsinnig auf- und niedergegangen.

Was für ein Rätsel bin ich mir selbst! Wofür soll ich mich halten? Für einen Toren? oder für einen Bösewicht? – oder für beides? – Herz, was für ein Schalk[2] bist du! – Ich liebe den Engel, so ein Teufel ich auch sein mag. – Ich lieb' ihn? Ja, gewiß, gewiß, ich lieb' ihn. Ich weiß, ich wollte tausend Leben für sie aufopfern, für sie, die mir ihre Tugend aufgeopfert hat! Ich wollt' es; jetzt gleich ohne Anstand wollt' ich es – Und doch, doch – – Ich erschrecke, mir es selbst zu sagen – Und doch – Wie soll ich es begreifen? – Und doch fürchte ich mich vor dem Augenblicke, der sie auf ewig vor dem Angesichte der Welt zu der Meinigen machen wird. – Er ist nun nicht zu vermeiden, denn der Vater ist versöhnt. Auch weit hinaus werde ich ihn nicht schieben können. Die Verzögerung desselben hat mir schon schmerzhafte Vorwürfe genug zugezogen. So schmerzhaft sie aber waren, so waren sie mir doch erträglicher als der melancholische Gedanke, auf zeitlebens gefesselt zu sein. – Aber bin ich es denn nicht schon? – Ich bin es freilich und bin es mit Vergnügen. – Freilich bin ich schon ihr Gefangener. – Was will ich also? – Das! – Itzt bin ich ein Gefangener, den man auf sein Wort frei herumgehen läßt; das schmeichelt! Warum kann es dabei nicht sein Bewenden haben? Warum muß ich eingeschmiedet werden und auch sogar den elenden Schatten der Freiheit entbehren? – Eingeschmiedet? Nichts anders! – Sara Sampson meine Geliebte! Wie viel Seligkeiten liegen in diesen Worten! – Sara Sampson meine Ehegattin! Die Hälfte dieser Seligkeiten ist verschwunden! und die andre Hälfte – wird verschwinden. – Ich Ungeheuer! – Und bei diesen Gesinnungen soll ich an ihren Vater schreiben? –

---

[1] Kulissen. – [2] Hier in der Bedeutung: unzuverlässiges, trügerisches Ding.

Doch es sind keine Gesinnungen, es sind Einbildungen! Vermaledeite Einbildungen, die mir durch ein zügelloses Leben so natürlich geworden! Ich will ihrer los werden, oder – nicht leben.

---

## Dritter Auftritt.

**Norton. Mellefont.**

**Mellefont.** Du störest mich, Norton!

**Norton.** Verzeihen Sie also, mein Herr – (Indem er wieder zurückgehen will.)

**Mellefont.** Nein, nein, bleib' da. Es ist ebensogut, daß du mich störest. Was willst du?

**Norton.** Ich habe von Betty eine sehr freudige Neuigkeit gehört, und ich komme, Ihnen dazu Glück zu wünschen.

**Mellefont.** Zur Versöhnung des Vaters doch wohl? Ich danke dir.

**Norton.** Der Himmel will Sie also noch glücklich machen.

**Mellefont.** Wenn er es will – du siehst, Norton, ich lasse mir Gerechtigkeit widerfahren – so will er es meinetwegen gewiß nicht.

**Norton.** Nein, wenn Sie dieses erkennen, so will er es auch Ihretwegen.

**Mellefont.** Meiner Sara wegen, einzig und allein meiner Sara wegen. Wollte seine schon gerüstete Rache eine ganze sündige Stadt weniger Gerechten wegen verschonen, so kann er ja wohl auch e i n e n Verbrecher dulden, wenn eine ihm gefällige Seele an dem Schicksale desselben Anteil nimmt.

**Norton.** Sie sprechen sehr ernsthaft und rührend. Aber drückt sich die Freude nicht etwas anders aus?

**Mellefont.** Die Freude, Norton? Sie ist nun für mich dahin.

**Norton.** Darf ich frei reden? (Indem er ihn scharf ansieht.)

**Mellefont.** Du darfst.

**Norton.** Der Vorwurf, den ich an dem heutigen Morgen von Ihnen hören mußte, daß ich mich Ihrer Verbrechen teilhaftig gemacht, weil ich dazu geschwiegen, mag mich bei Ihnen entschuldigen, wenn ich von nun an seltner schweige.

**Mellefont.** Nur vergiß nicht, wer du bist.

**Norton.** Ich will es nicht vergessen, daß ich ein Bedienter bin; ein Bedienter, der auch etwas Bessers sein könnte, wenn er, leider! darnach gelebt hätte. Ich bin Ihr Bedienter, ja; aber nicht auf dem Fuße, daß ich mich gern mit Ihnen möchte verdammen lassen.

**Mellefont.** Mit mir? Und warum sagst du das itzt?

**Norton.** Weil ich nicht wenig erstaune, Sie anders zu finden, als ich mir vorstellte.

**Mellefont.** Willst du mich nicht wissen lassen, was du dir vorstelltest?

**Norton.** Sie in lauter Entzückung zu finden.

**Mellefont.** Nur der Pöbel wird gleich außer sich gebracht, wenn ihn das Glück einmal anlächelt.

**Norton.** Vielleicht, weil der Pöbel noch sein Gefühl hat, das bei Vornehmern durch tausend unnatürliche Vorstellungen verderbt und geschwächt wird. Allein in Ihrem Gesichte ist noch etwas anders als Mäßigung zu lesen. Kaltsinn, Unentschlossenheit, Widerwille – –

**Mellefont.** Und wenn auch? Hast du es vergessen, wer noch außer der Sara hier ist? Die Gegenwart der Marwood – –

**Norton.** Könnte Sie wohl besorgt, aber nicht niedergeschlagen machen. – Sie beunruhiget etwas anders. Und ich will mich gern geirret haben, wenn Sie es nicht lieber gesehen hätten, der Vater wäre noch nicht versöhnt. Die Aussicht in einen Stand, der sich so wenig zu Ihrer Denkungsart schickt – –

**Mellefont.** Norton! Norton! Du mußt ein erschrecklicher Bösewicht entweder gewesen sein oder noch sein, daß du mich so erraten kannst. Weil du es getroffen hast, so will ich es nicht leugnen. Es ist wahr: so gewiß es ist, daß ich meine Sara ewig lieben werde, so wenig will es mir ein, daß ich sie ewig lieben soll – Soll! – Aber besorge nichts; ich will über diese närrische Grille siegen. Oder meinst du nicht, daß es eine Grille ist? Wer heißt mich, die Ehe als einen Zwang ansehen? Ich wünsche es mir ja nicht, freier zu sein, als sie mich lassen wird.

**Norton.** Diese Betrachtungen sind sehr gut. Aber Marwood, Marwood wird Ihren alten Vorurteilen zu Hülfe kommen, und ich fürchte, ich fürchte – –

**Mellefont.** Was nie geschehen wird. Du sollst sie noch heute nach London zurückreisen sehen. Da ich dir meine geheimste – Narrheit will ich es nur unterdessen nennen – gestanden habe, so darf ich dir auch nicht verbergen, daß ich die Marwood in solche Furcht gejagt habe, daß sie sich durchaus nach meinem geringsten Winke bequemen muß.

**Norton.** Sie sagen mir etwas Unglaubliches.

**Mellefont.** Sieh, dieses Mördereisen riß ich ihr aus der Hand (er zeigt ihm den Dolch, den er der Marwood genommen), als sie mir in der schrecklichsten Wut das Herz damit durchstoßen wollte. Glaubst du es nun bald, daß ich ihr festen Obstand[1] gehalten habe? Anfangs zwar fehlte es nicht viel, sie hätte mir ihre Schlinge wieder um den Hals geworfen. Die Verräterin hat Arabellen bei sich.

**Norton.** Arabellen?

**Mellefont.** Ich habe es noch nicht untersuchen können, durch welche List sie das Kind wieder in ihre Hände bekommen. Genug, der Erfolg fiel für sie nicht so aus, als sie es ohne Zweifel gehofft hatte.

**Norton.** Erlauben Sie, daß ich mich über Ihre Standhaftigkeit freuen und Ihre Besserung schon für halb geborgen halten darf. Allein – da Sie mich doch alles wollen wissen lassen – was hat sie unter dem Namen der Lady Solmes hier gesollt?

**Mellefont.** Sie wollte ihre Nebenbuhlerin mit aller Gewalt sehen. Ich willigte in ihr Verlangen, teils aus Nachsicht, teils aus Übereilung, teils aus Begierde, sie durch den Anblick der Besten ihres Geschlechts zu demütigen. – Du schüttelst den Kopf, Norton? – –

**Norton.** Das hätte ich nicht gewagt.

**Mellefont.** Gewagt? Eigentlich wagte ich nichts mehr dabei, als ich im Falle der Weigerung gewagt hätte. Sie würde als Marwood vorzukommen[2] gesucht haben; und das

---

[1] Widerstand. – [2] Vorgelassen zu werden.

Schlimmste, was bei ihrem unbekannten Besuche zu besorgen steht, ist nichts Schlimmers.

**Norton.** Danken Sie dem Himmel, daß es so ruhig abgelaufen.

**Mellefont.** Es ist noch nicht ganz vorbei, Norton. Es stieß ihr eine kleine Unbäßlichkeit[1] zu, daß sie sich, ohne Abschied zu nehmen, wegbegeben mußte. Sie will wiederkommen. – Mag sie doch! Die Wespe, die den Stachel verloren hat (indem er auf den Dolch weiset, den er wieder in den Busen steckt), kann doch weiter nichts als summen. Aber auch das Summen soll ihr teuer werden, wenn sie zu überlästig damit wird. – Hör' ich nicht jemand kommen? Verlaß mich, wenn sie es ist. – Sie ist es. Geh! (Norton geht ab.)

---

## Vierter Auftritt.

**Mellefont. Marwood.**

**Marwood.** Sie sehen mich ohne Zweifel sehr ungern wiederkommen.

**Mellefont.** Ich sehe es sehr gern, Marwood, daß Ihre Unbäßlichkeit ohne Folgen gewesen ist. Sie befinden sich doch besser?

**Marwood.** So, so!

**Mellefont.** Sie haben also nicht wohlgetan, sich wieder hieher zu bemühen.

**Marwood.** Ich danke Ihnen, Mellefont, wenn Sie dieses aus Vorsorge für mich sagen. Und ich nehme es Ihnen nicht übel, wenn Sie etwas anders damit meinen.

**Mellefont.** Es ist mir angenehm, Sie so ruhig zu sehen.

**Marwood.** Der Sturm ist vorüber. Vergessen Sie ihn, bitte ich nochmals.

**Mellefont.** Vergessen Sie nur Ihr Versprechen nicht, Marwood, und ich will gern alles vergessen. – Aber wenn ich wüßte, daß Sie es für keine Beleidigung annehmen wollten, so möchte ich wohl fragen – –

---

[1] Auf Grund irriger Ableitung von „baß" (besser) gebildete Nebenform.

**Marwood.** Fragen Sie nur, Mellefont. Sie können mich nicht mehr beleidigen. – Was wollten Sie fragen?

**Mellefont.** Wie Ihnen meine Miß gefallen habe?

**Marwood.** Die Frage ist natürlich. Meine Antwort wird so natürlich nicht scheinen, aber sie ist gleichwohl nichts weniger wahr. – Sie hat mir sehr wohl gefallen.

**Mellefont.** Diese Unparteilichkeit entzückt mich. Aber wär' es auch möglich, daß der, welcher die Reize einer Marwood zu schätzen wußte, eine schlechte Wahl treffen könnte?

**Marwood.** Mit dieser Schmeichelei, Mellefont, wenn es anders eine ist, hätten Sie mich verschonen sollen. Sie will sich mit meinem Vorsatze, Sie zu vergessen, nicht vertragen.

**Mellefont.** Sie wollen doch nicht, daß ich Ihnen diesen Vorsatz durch Grobheiten erleichtern soll? Lassen Sie unsere Trennung nicht von der gemeinen Art sein. Lassen Sie uns miteinander brechen wie Leute von Vernunft, die der Notwendigkeit weichen. Ohne Bitterkeit, ohne Groll und mit Beibehaltung eines Grades von Hochachtung, wie er sich zu unserer ehmaligen Vertraulichkeit schickt.

**Marwood.** Ehmaligen Vertraulichkeit? – Ich will nicht daran erinnert sein. Nichts mehr davon! Was geschehen muß, muß geschehen, und es kömmt wenig auf die Art an, mit welcher es geschieht. – Aber ein Wort noch von Arabellen. Sie wollen mir sie nicht lassen?

**Mellefont.** Nein, Marwood.

**Marwood.** Es ist grausam, da Sie ihr Vater nicht bleiben können, daß Sie ihr auch die Mutter nehmen wollen.

**Mellefont.** Ich kann ihr Vater bleiben und will es auch bleiben.

**Marwood.** So beweisen Sie es gleich itzt.

**Mellefont.** Wie?

**Marwood.** Erlauben Sie, daß Arabella die Reichtümer, welche ich von Ihnen in Verwahrung habe, als ihr Vaterteil besitzen darf. Was ihr Mutterteil anbelangt, so wollte ich wohl wünschen, daß ich ihr ein beßres lassen könnte, als die Schande, von mir geboren zu sein.

**Mellefont.** Reden Sie nicht so. – Ich will für Arabellen

sorgen, ohne ihre Mutter wegen eines anständigen Auskommens in Verlegenheit zu setzen. Wenn sie mich vergessen will, so muß sie damit anfangen, daß sie etwas von mir zu besitzen vergißt. Ich habe Verbindlichkeiten gegen sie und werde es nie aus der Acht lassen, daß sie mein wahres Glück, obschon wider ihren Willen, befördert hat. Ja, Marwood, ich danke Ihnen in allem Ernste, daß Sie unsern Aufenthalt einem Vater verrieten, den bloß die Unwissenheit desselben verhinderte, uns nicht eher wieder anzunehmen.

**Marwood.** Martern Sie mich nicht mit einem Danke, den ich niemals habe verdienen wollen. Sir William ist ein zu guter alter Narr; er muß anders denken, als ich an seiner Stelle würde gedacht haben. Ich hätte der Tochter vergeben, und ihrem Verführer hätt' ich – –

**Mellefont.** Marwood! – –

**Marwood.** Es ist wahr; Sie sind es selbst. Ich schweige. – Werde ich der Miß mein Abschiedskompliment bald machen dürfen?

**Mellefont.** Miß Sara würde es Ihnen nicht übelnehmen können, wenn Sie auch wegreiseten, ohne sie wieder zu sprechen.

**Marwood.** Mellefont, ich spiele meine Rollen nicht gern halb, und ich will auch unter keinem fremden Namen für ein Frauenzimmer ohne Lebensart gehalten werden.

**Mellefont.** Wenn Ihnen Ihre eigne Ruhe lieb ist, so sollten Sie sich selbst hüten, eine Person nochmals zu sehen, die gewisse Vorstellungen bei Ihnen rege machen muß – –

**Marwood** (spöttisch lächelnd). Sie haben eine bessere Meinung von sich selbst als von mir. Wenn Sie es aber auch glaubten, daß ich Ihrentwegen untröstlich sein müßte, so sollten Sie es doch wenigstens ganz in der Stille glauben. – Miß Sara soll gewisse Vorstellungen bei mir rege machen? Gewisse? O ja – aber keine gewisser als diese, daß das beste Mädchen oft den nichtswürdigsten Mann lieben kann.

**Mellefont.** Allerliebst, Marwood, allerliebst! Nun sind Sie gleich in der Verfassung, in der ich Sie längst gern gewünscht hätte, ob es mir gleich, wie ich schon gesagt, fast lieber gewesen wäre, wenn wir einige gemeinschaftliche Hochachtung füreinander hätten behalten können. Doch vielleicht findet sich diese noch, wenn nur das gärende Herz erst ausgebrauset hat. – Erlauben Sie, daß ich Sie einige Augenblicke allein lasse. Ich will Miß Sampson zu Ihnen holen.

## Fünfter Auftritt.

**Marwood.** Indem sie um sich herumsieht.

Bin ich allein? – Kann ich unbemerkt einmal Atem schöpfen und die Muskeln des Gesichts in ihre natürliche Lage fahren lassen? – Ich muß geschwind einmal in allen Mienen die wahre Marwood sein, um den Zwang der Verstellung wieder aushalten zu können. – Wie hasse ich dich, niedrige Verstellung! Nicht, weil ich die Aufrichtigkeit liebe, sondern weil du die armseligste Zuflucht der ohnmächtigen Rachsucht bist. Gewiß würde ich mich zu dir nicht herablassen, wenn mir ein Tyrann seine Gewalt oder der Himmel seinen Blitz anvertrauen wollte. – Doch wann du mich nur zu meinem Zwecke bringst! – Der Anfang verspricht es; und Mellefont scheinet noch sichrer werden zu wollen. Wenn mir meine List gelingt, daß ich mit seiner Sara allein sprechen kann, so – Ja, so ist es doch noch sehr ungewiß, ob es mir etwas helfen wird. Die Wahrheiten von dem Mellefont werden ihr vielleicht nichts Neues sein, die Verleumdungen wird sie vielleicht nicht glauben und die Drohungen vielleicht verachten. Aber doch soll sie Wahrheit, Verleumdung und Drohungen von mir hören. Es wäre schlecht, wenn sie in ihrem Gemüte ganz und gar keinen Stachel zurückließen. – Still! sie kommen. Ich bin nun nicht mehr Marwood; ich bin eine nichtswürdige Verstoßene, die durch kleine Kunstgriffe die Schande von sich abzuwehren sucht, ein getretner Wurm, der sich krümmet und dem, der ihn getreten hat, wenigstens die Ferse gern verwunden möchte.

## Sechster Auftritt.

**Sara. Mellefont. Marwood.**

**Sara.** Ich freue mich, Lady, daß meine Unruhe vergebens gewesen ist.

**Marwood.** Ich danke Ihnen, Miß. Der Zufall[1] war zu klein, als daß er Sie hätte beunruhigen sollen.

**Mellefont.** Lady will sich Ihnen empfehlen, liebste Sara.

**Sara.** So eilig, Lady?

**Marwood.** Ich kann es für die, denen an meiner Gegenwart in London gelegen ist, nicht genug sein.

**Sara.** Sie werden doch heute nicht wieder aufbrechen?

**Marwood.** Morgen mit dem frühsten.

**Mellefont.** Morgen mit dem frühsten, Lady? Ich glaubte, noch heute.

**Sara.** Unsere Bekanntschaft, Lady, fängt sich sehr im Vorbeigehn an. Ich schmeichle mir, in Zukunft eines nähern Umgangs mit Ihnen gewürdiget zu werden.

**Marwood.** Ich bitte um Ihre Freundschaft, Miß.

**Mellefont.** Ich stehe Ihnen dafür, liebste Sara, daß diese Bitte der Lady aufrichtig ist; ob ich Ihnen gleich voraussagen muß, daß Sie einander ohne Zweifel lange nicht wiedersehen werden. Lady wird sich mit uns sehr selten an einem Orte aufhalten können – –

**Marwood** (beiseite). Wie fein!

**Sara.** Mellefont, das heißt mir eine sehr angenehme Hoffnung rauben.

**Marwood.** Ich werde am meisten dabei verlieren, glückliche Miß.

**Mellefont.** Aber in der Tat, Lady, wollen Sie erst morgen früh wieder fort?

**Marwood.** Vielleicht auch eher. (Beiseite.) Es will noch niemand kommen!

**Mellefont.** Auch wir wollen uns nicht lange mehr hier aufhalten. Nicht wahr, liebste Miß, es wird gut sein, wenn wir unserer Antwort ungesäumt nachfolgen? Sir William kann unsere Eilfertigkeit nicht übelnehmen.

---

1 Anfall, Unwohlsein, Unfall.

## Siebenter Auftritt.

**Betty. Mellefont. Sara. Marwood.**

**Mellefont.** Was willst du, Betty?

**Betty.** Man verlangt Sie unverzüglich zu sprechen.

**Marwood** (beiseite). Ha! Nun kömmt es drauf an – –

**Mellefont.** Mich? unverzüglich? Ich werde gleich kommen. – Lady, ist es Ihnen gefällig, Ihren Besuch abzukürzen?

**Sara.** Warum das, Mellefont? – Lady wird so gütig sein und bis zu Ihrer Zurückkunft warten.

**Marwood.** Verzeihen Sie, Miß; ich kenne meinen Vetter Mellefont und will mich lieber mit ihm wegbegeben.

**Betty.** Der Fremde, mein Herr – Er will Sie nur auf ein Wort sprechen. Er sagt, er habe keinen Augenblick zu versäumen – –

**Mellefont.** Geh nur, ich will gleich bei ihm sein – Ich vermute, Miß, daß es eine endliche Nachricht von dem Vergleiche sein wird, dessen ich gegen Sie gedacht habe. (Betty gehet ab.)

**Marwood** (beiseite). Gute Vermutung!

**Mellefont.** Aber doch, Lady – –

**Marwood.** Wenn Sie es denn befehlen – Miß, so muß ich mich Ihnen – –

**Sara.** Nein doch, Mellefont! Sie werden mir ja das Vergnügen nicht mißgönnen, Lady Solmes so lange unterhalten zu dürfen?

**Mellefont.** Sie wollen es, Miß? – –

**Sara.** Halten Sie sich nicht auf, liebster Mellefont, und kommen Sie nur bald wieder. Aber mit einem freudigern Gesichte, will ich wünschen! Sie vermuten ohne Zweifel eine unangenehme Nachricht. Lassen Sie sich nichts anfechten; ich bin begieriger, zu sehen, ob Sie allenfalls auf eine gute Art mich einer Erbschaft vorziehen können, als ich begierig bin, Sie in dem Besitze derselben zu wissen. – –

**Mellefont.** Ich gehorche. (Warnend.) Lady, ich bin ganz gewiß den Augenblick wieder hier! (Geht ab.)

**Marwood** (beiseite). Glücklich!

## Achter Auftritt.

**Sara. Marwood.**

**Sara.** Mein guter Mellefont sagt seine Höflichkeiten manchmal mit einem ganz falschen Tone. Finden Sie es nicht auch, Lady? – –

**Marwood.** Ohne Zweifel bin ich seiner Art schon allzugewohnt, als daß ich so etwas bemerken könnte.

**Sara.** Wollen sich Lady nicht setzen?

**Marwood.** Wenn Sie befehlen, Miß – (Beiseite, indem sie sich setzen.) Ich muß diesen Augenblick nicht ungebraucht vorbeistreichen lassen.

**Sara.** Sagen Sie mir, Lady, werde ich nicht das glücklichste Frauenzimmer mit meinem Mellefont werden?

**Marwood.** Wenn sich Mellefont in sein Glück zu finden weiß, so wird ihn Miß Sara zu der beneidenswürdigsten Mannsperson machen. Aber – –

**Sara.** Ein Aber und eine so nachdenkliche Pause, Lady – –

**Marwood.** Ich bin offenherzig, Miß – –

**Sara.** Und dadurch unendlich schätzbarer –

**Marwood.** Offenherzig – nicht selten bis zur Unbedachtsamkeit. Mein Aber ist der Beweis davon. Ein sehr unbedächtiges Aber! –

**Sara.** Ich glaube nicht, daß mich Lady durch diese Ausweichung noch unruhiger machen wollen. Es mag wohl eine grausame Barmherzigkeit sein, ein Übel, das man zeigen könnte, nur argwohnen zu lassen.

**Marwood.** Nicht doch, Miß; Sie denken bei meinem Aber viel zu viel. Mellefont ist mein Anverwandter – – –

**Sara.** Desto wichtiger wird die geringste Einwendung, die Sie wider ihn zu machen haben.

**Marwood.** Aber wenn Mellefont auch mein Bruder wäre, so muß ich Ihnen doch sagen, daß ich mich ohne Bedenken einer Person meines Geschlechts gegen ihn annehmen würde, wenn ich bemerkte, daß er nicht rechtschaffen genug an ihr handle. Wir Frauenzimmer sollten billig jede Beleidigung, die einer einzigen von uns erwiesen wird, zu Beleidigungen des ganzen

Geschlechts und zu einer allgemeinen Sache machen, an der auch die Schwester und Mutter des Schuldigen Anteil zu nehmen sich nicht bedenken müßten.

**Sara.** Diese Anmerkung – – –

**Marwood.** Ist schon dann und wann in zweifelhaften Fällen meine Richtschnur gewesen.

**Sara.** Und verspricht mir – Ich zittere –

**Marwood.** Nein, Miß; wenn Sie zittern wollen – Lassen Sie uns von etwas anderm sprechen – –

**Sara.** Grausame Lady!

**Marwood.** Es tut mir leid, daß ich verkannt werde. Ich wenigstens, wenn ich mich in Gedanken an Miß Sampsons Stelle setze, würde jede nähere Nachricht, die man mir von demjenigen geben wollte, mit dessen Schicksale ich das meinige auf ewig zu verbinden bereit wäre, als eine Wohltat ansehen.

**Sara.** Was wollen Sie, Lady? Kenne ich meinen Mellefont nicht schon? Glauben Sie mir, ich kenne ihn wie meine eigne Seele. – Ich weiß, daß er mich liebt – –

**Marwood.** Und andre – –

**Sara.** Geliebt hat. Auch das weiß ich. Hat er mich lieben sollen, ehe er von mir etwas wußte? Kann ich die einzige zu sein verlangen, die für ihn Reize genug gehabt hat? Muß ich mir es nicht selbst gestehen, daß ich mich ihm zu gefallen bestrebt habe? Ist er nicht liebenswürdig genug, daß er bei mehrern dieses Bestreben hat erwecken müssen? Und ist es nicht natürlich, wenn mancher dieses Bestreben gelungen ist?

**Marwood.** Sie verteidigen ihn mit eben der Hitze und fast mit eben den Gründen, mit welchen ich ihn schon oft verteidiget habe. Es ist kein Verbrechen, geliebet haben; noch viel weniger ist es eines, geliebet worden sein. Aber die Flatterhaftigkeit ist ein Verbrechen.

**Sara.** Nicht immer; denn oft, glaube ich, wird sie durch die Gegenstände der Liebe entschuldiget, die es immer zu bleiben selten verdienen.

**Marwood.** Miß Sampsons Sittenlehre scheinet nicht die strengste zu sein.

**Sara.** Es ist wahr: die, nach der ich diejenigen zu richten pflege, welche es selbst gestehen, daß sie auf Irrwegen gegangen sind, ist die strengste nicht. Sie muß es auch nicht sein. Denn hier kömmt es nicht darauf an, die Schranken zu bestimmen, die uns die Tugend bei der Liebe setzt, sondern bloß darauf, die menschliche Schwachheit zu entschuldigen, wenn sie in diesen Schranken nicht geblieben ist, und die daraus entstehenden Folgen nach den Regeln der Klugheit zu beurteilen. Wenn zum Exempel ein Mellefont eine Marwood liebt und sie endlich verläßt, so ist dieses Verlassen in Vergleichung mit der Liebe selbst etwas sehr Gutes. Es wäre ein Unglück, wenn er eine Lasterhafte deswegen, weil er sie einmal geliebt hat, ewig lieben müßte.

**Marwood.** Aber, Miß, kennen Sie denn diese Marwood, welche Sie so getrost eine Lasterhafte nennen?

**Sara.** Ich kenne sie aus der Beschreibung des Mellefont.

**Marwood.** Des Mellefont? Ist es Ihnen denn nie beigefallen, daß Mellefont in seiner eigenen Sache nichts anders als ein sehr ungültiger Zeuge sein könne?[1]

**Sara.** – Nun merke ich es erst, Lady, daß Sie mich auf die Probe stellen wollen. Mellefont wird lächeln, wenn Sie es ihm wieder sagen werden, wie ernsthaft ich mich seiner angenommen.

**Marwood.** Verzeihen Sie, Miß, von dieser Unterredung muß Mellefont nichts wiedererfahren. Sie denken zu edel, als daß Sie zum Danke für eine wohlgemeinte Warnung eine Anverwandte mit ihm entzweien wollten, die sich nur deswegen wider ihn erklärt, weil sie sein unwürdiges Verfahren gegen mehr als eine der liebenswürdigsten Personen unsers Geschlechts so ansieht, als ob sie selbst darunter gelitten hätte.

**Sara.** Ich will niemand entzweien, Lady, und ich wünschte, daß es andre ebensowenig wollten.

**Marwood.** Soll ich Ihnen die Geschichte der Marwood in wenig Worten erzählen?

**Sara.** Ich weiß nicht – Aber doch, ja, Lady; nur mit dem Beding, daß Sie davon aufhören, sobald Mellefont zurückkömmt. Er möchte denken, ich hätte mich aus eignem Triebe darnach

[1] Vgl. oben, S. 355, Anm. 1.

erkundiget; und ich wollte nicht gern, daß er mir eine ihm so nachteilige Neubegierde zutrauen könnte.

**Marwood.** Ich würde Miß Sampson um gleiche Vorsicht gebeten haben, wenn sie mir nicht zuvorgekommen wäre. Er muß es auch nicht argwohnen können, daß Marwood unser Gespräch gewesen ist, und Sie werden so behutsam sein, Ihre Maßregeln ganz in der Stille darnach zu nehmen. – Hören Sie nunmehr! – Marwood ist aus einem guten Geschlechte. Sie war eine junge Witwe, als sie Mellefont bei einer ihrer Freundinnen kennen lernte. Man sagt, es habe ihr weder an Schönheit noch an derjenigen Anmut gemangelt, ohne welche die Schönheit tot sein würde. Ihr guter Name war ohne Flecken. Ein einziges fehlte ihr: – Vermögen. Alles, was sie besessen hatte, – und es sollen ansehnliche Reichtümer gewesen sein, – hatte sie für die Befreiung eines Mannes aufgeopfert, dem sie nichts in der Welt vorenthalten zu dürfen glaubte, nachdem sie ihm einmal ihr Herz und ihre Hand schenken wollen.

**Sara.** Wahrlich, ein edler Zug, Lady, von dem ich wollte, daß er in einem bessern Gemälde prangte!

**Marwood.** Des Mangels an Vermögen ungeachtet ward sie von Personen gesucht, die nichts eifriger wünschten, als sie glücklich zu machen. Unter diesen reichen und vornehmen Anbetern trat Mellefont auf. Sein Antrag war ernstlich, und der Überfluß, in welchen er die Marwood zu setzen versprach, war das Geringste, worauf er sich stützte. Er hatte es bei der ersten Unterredung weg, daß er mit keiner Eigennützigen zu tun habe, sondern mit einem Frauenzimmer voll des zärtlichsten Gefühls, welches eine Hütte einem Palaste würde vorgezogen haben, wenn sie in jener mit einer geliebten und in diesem mit einer gleichgültigen Person hätte leben sollen.

**Sara.** Wieder ein Zug, den ich der Marwood nicht gönne. Schmeicheln Sie ihr ja nicht mehr, Lady, oder ich möchte sie am Ende betauern müssen.

**Marwood.** Mellefont war eben im Begriffe, sich auf die feierlichste Art mit ihr zu verbinden, als er Nachricht von dem Tode eines Vetters bekam, welcher ihm sein ganzes Vermögen mit der Bedingung hinterließ, eine weitläuftige Anverwandte zu heiraten. Hatte Marwood seinetwegen reichere Verbindungen ausgeschlagen, so wollte er ihr nunmehr an Großmut nichts nachgeben. Er war willens, ihr von dieser Erbschaft eher nichts zu sagen, als bis er sich derselben durch sie würde verlustig gemacht haben. – Nicht wahr, Miß, das war groß gedacht?

**Sara.** O Lady, wer weiß es besser als ich, daß Mellefont das edelste Herz besitzt?

**Marwood.** Was aber tat Marwood? Sie erfuhr es unter der Hand, noch spät an einem Abende, wozu sich Mellefont ihrentwegen entschlossen hätte. Mellefont kam des Morgens, sie zu besuchen, und Marwood war fort.

**Sara.** Wohin? Warum?

**Marwood.** Er fand nichts als einen Brief von ihr, worin sie ihm entdeckte, daß er sich keine Rechnung machen dürfe, sie jemals wiederzusehen. Sie leugne es zwar nicht, daß sie ihn liebe, aber eben deswegen könne sie sich nicht überwinden, die Ursache einer Tat zu sein, die er notwendig einmal bereuen müsse. Sie erlasse ihn seines Versprechens und ersuche ihn, ohne weiteres Bedenken durch die Vollziehung der in dem Testamente vorgeschriebnen Verbindung in den Besitz eines Vermögens zu treten, welches ein Mann von Ehre zu etwas Wichtigerm brauchen könne, als einem Frauenzimmer eine unüberlegte Schmeichelei damit zu machen.

**Sara.** Aber Lady, warum leihen Sie der Marwood so vortreffliche Gesinnungen? Lady Solmes kann derselben wohl fähig sein, aber nicht Marwood. Gewiß, Marwood nicht.

**Marwood.** Es ist nicht zu verwundem, Miß, daß Sie wider sie eingenommen sind. – Mellefont wollte über den Entschluß der Marwood von Sinnen kommen. Er schickte überall Leute aus, sie wieder aufzusuchen, und endlich fand er sie.

**Sara.** Weil sie sich finden lassen wollte, ohne Zweifel.

**Marwood.** Keine bittere Glossen, Miß! Sie geziemen einem Frauenzimmer von einer sonst so sanften Denkungsart nicht. – Er fand sie, sag' ich, und fand sie unbeweglich. Sie wollte seine Hand durchaus nicht annehmen, und alles, was er von ihr erhalten konnte, war dieses, daß sie nach London zurückzukommen versprach. Sie wurden eins, ihre Vermählung so lange auszusetzen, bis die Anverwandte, des langen Verzögerns überdrüssig, einen Vergleich vorzuschlagen gezwungen sei. Unterdessen konnte sich Marwood nicht wohl der täglichen Besuche des Mellefont entbrechen, die eine lange Zeit nichts als ehrfurchtsvolle Besuche eines Liebhabers waren, den man in die Grenzen der Freundschaft zurückgewiesen hat. Aber wie unmöglich ist es, daß ein hitziges Temperament diese engen Grenzen nicht überschreiten sollte! Mellefont besitzt alles, was uns eine Mannsperson gefährlich machen kann. Niemand kann hiervon überzeugter sein als Miß Sampson selbst.

**Sara.** Ach!

**Marwood.** Sie seufzen? Auch Marwood hat über ihre Schwachheit mehr als einmal geseufzet und seufzet noch.

**Sara.** Genug, Lady, genug; diese Wendung, sollte ich meinen, war mehr als eine bittere Glosse, die Sie mir zu untersagen beliebten.

**Marwood.** Ihre Absicht war nicht, zu beleidigen, sondern bloß die unglückliche Marwood Ihnen in einem Lichte zu zeigen, in welchem Sie am richtigsten von ihr urteilen könnten. – Kurz, die Liebe gab dem Mellefont die Rechte eines Gemahls; und Mellefont hielt es länger nicht für nötig, sie durch die Gesetze gültig machen zu lassen. Wie glücklich wäre Marwood, wenn sie, Mellefont und der Himmel nur allein von ihrer Schande wüßten! Wie glücklich, wenn nicht eine jammernde Tochter dasjenige der ganzen Welt entdeckte, was sie vor sich selbst verbergen zu können wünschte!

**Sara.** Was sagen Sie, Lady? Eine Tochter – –

**Marwood.** Ja, Miß, eine unglückliche Tochter verlieret durch die Darzwischenkunft der Sara Sampson alle Hoffnung, ihre Eltern jemals ohne Abscheu nennen zu können.

**Sara.** Schreckliche Nachricht! Und dieses hat mir Mellefont verschwiegen? – – Darf ich es auch glauben, Lady?

**Marwood.** Sie dürfen sicher glauben, Miß, daß Ihnen Mellefont vielleicht noch mehr verschwiegen hat.

**Sara.** Noch mehr? Was könnte er mir noch mehr verschwiegen haben?

**Marwood.** Dieses, daß er die Marwood noch liebt.

**Sara.** Sie töten mich, Lady!

**Marwood.** Es ist unglaublich, daß sich eine Liebe, welche länger als zehn Jahr gedauert hat, so geschwind verlieren könne. Sie kann zwar eine kurze Verfinsterung leiden, weiter aber auch nichts als eine kurze Verfinsterung, aus welcher sie hernach mit neuem Glanze wieder hervorbricht. Ich könnte Ihnen eine Miß Oklaff, eine Miß Dorkas, eine Miß Moor und mehrere nennen, welche eine nach der andern der Marwood einen Mann abspenstig zu machen drohten, von welchem sie sich am Ende auf das grausamste hintergangen sahen. Er hat einen gewissen Punkt, über welchen er sich nicht bringen läßt, und sobald er diesen scharf in das Gesicht bekömmt, springt er ab. Gesetzt aber, Miß, Sie wären die einzige Glückliche, bei welcher sich alle Umstände wider ihn erklärten, gesetzt, Sie brächten ihn dahin, daß er seinen nunmehr zur Natur gewordenen Abscheu gegen ein förmliches Joch überwinden müßte, glaubten Sie wohl dadurch seines Herzens versichert zu sein?

**Sara.** Ich Unglückliche! Was muß ich hören!

**Marwood.** Nichts weniger. Alsdann würde er eben am allerersten in die Arme derjenigen zurückeilen, die auf seine Freiheit so eifersüchtig nicht gewesen. Sie würden seine Gemahlin heißen, und jene würde es sein.

**Sara.** Martern Sie mich nicht länger mit so schrecklichen Vorstellungen! Raten Sie mir vielmehr, Lady, ich bitte Sie, raten Sie mir, was ich tun soll. Sie müssen ihn kennen. Sie müssen es wissen, durch was es noch etwa möglich ist, ihm ein Band angenehm zu machen, ohne welches auch die aufrichtigste Liebe eine unheilige Leidenschaft bleibet.

**Marwood.** Daß man einen Vogel fangen kann, Miß, das weiß ich wohl. Aber daß man ihm seinen Käfig angenehmer als das freie Feld machen könne, das weiß ich nicht. Mein Rat wäre also, ihn lieber nicht zu fangen und sich den Verdruß über die vergebne Mühe zu ersparen. Begnügen Sie sich, Miß, an dem Vergnügen, ihn sehr nahe an Ihrer Schlinge gesehn zu haben, und weil Sie voraussehen können, daß er die Schlinge ganz gewiß zerreißen werde, wenn Sie ihn vollends hineinlockten, so schonen Sie Ihre Schlinge und locken ihn nicht herein.

**Sara.** Ich weiß nicht, ob ich dieses tändelnde Gleichnis recht verstehe, Lady –

**Marwood.** Wenn Sie verdrießlich darüber geworden sind, so haben Sie es verstanden. – Mit einem Worte: Ihr eigner Vorteil sowohl als der Vorteil einer andern, die Klugheit sowohl als die Billigkeit können und sollen Miß Sampson bewegen, ihre Ansprüche auf einen Mann aufzugeben, auf den Marwood die ersten und stärksten hat. Noch stehen Sie, Miß, mit ihm so, daß Sie, ich will nicht sagen mit vieler Ehre, aber doch ohne öffentliche Schande von ihm ablassen können. Eine kurze Verschwindung mit einem Liebhaber ist zwar ein Fleck, aber doch ein Fleck, den die Zeit ausbleichet. In einigen Jahren ist alles vergessen, und es finden sich für eine reiche Erbin noch immer Mannspersonen, die es so genau nicht nehmen. Wenn Marwood in diesen Umständen wäre und sie brauchte weder für ihre im Abzuge begriffene Reize einen Gemahl, noch für ihre hülflose Tochter einen Vater, so weiß ich gewiß, Marwood würde gegen Miß Sampson großmütiger handeln, als Miß Sampson gegen die Marwood zu handeln schimpfliche Schwierigkeiten macht.

**Sara** (indem sie unwillig aufsteht). Das geht zu weit! Ist dieses die Sprache einer Anverwandten des Mellefont? – Wie unwürdig verrät man Sie, Mellefont! – Nun merke ich es, Lady, warum er Sie so ungern bei mir allein lassen wollte. Er mag es schon wissen, wieviel man von Ihrer Zunge zu fürchten habe. Eine giftige Zunge! – Ich rede dreist! Denn Lady haben lange genug unanständig[1] geredet. Wodurch hat Marwood sich eine solche Vorsprecherin erwerben können, die alle ihre Erfindungskraft aufbietet, mir einen blendenden Roman von ihr aufzudringen, und alle Ränke anwendet, mich gegen die Redlichkeit eines Mannes argwöhnisch zu machen, der ein Mensch, aber kein Ungeheuer ist? Ward es mir nur deswegen gesagt, daß sich Marwood einer Tochter von ihm rühme, ward mir nur deswegen diese und jene betrogene Miß genannt, damit man mir am Ende auf die empfindlichste Art zu verstehen geben

[1] In älterer, schwächerer Bedeutung: unziemlich.

könne, ich würde wohltun, wenn ich mich selbst einer verhärteten Buhlerin nachsetzte?

**Marwood.** Nur nicht so hitzig, mein junges Frauenzimmer. Eine verhärtete Buhlerin? – Sie brauchen wahrscheinlicherweise Worte, deren Kraft Sie nicht überleget haben.

**Sara.** Erscheint sie nicht als eine solche, selbst in der Schilderung der Lady Solmes? – Gut, Lady; Sie sind ihre Freundin, ihre vertrauteste Freundin vielleicht. Ich sage dieses nicht als einen Vorwurf; denn es kann leicht in der Welt nicht wohl möglich sein, nur lauter tugendhafte Freunde zu haben. Allein, wie komme ich dazu, dieser Ihrer Freundschaft wegen so tief herabgestoßen zu werden? Wenn ich der Marwood Erfahrung gehabt hätte, so würde ich den Fehltritt gewiß nicht getan haben, der mich mit ihr in eine so erniedrigende Parallel setzt. Hätte ich ihn aber doch getan, so würde ich wenigstens nicht zehn Jahr darin verharret sein. Es ist ganz etwas anders, aus Unwissenheit auf das Laster treffen, und ganz etwas anders, es kennen und demungeachtet mit ihm vertraulich werden. – Ach, Lady, wenn Sie es wüßten, was für Reue, was für Gewissensbisse, was für Angst mich mein Irrtum gekostet! Mein Irrtum, sag' ich; denn warum soll ich länger so grausam gegen mich sein und ihn als ein Verbrechen betrachten? Der Himmel selbst hört auf, ihn als ein solches anzusehen; er nimmt die Strafe von mir und schenkt mir einen Vater wieder – Ich erschrecke, Lady; wie verändern sich auf einmal die Züge Ihres Gesichts? Sie glühen; aus dem starren Auge schreckt Wut, und des Mundes knirschende Bewegung – Ach! wo ich Sie erzürnt habe, Lady, so bitte ich um Verzeihung. Ich bin eine empfindliche Närrin; was Sie gesagt haben, war ohne Zweifel so böse nicht gemeint. Vergessen Sie meine Übereilung. Wodurch kann ich Sie besänftigen? Wodurch kann auch ich mir eine Freundin an Ihnen erwerben, so wie sie Marwood an Ihnen gefunden hat? Lassen Sie mich, Lady, lassen Sie mich fußfällig darum bitten – (indem sie niederfällt) Um Ihre Freundschaft, Lady – Und wo ich diese nicht erhalten kann, um die Gerechtigkeit wenigstens, mich und Marwood nicht in einen Rang zu setzen.

**Marwood** (die einige Schritte stolz zurücktritt und die Sara liegen läßt).

Diese Stellung der Sara Sampson ist für Marwood viel zu reizend, als daß sie nur unerkannt darüber frohlocken sollte – Erkennen Sie, Miß, in mir die Marwood, mit der Sie nicht verglichen zu werden die Marwood selbst fußfällig bitten.

**Sara** (die voller Erschrecken aufspringt und sich zitternd zurückzieht). Sie Marwood? – Ha! Nun erkenn' ich sie – nun erkenn' ich sie, die mördrische Retterin, deren Dolche mich ein warnender Traum preisgab. Sie ist es! Flieh, unglückliche Sara! Retten Sie mich, Mellefont; retten Sie Ihre Geliebte! Und du, süße Stimme meines geliebten Vaters, erschalle! Wo schallt sie? wo soll ich auf sie zueilen? – hier? – da? – Hülfe, Mellefont! Hülfe, Betty! – Jetzt dringt sie mit tötender Faust auf mich ein! Hülfe! (Eilt ab.)

---

## Neunter Auftritt.

**Marwood.**

Was will die Schwärmerin? – O, daß sie wahr red'te und ich mit tötender Faust auf sie eindränge! Bis hieher hätte ich den Stahl sparen sollen, ich Törichte! Welche Wollust, eine Nebenbuhlerin in der freiwilligen Erniedrigung zu unsern Füßen durchbohren zu können! – Was nun? – Ich bin entdeckt. Mellefont kann den Augenblick hier sein. Soll ich ihn fliehen? Soll ich ihn erwarten? Ich will ihn erwarten, aber nicht müßig. Vielleicht, daß ihn die glückliche List meines Bedienten noch lange genug aufhält! – Ich sehe, ich werde gefürchtet. Warum folge ich ihr also nicht? Warum versuche ich nicht noch das Letzte, das ich wider sie brauchen kann? Drohungen sind armselige Waffen, doch die Verzweiflung verschmäht keine, so armselig sie sind. Ein schreckhaftes Mädchen, das betäubt und mit zerrütteten Sinnen schon vor meinem Namen flieht, kann leicht fürchterliche Worte für fürchterliche Taten halten. Aber Mellefont? – Mellefont wird ihr wieder Mut machen und sie über meine Drohungen spotten lehren. Er wird? Vielleicht wird er auch nicht. Es wäre wenig in der Welt unternommen worden, wenn man nur immer auf den Ausgang gesehen hätte. Und bin ich auf den unglücklichsten nicht schon vorbereitet? –

Der Dolch war für andre, das Gift ist für mich! – Das Gift für mich! Schon längst mit mir herumgetragen, wartet es hier, dem Herzen bereits nahe, auf den traurigen Dienst; hier, wo ich in bessern Zeiten die geschriebenen Schmeicheleien der Anbeter verbarg, für uns ein ebenso gewisses, aber nur langsamres Gift. – Wenn es doch nur bestimmt wäre, in meinen Adern nicht allein zu toben! Wenn es doch einem Ungetreuen – Was halte ich mich mit Wünschen auf? – Fort! Ich muß weder mich noch sie zu sich selbst kommen lassen. Der will sich nichts wagen, der sich mit kaltem Blute wagen will.[1] (Gehet ab.)

Ende des vierten Aufzuges.

[1] Das Reflexivum hier gleichbedeutend mit „sich getrauen", „wagen"; bis zum Anfange des 19. Jahrhunderts allgemein gebräuchlich.

# Fünfter Aufzug.

## Erster Auftritt.

Das Zimmer der Sara.

**Sara,** schwach in einem Lehnstuhle. **Betty.**

**Betty.** Fühlen Sie nicht, Miß, daß Ihnen ein wenig besser wird?

**Sara.** Besser, Betty? – Wenn nur Mellefont wiederkommen wollte. Du hast doch nach ihm ausgeschickt?

**Betty.** Norton und der Wirt suchen ihn.

**Sara.** Norton ist ein guter Mensch, aber er ist hastig. Ich will durchaus nicht, daß er seinem Herrn meinetwegen Grobheiten sagen soll. Wie er es selbst erzählte, so ist Mellefont ja an allem unschuldig. – Nicht wahr, Betty, du hältst ihn auch für unschuldig? – Sie kömmt ihm nach; was kann er dafür? Sie tobt, sie raset, sie will ihn ermorden. Siehst du, Betty, dieser Gefahr habe ich ihn ausgesetzt. Wer sonst als ich? – Und endlich will die böse Marwood mich sehen oder nicht eher nach London zurückkehren. Konnte er ihr diese Kleinigkeit abschlagen? Bin ich doch auch oft begierig gewesen, die Marwood zu sehen. Mellefont weiß wohl, daß wir neugierige Geschöpfe sind. Und wenn ich nicht selbst darauf gedrungen hätte, daß sie bis zu seiner Zurückkunft bei mir verziehen sollte, so würde er sie wieder mit weggenommen haben. Ich würde sie unter einem falschen Namen gesehen haben, ohne zu wissen, daß ich sie gesehen hätte. Und vielleicht würde mir dieser kleine Betrug einmal angenehm gewesen sein. Kurz, alle Schuld ist mein. – Je nun, ich bin erschrocken; weiter bin ich ja nichts! Die kleine Ohnmacht wollte nicht viel sagen. Du weißt wohl, Betty, ich bin dazu geneigt.

**Betty.** Aber in so tiefer hatte ich Miß noch nie gesehen.

**Sara.** Sage es mir nur nicht. Ich werde dir gutherzigen Mädchen freilich zu schaffen gemacht haben.

**Betty.** Marwood selbst schien durch die Gefahr, in der Sie sich befanden, gerühret zu sein. So stark ich ihr auch anlag, daß sie sich nur fortbegeben möchte, so wollte sie doch das Zimmer nicht eher verlassen, als bis Sie die Augen ein wenig wieder aufschlugen und ich Ihnen die Arzenei einflößen konnte.

**Sara.** Ich muß es wohl gar für ein Glück halten, daß ich in Ohnmacht gefallen bin. Denn wer weiß, was ich noch von ihr hätte hören müssen. Umsonst mochte sie mir gewiß nicht in mein Zimmer gefolgt sein. Du glaubst nicht, wie außer mir ich war. Auf einmal fiel mir der schreckliche Traum von voriger Nacht ein, und ich flohe als eine Unsinnige, die nicht weiß, warum und wohin sie flieht. – Aber Mellefont kömmt noch nicht. – Ach! –

**Betty.** Was für ein Ach, Miß? Was für Zuckungen? –

**Sara.** Gott! was für eine Empfindung war dieses – –

**Betty.** Was stößt Ihnen wieder zu?

**Sara.** Nichts, Betty. – Ein Stich! Nicht e i n Stich, tausend feurige Stiche in einem! – Sei nur ruhig; es ist vorbei.

---

## Zweiter Auftritt.

**Norton. Sara. Betty.**

**Norton.** Mellefont wird den Augenblick hier sein.

**Sara.** Nun, das ist gut, Norton. Aber wo hast du ihn noch gefunden?

**Norton.** Ein Unbekannter hat ihn bis vor das Tor mit sich gelockt, wo ein Herr auf ihn warte, der in Sachen von der größten Wichtigkeit mit ihm sprechen müsse. Nach langem Herumführen hat sich der Betrieger ihm von der Seite geschlichen. Es ist sein Unglück, wo er sich ertappen läßt, so wütend ist Mellefont.

**Sara.** Hast du ihm gesagt, was vorgegangen?

**Norton.** Alles.

**Sara.** Aber mit einer Art – –

**Norton.** Ich habe auf die Art nicht denken können. Genug, er weiß es, was für Angst Ihnen seine Unvorsichtigkeit wieder verursacht hat.

**Sara.** Nicht doch, Norton; ich habe mir sie selbst verursacht. – –

**Norton.** Warum soll Mellefont niemals unrecht haben? – Kommen Sie nur, mein Herr; die Liebe hat Sie bereits entschuldiget.

---

## Dritter Auftritt.

**Mellefont. Norton. Sara. Betty.**

**Mellefont.** Ach, Miß, wenn auch diese Ihre Liebe nicht wäre –

**Sara.** So wäre ich von uns beiden gewiß die Unglücklichste. Ist Ihnen in Ihrer Abwesenheit nur nichts verdrießlichers zugestoßen als mir, so bin ich vergnügt.

**Mellefont.** So gütig empfangen zu werden, habe ich nicht verdient.

**Sara.** Verzeihen Sie es meiner Schwachheit, daß ich Sie nicht zärtlicher empfangen kann. Bloß Ihrer Zufriedenheit wegen wünschte ich, mich weniger krank zu fühlen.

**Mellefont.** Ha, Marwood, diese Verräterei war noch übrig! Der Nichtswürdige, der mich mit der geheimnisvollsten Miene aus einer Straße in die andre, aus einem Winkel in den andern führte, war gewiß nichts anders als ein Abgeschickter von ihr. Sehen Sie, liebste Miß, diese List wandte sie an, mich von Ihnen zu entfernen. Eine plumpe List, ohne Zweifel; aber eben, weil sie plump war, war ich weit davon entfernt, sie dafür zu halten. Umsonst muß sie so treulos nicht gewesen sein! Geschwind, Norton, geh in ihre Wohnung; laß sie nicht aus den Augen und halte sie so lange auf, bis ich nachkomme.

**Sara.** Wozu dieses, Mellefont? Ich bitte für Marwood.

**Mellefont.** Geh! (Norton geht ab.)

---

## Vierter Auftritt.

**Sara. Mellefont. Betty.**

**Sara.** Lassen Sie doch einen abgematteten Feind, der den letzten fruchtlosen Sturm gewagt hat, ruhig abziehen. Ich würde ohne Marwood vieles nicht wissen – –

**Mellefont.** Vieles? Was ist das Viele?

**Sara.** Was Sie mir selbst nicht gesagt hätten, Mellefont. – Sie werden stutzig? – Nun wohl, ich will es wieder vergessen, weil Sie doch nicht wollen, daß ich es wissen soll.

**Mellefont.** Ich will nicht hoffen, daß Sie etwas zu meinem Nachteile glauben werden, was keinen andern Grund hat als die Eifersucht einer aufgebrachten Verleumderin.

**Sara.** Auf ein andermal hiervon! – Warum aber lassen Sie es nicht das erste sein, mir von der Gefahr zu sagen, in der sich Ihr kostbares Leben befunden hat? Ich, Mellefont, ich würde den Stahl geschliffen haben, mit dem Sie Marwood durchstoßen hätte – –

**Mellefont.** Diese Gefahr war so groß nicht. Marwood ward von einer blinden Wut getrieben, und ich war bei kaltem Blute. Ihr Angriff also mußte mißlingen – Wenn ihr ein andrer auf der Miß Sara gute Meinung von ihrem Mellefont nur nicht besser gelungen ist! Fast muß ich es fürchten – Nein, liebste Miß, verschweigen Sie mir es nicht länger, was Sie von ihr wollen erfahren haben.

**Sara.** Nun wohl. – Wenn ich noch den geringsten Zweifel an Ihrer Liebe gehabt hätte, Mellefont, so würde mir ihn die tobende Marwood benommen haben. Sie muß es gewiß wissen, daß Sie durch mich um das Kostbarste gekommen sei; denn ein ungewisser Verlust würde sie bedächtiger haben gehen[1] lassen.

**Mellefont.** Bald werde ich also auf ihre blutdürstige Eifersucht, auf ihre ungestüme Frechheit, auf ihre treulose List einigen Wert legen müssen! – Aber, Miß, Sie wollen mir wieder ausweichen und mir dasjenige nicht entdecken – – –

**Sara.** Ich will es; und was ich sagte, war schon ein näherer Schritt dazu. Daß mich Mellefont also liebt, ist unwidersprechlich gewiß. Wenn ich nur nicht entdeckt hätte, daß seiner Liebe ein gewisses Vertrauen fehle, welches mir ebenso schmeichelhaft sein würde als die Liebe selbst. Kurz, liebster Mellefont – Warum muß mir eine plötzliche Beklemmung das Reden so schwer machen? Ich werde es schon sagen müssen, ohne viel die

[1] Vorgehen, handeln.

behutsamste Wendung zu suchen, mit der ich es Ihnen sagen sollte. – Marwood erwähnte eines Pfandes, und der schwatzhafte Norton – vergeben Sie es ihm nur – nannte mir einen Namen, einen Namen, Mellefont, welcher eine andre Zärtlichkeit bei Ihnen rege machen muß, als Sie gegen mich empfinden –

**Mellefont.** Ist es möglich? Hat die Unverschämte ihre eigne Schande bekannt? – Ach, Miß, haben Sie Mitleiden mit meiner Verwirrung. – Da Sie schon alles wissen, warum wollen Sie es auch noch aus meinem Munde hören? Sie soll nie vor Ihre Augen kommen, die kleine Unglückliche, der man nichts vorwerfen kann als ihre Mutter.

**Sara.** Sie lieben sie also doch? –

**Mellefont.** Zu sehr, Miß, zu sehr, als daß ich es leugnen sollte.

**Sara.** Wohl, Mellefont. – Wie sehr liebe ich Sie auch um dieser Liebe willen. Sie würden mich empfindlich beleidiget haben, wenn Sie die Sympathie Ihres Bluts aus mir nachteiligen Bedenklichkeiten verleugnet hätten. Schon haben Sie mich dadurch beleidiget, daß Sie mir drohen, sie nicht vor meine Augen kommen zu lassen. Nein, Mellefont, es muß eine von den Versprechungen sein, die Sie mir vor den Augen des Höchsten angeloben, daß Sie Arabellen nicht von sich lassen wollen. Sie läuft Gefahr, in den Händen ihrer Mutter ihres Vaters unwürdig zu werden. Brauchen Sie Ihre Rechte über beide und lassen mich an die Stelle der Marwood treten. Gönnen Sie mir das Glück, mir eine Freundin zu erziehen, die Ihnen ihr Leben zu danken hat, einen Mellefont meines Geschlechts. Glückliche Tage, wenn mein Vater, wenn Sie, wenn Arabella meine kindliche Ehrfurcht, meine vertrauliche Liebe, meine sorgsame Freundschaft um die Wette beschäftigen werden! Glückliche Tage! Aber ach! – sie sind noch fern in der Zukunft. – Doch vielleicht weiß auch die Zukunft nichts von ihnen, und sie sind bloß in meiner Begierde nach Glück! – Empfindungen, Mellefont, nie gefühlte Empfindungen wenden meine Augen in eine andre Aussicht! Eine dunkle Aussicht in ehrfurchtsvolle Schatten! – Wie wird mir? – (Indem sie die Hand vors Gesicht hält.)

**Mellefont.** Welcher plötzliche Übergang von Bewundrung zum Schrecken! – Eile doch, Betty! Schaffe doch Hülfe! – Was fehlt Ihnen, großmütige Miß! Himmlische Seele! Warum verbirgt mir diese neidische Hand (indem er sie wegnimmt) so holde Blicke? – Ach, es sind Mienen, die den grausamsten Schmerz, aber ungern, verraten! – Und doch ist die Hand neidisch, die mir diese Mienen verbergen will. Soll ich Ihre Schmerzen nicht mitfühlen, Miß? Ich Unglücklicher, daß ich sie nur mitfühlen kann! – Daß ich sie nicht allein fühlen soll! – So eile doch, Betty – –

**Betty.** Wohin soll ich eilen? –

**Mellefont.** Du siehst und fragst? – Nach Hülfe!

**Sara.** Bleib nur! – Es geht vorüber. Ich will Sie nicht wieder erschrecken, Mellefont.

**Mellefont.** Betty, was ist ihr geschehen? – Das sind nicht bloße Folgen einer Ohnmacht. –

---

## Fünfter Auftritt.

**Norton. Mellefont. Sara. Betty.**

**Mellefont.** Du kömmst schon wieder, Norton? Recht gut! Du wirst hier nötiger sein.

**Norton.** Marwood ist fort – –

**Mellefont.** Und meine Flüche eilen ihr nach! – Sie ist fort? – Wohin? – Unglück und Tod und womöglich die ganze Hölle möge sich auf ihrem Wege finden! Verzehrend Feuer donnre der Himmel auf sie herab, und unter ihr breche die Erde ein, der weiblichen Ungeheuer größtes zu verschlingen! – –

**Norton.** Sobald sie in ihre Wohnung zurückgekommen, hat sie sich mit Arabellen und ihrem Mädchen in den Wagen geworfen und die Pferde mit verhängtem Zügel davoneilen lassen. Dieser versiegelte Zettel ist von ihr an Sie zurückgeblieben.

**Mellefont** (indem er den Zettel nimmt). Er ist an mich. – – Soll ich ihn lesen, Miß?

**Sara.** Wenn Sie ruhiger sein werden, Mellefont.

**Mellefont.** Ruhiger? Kann ich es werden, ehe ich mich an Marwood gerächet und Sie, teuerste Miß, außer Gefahr weiß?

**Sara.** Lassen Sie mich nichts von Rache hören. Die Rache ist nicht unser! – Sie erbrechen ihn doch? – Ach, Mellefont, warum sind wir zu gewissen Tugenden bei einem gesunden und seine Kräfte fühlenden Körper weniger als bei einem siechen und abgematteten aufgelegt? Wie sauer werden Ihnen Gelassenheit und Sanftmut, und wie unnatürlich scheint mir des Affekts ungeduldige Hitze! – – Behalten Sie den Inhalt nur für sich.

**Mellefont.** Was ist es für ein Geist, der mich Ihnen ungehorsam zu sein zwinget? Ich erbrach ihn wider Willen, – wider Willen muß ich ihn lesen.

**Sara** (indem Mellefont für sich lieset). Wie schlau weiß sich der Mensch zu trennen und aus seinen Leidenschaften ein von sich unterschiedenes Wesen zu machen, dem er alles zur Last legen könne, was er bei kaltem Blute selbst nicht billiget. – Mein Salz, Betty! Ich besorge einen neuen Schreck und werde es nötig haben. – Siehst du, was der unglückliche Zettel für einen Eindruck auf ihn macht! – Mellefont! – Sie geraten außer sich! – Mellefont! – Gott! er erstarrt! – Hier, Betty! Reiche ihm das Salz! – Er hat es nötiger als ich.

**Mellefont** (der die Betty damit zurückstößt). Nicht näher, Unglückliche! – Deine Arzeneien sind Gift! –

**Sara.** Was sagen Sie? – Besinnen Sie sich! – Sie verkennen sie!

**Betty.** Ich bin Betty, nehmen Sie doch.

**Mellefont.** Wünsche dir, Elende, daß du es nicht wärest! – Eile! fliehe! ehe du in Ermanglung des Schuldigern das schuldige Opfer meiner Wut wirst!

**Sara.** Was für Reden! – Mellefont, liebster Mellefont – –

**Mellefont.** Das letzte „liebster Mellefont" aus diesem göttlichen Munde, und dann ewig nicht mehr! – Zu Ihren Füßen, Sara – – (indem er sich niederwirft.) – – Aber was will ich zu Ihren Füßen? (und wieder aufspringt.) Entdecken? Ich Ihnen entdecken? – Ja, ich will Ihnen entdecken, Miß, daß Sie mich hassen werden, daß Sie mich hassen müssen. – Sie sollen den Inhalt nicht erfahren; nein, von mir nicht! – Aber Sie werden ihn erfahren. – Sie werden – Was steht ihr noch hier, müßig und angeheftet?

Lauf, Norton, bring alle Ärzte zusammen! Suche Hülfe, Betty! Laß die Hülfe so wirksam sein als deinen Irrtum! – Nein, bleibt hier! Ich gehe selbst. –

**Sara.** Wohin, Mellefont? Nach was für Hülfe? Von welchem Irrtume reden Sie?

**Mellefont.** Göttliche Hülfe, Sara, oder unmenschliche Rache! – Sie sind verloren, liebste Miß! Auch ich bin verloren! – Daß die Welt mit uns verloren wäre! –

---

## Sechster Auftritt.

**Sara. Norton. Betty.**

**Sara.** Er ist weg? – Ich bin verloren? Was will er damit? Verstehest du ihn, Norton? – Ich bin krank, sehr krank; aber setze das Äußerste, daß ich sterben müsse, bin ich darum verloren? Und was will er denn mit dir, arme Betty? – Du ringst die Hände? Betrübe dich nicht; du hast ihn gewiß nicht beleidiget; er wird sich wieder besinnen. – Hätte er mir doch gefolgt und den Zettel nicht gelesen! Er konnte es ja wohl denken, daß er das letzte Gift der Marwood enthalten müsse. –

**Betty.** Welche schreckliche Vermutung! – Nein, es kann nicht sein, ich glaube es nicht. –

**Norton** (welcher nach der Szene[1] zugegangen). Der alte Bediente Ihres Vaters, Miß –

**Sara.** Laß ihn hereinkommen, Norton!

---

## Siebenter Auftritt.

**Waitwell. Sara. Betty. Norton.**

**Sara.** Es wird dich nach meiner Antwort verlangen, guter Waitwell. Sie ist fertig bis auf einige Zeilen. – Aber warum so bestürzt? Man hat es dir gewiß gesagt, daß ich krank bin.

**Waitwell.** Und noch mehr!

**Sara.** Gefährlich krank? – Ich schließe es mehr aus der ungestümen Angst des Mellefont, als daß ich es fühle. – Wenn

[1] Auf die Kulissen zu.

du mit dem unvollendeten Briefe der unglücklichen Sara an den unglücklichern Vater abreisen müßtest, Waitwell? – Laß uns das Beste hoffen! Willst du wohl bis morgen warten? Vielleicht finde ich einige gute Augenblicke, dich abzufertigen. Itzo möchte ich es nicht imstande sein. Diese Hand hängt wie tot an der betäubten Seite. – Wenn der ganze Körper so leicht dahinstirbt wie diese Glieder – Du bist ein alter Mann, Waitwell, und kannst von deinem letzten Auftritte nicht weit mehr entfernet sein – Glaube mir, wenn das, was ich empfinde, Annäherungen des Todes sind, – so sind die Annäherungen des Todes so bitter nicht. – Ach! – Kehre dich nicht an dieses Ach! Ohne alle unangenehme Empfindung kann es freilich nicht abgehen. Unempfindlich konnte der Mensch nicht sein; unleidlich muß er nicht sein – Aber, Betty, warum hörst du noch nicht auf, dich so untröstlich zu bezeigen?

**Betty.** Erlauben Sie mir, Miß, erlauben Sie mir, daß ich mich aus Ihren Augen entfernen darf.

**Sara.** Geh nur; ich weiß wohl, es ist nicht eines jeden Sache, um Sterbende zu sein. Waitwell soll bei mir bleiben. Auch du, Norton, wirst mir einen Gefallen erweisen, wenn du dich nach deinem Herrn umsiehst. Ich sehne mich nach seiner Gegenwart.

**Betty** (im Abgehen). Ach! Norton, ich nahm die Arzenei aus den Händen der Marwood! – –

---

## Achter Auftritt.

**Waitwell. Sara.**

**Sara.** Waitwell, wenn du mir die Liebe erzeigen und bei mir bleiben willst, so laß mich kein so wehmütiges Gesicht sehen. Du verstummst? – Sprich doch! Und wenn ich bitten darf, sprich von meinem Vater. Wiederhole mir alles, was du mir vor einigen Stunden Tröstliches sagtest. Wiederhole mir, daß mein Vater versöhnt ist und mir vergeben hat. Wiederhole es mir und füge hinzu, daß der ewige himmlische Vater nicht grausamer sein könne. – Nicht wahr, ich kann hierauf sterben? Wenn ich vor deiner Ankunft in diese Umstände gekommen wäre, wie würde es mit mir ausgesehen haben! Ich würde verzweifelt sein, Waitwell. Mit dem Hasse desjenigen beladen aus der Welt zu gehen, der wider seine Natur handelt, wenn er uns hassen muß, – was für ein Gedanke! Sag' ihm, daß ich in den lebhaftesten Empfindungen der Reue, Dankbarkeit und Liebe gestorben sei. Sag' ihm – Ach! daß ich es ihm nicht selbst sagen soll, wie voll mein Herz von seinen Wohltaten ist! Das Leben war das geringste derselben. Wie sehr wünschte ich, den schmachtenden Rest zu seinen Füßen aufgeben zu können!

**Waitwell.** Wünschen Sie wirklich, Miß, ihn zu sehen?

**Sara.** Endlich sprichst du, um an meinem sehnlichsten Verlangen, an meinem letzten Verlangen zu zweifeln.

**Waitwell.** Wo soll ich die Worte finden, die ich schon so lange suche? Eine plötzliche Freude ist so gefährlich als ein plötzlicher Schreck. Ich fürchte mich nur vor dem allzu gewaltsamen Eindrucke, den sein unvermuteter Anblick auf einen so zärtlichen[1] Geist machen möchte.

**Sara.** Wie meinst du das? Wessen unvermuteter Anblick? –

**Waitwell.** Der gewünschte, Miß! – Fassen Sie sich!

---

## Neunter Auftritt.

**Sir William Sampson. Sara. Waitwell.**

**Sir William.** Du bleibst mir viel zu lange, Waitwell. Ich muß sie sehen.

**Sara.** Wessen Stimme – – –

**Sir William.** Ach, meine Tochter!

**Sara.** Ach, mein Vater! – Hilf mir auf, Waitwell, hilf mir auf, daß ich mich zu seinen Füßen werfen kann. (Sie will aufstehen und fällt aus Schwachheit in den Lehnstuhl zurück.) Er ist es doch? Oder ist es eine erquickende Erscheinung, vom Himmel gesandt, gleich jenem Engel, der den Starken zu stärken kam?[2] – Segne mich, wer du

---

[1] Zart, schwach. – [2] „Es erschien ihm aber ein Engel vom Himmel und stärkte ihn" (Luk. 22, 43).

auch seist, ein Bote des Höchsten in der Gestalt meines Vaters oder selbst mein Vater!

**Sir William.** Gott segne dich, meine Tochter! – Bleib ruhig. (Indem sie es nochmals versuchen will, vor ihm niederzufallen.) Ein andermal, bei mehrern Kräften will ich dich nicht ungern mein zitterndes Knie umfassen sehen.

**Sara.** Jetzt, mein Vater, oder niemals. Bald werde ich nicht mehr sein! Zu glücklich, wenn ich noch einige Augenblicke gewinne, Ihnen die Empfindungen meines Herzens zu entdecken. Doch nicht Augenblicke, lange Tage, ein nochmaliges Leben würde erfodert, alles zu sagen, was eine schuldige, eine reuende, eine gestrafte Tochter einem beleidigten, einem großmütigen, einem zärtlichen Vater sagen kann. Mein Fehler, Ihre Vergebung – –

**Sir William.** Mache dir aus einer Schwachheit keinen Vorwurf und mir aus einer Schuldigkeit kein Verdienst. Wenn du mich an mein Vergeben erinnerst, so erinnerst du mich auch daran, daß ich damit gezaudert habe. Warum vergab ich dir nicht gleich? Warum setzte ich dich in die Notwendigkeit, mich zu fliehen? Und noch heute, da ich dir schon vergeben hatte, was zwang mich, erst eine Antwort von dir zu erwarten? Itzt könnte ich dich schon einen Tag wieder genossen haben, wenn ich sogleich deinen Umarmungen zugeeilet wäre. Ein heimlicher Unwille mußte in einer der verborgensten Falten des betrognen Herzens zurückgeblieben sein, daß ich vorher deiner fortdauernden Liebe gewiß sein wollte, ehe ich dir die meinige wiederschenkte. Soll ein Vater so eigennützig handeln? Sollen wir nur die lieben, die uns lieben? Tadle mich, liebste Sara, tadle mich; ich sahe mehr auf meine Freude an dir als auf dich selbst. – Und wenn ich sie verlieren sollte, diese Freude? – Aber wer sagt es denn, daß ich sie verlieren soll? Du wirst leben; du wirst noch lange leben! Entschlage dich aller schwarzen Gedanken. Mellefont macht die Gefahr größer als sie ist. Er brachte das ganze Haus in Aufruhr und eilte, selbst Ärzte aufzusuchen, die er in diesem armseligen Flecken vielleicht nicht finden wird. Ich sahe seine stürmische Angst, seine hoffnungslose Betrübnis, ohne von ihm gesehen zu werden. Nun weiß ich es, daß er dich aufrichtig liebet;

nun gönne ich dich ihm. Hier will ich ihn erwarten und deine Hand in seine Hand legen. Was ich sonst nur gedrungen getan hätte, tue ich nun gern, da ich sehe, wie teuer du ihm bist. – Ist es wahr, daß es Marwood selbst gewesen ist, die dir dieses Schrecken verursacht hat? Soviel habe ich aus den Klagen deiner Betty verstehen können und mehr nicht. – Doch was forsche ich nach den Ursachen deiner Unbäßlichkeit, da ich nur auf die Mittel, ihr abzuhelfen, bedacht sein sollte? Ich sehe, du wirst von Augenblicke zu Augenblick schwächer, ich seh' es und bleibe hülflos stehen. Was soll ich tun, Waitwell? Wohin soll ich laufen? Was soll ich daran wenden? mein Vermögen? mein Leben? Sage doch!

**Sara.** Bester Vater, alle Hülfe würde vergebens sein. Auch die unschätzbarste würde vergebens sein, die Sie mit Ihrem Leben für mich erkaufen wollten.

---

## Zehnter Auftritt.

**Mellefont. Sara. Sir William. Waitwell.**

**Mellefont.** Ich wag' es, den Fuß wieder in dieses Zimmer zu setzen? Lebt sie noch?

**Sara.** Treten Sie näher, Mellefont.

**Mellefont.** Ich sollt' Ihr Angesicht wiedersehen? Nein, Miß, ich komme ohne Trost, ohne Hülfe zurück. Die Verzweiflung allein bringt mich zurück. – Aber wen seh' ich? Sie, Sir? Unglücklicher Vater! Sie sind zu einer schrecklichen Szene gekommen. Warum kamen Sie nicht eher? Sie kommen zu spät, Ihre Tochter zu retten! Aber – nur getrost! – sich gerächet zu sehen, dazu sollen Sie nicht zu spät gekommen sein.

**Sir William.** Erinnern Sie sich, Mellefont, in diesem Augenblicke nicht, daß wir Feinde gewesen sind! Wir sind es nicht mehr und wollen es nie wieder werden. Erhalten Sie mir nur eine Tochter, und Sie sollen sich selbst eine Gattin erhalten haben.

**Mellefont.** Machen Sie mich zu Gott und wiederholen Sie dann Ihre Forderung. – Ich habe Ihnen, Miß, schon zu viel Unglück zugezogen, als daß ich mich bedenken dürfte, Ihnen auch das letzte anzukündigen: Sie müssen sterben. Und wissen Sie, durch wessen Hand Sie sterben?

**Sara.** Ich will es nicht wissen, und es ist mir schon zuviel, daß ich es argwöhnen kann.

**Mellefont.** Sie müssen es wissen, denn wer könnte mir dafür stehen, daß Sie nicht falsch argwöhnten? Dies schreibet Marwood. (Er lieset.) „Wenn Sie diesen Zettel lesen werden, Mellefont, wird Ihre Untreue in dem Anlasse derselben schon bestraft sein. Ich hatte mich ihr entdeckt, und vor Schrecken war sie in Ohnmacht gefallen. Betty gab sich alle Mühe, sie wieder zu sich selbst zu bringen. Ich ward gewahr, daß sie ein Kordialpulver[1] beiseite legte, und hatte den glücklichen Einfall, es mit einem Giftpulver zu vertauschen. Ich stellte mich gerührt und dienstfertig und machte es selbst zurechte. Ich sah es ihr geben und ging triumphierend fort. Rache und Wut haben mich zu einer Mörderin gemacht; ich will aber keine von den gemeinen Mörderinnen sein, die sich ihrer Tat nicht zu rühmen wagen. Ich bin auf dem Wege nach Dover; Sie können mich verfolgen und meine eigne Hand wider mich zeugen lassen. Komme ich unverfolgt in den Hafen, so will ich Arabellen unverletzt zurücklassen. Bis dahin aber werde ich sie als einen Geisel betrachten. Marwood." – Nun wissen Sie alles, Miß. Hier, Sir, verwahren Sie dieses Papier. Sie müssen die Mörderin zur Strafe ziehen lassen, und dazu ist es Ihnen unentbehrlich. – Wie erstarrt er dasteht!

**Sara.** Geben Sie mir dieses Papier, Mellefont. Ich will mich mit meinen Augen überzeugen. (Er gibt es ihr, und sie sieht es einen Augenblick an.) Werde ich so viel Kräfte noch haben? (Zerreißt es.)

**Mellefont.** Was machen Sie, Miß!

**Sara.** Marwood wird ihrem Schicksale nicht entgehen; aber weder Sie noch mein Vater sollen ihre Ankläger werden. Ich sterbe und vergeb' es der Hand, durch die mich Gott heimsucht. – Ach, mein Vater, welcher finstere Schmerz hat sich Ihrer bemächtiget? – Noch liebe ich Sie, Mellefont, und wenn Sie lieben ein Verbrechen ist, wie schuldig werde ich in jener Welt

1 Herzstärkendes Pulver.

erscheinen! – Wenn ich hoffen dürfte, liebster Vater, daß Sie einen Sohn anstatt einer Tochter annehmen wollten! Und auch eine Tochter wird Ihnen mit ihm nicht fehlen, wenn Sie Arabellen dafür erkennen wollen. Sie müssen sie zurückholen, Mellefont, und die Mutter mag entfliehen. – Da mich mein Vater liebt, warum soll es mir nicht erlaubt sein, mit seiner Liebe als mit einem Erbteile umzugehen? Ich vermache diese väterliche Liebe Ihnen und Arabellen. Reden Sie dann und wann mit ihr von einer Freundin, aus deren Beispiele sie gegen alle Liebe auf ihrer Hut zu sein lerne. – Den letzten Segen, mein Vater! – Wer wollte die Fügungen des Höchsten zu richten wagen? – Tröste deinen Herrn, Waitwell. Doch auch du stehst in einem trostlosen Kummer vergraben, der du in mir weder Geliebte noch Tochter verlierest? –

**Sir William.** Wir sollten dir Mut einsprechen, und dein sterbendes Auge spricht ihn uns ein. Nicht mehr meine irdische Tochter, schon halb ein Engel, was vermag der Segen eines wimmernden Vaters auf einen Geist, auf welchen alle Segen des Himmels herabströmen? Laß mir einen Strahl des Lichtes, welches dich über alles Menschliche so weit erhebt. Oder bitte Gott, den Gott, der nichts so gewiß als die Bitten eines frommen Sterbenden erhört, bitte ihn, daß dieser Tag auch der letzte meines Lebens sei.

**Sara.** Die bewährte Tugend muß Gott der Welt lange zum Beispiele lassen, und nur die schwache Tugend, die allzu vielen Prüfungen vielleicht unterliegen würde, hebt er plötzlich aus den gefährlichen Schranken. – Wem fließen diese Tränen, mein Vater? Sie fallen als feurige Tropfen auf mein Herz; und doch – doch sind sie mir minder schrecklich als die stumme Verzweiflung. Entreißen Sie sich ihr, Mellefont! – Mein Auge bricht – Dies war der letzte Seufzer! – Noch denke ich an Betty und verstehe nun ihr ängstliches Händeringen. Das arme Mädchen! Daß ihr ja niemand eine Unvorsichtigkeit vorwerfe, die durch ihr Herz ohne Falsch und also auch ohne Argwohn der Falschheit entschuldiget wird. – Der Augenblick ist da! Mellefont – mein Vater –

**Mellefont.** Sie stirbt! – Ach, diese kalte Hand noch einmal zu küssen (Indem er zu ihren Füßen fällt.) – Nein, ich will es nicht wagen, sie zu berühren. Die gemeine Sage[1] schreckt mich, daß der Körper eines Erschlagenen durch die Berührung seines Mörders zu bluten anfange. Und wer ist ihr Mörder? Bin ich es nicht mehr als Marwood? (Steht auf.) – Nun ist sie tot, Sir; nun hört sie uns nicht mehr; nun verfluchen Sie mich! Lassen Sie Ihren Schmerz in verdiente Verwünschungen aus! Es müsse keine mein Haupt verfehlen, und die gräßlichste derselben müsse gedoppelt erfüllt werden! – Was schweigen Sie noch? Sie ist tot; sie ist gewiß tot! Nun bin ich wieder nichts als Mellefont. Ich bin nicht mehr der Geliebte einer zärtlichen Tochter, die Sie in ihm zu schonen Ursach' hätten. – Was ist das? Ich will nicht, daß Sie einen barmherzigen Blick auf mich werfen sollen! Das ist Ihre Tochter! Ich bin ihr Verführer! Denken Sie nach, Sir! – Wie soll ich Ihre Wut besser reizen? – Diese blühende Schönheit, über die Sie allein ein Recht hatten, ward wider Ihren Willen mein Raub! Meinetwegen vergaß sich diese unerfahrne Tugend! Meinetwegen riß sie sich aus den Armen eines geliebten Vaters! Meinetwegen mußte sie sterben! – Sie machen mich mit Ihrer Langmut ungeduldig, Sir! Lassen Sie mich es hören, daß Sie Vater sind.

**Sir William.** Ich bin Vater, Mellefont, und bin es zu sehr, als daß ich den letzten Willen meiner Tochter nicht verehren sollte. – Laß dich umarmen, mein Sohn, den ich teurer nicht erkaufen konnte!

**Mellefont.** Nicht so, Sir! Diese Heilige befahl mehr, als die menschliche Natur vermag! Sie können mein Vater nicht sein. – Sehen Sie, Sir (indem er den Dolch aus dem Busen zieht), dieses ist der Dolch, den Marwood heute auf mich zuckte. Zu meinem Unglücke mußte ich sie entwaffnen. Wenn ich als das schuldige Opfer ihrer Eifersucht gefallen wäre, so lebte Sara noch. Sie hätten Ihre Tochter noch und hätten sie ohne Mellefont. Es stehet bei mir nicht, das Geschehene ungeschehen zu machen, aber mich wegen des Geschehenen zu strafen – das steht bei mir! (Er ersticht sich und fällt an dem Stuhle der Sara nieder.)

---

[1] Das allgemeine Gerede.

**Sir William.** Halt ihn, Waitwell! – Was für ein neuer Streich auf mein gebeugtes Haupt! – O, wenn das dritte hier erkaltende Herz das meine wäre!

**Mellefont** (sterbend). Ich fühl' es – daß ich nicht fehlgestoßen habe! – Wollen Sie mich nun Ihren Sohn nennen, Sir, und mir als diesem die Hand drücken, so sterb' ich zufrieden. (Sir William umarmt ihn.) – Sie haben von einer Arabella gehört, für die die sterbende Sara Sie bat. Ich würde auch für sie bitten – aber sie ist der Marwood Kind sowohl als meines – Was für fremde Empfindungen ergreifen mich! – Gnade! o Schöpfer, Gnade! –

**Sir William.** Wenn fremde Bitten itzt kräftig sind, Waitwell, so laßt uns ihm diese Gnade erbitten helfen! Er stirbt! Ach! er war mehr unglücklich als lasterhaft. – –

## Eilfter Auftritt.

**Norton. Die Vorigen.**

**Norton.** Ärzte, Sir. –

**Sir William.** Wenn sie Wunder tun können, so laß sie hereinkommen! – Laß mich nicht länger, Waitwell, bei diesem tötenden Anblicke verweilen. Ein Grab soll beide umschließen. Komm, schleunige Anstalt zu machen, und dann laß uns auf Arabellen denken. Sie sei, wer sie sei, sie ist ein Vermächtnis meiner Tochter. (Sie gehen ab, und das Theater fällt zu[1].)

[1] Vgl. oben, S. 252, Anm. 1.

# Fabeln.

Drei Bücher.

1759.

## Einleitung des Herausgebers.

Uns gilt die Tierfabel nicht mehr als vollberechtigte poetische Gattung. Allzu merkbar drängt sich die Absicht zu bessern und zu belehren hervor, als daß es zu einer reinen ästhetischen Wirkung kommen könnte, mag auch die Freude an dem klug ersonnenen Vorgang, an dem witzigen oder anmutigen Vortrag unverächtlichen Ersatz bieten.

Aber solange die Kunst der Belehrung dienen mußte, solange ihr Wert nicht im Ausdruck eigenartiger Persönlichkeit und dem starken Können, sondern in gefälliger Einkleidung allgemein gültiger Lehren erblickt wurde, mußte der Fabel ein hoher Rang zugestanden werden. In den Poetiken Gottscheds und seines Gegners Breitinger gilt übereinstimmend die Fabel als Gipfel der gesamten Dichtkunst.

Diese Überschätzung verdankte sie neben falschen theoretischen Erwägungen dem außerordentlichen Talent Lafontaines, den bescheideneren, aber ebenfalls liebenswürdigen Leistungen seiner deutschen Nachahmer Hagedorn und Gellert. Der junge Lessing hatte sich ihnen in seinen „Fabeln und Erzählungen in Versen" getreulich angeschlossen (vgl. Bd. 1, S. 115–149 dieser Ausgabe). Wie er von der plauderhaften Breite dieser frühen, nur mäßig geglückten Versuche zu der gedrängten Form der Prosafabeln gelangte, erzählt die Vorrede. Die Abhandlungen am Schlusse wollen dieser äußersten „Simplifikation" das historische und pädagogische Vorrecht sichern.

Höchster Verstand, wahrhaft geistreiche Erfindung, Meisterschaft des prägnanten und doch niemals der Anmut entbehrenden Ausdrucks verleihen den Fabeln Lessings unverwelklichen Reiz. Sie sind Miniaturbilder voll von Lebensweisheit, Wärme des Gemüts, heiterer Laune, gutmütigem und bitterem Spott. Herder nannte sie richtig „Fabelepigramme". In Lessings gesamter Produktion spiegelt sich die Tiefe und der Umfang seiner Menschlichkeit nirgends so leuchtend ab wie hier und in der schönsten, nun wieder in behaglicher Fülle vorgetragenen seiner Fabeln, in „Nathan dem Weisen".

Lessing mag die Anregung zu erneuter Fabeldichtung im Jahre 1756 empfangen haben, als er selbst Richardsons Fabeln übersetzte und Gleim seine Fabeln mit unverdientem Erfolge denen Hagedorns und Gellerts in engem Anschluß folgen ließ. „Erzählt sind sie gewiß vortrefflich, wennschon die Erfindung besser sein könnte", schreibt Lessing am 9. August 1757 an Mendelssohn, und sein folgender Brief vom 18. August erwähnt die eigenen Fabeln, die er zur Prüfung an Mendelssohn geschickt hat. In „Zeus und das Pferd" (1. Buch, Nr. 5) hatte der Freund die Erdichtung schön, aber die Moral gemein (d. h. alltäglich) gefunden. Lessing erwidert: „Das bin ich mir wohl bewußt, daß meine Moralen nicht immer die neuesten und wichtigsten sind, aber wer kann immer neu sein?"

Die Sammlung sollte schon 1760 wiederholt, in verschiedenen Stücken geändert und sonst ansehnlich vermehrt werden; doch kam es nicht dazu. Bodmer füllte in demselben Jahre, weil Lessing ihm widersprochen hatte, mit ungeschickten Parodien und groben Worten ein eigenes Gegenschriftchen, „Lessingische unäsopische Fabeln. Enthaltend die sinnreichen Einfälle und weisen Sprüche der Tiere. Nebst dahin einschlagender Untersuchung der Abhandlung Hrn. Lessings von der Kunst, Fabeln zu verfertigen. Zürich 1760". Er wurde dafür von Lessing im 127. Literaturbrief gebührend abgefertigt.

Als dann 1764 eine französische Übersetzung der Fabeln und der Abhandlungen von Anthelmy angekündigt wurde, bat Lessing am 5. August, der Übersetzer möchte noch ein halbes Jahr warten, da in dieser Zeit die zweite Ausgabe gewiß fertig sein würde. Aber auch diesmal wurde nichts daraus und ebensowenig später. Ein unglücklicher Zufall ließ mit der Kiste, die Lessing 1775 von Wien nach Hause sandte, auch ein Heft neuer Fabeln verloren gehen, und so konnte 1777 die zweite und letzte bei Lessings Lebzeiten erschienene Auflage nichts Neues bieten. Dagegen sind später eine Anzahl neuer Fabeln in Lessings eigener Handschrift im Nachlasse Gleims und in den Breslauer Papieren aufgefunden worden, die hier als Anhang erscheinen.

---

# Vorrede.

Ich warf vor Jahr und Tag einen kritischen Blick auf meine Schriften. Ich hatte ihrer lange genug vergessen, um sie völlig als fremde Geburten betrachten zu können. Ich fand, daß man noch lange nicht so viel Böses davon gesagt habe, als man wohl sagen könnte, und beschloß in dem ersten Unwillen, sie ganz zu verwerfen.

Viel Überwindung hätte mich die Ausführung dieses Entschlusses gewiß nicht gekostet. Ich hatte meine Schriften nie der Mühe wert geachtet, sie gegen irgend jemanden zu verteidigen; so ein leichtes und gutes Spiel mir auch oft der allzu elende Angriff dieser und jener würde gemacht haben. Dazu kam noch das Gefühl, daß ich itzt meine jugendlichen Vergehungen durch bessere Dinge gutmachen und endlich wohl gar in Vergessenheit bringen könnte.

Doch indem fielen mir so viel freundschaftliche Leser ein. – Soll ich selbst Gelegenheit geben, daß man ihnen vorwerfen kann, ihren Beifall an etwas ganz Unwürdiges verschwendet zu haben? Ihre nachsichtsvolle Aufmunterung erwartet von mir ein anderes Betragen. Sie erwartet und sie verdienet, daß ich mich bestrebe, sie wenigstens nachderhand[1] recht haben zu lassen, daß ich so viel Gutes nunmehr wirklich in meine Schriften so glücklich hineinlege, daß sie es in voraus darin bemerkt zu haben scheinen können. – Und so nahm ich mir vor, was ich erst verwerfen wollte, lieber soviel als möglich zu verbessern. – Welche Arbeit! –

Ich hatte mich bei keiner Gattung von Gedichten länger verweilet als bei der Fabel. Es gefiel mir auf diesem gemeinschaftlichen Raine[2] der Poesie und Moral. Ich hatte die

---

[1] Nachträglich. – [2] Grenzweg.

alten und neuen Fabulisten so ziemlich alle und die besten von ihnen mehr als einmal gelesen. Ich hatte über die Theorie der Fabel nachgedacht. Ich hatte mich oft gewundert, daß die gerade auf die Wahrheit führende Bahn des Äsopus von den Neuern für die blumenreichern Abwege der schwatzhaften Gabe zu erzählen so sehr verlassen werde. Ich hatte eine Menge Versuche in der einfältigen Art des alten Phrygiers gemacht. – Kurz, ich glaubte mich in diesem Fache so reich, daß ich vors erste meinen Fabeln mit leichter Mühe eine neue Gestalt geben könnte.

Ich griff zum Werke. – Wie sehr ich mich aber wegen der leichten Mühe geirret hatte, das weiß ich selbst am besten. Anmerkungen, die man während dem Studieren macht und nur aus Mißtrauen in sein Gedächtnis auf das Papier wirft, Gedanken, die man sich nur zu haben begnügt, ohne ihnen durch den Ausdruck die nötige Präzision zu geben, Versuchen, die man nur zu seiner Übung waget, – – fehlet noch sehr viel zu einem Buche. Was nun endlich für eines daraus geworden, – hier ist es!

Man wird nicht mehr als sechse von meinen alten Fabeln darin finden[1]; die sechs prosaischen nämlich, die mir der Erhaltung am wenigsten unwert schienen. Die übrigen gereimten mögen auf eine andere Stelle warten. Wenn es nicht gar zu sonderbar gelassen hätte, so würde ich sie in Prosa aufgelöset haben.

Ohne übrigens eigentlich den Gesichtspunkt, aus welchem ich am liebsten betrachtet zu sein wünschte, vorzuschreiben, ersuche ich bloß meinen Leser, die Fabeln nicht ohne die Abhandlungen zu beurteilen. Denn ob ich gleich weder diese jenen noch jene diesen zum besten geschrieben habe, so entlehnen doch beide als Dinge, die zu einer Zeit in einem Kopfe entsprungen, allzuviel voneinander, als daß sie einzeln und abgesondert noch ebendieselben bleiben könnten. Sollte er auch schon dabei entdecken, daß meine Regeln mit meiner Ausübung nicht allezeit übereinstimmen, was ist es mehr? Er weiß von selbst, daß das Genie seinen Eigensinn hat, daß es den Regeln

[1] Es sind sieben, die schon 1753 in den „Schriften" standen, nämlich: Buch 1, Nr. 14, 17, 29; Buch 2, Nr. 7, 8, 10; Buch 3, Nr. 15. Die drei fortgelassenen Prosafabeln vgl. im „Anhang", S. 385 ff. dieses Bandes.

selten mit Vorsatz folget, und daß diese seine wollüstigen[1] Auswüchse zwar beschneiden, aber nicht hemmen sollen. Er prüfe also in den Fabeln s e i n e n Geschmack und in den Abhandlungen m e i n e Gründe. –

Ich wäre willens, mit allen übrigen Abteilungen meiner Schriften nach und nach auf gleiche Weise zu verfahren. An Vorrat würde es mir auch nicht fehlen, den unnützen Abgang dabei zu ersetzen. Aber an Zeit, an Ruhe – – Nichts weiter! Dieses A b e r gehöret in keine Vorrede; und das Publikum danket es selten einem Schriftsteller, wenn er es auch in solchen Dingen zu seinem Vertrauten zu machen gedenkt. – Solange der Virtuose[2] Anschläge fasset, Ideen sammlet, wählet, ordnet, in Plane verteilet, so lange genießt er die sich selbst belohnenden Wollüste[3] der Empfängnis. Aber sobald er einen Schritt weitergehet und Hand anleget, seine Schöpfung auch außer sich darzustellen, sogleich fangen die Schmerzen der Geburt an, welchen er sich selten ohne alle Aufmunterung unterziehet. –

Eine Vorrede sollte nichts enthalten als die Geschichte des Buchs. Die Geschichte des meinigen war bald erzählt, und ich müßte hier schließen. Allein, da ich die Gelegenheit, mit meinen Lesern zu sprechen, so selten ergreife, so erlaube man mir, sie einmal zu mißbrauchen. – Ich bin gezwungen, mich über einen bekannten Skribenten zu beklagen. Herr Dusch[4] hat mich durch seine bevollmächtigten Freunde seit geraumer Zeit auf eine sehr nichtswürdige Art mißhandeln lassen. Ich meine mich, den Menschen; denn daß es seiner siegreichen Kritik gefallen hat, mich, den Schriftsteller, in die Pfanne zu hauen, das würde ich mit keinem Worte rügen. Die Ursache seiner Erbitterung

---

[1] Sinnlichen, dem Verstand widersprechenden. – [2] In der Bedeutung, die Shaftesbury dem Worte *„virtuoso"* beilegt: ein irgendeine Fähigkeit, besonders künstlerische, Ausübender. – [3] Genüsse, nur mit leisem sinnlichen Unterton. – [4] J o h a n n J a k o b D u s c h (1725–87), schlechter Übersetzer, Kritiker und Dichter, Angreifer der „Sara Sampson", in der „Bibliothek der schönen Wissenschaften" wegen seiner „Drei Gedichte", seiner komischen Epen „Das Toupee" und „Der Schoßhund", „Der Liebestempel", der „Schilderungen aus dem Reiche der Natur und Sittenlehre" getadelt (aber nicht von Lessing), wurde von diesem selbst im 41., 42. und 77. Literaturbriefe verhöhnt, nachdem Dusch in seinen, angeblich unter Beihilfe von Freunden verfaßten „Vermischten kritischen und satirischen Schriften" 1758 Lessing nur den Geist der Anakreontik zugestanden und ihm kleinliche Bosheit und Sophisterei vorgeworfen hatte.

sind verschiedene Kritiken, die man in der „Bibliothek der schönen Wissenschaften" und in den „Briefen, die neueste Literatur betreffend" über seine Werke gemacht hat und er auf meine Rechnung schreibet. Ich habe ihn schon öffentlich von dem Gegenteile versichern lassen[1]; die Verfasser der Bibliothek sind auch nunmehr genugsam bekannt; und wenn diese, wie er selbst behauptet, zugleich die Verfasser der Briefe sind, so kann ich gar nicht begreifen, warum er seinen Zorn an mir ausläßt[2]. Vielleicht aber muß ein ehrlicher Mann, wie er, wenn es ihn nicht töten soll, sich seiner Galle gegen einen Unschuldigen entladen; und in diesem Falle stehe ich seiner Kunstrichterei und dem Aberwitze seiner Freunde und seiner Freundinnen gar gern noch ferner zu Diensten und widerrufe meine Klage.

[1] In einer Erklärung in der „Bibliothek der schönen Wissenschaften" IV, 535. – [2] Tatsächlich stammten aber doch die Angriffe im 41 und 42. Literaturbrief, die hier allein chronologisch in Betracht kommen, von Lessing her.

## Erstes Buch.

### 1. Die Erscheinung.

In der einsamsten Tiefe jenes Waldes, wo ich schon manches redende Tier belauscht, lag ich an einem sanften Wasserfalle und war bemüht, einem meiner Märchen den leichten poetischen Schmuck zu geben, in welchem am liebsten zu erscheinen La Fontaine die Fabel fast verwöhnt hat. Ich sann, ich wählte, ich verwarf, die Stirne glühte – – Umsonst, es kam nichts auf das Blatt. Voll Unwill sprang ich auf; aber sieh! – auf einmal stand sie selbst, die fabelnde Muse, vor mir.

Und sie sprach lächelnd: „Schüler, wozu diese undankbare Mühe? Die Wahrheit braucht die Anmut der Fabel; aber wozu braucht die Fabel die Anmut der Harmonie? Du willst das Gewürze würzen. G'nug, wenn die Erfindung des Dichters ist; der Vortrag sei des ungekünstelten Geschichtschreibers sowie der Sinn des Weltweisen."

Ich wollte antworten, aber die Muse verschwand. „Sie verschwand?" höre ich einen Leser fragen. „Wenn du uns doch nur wahrscheinlicher täuschen wolltest! Die seichten Schlüsse, auf die dein Unvermögen dich führte, der Muse in den Mund zu legen! Zwar ein gewöhnlicher Betrug –"

Vortrefflich, mein Leser! Mir ist keine Muse erschienen. Ich erzählte eine bloße Fabel, aus der du selbst die Lehre gezogen. Ich bin nicht der erste und werde nicht der letzte sein, der seine Grillen zu Orakelsprüchen einer göttlichen Erscheinung macht.

### 2. Der Hamster und die Ameise.

„Ihr armseligen Ameisen", sagte ein Hamster. „Verlohnt es sich der Mühe, daß ihr den ganzen Sommer arbeitet, um ein so Weniges einzusammeln? Wenn ihr meinen Vorrat sehen solltet!" – –

„Höre", antwortete eine Ameise, „wenn er größer ist, als du ihn brauchst, so ist es schon recht, daß die Menschen dir nachgraben, deine Scheuren ausleeren und dich deinen räubrischen Geiz mit dem Leben büßen lassen!"

## 3. Der Löwe und der Hase.

Aelianus[1] de natura animalium lib. I. cap. 38. „Ὀῤῥωδει ὁ ἐλεφας κεραστην κριον και χοιρου βοην[2]." Idem lib. III. cap. 31. „Αλεκτρυονα φοβειται ὁ λεων[3]."

Ein Löwe würdigte einen drollichten Hasen seiner nähern Bekanntschaft. „Aber ist es denn wahr", fragte ihn einst der Hase, „daß euch Löwen ein elender krähender Hahn so leicht verjagen kann?"

„Allerdings ist es wahr", antwortete der Löwe; „und es ist eine allgemeine Anmerkung, daß wir große Tiere durchgängig eine gewisse kleine Schwachheit an uns haben. So wirst du zum Exempel von dem Elefanten gehört haben, daß ihm das Grunzen eines Schweins Schauder und Entsetzen erwecket."–

„Wahrhaftig?" unterbrach ihn der Hase. „Ja, nun begreif' ich auch, warum wir Hasen uns so entsetzlich vor den Hunden fürchten."

## 4. Der Esel und das Jagdpferd.

Ein Esel vermaß sich, mit einem Jagdpferde um die Wette zu laufen. Die Probe fiel erbärmlich aus, und der Esel ward ausgelacht. „Ich merke nun wohl", sagte der Esel, „woran es gelegen hat: ich trat mir vor einigen Monaten einen Dorn in den Fuß, und der schmerzt mich noch."

„Entschuldigen Sie mich", sagte der Kanzelredner Liederhold[4], „wenn meine heutige Predigt so gründlich und erbaulich nicht gewesen, als man sie von dem glücklichen Nachahmer

---

[1] Der Sophist Älianus, ein in griechischer Sprache schreibender römischer Schriftsteller des 3. Jahrhunderts n. Chr., verfaßte unter anderen die Sammlung von Tiergeschichten *„De natura animalium"* in 14 Büchern. – [2] „Der Elefant fürchtet den gehörnten Widder und das Grunzen des Schweines." – [3] „Der Löwe fürchtet den Hahn." – [4] Der Name deutet entweder auf die Gewohnheit, viele Kirchenlieder in der Predigt zu zitieren, oder auf das eifrige Singen, wie es namentlich die Pietisten trieben.

eines Mosheims[1] erwartet hätte; ich habe, wie Sie hören, einen heischern[2] Hals, und den schon seit acht Tagen."

## 5. Zeus und das Pferd[3].

„Καμηλον ὡς δεδοικεν ἱππος, ἐγνω Κυρος τε και Κροισος[4]." Aelianus de nat. an. lib. III. cap. 7.

„Vater der Tiere und Menschen", so sprach das Pferd und nahte sich dem Throne des Zeus, „man will, ich sei eines der schönsten Geschöpfe, womit du die Welt gezieret, und meine Eigenliebe heißt mich es glauben. Aber sollte gleichwohl nicht noch Verschiedenes an mir zu bessern sein?" –

„Und was meinst du denn, daß an dir zu bessern sei? Rede! ich nehme Lehre an", sprach der gute Gott, und lächelte.

„Vielleicht", sprach das Pferd weiter, „würde ich flüchtiger sein, wenn meine Beine höher und schmächtiger wären; ein langer Schwanenhals würde mich nicht verstellen[5]; eine breitere Brust würde meine Stärke vermehren: und da du mich doch einmal bestimmt hast, deinen Liebling, den Menschen, zu tragen, so könnte mir ja wohl der Sattel anerschaffen sein, den mir der wohltätige Reiter auflegt."

„Gut", versetzte Zeus; „gedulde dich einen Augenblick!" Zeus, mit ernstem Gesichte, sprach das Wort der Schöpfung. Da quoll Leben in den Staub, da verband sich organisierter Stoff; und plötzlich stand vor dem Throne – das häßliche Kamel.

Das Pferd sah, schauderte und zitterte vor entsetzendem Abscheu.

„Hier sind höhere und schmächtigere Beine", sprach Zeus; „hier ist ein langer Schwanenhals; hier ist eine breitere Brust; hier ist der anerschaffene Sattel! Willst du, Pferd, daß ich dich so umbilden soll?"

Das Pferd zitterte noch.

"Geh", fuhr Zeus fort; „dieses Mal sei belehrt, ohne bestraft zu werden. Dich deiner Vermessenheit aber dann und

[1] Johann Lorenz von Mosheim (1694–1755), Kirchenhistoriker und einer der ersten Kanzelredner seiner Zeit. – [2] Heischer, noch bei Uhland und Rückert zu finden. – [3] Vgl. Mendelssohns und Lessings Äußerung über diese Fabel in der „Einleitung des Herausgebers", S. 342 dieses Bandes, Z. 10ff. – [4] „Cyrus und Krösus machten die Erfahrung, wie das Pferd vor dem Kamele Furcht hegt." – [5] Entstellen.

wann reuend zu erinnern, so daure du fort, neues Geschöpf" – Zeus warf einen erhaltenden Blick auf das Kamel – – „und das Pferd erblicke dich nie, ohne zu schaudern."

## 6. Der Affe und der Fuchs.

„Nenne mir ein so geschicktes Tier, dem ich nicht nachahmen könnte!" so prahlte der Affe gegen den Fuchs. Der Fuchs aber erwiderte: „Und du, nenne mir ein so geringschätziges[1] Tier, dem es einfallen könnte, dir nachzuahmen."

Schriftsteller meiner Nation! – – Muß ich mich noch deutlicher erklären?

## 7. Die Nachtigall und der Pfau.

Eine gesellige Nachtigall fand unter den Sängern des Waldes Neider die Menge, aber keinen Freund. „Vielleicht finde ich ihn unter einer andern Gattung", dachte sie, und floh vertraulich zu dem Pfaue herab.

„Schöner Pfau! ich bewundere dich." – – „Ich dich auch, liebliche Nachtigall!" – „So laß uns Freunde sein", sprach die Nachtigall weiter; „wir werden uns nicht beneiden dürfen; du bist dem Auge so angenehm als ich dem Ohre."

Die Nachtigall und der Pfau wurden Freunde.

Kneller[2] und Pope waren bessere Freunde als Pope und Addison.

## 8. Der Wolf und der Schäfer.

Ein Schäfer hatte durch eine grausame Seuche seine ganze Herde verloren. Das erfuhr der Wolf und kam, seine Kondolenz abzustatten.

„Schäfer", sprach er, „ist es wahr, daß dich ein so grausames Unglück betroffen? Du bist um deine ganze Herde gekommen? Die liebe, fromme, fette Herde! Du tauerst[3] mich, und ich möchte blutige Tränen weinen."

„Habe Dank, Meister Isegrim", versetzte der Schäfer. "Ich sehe, du hast ein sehr mitleidiges Herz."

---

[1] Geringwertiges. – [2] Gottfried Kneller (1646–1726), ein deutscher Bildnismaler, der in London ganz zum Engländer geworden war. – [3] Lessings stete Schreibung.

„Das hat er auch wirklich", fügte des Schäfers Hylax hinzu, „so oft er unter dem Unglücke seines Nächsten selbst leidet."

## 9. Das Roß und der Stier.

Auf einem feurigen Rosse floh stolz ein dreuster Knabe daher. Da rief ein wilder Stier dem Rosse zu: „Schande! von einem Knaben ließ' ich mich nicht regieren!"

„Aber ich", versetzte das Roß. „Denn was für Ehre könnte es mir bringen, einen Knaben abzuwerfen?"

## 10. Die Grille und die Nachtigall.

„Ich versichre dich", sagte die Grille zu der Nachtigall, „daß es meinem Gesange gar nicht an Bewundrern fehlt." – „Nenne mir sie doch", sprach die Nachtigall. – „Die arbeitsamen Schnitter", versetzte die Grille, „hören mich mit vielem Vergnügen, und daß dieses die nützlichsten Leute in der menschlichen Republik sind, das wirst du doch nicht leugnen wollen?"

„Das will ich nicht leugnen", sagte die Nachtigall, „aber deswegen darfst du auf ihren Beifall nicht stolz sein. Ehrlichen Leuten, die alle ihre Gedanken bei der Arbeit haben, müssen ja wohl die feinern Empfindungen fehlen. Bilde dir also ja nichts eher auf dein Lied ein, als bis ihm der sorglose Schäfer, der selbst auf seiner Flöte sehr lieblich spielt, mit stillem Entzücken lauschet."

## 11. Die Nachtigall und der Habicht.

Ein Habicht schoß auf eine singende Nachtigall. „Da du so lieblich singst", sprach er, „wie vortrefflich wirst du schmecken!"

War es höhnische Bosheit, oder war es Einfalt, was der Habicht sagte? Ich weiß nicht. Aber gestern hört' ich sagen: „Dieses Frauenzimmer, das so unvergleichlich dichtet, muß es nicht ein allerliebstes Frauenzimmer sein!" Und das war gewiß Einfalt!

## 12. Der kriegerische Wolf.

„Mein Vater glorreichen Andenkens", sagte ein junger Wolf zu einem Fuchse, „das war ein rechter Held! Wie fürchterlich hat er sich nicht in der ganzen Gegend gemacht! Er hat über mehr als zweihundert Feinde nach und nach triumphiert und ihre schwarze Seelen in das Reich des Verderbens gesandt. Was Wunder also, daß er endlich doch einem unterliegen mußte!"

„So würde sich ein Leichenredner ausdrücken", sagte der Fuchs; „der trockene Geschichtschreiber aber würde hinzusetzen: die zweihundert Feinde, über die er nach und nach triumphieret, waren Schafe und Esel; und der eine Feind, dem er unterlag, war der erste Stier, den er sich anzufallen erkühnte."

## 13. Der Phönix.

Nach vielen Jahrhunderten gefiel es dem Phönix, sich wieder einmal sehen zu lassen. Er erschien, und alle Tiere und Vögel versammelten sich um ihn. Sie gafften, sie staunten, sie bewunderten und brachen in entzückendes Lob aus.

Bald aber verwandten[1] die besten und geselligsten mitleidsvoll ihre Blicke und seufzten: „Der unglückliche Phönix! Ihm ward das harte Los, weder Geliebte noch Freunde zu haben; denn er ist der einzige seiner Art!"

## 14. Die Gans.

Die Federn einer Gans beschämten den neugebornen Schnee. Stolz auf dieses blendende Geschenk der Natur glaubte sie, eher zu einem Schwane als zu dem, was sie war, geboren zu sein. Sie sonderte sich von ihresgleichen ab und schwamm einsam und majestätisch auf dem Teiche herum. Bald dehnte sie ihren Hals, dessen verräterischer Kürze sie mit aller Macht abhelfen wollte. Bald suchte sie ihm die prächtige Biegung zu geben, in welcher der Schwan das würdigste Ansehen eines Vogels des Apollo hat. Doch vergebens; er war zu steif, und mit aller ihrer Bemühung brachte sie es nicht weiter, als daß sie eine lächerliche Gans ward, ohne ein Schwan zu werden.

## 15. Die Eiche und das Schwein.

Ein gefräßiges Schwein mästete sich unter einer hohen Eiche mit der herabgefallenen Frucht. Indem es die eine Eichel zerbiß, verschluckte es bereits eine andere mit dem Auge.

„Undankbares Vieh!" rief endlich der Eichbaum herab. „Du nährest dich von meinen Früchten, ohne einen einzigen dankbaren Blick auf mich in die Höhe zu richten."

[1] Wandten ab.

Das Schwein hielt einen Augenblick inne und grunzte zur Antwort: „Meine dankbaren Blicke sollten nicht außenbleiben, wenn ich nur wüßte, daß du deine Eicheln meinetwegen hättest fallen lassen."

## 16. Die Wespen.

Ιππος ἐῤῥιμμενος σφηκων γενεσις ἐστιν[1]. Aelianus de nat. animal. lib. I. cap. 28.

Fäulnis und Verwesung zerstörten das stolze Gebäu eines kriegerischen Rosses, das unter seinem kühnen Reiter erschossen worden. Die Ruinen des einen braucht die allzeit wirksame Natur zu dem Leben des andern. Und so floh auch ein Schwarm junger Wespen aus dem beschmeißten[2] Aase hervor. „O", riefen die Wespen, „was für eines göttlichen Ursprungs sind wir! Das prächtigste Roß, der Liebling Neptuns, ist unser Erzeuger!"

Diese seltsame Prahlerei hörte der aufmerksame Fabeldichter und dachte an die heutigen Italiener, die sich nichts geringers als Abkömmlinge der alten unsterblichen Römer zu sein einbilden, weil sie auf ihren Gräbern geboren worden.

## 17. Die Sperlinge.

Eine alte Kirche, welche den Sperlingen unzählige Nester gab, ward ausgebessert. Als sie nun in ihrem neuen Glanze dastand, kamen die Sperlinge wieder, ihre alten Wohnungen zu suchen. Allein sie fanden sie alle vermauert. „Zu was", schrieen sie, „taugt denn nun das große Gebäude? Kommt, verlaßt den unbrauchbaren Steinhaufen!"

## 18. Der Strauß.

Η στρουθος ἡ μεγαλη λασιοις μεν τοις πτεροις ἐπτερωται, ἀρθηναι δε και εἰς βαθυν ἀερα μετεωρισθηναι φυσιν οὐκ ἐχει· θει δε ὠκιστα, και τας παρα την πλευραυ ἑκατεραν πτερυγας ἁπλοι, και ἐμπιπτον το πνευμα κολποι δικην ἱστιων αὐτας· πτησιν δε οὐκ οἰδεν[3]. Aelianus lib. II. cap. 26.

„Itzt will ich fliegen", rief der gigantische Strauß, und das ganze Volk der Vögel stand in ernster Erwartung um ihn ver-

[1] „Aus einem gefallenen Pferde entstehen Wespen." – [2] Besudelten. – [3] „Der große Strauß besitzt rauhe Flügel; aber seine Natur ist es nicht, sich in die Luft zu erheben; wohl aber läuft er sehr schnell, breitet seine beiden Flügel aus, und im Hineinfallen bläht sie der Wind wie Segel; aber den Flug versteht der Strauß nicht."

sammelt. „Itzt will ich fliegen", rief er nochmals, breitete die gewaltigen Fittiche weit aus und schoß, gleich einem Schiffe mit aufgespannten Segeln, auf dem Boden dahin, ohne ihn mit einem Tritte zu verlieren.

Sehet da ein poetisches Bild jener unpoetischen Köpfe, die in den ersten Zeilen ihrer ungeheuren Oden mit stolzen Schwingen prahlen, sich über Wolken und Sterne zu erheben drohen und dem Staube doch immer getreu bleiben!

## 19. Der Sperling und der Strauß.

„Sei auf deine Größe, auf deine Stärke so stolz als du willst", sprach der Sperling zu dem Strauße. „Ich bin doch mehr ein Vogel als du. Denn du kannst nicht fliegen; ich aber fliege, obgleich nicht hoch, obgleich nur ruckweise."

Der leichte Dichter eines fröhlichen Trinkliedes, eines kleinen verliebten Gesanges ist mehr ein Genie als der schwunglose Schreiber einer langen Hermanniade[1].

## 20. Die Hunde.

Λεοντι ὁμοσε χωρει κυων Ινδικος – και πολλα αὐτον λυπησας και κατατρωσας, τελευτων ἡτταται ὁ κυων[2]. Aelianus lib. IV. cap. 19.

„Wie ausgeartet ist hierzulande unser Geschlecht", sagte ein gereister Pudel. „In dem fernen Weltteile, welches die Menschen Indien nennen, da, da gibt es noch rechte Hunde; Hunde, meine Brüder – – ihr werdet es mir nicht glauben, und doch habe ich es mit meinen Augen gesehen – die auch einen Löwen nicht fürchten und kühn mit ihm anbinden."

„Aber", fragte den Pudel ein gesetzter Jagdhund, „überwinden sie ihn denn auch, den Löwen?"

„Überwinden?" war die Antwort. „Das kann ich nun eben nicht sagen. Gleichwohl bedenke nur, einen Löwen anzufallen!" – –

„O", fuhr der Jagdhund fort, „wenn sie ihn nicht überwinden, so sind deine gepriesene Hunde in Indien – besser als wir, soviel wie nichts – aber ein gut Teil dümmer."

---

1 Schönaich. Vgl. Bd. 1 dieser Ausgabe, S. 35, Nr. 148. – 2 „Es gab ein Treffen zwischen einem Löwen und einem indischen Hund. Erst quälte und verwundete der Hund den Löwen, dann wurde er besiegt."

## 21. Der Fuchs und der Storch[1].

„Erzähle mir doch etwas von den fremden Ländern, die du alle gesehen hast", sagte der Fuchs zu dem weitgereisten Storche.

Hierauf fing der Storch an, ihm jede Lache und jede feuchte Wiese zu nennen, wo er die schmackhaftesten Würmer und die fettesten Frösche geschmauset.

„Sie sind lange in Paris gewesen, mein Herr. Wo speiset man da am besten? Was für Weine haben Sie da am meisten nach Ihrem Geschmacke gefunden?"

## 22. Die Eule und der Schatzgräber.

Jener Schatzgräber war ein sehr unbilliger Mann. Er wagte sich in die Ruinen eines alten Raubschlosses und ward da gewahr, daß die Eule eine magere Maus ergriff und verzehrte. „Schickt sich das", sprach er, „für den philosophischen Liebling Minervens?"

„Warum nicht?" versetzte die Eule. „Weil ich stille Betrachtungen liebe, kann ich deswegen von der Luft leben? Ich weiß zwar wohl, daß ihr Menschen es von euren Gelehrten verlanget – –"

## 23. Die junge Schwalbe.

„Was macht ihr da?" fragte eine Schwalbe die geschäftigen Ameisen. „Wir sammeln Vorrat auf den Winter", war die geschwinde Antwort.

„Das ist klug", sagte die Schwalbe, „das will ich auch tun." Und sogleich fing sie an, eine Menge toter Spinnen und Fliegen in ihr Nest zu tragen.

„Aber wozu soll das?" fragte endlich ihre Mutter. „Wozu? Vorrat auf den bösen Winter, liebe Mutter; sammle doch auch! Die Ameisen haben mich diese Vorsicht gelehrt."

„O laß den irdischen[2] Ameisen diese kleine Klugheit", versetzte die Alte; „was sich für sie schickt, schickt sich nicht für bessere Schwalben. Uns hat die gütige Natur ein holderes

---

1 Nach Phädrus, Buch 1, Nr. 25. – 2 Auf der Erde lebenden.

Schicksal bestimmt. Wenn der reiche Sommer sich endet, ziehen wir von hinnen; auf dieser Reise entschlafen wir allgemach, und da empfangen uns warme Sümpfe, wo wir ohne Bedürfnisse rasten, bis uns ein neuer Frühling zu einem neuen Leben erwecket[1]."

## 24. Merops.

Ο Μεροψ το ὀρνεον ἐμπαλιν, φασι, τοις ἀλλοις ἀπασι πετεται· τα μεν γαρ εἰς τουμπροσθεν ἱεται και κατ᾽ ὀφθαλμους, το δε εἰς τουπισω[2].

Aelianus lib. I. cap. 49.

„Ich muß dich doch etwas fragen", sprach ein junger Adler zu einem tiefsinnigen, grundgelehrten Uhu. „Man sagt, es gäbe einen Vogel, mit Namen Merops, der, wenn er in die Luft steige, mit dem Schwanze voraus, den Kopf gegen die Erde gekehret, fliege. Ist das wahr?"

„Ei, nicht doch!" antwortete der Uhu, „das ist eine alberne Erdichtung des Menschen. Er mag selbst ein solcher Merops sein; weil er nur gar zu gern den Himmel erfliegen möchte, ohne die Erde, auch nur einen Augenblick, aus dem Gesichte zu verlieren."

## 25. Der Pelekan.

Aelianus de nat. animal. lib. III. cap. 30[3].

Für wohlgeratene Kinder können Eltern nicht zu viel tun. Aber wenn sich ein blöder Vater für einen ausgearteten Sohn das Blut vom Herzen zapft, dann wird Liebe zur Torheit.

Ein frommer Pelekan, da er seine Jungen schmachten sahe, ritzte sich mit scharfem Schnabel die Brust auf und erquickte sie mit seinem Blute. „Ich bewundere deine Zärtlichkeit", rief ihm ein Adler zu, „und bejammere deine Blindheit. Sieh doch, wie manchen nichtswürdigen Guckuck du unter deinen Jungen mit ausgebrütet hast!"

So war es auch wirklich; denn auch ihm hatte der kalte Guckuck seine Eier untergeschoben. – Waren es undankbare Guckucke wert, daß ihr Leben so teuer erkauft wurde?

---

[1] Der Glaube, daß die Schwalben in Sümpfe vergraben den Winter überdauerten, war im 18. Jahrhundert noch weit verbreitet. – [2] „Der Vogel Merops soll entgegengesetzt allen anderen fliegen, nämlich mit dem Schwanze vorn und dem Kopfe hinten." – [3] Die bekannte Fabel, daß der Pelikan seine Jungen mit seinem Blute nähre.

## 26. Der Löwe und der Tiger.

Aelianus de natura animal. lib. II. cap. 12.

Der Löwe und der Hase, beide schlafen mit offenen Augen. Und so schlief jener, ermüdet von der gewaltigen Jagd, einst vor dem Eingange seiner fürchterlichen Höhle.

Da sprang ein Tiger vorbei und lachte des leichten Schlummers. „Der nichtsfürchtende Löwe!" rief er. „Schläft er nicht mit offenen Augen, natürlich wie der Hase!"

„Wie der Hase?" brüllte der aufspringende Löwe und war dem Spötter an der Gurgel. Der Tiger wälzte sich in seinem Blute, und der beruhigte Sieger legte sich wieder, zu schlafen.

## 27. Der Stier und der Hirsch.

Ein schwerfälliger Stier und ein flüchtiger Hirsch weideten auf einer Wiese zusammen.

„Hirsch", sagte der Stier, „wenn uns der Löwe anfallen sollte, so laß uns für einen Mann stehen; wir wollen ihn tapfer abweisen." – „Das mute mir nicht zu", erwiderte der Hirsch; „denn warum sollte ich mich mit dem Löwen in ein ungleiches Gefecht einlassen, da ich ihm sichrer entlaufen kann?"

## 28. Der Esel und der Wolf.

Ein Esel begegnete einem hungrigen Wolfe. „Habe Mitleiden mit mir", sagte der zitternde Esel, „ich bin ein armes krankes Tier; sieh nur, was für einen Dorn ich mir in den Fuß getreten habe!" –

„Wahrhaftig, du dauerst mich", versetzte der Wolf. „Und ich finde mich in meinem Gewissen verbunden, dich von diesen Schmerzen zu befreien." –

Kaum war das Wort gesagt, so war der Esel zerrissen.

## 29. Der Springer im Schache.

Zwei Knaben wollten Schach ziehen. Weil ihnen ein Springer fehlte, so machten sie einen überflüssigen Bauer durch ein Merkzeichen dazu.

„Ei", riefen die andern Springer, „woher, Herr Schritt vor Schritt?"

Die Knaben hörten die Spötterei und sprachen: „Schweigt! Tut er uns nicht eben die Dienste, die ihr tut?"

## 30. Äsopus und der Esel.

Der Esel sprach zu dem Äsopus: „Wenn du wieder ein Geschichtchen von mir ausbringst, so laß mich etwas recht Vernünftiges und Sinnreiches sagen."

„Dich etwas Sinnreiches!" sagte Äsop, „wie würde sich das schicken? Würde man nicht sprechen, du seist der Sittenlehrer und ich der Esel?"

# Zweites Buch.

## 1. Die eherne Bildsäule.

Die eherne Bildsäule eines vortrefflichen Künstlers schmolz durch die Hitze einer wütenden Feuersbrunst in einen Klumpen. Dieser Klumpen kam einem andern Künstler in die Hände, und durch seine Geschicklichkeit verfertigte er eine neue Bildsäule daraus, von der erstern in dem, was sie vorstellete, unterschieden, an Geschmack und Schönheit aber ihr gleich.

Der Neid sah es und knirschte. Endlich besann er sich auf einen armseligen Trost: „Der gute Mann würde dieses noch ganz erträgliche Stück auch nicht hervorgebracht haben, wenn ihm nicht die Materie der alten Bildsäule dabei zustatten gekommen wäre."

## 2. Herkules.

Fab. Aesop. 191. edit. Hauptmannianae. Phaedrus lib. IV. Fab. 11.

Als Herkules in den Himmel aufgenommen ward, machte er seinen Gruß unter allen Göttern der Juno zuerst. Der ganze Himmel und Juno erstaunte darüber. „Deiner Feindin", rief man ihm zu, „begegnest du so vorzüglich[1]?"– „Ja, ihr selbst", erwiderte Herkules. „Nur ihre Verfolgungen sind es, die mir zu den Taten Gelegenheit gegeben, womit ich den Himmel verdienet habe."

Der Olymp billigte die Antwort des neuen Gottes, und Juno ward versöhnt.

## 3. Der Knabe und die Schlange.

Fab. Aesop. 170. Phaedrus lib. IV. Fab. 18.

Ein Knabe spielte mit einer zahmen Schlange. „Mein liebes Tierchen", sagte der Knabe, „ich würde mich mit dir so

[1] Sie bevorzugend.

gemein nicht machen, wenn dir das Gift nicht benommen wäre. Ihr Schlangen seid die boshaftesten, undankbarsten Geschöpfe! Ich habe es wohl gelesen, wie es einem armen Landmann ging, der eine, vielleicht von deinen Ureltern, die er halb erfroren unter einer Hecke fand, mitleidig aufhob und sie in seinen erwärmenden Busen steckte. Kaum fühlte sich die Böse wieder, als sie ihren Wohltäter biß; und der gute, freundliche Mann mußte sterben."

„Ich erstaune", sagte die Schlange. „Wie parteiisch eure Geschichtschreiber sein müssen! Die unsrigen erzählen diese Historie ganz anders. Dein freundlicher Mann glaubte, die Schlange sei wirklich erfroren, und weil es eine von den bunten Schlangen war, so steckte er sie zu sich, ihr zu Hause die schöne Haut abzustreifen. War das recht?"

„Ach, schweig nur", erwiderte der Knabe. „Welcher Undankbare hätte sich nicht zu entschuldigen gewußt."

„Recht, mein Sohn", fiel der Vater, der dieser Unterredung zugehöret hatte, dem Knaben ins Wort. „Aber gleichwohl wenn du einmal von einem außerordentlichen Undanke hören solltest, so untersuche ja alle Umstände genau, bevor du einen Menschen mit so einem abscheulichen Schandflecke brandmarken lässest. Wahre Wohltäter haben selten Undankbare verpflichtet; ja, ich will zur Ehre der Menschheit hoffen, – niemals. Aber die Wohltäter mit kleinen eigennützigen Absichten, die sind es wert, mein Sohn, daß sie Undank anstatt Erkenntlichkeit einwuchern."

### 4. Der Wolf auf dem Totbette.

Fab. Aesop. 144. Phaedrus lib. I. Fab. 8.

Der Wolf lag in den letzten Zügen und schickte einen prüfenden Blick auf sein vergangenes Leben zurück. „Ich bin freilich ein Sünder", sagte er, „aber doch, hoffe ich, keiner von den größten. Ich habe Böses getan; aber auch viel Gutes. Einsmals, erinnere ich mich, kam mir ein blöckendes Lamm, welches sich von der Herde verirret hatte, so nahe, daß ich es gar leicht hätte würgen können; und ich tat ihm nichts. Zu ebendieser Zeit hörte ich die Spöttereien und Schmähungen eines Schafes mit der bewundernswürdigsten Gleichgültigkeit an, ob ich schon keine schützende Hunde zu fürchten hatte."

„Und das alles kann ich dir bezeugen", fiel ihm Freund Fuchs, der ihn zum Tode bereiten half, ins Wort. „Denn ich erinnere mich noch gar wohl aller Umstände dabei. Es war zu ebender Zeit, als du dich an dem Beine so jämmerlich würgtest, das dir der gutherzige Kranich hernach aus dem Schlunde zog."

## 5. Der Stier und das Kalb.

Phaedrus lib. V. Fab. 9.

Ein starker Stier zersplitterte mit seinen Hörnern, indem er sich durch die niedrige Stalltüre drängte, die obere Pfoste. „Sieh einmal, Hirte!" schrie ein junges Kalb, „solchen Schaden tu' ich dir nicht." – „Wie lieb wäre mir es", versetzte dieser, „wenn du ihn tun könntest!"

Die Sprache des Kalbes ist die Sprache der kleinen Philosophen. „Der böse Bayle[1]! wie manche rechtschaffene Seele hat er mit seinen verwegnen Zweifeln geärgert!" – O ihr Herren, wie gern wollen wir uns ärgern lassen, wenn jeder von euch ein Bayle werden kann!

## 6. Die Pfauen und die Krähe.

Fab. Aesop. 188. Phaedrus lib. I. Fab. 3.

Eine stolze Krähe schmückte sich mit den ausgefallenen Federn der farbichten Pfaue und mischte sich kühn, als sie genug geschmückt zu sein glaubte, unter diese glänzende Vögel der Juno. Sie ward erkannt; und schnell fielen die Pfaue mit scharfen Schnäbeln auf sie, ihr den betriegerischen Putz auszureißen.

„Lasset nach!" schrie sie endlich; „ihr habt nun alle das eurige wieder." Doch die Pfaue, welche einige von den eignen glänzenden Schwingfedern der Krähe bemerkt hatten, versetzten: „Schweig, armselige Närrin; auch diese können nicht dein sein!" – und hackten weiter.

[1] Vgl. S. 277 dieses Bandes, Anm. 4.

## 7. Der Löwe mit dem Esel.

Phaedrus lib. I. Fab. 11.

Als des Äsopus Löwe mit dem Esel, der ihm durch seine fürchterliche Stimme die Tiere sollte jagen helfen, nach dem Walde ging, rief ihm eine nasenweise Krähe von dem Baume zu: „Ein schöner Gesellschafter! Schämst du dich nicht, mit einem Esel zu gehen?" – „Wen ich brauchen kann", versetzte der Löwe, „dem kann ich ja wohl meine Seite gönnen."

So denken die Großen alle, wenn sie einen Niedrigen ihrer Gemeinschaft würdigen.

## 8. Der Esel mit dem Löwen.

Phaedrus lib. I. Fab. 11.

Als der Esel mit dem Löwen des Äsopus, der ihn statt seines Jägerhorns brauchte, nach dem Walde ging, begegnete ihm ein andrer Esel von seiner Bekanntschaft und rief ihm zu: „Guten Tag, mein Bruder!" – „Unverschämter!" war die Antwort. –

„Und warum das?" fuhr jener Esel fort. „Bist du deswegen, weil du mit einem Löwen gehst, besser als ich? mehr als ein Esel?"

## 9. Die blinde Henne.

Phaedrus lib. III. Fab. 12.

Eine blind gewordene Henne, die des Scharrens gewohnt war, hörte auch blind noch nicht auf, fleißig zu scharren. Was half es der arbeitsamen Närrin? Eine andre sehende Henne, welche ihre zarten Füße schonte, wich nie von ihrer Seite und genoß, ohne zu scharren, die Frucht des Scharrens. Denn so oft die blinde Henne ein Korn aufgescharret hatte, fraß es die sehende weg.

Der fleißige Deutsche macht die Kollektanea, die der witzige Franzose nutzt.

## 10. Die Esel.

Fabul. Aesop. 112.

Die Esel beklagten sich bei dem Zeus, daß die Menschen mit ihnen zu grausam umgingen. „Unser starker Rücken", sagten sie, „trägt ihre Lasten, unter welchen sie und jedes schwächere Tier erliegen müßten. Und doch wollen sie uns durch unbarmherzige Schläge zu einer Geschwindigkeit nötigen, die uns durch die Last unmöglich gemacht würde, wenn sie uns auch die Natur nicht versagt hätte. Verbiete ihnen, Zeus, so unbillig zu sein, wenn sich die Menschen anders etwas Böses verbieten lassen. Wir wollen ihnen dienen, weil es scheinet, daß du uns darzu erschaffen hast; allein geschlagen wollen wir ohne Ursach' nicht sein."

„Mein Geschöpf", antwortete Zeus ihrem Sprecher, „die Bitte ist nicht ungerecht; aber ich sehe keine Möglichkeit, die Menschen zu überzeugen, daß eure natürliche Langsamkeit keine Faulheit sei. Und solange sie dieses glauben, werdet ihr geschlagen werden. – Doch ich sinne, euer Schicksal zu erleichtern. – Die Unempfindlichkeit soll von nun an euer Teil sein; eure Haut soll sich gegen die Schläge verhärten und den Arm des Treibers ermüden."

„Zeus", schrien die Esel, „du bist allezeit weise und gnädig!" – Sie gingen erfreut von seinem Throne, als dem Throne der allgemeinen Liebe.

## 11. Das beschützte Lamm.

Fabul. Aesop. 157.

Hylax, aus dem Geschlechte der Wolfshunde, bewachte ein frommes Lamm. Ihn erblickte Lykodes, der gleichfalls an Haar, Schnauze und Ohren einem Wolfe ähnlicher war als einem Hunde und fuhr auf ihn los. „Wolf", schrie er, „was machst du mit diesem Lamme?" –

„Wolf selbst!" versetzte Hylax. (Die Hunde verkannten sich beide.) „Geh! oder du sollst es erfahren, daß ich sein Beschützer bin!"

Doch Lykodes will das Lamm dem Hylax mit Gewalt nehmen; Hylax will es mit Gewalt behaupten, und das arme Lamm – treffliche Beschützer! – wird darüber zerrissen.

## 12. Jupiter und Apollo.

Fab. Aesop. 187.

Jupiter und Apollo stritten, welcher von ihnen der beste Bogenschütze sei. „Laß uns die Probe machen!" sagte Apollo.

Er spannte seinen Bogen und schoß so mitten in das bemerkte[1] Ziel, daß Jupiter keine Möglichkeit sahe, ihn zu übertreffen. – „Ich sehe", sprach er, „daß du wirklich sehr wohl schießest. Ich werde Mühe haben, es besser zu machen. Doch will ich es ein andermal versuchen." – Er soll es noch versuchen, der kluge Jupiter!

## 13. Die Wasserschlange.

Fab. Aesop. 167. Phaedrus lib. I. Fab. 2.

Zeus hatte nunmehr den Fröschen einen andern König gegeben; anstatt eines friedlichen Klotzes eine gefräßige Wasserschlange.

„Willst du unser König sein", schrieen die Frösche, „warum verschlingst du uns?" – „Darum", antwortete die Schlange, „weil ihr um mich gebeten habt." –

„Ich habe nicht um dich gebeten!" rief einer von den Fröschen, den sie schon mit den Augen verschlang. – „Nicht?" sagte die Wasserschlange. „Desto schlimmer! So muß ich dich verschlingen, weil du nicht um mich gebeten hast."

## 14. Der Fuchs und die Larve.

Fab. Aesop. 11. Phaedrus lib. I. Fab. 7.

Vor alten Zeiten fand ein Fuchs die hohle, einen weiten Mund aufreißende Larve eines Schauspielers. „Welch ein Kopf!" sagte der betrachtende Fuchs. „Ohne Gehirn und mit einem offenen Munde! Sollte das nicht der Kopf eines Schwätzers gewesen sein?"

Dieser Fuchs kannte euch, ihr ewigen Redner, ihr Strafgerichte des unschuldigsten unserer Sinne!

## 15. Der Rabe und der Fuchs.

Fab. Aesop. 205. Phaedrus lib. I. Fab. 13.

Ein Rabe trug ein Stück vergiftetes Fleisch, das der erzürnte Gärtner für die Katzen seines Nachbars hingeworfen hatte, in seinen Klauen fort.

Und eben wollte er es auf einer alten Eiche verzehren, als sich ein Fuchs herbeischlich und ihm zurief: „Sei mir ge-

1 Bezeichnete.

segnet, Vogel des Jupiters!" – „Für wen siehst du mich an?" fragte der Rabe. – „Für wen ich dich ansehe?" erwiderte der Fuchs. „Bist du nicht der rüstige Adler, der täglich von der Rechte des Zeus auf diese Eiche herabkömmt, mich Armen zu speisen? Warum verstellst du dich? Sehe ich denn nicht in der siegreichen Klaue die erflehte Gabe, die mir dein Gott durch dich zu schicken noch fortfährt?"

Der Rabe erstaunte und freuete sich innig, für einen Adler gehalten zu werden. „Ich muß", dachte er, „den Fuchs aus diesem Irrtume nicht bringen." – Großmütig dumm ließ er ihm also seinen Raub herabfallen und flog stolz davon.

Der Fuchs fing das Fleisch lachend auf und fraß es mit boshafter Freude. Doch bald verkehrte sich die Freude in ein schmerzhaftes Gefühl; das Gift fing an zu wirken, und er verreckte.

Möchtet ihr euch nie etwas anders als Gift erloben, verdammte Schmeichler!

## 16. Der Geizige.

Fab. Aesop. 59.

„Ich Unglücklicher!" klagte ein Geizhals seinem Nachbar. „Man hat mir den Schatz, den ich in meinem Garten vergraben hatte, diese Nacht entwendet und einen verdammten Stein an dessen Stelle gelegt."

„Du würdest", antwortete ihm der Nachbar, „deinen Schatz doch nicht genutzt haben. Bilde dir also ein, der Stein sei dein Schatz; und du bist nichts ärmer."

„Wäre ich auch schon nichts ärmer", erwiderte der Geizhals, „ist ein andrer nicht um soviel reicher? Ein andrer um soviel reicher! Ich möchte rasend werden."

## 17. Der Rabe.

Fab. Aesop. 132.

Der Fuchs sahe, daß der Rabe die Altäre der Götter beraubte und von ihren Opfern mit lebte. Da dachte er bei sich selbst: „Ich möchte wohl wissen, ob der Rabe Anteil an den Opfern hat, weil er ein prophetischer Vogel ist; oder ob man ihn für einen prophetischen Vogel hält, weil er frech genug ist, die Opfer mit den Göttern zu teilen."

## 18. Zeus und das Schaf.

Fab. Aesop. 119.

Das Schaf mußte von allen Tieren vieles leiden. Da trat es vor den Zeus und bat, sein Elend zu mindern.

Zeus schien willig und sprach zu dem Schafe: „Ich sehe wohl, mein frommes Geschöpf, ich habe dich allzu wehrlos erschaffen. Nun wähle, wie ich diesem Fehler am besten abhelfen soll. Soll ich deinen Mund mit schrecklichen Zähnen und deine Füße mit Krallen rüsten?"

„O nein", sagte das Schaf, „ich will nichts mit den reißenden Tieren gemein haben."

„Oder", fuhr Zeus fort, „soll ich Gift in deinen Speichel legen?"

„Ach!" versetzte das Schaf; „die giftigen Schlangen werden ja so sehr gehasset."

„Nun, was soll ich denn? Ich will Hörner auf deine Stirne pflanzen und Stärke deinem Nacken geben."

„Auch nicht, gütiger Vater; ich könnte leicht so stößig werden als der Bock."

„Und gleichwohl", sprach Zeus, „mußt du selbst schaden können, wenn sich andere, dir zu schaden, hüten sollen."

„Müßt' ich das!" seufzte das Schaf. „O so laß mich, gütiger Vater, wie ich bin. Denn das Vermögen, schaden zu können, erweckt, fürchte ich, die Lust, schaden zu wollen; und es ist besser, Unrecht leiden als Unrecht tun."

Zeus segnete das fromme Schaf, und es vergaß von Stund an, zu klagen.

## 19. Der Fuchs und der Tiger.

Fab. Aesop. 159.

„Deine Geschwindigkeit und Stärke", sagte ein Fuchs zu dem Tiger, „möchte ich mir wohl wünschen."

„Und sonst hätte ich nichts, was dir anstünde?" fragte der Tiger.

„Ich wüßte nichts!" – – „Auch mein schönes Fell nicht?"

fuhr der Tiger fort. „Es ist so vielfärbig als dein Gemüt, und das Äußere würde sich vortrefflich zu dem Innern schicken."

„Eben darum", versetzte der Fuchs, „danke ich recht sehr dafür. Ich muß das nicht scheinen, was ich bin. Aber wollten die Götter, daß ich meine Haare mit Federn vertauschen könnte!"

## 20. Der Mann und der Hund.

Fab. Aesop. 25. Phaedrus lib. II. Fab. 3.

Ein Mann ward von einem Hunde gebissen, geriet darüber in Zorn und erschlug den Hund. Die Wunde schien gefährlich, und der Arzt mußte zu Rate gezogen werden.

„Hier weiß ich kein besseres Mittel", sagte der Empirikus[1], „als daß man ein Stücke Brot in die Wunde tauche und es dem Hunde zu fressen gebe. Hilft diese sympathetische Kur nicht, so" – Hier zuckte der Arzt die Achsel.

„Unglücklicher Jachzorn!" rief der Mann; „sie kann nicht helfen, denn ich habe den Hund erschlagen."

## 21. Die Traube.

Fab. Aesop. 156. Phaedrus lib. IV. Fab. 2.

Ich kenne einen Dichter[2], dem die schreiende Bewunderung seiner kleinen Nachahmer weit mehr geschadet hat als die neidische Verachtung seiner Kunstrichter.

„Sie ist ja doch sauer!" sagte der Fuchs von der Traube, nach der er lange genug vergebens gesprungen war. Das hörte ein Sperling und sprach: „Sauer sollte diese Traube sein? Darnach sieht sie mir doch nicht aus!" Er flog hin und kostete und fand sie ungemein süße und rief hundert näschige Brüder herbei. Kostet doch!" schrie er; „kostet doch! Diese treffliche Traube schalt der Fuchs sauer." – Sie kosteten alle, und in wenig Augenblicken ward die Traube so zugerichtet, daß nie ein Fuchs wieder darnach sprang.

## 22. Der Fuchs.

Fab. Aesop. 8.

Ein verfolgter Fuchs rettete sich auf eine Mauer. Um auf

[1] Der nach der Erfahrung, nicht nach theoretischen Grundsätzen handelnde Arzt. – [2] Klopstock.

der andern Seite gut herabzukommen, ergriff er einen nahen Dornenstrauch. Er ließ sich auch glücklich daran nieder, nur daß ihn die Dornen schmerzlich verwundeten. „Elende Helfer", rief der Fuchs, „die nicht helfen können, ohne zugleich zu schaden!"

## 23. Das Schaf.

Fab. Aesop. 189.

Als Jupiter das Fest seiner Vermählung feierte und alle Tiere ihm Geschenke brachten, vermißte Juno das Schaf.

„Wo bleibt das Schaf?" fragte die Göttin. „Warum versäumt das fromme Schaf, uns sein wohlmeinendes Geschenk zu bringen?"

Und der Hund nahm das Wort und sprach: „Zürne nicht, Göttin! Ich habe das Schaf noch heute gesehen; es war sehr betrübt und jammerte laut."

„Und warum jammerte das Schaf?" fragte die schon gerührte Göttin.

„‚Ich ärmste!' so sprach es. ‚Ich habe itzt weder Wolle noch Milch; was werde ich dem Jupiter schenken? Soll ich, ich allein, leer vor ihm erscheinen? Lieber will ich hingehen und den Hirten bitten, daß er mich ihm opfere!'"

Indem drang, mit des Hirten Gebete, der Rauch des geopferten Schafes, dem Jupiter ein süßer Geruch, durch die Wolken. Und jetzt hätte Juno die erste Träne geweinet, wenn Tränen ein unsterbliches Auge benetzten.

## 24. Die Ziegen.

Phaedrus lib. IV. Fab. 15.

Die Ziegen baten den Zeus, auch ihnen Hörner zu geben; denn anfangs hatten die Ziegen keine Hörner.

„Überlegt es wohl, was ihr bittet", sagte Zeus. „Es ist mit dem Geschenke der Hörner ein anderes unzertrennlich verbunden, das euch so angenehm nicht sein möchte."

Doch die Ziegen beharrten auf ihrer Bitte, und Zeus sprach: „So habet denn Hörner!"

Und die Ziegen bekamen Hörner – und Bart! Denn anfangs hatten die Ziegen auch keinen Bart. O wie schmerzte sie der häßliche Bart! Weit mehr, als sie die stolzen Hörner erfreuten!

## 25. Der wilde Apfelbaum.

Fab. Aesop. 173.

In dem hohlen Stamm eines wilden Apfelbaumes ließ sich ein Schwarm Bienen nieder. Sie füllten ihn mit den Schätzen ihres Honigs, und der Baum ward so stolz darauf, daß er alle andere Bäume gegen sich verachtete.

Da rief ihm ein Rosenstock zu: „Elender Stolz auf geliehene Süßigkeiten! Ist deine Frucht darum weniger herbe? In diese treibe den Honig herauf, wenn du es vermagst; und dann erst wird der Mensch dich segnen!"

## 26. Der Hirsch und der Fuchs.

Fab. Aesop. 226. Phaedrus lib. I, Fab. 11, et lib. I, Fab. 5.

Der Hirsch sprach zu dem Fuchse: „Nun wehe uns armen schwächern Tieren! Der Löwe hat sich mit dem Wolfe verbunden."

„Mit dem Wolfe?" sagte der Fuchs. „Das mag noch hingehen! Der Löwe brüllet, der Wolf heulet; und so werdet ihr euch noch oft beizeiten mit der Flucht retten können. Aber alsdenn, alsdenn möchte es um uns alle geschehen sein, wenn es dem gewaltigen Löwen einfallen sollte, sich mit dem schleichenden Luchse zu verbinden."

## 27. Der Dornstrauch.

Fab. Aesop. 42.

„Aber sage mir doch", fragte die Weide den Dornstrauch, „warum du nach den Kleidern des vorbeigehenden Menschen so begierig bist? Was willst du damit? Was können sie dir helfen?"

„Nichts!" sagte der Dornstrauch. „Ich will sie ihm auch nicht nehmen; ich will sie ihm nur zerreißen."

## 28. Die Furien.

Suidas in [1].

„Meine Furien", sagte Pluto zu dem Boten der Götter,

[1] Der Artikel des griechischen Grammatikers Suidas (um 970 n. Chr.) zu dem Worte ᾿Αειπαρθενοι („Die ewigen Jungfrauen") bemerkt, daß damit die Erinnyen (Furien) bei Sophokles bezeichnet würden.

„werden alt und stumpf. Ich brauche frische. Geh also, Merkur, und suche mir auf der Oberwelt drei tüchtige Weibspersonen dazu aus." Merkur ging. –

Kurz hierauf sagte Juno zu ihrer Dienerin: „Glaubtest du wohl, Iris, unter den Sterblichen zwei oder drei vollkommen strenge, züchtige Mädchen zu finden? Aber vollkommen strenge! Verstehst du mich? Um Cytheren[1] Hohn zu sprechen, die sich das ganze weibliche Geschlecht unterworfen zu haben rühmet. Geh immer und sieh, wo du sie auftreibest." Iris ging. –

In welchem Winkel der Erde suchte nicht die gute Iris! Und dennoch umsonst! Sie kam ganz allein wieder, und Juno rief ihr entgegen: „Ist es möglich? O Keuschheit! O Tugend!"

„Göttin", sagte Iris, „ich hätte dir wohl drei Mädchen bringen können, die alle drei vollkommen streng und züchtig gewesen; die alle drei nie einer Mannsperson gelächelt; die alle drei den geringsten Funken der Liebe in ihren Herzen erstickt: aber ich kam leider zu spät." –

„Zu spät?" sagte Juno. „Wieso?"

„Eben hatte sie Merkur für den Pluto abgeholt."

„Für den Pluto? Und wozu will Pluto diese Tugendhaften?" –

„Zu Furien."

## 29. Tiresias.

Antoninus Liberalis[2] c. 17.

Tiresias nahm seinen Stab und ging über Feld. Sein Weg trug ihn durch einen heiligen Hain, und mitten in dem Haine, wo drei Wege einander durchkreuzten, ward er ein Paar Schlangen gewahr, die sich begatteten. Da hub Tiresias seinen Stab auf und schlug unter die verliebten Schlangen. – Aber, o Wunder! Indem der Stab auf die Schlangen herabsank, ward Tiresias zum Weibe.

Nach neun Monden ging das Weib Tiresias wieder durch den heiligen Hain; und an eben dem Orte, wo die drei Wege einander durchkreuzten, ward sie ein Paar Schlangen gewahr, die miteinander kämpften. Da hub Tiresias abermals ihren

[1] Venus. – [2] Griechischer Grammatiker des 2. Jahrhunderts n. Chr., Verfasser einer Sammlung von Verwandlungsgeschichten.

Stab auf und schlug unter die ergrimmten Schlangen, und – O Wunder! Indem der Stab die kämpfenden Schlangen schied, ward das Weib Tiresias wieder zum Manne.

## 30. Minerva.

„Laß sie doch, Freund, laß sie, die kleinen hämischen Neider deines wachsenden Ruhmes! Warum will dein Witz ihre der Vergessenheit bestimmte Namen verewigen?"

In dem unsinnigen Kriege, welchen die Riesen wider die Götter führten, stellten die Riesen der Minerva einen schrecklichen Drachen entgegen. Minerva aber ergriff den Drachen und schleuderte ihn mit gewaltiger Hand an das Firmament. Da glänzt er noch; und was so oft großer Taten Belohnung war, ward des Drachen beneidenswürdige Strafe.

# Drittes Buch.

## 1. Der Besitzer des Bogens.

Ein Mann hatte einen trefflichen Bogen von Ebenholz, mit dem er sehr weit und sehr sicher schoß und den er ungemein wert hielt. Einst aber, als er ihn aufmerksam betrachtete, sprach er: „Ein wenig zu plump bist du doch! Alle deine Zierde ist die Glätte. Schade!" – „Doch dem ist abzuhelfen", fiel ihm ein. „Ich will hingehen und den besten Künstler Bilder in den Bogen schnitzen lassen." – Er ging hin; und der Künstler schnitzte eine ganze Jagd auf den Bogen; und was hätte sich besser auf einen Bogen geschickt als eine Jagd?

Der Mann war voller Freuden. „Du verdienest diese Zieraten, mein lieber Bogen!" – Indem will er ihn versuchen; er spannt, und der Bogen – zerbricht.

## 2. Die Nachtigall und die Lerche.

Was soll man zu den Dichtern sagen, die so gern ihren Flug weit über alle Fassung des größten Teiles ihrer Leser nehmen? Was sonst, als was die Nachtigall einst zu der Lerche sagte: „Schwingst du dich, Freundin, nur darum so hoch, um nicht gehört zu werden?"

## 3. Der Geist des Salomo.

Ein ehrlicher Greis trug des Tages Last und Hitze, sein Feld mit eigner Hand zu pflügen und mit eigner Hand den reinen Samen in den lockern Schoß der willigen Erde zu streuen.

Auf einmal stand unter dem breiten Schatten einer Linde eine göttliche Erscheinung vor ihm da! Der Greis stutzte.

„Ich bin Salomo", sagte mit vertraulicher Stimme das Phantom. „Was machst du hier, Alter?"

„Wenn du Salomo bist“, versetzte der Alte, „wie kannst du fragen? Du schicktest mich in meiner Jugend zu der Ameise; ich sahe ihren Wandel und lernte von ihr fleißig sein und sammeln[1]. Was ich da lernte, das tue ich noch.“ –

„Du hast deine Lektion nur halb gelernet“, versetzte der Geist. „Geh noch einmal hin zur Ameise und lerne nun auch von ihr in dem Winter deiner Jahre ruhen und des Gesammelten genießen[2].“

## 4. Das Geschenk der Feien.

Zu der Wiege eines jungen Prinzen, der in der Folge einer der größten Regenten seines Landes ward, traten zwei wohltätige Feien.

„Ich schenke diesem meinem Lieblinge“, sagte die eine, „den scharfsichtigen Blick des Adlers, dem in seinem weiten Reiche auch die kleinste Mücke nicht entgeht.“

„Das Geschenk ist schön“, unterbrach sie die zweite Feie. „Der Prinz wird ein einsichtsvoller Monarch werden. Aber der Adler besitzt nicht allein Scharfsichtigkeit, die kleinsten Mücken zu bemerken; er besitzt auch eine edle Verachtung, ihnen nicht nachzujagen. Und diese nehme der Prinz von mir zum Geschenk!“

„Ich danke dir, Schwester, für diese weise Einschränkung“, versetzte die erste Feie. „Es ist wahr; viele würden weit größere Könige gewesen sein, wenn sie sich weniger mit ihrem durchdringenden Verstande bis zu den kleinsten Angelegenheiten hätten erniedrigen wollen.“

## 5. Das Schaf und die Schwalbe.

„Ἡ χελιδων – ἐπι τα νωτα των προβατων ἵζανει, και ἀποσπᾳ του μαλλου, και ἐντευθεν τοις ἑαυτης βρεφεσι το λεχος μαλακον ἐστρωσεν[3].“

Aelianus lib. III, cap. 24.

Eine Schwalbe flog auf ein Schaf, ihm ein wenig Wolle für ihr Nest auszurupfen. Das Schaf sprang unwillig hin und

[1] Sprüche Salomonis, Kap. 6, V. 6: „Gehe hin zur Ameise, du Fauler, siehe ihre Weise an und lerne.“ – [2] Sprüche Salomonis, Kap. 30, V. 25: „Die Ameisen, ein schwaches Volk, dennoch schaffen sie im Sommer ihre Speise.“ – [3] „Die Schwalbe setzt sich auf die Rücken der Schafe und zupft etwas von der Wolle ab, damit polstert sie das Lager ihrer Jungen.“

wieder. „Wie bist du denn nur gegen mich so karg?" sagte die Schwalbe. „Dem Hirten erlaubst du, daß er dich deiner Wolle über und über entblößen darf; und mir verweigerst du eine kleine Flocke. Woher kömmt das?"

„Das kömmt daher", antwortete das Schaf, „weil du mir meine Wolle nicht mit ebenso guter Art zu nehmen weißt als der Hirte."

## 6. Der Rabe.

Der Rabe bemerkte, daß der Adler ganze dreißig Tage über seinen Eiern brütete. „Und daher kömmt es, ohne Zweifel", sprach er, „daß die Jungen des Adlers so allsehend und stark werden. Gut! das will ich auch tun."

Und seitdem brütet der Rabe wirklich ganze dreißig Tage über seinen Eiern; aber noch hat er nichts als elende Raben ausgebrütet.

## 7.–10. Der Rangstreit der Tiere,

in vier Fabeln.

(1.)

Es entstand ein hitziger Rangstreit unter den Tieren. „Ihn zu schlichten", sprach das Pferd, „lasset uns den Menschen zu Rate ziehen; er ist keiner von den streitenden Teilen und kann desto unparteiischer sein."

„Aber hat er auch den Verstand dazu?" ließ sich ein Maulwurf hören. „Er braucht wirklich den allerfeinsten, unsere oft tief versteckte Vollkommenheiten zu erkennen."

„Das war sehr weislich erinnert!" sprach der Hamster.

„Jawohl!" rief auch der Igel. „Ich glaube es nimmermehr, daß der Mensch Scharfsichtigkeit genug besitzet."

„Schweigt ihr!" befahl das Pferd. „Wir wissen es schon: Wer sich auf die Güte seiner Sache am wenigsten zu verlassen hat, ist immer am fertigsten, die Einsicht seines Richters in Zweifel zu ziehen."

(2.)

Der Mensch ward Richter. – „Noch ein Wort", rief ihm der majestätische Löwe zu, „bevor du den Ausspruch tust! Nach welcher Regel, Mensch, willst du unsern Wert bestimmen?"

„Nach welcher Regel? Nach dem Grade, ohne Zweifel", antwortete der Mensch, „in welchem ihr mir mehr oder weniger nützlich seid." –

„Vortrefflich!" versetzte der beleidigte Löwe. „Wie weit würde ich alsdenn unter dem Esel zu stehen kommen! Du kannst unser Richter nicht sein, Mensch! Verlaß die Versammlung!"

(3.)

Der Mensch entfernte sich. – „Nun", sprach der höhnische Maulwurf – (und ihm stimmte der Hamster und der Igel wieder bei) –, „siehst du, Pferd? der Löwe meint es auch, daß der Mensch unser Richter nicht sein kann. Der Löwe denkt wie wir."

„Aber aus bessern Gründen als ihr!" sagte der Löwe und warf ihnen einen verächtlichen Blick zu.

(4.)

Der Löwe fuhr weiter fort: „Der Rangstreit, wenn ich es recht überlege, ist ein nichtswürdiger Streit! Haltet mich für den Vornehmsten oder für den Geringsten; es gilt mir gleichviel. Genug, ich kenne mich!" – Und so ging er aus der Versammlung.

Ihm folgte der weise Elefant, der kühne Tiger, der ernsthafte Bär, der kluge Fuchs, das edle Pferd; kurz alle, die ihren Wert fühlten oder zu fühlen glaubten.

Die sich am letzten wegbegaben und über die zerrissene Versammlung am meisten murreten, waren – der Affe und der Esel.

## 11. Der Bär und der Elefant.

Aelianus de nat. animal., lib. II, cap. 11.

„Die unverständigen Menschen!" sagte der Bär zu dem Elefanten. „Was fordern sie nicht alles von uns bessern Tieren! Ich muß nach der Musik tanzen; ich, der ernsthafte Bär! Und sie wissen es doch nur allzuwohl, daß sich solche Possen zu meinem ehrwürdigen Wesen nicht schicken; denn warum lachten sie sonst, wenn ich tanze?"

„Ich tanze auch nach der Musik", versetzte der gelehrige Elefant, „und glaube ebenso ernsthaft und ehrwürdig zu sein als du. Gleichwohl haben die Zuschauer nie über mich gelacht; freudige Bewunderung bloß war auf ihren Gesichtern zu lesen. Glaube mir also, Bär, die Menschen lachen nicht darüber, daß du tanzest, sondern darüber, daß du dich so albern dazu anschickst."

## 12. Der Strauß.

Das pfeilschnelle Renntier sahe den Strauß und sprach: „Das Laufen des Straußes ist so außerordentlich eben nicht; aber ohne Zweifel fliegt er desto besser."

Ein andermal sahe der Adler den Strauß und sprach: „Fliegen kann der Strauß nun wohl nicht; aber ich glaube, er muß gut laufen können."

## 13. 14. Die Wohltaten,

in zwei Fabeln.

(1.)

„Hast du wohl einen größern Wohltäter unter den Tieren als uns?" fragte die Biene den Menschen.

„ Jawohl!" erwiderte dieser.

„Und wen?"

„Das Schaf! Denn seine Wolle ist mir notwendig, und dein Honig ist mir nur angenehm."

(2.)

„Und willst du noch einen Grund wissen, warum ich das Schaf für meinen größern Wohltäter halte als dich, Biene? Das Schaf schenket mir seine Wolle ohne die geringste Schwierigkeit; aber wenn du mir deinen Honig schenkest, muß ich mich noch immer vor deinem Stachel fürchten."

## 15. Die Eiche.

Der rasende Nordwind hatte seine Stärke in einer stürmischen Nacht an einer erhabenen Eiche bewiesen. Nun lag sie gestreckt, und eine Menge niedriger Sträuche lagen unter ihr zerschmettert. Ein Fuchs, der seine Grube nicht weit davon hatte, sahe sie des Morgens darauf. „Was für ein Baum!"

rief er. „Hätte ich doch nimmermehr gedacht, daß er so groß gewesen wäre."

## 16.–22. Die Geschichte des alten Wolfs,

in sieben Fabeln.

Aelianus libr. IV. cap. 15.

(1.)

Der böse Wolf war zu Jahren gekommen und faßte den gleißenden[1] Entschluß, mit den Schäfern auf einem gütlichen Fuß zu leben. Er machte sich also auf und kam zu dem Schäfer, dessen Horden seiner Höhle die nächsten waren.

„Schäfer", sprach er, „du nennest mich den blutgierigen Räuber, der ich doch wirklich nicht bin. Freilich muß ich mich an deine Schafe halten, wenn mich hungert; denn Hunger tut weh. Schütze mich nur vor dem Hunger; mache mich nur satt, und du sollst mit mir recht wohl zufrieden sein. Denn ich bin wirklich das zahmste, sanftmütigste Tier, wenn ich satt bin."

„Wenn du satt bist? Das kann wohl sein", versetzte der Schäfer. „Aber wenn bist du denn satt? Du und der Geiz werden es nie. Geh deinen Weg!"

(2.)

Der abgewiesene Wolf kam zu einem zweiten Schäfer.

„Du weißt, Schäfer", war seine Anrede, „daß ich dir das Jahr durch manches Schaf würgen könnte. Willst du mir überhaupt jedes Jahr sechs Schafe geben, so bin ich zufrieden. Du kannst alsdenn sicher schlafen und die Hunde ohne Bedenken abschaffen."

„Sechs Schafe?" sprach der Schäfer. „Das ist ja eine ganze Herde!" –

„Nun, weil du es bist, so will ich mich mit fünfen begnügen", sagte der Wolf.

„Du scherzest; fünf Schafe! Mehr als fünf Schafe opfre ich kaum im ganzen Jahre dem Pan."

„Auch nicht viere?" fragte der Wolf weiter; und der Schäfer schüttelte spöttisch den Kopf.

[1] Heuchlerischen.

„Drei? – Zwei? – –“

„Nicht ein einziges“, fiel endlich der Bescheid. „Denn es wäre ja wohl töricht, wenn ich mich einem Feinde zinsbar machte, vor welchem ich mich durch meine Wachsamkeit sichern kann.“

(3.)

„Aller guten Dinge sind drei“, dachte der Wolf und kam zu einem dritten Schäfer.

„Es geht mir recht nahe“, sprach er, „daß ich unter euch Schäfern als das grausamste, gewissenloseste Tier verschrieen bin. Dir, Montan, will ich itzt beweisen, wie unrecht man mir tut. Gib mir jährlich ein Schaf, so soll deine Herde in jenem Walde, den niemand unsicher macht als ich, frei und unbeschädiget weiden dürfen. Ein Schaf! Welche Kleinigkeit! Könnte ich großmütiger, könnte ich uneigennütziger handeln? – Du lachst, Schäfer? Worüber lachst du denn?“

„O über nichts! Aber wie alt bist du, guter Freund?“ sprach der Schäfer.

„Was geht dich mein Alter an? Immer noch alt genug, dir deine liebsten Lämmer zu würgen.“

„Erzürne dich nicht, alter Isegrim! Es tut mir leid, daß du mit deinem Vorschlage einige Jahre zu späte kömmst. Deine ausgebissenen Zähne verraten dich. Du spielst den Uneigennützigen, bloß um dich desto gemächlicher, mit desto weniger Gefahr nähren zu können.“

(4.)

Der Wolf ward ärgerlich, faßte sich aber doch und ging auch zu dem vierten Schäfer. Diesem war eben sein treuer Hund gestorben, und der Wolf machte sich den Umstand zunutze.

„Schäfer“, sprach er, „ich habe mich mit meinen Brüdern in dem Walde veruneiniget, und so, daß ich mich in Ewigkeit nicht wieder mit ihnen aussöhnen werde. Du weißt, wieviel du von ihnen zu fürchten hast! Wenn du mich aber anstatt deines verstorbenen Hundes in Dienste nehmen willst, so stehe ich dir dafür, daß sie keines deiner Schafe auch nur scheel ansehen sollen.“

„Du willst sie also", versetzte der Schäfer, „gegen deine Brüder im Walde beschützen?" –

„Was meine ich denn sonst? Freilich."

„Das wäre nicht übel! Aber wenn ich dich nun in meine Horden einnähme, sage mir doch, wer sollte alsdenn meine armen Schafe gegen dich beschützen? Einen Dieb ins Haus nehmen, um vor den Dieben außer dem Hause sicher zu sein, das halten wir Menschen – –"

„Ich höre schon", sagte der Wolf, „du fängst an zu moralisieren. Lebe wohl!"

(5.)

„Wäre ich nicht so alt!" knirschte der Wolf. „Aber ich muß mich leider in die Zeit schicken." Und so kam er zu dem fünften Schäfer.

„Kennst du mich, Schäfer?" fragte der Wolf.

„Deinesgleichen wenigstens kenne ich", versetzte der Schäfer.

„Meinesgleichen? Daran zweifle ich sehr. Ich bin ein so sonderbarer Wolf, daß ich deiner und aller Schäfer Freundschaft wohl wert bin."

„Und wie sonderbar bist du denn?"

„Ich könnte kein lebendiges Schaf würgen und fressen, und wenn es mir das Leben kosten sollte. Ich nähre mich bloß mit toten Schafen. Ist das nicht löblich? Erlaube mir also immer, daß ich mich dann und wann bei deiner Herde einfinden und nachfragen darf, ob dir nicht –"

„Spare der Worte!" sagte der Schäfer. „Du müßtest gar keine Schafe fressen, auch nicht einmal tote, wenn ich dein Feind nicht sein sollte. Ein Tier, das mir schon tote Schafe frißt, lernt leicht aus Hunger kranke Schafe für tot und gesunde für krank ansehen. Mache auf meine Freundschaft also keine Rechnung und geh!"

(6.)

„Ich muß nun schon mein Liebstes daran wenden, um zu meinem Zwecke zu gelangen!" dachte der Wolf und kam zu dem sechsten Schäfer.

„Schäfer, wie gefällt dir mein Belz[1]?" fragte der Wolf.

„Dein Belz?" sagte der Schäfer. „Laß sehen! Er ist schön; die Hunde müssen dich nicht oft untergehabt haben."

„Nun so höre, Schäfer; ich bin alt und werde es so lange nicht mehr treiben. Füttere mich zu Tode, und ich vermache dir meinen Belz."

„Ei sieh doch!" sagte der Schäfer. „Kömmst du auch hinter die Schliche der alten Geizhälse? Nein, nein; dein Belz würde mich am Ende siebenmal mehr kosten, als er wert wäre. Ist es dir aber ein Ernst, mir ein Geschenk zu machen, so gib mir ihn gleich itzt." – Hiermit griff der Schäfer nach der Keule, und der Wolf flohe.

(7.)

„O die Unbarmherzigen!" schrie der Wolf und geriet in die äußerste Wut. „So will ich auch als ihr Feind sterben, ehe mich der Hunger tötet; denn sie wollen es nicht besser!"

Er lief, brach in die Wohnungen der Schäfer ein, riß ihre Kinder nieder und ward nicht ohne große Mühe von den Schäfern erschlagen.

Da sprach der Weiseste von ihnen: „Wir taten doch wohl unrecht, daß wir den alten Räuber auf das äußerste brachten und ihm alle Mittel zur Besserung, so spät und erzwungen sie auch war, benahmen!"

## 23. Die Maus.

Eine philosophische Maus pries die gütige Natur, daß sie die Mäuse zu einem so vorzüglichen Gegenstande ihrer Erhaltung gemacht habe. „Denn eine Hälfte von uns", sprach sie, „erhielt von ihr Flügel, daß, wenn wir hier unten auch alle von den Katzen ausgerottet würden, sie doch mit leichter Mühe aus den Fledermäusen unser ausgerottetes Geschlecht wiederherstellen könnte."

Die gute Maus wußte nicht, daß es auch geflügelte Katzen gibt. Und so beruhet unser Stolz meistens auf unsrer Unwissenheit!

[1] Diese Nebenform auch bei Luther und späteren Schriftstellern, bis ins 18. Jahrhundert.

## 24. Die Schwalbe.

Glaubet mir, Freunde, die große Welt ist nicht für den Weisen, ist nicht für den Dichter! Man kennet da ihren wahren Wert nicht, und ach! sie sind oft schwach genug, ihn mit einem nichtigen zu vertauschen.

In den ersten Zeiten war die Schwalbe ein ebenso tonreicher, melodischer Vogel als die Nachtigall. Sie ward es aber bald müde, in den einsamen Büschen zu wohnen und da von niemand als dem fleißigen Landmanne und der unschuldigen Schäferin gehöret und bewundert zu werden. Sie verließ ihre demütigere Freundin und zog in die Stadt. – Was geschah? Weil man in der Stadt nicht Zeit hatte, ihr göttliches Lied zu hören, so verlernte sie es nach und nach und lernte dafür – bauen.

## 25. Der Adler.

Man fragte den Adler: „Warum erziehest du deine Jungen so hoch in der Luft?"

Der Adler antwortete: „Würden sie sich, erwachsen, so nahe zur Sonne wagen, wenn ich sie tief an der Erde erzöge?"

## 26. Der junge und der alte Hirsch.

Ein Hirsch, den die gütige Natur Jahrhunderte leben lassen, sagte einst zu einem seiner Enkel: „Ich kann mich der Zeit noch sehr wohl erinnern, da der Mensch das donnernde Feuerrohr noch nicht erfunden hatte."

„Welche glückliche Zeit muß das für unser Geschlecht gewesen sein!" seufzete der Enkel.

„Du schließest zu geschwind!" sagte der alte Hirsch. „Die Zeit war anders, aber nicht besser. Der Mensch hatte da anstatt des Feuerrohres Pfeile und Bogen; und wir waren ebenso schlimm daran als itzt."

## 27. Der Pfau und der Hahn.

Einst sprach der Pfau zu der Henne: „Sieh einmal, wie hochmütig und trotzig dein Hahn einhertritt! Und doch sagen die Menschen nicht: der stolze Hahn; sondern nur immer: der stolze Pfau."

„Das macht", sagte die Henne, „weil der Mensch einen gegründeten Stolz übersiehet. Der Hahn ist auf seine Wachsamkeit, auf seine Mannheit stolz; aber worauf du? – Auf Farben und Federn."

## 28. Der Hirsch.

Die Natur hatte einen Hirsch von mehr als gewöhnlicher Größe gebildet, und an dem Halse hingen ihm lange Haare herab. Da dachte der Hirsch bei sich selbst: „Du könntest dich ja wohl für ein Elend[1] ansehen lassen." Und was tat der Eitele, ein Elend zu scheinen? Er hing den Kopf traurig zur Erde und stellte sich, sehr oft das böse Wesen zu haben.

So glaubt nicht selten ein witziger Geck, daß man ihn für keinen schönen Geist halten werde, wenn er nicht über Kopfweh und Hypochonder klage.

## 29. Der Adler und der Fuchs.

„Sei auf deinen Flug nicht so stolz!" sagte der Fuchs zu dem Adler. „Du steigst doch nur deswegen so hoch in die Luft, um dich desto weiter nach einem Ase umsehen zu können."

So kenne ich Männer, die tiefsinnige Weltweise geworden sind, nicht aus Liebe zur Wahrheit, sondern aus Begierde zu einem einträglichen Lehramte.

## 30. Der Schäfer und die Nachtigall.

Du zürnest, Liebling der Musen, über die laute Menge des parnassischen Geschmeißes[2]? – O höre von mir, was einst die Nachtigall hören mußte.

„Singe doch, liebe Nachtigall!" rief ein Schäfer der schweigenden Sängerin an einem lieblichen Frühlingsabende zu.

„Ach!" sagte die Nachtigall, „die Frösche machen sich so laut, daß ich alle Lust zum Singen verliere. Hörest du sie nicht?"

„Ich höre sie freilich", versetzte der Schäfer. „Aber nur dein Schweigen ist schuld, daß ich sie höre."

1 Elend, Nebenform von Elen, hier als Charakteristik des Tieres benutzt. – 2 Der schlechten Dichter.

# Anhang.

## I. Fabeln aus den Schriften 1753, die 1759 und 1777 nicht wieder abgedruckt wurden.

### Der Riese.

Ein rebellischer Riese schoß seinen vergifteten Pfeil über sich in den Himmel, niemand Geringerm als einem Gotte das Leben damit zu rauben. Der Pfeil floh in die unermessenste Ferne, in welcher ihm auch der schärfere Blick des Riesens nicht folgen konnte. Schon glaubte der Rasende sein Ziel getroffen zu haben und fing an, ein gotteslästerliches Triumphlied zu jauchzen. Endlich aber gebrach dem Pfeile die mitgeteilte Kraft der schnellenden Senne[1]; er fiel mit einer stets wachsenden Wucht wieder herab und tötete seinen frevelnden Schützen.

Unsinnige Spötter der Religion, eure Zungenpfeile fallen weit unter ihrem ewigen Throne wieder zurück, und eure eigne Lästerungen sind es, die sie an euch rächen werden.

### Der Falke.

Des einen Glück ist in der Welt des andern Unglück. Eine alte Wahrheit, wird man sagen. Die aber, antworte ich, wichtig genug ist, daß man sie mit einer neuen Fabel erläutert.

Ein blutgieriger Falke schoß einem unschuldigen Taubenpaare nach, die sein Anblick eben in den vertrautesten Kennzeichen der Liebe gestört hatte. Schon war er ihnen so nah, daß alle Rettung unmöglich schien; schon gurrten sich die zärtlichen Freunde ihren Abschied zu. Doch schnell wirft der Falke einen

1 Sehne.

Blick aus der Höhe und wird unter sich einen Hasen gewahr. Er vergaß die Tauben, stürzte sich herab und machte diesen zu seiner bessern Beute.

## Damon und Theodor.

Der schwarze Himmel drohte der Welt den fürchterlichsten Beschluß des schönsten Sommertages. Noch ruhten Damon und Theodor unter einer kühlenden Laube; zwei Freunde, die der Welt ein rares Beispiel würden gewesen sein, wenn sie die Welt zum Zeugen ihrer Freundschaft gebraucht hätten. Einer fand in des andern Umarmungen, was der Himmel nur die Tugendhaften finden läßt. Ihre Seelen vermischten sich durch die zärtlichsten Gespräche, in welchen sich Scherz und Ernst unzertrennlich verknüpften. Der Donner rollte stürmisch in der Luft und beugte die Knie heuchlerischer Knechte. Was aber hat die Tugend zu fürchten, wenn Gott den Lasterhaften drohet? Damon und Theodor blieben geruhig – – – Doch schnell stand in dem Damon ein fürchterlicher Gedanke auf: „Wie, wann ein solcher Schlag mir meinen Freund von der Seite risse?" – – So schnell als dieser Gedanke sein Herz mit Schrecken übergoß und die Heiterkeit aus seinen Blicken vertilgte, so schnell sah er ihn – – unerforschliches Schicksal! – – wahr gemacht. Theodor fiel tot zu seinen Füßen, und der Blitz kehrte triumphierend zurück. „Rechte des Donnergottes", schrie Damon, „wenn du auf mich gezielt hast, so hast du mich nur allzuwohl getroffen." Er zog sein Schwert aus und verschied auf seinem Freunde.

Zärtliche Seelen, werdet ihr dieser Geschichte eine heilige Träne zollen? Weinet und empfindet in eurer lebhaften Vorstellung die Süßigkeit, mit einem Freunde zu sterben.

## II. Fabeln, die erst nach Lessings Tode bekannt wurden.

### Der Schäferstab.

Schön war der Schäferstab des jungen Daphnis; von Zypressen war der schlanke Stab, der krönende Knopf Oleaster[1].

Und o, was für Wunder hatte der ätolische Künstler um den Knopf geschnitzt! Daphnis gab ihm dafür drei Lämmer mit ihren säugenden Müttern, aber er war eine Herde, mehr als eine ganze Herde wert.

So wert hielt ihn auch Daphnis, werter wie seine zwei Augen, werter als Polyphem sein einziges Auge.

Lange Zeit schien ihm keine Hirtin so schön als sein Stab. Aber Amor erzürnte über den eiteln Jüngling – und Daphnis sahe die lächelnde Corysia.

Nun schien ihm eine Hirtin schöner als sein Stab! Er staunte, wünschte, gestand, flehte, weinte – blieb unerhört.

Unerhört bis an den dritten Abend. Da trieb Corysia spät bei ihm vorbei; die Dämmerung machte den Hirten kühner, die Hirtin gefälliger; er verdankte der Dämmerung zwei Küsse, halb geraubte, halb gegebene Küsse! – O der Entzückung! o der tobenden Freude des Hirten!

„O Zwillinge der honigsüßen Lippen meiner Corysia! o unvergeßliche Küsse!" So rief Daphnis und wollte ihre Zahl mit zwei tiefen Kerben in die junge Linde schneiden, die er vor allen am heiligen [?][2] Quell liebte.

„Aber" – fragte sich der Hirte – „Warum in die Linde? Kann ich immer unter der Linde liegen und die Kerbe im Auge haben? Da steht sie fest und eingewurzelt, bestimmt, nur einen kleinen Umfang zu beschließen. – Sie kann nicht mit mir wohnen."

„Aber mein Stab kann mit mir gehn – Mein schöner Stab, so schöner Zeichen nicht unwürdig!"

---

[1] Eine Gattung der Eläagneen (Ölweiden), hier wohl, wie bei Plinius, der wilde Ölbaum. – [2] Die Fragezeichen deuten an, daß die Lesung unsicher ist.

Und er schnitt – grausamer Hirt! – zwei tiefe Kerbe in den Stab in der Form von Lippen, nahe unter dem Knopfe, wo die Hand gewöhnlich lag, und küßte und drückte den Ort, als ob es die weiche Hand der Corysia wäre, und faßte von nun [?] an den Stab nirgends als über die Kerbe.

Nicht wenig günstig war dem Daphnis der folgende Tag, und der Stab bekam drei Lippen mehr; und den Morgen darauf sieben.

„Wie freue ich mich", sprach er, „dich bald vollendet zu sehen, bald voller kleiner Lippen. Corysia habe ich mit Untergang der Sonne in den Hain bestellt, die Nachtigall mit ihr zu hören – –"

Das hast du getan, Corysia? Zu gefällige Corysia! o brich dein Wort, wenn dir dein Schäfer lieb ist –

Umsonst, sie fanden sich im Haine! Und o der unzähligen Zahl von Küssen! Jeden Ton der Nachtigall begleitete ein Kuß. Mich jammert der Stab –

Gesättigt trennt sich mein Paar – – „Morgen sind wir doch wieder hier?" sagte das Mädchen – und der Hirte ging und warf sich auf sein Lager von Fellen – – Er schläft, er erwacht. – Und was wird das erste sein, als seinen Stab zu kerben? – – Doch er sahe die Unmöglichkeit, sie alle zu merken [?] – und diese Unmöglichkeit, alle Küsse zu behalten, verwundete [?][1] sie – Daphnis sprach kaltsinnig: „Schade, daß ich den schönen Stab so verdorben, ich will ihn nicht weiter verderben –"

## Der Naturalist.

Ein Mann, der das Namenregister der Natur vollkommen innehatte, jede Pflanze und jedes dieser Pflanze eigenes Insekt zu nennen und auf mehr als eine Art zu nennen wußte; der den ganzen Tag Steine auflas, Schmetterlingen nachlief und seine Beute mit einer recht gelehrten Unempfindlichkeit spießte; so ein Mann, ein Naturalist – – (sie hören es gern, wenn man sie Naturforscher nennt), durchjagte den Wald und verweilte sich endlich bei einem Ameisehaufen. Er fing an

[1] So liest Muncker die in der Handschrift undeutliche Stelle. Der Sinn verlangt etwa „verwehrte sie", nämlich die weiteren Kerbe.

darin zu wühlen, durchsuchte ihren eingesammelten Vorrat, betrachtete ihre Eier, deren er einige unter seine Mikroskope legte, und richtete, mit einem Worte, in diesem Staate der Emsigkeit und Vorsicht keine geringe Verwüstung an.

Unterdessen wagte es eine Ameise, ihn anzureden. „Bist du nicht etwa gar", sprach sie, „einer von den Faulen, die Salomo zu uns schickt, daß sie unsre Weise sehen und von uns Fleiß und Arbeit lernen sollen[1]?"

Die alberne Ameise; einen Naturalisten für einen Faulen anzusehen!

## Der Wolf und das Schaf[2].

Der Durst trieb ein Schaf an den Fluß; eine gleiche Ursache führte auf der andern Seite einen Wolf herzu. Durch die Trennung des Wassers gesichert und durch die Sicherheit höhnisch gemacht, rief das Schaf dem Räuber hinüber: „Ich mache dir doch das Wasser nicht trübe, Herr Wolf? Sieh mich recht an; habe ich dir nicht etwa vor sechs Wochen nachgeschimpft? Wenigstens wird es mein Vater gewesen sein." Der Wolf verstand die Spötterei; er betrachtete die Breite des Flusses und knirschte mit den Zähnen. „Es ist dein Glück", antwortete er, „daß wir Wölfe gewohnt sind, mit euch Schafen Geduld zu haben", und ging mit stolzen Schritten weiter.

---

[1] Vgl. S. 373 dieses Bandes, Anm. 1. – [2] Die Situation ist einer der bekanntesten Äsopischen Fabeln entlehnt.

# Minna von Barnhelm
oder
## Das Soldatenglück.

Ein Lustspiel in fünf Aufzügen.

Verfertiget im Jahre 1763.

## Personen.

**Major von Tellheim,** verabschiedet.
**Minna von Barnhelm.**
**Graf von Bruchsall,** ihr Oheim.
**Franziska,** ihr Mädchen.
**Just,** Bedienter des Majors.
**Paul Werner,** gewesener Wachtmeister des Majors.
**Der Wirt.**
**Eine Dame in Trauer.**
**Ein Feldjäger[1].**
**Riccaut de la Marlinière.**

Die Szene ist abwechselnd in dem Saale eines Wirtshauses und einem daranstoßenden Zimmer.

---

[1] Ein Angehöriger des von Friedrich dem Großen 1740 errichteten Feldjägerkorps, das zur Überbringung von Botschaften im Krieg, dann auch im Frieden, bestimmt ist.

# Einleitung des Herausgebers.

---

Auf dem Titel der „Minna von Barnhelm" steht: „Verfertiget im Jahre 1763". Die Zahl ist symbolisch gemeint, sie soll andeuten, daß (nach Goethes Worten) das Stück zwischen Krieg und Frieden, Haß und Neigung erzeugt ist. Erst 1764 ist es an heiteren Frühlingsmorgen in dem Göldnerschen Garten in Breslau entworfen und dann im Sommer vor einem heftigen Fieber soweit gefördert worden, daß Lessing den 20. August an Ramler schreiben konnte: „Ich war vor meiner Krankheit in einem *train* zu arbeiten, in dem ich selten gewesen bin... Ich brenne vor Begierde, die letzte Hand an meine ‚Minna von Barnhelm' zu legen; und doch wollte ich auch nicht gern mit halbem Kopfe daran arbeiten. Ich habe Ihnen von diesem Lustspiele nichts zu sagen, weil es wirklich eins von meinen letzten Projekten ist. Wenn es nicht besser als alle meine bisherigen dramatischen Stücke wird, so bin ich fest entschlossen, mich mit dem Theater gar nicht mehr abzugeben."

Man weiß, was es bedeutet, wenn Lessing an ein Werk „die letzte Hand" legen will. Da ist in der Regel erst der Entwurf vorhanden, und so wird auch die eigentliche Ausarbeitung der „Minna" erst in Berlin erfolgt sein. Da hier zunächst der „Laokoon" Lessings ganze Kraft erforderte, ist schwerlich vor dem Jahre 1766 viel für die „Minna" geschehen. Dann erkrankte er und unternahm verschiedene Reisen. Erst der Ruf an das Hamburger Nationaltheater im Herbst 1766 dürfte den entscheidenden Anstoß gegeben haben, den Entwurf auszuführen. Schreibt Lessing doch den 1. Februar 1767 an Gleim, daß er in Hamburg seine theatralischen Werke, „welche längst auf die letzte Hand gewartet haben", vollenden und aufführen lassen wolle. Bei Lessings Gewohnheit, seine Stücke nach langem Zögern schnell niederzuschreiben und dann sogleich in Druck zu geben, spricht auch das Erscheinen der „Minna von Barnhelm" zu Ostern 1767 (im zweiten Bande der „Lustspiele" und als Einzelausgabe) für die Entstehung im vorhergehenden Winter, unmittelbar ehe der Dichter nach Hamburg übersiedelte. Aus dem Hause Am Königsgraben 10 wanderten die einzelnen Akte zu Ramler, dessen peinliche Korrektheit die äußere Form überwachte. Lessing nahm seine Verbesserungsvorschläge bis auf zwei oder drei an, und so kam die endgültige Handschrift zustande. Sie ist jetzt das kostbare Besitztum des Geheimen Justizrats Lessing in Berlin. Sehr gering war der Erfolg der „Minna von Barnhelm" im Buchhandel; denn solange Lessing lebte, wurde sie nach einem zweiten Druck vom Jahre 1767 nur noch 1770 neu aufgelegt. –

Am 15. Februar 1763 endete der Friede von Hubertusburg das letzte gewaltige Ringen Friedrichs des Großen um den Besitz Schlesiens und die Anerkennung Preußens als Großmacht. Gegen halb Europa war er Sieger geblieben. Er hatte den deutschen Namen nach einer langen Zeit der Mißachtung wieder zu Ehren gebracht.

In dieser Empfindung waren Sieger und Besiegte einig. Ein stolzes Nationalgefühl überbrückte die Gegensätze, die der Krieg eben noch vertieft hatte. Die Dichtung brauchte nun nicht mehr in die übersinnlichen Gefilde hinauszuschweifen, wenn sie in der Brust der Genießenden ein großes Gemeingefühl anklingen lassen wollte, sie durfte sich kraftvoll auf den Boden der Gegenwart stellen, die bis dahin edlere Wirkung nur durch Stoffe aus dem engen Bereich des Einzeldaseins gewährt hatte.

Über diese ganze, heute versunkene Welt der bürgerlichen Lust- und Trauerspiele, zu denen auch alle früheren Dramen Lessings zählen, erhob er sich mit kühnem Aufschwung, getragen von dem großen Augenblick, und schuf das erste Stück, das heute noch auf unserer Bühne mit unverminderter Frische fortlebt. „Minna von Barnhelm" ist nach Goethes bekannten Worten „die wahrste Ausgeburt des Siebenjährigen Kriegs, die erste aus dem bedeutenden Leben gegriffene Theaterproduktion von spezifisch temporärem Gehalt, die deswegen auch eine nie zu berechnende Wirkung tat."

Nie hätte aber das Werk diesen starken, hellen Klang erwecken können, wenn nicht in der Seele seines Schöpfers der Geist der großen Zeit das Glücksgefühl der Begeisterung ausgelöst hätte. Jener höchste Verstand, der an das Genie grenzt, vermag allein wohl eine „Emilia Galotti" hervorzubringen; Herz zu Herzen schaffen kann er nicht.

Auch die äußeren Umstände des Dichters mußten dem werdenden Lustspiel freundlich zulächeln. Seine Wurzeln ruhen in der glücklichsten Zeit Lessings. Frei von der Sorge um das tägliche Brot konnte er sich in Breslau unbekümmert ernster Arbeit und heiterem Lebensgenuß hingeben. Im Umgang mit den preußischen Offizieren lernte er den Soldatenstand lieben, dessen beste Eigenschaften seinem eigenen Wesen so nahe verwandt waren. Freilich übersah er nicht, was als Begleiterscheinung kühner, zum Befehlen bestimmter und siegesgewisser Kriegernatur fast unvermeidlich erscheint: das starke Standesbewußtsein und das aus ihm fließende gefährliche Vorurteil der besonderen Standesehre. Hier setzt Lessings Lustspielidee ein. In seinem Major von Tellheim vollzieht sich eine allgemein bedeutsame ethische Entwickelung. Aus dem Konflikt der Offiziersehre und der Pflicht gegen die Geliebte gewinnt er ein neues höheres Lebensideal, indem das natürliche Empfinden hochgestimmter Naturen den von außen angeflogenen besonderen Ehrbegriff überwindet.

Damit wird nicht eine der gewöhnlichen Lustspielheilungen vollzogen, die nur dem Bedürfnis der Überraschung und des glücklichen Ausgangs dienen. Von vornherein ist Tellheim so geartet, daß seine edle und reife Männlichkeit unbewußt den äußerlichen Attributen soldatischer Sonderart widerspricht. Er ist nicht mehr aktiver Offizier, und er war es nur „aus der Grille, daß es für jeden ehrlichen Mann gut sei, sich in diesem Stande eine Zeitlang zu versuchen, um sich mit allem, was Gefahr heißt, vertraulich zu machen und Kälte und Entschlossenheit zu lernen". Nur die äußerste Not hätte ihn zwingen können, aus diesem Versuche eine Bestimmung, aus dieser gelegentlichen Beschäftigung ein Handwerk zu machen. Aber nun, da ihn nichts mehr zwingt, nun ist sein ganzer Ehrgeiz wieder einzig und allein, ein ruhiger und zufriedener Mensch zu sein. Tellheim ist kein Preuße, ein Kurländer, und so haben ihn nur persönliche Antriebe unter Friedrichs Fahnen geführt. Und doch spricht er schon den Grundsatz aus: „Man muß Soldat sein für sein Land oder aus Liebe zu der Sache, für die gefochten wird."

So entfernt sich Lessing weit von dem alten Soldatentypus, der im Lustspiel von jeher stehend war: dem *miles gloriosus* der römischen Komödie, dem *capitano spavento* der *commedia dell' arte,* dem Bramarbas des Dänen Holberg. In der Wirklichkeit überwogen noch die Offiziere, die zu solchen Zerrbildern Anlaß gaben, aber einzelne edle, von bessern Anschauungen durchdrungene Vertreter des Standes waren schon vor Lessings Auge getreten, vor allem der Major Ewald von Kleist, der geliebteste seiner Freunde. Dem ernsten, hochsinnigen und warmfühlenden Helden, der bei Kunersdorf gefallen war, setzte Lessing im Tellheim das schönste und wahrste Denkmal. Schon die Kritik der „Vossischen Zeitung" vom 14. Mai 1767 besagte, daß in dem Charakter des Majors von Tellheim einige Freunde den seligen Major von Kleist geschildert fänden. Möglich, daß noch andere verwandte Soldatengestalten an dem Dichter vorübergegangen sind und ihm ergänzende Einzelheiten für den Hauptcharakter geliefert haben. Soll sich doch der ganze Vorgang, der der Handlung des Lustspiels zugrunde liegt, nach einem Bericht der Mutter des Philosophen Garve im Gasthaus zur Goldenen Gans in Breslau zugetragen haben. Wahrscheinlich wußte Lessing von dem edlen Major Marschall von Bieberstein, der sich während des Krieges durch einen Vorschuß an die von Friedrich bedrängten Lausitzischen Stände dem Verdachte der Bestechung aussetzte und als Meister im Pistolenschießen von seinen Kameraden „Tell" genannt wurde; sicher kannte er den General von Werner, dessen Name auf den Wachtmeister Tellheims überging, und er sah nach dem Friedensschluß so manchen ehrenhaften Offizier der aufgelösten sechzehn Freibataillone das harte Schicksal unverdienter Verabschiedung mit Würde tragen.

Das Ende des langen Krieges brachte diese verdienten Männer in schlimme Not. Der Übergang in den bürgerlichen Beruf war für viele nicht leicht zu finden, und in Europa herrschte Ruhe. Da mochte mancher, wie Lessings Paul Werner, begierig die Zeitungsnachrichten aus dem fernen Osten verfolgen, wo Heraklius II. von Georgien sich frühen Kriegsruhm im persischen Dienste erworben hatte und seit 1747 mit wechselndem Glücke für die Unabhängigkeit seines Landes focht.

Dem Major von Tellheim bleiben solche abenteuerliche Gedanken fern. Er denkt nur daran, seine Ehre, die gefährdet ist, zu sichern, und muß ausharren, bis der König darüber entscheidet. Er will das Glück, das ihm die Geliebte anbietet, nicht sehen; sein Auge ist starr auf den einen Punkt gerichtet. Da weiß weibliche List liebevoll den Sonderling nach ihrem Willen zu lenken. Das Soldatenglück führt Minna und Tellheim zusammen, aber es verkettet sich mit dem Verdienst, es ist eine ganz andere Art von Glück, als sie der Engländer Wicherley in seinem Lustspiel *„The Soldier's Fortune"* geschildert hatte. Lessing kannte schon von Leipzig her die Werke Wicherleys. In dessen *„Plain Dealer"* wird ein Menschenfeind, der all sein Hab und Gut verloren hat, von der Geliebten durch Ausdauer errungen und bekehrt, wobei freilich die Mittel keineswegs sittliche sind. Weit reinlicher verfuhr der englische Zeitgenosse Wicherleys, der Dichter George Farquhar, in seinem lange Zeit beliebten Lustspiel *„The Constant Couple"* (1700), aus dessen Nebenhandlung Lessing das Motiv von dem weggegebenen Ring entlehnte. Ein verabschiedeter Offizier, der Oberst Standard, wird von einem reichen Fräulein, der Miß Manly, geliebt, sie glaubt, daß ihre Liebe ihm ein Ersatz für seine gekränkte Ehre sein kann, aber er ergibt sich ihrem Werben erst, als es sich herausstellt, daß er Miß Manly schon früher, ohne ihren Namen zu kennen, geliebt und von ihr einen Ring mit der Inschrift: *„Love and honour"* empfangen hat. Das Versetzen des Andenkens der Geliebten aus Not konnte Lessing im *„Joueur"* Regnards finden.

Aus diesen Quellen hat Lessing für die Handlung seines Lustspiels geschöpft. Auch sonst hat ihm für Einzelheiten seine Belesenheit in der dramatischen Literatur Hilfe gewährt. Aber alle diese sogenannten Quellen gaben doch nichts her, was dem eigenartigen, vorher nirgends vorhandenen Geiste des Stücks gedient hätte. Ebenso neu ist der Stil. Er hält die Mitte zwischen der flachen Lustigkeit der älteren deutschen Komödie und der rührseligen Empfindsamkeit der *„comédie larmoyante"*. Am nächsten steht ihm der tiefe Lebensernst des äußerlich so lustigen *„Misanthrope"* Molières, dem Lessings „Minna" auch in der Größe eines weltabgewandten Stoizismus unter allen Lustspielen der Weltliteratur allein zur Seite tritt. Sie beide erheben sich von oberflächlicher Zeichnung dürftiger, verkörperter Eigenschaften zu einer Porträtkunst, die alles Seelischen mächtig ist und sich durch den Gattungsbegriff des Lustspiels nicht mehr beengen läßt.

Es ist sehr falsch, wenn die neue Kunst der „Minna von Barnhelm" mit dem *„genre sérieux"* Diderots gleichgesetzt wird, das die Pflichten der Menschen darstellen sollte, sie vor allem von der Seite des Edelmutes zeichnete und seine erste Aufgabe in der Zustandsschilderung sah. Dieser breiten, uninteressanten Technik ist Lessing nicht gefolgt, sondern er hat sich auch in dieser Beziehung an Molière gehalten. Wie bei diesem ist alles einer ständig fortschreitenden, ausgedehnten Handlung dienstbar. Sie hält die Einheit der Zeit fest, indem sie vom Morgen bis zum Abend des 23. August 1763 spielt, und weiß auch die Einheit des Ortes dadurch zu behaupten, daß sie Vorder- und Hinterbühne nach altem Gebrauch zur Darstellung zweier Räume desselben Gasthauses verwendet. Goethe hat zu Falk gesagt, als Exposition habe vielleicht die ganze neue dramatische Kunst nichts so Unvergleichliches aufzuweisen als die beiden ersten Aufzüge, und zu Eckermann am 27. März 1831: „Sie mögen denken, wie das Stück auf uns junge Leute wirkte, als es in jener dunkeln Zeit hervortrat! Es war wirklich ein glänzendes Meteor. Es machte uns aufmerksam, daß noch etwas Höheres existiere, als wovon die damalige schwache literarische Epoche einen Begriff hatte. Die beiden ersten Akte sind wirklich ein Meisterstück von Exposition, wovon man viel lernte und wovon man noch immer lernen kann."

Dieser Exposition gehören im wesentlichen die beiden ersten Akte an. Die schlimme Lage Tellheims und das kühne Wagnis seiner Verlobten spannen die Erwartung. Es geht mit Tellheim zu Ende, doch wir fühlen, daß die Rettung ihm nahe ist, und die Siegesgewißheit Minnas bestärkt uns darin. Am Schlusse des zweiten Aktes scheint es, als ob dem Fräulein der Sieg über den Mißmut und das gereizte Ehrgefühl des Majors nicht gelingen würde. Er entreißt sich ihr, und mit kluger Berechnung läßt uns der Dichter den dritten Akt hindurch im Zweifel, ob diese starre, nur vom Ehrgefühl gelenkte Gesinnung zu überwinden sei. Er hätte es sich leichter machen können, wenn er durch die königliche Rehabilitation die Ursache der Weigerung Tellheims hinwegräumte, aber dann wäre tatsächlich nicht die Pflicht über die Ehre Siegerin geblieben und an Stelle der inneren bedeutsamen Entwickelung ein billiger Lustspielschluß getreten.

Um Tellheim zu belehren und zu bekehren, dient als wirksamstes Mittel die List Minnas, die sich um seinetwillen als enterbt und unglücklich ausgibt. Nun überwindet er jeden Stolz und muß zugeben, daß Ärgernis und verbissene Wut seine ganze Seele umnebelt hatten.

Damit ist das Ziel der Handlung erreicht, und das königliche Handschreiben, das Tellheims Ehre wieder herstellt, läßt nur noch die letzte dunkle Wolke am Horizont verschwinden. Wenn jetzt das Fräulein sein Spiel zum Scheine noch fortführt, so gilt das hauptsächlich der feinen Absicht, das Ehrgefühl noch nach einer anderen Richtung hin zu läutern.

Wie Tellheim aus dem gewohnten Kreise der Anschauungen seines Standes hinausschreiten muß, um sich selbst zu vollenden, so hat das Fräulein die engen Grenzen des Schicklichen überschritten, indem sie dem Major nachreiste und ihn durch eigene Kraft gewann. Sie war sich von Anfang an bewußt, recht zu handeln; aber damit ihr Glück gesichert sei, muß sich auch der Geliebte auf diesen freien Standpunkt erheben. Er will mit dem Degen in der Hand das „verlaufene Fräulein, das sich ihm an den Kopf geworfen", verteidigen. Auf diese Weise wird auch alles erledigt, was in Minnas kühnem Vorgehen bedenklich erscheinen könnte.

Eine überflüssige Zutat ist das allzu verwickelte Spiel mit den Ringen. Dagegen bedeuten die Episoden wahrhafte Bereicherungen. Die größte von ihnen, der Liebeshandel Werners und Franziskas, erscheint in zahllosen älteren Lustspielen vorgebildet. Fast überall werden außer einem edlen Liebespaar höheren Standes auch Diener und Dienerin vereinigt und erwecken durch den unverhüllten Ausdruck ihrer Empfindungen und Wünsche eine zumeist nicht unbedenkliche Heiterkeit. Werner und Franziska sind im Umgange mit Tellheim und Minna zu feinerer Empfindung und größerer Selbstbeherrschung gelangt. Aus dem verschlagenen, gewinnsüchtigen, feigen Bedienten, dem Nachkommen der Sklaven der römischen Komödie, ist ein ehrenfester, zur Aufopferung fähiger und mutiger Mann geworden; aus der lüsternen, ungebildeten Zofe die fein empfindende, witzige Freundin ihrer Herrin. So wiederholen sich auf etwas niedrigerer Stufe die Hauptgestalten, und die beträchtliche Ausdehnung dieser Nebenhandlung wird dadurch gerechtfertigt, daß auch hier männliche Selbstbeherrschung nicht ohne Widerstand weiblicher Liebenswürdigkeit erliegt.

Auf die Zeitgenossen wirkte besonders stark die Szene der Dame in Trauer, die einzige des Stückes, in der noch der rührselige Ton der „Miß Sara Sampson" nachklang, und die uns deshalb jetzt am wenigsten zusagen will. Unverminderte Frische bewährt aber noch die große Riccaut-Episode. Aufs glücklichste erfüllt sie ihre Aufgabe, neben Lessings neues Soldatenideal den alten Typus des heruntergekommenen Landsknechts zu stellen, der mit falschen Karten seinem Spielerglück nachhilft. Die geringen Funktionen, die Riccaut für die Handlung zu vollziehen hat, wären am Ende auf einen andern zu übertragen, nicht aber die Aufgabe, den Zuschauer über den toten Punkt der Handlung im vierten Aufzug hinwegzutäuschen.

Die Reihe der Soldatengestalten ergänzt Just, der Diener des Majors, der rohe, grundehrliche Packknecht, für den die alte Lustspieltradition mehr als für alle andern hergeben mußte. Ganz aus dem Leben gegriffen ist der Wirt, neugierig und deshalb williger Gehilfe der Polizei, kriechend und unverschämt, je nach den Umständen. Wie der junge Goethe in seinen „Mitschuldigen", haben sich zahlreiche andere Dramatiker den köstlichen Gesellen schnell zugeeignet.

Das Stück heißt nach dem Fräulein „Minna von Barnhelm". Ihr vor allem ist die Heiterkeit Lessings, sein heller Verstand und sein warmes Gemüt zuteil geworden. Will man ihr gerecht werden, was nicht immer geschehen ist, so muß man vor allem bedenken, daß sie der vornehmen Gesellschaft des achtzehnten Jahrhunderts angehörte. Diese Gesellschaft erzog die Jugend nach französischem Muster zur Herrschaft über ihre Gefühle, sie bildete einseitig und frühzeitig den Verstand aus, um die sichere Haltung und die klare Beherrschung jeder Situation zu sichern. Die Frauenbriefe bezeugen es, welche Freude damals weibliche Klugheit am lustigen Krieg der Intrige empfand. Bei alledem darf man wohl das Spiel Minnas im letzten Akt als allzu ausgedehnt und peinlich bezeichnen. Während bis dahin alles an ihr vollste Lebenswahrheit atmet, leidet ihr Bild dort unter dem Wunsche des Dramatikers, Tellheims früheren Starrsinn durch den ebenso hartnäckigen Widerstand Minnas gerecht zu strafen.

Die Zeitgenossen haben daran keinen Anstoß genommen; sie fragten eher, ob Lessing nicht seine Minna gar zu vollkommen geschildert habe. Sie nannten das Lustspiel „heroisch" und meinten, man hätte es „Die Großmütigen" betiteln können. Sie hielten sich viel mehr an die „großen Sentiments" als an das heitere Beiwerk; sie freuten sich, Menschen aus der wirklichen Welt zu sehen.

Die erste Aufführung in Hamburg am 30. September 1767 hatte indessen nur geringen Beifall, wohl hauptsächlich weil der berühmte Ekhof für die Rolle des Majors nicht geeignet war. Frankfurt am Main folgte am 18. Oktober und Wien am 14. November, beide ohne die Riccaut-Szene. Dann bereitete Leipzig am 18. November dem Stücke den ersten großen Erfolg. Der Student Goethe war Zeuge; er führte bald mit seinen Freunden und Freundinnen im

Schönkopfschen Hause die „Minna" auf. Berlin sah sie erst am 21. März 1768, dargestellt durch die Döbbelinsche Truppe. Neunzehnmal wurde das Stück in vier Wochen gegeben, bis Döbbelin Berlin verließ. Den Eindruck dieser Vorstellungen halten die zierlichen Kupfer fest, die Chodowiecki 1769 für den genealogischen Kalender radierte.

Die „Minna" wurde so populär, daß man Bilder aus ihr sogar auf die Punschnäpfe malte. Sie eroberte bald auch das katholische Deutschland und errang bei den Besiegten des großen Krieges denselben Beifall wie bei den Siegern. Eva König berichtete 1770, daß das Stück in Salzburg sechsmal hintereinander bei vollgepfropftem Hause gegeben wurde, und daß auch in Wien die „Minna" außerordentlich gut gespielt worden sei. Der Schauspieler Weiskern hatte sie verkürzt, und in dieser Form wird sie noch Lessing gesehen haben, als sie zu Ehren seiner Anwesenheit 1775 auf dem Burgtheater erschien.

Das Stück hatte inzwischen auch die französische Bühne beschritten. Zwei Übersetzungen waren 1772 und 1774 erschienen. Die erste stammte von dem Schauspieler Großmann her, die zweite, arg entstellte, von dem schlechten Dramatiker Rochon de Chabannes; sie wurde in Paris vom Théâtre-Français und sogar in Berlin aufgeführt, wie Karl Lessing am 7. Januar 1775 dem Bruder meldete. In London erfolgte die erste Aufführung 1786 nach einer Übersetzung des Majors Johnsone unter dem Titel *„The Disbanded Officer, or the Baroness of Bruchsal"*. Eine zweite englische Übersetzung von 1799 hieß *„The School for Honour, or the Chance of War."* Vorher war das Stück schon italienisch in zwei Fassungen und schwedisch gedruckt.

„Minna von Barnhelm" war neben Goethes „Götz" das erste deutsche Drama, das über das deutsche Sprachgebiet hinauswirkte, um so erfreulicher, da beide Werke von kräftigem Nationalgefühl durchdrungen waren und mit überzeugender Wahrheit deutsches Wesen der Gegenwart und der Vergangenheit schilderten. Lessings Lustspiel brach durch diese Eigenschaft dem realistischen Drama eine neue Bahn. Während zuvor die Komödie für ihre typischen Karikaturen nur gleichgültiges Beiwerk den realen Zuständen entlieh und das bürgerliche Trauerspiel durchgängig auf fremdem Boden spielte, begann jetzt auf der Bühne das Streben nach gewissenhafter Darstellung von Menschen und Zuständen der deutschen Gegenwart. Die Freude an der eigenen Art war erwacht und betätigte sich mit einem häufig übertriebenen Selbstgefühl. Das Soldatenstück trat daneben an Bedeutung zurück. Wenn auch aus dem halben Jahrhundert nach der „Minna von Barnhelm" etwa 250 dramatische Werke aufgezählt werden können, deren Helden den deutschen Heeren angehören, so ist doch von dem Geiste und der Kunst Lessings in keinem von ihnen etwas zu bemerken, und keines besitzt höheren Wert. Die klugen Theaterschriftsteller Brandes, Stephanie der Jüngere, Engel, Großmann, Möller nützen handwerksmäßig die neuerwachte Teilnahme an kriegerischen Taten und Gesinnungen aus und finden unter Dramatikern gleichen Schlages und Dilettanten zahlreiche Nachfolger. Der Soldat erscheint in diesen Stücken gesitteter als zuvor, und am häufigsten entspringen die Konflikte dem Widerstreit warmer Menschlichkeit und harter Pflicht. Die Motive der „Minna von Barnhelm" werden in diesen Stücken verflacht. Minna ist wirklich ein „verlaufenes Fräulein", Tellheim wird zu einem korrekten, langweiligen Gesellen, die Gnade des Fürsten, die die äußere glückliche Lösung herbeiführt, wird besonders häufig angewendet, aber durchweg, wie in Molières *„Tartuffe"*, mit kriechender Schmeichelei.

Auch das Verhältnis des Offiziers zu den Untergebenen, die Zeichnung des soldatischen Abenteurers, der Kammerzofe und des Wirtes haben die Nachahmer sehr häufig benutzt und vergröbert. Sie beugten sich nur dem Effekt, schmeichelten den schlechten Neigungen des Publikums.

Lessing wurde in Leipzig für einen Erzpreußen und in Berlin für einen Erzsachsen gehalten, weil er keines von beiden war und keines von beiden sein mußte, wenigstens um die „Minna" zu machen. Für diese freie, große Gesinnung war die Mehrzahl der Zeitgenossen noch nicht reif. Gleichmütig ertrug er es, daß die schlechten Nachahmungen seinem Meisterlustspiel in der Gunst des Publikums den Rang abliefen. Als ihm Nicolai zornerfüllt den Erfolg meldete, den das Schauspielerstück „Der Graf von Waltron, oder die Subordination" in Berlin über die „Minna" errungen hatte, schrieb er resigniert: „Das Ding war zu seinen Zeiten recht gut. Was geht es mich an, wodurch es jetzt von dem Theater verdrängt wird."

# Erster Aufzug.

## Erster Auftritt.

**Just** sitzet in einem Winkel, schlummert und redet im Traume.

Schurke von einem Wirte! Du, uns? – Frisch, Bruder! – Schlag zu, Bruder! – (Er holt aus und erwacht durch die Bewegung.) Heda! schon wieder? Ich mache kein Auge zu, so schlage ich mich mit ihm herum. Hätte er nur erst die Hälfte von allen den Schlägen! – – Doch sieh, es ist Tag! Ich muß nur bald meinen armen Herrn aufsuchen. Mit meinem Willen soll er keinen Fuß mehr in das vermaledeite Haus setzen. Wo wird er die Nacht zugebracht haben?

## Zweiter Auftritt.

**Der Wirt. Just.**

**Der Wirt.** Guten Morgen, Herr Just, guten Morgen! Ei, schon so früh auf? Oder soll ich sagen: noch so spät auf?

**Just.** Sage Er, was Er will.

**Der Wirt.** Ich sage nichts als guten Morgen; und das verdient doch wohl, daß Herr Just „großen Dank" darauf sagt?

**Just.** Großen Dank!

**Der Wirt.** Man ist verdrüßlich, wenn man seine gehörige Ruhe nicht haben kann. Was gilt's, der Herr Major ist nicht nach Hause gekommen, und Er hat hier auf ihn gelauert?

**Just.** Was der Mann nicht alles erraten kann!

**Der Wirt.** Ich vermute, ich vermute.

**Just** (kehrt sich um und will gehen). Sein Diener!

**Der Wirt** (hält ihn). Nicht doch, Herr Just!

**Just.** Nun gut; nicht Sein Diener!

**Der Wirt.** Ei, Herr Just! ich will doch nicht hoffen, Herr Just, daß Er noch von gestern her böse ist? Wer wird seinen Zorn über Nacht behalten?

**Just.** Ich; und über alle folgende Nächte.

**Der Wirt.** Ist das christlich?

**Just.** Ebenso christlich, als einen ehrlichen Mann, der nicht gleich bezahlen kann, aus dem Hause stoßen, auf die Straße werfen.

**Der Wirt.** Pfui, wer könnte so gottlos sein?

**Just.** Ein christlicher Gastwirt. – Meinen Herrn! so einen Mann! so einen Offizier!

**Der Wirt.** Den hätte ich aus dem Hause gestoßen? auf die Straße geworfen? Dazu habe ich viel zu viel Achtung für einen Offizier und viel zu viel Mitleid mit einem abgedankten! Ich habe ihm aus Not ein ander Zimmer einräumen müssen. – Denke Er nicht mehr daran, Herr Just. (Er ruft in die Szene:) Holla! – Ich will's auf andere Weise wieder gutmachen. (Ein Junge kommt.) Bring ein Gläschen; Herr Just will ein Gläschen haben; und was Gutes!

**Just.** Mache Er sich keine Mühe, Herr Wirt. Der Tropfen soll zu Gift werden, den – doch ich will nicht schwören; ich bin noch nüchtern!

**Der Wirt** (zu dem Jungen, der eine Flasche Likör und ein Glas bringt). Gib her; geh! – Nun, Herr Just; was ganz Vortreffliches; stark, lieblich, gesund. (Er füllt und reicht ihm zu.) Das kann einen überwachten Magen wieder in Ordnung bringen!

**Just.** Bald dürfte ich nicht! – – Doch warum soll ich meiner Gesundheit seine Grobheit entgelten lassen? – (Er nimmt und trinkt.)

**Der Wirt.** Wohl bekomm's, Herr Just!

**Just** (indem er das Gläschen wieder zurückgibt). Nicht übel! – Aber Herr Wirt, Er ist doch ein Grobian!

**Der Wirt.** Nicht doch, nicht doch! – Geschwind noch eins; auf einem Beine ist nicht gut stehen.

**Just** (nachdem er getrunken). Das muß ich sagen: gut, sehr gut! – Selbst gemacht, Herr Wirt? –

**Der Wirt.** Behüte! veritabler Danziger! echter doppelter Lachs![1]

**Just.** Sieht Er, Herr Wirt, wenn ich heucheln könnte, so würde ich für so was heucheln; aber ich kann nicht; es muß raus: – Er ist doch ein Grobian, Herr Wirt!

**Der Wirt.** In meinem Leben hat mir das noch niemand gesagt. – Noch eins, Herr Just; aller guten Dinge sind drei!

**Just.** Meinetwegen! (Er trinkt.) Gut Ding, wahrlich gut Ding! – Aber auch die Wahrheit ist gut Ding. – Herr Wirt, Er ist doch ein Grobian!

**Der Wirt.** Wenn ich es wäre, würde ich das wohl so mit anhören?

**Just.** O ja, denn selten hat ein Grobian Galle.

**Der Wirt.** Nicht noch eins, Herr Just? Eine vierfache Schnur hält desto besser.

**Just.** Nein, zu viel ist zu viel! Und was hilft's Ihm, Herr Wirt? Bis auf den letzten Tropfen in der Flasche würde ich bei meiner Rede bleiben. Pfui, Herr Wirt; so guten Danziger zu haben, und so schlechte Mores! – Einem Manne, wie meinem Herrn, der Jahr und Tag bei Ihm gewohnt, von dem Er schon so manchen schönen Taler gezogen, der in seinem Leben keinen Heller schuldig geblieben ist, weil er ein paar Monate her nicht prompt bezahlt, weil er nicht mehr so viel aufgehen läßt, – in der Abwesenheit das Zimmer auszuräumen!

**Der Wirt.** Da ich aber das Zimmer notwendig brauchte? Da ich voraussahe, daß der Herr Major es selbst gutwillig würde geräumt haben, wenn wir nur lange auf seine Zurückkunft hätten warten können? Sollte ich denn so eine fremde Herrschaft wieder von meiner Türe wegfahren lassen? Sollte ich einem andern Wirte so einen Verdienst mutwillig in den Rachen jagen? Und ich glaube nicht einmal, daß sie sonstwo unterkommen wäre. Die Wirtshäuser sind jetzt alle stark besetzt. Sollte eine so junge, schöne, liebenswürdige Dame auf der Straße bleiben? Dazu ist Sein Herr viel zu galant! Und was verliert er denn

---

[1] Berühmter Likör aus der noch heute bestehenden Brennerei im Hause „Zum Lachs" in Danzig.

dabei? Habe ich ihm nicht ein anderes Zimmer dafür eingeräumt?

**Just.** Hinten an dem Taubenschlage; die Aussicht zwischen des Nachbars Feuermauren –

**Der Wirt.** Die Aussicht war wohl sehr schön, ehe sie der verzweifelte[1] Nachbar verbaute. Das Zimmer ist doch sonst galant[2] und tapeziert –

**Just.** Gewesen!

**Der Wirt.** Nicht doch, die eine Wand ist es noch. Und Sein Stübchen darneben, Herr Just; was fehlt dem Stübchen? Es hat einen Kamin, der zwar im Winter ein wenig raucht – –

**Just.** Aber doch im Sommer recht hübsch läßt[3]. – Herr, ich glaube gar, Er vexiert uns noch obendrein? –

**Der Wirt.** Nu, nu, Herr Just, Herr Just. –

**Just.** Mache Er Herr Justen den Kopf nicht warm, oder –

**Der Wirt.** Ich macht' ihn warm? Der Danziger tut's! –

**Just.** Einen Offizier, wie meinen Herrn! Oder meint Er, daß ein abgedankter Offizier nicht auch ein Offizier ist, der Ihm den Hals brechen kann? Warum waret ihr denn im Kriege so geschmeidig, ihr Herren Wirte? Warum war denn da jeder Offizier ein würdiger Mann und jeder Soldat ein ehrlicher, braver Kerl? Macht euch das bißchen Friede schon so übermütig?

**Der Wirt.** Was ereifert Er sich nun, Herr Just? –

**Just.** Ich will mich ereifern. – –

---

## Dritter Auftritt.

**v. Tellheim. Der Wirt. Just.**

**v. Tellheim** (im Hereintreten). Just!

**Just** (in der Meinung, daß ihn der Wirt nenne). Just? – So bekannt sind wir? –

**v. Tellheim.** Just!

**Just.** Ich dächte, ich wäre wohl Herr Just für Ihn!

**Der Wirt** (der den Major gewahr wird). St! st! Herr, Herr, Herr Just, – seh' Er sich doch um; Sein Herr – –

---

1 Verwünschte. – 2 Elegant. – 3 Aussieht.

**v. Tellheim.** Just, ich glaube, du zankst? Was habe ich dir befohlen?

**Der Wirt.** O, Ihro Gnaden! zanken? da sei Gott vor! Ihr untertänigster Knecht sollte sich unterstehen, mit einem, der die Gnade hat, Ihnen anzugehören, zu zanken?

**Just.** Wenn ich ihm doch eins auf den Katzenbuckel geben dürfte! – –

**Der Wirt.** Es ist wahr, Herr Just spricht für seinen Herrn, und ein wenig hitzig. Aber daran tut er recht; ich schätze ihn um so viel höher; ich liebe ihn darum. –

**Just.** Daß ich ihm nicht die Zähne austreten soll!

**Der Wirt.** Nur schade, daß er sich umsonst erhitzet. Denn ich bin gewiß versichert, daß Ihro Gnaden keine Ungnade deswegen auf mich geworfen haben, weil – die Not – mich notwendig –

**v. Tellheim.** Schon zu viel, mein Herr! Ich bin Ihnen schuldig; Sie räumen mir in meiner Abwesenheit das Zimmer aus; Sie müssen bezahlt werden; ich muß wo anders unterzukommen suchen. Sehr natürlich! –

**Der Wirt.** Wo anders? Sie wollen ausziehen, gnädiger Herr? Ich unglücklicher Mann! ich geschlagner Mann! Nein, nimmermehr! Eher muß die Dame das Quartier wieder räumen. Der Herr Major kann ihr, will ihr sein Zimmer nicht lassen; das Zimmer ist sein; sie muß fort; ich kann ihr nicht helfen. – Ich gehe, gnädiger Herr – –

**v. Tellheim.** Freund, nicht zwei dumme Streiche für einen! Die Dame muß in dem Besitze des Zimmers bleiben. – –

**Der Wirt.** Und Ihro Gnaden sollten glauben, daß ich aus Mißtrauen, aus Sorge für meine Bezahlung? – – Als wenn ich nicht wüßte, daß mich Ihro Gnaden bezahlen können, sobald Sie nur wollen. – – Das versiegelte Beutelchen, – fünfhundert Taler Louisdor stehet darauf, – – welches Ihro Gnaden in dem Schreibepulte stehen gehabt, – – ist in guter Verwahrung. –

**v. Tellheim.** Das will ich hoffen; sowie meine übrige Sachen. – Just soll sie in Empfang nehmen, wenn er Ihnen die Rechnung bezahlt hat. – –

**Der Wirt.** Wahrhaftig, ich erschrak recht, als ich das Beutelchen fand. – Ich habe immer Ihro Gnaden für einen ordentlichen und vorsichtigen Mann gehalten, der sich niemals ganz ausgibt. – – Aber dennoch, – – wenn ich bar Geld in dem Schreibepulte vermutet hätte – –

**v. Tellheim.** Würden Sie höflicher mit mir verfahren sein. Ich verstehe Sie. – Gehen Sie nur, mein Herr; lassen Sie mich; ich habe mit meinem Bedienten zu sprechen. – –

**Der Wirt.** Aber gnädiger Herr – –

**v. Tellheim.** Komm Just, der Herr will nicht erlauben, daß ich dir in seinem Hause sage, was du tun sollst. – –

**Der Wirt.** Ich gehe ja schon, gnädiger Herr! – Mein ganzes Haus ist zu Ihren Diensten.

---

## Vierter Auftritt.

**v. Tellheim. Just.**

**Just** (der mit dem Fuße stampft und dem Wirte nachspuckt). Pfui!

**v. Tellheim.** Was gibt's?

**Just.** Ich ersticke vor Bosheit.

**v. Tellheim.** Das wäre soviel als an Vollblütigkeit.

**Just.** Und Sie, – Sie erkenne ich nicht mehr, mein Herr. Ich sterbe vor Ihren Augen, wenn Sie nicht der Schutzengel dieses hämischen, unbarmherzigen Rackers sind! Trotz Galgen und Schwert und Rad hätte ich ihn – hätte ich ihn mit diesen Händen erdrosseln, mit diesen Zähnen zerreißen wollen. –

**v. Tellheim.** Bestie!

**Just.** Lieber Bestie als so ein Mensch!

**v. Tellheim.** Was willst du aber?

**Just.** Ich will, daß Sie es empfinden sollen, wie sehr man Sie beleidiget.

**v. Tellheim.** Und dann?

**Just.** Daß Sie sich rächten. – Nein, der Kerl ist Ihnen zu gering. –

**v. Tellheim.** Sondern, daß ich es dir auftrüge, mich zu rächen? Das war von Anfang mein Gedanke. Er hätte mich nicht wieder mit Augen sehen und seine Bezahlung aus deinen Händen empfangen sollen. Ich weiß, daß du eine Hand voll Geld mit einer ziemlich verächtlichen Miene hinwerfen kannst. –

**Just.** So? eine vortreffliche Rache! –

**v. Tellheim.** Aber, die wir noch verschieben müssen. Ich habe keinen Heller bares Geld mehr; ich weiß auch keines aufzutreiben.

**Just.** Kein bares Geld? Und was ist denn das für ein Beutel mit fünfhundert Taler Louisdor, den der Wirt in Ihrem Schreibepulte gefunden?

**v. Tellheim.** Das ist Geld, welches mir aufzuheben gegeben worden.

**Just.** Doch nicht die hundert Pistolen[1], die Ihnen Ihr alter[2] Wachtmeister vor vier oder fünf Wochen brachte?

**v. Tellheim.** Die nämlichen, von Paul Wernern. Warum nicht?

**Just.** Diese haben Sie noch nicht gebraucht? Mein Herr, mit diesen können Sie machen, was Sie wollen. Auf meine Verantwortung –

**v. Tellheim.** Wahrhaftig?

**Just.** Werner hörte von mir, wie sehr man Sie mit Ihren Forderungen an die Generalkriegskasse aufzieht[3]. Er hörte –

**v. Tellheim.** Daß ich sicherlich zum Bettler werden würde, wenn ich es nicht schon wäre. – Ich bin dir sehr verbunden, Just. – Und diese Nachricht vermochte Wernern, sein bißchen Armut mit mir zu teilen. – Es ist mir doch lieb, daß ich es erraten habe. – Höre, Just, mache mir zugleich auch deine Rechnung; wir sind geschiedene Leute. – –

**Just.** Wie? was?

**v. Tellheim.** Kein Wort mehr; es kömmt jemand. –

---

[1] Pistolen, eigentlich eine spanische Goldmünze, dann gleichbedeutend mit Louisdor und Friedrichsdor gebraucht; Wert etwa fünf Taler. – [2] Früherer, ehemaliger, nach franz. *ancien*. – [3] Hinhält.

## Fünfter Auftritt.

**Eine Dame in Trauer. v. Tellheim. Just.**

**Die Dame.** Ich bitte um Verzeihung, mein Herr! –

**v. Tellheim.** Wen suchen Sie, Madame? –

**Die Dame.** Eben den würdigen Mann, mit welchem ich die Ehre habe, zu sprechen. Sie kennen mich nicht mehr? Ich bin die Witwe Ihres ehemaligen Stabsrittmeisters –

**v. Tellheim.** Um des Himmels willen, gnädige Frau, welche Veränderung! –

**Die Dame.** Ich stehe von dem Krankenbette auf, auf das mich der Schmerz über den Verlust meines Mannes warf. Ich muß Ihnen früh beschwerlich fallen, Herr Major. Ich reise auf das Land, wo mir eine gutherzige, aber eben auch nicht glückliche Freundin eine Zuflucht vors erste angeboten. –

**v. Tellheim** (zu Just). Geh, laß uns allein. –

---

## Sechster Auftritt.

**Die Dame. v. Tellheim.**

**v. Tellheim.** Reden Sie frei, gnädige Frau! Vor mir dürfen Sie sich Ihres Unglücks nicht schämen. Kann ich Ihnen worin dienen?

**Die Dame.** Mein Herr Major –

**v. Tellheim.** Ich beklage Sie, gnädige Frau! Worin kann ich Ihnen dienen? Sie wissen, Ihr Gemahl war mein Freund; mein Freund, sage ich; ich war immer karg mit diesem Titel.

**Die Dame.** Wer weiß es besser als ich, wie wert Sie seiner Freundschaft waren, wie wert er der Ihrigen war? Sie würden sein letzter Gedanke, Ihr Name der letzte Ton seiner sterbenden Lippen gewesen sein, hätte nicht die stärkere Natur dieses traurige Vorrecht für seinen unglücklichen Sohn, für seine unglückliche Gattin gefordert –

**v. Tellheim.** Hören Sie auf, Madame! Weinen wollte ich mit Ihnen gern; aber ich habe heute keine Tränen. Verschonen Sie mich! Sie finden mich in einer Stunde, wo ich leicht zu verleiten wäre, wider die Vorsicht[1] zu murren. – O mein rechtschaffner Marloff! Geschwind, gnädige Frau, was haben Sie zu befehlen? Wenn ich Ihnen zu dienen imstande bin, wenn ich es bin –

**Die Dame.** Ich darf nicht abreisen, ohne seinen letzten Willen zu vollziehen. Er erinnerte sich kurz vor seinem Ende, daß er als Ihr Schuldner sterbe, und beschwor mich, diese Schuld mit der ersten Barschaft zu tilgen. Ich habe seine Equipage[2] verkauft und komme, seine Handschrift einzulösen. –

**v. Tellheim.** Wie, gnädige Frau, darum kommen Sie?

**Die Dame.** Darum. Erlauben Sie, daß ich das Geld aufzähle.

**v. Tellheim.** Nicht doch, Madame! Marloff mir schuldig? Das kann schwerlich sein. Lassen Sie doch sehen. (Er ziehet sein Taschenbuch heraus und sucht.) Ich finde nichts.

**Die Dame.** Sie werden seine Handschrift verlegt haben, und die Handschrift tut nichts zur Sache. – Erlauben Sie –

**v. Tellheim.** Nein, Madame, so etwas pflege ich nicht zu verlegen. Wenn ich sie nicht habe, so ist es ein Beweis, daß ich nie eine gehabt habe, oder daß sie getilgt und von mir schon zurückgegeben worden.

**Die Dame.** Herr Major!

**v. Tellheim.** Ganz gewiß, gnädige Frau. Marloff ist mir nichts schuldig geblieben. Ich wüßte mich auch nicht zu erinnern, daß er mir jemals etwas schuldig gewesen wäre. Nicht anders, Madame; er hat mich vielmehr als seinen Schuldner hinterlassen. Ich habe nie etwas tun können, mich mit einem Manne abzufinden, der sechs Jahre Glück und Unglück, Ehre und Gefahr mit mir geteilet. Ich werde es nicht vergessen, daß ein Sohn von ihm da ist. Er wird mein Sohn sein, sobald ich sein Vater sein kann. Die Verwirrung, in der ich mich jetzt selbst befinde –

**Die Dame.** Edelmütiger Mann! Aber denken Sie auch von mir nicht zu klein. Nehmen Sie das Geld, Herr Major; so bin ich wenigstens beruhiget. –

---

1 Vorsehung. – 2 Ausrüstung.

**v. Tellheim.** Was brauchen Sie zu Ihrer Beruhigung weiter als meine Versicherung, daß mir dieses Geld nicht gehöret? Oder wollen Sie, daß ich die unerzogene Waise meines Freundes bestehlen soll? Bestehlen, Madame; das würde es in dem eigentlichsten Verstande sein. Ihm gehört es; für ihn legen Sie es an. –

**Die Dame.** Ich verstehe Sie; verzeihen Sie nur, wenn ich noch nicht recht weiß, wie man Wohltaten annehmen muß. Woher wissen es denn aber auch Sie, daß eine Mutter mehr für ihren Sohn tut, als sie für ihr eigen Leben tun würde? Ich gehe –

**v. Tellheim.** Gehen Sie, Madame, gehen Sie! Reisen Sie glücklich! Ich bitte Sie nicht, mir Nachricht von Ihnen zu geben. Sie möchte mir zu einer Zeit kommen, wo ich sie nicht nutzen könnte. Aber noch eines, gnädige Frau; bald hätte ich das Wichtigste vergessen. Marloff hat noch an der Kasse unsers ehemaligen Regiments zu fodern[1]. Seine Foderungen sind so richtig wie die meinigen. Werden meine bezahlt, so müssen auch die seinigen bezahlt werden. Ich hafte dafür. –

**Die Dame.** O, mein Herr! – Aber ich schweige lieber. – Künftige Wohltaten so vorbereiten, heißt sie in den Augen des Himmels schon erwiesen haben. Empfangen Sie seine Belohnung und meine Tränen! (Geht ab.)

---

## Siebenter Auftritt.

**v. Tellheim.**

Armes, braves Weib! Ich muß nicht vergessen, den Bettel zu vernichten. (Er nimmt aus seinem Taschenbuche Briefschaften, die er zerreißt.) Wer steht mir dafür, daß eigner Mangel mich nicht einmal verleiten könnte, Gebrauch davon zu machen?

---

## Achter Auftritt.

**Just. v. Tellheim.**

**v. Tellheim.** Bist du da?

**Just** (indem er sich die Augen wischt). Ja!

[1] Historisch unberechtigte, aber früher sehr gebräuchliche Form.

**v. Tellheim.** Du hast geweint?

**Just.** Ich habe in der Küche meine Rechnung geschrieben, und die Küche ist voll Rauch. Hier ist sie, mein Herr!

**v. Tellheim.** Gib her.

**Just.** Haben Sie Barmherzigkeit mit mir, mein Herr. Ich weiß wohl, daß die Menschen mit Ihnen keine haben; aber –

**v. Tellheim.** Was willst du?

**Just.** Ich hätte mir eh'r den Tod als meinen Abschied vermutet.

**v. Tellheim.** Ich kann dich nicht länger brauchen; ich muß mich ohne Bedienten behelfen lernen. (Schlägt die Rechnung auf und lieset.) „Was der Herr Major mir schuldig: Drei und einen halben Monat Lohn, den Monat 6 Taler, macht 21 Taler. Seit dem Ersten dieses an Kleinigkeiten ausgelegt 1 Taler 7 Gr. 9 Pf. Summa Summarum 22 Taler 7 Gr. 9 Pf." – Gut, und es ist billig, daß ich dir diesen laufenden Monat ganz bezahle.

**Just.** Die andere Seite, Herr Major –

**v. Tellheim** Noch mehr? (Lieset.) „Was dem Herrn Major ich schuldig: An den Feldscher für mich bezahlt 25 Taler. Für Wartung und Pflege während meiner Kur für mich bezahlt 39 Taler. Meinem abgebrannten und geplünderten Vater auf meine Bitte vorgeschossen, ohne die zwei Beutepferde zu rechnen, die er ihm geschenkt, 50 Taler. Summa Summarum 114 Taler. Davon abgezogen vorstehende 22 Taler 7 Gr. 9 Pf., bleibe dem Herrn Major schuldig 91 Taler 16 Gr. 3 Pf." – Kerl, du bist toll! –

**Just.** Ich glaube es gern, daß ich Ihnen weit mehr koste. Aber es wäre verlorne Tinte, es dazuzuschreiben. Ich kann Ihnen das nicht bezahlen, und wenn Sie mir vollends die Liverei nehmen, die ich auch noch nicht verdient habe, – so wollte ich lieber, Sie hätten mich in dem Lazarette krepieren lassen.

**v. Tellheim.** Wofür siehst du mich an? Du bist mir nichts schuldig, und ich will dich einem von meinen Bekannten empfehlen, bei dem du es besser haben sollst als bei mir.

**Just.** Ich bin Ihnen nichts schuldig, und doch wollen Sie mich verstoßen?

**v. Tellheim.** Weil ich dir nichts schuldig werden will.

**Just.** Darum? nur darum? – So gewiß ich Ihnen schuldig bin, so gewiß Sie mir nichts schuldig werden können, so gewiß sollen Sie mich nun nicht verstoßen. – Machen Sie, was Sie wollen, Herr Major; ich bleibe bei Ihnen; ich muß bei Ihnen bleiben. –

**v. Tellheim.** Und deine Hartnäckigkeit, dein Trotz, dein wildes, ungestümes Wesen gegen alle, von denen du meinest, daß sie dir nichts zu sagen haben, deine tückische Schadenfreude, deine Rachsucht – –

**Just.** Machen Sie mich so schlimm, wie Sie wollen, ich will darum doch nicht schlechter von mir denken als von meinem Hunde. Vorigen Winter ging ich in der Dämmerung an dem Kanale und hörte etwas winseln. Ich stieg herab und griff nach der Stimme und glaubte, ein Kind zu retten, und zog einen Budel[1] aus dem Wasser. Auch gut, dachte ich. Der Budel kam mir nach; aber ich bin kein Liebhaber von Budeln. Ich jagte ihn fort, umsonst; ich prügelte ihn von mir, umsonst. Ich ließ ihn des Nachts nicht in meine Kammer; er blieb vor der Tür auf der Schwelle. Wo er mir zu nahe kam, stieß ich ihn mit dem Fuße; er schrie, sahe mich an und wedelte mit dem Schwanze. Noch hat er keinen Bissen Brot aus meiner Hand bekommen, und doch bin ich der einzige, dem er hört und der ihn anrühren darf. Er springt vor mir her und macht mir seine Künste unbefohlen vor. Es ist ein häßlicher Budel, aber ein gar zu guter Hund. Wenn er es länger treibt, so höre ich endlich auf, den Budeln gram zu sein.

**v. Tellheim** (beiseite). So wie ich ihm! Nein, es gibt keine völlige Unmenschen! – – Just, wir bleiben beisammen.

**Just.** Ganz gewiß! – Sie wollten sich ohne Bedienten behelfen? Sie vergessen Ihrer Blessuren und daß Sie nur eines Armes mächtig sind. Sie können sich ja nicht allein ankleiden. Ich bin Ihnen unentbehrlich; und bin, – – ohne mich selbst zu rühmen, Herr Major – und bin ein Bedienter, der – wenn das Schlimmste zum Schlimmen kömmt, – für seinen Herrn betteln und stehlen kann.

---

[1] Früher viel gebrauchte Nebenform zu „Pudel".

**v. Tellheim.** Just, wir bleiben nicht beisammen.

**Just.** Schon gut!

## Neunter Auftritt.

**Ein Bedienter. v. Tellheim. Just.**

**Der Bediente.** Bst! Kamerad!

**Just.** Was gibt's?

**Der Bediente.** Kann Er mir nicht den Offizier nachweisen, der gestern noch in diesem Zimmer (auf eines an der Seite zeigend, von welcher er herkömmt) gewohnt hat?

**Just.** Das dürfte ich leicht können. Was bringt Er ihm?

**Der Bediente.** Was wir immer bringen, wenn wir nichts bringen: ein Kompliment. Meine Herrschaft hört, daß er durch sie verdrängt worden. Meine Herrschaft weiß zu leben, und ich soll ihn desfalls um Verzeihung bitten.

**Just.** Nun, so bitte Er ihn um Verzeihung; da steht er.

**Der Bediente.** Was ist er? Wie nennt man ihn?

**v. Tellheim.** Mein Freund, ich habe Euern Auftrag schon gehört. Es ist eine überflüssige Höflichkeit von Eurer Herrschaft, die ich erkenne, wie ich soll. Macht ihr meinen Empfehl. – Wie heißt Eure Herrschaft? –

**Der Bediente.** Wie sie heißt? Sie läßt sich gnädiges Fräulein heißen.

**v. Tellheim.** Und ihr Familienname?

**Der Bediente.** Den habe ich noch nicht gehört, und darnach zu fragen, ist meine Sache nicht. Ich richte mich so ein, daß ich meistenteils aller sechs Wochen eine neue Herrschaft habe. Der Henker behalte alle ihre Namen! –

**Just.** Bravo, Kamerad!

**Der Bediente.** Zu dieser bin ich erst vor wenigen Tagen in Dresden gekommen. Sie sucht, glaube ich, hier ihren Bräutigam. –

**v. Tellheim.** Genug, mein Freund. Den Namen Eurer Herrschaft wollte ich wissen, aber nicht ihre Geheimnisse. Geht nur!

**Der Bediente.** Kamerad, das wäre kein Herr für mich!

## Zehnter Auftritt.

**v. Tellheim. Just.**

**v. Tellheim.** Mache, Just, mache, daß wir aus diesem Hause kommen! Die Höflichkeit der fremden Dame ist mir empfindlicher als die Grobheit des Wirts. Hier, nimm diesen Ring, die einzige Kostbarkeit, die mir übrig ist, von der ich nie geglaubt hätte, einen solchen Gebrauch zu machen! – Versetze ihn! laß dir achtzig Friedrichsdor darauf geben; die Rechnung des Wirts kann keine dreißig betragen. Bezahle ihn und räume meine Sachen – Ja, wohin? – Wohin du willst. Der wohlfeilste Gasthof der beste. Du sollst mich hier nebenan auf dem Kaffeehause treffen. Ich gehe, mache deine Sache gut. –

**Just.** Sorgen Sie nicht, Herr Major! –

**v. Tellheim** (kömmt wieder zurück). Vor allen Dingen, daß meine Pistolen, die hinter dem Bette gehangen, nicht vergessen werden.

**Just.** Ich will nichts vergessen.

**v. Tellheim** (kömmt nochmals zurück). Noch eins: nimm mir auch deinen Budel mit; hörst du, Just! –

---

## Elfter Auftritt.

**Just.**

Der Budel wird nicht zurückbleiben. Dafür laß ich den Budel sorgen. – Hm! auch den kostbaren Ring hat der Herr noch gehabt? Und trug ihn in der Tasche, anstatt am Finger? – Guter Wirt, wir sind so kahl noch nicht, als wir scheinen. Bei ihm, bei ihm selbst will ich dich versetzen, schönes Ringelchen! Ich weiß, er ärgert sich, daß du in seinem Hause nicht ganz sollst verzehrt werden! – Ah –

---

## Zwölfter Auftritt.

**Paul Werner. Just.**

**Just.** Sieh da, Werner! Guten Tag, Werner! Willkommen in der Stadt!

**Werner.** Das verwünschte Dorf! Ich kann's unmöglich wieder gewohnt werden. Lustig, Kinder, lustig; ich bringe frisches Geld! Wo ist der Major?

**Just.** Er muß dir begegnet sein; er ging eben die Treppe herab.

**Werner.** Ich komme die Hintertreppe herauf. Nun, wie geht's ihm? Ich wäre schon vorige Woche bei euch gewesen, aber –

**Just.** Nun? was hat dich abgehalten? –

**Werner.** – Just, – hast du von dem Prinzen Heraklius[1] gehört?

**Just.** Heraklius? Ich wüßte nicht.

**Werner.** Kennst du den großen Helden im Morgenlande nicht?

**Just.** Die Weisen aus dem Morgenlande kenn' ich wohl, die ums Neujahr mit dem Sterne herumlaufen. – –

**Werner.** Mensch, ich glaube, du liesest ebensowenig die Zeitungen als die Bibel? – Du kennst den Prinzen Heraklius nicht? den braven Mann nicht, der Persien weggenommen und nächster Tage die Ottomanische Pforte einsprengen wird? Gott sei Dank, daß doch noch irgendwo in der Welt Krieg ist! Ich habe lange genug gehofft, es sollte hier wieder losgehen. Aber da sitzen sie und heilen sich die Haut. Nein, Soldat war ich, Soldat muß ich wieder sein! Kurz, – (indem er sich schüchtern umsieht, ob ihn jemand behorcht) im Vertrauen, Just; ich wandere nach Persien, um unter Sr. Königlichen Hoheit, dem Prinzen Heraklius, ein paar Feldzüge wider den Türken zu machen.

**Just.** Du?

**Werner.** Ich, wie du mich hier siehst! Unsere Vorfahren zogen fleißig wider den Türken; und das sollten wir noch tun, wenn wir ehrliche Kerls und gute Christen wären. Freilich begreife ich wohl, daß ein Feldzug wider den Türken nicht halb so lustig sein kann als einer wider den Franzosen; aber dafür muß er auch desto verdienstlicher sein in diesem und in jenem Leben. Die Türken haben dir alle Säbels, mit Diamanten besetzt –

---

[1] Vgl. oben, S. 40, Z. 27 ff.

**Just.** Um mir von so einem Säbel den Kopf spalten zu lassen, reise ich nicht eine Meile. Du wirst doch nicht toll sein und dein schönes Schulzengerichte[1] verlassen? –

**Werner.** O, das nehme ich mit! – Merkst du was? – Das Gütchen ist verkauft –

**Just.** Verkauft?

**Werner.** St! – hier sind hundert Dukaten[2], die ich gestern auf den Kauf bekommen; die bring' ich dem Major –

**Just.** Und was soll er damit?

**Werner.** Was er damit soll? Verzehren soll er sie; verspielen, vertrinken, ver – wie er will. Der Mann muß Geld haben, und es ist schlecht genug, daß man ihm das Seinige so sauer macht! Aber ich wüßte schon, was ich täte, wenn ich an seiner Stelle wäre! Ich dächte: hol euch hier alle der Henker, und ginge mit Paul Wernern nach Persien! – Blitz! – der Prinz Heraklius muß ja wohl von dem Major Tellheim gehört haben; wenn er auch schon seinen gewesenen Wachtmeister Paul Wernern nicht kennt. Unsere Affäre bei den Katzenhäusern[3] –

**Just.** Soll ich dir die erzählen?[4] –

**Werner.** Du mir? – Ich merke wohl, daß eine schöne Disposition über deinen Verstand geht. Ich will meine Perlen nicht vor die Säue werfen. – Da nimm die hundert Dukaten; gib sie dem Major. Sage ihm: er soll mir auch die aufheben. Ich muß jetzt auf den Markt; ich habe zwei Winspel[5] Roggen hereingeschickt; was ich daraus löse, kann er gleichfalls haben. –

**Just.** Werner, du meinest es herzlich gut; aber wir mögen dein Geld nicht. Behalte deine Dukaten, und deine hundert Pistolen kannst du auch unversehrt wieder bekommen, sobald als du willst. –

**Werner.** So? Hat denn der Herr Major noch Geld?

---

[1] Ein Gut, mit dem die Teilnahme an der Dorfgerichtsbarkeit verbunden ist und das zugleich von der Hörigkeit und den Spanndiensten befreit ist. – [2] Goldmünze, Wert etwas über drei Taler. – [3] Die Katzenhäuser liegen auf einer Hochebene, ungefähr 1 1/2 km von Meißen. Dort griff Friedrich II. am 13. November 1759 die abziehende Armee Dauns an; auch 1760, 1761 und 1762 wurde in dieser Gegend gekämpft. – [4] Ironisch: Werner hat die Geschichte schon oft in Justs Gegenwart erzählt. – [5] Jetzt: Wispel.

**Just.** Nein.

**Werner.** Hat er sich wo welches geborgt?

**Just.** Nein.

**Werner.** Und wovon lebt ihr denn?

**Just.** Wir lassen anschreiben, und wenn man nicht mehr anschreiben will und uns zum Hause herauswirft, so versetzen wir, was wir noch haben, und ziehen weiter. – Höre nur, Paul; dem Wirte hier müssen wir einen Possen spielen.

**Werner.** Hat er dem Major was in den Weg gelegt? – Ich bin dabei! –

**Just.** Wie wär's, wenn wir ihm des Abends, wenn er aus der Tabagie kömmt, aufpaßten und ihn brav durchprügelten? –

**Werner.** Des Abends? – aufpaßten? – ihrer zwei einem? – Das ist nichts. –

**Just.** Oder, wenn wir ihm das Haus über dem Kopf ansteckten? –

**Werner.** Sengen und brennen? – Kerl, man hört's, daß du Packknecht gewesen bist und nicht Soldat; – pfui!

**Just.** Oder wenn wir ihm seine Tochter zur Hure machten? Sie ist zwar verdammt häßlich –

**Werner.** O, da wird sie's lange schon sein! Und allenfalls brauchst du auch hierzu keinen Gehülfen. Aber was hast du denn? Was gibt's denn?

**Just.** Komm nur, du sollst dein Wunder hören!

**Werner.** So ist der Teufel wohl hier gar los?

**Just.** Jawohl; komm nur!

**Werner.** Desto besser! Nach Persien also, nach Persien!

Ende des ersten Aufzugs.

# Zweiter Aufzug.

## Erster Auftritt.

Die Szene ist in dem Zimmer des Fräuleins.

**Minna von Barnhelm. Franziska.**

**Das Fräulein** (im Negligé, nach ihrer Uhr sehend). Franziska, wir sind auch sehr früh aufgestanden. Die Zeit wird uns lang werden.

**Franziska.** Wer kann in den verzweifelten[1] großen Städten schlafen? Die Karossen, die Nachtwächter, die Trommeln, die Katzen, die Korporals – das hört nicht auf zu rasseln, zu schreien, zu wirbeln, zu mauen, zu fluchen; gerade, als ob die Nacht zu nichts weniger wäre als zur Ruhe. – Eine Tasse Tee, gnädiges Fräulein? –

**Das Fräulein.** Der Tee schmeckt mir nicht. –

**Franziska.** Ich will von unserer Schokolade machen lassen.

**Das Fräulein.** Laß machen, für dich!

**Franziska.** Für mich? Ich wollte ebensogern für mich allein plaudern, als für mich allein trinken. – Freilich wird uns die Zeit so lang werden. – Wir werden vor Langerweile uns putzen müssen und das Kleid versuchen, in welchem wir den ersten Sturm geben wollen.

**Das Fräulein.** Was redest du von Stürmen, da ich bloß herkomme, die Haltung der Kapitulation[2] zu fordern?

**Franziska.** Und der Herr Offizier, den wir vertrieben, und dem wir das Kompliment darüber machen lassen; er muß auch nicht die feinste Lebensart haben, sonst hätte er wohl um die Ehre können bitten lassen, uns seine Aufwartung machen zu dürfen. –

[1] Verwünschten. – [2] Kapitulation ist hier im eigentlichen Sinne gebraucht: Vertrag (nicht nur bei der Übergabe einer Festung).

**Das Fräulein.** Es sind nicht alle Offiziere Tellheims. Die Wahrheit zu sagen, ich ließ ihm das Kompliment auch bloß machen, um Gelegenheit zu haben, mich nach diesem bei ihm zu erkundigen. – Franziska, mein Herz sagt es mir, daß meine Reise glücklich sein wird, daß ich ihn finden werde.

**Franziska.** Das Herz, gnädiges Fräulein? Man traue doch ja seinem Herzen nicht zu viel. Das Herz redet uns gewaltig gern nach dem Maule. Wenn das Maul ebenso geneigt wäre, nach dem Herzen zu reden, so wäre die Mode längst aufgekommen, die Mäuler unterm Schlosse zu tragen.

**Das Fräulein.** Ha! ha! mit deinen Mäulern unterm Schlosse! Die Mode wäre mir eben recht!

**Franziska.** Lieber die schönsten Zähne nicht gezeigt, als alle Augenblicke das Herz darüberspringen lassen!

**Das Fräulein.** Was? bist du so zurückhaltend? –

**Franziska.** Nein, gnädiges Fräulein; sondern ich wollte es gern mehr sein. Man spricht selten von der Tugend, die man hat, aber desto öftrer von der, die uns fehlt.

**Das Fräulein.** Siehst du, Franziska, da hast du eine sehr gute Anmerkung gemacht. –

**Franziska.** Gemacht? macht man das, was einem so einfällt? –

**Das Fräulein.** Und weißt du, warum ich eigentlich diese Anmerkung so gut finde? Sie hat viele Beziehung auf meinen Tellheim.

**Franziska.** Was hätte bei Ihnen nicht auch Beziehung auf ihn?

**Das Fräulein.** Freund und Feind sagen, daß er der tapferste Mann von der Welt ist. Aber wer hat ihn von Tapferkeit jemals reden hören? Er hat das rechtschaffenste Herz, aber Rechtschaffenheit und Edelmut sind Worte, die er nie auf die Zunge bringt.

**Franziska.** Von was für Tugenden spricht er denn?

**Das Fräulein.** Er spricht von keiner; denn ihm fehlt keine.

**Franziska.** Das wollte ich nur hören.

**Das Fräulein.** Warte, Franziska; ich besinne mich. Er

spricht sehr oft von Ökonomie[1]. Im Vertrauen, Franziska; ich glaube, der Mann ist ein Verschwender.

**Franziska.** Noch eins, gnädiges Fräulein. Ich habe ihn auch sehr oft der Treue und Beständigkeit gegen Sie erwähnen hören. Wie, wenn der Herr auch ein Flattergeist wäre?

**Das Fräulein.** Du Unglückliche! – Aber meinest du das im Ernste, Franziska?

**Franziska.** Wie lange hat er Ihnen nun schon nicht geschrieben?

**Das Fräulein.** Ach! seit dem Frieden hat er mir nur ein einziges Mal geschrieben.

**Franziska.** Auch ein Seufzer wider den Frieden! Wunderbar! der Friede sollte nur das Böse wieder gutmachen, das der Krieg gestiftet, und er zerrüttet auch das Gute, was dieser sein Gegenpart etwa noch veranlasset hat. Der Friede sollte so eigensinnig nicht sein! – Und wie lange haben wir schon Friede? Die Zeit wird einem gewaltig lang, wenn es so wenig Neuigkeiten gibt. – Umsonst gehen die Posten wieder richtig; niemand schreibt, denn niemand hat was zu schreiben.

**Das Fräulein.** Es ist Friede, schrieb er mir, und ich nähere mich der Erfüllung meiner Wünsche. Aber daß er mir dieses nur einmal, nur ein einziges Mal geschrieben –

**Franziska.** Daß er uns zwingt, dieser Erfüllung der Wünsche selbst entgegenzueilen! Finden wir ihn nur; das soll er uns entgelten! – Wenn indes der Mann doch Wünsche erfüllt hätte, und wir erführen hier –

**Das Fräulein** (ängstlich und hitzig). Daß er tot wäre?

**Franziska.** Für Sie, gnädiges Fräulein; in den Armen einer andern. –

**Das Fräulein.** Du Quälgeist! Warte, Franziska, er soll dir es gedenken! – Doch schwatze nur; sonst schlafen wir wieder ein. – Sein Regiment ward nach dem Frieden zerrissen[2]. Wer weiß, in welche Verwirrung von Rechnungen und Nachweisungen er dadurch geraten? Wer weiß, zu welchem andern Regimente,

---

1 Sparsamkeit. – 2 Aufgelöst.

in welche entlegne Provinz er versetzt worden? Wer weiß, welche Umstände – Es pocht jemand.

**Franziska.** Herein!

---

## Zweiter Auftritt.

**Der Wirt. Die Vorigen.**

**Der Wirt** (den Kopf voransteckend). Ist es erlaubt, meine gnädige Herrschaft? –

**Franziska.** Unser Herr Wirt? – Nur vollends herein!

**Der Wirt** (mit einer Feder hinter dem Ohre, ein Blatt Papier und Schreibzeug in der Hand). Ich komme, gnädiges Fräulein, Ihnen einen untertänigen guten Morgen zu wünschen, – (zur Franziska) und auch Ihr, mein schönes Kind, –

**Franziska.** Ein höflicher Mann!

**Das Fräulein.** Wir bedanken uns.

**Franziska.** Und wünschen Ihm auch einen guten Morgen.

**Der Wirt.** Darf ich mich unterstehen zu fragen, wie Ihro Gnaden die erste Nacht unter meinem schlechten Dache geruhet? –

**Franziska.** Das Dach ist so schlecht nicht, Herr Wirt; aber die Betten hätten besser sein können.

**Der Wirt.** Was höre ich? Nicht wohl geruht? Vielleicht, daß die gar zu große Ermüdung von der Reise –

**Das Fräulein.** Es kann sein.

**Der Wirt.** Gewiß, gewiß! denn sonst – Indeß sollte etwas nicht vollkommen nach Ihro Gnaden Bequemlichkeit gewesen sein, so geruhen Ihro Gnaden nur zu befehlen.

**Franziska.** Gut, Herr Wirt, gut! Wir sind auch nicht blöde; und am wenigsten muß man im Gasthofe blöde sein. Wir wollen schon sagen, wie wir es gern hätten.

**Der Wirt.** Hiernächst komme ich zugleich – (Indem er die Feder hinter dem Ohr hervorzieht.)

**Franziska.** Nun? –

**Der Wirt.** Ohne Zweifel kennen Ihro Gnaden schon die weisen Verordnungen unserer Polizei. –

**Das Fräulein.** Nicht im geringsten, Herr Wirt –

**Der Wirt.** Wir Wirte sind angewiesen, keinen Fremden, wes Standes und Geschlechts er auch sei, vierundzwanzig Stunden zu behausen, ohne seinen Namen, Heimat, Charakter, hiesige Geschäfte, vermutliche Dauer des Aufenthalts und so weiter gehörigen Orts schriftlich einzureichen.

**Das Fräulein.** Sehr wohl.

**Der Wirt.** Ihro Gnaden werden also sich gefallen lassen – (indem er an einen Tisch tritt und sich fertig macht, zu schreiben).

**Das Fräulein.** Sehr gern. – Ich heiße –

**Der Wirt.** Einen kleinen Augenblick Geduld! – (Er schreibt.) „Dato, den 22. August a. c. allhier zum Könige von Spanien angelangt" – Nun Dero Namen, gnädiges Fräulein?

**Das Fräulein.** Das Fräulein von Barnhelm.

**Der Wirt** (schreibt). „von Barnhelm" – Kommend? woher, gnädiges Fräulein?

**Das Fräulein.** Von meinen Gütern aus Sachsen.

**Der Wirt** (schreibt). „Gütern aus Sachsen" – Aus Sachsen! Ei, ei, aus Sachsen, gnädiges Fräulein? aus Sachsen?

**Franziska.** Nun? warum nicht? Es ist doch wohl hierzulande keine Sünde, aus Sachsen zu sein?

**Der Wirt.** Eine Sünde? behüte! das wäre ja eine ganz neue Sünde! – Aus Sachsen also? Ei, ei! aus Sachsen! das liebe Sachsen! – Aber, wo mir recht ist, gnädiges Fräulein, Sachsen ist nicht klein und hat mehrere – wie soll ich es nennen? Distrikte, Provinzen. – Unsere Polizei ist sehr exakt, gnädiges Fräulein. –

**Das Fräulein.** Ich verstehe: von meinen Gütern aus Thüringen[1] also.

**Der Wirt.** Aus Thüringen! Ja, das ist besser, gnädiges Fräulein, das ist genauer. – (Schreibt und liest.) „Das Fräulein von Barnhelm, kommend von ihren Gütern aus Thüringen, nebst einer Kammerfrau und zwei Bedienten" –

**Franziska.** Einer Kammerfrau? Das soll ich wohl sein?

**Der Wirt.** Ja, mein schönes Kind. –

**Franziska.** Nun, Herr Wirt, so setzen Sie anstatt Kammerfrau Kammerjungfer. – Ich höre, die Polizei ist sehr exakt; es

[1] Der Thüringer Kreis des damaligen Kurfürstentums Sachsen, der 1815 an Preußen kam.

möchte ein Mißverständnis geben, welches mir bei meinem Aufgebote einmal Händel machen könnte. Denn ich bin wirklich noch Jungfer und heiße Franziska, mit dem Geschlechtsnamen Willig, Franziska Willig. Ich bin auch aus Thüringen. Mein Vater war Müller auf einem von den Gütern des gnädigen Fräuleins. Es heißt Klein-Rammsdorf. Die Mühle hat jetzt mein Bruder. Ich kam sehr jung auf den Hof und ward mit dem gnädigen Fräulein erzogen. Wir sind von einem Alter; künftige Lichtmeß einundzwanzig Jahr. Ich habe alles gelernt, was das gnädige Fräulein gelernt hat. Es soll mir lieb sein, wenn mich die Polizei recht kennt.

**Der Wirt.** Gut, mein schönes Kind; das will ich mir auf weitere Nachfrage merken – Aber nunmehr, gnädiges Fräulein, Dero Verrichtungen allhier? –

**Das Fräulein.** Meine Verrichtungen?

**Der Wirt.** Suchen Ihro Gnaden etwas bei des Königs Majestät?

**Das Fräulein.** O nein!

**Der Wirt.** Oder bei unsern hohen Justizkollegiis?

**Das Fräulein.** Auch nicht.

**Der Wirt.** Oder –

**Das Fräulein.** Nein, nein. Ich bin lediglich in meinen eigenen Angelegenheiten hier.

**Der Wirt.** Ganz wohl, gnädiges Fräulein; aber wie nennen sich diese eigne Angelegenheiten?

**Das Fräulein.** Sie nennen sich – Franziska, ich glaube, wir werden vernommen.

**Franziska.** Herr Wirt, die Polizei wird doch nicht die Geheimnisse eines Frauenzimmers zu wissen verlangen?

**Der Wirt.** Allerdings, mein schönes Kind; die Polizei will alles, alles wissen, und besonders Geheimnisse.

**Franziska.** Ja nun, gnädiges Fräulein; was ist zu tun? – So hören Sie nur, Herr Wirt; – aber daß es ja unter uns und der Polizei bleibt! –

**Das Fräulein.** Was wird ihm die Närrin sagen?

**Franziska.** Wir kommen, dem Könige einen Offizier wegzukapern –

**Der Wirt.** Wie? was? Mein Kind! mein Kind! –

**Franziska.** Oder uns von dem Offiziere kapern zu lassen. Beides ist eins.

**Das Fräulein.** Franziska, bist du toll? – Herr Wirt, die Nasenweise hat Sie zum besten. –

**Der Wirt.** Ich will nicht hoffen! Zwar mit meiner Wenigkeit kann sie scherzen so viel wie sie will; nur mit einer hohen Polizei –

**Das Fräulein.** Wissen Sie was, Herr Wirt? – Ich weiß mich in dieser Sache nicht zu nehmen[1]. Ich dächte, Sie ließen die ganze Schreiberei bis auf die Ankunft meines Oheims. Ich habe Ihnen schon gestern gesagt, warum er nicht mit mir zugleich angekommen. Er verunglückte zwei Meilen von hier mit seinem Wagen und wollte durchaus nicht, daß mich dieser Zufall eine Nacht mehr kosten sollte. Ich mußte also voran. Wenn er vierundzwanzig Stunden nach mir eintrifft, so ist es das Längste.

**Der Wirt.** Nun ja, gnädiges Fräulein, so wollen wir ihn erwarten.

**Das Fräulein.** Er wird auf Ihre Fragen besser antworten können. Er wird wissen, wem und wie weit er sich zu entdecken hat; was er von seinen Geschäften anzeigen muß und was er davon verschweigen darf.

**Der Wirt.** Desto besser! Freilich, freilich kann man von einem jungen Mädchen (die Franziska mit einer bedeutenden Miene ansehend) nicht verlangen, daß es eine ernsthafte Sache mit ernsthaften Leuten ernsthaft traktiere –

**Das Fräulein.** Und die Zimmer für ihn sind doch in Bereitschaft, Herr Wirt?

**Der Wirt.** Völlig, gnädiges Fräulein, völlig; bis auf das eine –

**Franziska.** Aus dem Sie vielleicht auch noch erst einen ehrlichen Mann vertreiben müssen?

**Der Wirt.** Die Kammerjungfern aus Sachsen, gnädiges Fräulein, sind wohl sehr mitleidig. –

---

1 Benehmen.

**Das Fräulein.** Doch, Herr Wirt; das haben Sie nicht gut gemacht. Lieber hätten Sie uns nicht einnehmen sollen.

**Der Wirt.** Wieso, gnädiges Fräulein, wieso?

**Das Fräulein.** Ich höre, daß der Offizier, welcher durch uns verdrängt worden –

**Der Wirt.** Ja nur ein abgedankter Offizier ist, gnädiges Fräulein. –

**Das Fräulein.** Wennschon! –

**Der Wirt.** Mit dem es zu Ende geht. –

**Das Fräulein.** Desto schlimmer! Es soll ein sehr verdienter Mann sein.

**Der Wirt.** Ich sage Ihnen ja, daß er abgedankt ist.

**Das Fräulein.** Der König kann nicht alle verdiente Männer kennen.

**Der Wirt.** O gewiß, er kennt sie, er kennt sie alle. –

**Das Fräulein.** So kann er sie nicht alle belohnen.

**Der Wirt.** Sie wären alle belohnt, wenn sie darnach gelebt hätten. Aber so lebten die Herren währendes Krieges[1], als ob ewig Krieg bleiben würde; als ob das Dein und Mein ewig aufgehoben sein würde. Jetzt liegen alle Wirtshäuser und Gasthöfe von ihnen voll, und ein Wirt hat sich wohl mit ihnen in acht zu nehmen. Ich bin mit diesem noch so ziemlich weggekommen. Hatte er gleich kein Geld mehr, so hatte er doch noch Geldeswert; und zwei, drei Monate hätte ich ihn freilich noch ruhig können sitzen lassen. Doch besser ist besser. – Apropos, gnädiges Fräulein; Sie verstehen sich doch auf Juwelen? –

**Das Fräulein.** Nicht sonderlich.

**Der Wirt.** Was sollten Ihro Gnaden nicht? – Ich muß Ihnen einen Ring zeigen, einen kostbaren Ring. Zwar, gnädiges Fräulein haben da auch einen sehr schönen am Finger, und je mehr ich ihn betrachte, je mehr muß ich mich wundern, daß er dem meinigen so ähnlich ist. – O, sehen Sie doch, sehen Sie doch! (Indem er ihn aus dem Futteral herausnimmt und der Fräulein zureicht.) Welch ein Feuer! der mittelste Brillant allein wiegt über fünf Karat.

---

[1] Solange der Krieg währte; früher häufiger absoluter Genitiv.

**Das Fräulein** (ihn betrachtend). Wo bin ich? was seh' ich? Dieser Ring –

**Der Wirt.** Ist seine funfzehnhundert Taler unter Brüdern wert.

**Das Fräulein.** Franziska! – Sieh doch! –

**Der Wirt.** Ich habe mich auch nicht einen Augenblick bedacht, achtzig Pistolen darauf zu leihen.

**Das Fräulein.** Erkennst du ihn nicht, Franziska?

**Franziska.** Der nämliche! – Herr Wirt, wo haben Sie diesen Ring her? –

**Der Wirt.** Nun, mein Kind? Sie hat doch wohl kein Recht daran? –

**Franziska.** Wir kein Recht an diesem Ringe? – Inwärts auf dem Kasten[1] muß der Fräulein verzogener Name[2] stehn. – Weisen Sie doch, Fräulein.

**Das Fräulein.** Er ist's, er ist's! – Wie kommen Sie zu diesem Ringe, Herr Wirt?

**Der Wirt.** Ich? auf die ehrlichste Weise von der Welt. – Gnädiges Fräulein, gnädiges Fräulein, Sie werden mich nicht in Schaden und Unglück bringen wollen? Was weiß ich, wo sich der Ring eigentlich herschreibt? Währendes Krieges hat manches seinen Herrn sehr oft mit und ohne Vorbewußt des Herrn verändert. Und Krieg war Krieg. Es werden mehr Ringe aus Sachsen über die Grenze gegangen sein. – Geben Sie mir ihn wieder, gnädiges Fräulein, geben Sie mir ihn wieder!

**Franziska.** Erst geantwortet: von wem haben Sie ihn?

**Der Wirt.** Von einem Manne, dem ich so was nicht zutrauen kann; von einem sonst guten Manne –

**Das Fräulein.** Von dem besten Manne unter der Sonne, wenn Sie ihn von seinem Eigentümer haben. – Geschwind bringen Sie mir den Mann! Er ist es selbst, oder wenigstens muß er ihn kennen.

**Der Wirt.** Wer denn? wen denn, gnädiges Fräulein?

---

[1] Die Fassung des Steines. – [2] Die verschlungenen Anfangsbuchstaben, das Monogramm.

**Franziska.** Hören Sie denn nicht? Unsern Major.

**Der Wirt.** Major? Recht, er ist Major, der dieses Zimmer vor Ihnen bewohnt hat, und von dem ich ihn habe.

**Das Fräulein.** Major von Tellheim?

**Der Wirt.** Von Tellheim; ja! Kennen Sie ihn?

**Das Fräulein.** Ob ich ihn kenne? Er ist hier? Tellheim ist hier? Er, er hat in diesem Zimmer gewohnt? Er, er hat Ihnen diesen Ring versetzt? Wie kömmt der Mann in diese Verlegenheit? Wo ist er? Er ist Ihnen schuldig? – – Franziska, die Schatulle her! Schließ auf! (Indem sie Franziska auf den Tisch setzet und öffnet.) Was ist er Ihnen schuldig? Wem ist er mehr schuldig? Bringen Sie mir alle seine Schuldner[1]. Hier ist Geld. Hier sind Wechsel. Alles ist sein!

**Der Wirt.** Was höre ich?

**Das Fräulein.** Wo ist er? wo ist er?

**Der Wirt.** Noch vor einer Stunde war er hier.

**Das Fräulein.** Häßlicher Mann, wie konnten Sie gegen ihn so unfreundlich, so hart, so grausam sein?

**Der Wirt.** Ihro Gnaden verzeihen –

**Das Fräulein.** Geschwind, schaffen Sie mir ihn zur Stelle.

**Der Wirt.** Sein Bedienter ist vielleicht noch hier. Wollen Ihro Gnaden, daß er ihn aufsuchen soll?

**Das Fräulein.** Ob ich will? Eilen Sie, laufen Sie; für diesen Dienst allein will ich es vergessen, wie schlecht Sie mit ihm umgegangen sind. –

**Franziska.** Fix, Herr Wirt, hurtig, fort, fort! (Stößt ihn heraus.)

---

## Dritter Auftritt.

**Das Fräulein. Franziska.**

**Das Fräulein.** Nun habe ich ihn wieder, Franziska! Siehst du, nun habe ich ihn wieder! Ich weiß nicht, wo ich vor Freuden bin! Freue dich doch mit, liebe Franziska. Aber freilich, warum du? Doch du sollst dich, du mußt dich mit mir freuen. Komm,

[1] Früher oft in der heutigen Bedeutung von Gläubiger.

Liebe, ich will dich beschenken, damit du dich mit mir freuen kannst. Sprich, Franziska, was soll ich dir geben? Was steht dir von meinen Sachen an? Was hättest du gern? Nimm, was du willst; aber freue dich nur. Ich sehe wohl, du wirst dir nichts nehmen. Warte! (Sie faßt in die Schatulle.) Da, liebe Franziska, (und gibt ihr Geld) kaufe dir, was du gern hättest. Fordere mehr, wenn es nicht zulangt. Aber freue dich nur mit mir. Es ist so traurig, sich allein zu freuen. Nun, so nimm doch –

**Franziska.** Ich stehle es Ihnen, Fräulein; Sie sind trunken, von Fröhlichkeit trunken. –

**Das Fräulein.** Mädchen, ich habe einen zänkischen Rausch, nimm, oder – (Sie zwingt ihr das Geld in die Hand.) Und wenn du dich bedankest! – Warte; gut, daß ich daran denke. (Sie greift nochmals in die Schatulle nach Geld.) Das, liebe Franziska, stecke beiseite; für den ersten blessierten armen Soldaten, der uns anspricht. –

---

## Vierter Auftritt.

**Der Wirt. Das Fräulein. Franziska.**

**Das Fräulein.** Nun? wird er kommen?

**Der Wirt.** Der widerwärtige, ungeschliffene Kerl!

**Das Fräulein.** Wer?

**Der Wirt.** Sein Bedienter. Er weigert sich, nach ihm zu gehen.

**Franziska.** Bringen Sie doch den Schurken her. – Des Majors Bediente kenne ich ja wohl alle. Welcher wäre denn das?

**Das Fräulein.** Bringen Sie ihn geschwind her. Wenn er uns sieht, wird er schon gehen. (Der Wirt geht ab.)

---

## Fünfter Auftritt.

**Das Fräulein. Franziska.**

**Das Fräulein.** Ich kann den Augenblick nicht erwarten. Aber, Franziska, du bist noch immer so kalt? Du willst dich noch nicht mit mir freuen?

**Franziska.** Ich wollte von Herzen gern; wenn nur –

**Das Fräulein.** Wenn nur?

**Franziska.** Wir haben den Mann wiedergefunden; aber wie haben wir ihn wiedergefunden? Nach allem, was wir von ihm hören, muß es ihm übel gehen. Er muß unglücklich sein. Das jammert mich.

**Das Fräulein.** Jammert dich? – Laß dich dafür umarmen, meine liebste Gespielin! Das will ich dir nie vergessen! – Ich bin nur verliebt, und du bist gut. –

---

## Sechster Auftritt.

**Der Wirt. Just. Die Vorigen.**

**Der Wirt.** Mit genauer Not bring' ich ihn.

**Franziska.** Ein fremdes Gesicht! Ich kenne ihn nicht.

**Das Fräulein.** Mein Freund, ist Er bei dem Major von Tellheim?

**Just.** Ja.

**Das Fräulein.** Wo ist sein Herr?

**Just.** Nicht hier.

**Das Fräulein.** Aber Er weiß ihn zu finden?

**Just.** Ja.

**Das Fräulein.** Will Er ihn nicht geschwind herholen?

**Just.** Nein.

**Das Fräulein.** Er erweiset mir damit einen Gefallen. –

**Just.** Ei!

**Das Fräulein.** Und seinem Herrn einen Dienst. –

**Just.** Vielleicht auch nicht. –

**Das Fräulein.** Woher vermutet Er das?

**Just.** Sie sind doch die fremde Herrschaft, die ihn diesen Morgen komplimentieren lassen?

**Das Fräulein.** Ja.

**Just.** So bin ich schon recht.

**Das Fräulein.** Weiß sein Herr meinen Namen?

**Just.** Nein; aber er kann die allzu höflichen Damen ebensowenig leiden als die allzu groben Wirte.

**Der Wirt.** Das soll wohl mit auf mich gehn?

**Just.** Ja.

**Der Wirt.** So laß Er es doch dem gnädigen Fräulein nicht entgelten und hole Er ihn geschwind her.

**Das Fräulein** (zur Franziska). Franziska, gib ihm etwas –

**Franziska** (die dem Just Geld in die Hand drücken will). Wir verlangen seine Dienste nicht umsonst. –

**Just.** Und ich Ihr Geld nicht ohne Dienste.

**Franziska.** Eines für das andere.

**Just.** Ich kann nicht. Mein Herr hat mir befohlen, auszuräumen. Das tu' ich jetzt, und daran bitte ich mich nicht weiter zu verhindern. Wenn ich fertig bin, so will ich es ihm ja wohl sagen, daß er herkommen kann. Er ist nebenan auf dem Kaffeehause; und wenn er da nichts bessers zu tun findet, wird er auch wohl kommen. (Will fortgehen.)

**Franziska.** So warte Er doch. – Das gnädige Fräulein ist des Herrn Majors – Schwester. –

**Das Fräulein.** Ja, ja, seine Schwester.

**Just.** Das weiß ich besser, daß der Major keine Schwester hat. Er hat mich in sechs Monaten zweimal an seine Familie nach Kurland geschickt. – Zwar es gibt mancherlei Schwestern –

**Franziska.** Unverschämter!

**Just.** Muß man es nicht sein, wenn einen die Leute sollen gehn lassen? (Geht ab.)

**Franziska.** Das ist ein Schlingel!

**Der Wirt.** Ich sagt' es ja. Aber lassen Sie ihn nur! Weiß ich doch nunmehr, wo sein Herr ist. Ich will ihn gleich selbst holen. – Nur, gnädiges Fräulein, bitte ich untertänigst, sodann ja mich bei dem Herrn Major zu entschuldigen, daß ich so unglücklich gewesen, wider meinen Willen einen Mann von seinen Verdiensten –

**Das Fräulein.** Gehen Sie nur geschwind, Herr Wirt. Das will ich alles wieder gutmachen. (Der Wirt geht ab und hierauf:) Franziska, lauf ihm nach; er soll ihm meinen Namen nicht nennen! (Franziska dem Wirte nach.)

## Siebenter Auftritt.

**Das Fräulein** und hierauf **Franziska.**

**Das Fräulein.** Ich habe ihn wieder! – Bin ich allein? – Ich will nicht umsonst allein sein. (Sie faltet die Hände.) Auch bin ich nicht allein! (Und blickt aufwärts.) Ein einziger dankbarer Gedanke gen Himmel ist das vollkommenste Gebet! – Ich hab' ihn, ich hab' ihn! (Mit ausgebreiteten Armen.) Ich bin glücklich! und fröhlich! Was kann der Schöpfer lieber sehen als ein fröhliches Geschöpf! – (Franziska kömmt.) Bist du wieder da, Franziska? – Er jammert dich? Mich jammert er nicht. Unglück ist auch gut. Vielleicht, daß ihm der Himmel alles nahm, um ihm in mir alles wiederzugeben!

**Franziska.** Er kann den Augenblick hier sein – Sie sind noch in Ihrem Negligé, gnädiges Fräulein. Wie, wenn Sie sich geschwind ankleideten?

**Das Fräulein.** Geh! ich bitte dich. Er wird mich von nun an öfterer[1] so als geputzt sehen.

**Franziska.** O, Sie kennen sich, mein Fräulein.

**Das Fräulein** (nach einem kurzen Nachdenken). Wahrhaftig, Mädchen, du hast es wiederum getroffen.

**Franziska.** Wenn wir schön sind, sind wir ungeputzt am schönsten.

**Das Fräulein.** Müssen wir denn schön sein? – Aber, daß wir uns schön glauben, war vielleicht notwendig. – Nein, wenn ich ihm, ihm nur schön bin! – Franziska, wenn alle Mädchens so sind, wie ich mich jetzt fühle, so sind wir – sonderbare Dinger. – Zärtlich und stolz, tugendhaft und eitel, wollüstig und fromm – Du wirst mich nicht verstehen. Ich verstehe mich wohl selbst nicht. – Die Freude macht drehend, wirblicht. –

**Franziska.** Fassen Sie sich, mein Fräulein; ich höre kommen –

**Das Fräulein.** Mich fassen? Ich sollte ihn ruhig empfangen?

---

1 Seit dem 16. Jahrhundert eingeführte neue Steigerungsform; im 18. Jahrhundert ein „jetzt sehr gewöhnlicher Sprachfehler".

## Achter Auftritt.

**v. Tellheim. Der Wirt. Die Vorigen.**

**v. Tellheim** (tritt herein, und indem er sie erblickt, flieht er auf sie zu). Ah! meine Minna! –

**Das Fräulein** (ihm entgegenfliehend). Ah! mein Tellheim! –

**v. Tellheim** (stutzt auf einmal und tritt wieder zurück). Verzeihen Sie, gnädiges Fräulein, – das Fräulein von Barnhelm hier zu finden –

**Das Fräulein.** Kann Ihnen doch so gar unerwartet nicht sein? – (Indem sie ihm näher tritt und er mehr zurückweicht.) Ich soll Ihnen verzeihen, daß ich noch Ihre Minna bin? Verzeih' Ihnen der Himmel, daß ich noch das Fräulein von Barnhelm bin! –

**v. Tellheim.** Gnädiges Fräulein – (Sieht starr auf den Wirt und zuckt die Schultern.)

**Das Fräulein** (wird den Wirt gewahr und winkt der Franziska). Mein Herr –

**v. Tellheim.** Wenn wir uns beiderseits nicht irren –

**Franziska.** Je, Herr Wirt, wen bringen Sie uns denn da? Geschwind, kommen Sie, lassen Sie uns den rechten suchen.

**Der Wirt.** Ist es nicht der rechte? Ei ja doch!

**Franziska.** Ei nicht doch! Geschwind, kommen Sie; ich habe Ihrer Jungfer Tochter noch keinen guten Morgen gesagt.

**Der Wirt.** O ! viel Ehre – (Doch ohne von der Stelle zu gehn.)

**Franziska** (faßt ihn an). Kommen Sie, wir wollen den Küchenzettel machen. – Lassen Sie sehen, was wir haben werden –

**Der Wirt.** Sie sollen haben; vors erste –

**Franziska.** Still, ja stille! Wenn das Fräulein jetzt schon weiß, was sie zu Mittag speisen soll, so ist es um ihren Appetit geschehen. Kommen Sie, das müssen Sie mir allein sagen. (Führet ihn mit Gewalt ab.)

---

## Neunter Auftritt.

**v. Tellheim. Das Fräulein.**

**Das Fräulein.** Nun? irren wir uns noch?

**v. Tellheim.** Daß es der Himmel wollte! – Aber es gibt nur e i n e, und Sie sind es. –

**Das Fräulein.** Welche Umstände! Was wir uns zu sagen haben, kann jedermann hören.

**v. Tellheim.** Sie hier? Was suchen Sie hier, gnädiges Fräulein?

**Das Fräulein.** Nichts suche ich mehr. (Mit offenen Armen auf ihn zugehend.) Alles, was ich suchte, habe ich gefunden.

**v. Tellheim** (zurückweichend). Sie suchten einen glücklichen, einen Ihrer Liebe würdigen Mann; und finden – einen Elenden.

**Das Fräulein.** So, lieben Sie mich nicht mehr? – Und lieben eine andere?

**v. Tellheim.** Ah! der hat Sie nie geliebt, mein Fräulein, der eine andere nach Ihnen lieben kann.

**Das Fräulein.** Sie reißen nur einen Stachel aus meiner Seele. – Wenn ich Ihr Herz verloren habe, was liegt daran, ob mich Gleichgültigkeit oder mächtigere Reize darum gebracht? – Sie lieben mich nicht mehr: und lieben auch keine andere? – Unglücklicher Mann, wenn Sie gar nichts lieben! –

**v. Tellheim.** Recht, gnädiges Fräulein; der Unglückliche muß gar nichts lieben. Er verdient sein Unglück, wenn er diesen Sieg nicht über sich selbst zu erhalten weiß; wenn er es sich gefallen lassen kann, daß die, welche er liebt, an seinem Unglück Anteil nehmen dürfen. – Wie schwer ist dieser Sieg! – Seitdem mir Vernunft und Notwendigkeit befehlen, Minna von Barnhelm zu vergessen: was für Mühe habe ich angewandt! Eben wollte ich anfangen zu hoffen, daß diese Mühe nicht ewig vergebens sein würde – und Sie erscheinen, mein Fräulein! –

**Das Fräulein.** Versteh' ich Sie recht? – Halten Sie, mein Herr; lassen Sie sehen, wo wir sind, ehe wir uns weiter verirren! – Wollen Sie mir die einzige Frage beantworten?

**v. Tellheim.** Jede, mein Fräulein –

**Das Fräulein.** Wollen Sie mir auch ohne Wendung, ohne Winkelzug antworten? Mit nichts als einem trockenen Ja oder Nein?

**v. Tellheim.** Ich will es, – wenn ich kann.

**Das Fräulein.** Sie können es. – Gut: ohngeachtet der Mühe, die Sie angewendet, mich zu vergessen, – lieben Sie mich noch, Tellheim?

**v. Tellheim.** Mein Fräulein, diese Frage –

**Das Fräulein.** Sie haben versprochen, mit nichts als Ja oder Nein zu antworten.

**v. Tellheim.** Und hinzugesetzt: wenn ich kann.

**Das Fräulein.** Sie können; Sie müssen wissen, was in Ihrem Herzen vorgeht. – Lieben Sie mich noch, Tellheim? – Ja oder nein.

**v. Tellheim.** Wenn mein Herz –

**Das Fräulein.** Ja oder Nein!

**v. Tellheim.** Nun, Ja!

**Das Fräulein.** Ja?

**v. Tellheim.** Ja, ja! – Allein –

**Das Fräulein.** Geduld! – Sie lieben mich noch: genug für mich. – In was für einen Ton bin ich mit Ihnen gefallen! Ein widriger, melancholischer, ansteckender Ton. – Ich nehme den meinigen wieder an. – Nun, mein lieber Unglücklicher, Sie lieben mich noch, und haben Ihre Minna noch und sind unglücklich? Hören Sie doch, was Ihre Minna für ein eingebildetes, albernes Ding war, – ist. Sie ließ, sie läßt sich träumen, Ihr ganzes Glück sei sie. – Geschwind, kramen Sie Ihr Unglück aus. Sie mag versuchen, wie viel sie dessen aufwiegt. – Nun?

**v. Tellheim.** Mein Fräulein, ich bin nicht gewohnt, zu klagen.

**Das Fräulein.** Sehr wohl. Ich wüßte auch nicht, was mir an einem Soldaten nach dem Prahlen weniger gefiele als das Klagen. Aber es gibt eine gewisse kalte, nachlässige Art, von seiner Tapferkeit und von seinem Unglücke zu sprechen –

**v. Tellheim.** Die im Grunde doch auch geprahlt und geklagt ist.

**Das Fräulein.** O, mein Rechthaber, so hätten Sie sich auch gar nicht unglücklich nennen sollen. – Ganz geschwiegen oder ganz mit der Sprache heraus. – Eine Vernunft, eine Notwendigkeit, die Ihnen mich zu vergessen befiehlt? – Ich bin eine große Liebhaberin von Vernunft, ich habe sehr viel Ehrerbietung für die Notwendigkeit. – Aber lassen Sie doch hören, wie vernünftig diese Vernunft, wie notwendig diese Notwendigkeit ist.

**v. Tellheim.** Wohl denn; so hören Sie, mein Fräulein. – Sie nennen mich Tellheim; der Name trifft ein. – Aber Sie meinen, ich sei der Tellheim, den Sie in Ihrem Vaterlande gekannt haben: der blühende Mann, voller Ansprüche, voller Ruhmbegierde, der seines ganzen Körpers, seiner ganzen Seele mächtig war, vor dem die Schranken der Ehre und des Glückes eröffnet standen, der Ihres Herzens und Ihrer Hand, wann er schon ihrer noch nicht würdig war, täglich würdiger zu werden hoffen durfte. – Dieser Tellheim bin ich ebensowenig, – als ich mein Vater bin. Beide sind gewesen. – Ich bin Tellheim, der verabschiedete, der an seiner Ehre gekränkte, der Krüppel, der Bettler. – Jenem, mein Fräulein, versprachen Sie sich; wollen Sie diesem Wort halten? –

**Das Fräulein.** Das klingt sehr tragisch! – Doch, mein Herr, bis ich jenen wiederfinde, – in die Tellheims bin ich nun einmal vernarret, – dieser wird mir schon aus der Not helfen müssen. – Deine Hand, lieber Bettler! (Indem sie ihn bei der Hand ergreift.)

**v. Tellheim** (der die andere Hand mit dem Hute vor das Gesicht schlägt und sich von ihr abwendet). Das ist zu viel! – Wo bin ich? – Lassen Sie mich, Fräulein! – Ihre Güte foltert mich! – Lassen Sie mich.

**Das Fräulein.** Was ist Ihnen? Wo wollen Sie hin?

**v. Tellheim.** Von Ihnen! –

**Das Fräulein.** Von mir? (Indem sie seine Hand an ihre Brust zieht.) Träumer!

**v. Tellheim.** Die Verzweiflung wird mich tot zu Ihren Füßen werfen.

**Das Fräulein.** Von mir?

**v. Tellheim.** Von Ihnen. – Sie nie, nie wiederzusehen. – Oder doch so entschlossen, so fest entschlossen, – keine Niederträchtigkeit zu begehen, – Sie keine Unbesonnenheit begehen zu lassen – Lassen Sie mich, Minna! (Reißt sich los und ab.)

**Das Fräulein** (ihm nach). Minna Sie lassen? Tellheim! Tellheim!

Ende des zweiten Aufzuges.

# Dritter Aufzug.

## Erster Auftritt.

Die Szene: der Saal.

**Just,** einen Brief in der Hand.

Muß ich doch noch einmal in das verdammte Haus kommen! – Ein Briefchen von meinem Herrn an das gnädige Fräulein, das seine Schwester sein will. – Wenn sich nur da nichts anspinnt! – Sonst wird des Brieftragens kein Ende werden. – Ich wäre es gern los; aber ich möchte auch nicht gern ins Zimmer hinein. – Das Frauenszeug fragt so viel, und ich antworte so ungern! – Ha, die Türe geht auf. Wie gewünscht! das Kammerkätzchen!

## Zweiter Auftritt.

**Franziska. Just.**

**Franziska** (zur Türe herein, aus der sie kömmt). Sorgen Sie nicht; ich will schon aufpassen. – Sieh! (indem sie Justen gewahr wird) da stieße mir ja gleich was auf. Aber mit dem Vieh ist nichts anzufangen.

**Just.** Ihr Diener –

**Franziska.** Ich wollte so einen Diener nicht –

**Just.** Nu, nu; verzeih' Sie mir die Redensart! – Da bring' ich ein Briefchen von meinem Herrn an Ihre Herrschaft, das gnädige Fräulein – Schwester. – War's nicht so? Schwester.

**Franziska.** Geb' Er her! (Reißt ihm den Brief aus der Hand.)

**Just.** Sie soll so gut sein, läßt mein Herr bitten, und es übergeben. Hernach soll Sie so gut sein, läßt mein Herr bitten – daß Sie nicht etwa denkt, ich bitte was! –

**Franziska.** Nun denn?

**Just.** Mein Herr versteht den Rummel. Er weiß, daß der Weg zu den Fräuleins durch die Kammermädchens geht: – bild' ich mir ein! – Die Jungfer soll also so gut sein, – läßt mein Herr bitten, – und ihm sagen lassen, ob er nicht das Vergnügen haben könnte, die Jungfer auf ein Viertelstündchen zu sprechen.

**Franziska.** Mich?

**Just.** Verzeih' Sie mir, wenn ich Ihr einen unrechten Titel gebe. – Ja, Sie! – Nur auf ein Viertelstündchen; aber allein, ganz allein, insgeheim, unter vier Augen. Er hätte Ihr was sehr Notwendiges zu sagen.

**Franziska.** Gut! ich habe ihm auch viel zu sagen. – Er kann nur kommen, ich werde zu seinem Befehle sein.

**Just.** Aber, wenn kann er kommen? Wenn ist es Ihr am gelegensten, Jungfer? So in der Dämmerung? –

**Franziska.** Wie meint Er das? – Sein Herr kann kommen, wenn er will; – und damit packe Er sich nur!

**Just.** Herzlich gern! (Will fortgehen.)

**Franziska.** Hör' Er doch; noch auf ein Wort. – Wo sind denn die andern Bedienten des Majors?

**Just.** Die andern? Dahin, dorthin, überallhin.

**Franziska.** Wo ist Wilhelm?

**Just.** Der Kammerdiener? den läßt der Major reisen.

**Franziska.** So? Und Philipp, wo ist der?

**Just.** Der Jäger? den hat der Herr aufzuheben gegeben.

**Franziska.** Weil er jetzt keine Jagd hat, ohne Zweifel. – Aber Martin?

**Just.** Der Kutscher? der ist weggeritten.

**Franziska.** Und Fritz?

**Just.** Der Läufer? der ist avanciert.

**Franziska.** Wo war Er denn, als der Major bei uns in Thüringen im Winterquartiere stand? Er war wohl noch nicht bei ihm?

**Just.** O ja; ich war Reitknecht bei ihm; aber ich lag im Lazarett.

**Franziska.** Reitknecht? und jetzt ist Er?

**Just.** Alles in allem; Kammerdiener und Jäger, Läufer und Reitknecht.

**Franziska.** Das muß ich gestehen! So viele gute, tüchtige Leute von sich zu lassen, und gerade den allerschlechtesten zu behalten! Ich möchte doch wissen, was sein Herr an Ihm fände!

**Just.** Vielleicht findet er, daß ich ein ehrlicher Kerl bin.

**Franziska.** O, man ist auch verzweifelt wenig, wenn man weiter nichts ist als ehrlich. – Wilhelm war ein andrer Mensch! – Reisen läßt ihn der Herr?

**Just.** Ja, er läßt ihn, – da er's nicht hindern kann.

**Franziska.** Wie?

**Just.** O, Wilhelm wird sich alle Ehre auf seinen Reisen machen. Er hat des Herrn ganze Garderobe mit.

**Franziska.** Was? er ist doch nicht damit durchgegangen?

**Just.** Das kann man nun eben nicht sagen; sondern, als wir von Nürnberg weggingen, ist er uns nur nicht damit nachgekommen.

**Franziska.** O der Spitzbube!

**Just.** Es war ein ganzer Mensch! er konnte frisieren und rasieren und parlieren – und scharmieren. – Nicht wahr?

**Franziska.** Sonach hätte ich den Jäger nicht von mir getan, wenn ich wie der Major gewesen wäre. Konnte er ihn schon nicht als Jäger nützen, so war es doch sonst ein tüchtiger Bursche. – Wem hat er ihn denn aufzuheben gegeben?

**Just.** Dem Kommendanten[1] von Spandau.

**Franziska.** Der Festung? Die Jagd auf den Wällen kann doch da auch nicht groß sein.

**Just.** O, Philipp jagt auch da nicht.

**Franziska.** Was tut er denn?

**Just.** Er karrt.

**Franziska.** Er karrt?

**Just.** Aber nur auf drei Jahr. Er machte ein kleines Komplott unter des Herrn Kompanie und wollte sechs Mann durch die Vorposten bringen. –

[1] Falsche Schreibung, nach dem mittellateinischen *„commendator"*.

**Franziska.** Ich erstaune; der Bösewicht!

**Just.** O, es ist ein tüchtiger Kerl! Ein Jäger, der funfzig Meilen in der Runde, durch Wälder und Moräste, alle Fußsteige, alle Schleifwege[1] kennt. Und schießen kann er!

**Franziska.** Gut, daß der Major nur noch den braven Kutscher hat!

**Just.** Hat er ihn noch?

**Franziska.** Ich denke, Er sagte, Martin wäre weggeritten? So wird er doch wohl wiederkommen?

**Just.** Meint Sie?

**Franziska.** Wo ist er denn hingeritten?

**Just.** Es geht nun in die zehnte Woche, da ritt er mit des Herrn einzigem und letztem Reitpferde – nach der Schwemme.

**Franziska.** Und ist noch nicht wieder da? O, der Galgenstrick!

**Just.** Die Schwemme kann den braven Kutscher auch wohl verschwemmt haben! – Es war gar ein rechter Kutscher! Er hatte in Wien zehn Jahre gefahren. So einen kriegt der Herr gar nicht wieder. Wenn die Pferde im vollen Rennen waren, so durfte er nur machen: burr! und auf einmal standen sie wie die Mauern. Dabei war er ein ausgelernter Roßarzt!

**Franziska.** Nun ist mir für das Avancement des Läufers bange.

**Just.** Nein, nein; damit hat's seine Richtigkeit. Er ist Trommelschläger bei einem Garnisonregimente geworden.

**Franziska.** Dacht' ich's doch!

**Just.** Fritz hing sich an ein lüderliches Mensch, kam des Nachts niemals nach Hause, machte auf des Herrn Namen überall Schulden und tausend infame Streiche. Kurz, der Major sahe, daß er mit aller Gewalt höher wollte: (das Hängen pantomimisch anzeigend) er brachte ihn also auf guten Weg.

**Franziska.** O der Bube!

**Just.** Aber ein perfekter Läufer ist er, das ist gewiß. Wenn ihm der Herr funfzig Schritte vorgab, so konnte er ihn mit seinem besten Renner nicht einholen. Fritz hingegen kann dem Galgen

[1] Schleichwege, von „schleifen", schlüpfen.

tausend Schritte vorgeben, und ich wette mein Leben, er holt ihn ein. – Es waren wohl alles Ihre guten Freunde, Jungfer? Der Wilhelm und der Philipp, der Martin und der Fritz? – Nun, Just empfiehlt sich! (Geht ab.)

## Dritter Auftritt.

**Franziska** und hernach **der Wirt.**

**Franziska** (die ihm ernsthaft nachsieht). Ich verdiene den Biß! – Ich bedanke mich, Just. Ich setzte die Ehrlichkeit zu tief herab. Ich will die Lehre nicht vergessen. – Ah! der unglückliche Mann! (Kehrt sich um und will nach dem Zimmer des Fräuleins gehen, indem der Wirt kömmt.)

**Der Wirt.** Warte Sie doch, mein schönes Kind.

**Franziska.** Ich habe jetzt nicht Zeit, Herr Wirt –

**Der Wirt.** Nur ein kleines Augenblickchen! – Noch keine Nachricht weiter von dem Herrn Major? Das konnte doch unmöglich sein Abschied sein! –

**Franziska.** Was denn?

**Der Wirt.** Hat es Ihr das gnädige Fräulein nicht erzählt? – Als ich Sie, mein schönes Kind, unten in der Küche verließ, so kam ich von ungefähr wieder in den Saal –

**Franziska.** Von ungefähr, in der Absicht, ein wenig zu horchen.

**Der Wirt.** Ei, mein Kind, wie kann Sie das von mir denken? Einem Wirte läßt[1] nichts übler als Neugierde. – Ich war nicht lange hier, so prellte auf einmal die Türe bei dem gnädigen Fräulein auf. Der Major stürzte heraus; das Fräulein ihm nach; beide in einer Bewegung, mit Blicken, in einer Stellung – so was läßt sich nur sehen. Sie ergriff ihn; er riß sich los; sie ergriff ihn wieder. „Tellheim!" – „Fräulein! lassen Sie mich!" – „Wohin?" – So zog er sie bis an die Treppe. Mir war schon bange, er würde sie mit herabreißen. Aber er wand sich noch los. Das Fräulein blieb an der obersten Schwelle stehn, sah ihm nach, rief ihm nach, rang die Hände. Auf einmal wandte sie sich um, lief nach dem Fenster, von dem Fenster wieder

1 Steht.

zur Treppe, von der Treppe in dem Saale hin und wieder. Hier stand ich; hier ging sie dreimal bei mir vorbei, ohne mich zu sehen. Endlich war es, als ob sie mich sähe; aber, Gott sei bei uns! ich glaube, das Fräulein sahe mich für Sie an, mein Kind. „Franziska“, rief sie, die Augen auf mich gerichtet, „bin ich nun glücklich?“ Darauf sahe sie steif an die Decke, und wiederum: „bin ich nun glücklich?“ Darauf wischte sie sich Tränen aus dem Auge und lächelte und fragte mich wiederum: „Franziska, bin ich nun glücklich?“ – Wahrhaftig, ich wußte nicht, wie mir war. Bis sie nach ihrer Türe lief; da kehrte sie sich nochmals nach mir um: „So komm doch, Franziska; wer jammert dich nun?“ – Und damit hinein.

**Franziska.** O, Herr Wirt, das hat Ihnen geträumt.

**Der Wirt.** Geträumt? Nein, mein schönes Kind; so umständlich träumt man nicht. – Ja, ich wollte wie viel drum geben, – ich bin nicht neugierig, – aber ich wollte wie viel drum geben, wenn ich den Schlüssel dazu hätte.

**Franziska.** Den Schlüssel? zu unsrer Türe? Herr Wirt, der steckt innerhalb; wir haben ihn zur Nacht hereingezogen; wir sind furchtsam.

**Der Wirt.** Nicht so einen Schlüssel; ich will sagen, mein schönes Kind, den Schlüssel, die Auslegung gleichsam, so den eigentlichen Zusammenhang von dem, was ich gesehen. –

**Franziska.** Ja so! – Nun, Adjeu, Herr Wirt. Werden wir bald essen, Herr Wirt?

**Der Wirt.** Mein schönes Kind, nicht zu vergessen, was ich eigentlich sagen wollte.

**Franziska.** Nun? aber nur kurz –

**Der Wirt.** Das gnädige Fräulein hat noch meinen Ring; ich nenne ihn meinen –

**Franziska.** Er soll Ihnen unverloren sein.

**Der Wirt.** Ich trage darum auch keine Sorge; ich will's nur erinnern. Sieht Sie, ich will ihn gar nicht einmal wieder haben. Ich kann mir doch wohl an den Fingern abzählen, woher sie den Ring kannte und woher er dem ihrigen so ähnlich sah. Er ist in ihren Händen am besten aufgehoben. Ich mag ihn gar nicht mehr und will indes die hundert Pistolen, die ich darauf gegeben habe, auf des gnädigen Fräuleins Rechnung setzen. Nicht so recht, mein schönes Kind?

## Vierter Auftritt.

**Paul Werner. Der Wirt. Franziska.**

**Werner.** Da ist er ja!

**Franziska.** Hundert Pistolen? Ich meinte, nur achtzig.

**Der Wirt.** Es ist wahr, nur neunzig, nur neunzig. Das will ich tun, mein schönes Kind, das will ich tun.

**Franziska.** Alles das wird sich finden, Herr Wirt.

**Werner** (der ihnen hinterwärts näher kömmt und auf einmal der Franziska auf die Schulter klopft). Frauenzimmerchen! Frauenzimmerchen!

**Franziska** (erschrickt). He!

**Werner.** Erschrecke Sie nicht! – Frauenzimmerchen, Frauenzimmerchen, ich sehe, Sie ist hübsch, und ist wohl gar fremd – Und hübsche fremde Leute müssen gewarnet werden – Frauenzimmerchen, Frauenzimmerchen, nehm' Sie sich vor dem Manne in acht! (Auf den Wirt zeigend.)

**Der Wirt.** Je, unvermutete Freude! Herr Paul Werner! Willkommen bei uns, willkommen! – Ah, es ist doch immer noch der lustige, spaßhafte, ehrliche Werner! – Sie soll sich vor mir in acht nehmen, mein schönes Kind! Ha, ha, ha!

**Werner.** Geh' Sie ihm überall aus dem Wege!

**Der Wirt.** Mir! mir! – Bin ich denn so gefährlich? – Ha, ha, ha! – Hör' Sie doch, mein schönes Kind! Wie gefällt Ihr der Spaß?

**Werner.** Daß es doch immer seinesgleichen für Spaß erklären, wenn man ihnen die Wahrheit sagt.

**Der Wirt.** Die Wahrheit! ha, ha, ha! – Nicht wahr, mein schönes Kind, immer besser! Der Mann kann spaßen! Ich gefährlich? – ich? – So vor zwanzig Jahren war was dran. Ja, ja, mein schönes Kind, da war ich gefährlich; da wußte manche davon zu sagen; aber jetzt –

**Werner.** O über den alten Narr'n!

**Der Wirt.** Da steckt's eben! Wenn wir alt werden, ist es mit unserer Gefährlichkeit aus. Es wird Ihm auch nicht besser gehn, Herr Werner!

**Werner.** Potz Geck und kein Ende! – Frauenzimmerchen, so viel Verstand wird Sie mir wohl zutrauen, daß ich von der Gefährlichkeit nicht rede. Der eine Teufel hat ihn verlassen, aber es sind dafür sieben andre in ihn gefahren –

**Der Wirt.** O hör' Sie doch, hör' Sie doch! Wie er das nun wieder so herumzubringen weiß! – Spaß über Spaß, und immer was Neues! O, es ist ein vortrefflicher Mann, der Herr Paul Werner! – (Zur Franziska als[1] ins Ohr.) Ein wohlhabender Mann, und noch ledig. Er hat drei Meilen von hier ein schönes Freischulzengerichte. Der hat Beute gemacht im Kriege! – Und ist Wachtmeister bei unserm Herrn Major gewesen. O, das ist ein Freund von unserm Herrn Major! das ist ein Freund! der sich für ihn totschlagen ließe! –

**Werner.** Ja! und das ist ein Freund von meinem Major! das ist ein Freund! – den der Major sollte totschlagen lassen.

**Der Wirt.** Wie? was? – Nein, Herr Werner, das ist nicht guter Spaß. – Ich kein Freund vom Herrn Major? – Nein, den Spaß versteh' ich nicht.

**Werner.** Just hat mir schöne Dinge erzählt.

**Der Wirt.** Just? Ich dacht's wohl, daß Just durch Sie spräche. Just ist ein böser, garstiger Mensch. Aber hier ist ein schönes Kind zur Stelle; das kann reden; das mag sagen, ob ich kein Freund von dem Herrn Major bin, ob ich ihm keine Dienste erwiesen habe? Und warum sollte ich nicht sein Freund sein? Ist er nicht ein verdienter Mann? Es ist wahr; er hat das Unglück gehabt, abgedankt zu werden; aber was tut das? Der König kann nicht alle verdiente Männer kennen; und wenn er sie auch alle kennte, so kann er sie nicht alle belohnen.

**Werner.** Das heißt Ihn Gott sprechen! – Aber Just – freilich ist an Justen auch nicht viel Besonders; doch ein Lügner ist Just nicht; und wenn das wahr wäre, was er mir gesagt hat –

**Der Wirt.** Ich will von Justen nichts hören! Wie gesagt, das schöne Kind hier mag sprechen! (Zu ihr ins Ohr.) Sie weiß, mein Kind; den Ring! – Erzähl' Sie es doch Herr Wernern.

---

[1] Als ob, d. h. zwar scheinbar ins Ohr, aber doch so, daß Werner die Worte verstehen soll.

Da wird er mich besser kennen lernen. Und damit es nicht herauskömmt, als ob Sie mir nur zu Gefallen rede, so will ich nicht einmal dabei sein. Ich will nicht dabei sein; ich will gehn; aber Sie sollen mir es wiedersagen, Herr Werner, Sie sollen mir es wiedersagen, ob Just nicht ein garstiger Verleumder ist.

## Fünfter Auftritt.

**Paul Werner. Franziska.**

**Werner.** Frauenzimmerchen, kennt Sie denn meinen Major?

**Franziska.** Den Major von Tellheim? Jawohl kenn' ich den braven Mann.

**Werner.** Ist es nicht ein braver Mann? Ist Sie dem Manne wohl gut? –

**Franziska.** Von Grund meines Herzens.

**Werner.** Wahrhaftig? Sieht Sie, Frauenzimmerchen, nun kömmt Sie mir noch einmal so schön vor. – Aber was sind denn das für Dienste, die der Wirt unserm Major will erwiesen haben?

**Franziska.** Ich wüßte eben nicht; es wäre denn, daß er sich das Gute zuschreiben wollte, welches glücklicherweise aus seinem schurkischen Betragen entstanden.

**Werner.** So wäre es ja wahr, was mir Just gesagt hat? – (Gegen die Seite, wo der Wirt abgegangen.) Dein Glück, daß du gegangen bist! – Er hat ihm wirklich die Zimmer ausgeräumt? – So einem Manne so einen Streich zu spielen, weil sich das Eselsgehirn einbildet, daß der Mann kein Geld mehr habe! Der Major kein Geld?

**Franziska.** So? hat der Major Geld?

**Werner.** Wie Heu! Er weiß nicht, wie viel er hat. Er weiß nicht, wer ihm schuldig ist. Ich bin ihm selber schuldig und bringe ihm ein altes Restchen. Sieht Sie, Frauenzimmerchen, hier in diesem Beutelchen (das er aus der einen Tasche zieht) sind hundert Louisdor; und in diesem Röllchen (das er aus der andern zieht) hundert Dukaten. Alles sein Geld!

**Franziska.** Wahrhaftig? Aber warum versetzt denn der Major? Er hat ja einen Ring versetzt –

**Werner.** Versetzt! Glaub' Sie doch so was nicht. Vielleicht, daß er den Bettel hat gern wollen los sein.

**Franziska.** Es ist kein Bettel! Es ist ein sehr kostbarer Ring, den er wohl noch dazu von lieben Händen hat.

**Werner.** Das wird's auch sein. Von lieben Händen! ja, ja! So was erinnert einen manchmal, woran man nicht gern erinnert sein will. Drum schafft man's aus den Augen.

**Franziska.** Wie?

**Werner.** Dem Soldaten geht's in Winterquartieren wunderlich. Da hat er nichts zu tun und pflegt sich und macht vor Langerweile Bekanntschaften, die er nur auf den Winter meinet, und die das gute Herz, mit dem er sie macht, für zeitlebens annimmt. Husch ist ihm denn ein Ringelchen an den Finger praktiziert; er weiß selbst nicht, wie es daran kömmt. Und nicht selten gäb' er gern den Finger mit drum, wenn er es nur wieder loswerden könnte.

**Franziska.** Ei! und sollte es dem Major auch so gegangen sein?

**Werner.** Ganz gewiß. Besonders in Sachsen; wenn er zehn Finger an jeder Hand gehabt hätte, er hätte sie alle zwanzig voller Ringe gekriegt.

**Franziska** (beiseite). Das klingt ja ganz besonders und verdient untersucht zu werden. – Herr Freischulze oder Herr Wachtmeister –

**Werner.** Frauenzimmerchen, wenn's Ihr nichts verschlägt: – Herr Wachtmeister höre ich am liebsten.

**Franziska.** Nun, Herr Wachtmeister, hier habe ich ein Briefchen von dem Herrn Major an meine Herrschaft. Ich will es nur geschwind hereintragen, und bin gleich wieder da. Will Er wohl so gut sein und so lange hier warten? Ich möchte gar zu gern mehr mit Ihm plaudern.

**Werner.** Plaudert Sie gern, Frauenzimmerchen? Nun, meinetwegen; geh' Sie nur; ich plaudere auch gern; ich will warten.

**Franziska.** O, warte Er doch ja! (Geht ab.)

---

## Sechster Auftritt.

**Paul Werner.**

Das ist kein unebenes Frauenzimmerchen! – Aber ich hätte ihr doch nicht versprechen sollen, zu warten. – Denn das Wichtigste wäre wohl, ich suchte den Major auf. – Er will mein Geld nicht und versetzt lieber? – Daran kenn' ich ihn. – Es fällt mir ein Schneller[1] ein. – Als ich vor vierzehn Tagen in der Stadt war, besuchte ich die Rittmeisterin Marloff. Das arme Weib lag krank und jammerte, daß ihr Mann dem Major vierhundert Taler schuldig geblieben wäre, die sie nicht wüßte, wie sie sie bezahlen sollte. Heute wollte ich sie wieder besuchen; – ich wollte ihr sagen, wenn ich das Geld für mein Gütchen ausgezahlt kriegte, daß ich ihr fünfhundert Taler leihen könnte. – Denn ich muß ja wohl was davon in Sicherheit bringen, wenn's in Persien nicht geht. – Aber sie war über alle Berge. Und ganz gewiß wird sie den Major nicht haben bezahlen können. – Ja, so will ich's machen; und das je eher, je lieber. – Das Frauenzimmerchen mag mir's nicht übelnehmen; ich kann nicht warten. (Geht in Gedanken ab und stößt fast auf den Major, der ihm entgegenkömmt.)

---

## Siebenter Auftritt.

**v. Tellheim. Paul Werner.**

**v. Tellheim.** So in Gedanken, Werner?

**Werner.** Da sind Sie ja; ich wollte eben gehn und Sie in Ihrem neuen Quartiere besuchen, Herr Major.

**v. Tellheim.** Um mir auf den Wirt des alten die Ohren voll zu fluchen. Gedenke mir nicht daran.

**Werner.** Das hätte ich beiher getan; ja. Aber eigentlich wollte ich mich nur bei Ihnen bedanken, daß Sie so gut gewesen und mir die hundert Louisdor aufgehoben. Just hat mir sie wiedergegeben. Es wäre mir wohl freilich lieb, wenn Sie mir sie noch länger aufheben könnten. Aber Sie sind in ein neu Quartier gezogen, das weder Sie noch ich kennen. Wer weiß,

[1] Von „schnellen", gleichbedeutend mit „prellen", überlisten: eine List.

wie's da ist. Sie könnten Ihnen da gestohlen werden; und Sie müßten mir sie ersetzen; da hülfe nichts davor. Also kann ich's Ihnen freilich nicht zumuten.

**v. Tellheim** (lächelnd). Seit wenn bist du so vorsichtig, Werner?

**Werner.** Es lernt sich wohl. Man kann heutezutage mit seinem Gelde nicht vorsichtig genug sein. – Darnach hatte ich noch was an Sie zu bestellen, Herr Major; von der Rittmeisterin Marloff; ich kam eben von ihr her. Ihr Mann ist Ihnen ja vierhundert Taler schuldig geblieben; hier schickt sie Ihnen auf Abschlag hundert Dukaten. Das übrige will sie künftige Woche schicken. Ich mochte wohl selber Ursache sein, daß sie die Summe nicht ganz schickt. Denn sie war mir auch ein Taler achtzig schuldig; und weil sie dachte, ich wäre gekommen, sie zu mahnen, – wie's denn auch wohl wahr war, – so gab sie mir sie, und gab sie mir aus dem Röllchen, das sie für Sie schon zurechtegelegt hatte. – Sie können auch schon eher Ihre hundert Taler ein acht Tage noch missen, als ich meine paar Groschen. – Da nehmen Sie doch! (Reicht ihm die Rolle Dukaten.)

**v. Tellheim.** Werner!

**Werner.** Nun? warum sehen Sie mich so starr an? – So nehmen Sie doch, Herr Major! –

**v. Tellheim.** Werner!

**Werner.** Was fehlt Ihnen? Was ärgert Sie?

**v. Tellheim** (bitter, indem er sich vor die Stirne schlägt und mit dem Fuße auftritt). Daß es – die vierhundert Taler nicht ganz sind!

**Werner.** Nun, nun, Herr Major! Haben Sie mich denn nicht verstanden?

**v. Tellheim.** Eben weil ich dich verstanden habe! – Daß mich doch die besten Menschen heut am meisten quälen müssen!

**Werner.** Was sagen Sie?

**v. Tellheim.** Es geht dich nur zur Hälfte an! – Geh, Werner! (Indem er die Hand, mit der ihm Werner die Dukaten reicht, zurückstößt.)

**Werner.** Sobald ich das los bin!

**v. Tellheim.** Werner, wenn du nun von mir hörst, daß die Marloffin heute ganz früh selbst bei mir gewesen ist?

**Werner.** So?

**v. Tellheim.** Daß sie mir nichts mehr schuldig ist?

**Werner.** Wahrhaftig?

**v. Tellheim.** Daß sie mich bei Heller und Pfennig bezahlt hat: was wirst du denn sagen?

**Werner** (der sich einen Augenblick besinnt). Ich werde sagen, daß ich gelogen habe, und daß es eine hundsfött'sche Sache ums Lügen ist, weil man darüber ertappt werden kann.

**v. Tellheim.** Und wirst dich schämen?

**Werner.** Aber der, der mich so zu lügen zwingt, was sollte der? Sollte der sich nicht auch schämen? Sehen Sie, Herr Major, wenn ich sagte, daß mich Ihr Verfahren nicht verdrösse, so hätte ich wieder gelogen, und ich will nicht mehr lügen. –

**v. Tellheim.** Sei nicht verdrüßlich, Werner! Ich erkenne dein Herz und deine Liebe zu mir. Aber ich brauche dein Geld nicht.

**Werner.** Sie brauchen es nicht? Und verkaufen lieber, und versetzen lieber, und bringen sich lieber in der Leute Mäuler?

**v. Tellheim.** Die Leute mögen es immer wissen, daß ich nichts mehr habe. Man muß nicht reicher scheinen wollen, als man ist.

**Werner.** Aber warum ärmer? – Wir haben, solange unser Freund hat.

**v. Tellheim.** Es ziemt sich nicht, daß ich dein Schuldner bin.

**Werner.** Ziemt sich nicht? – Wenn an einem heißen Tage, den uns die Sonne und der Feind heiß machte, sich Ihr Reitknecht mit den Kantinen[1] verloren hatte, und Sie zu mir kamen und sagten: „Werner, hast du nichts zu trinken?" und ich Ihnen meine Feldflasche reichte, nicht wahr, Sie nahmen und tranken? – Ziemte sich das? – Bei meiner armen Seele, wenn ein Trunk faules Wassers damals nicht oft mehr wert war als alle der Quark! (Indem er auch den Beutel mit den Louisdoren herauszieht und ihm beides hinreicht.) Nehmen Sie, lieber Major! Bilden Sie sich ein, es ist Wasser. Auch das hat Gott für alle geschaffen.

---

[1] Hier in ursprünglicher Bedeutung: Trinkvorrat.

**v. Tellheim.** Du marterst mich; du hörst es ja, ich will dein Schuldner nicht sein.

**Werner.** Erst ziemte es sich nicht; nun wollen Sie nicht? Ja, das ist was anders. (Etwas ärgerlich.) Sie wollen mein Schuldner nicht sein? Wenn Sie es denn aber schon wären, Herr Major? Oder sind Sie dem Manne nichts schuldig, der einmal den Hieb auffing, der Ihnen den Kopf spalten sollte, und ein andermal den Arm vom Rumpfe hieb, der eben losdrücken und Ihnen die Kugel durch die Brust jagen wollte? – Was können Sie diesem Manne mehr schuldig werden? Oder hat es mit meinem Halse weniger zu sagen als mit meinem Beutel? – Wenn das vornehm gedacht ist, bei meiner armen Seele, so ist es auch sehr abgeschmackt gedacht!

**v. Tellheim.** Mit wem sprichst du so, Werner? Wir sind allein; jetzt darf ich es sagen; wenn uns ein Dritter hörte, so wäre es Windbeutelei. Ich bekenne es mit Vergnügen, daß ich dir zweimal mein Leben zu danken habe. Aber, Freund, woran fehlte mir es, daß ich bei Gelegenheit nicht ebensoviel für dich würde getan haben? He!

**Werner.** Nur an der Gelegenheit! Wer hat daran gezweifelt, Herr Major? Habe ich Sie nicht hundertmal für den gemeinsten Soldaten, wenn er ins Gedränge gekommen war, Ihr Leben wagen sehen?

**v. Tellheim.** Also!

**Werner.** Aber –

**v. Tellheim.** Warum verstehst du mich nicht recht? Ich sage: es ziemt sich nicht, daß ich dein Schuldner bin; ich will dein Schuldner nicht sein. Nämlich in den Umständen nicht, in welchen ich mich jetzt befinde.

**Werner.** So, so! Sie wollen es versparen bis auf beßre Zeiten; Sie wollen ein andermal Geld von mir borgen, wenn Sie keines brauchen, wenn Sie selbst welches haben, und ich vielleicht keines.

**v. Tellheim.** Man muß nicht borgen, wenn man nicht wiederzugeben weiß.

**Werner.** Einem Manne wie Sie kann es nicht immer fehlen.

**v. Tellheim.** Du kennst die Welt! – Am wenigsten muß man sodann von einem borgen, der sein Geld selbst braucht.

**Werner.** O ja, so einer bin ich! Wozu braucht' ich's denn? – Wo man einen Wachtmeister nötig hat, gibt man ihm auch zu leben.

**v. Tellheim.** Du brauchst es, mehr als Wachtmeister zu werden; dich auf einer Bahn weiter zu bringen, auf der ohne Geld auch der Würdigste zurückbleiben kann.

**Werner.** Mehr als Wachtmeister zu werden? daran denke ich nicht. Ich bin ein guter Wachtmeister; und dürfte leicht ein schlechter Rittmeister und sicherlich noch ein schlechtrer General werden. Die Erfahrung hat man.

**v. Tellheim.** Mache nicht, daß ich etwas Unrechtes von dir denken muß, Werner! Ich habe es nicht gern gehört, was mir Just gesagt hat. Du hast dein Gut verkauft und willst wieder herumschwärmen. Laß mich nicht von dir glauben, daß du nicht sowohl das Metier als die wilde, lüderliche Lebensart liebest, die unglücklicherweise damit verbunden ist. Man muß Soldat sein für sein Land oder aus Liebe zu der Sache, für die gefochten wird. Ohne Absicht heute hier, morgen da dienen, heißt wie ein Fleischerknecht reisen, weiter nichts.

**Werner.** Nun ja doch, Herr Major; ich will Ihnen folgen. Sie wissen besser, was sich gehört. Ich will bei Ihnen bleiben. – Aber, lieber Major, nehmen Sie doch auch derweile mein Geld. Heut oder morgen muß Ihre Sache aus sein. Sie müssen Geld die Menge bekommen. Sie sollen mir es sodann mit Interessen[1] wiedergeben. Ich tu es ja nur der Interessen wegen.

**v. Tellheim.** Schweig davon!

**Werner.** Bei meiner armen Seele, ich tu es nur der Interessen wegen! – Wenn ich manchmal dachte: wie wird es mit dir aufs Alter werden? wenn du zuschanden gehauen bist? wenn du nichts haben wirst? wenn du wirst betteln gehen müssen? So dachte ich wieder: Nein, du wirst nicht betteln gehn; du wirst zum Major Tellheim gehn; der wird seinen letzten Pfennig mit

[1] Zinsen.

dir teilen; der wird dich zu Tode füttern; bei dem wirst du als ein ehrlicher Kerl sterben können.

**v. Tellheim** (indem er Werners Hand ergreift). Und, Kamerad, das denkst du nicht noch?

**Werner.** Nein, das denk' ich nicht mehr. – Wer von mir nichts annehmen will, wenn er's bedarf und ich's habe, der will mir auch nichts geben, wenn er's hat und ich's bedarf. – Schon gut! (Will gehen.)

**v. Tellheim.** Mensch, mache mich nicht rasend! Wo willst du hin? (Hält ihn zurück.) Wenn ich dich nun auf meine Ehre versichere, daß ich noch Geld habe; wenn ich dir auf meine Ehre verspreche, daß ich dir es sagen will, wenn ich keines mehr habe; daß du der erste und einzige sein sollst, bei dem ich mir etwas borgen will: – bist du dann zufrieden?

**Werner.** Muß ich nicht? – Geben Sie mir die Hand darauf, Herr Major.

**v. Tellheim.** Da, Paul! – Und nun genug davon. Ich kam hieher, um ein gewisses Mädchen zu sprechen –

## Achter Auftritt.

**Franziska** aus dem Zimmer des Fräuleins. **v. Tellheim. Paul Werner.**

**Franziska** (im Heraustreten). Sind Sie noch da, Herr Wachtmeister? – (Indem sie den Tellheim gewahr wird.) Und Sie sind auch da, Herr Major? – Den Augenblick bin ich zu Ihren Diensten. (Geht geschwind wieder in das Zimmer.)

## Neunter Auftritt.

**v. Tellheim. Paul Werner.**

**v. Tellheim.** Das war sie! – Aber ich höre ja, du kennst sie, Werner?

**Werner.** Ja, ich kenne das Frauenzimmerchen. –

**v. Tellheim.** Gleichwohl, wenn ich mich recht erinnere, als ich in Thüringen Winterquartier hatte, warst du nicht bei mir?

**Werner.** Nein, da besorgte ich in Leipzig Mundierungsstücke[1].

[1] Entstellt aus „Montierungsstücke".

**v. Tellheim.** Woher kennst du sie denn also?

**Werner.** Unsere Bekanntschaft ist noch blutjung. Sie ist von heute. Aber junge Bekanntschaft ist warm.

**v. Tellheim.** Also hast du ihr Fräulein wohl auch schon gesehen?

**Werner.** Ist ihre Herrschaft ein Fräulein? Sie hat mir gesagt, Sie kennten ihre Herrschaft.

**v. Tellheim.** Hörst du nicht? aus Thüringen her.

**Werner.** Ist das Fräulein jung?

**v. Tellheim.** Ja.

**Werner.** Schön?

**v. Tellheim.** Sehr schön.

**Werner.** Reich?

**v. Tellheim.** Sehr reich.

**Werner.** Ist Ihnen das Fräulein auch so gut wie das Mädchen? Das wäre ja vortrefflich!

**v. Tellheim.** Wie meinst du?

## Zehnter Auftritt.

**Franziska** wieder heraus, mit einem Brief in der Hand. **v. Tellheim. Paul Werner.**

**Franziska.** Herr Major –

**v. Tellheim.** Liebe Franziska, ich habe dich noch nicht willkommen heißen können.

**Franziska.** In Gedanken werden Sie es doch schon getan haben. Ich weiß, Sie sind mir gut. Ich Ihnen auch. Aber das ist gar nicht artig, daß Sie Leute, die Ihnen gut sind, so ängstigen.

**Werner** (vor sich). Ha, nun merk' ich. Es ist richtig!

**v. Tellheim.** Mein Schicksal, Franziska! – Hast du ihr den Brief übergeben?

**Franziska.** Ja, und hier übergebe ich Ihnen – (Reicht ihm den Brief.)

**v. Tellheim.** Eine Antwort? –

**Franziska.** Nein, Ihren eignen Brief wieder.

**v. Tellheim.** Was? Sie will ihn nicht lesen?

**Franziska.** Sie wollte wohl; aber – wir können Geschriebenes nicht gut lesen.

**v. Tellheim.** Schäkerin!

**Franziska.** Und wir denken, daß das Briefschreiben für die nicht erfunden ist, die sich mündlich miteinander unterhalten können, sobald sie wollen.

**v. Tellheim.** Welcher Vorwand! Sie muß ihn lesen. Er enthält meine Rechtfertigung, – alle die Gründe und Ursachen –

**Franziska.** Die will das Fräulein von Ihnen selbst hören, nicht lesen.

**v. Tellheim.** Von mir selbst hören? Damit mich jedes Wort, jede Miene von ihr verwirre; damit ich in jedem ihrer Blicke die ganze Größe meines Verlusts empfinde? –

**Franziska.** Ohne Barmherzigkeit! – Nehmen Sie! (Sie gibt ihm den Brief.) Sie erwartet Sie um drei Uhr. Sie will ausfahren und die Stadt besehen. Sie sollen mit ihr fahren.

**v. Tellheim.** Mit ihr fahren?

**Franziska.** Und was geben Sie mir, so lass' ich Sie beide ganz allein fahren? Ich will zu Hause bleiben.

**v. Tellheim.** Ganz allein?

**Franziska.** In einem schönen verschloßnen Wagen.

**v. Tellheim.** Unmöglich!

**Franziska.** Ja, ja; im Wagen muß der Herr Major Katz aushalten[1]; da kann er uns nicht entwischen. Darum geschieht es eben. – Kurz, Sie kommen, Herr Major; und Punkte drei. – Nun? Sie wollten mich ja auch allein sprechen. Was haben Sie mir denn zu sagen? – Ja so, wir sind nicht allein. (Indem sie Wernern ansieht.)

**v. Tellheim.** Doch, Franziska; wir wären allein. Aber da das Fräulein den Brief nicht gelesen hat, so habe ich dir noch nichts zu sagen.

**Franziska.** So? wären wir doch allein? Sie haben vor dem Herrn Wachtmeister keine Geheimnisse?

**v. Tellheim.** Nein, keine.

**Franziska.** Gleichwohl, dünkt mich, sollten Sie welche vor ihm haben.

**v. Tellheim.** Wie das?

**Werner.** Warum das, Frauenzimmerchen?

---

1 Sich alles gefallen lassen. Die Herkunft der Redensart ist unsicher.

**Franziska.** Besonders Geheimnisse von einer gewissen Art. – Alle zwanzig, Herr Wachtmeister? (Indem sie beide Hände mit gespreizten Fingern in die Höhe hält.)

**Werner.** St! st! Frauenzimmerchen, Frauenzimmerchen!

**v. Tellheim.** Was heißt das?

**Franziska.** Husch ist's am Finger, Herr Wachtmeister? (Als ob sie einen Ring geschwind ansteckte.)

**v. Tellheim.** Was habt ihr?

**Werner.** Frauenzimmerchen, Frauenzimmerchen, Sie wird ja wohl Spaß verstehn?

**v. Tellheim.** Werner, du hast doch nicht vergessen, was ich dir mehrmal gesagt habe; daß man über einen gewissen Punkt mit dem Frauenzimmer nie scherzen muß?

**Werner.** Bei meiner armen Seele, ich kann's vergessen haben! – Frauenzimmerchen, ich bitte –

**Franziska.** Nun, wenn es Spaß gewesen ist; dasmal will ich es Ihm verzeihen.

**v. Tellheim.** Wenn ich denn durchaus kommen muß, Franziska, so mache doch nur, daß das Fräulein den Brief vorher noch lieset. Das wird mir die Peinigung ersparen, Dinge noch einmal zu denken, noch einmal zu sagen, die ich so gern vergessen möchte. Da, gib ihr ihn! – (Indem er den Brief umkehrt und ihr ihn zureichen will, wird er gewahr, daß er erbrochen ist.) Aber sehe ich recht? Der Brief, Franziska, ist ja erbrochen.

**Franziska.** Das kann wohl sein. (Besieht ihn.) Wahrhaftig, er ist erbrochen. Wer muß ihn denn erbrochen haben? Doch gelesen haben wir ihn wirklich nicht, Herr Major, wirklich nicht. Wir wollen ihn auch nicht lesen, denn der Schreiber kömmt selbst. Kommen Sie ja; und wissen Sie was, Herr Major? Kommen Sie nicht so, wie Sie da sind; in Stiefeln[1], kaum frisiert. Sie sind zu entschuldigen; Sie haben uns nicht vermutet. Kommen Sie in Schuhen, und lassen Sie sich frisch frisieren. – So sehen Sie mir gar zu brav, gar zu preußisch aus!

---

[1] Die Stiefel wurden in der guten Gesellschaft des 18. Jahrhunderts nur als Reise- und Berufskleidung gebraucht; zum Gesellschaftsanzug trug man Schuhe. Auch mußte sich der Mann von Welt, um mit äußerem Anstand aufzutreten, stets frisieren lassen, da die gepuderten und zum Zopf geflochtenen Haare mit Kunst behandelt sein wollten.

**v. Tellheim.** Ich danke dir, Franziska.

**Franziska.** Sie sehen aus, als ob Sie vorige Nacht kampiert hätten.

**v. Tellheim.** Du kannst es erraten haben.

**Franziska.** Wir wollen uns gleich auch putzen und sodann essen. Wir behielten Sie gern zum Essen, aber Ihre Gegenwart möchte uns an dem Essen hindern; und sehen Sie, so gar verliebt sind wir nicht, daß uns nicht hungerte.

**v. Tellheim.** Ich geh'! Franziska, bereite sie indes ein wenig vor, damit ich weder in ihren noch in meinen Augen verächtlich werden darf[1]. – Komm, Werner, du sollst mit mir essen.

**Werner.** An der Wirtstafel, hier im Hause? Da wird mir kein Bissen schmecken.

**v. Tellheim.** Bei mir auf der Stube.

**Werner.** So folge ich Ihnen gleich. Nur noch ein Wort mit dem Frauenzimmerchen.

**v. Tellheim.** Das gefällt mir nicht übel! (Geht ab.)

---

## Eilfter Auftritt.

**Paul Werner. Franziska.**

**Franziska.** Nun, Herr Wachtmeister? –

**Werner.** Frauenzimmerchen, wenn ich wiederkomme, soll ich auch geputzter kommen?

**Franziska.** Komm Er, wie Er will, Herr Wachtmeister; meine Augen werden nichts wider Ihn haben. Aber meine Ohren werden desto mehr auf ihrer Hut gegen Ihn sein müssen. – Zwanzig Finger, alle voller Ringe! Ei, ei, Herr Wachtmeister!

**Werner.** Nein, Frauenzimmerchen; eben das wollt' ich Ihr noch sagen: die Schnurre fuhr mir nun so heraus! Es ist nichts dran. Man hat ja wohl an e i n e m Ringe genug. Und hundert- und aberhundertmal habe ich den Major sagen hören: „Das muß ein Schurke von einem Soldaten sein, der ein Mädchen anführen kann!" – So denk' ich auch, Frauenzimmerchen.

---

[1] Ältere Bedeutung: muß, brauche.

Verlaß Sie sich darauf! – Ich muß machen, daß ich ihm nachkomme. – Guten Appetit, Frauenzimmerchen! (Geht ab.)

**Franziska.** Gleichfalls, Herr Wachtmeister! – Ich glaube, der Mann gefällt mir! (Indem sie hereingehen will, kömmt ihr das Fräulein entgegen.)

---

## Zwölfter Auftritt.

**Das Fräulein. Franziska.**

**Das Fräulein.** Ist der Major schon wieder fort? – Franziska, ich glaube, ich wäre jetzt schon wieder ruhig genug, daß ich ihn hätte hierbehalten können.

**Franziska.** Und ich will Sie noch ruhiger machen.

**Das Fräulein.** Desto besser! Sein Brief, o sein Brief! Jede Zeile sprach den ehrlichen, edlen Mann. Jede Weigerung, mich zu besitzen, beteuerte mir seine Liebe. – Er wird es wohl gemerkt haben, daß wir den Brief gelesen. – Mag er doch; wenn er nur kömmt. Er kömmt doch gewiß? – Bloß ein wenig zu viel Stolz, Franziska, scheint mir in seiner Aufführung zu sein. Denn auch seiner Geliebten sein Glück nicht wollen zu danken haben, ist Stolz, unverzeihlicher Stolz! Wenn er mir diesen zu stark merken läßt, Franziska –

**Franziska.** So wollen Sie seiner entsagen?

**Das Fräulein.** Ei, sieh doch! Jammert er dich nicht schon wieder? Nein, liebe Närrin, e i n e s Fehlers wegen entsagt man keinem Manne. Nein; aber ein Streich ist mir beigefallen, ihn wegen dieses Stolzes mit ähnlichem Stolze ein wenig zu martern.

**Franziska.** Nun, da müssen Sie ja recht sehr ruhig sein, mein Fräulein, wenn Ihnen schon wieder Streiche beifallen.

**Das Fräulein.** Ich bin es auch; komm nur. Du wirst deine Rolle dabei zu spielen haben. (Sie gehen herein.)

Ende des dritten Aufzugs.

---

# Vierter Aufzug.

## Erster Auftritt.

Die Szene: das Zimmer des Fräuleins.

**Das Fräulein** völlig[1] und reich, aber mit Geschmack gekleidet. **Franziska**. Sie stehen vom Tische auf, den ein Bedienter abräumt.

**Franziska.** Sie können unmöglich satt sein, gnädiges Fräulein.

**Das Fräulein.** Meinst du, Franziska? Vielleicht, daß ich mich nicht hungrig niedersetzte.

**Franziska.** Wir hatten ausgemacht, seiner während der Mahlzeit[2] nicht zu erwähnen. Aber wir hätten uns auch vornehmen sollen, an ihn nicht zu denken.

**Das Fräulein.** Wirklich, ich habe an nichts als an ihn gedacht.

**Franziska.** Das merkte ich wohl. Ich fing von hundert Dingen an zu sprechen, und Sie antworteten mir auf jedes verkehrt. (Ein andrer Bedienter trägt Kaffee auf.) Hier kömmt eine Nahrung, bei der man eher Grillen machen kann. Der liebe melancholische Kaffee[3]!

**Das Fräulein.** Grillen? Ich mache keine. Ich denke bloß der Lektion nach, die ich ihm geben will. Hast du mich recht begriffen, Franziska?

**Franziska.** O ja; am besten aber wäre es, er ersparte sie uns.

**Das Fräulein.** Du wirst sehen, daß ich ihn von Grund aus kenne. Der Mann, der mich jetzt mit allen Reichtümern ver-

---

[1] Vollständig, in Gesellschaftstoilette. – [2] Vgl. oben, S. 71, Anm. 1. – [3] Man glaubte früher, daß der Kaffee trübe Stimmung errege und die Gesundheit schädige.

weigert[1], wird mich der ganzen Welt streitig machen, sobald er hört, daß ich unglücklich und verlassen bin.

**Franziska** (sehr ernsthaft). Und so was muß die feinste[2] Eigenliebe unendlich kützeln[3].

**Das Fräulein.** Sittenrichterin! Seht doch! Vorhin ertappte sie mich auf Eitelkeit, jetzt auf Eigenliebe. – Nun, laß mich nur, liebe Franziska. Du sollst mit deinem Wachtmeister auch machen können, was du willst.

**Franziska.** Mit meinem Wachtmeister?

**Das Fräulein.** Ja, wenn du es vollends leugnest, so ist es richtig. – Ich habe ihn noch nicht gesehen; aber aus jedem Worte, das du mir von ihm gesagt hast, prophezeie ich dir deinen Mann.

---

## Zweiter Auftritt.

**Riccaut de la Marlinière. Das Fräulein. Franziska.**

**Riccaut** (noch innerhalb der Szene). *Est-il permis, Monsieur le Major?*

**Franziska.** Was ist das? Will das zu uns? (Gegen die Türe gehend.)

**Riccaut.** *Parbleu!* Ik bin unriktig. – *Mais non* – Ik bin nit unriktig – *C'est sa chambre* –

**Franziska.** Ganz gewiß, gnädiges Fräulein, glaubt dieser Herr, den Major von Tellheim noch hier zu finden.

**Riccaut.** Iß so! – *Le Major de Tellheim; juste, ma belle enfant, c'est lui que je cherche. Où est-il?*

**Franziska.** Er wohnt nicht mehr hier.

**Riccaut.** *Comment?* nok vor vierundswanzik Stund hier logier? Und logier nit mehr hier? Wo logier er denn?

**Das Fräulein** (die auf ihn zukommt). Mein Herr –

**Riccaut.** *Ah, Madame – Mademoiselle* – Ihro Gnad verzeih –

**Das Fräulein.** Mein Herr, Ihre Irrung ist sehr zu vergeben und Ihre Verwunderung sehr natürlich. Der Herr Major hat

---

[1] Nicht besitzen will. – [2] Raffinierteste. – [3] Weitverbreitete Nebenform zu „kitzeln“, früher häufig, wie hier, in der Bedeutung von „schmeicheln“.

die Güte gehabt, mir, als einer Fremden, die nicht unterzukommen wußte, sein Zimmer zu überlassen.

**Riccaut.** *Ah, voilà de ses politesses! C'est un très-galant-homme que ce Major!*[1]

**Das Fräulein.** Wo er indes hingezogen, – wahrhaftig, ich muß mich schämen, es nicht zu wissen.

**Riccaut.** Ihro Gnad nit wiß? *C'est dommage; j'en suis faché.*[2]

**Das Fräulein.** Ich hätte mich allerdings darnach erkundigen sollen. Freilich werden ihn seine Freunde noch hier suchen.

**Riccaut.** Ik bin sehr von seine Freund, Ihro Gnad –

**Das Fräulein.** Franziska, weißt du es nicht?

**Franziska.** Nein, gnädiges Fräulein.

**Riccaut.** Ik hätt ihn zu sprek sehr notwendik. Ik komm ihm bringen eine *Nouvelle,* davon er sehr frölik sein wird.

**Das Fräulein.** Ich betauere[3] um so viel mehr. – Doch hoffe ich, vielleicht bald ihn zu sprechen. Ist es gleichviel, aus wessen Munde er diese gute Nachricht erfährt, so erbiete ich mich, mein Herr –

**Riccaut.** Ik versteh. – *Mademoiselle parle françois? Mais sans doute; telle que je la vois! – La demande etoit bien impolie; Vous me pardonnerés, Mademoiselle.*[4] –

**Das Fräulein.** Mein Herr –

**Riccaut.** Nit? Sie sprek nit Französisch, Ihro Gnad?

**Das Fräulein.** Mein Herr, in Frankreich würde ich es zu sprechen suchen. Aber warum hier? Ich höre ja, daß Sie mich verstehen, mein Herr. Und ich, mein Herr, werde Sie gewiß auch verstehen; sprechen Sie, wie es Ihnen beliebt.

**Riccaut.** Gutt, gutt! Ik kann auk mik auf Deutsch explizier. – *Sachés donc, Mademoiselle* – Ihro Gnad soll also wiß, daß ik komm von die Tafel bei der Minister – Minister von – Minister von – wie heiß der Minister da draus? – in der lange Straß? – auf die breite Platz?[5] –

---

[1] „Ja, das ist seine höfliche Art! Der Major ist ein sehr galanter Mann!" – [2] „Schade; das ist mir unangenehm." – [3] Vgl. S. 15, Anm.1. – [4] „Das gnädige Fräulein sprechen französisch? Aber sicher, eine Dame wie Sie! – Die Frage war sehr unhöflich; verzeihen Sie, mein Fräulein." – [5] Das Kriegsministerium am Wilhelmsplatz.

**Das Fräulein.** Ich bin hier noch völlig unbekannt.

**Riccaut.** Nun, die Minister von der Kriegsdepartement. – Da haben ik zu Mittag gespeisen; – ik speisen *à l'ordinaire* bei ihm, – und da iß man gekommen reden auf der Major Tellheim; *et le Ministre m'a dit en confidence, car Son Excellence est de mes amis, et il n'y a point de mystères entre nous*[1] – Se. Exzellenz, will ik sag, haben mir vertrau, daß die Sak von unserm Major sei auf den *Point* zu enden, und gutt zu enden. Er habe gemakt ein *Rapport* an den Könik, und der Könik habe darauf resolvier, *tout-à-fait en faveur du Major. – Monsieur, m'a dit Son Excellence, vous comprenés bien, que tout depend de la maniere, dont on fait envisager les choses au Roi, et Vous me connoissés. Cela fait un très-joli garçon que ce Tellheim, et ne sais-je pas que Vous l'aimés? Les amis de mes amis sont aussi les miens. Il coute un peu cher au Roi ce Tellheim, mais est-ce que l'on sert les Rois pour rien? Il faut s'entr'aider en ce monde; et quand il s'agit de pertes, que ce soit le Roi, qui en fasse, et non pas un honnêt-homme de nous autres. Voilà le principe, dont je ne me depars jamais.*[2] – Was sag Ihro Gnad hierzu? Nit wahr, das iß ein brav Mann? *Ah que Son Excellence a le coeur bien placé!* Er hat mir *au reste* versiker, wenn der Major nit schon bekommen habe *une Lettre de la main* – eine Könikliken Handbrief, daß er heut *infailliblement* müsse bekommen einen.

**Das Fräulein.** Gewiß, mein Herr, diese Nachricht wird dem Major von Tellheim höchst angenehm sein. Ich wünschte, nur, ihm den Freund zugleich mit Namen nennen zu können, der so viel Anteil an seinem Glücke nimmt –

**Riccaut.** Mein Namen wünscht Ihro Gnad? – *Vous*

---

1 „Und der Minister hat mir im Vertrauen gesagt, denn Seine Exzellenz und ich sind Freunde und haben voreinander keine Geheimnisse." – 2 „Durchaus zugunsten des Majors. – Mein Herr, sagte mir Seine Exzellenz, Sie werden begreifen, daß alles von der Art abhängt, wie man dem König die Dinge vorstellt, und Sie kennen mich. Dieser Tellheim ist ein prächtiger Mensch, und ich weiß, daß Sie ihn lieben. Die Freunde meiner Freunde sind auch die meinigen. Dieser Tellheim kostet dem König etwas viel; aber dient man dem König etwa umsonst? Man muß einander in dieser Welt helfen, und wenn einer Verlust erleiden soll, so sei es der König, und nicht ein Ehrenmann unserer Art. Das ist ein Grundsatz, von dem ich niemals abgehe."

*voyés en moi* – Ihro Gnad seh in mik *le Chevalier Riccaut de la Marlinière, Seigneur de Pret-au-vol, de la Branche de Prensd'or.*[1] – Ihro Gnad steh verwundert, mik aus so ein groß, groß Familie zu hören, *qui est veritablement du sang Royal. – Il faut le dire; je suis sans doute le Cadet le plus avantureux, que la maison a jamais eu*[2] – Ik dien von meiner elfte Jahr. Ein *Affaire d'honneur* makte mik fliehen. Darauf haben ik gedienet Sr. Päpstliken Eilikheit, der Republick St. Marino, der Kron Pohlen, und den Staaten-General[3], bis ik endlik bin worden gezogen hierher. *Ah, Mademoiselle, que je voudrois n'avoir jamais vû ce pais-la!*[4] Hätte man mik gelaß im Dienst von den Staaten-General, so müßt ik nun sein aufs wenikst Oberst. Aber so hier immer und ewik *Capitaine*[5] geblieben, und nun gar sein ein abgedankte *Capitaine* –

**Das Fraulein.** Das ist viel Unglück.

**Riccaut.** *Oui, Mademoiselle, me voilà reformé, et par-là mis sur le pavé!*[6]

**Das Fräulein.** Ich beklage sehr.

**Riccaut.** *Vous êtes bien bonne, Mademoiselle* – Nein, man kenn sik hier nit auf den Verdienst. Einen Mann wie mik su reformier! Einen Mann, der sik nok dasu in diesem Dienst hat ruinier! – Ik haben dabei sugesetzt mehr als swansiktausend *livres*[7]. Was hab ik nun? *Tranchons le mot; je n'ai pas le sou, et me voilà exactement vis-à-vis du rien.*[8] –

**Das Fräulein.** Es tut mir ungemein leid.

**Riccaut.** *Vous êtes bien bonne, Mademoiselle.* Aber wie man pfleg su sagen: ein jeder Unglück schlepp nak sik seine Bruder; *qu'un malheur ne vient jamais seul:* so mit mir arrivier. Was ein *Honnêt-homme* von mein *Extraction*[9] kann anders haben für *Resource*[10] als das Spiel? Nun hab ik immer gespielen mit

---

1 Der Name lautet deutsch etwa „Ritter Reichart von Axtenburg, Herr von Diebslust, aus der Linie der Goldnehmer". – 2 „Die direkt aus königlichem Blute stammt." – „Ich muß bekennen, daß ich der vom Schicksal am schwersten geprüfte Sohn meines Hauses bin." – 3 Die Regierung der Niederlande. – 4 „O, mein Fräulein, ich wollte, ich hätte dies Land nie gesehen." – 5 „Hauptmann". – 6 „Ja, mein Fräulein, ich bin nun abgedankt und dadurch auf die Straße gesetzt." – 7 „Frank". – 8 „Sagen wir es ehrlich: ich habe keinen Pfennig unb stehe vor dem Ruin." – 9 „Herkunft". – 10 „Einnahmequelle".

Glück, so lang ik hatte nit vonnöten der Glück. Nun ik ihr hätte vonnöten, *Mademoiselle, je joue avec un guignon, qui surpasse toute croyance.*[1] Seit funfsehn Tag iß vergangen keine, wo sie mik nit hab gesprenkt.[2] Nok gestern hab sie mik gesprenkt dreimal. *Je sais bien, qu'il y avoit quelque chose de plus que le jeu. Car parmi mes pontes se trouvoient certaines Dames*[3] – Ik will niks weiter sag. Man muß sein galant gegen die Damen. Sie haben auk mik heut invitier[4], mir zu geben *revanche; mais – Vous m'entendés, Mademoiselle* – Man muß erst wiß, wovon leben, ehe man haben kann, wovon su spielen –

**Das Fräulein.** Ich will nicht hoffen, mein Herr –

**Riccaut.** *Vous êtes bien bonne, Mademoiselle* –

**Das Fräulein** (nimmt die Franziska beiseite). Franziska, der Mann tauert mich im Ernste. Ob er mir es wohl übelnehmen würde, wenn ich ihm etwas anböte?

**Franziska.** Der sieht mir nicht darnach aus.

**Das Fräulein.** Gut! – Mein Herr, ich höre, – daß Sie spielen; daß Sie Bank machen; ohne Zweifel an Orten, wo etwas zu gewinnen ist. Ich muß Ihnen bekennen, daß ich – gleichfalls das Spiel sehr liebe –

**Riccaut.** *Tant mieux, Mademoiselle, tant mieux! Tous les gens d'esprit aiment le jeu à la fureur.*[5]

**Das Fräulein.** Daß ich sehr gern gewinne; sehr gern mein Geld mit einem Manne wage, der – zu spielen weiß. – Wären Sie wohl geneigt, mein Herr, mich in Gesellschaft zu nehmen? mir einen Anteil an Ihrer Bank zu gönnen?

**Riccaut.** *Comment, Mademoiselle, Vous voulés être de moitié avec moi? De tout mon coeur.*[6]

**Das Fräulein.** Vors erste nur mit einer Kleinigkeit – (Geht und langt Geld aus ihrer Schatulle.)

**Riccaut.** *Ah, Mademoiselle, que Vous êtes charmante!* –

---

1 „Fräulein, so spiele ich mit einem Pech, das nicht zu glauben ist." – 2 „Sprengen" bedeutet im Spiel: die ganze Barschaft des Bankhalters gewinnen. – 3 „Ich weiß, daß dabei noch etwas andres als der Zufall des Spiels mitwirkte. Denn unter den Spielern waren Damen." – 4 „Eingeladen." – 5 „Um so besser, mein Fräulein, um so besser! Alle geistvollen Leute lieben das Spiel leidenschaftlich." – 6 „Wie, mein Fräulein, Sie wollen mit mir Halbpart machen? Mit tausend Freuden!"

**Das Fräulein.** Hier habe ich, was ich unlängst gewonnen; nur zehn Pistolen – Ich muß mich zwar schämen, so wenig –

**Riccaut.** *Donnés toûjours, Mademoiselle, donnés.*[1] (Nimmt es.)

**Das Fräulein.** Ohne Zweifel, daß Ihre Bank, mein Herr, sehr ansehnlich ist –

**Riccaut.** Jawohl, sehr ansehnlik. Sehn Pistol? Ihr Gnad soll sein dafür interessier bei meiner Bank auf ein Dreiteil *pour le tiers.* Swar auf ein Dreiteil sollen sein – etwas mehr. Dok mit einer schöne Damen muß man es nehmen nit so genau. Ik gratulier mik, zu kommen dadurk in *liaison* mit Ihro Gnad, *et de ce moment je recommence à bien augurer de ma fortune.*[2]

**Das Fräulein.** Ich kann aber nicht dabei sein, wenn Sie spielen, mein Herr.

**Riccaut.** Was brauk Ihro Gnad dabei su sein? Wir andern Spieler[3] sind ehrlike Leut untereinander.

**Das Fräulein.** Wenn wir glücklich sind, mein Herr, so werden Sie mir meinen Anteil schon bringen. Sind wir aber unglücklich –

**Riccaut.** So komm ik holen Rekruten. Nit wahr, Ihro Gnad?

**Das Fräulein.** Auf die Länge dürften die Rekruten fehlen. Verteidigen Sie unser Geld daher ja wohl, mein Herr.

**Riccaut.** Wofür seh mik Ihro Gnad an? Für ein Einfalspinse? für ein dumme Teuff?

**Das Fräulein.** Verzeihen Sie mir –

**Riccaut.** *Je suis des Bons*[4], *Mademoiselle. Savés-vous ce que cela veut dire?* Ik bin von die Ausgelernt –

**Das Fräulein.** Aber doch wohl, mein Herr –

**Riccaut.** *Je sais monter un coup*[5] –

**Das Fräulein** (verwundernd). Sollten Sie?

**Riccaut.** *Je file la carte avec une adresse*[6] –

**Das Fräulein.** Nimmermehr!

---

1 „Geben Sie nur immer, mein Fräulein, geben Sie!" – 2 „Und von diesem Augenblick an beginne ich wieder, an mein Glück zu glauben." – 3 Französisch: *nous autres joueurs.* – 4 „Ich gehöre zu den Gescheiten." – 5 „Ich verstehe geschickte Kunstgriffe." – 6 „Ich kann die Karte mit höchster Geschicklichkeit vertauschen."

**Riccaut.** *Je fais sauter la coupe avec une dexterité*[1] –

**Das Fräulein.** Sie werden doch nicht, mein Herr? –

**Riccaut.** Was nit? Ihro Gnade, was nit? *Donnés-moi un pigeonneau à plumer, et*[2] –

**Das Fräulein.** Falsch spielen? betrügen?

**Riccaut.** *Comment, Mademoiselle? Vous appellés cela* betrügen? *Corriger la fortune, l'enchainer sous ses doits, être sûr de son fait*[3], das nenn die Deutsch betrügen? betrügen! O, was ist die deutsch Sprak für ein arm Sprak! für ein plump Sprak!

**Das Fräulein.** Nein, mein Herr, wenn Sie so denken –

**Riccaut.** *Laissés-moi faire, Mademoiselle,* und sein Sie ruhik! Was gehn Sie an, wie ik spiel? – Genug, morgen entweder sehn mik wieder Ihro Gnad mit hundert Pistol, oder seh mik wieder gar nit – *Votre très-humble, Mademoiselle, votre très-humble*[4] – (Eilends ab).

**Das Fräulein** (die ihm mit Erstaunen und Verdruß nachsieht). Ich wünsche das letzte, mein Herr, das letzte!

---

## Dritter Auftritt.

### Das Fräulein. Franziska.

**Franziska** (erbittert). Kann ich noch reden? O schön! o schön!

**Das Fräulein.** Spotte nur; ich verdiene es. (Nach einem kleinen Nachdenken und gelassener.) Spotte nicht, Franziska; ich verdiene es nicht.

**Franziska.** Vortrefflich! da haben Sie etwas Allerliebstes getan: einem Spitzbuben wieder auf die Beine geholfen.

**Das Fräulein.** Es war einem Unglücklichen zugedacht.

**Franziska.** Und was das beste dabei ist: der Kerl hält Sie für seinesgleichen. – O, ich muß ihm nach und ihm das Geld wieder abnehmen. (Will fort.)

---

1 „Ich verstehe beim Abheben die Karten wieder in die ursprüngliche Lage zu bringen, mit einer Gewandtheit –." – 2 „Geben Sie mir ein Täubchen zu rupfen, und –" – 3 „Wie, mein Fräulein? Sie nennen das ‚betrügen'? Das Glück verbessern, es an seine Finger fesseln, seiner Sache sicher sein." – 4 „Ihr ergebenster Diener, mein Fräulein, Ihr ergebenster Diener."

**Das Fräulein.** Franziska, laß den Kaffee nicht vollends kalt werden; schenk ein.

**Franziska.** Er muß es Ihnen wiedergeben; Sie haben sich anders besonnen; Sie wollen mit ihm nicht in Gesellschaft spielen. Zehn Pistolen! Sie hörten ja, Fräulein, daß es ein Bettler war! (Das Fräulein schenkt indes selbst ein) Wer wird einem Bettler so viel geben? Und ihm noch dazu die Erniedrigung, es erbettelt zu haben, zu ersparen suchen? Den Mildtätigen, der den Bettler aus Großmut verkennen will, verkennt der Bettler wieder. Nun mögen Sie es haben, Fräulein, wenn er Ihre Gabe, ich weiß nicht wofür, ansieht – (und reicht der Franziska eine Tasse.) Wollen Sie mir das Blut noch mehr in Wallung bringen? Ich mag nicht trinken. (Das Fräulein setzt sie wieder weg.) – „*Parbleu,* Ihro Gnad, man kenn sik hier nit auf den Verdienst" (in dem Tone des Franzosen). Freilich nicht, wenn man die Spitzbuben so ungehangen herumlaufen läßt.

**Das Fräulein** (kalt und nachdenkend, indem sie trinkt). Mädchen, du verstehst dich so trefflich auf die guten Menschen; aber, wenn willst du die schlechten ertragen lernen? – Und sie sind doch auch Menschen. – Und öfters bei weitem so schlechte Menschen nicht, als sie scheinen. – Man muß ihre gute Seite nur aufsuchen. – Ich bilde mir ein, dieser Franzose ist nichts als eitel. Aus bloßer Eitelkeit macht er sich zum falschen Spieler; er will mir nicht verbunden scheinen; er will sich den Dank ersparen. Vielleicht, daß er nun hingeht, seine kleine Schulden bezahlt, von dem Reste, so weit er reicht, still und sparsam lebt, und an das Spiel nicht denkt. Wenn das ist, liebe Franziska, so laß ihn Rekruten holen, wenn er will. – (Gibt ihr die Tasse.) Da, setz weg! – Aber sage mir, sollte Tellheim nicht schon da sein?

**Franziska.** Nein, gnädiges Fräulein; ich kann beides nicht; weder an einem schlechten Menschen die gute noch an einem guten Menschen die böse Seite aufsuchen.

**Das Fräulein.** Er kömmt doch ganz gewiß? –

**Franziska.** Er sollte wegbleiben! – Sie bemerken an ihm, an ihm, dem besten Manne, ein wenig Stolz, und darum wollen Sie ihn so grausam necken?

**Das Fräulein.** Kömmst du da wieder hin? – Schweig,

das will ich nun einmal so. Wo du mir diese Lust verdirbst; wo du nicht alles sagst und tust, wie wir es abgeredet haben! – Ich will dich schon allein mit ihm lassen; und dann – – Jetzt kömmt er wohl.

## Vierter Auftritt.

**Paul Werner,** der in einer steifen Stellung, gleichsam im Dienste, hereintritt. **Das Fräulein. Franziska.**

**Franziska.** Nein, es ist nur sein lieber Wachtmeister.

**Das Fräulein.** Lieber Wachtmeister? Auf wen bezieht sich dieses „lieber"?

**Franziska.** Gnädiges Fräulein, machen Sie mir den Mann nicht verwirrt. – Ihre Dienerin, Herr Wachtmeister; was bringen Sie uns?

**Werner** (geht, ohne auf die Franziska zu achten, an das Fräulein). Der Major von Tellheim läßt an das gnädige Fräulein von Barnhelm durch mich, den Wachtmeister Werner, seinen untertänigen Respekt vermelden und sagen, daß er sogleich hier sein werde.

**Das Fräulein.** Wo bleibt er denn?

**Werner.** Ihro Gnaden werden verzeihen; wir sind noch vor dem Schlage drei aus dem Quartier gegangen; aber da hat ihn der Kriegszahlmeister unterwegens angered't; und weil mit dergleichen Herren des Redens immer kein Ende ist, so gab er mir einen Wink, dem gnädigen Fräulein den Vorfall zu rapportieren.

**Das Fräulein.** Recht wohl, Herr Wachtmeister. Ich wünsche nur, daß der Kriegszahlmeister dem Major etwas Angenehmes möge zu sagen haben.

**Werner.** Das haben dergleichen Herren den Offizieren selten. – Haben Ihro Gnaden etwas zu befehlen? (Im Begriffe, wieder zu gehen.)

**Franziska.** Nun, wo denn schon wieder hin, Herr Wachtmeister? Hätten wir denn nichts miteinander zu plaudern?

**Werner** (sachte zur Franziska und ernsthaft). Hier nicht, Frauenzimmerchen. Es ist wider den Respekt, wider die Subordination. – Gnädiges Fräulein –

**Das Fräulein.** Ich danke für Seine Bemühung, Herr Wachtmeister. – Es ist mir lieb gewesen, Ihn kennen zu lernen. Franziska hat mir viel Gutes von Ihm gesagt. (Werner macht eine steife Verbeugung und geht ab.)

---

## Fünfter Auftritt.

**Das Fräulein. Franziska.**

**Das Fräulein.** Das ist dein Wachtmeister, Franziska?

**Franziska.** Wegen des spöttischen Tones habe ich nicht Zeit, dieses „dein" nochmals aufzumutzen. – – Ja, gnädiges Fräulein, das ist mein Wachtmeister. Sie finden ihn ohne Zweifel ein wenig steif und hölzern. Jetzt kam er mir fast auch so vor. Aber ich merke wohl, er glaubte, vor Ihro Gnaden auf die Parade ziehen zu müssen. Und wenn die Soldaten paradieren, – ja freilich scheinen sie da mehr Drechslerpuppen als Männer. Sie sollten ihn hingegen nur sehn und hören, wenn er sich selbst gelassen ist.

**Das Fräulein.** Das müßte ich denn wohl!

**Franziska.** Er wird noch auf dem Saale sein. Darf ich nicht gehn und ein wenig mit ihm plaudern?

**Das Fräulein.** Ich versage dir ungern dieses Vergnügen. Du mußt hier bleiben, Franziska. Du mußt bei unserer Unterredung gegenwärtig sein. – Es fällt mir noch etwas bei. (Sie zieht ihren Ring vom Finger.) Da, nimm meinen Ring, verwahre ihn und gib mir des Majors seinen dafür.

**Franziska.** Warum das?

**Das Fräulein** (indem Franziska den andern Ring holt). Recht weiß ich es selbst nicht; aber mich dünkt, ich sehe so etwas voraus, wo ich ihn brauchen könnte. – Man pocht – Geschwind, gib her! (Sie steckt ihn an.) Er ist's!

---

## Sechster Auftritt.

**v. Tellheim** in dem nämlichen Kleide, aber sonst so, wie es Franziska verlangt. **Das Fräulein. Franziska.**

**v. Tellheim.** Gnädiges Fräulein, Sie werden mein Verweilen entschuldigen –

**Das Fräulein.** O, Herr Major, so gar militärisch wollen wir es miteinander nicht nehmen. Sie sind ja da! Und ein Vergnügen erwarten, ist auch ein Vergnügen. – Nun, (Indem sie ihm lächelnd ins Gesicht sieht.) lieber Tellheim, waren wir nicht vorhin Kinder?

**v. Tellheim.** Jawohl, Kinder, gnädiges Fräulein; Kinder, die sich sperren, wo sie gelassen folgen sollten.

**Das Fräulein.** Wir wollen ausfahren, lieber Major, – die Stadt ein wenig zu besehen, – und hernach meinem Oheim entgegen.

**v. Tellheim.** Wie?

**Das Fräulein.** Sehen Sie; auch das Wichtigste haben wir einander noch nicht sagen können. Ja, er trifft noch heut hier ein. Ein Zufall ist schuld, daß ich einen Tag früher ohne ihn angekommen bin.

**v. Tellheim.** Der Graf von Bruchsall? Ist er zurück?

**Das Fräulein.** Die Unruhen des Krieges verscheuchten ihn nach Italien; der Friede hat ihn wieder zurückgebracht. – Machen Sie sich keine Gedanken, Tellheim. Besorgten wir schon ehemals das stärkste Hindernis unsrer Verbindung von seiner Seite –

**v. Tellheim.** Unserer Verbindung?

**Das Fräulein.** Er ist Ihr Freund. Er hat von zu vielen zu viel Gutes von Ihnen gehört, um es nicht zu sein. Er brennet, den Mann von Antlitz zu kennen, den seine einzige Erbin gewählt hat. Er kömmt als Oheim, als Vormund, als Vater, mich Ihnen zu übergeben.

**v. Tellheim.** Ah, Fräulein, warum haben Sie meinen Brief nicht gelesen? Warum haben Sie ihn nicht lesen wollen?

**Das Fräulein.** Ihren Brief? Ja, ich erinnere mich, Sie schickten mir einen. Wie war es denn mit diesem Briefe, Franziska? Haben wir ihn gelesen oder haben wir ihn nicht gelesen? Was schrieben Sie mir denn, lieber Tellheim? –

**v. Tellheim.** Nichts, als was mir die Ehre befiehlt.

**Das Fräulein.** Das ist, ein ehrliches Mädchen, die Sie liebt, nicht sitzen zu lassen. Freilich befiehlt das die Ehre. Gewiß, ich hätte den Brief lesen sollen. Aber was ich nicht gelesen habe, das höre ich ja.

**v. Tellheim.** Ja, Sie sollen es hören –

**Das Fräulein.** Nein, ich brauch' es auch nicht einmal zu hören. Es versteht sich von selbst. Sie könnten eines so häßlichen Streiches fähig sein, daß Sie mich nun nicht wollten? Wissen Sie, daß ich auf Zeit meines Lebens beschimpft wäre? Meine Landsmänninnen würden mit Fingern auf mich weisen. – „Das ist sie", würde es heißen, „das ist das Fräulein von Barnhelm, die sich einbildete, weil sie reich sei, den wackern Tellheim zu bekommen; als ob die wackern Männer für Geld zu haben wären!" So würde es heißen; denn meine Landsmänninnen sind alle neidisch auf mich. Daß ich reich bin, können sie nicht leugnen; aber davon wollen sie nichts wissen, daß ich auch sonst noch ein ziemlich gutes Mädchen bin, das seines Mannes wert ist. Nicht wahr, Tellheim?

**v. Tellheim.** Ja, ja, gnädiges Fräulein, daran erkenne ich Ihre Landsmänninnen. Sie werden Ihnen einen abgedankten, an seiner Ehre gekränkten Offizier, einen Krüppel, einen Bettler trefflich beneiden.

**Das Fräulein.** Und das alles wären Sie? Ich hörte so was, wenn ich mich nicht irre, schon heute vormittage. Da ist Böses und Gutes untereinander. Lassen Sie uns doch jedes näher beleuchten. – Verabschiedet sind Sie? So höre ich. Ich glaubte, Ihr Regiment sei bloß untergesteckt[1] worden. Wie ist es gekommen, daß man einen Mann von Ihren Verdiensten nicht beibehalten?

**v. Tellheim.** Es ist gekommen, wie es kommen müssen. Die Großen haben sich überzeugt, daß ein Soldat aus Neigung für sie ganz wenig, aus Pflicht nicht viel mehr, aber alles seiner eignen Ehre wegen tut. Was können sie ihm also schuldig zu sein glauben? Der Friede hat ihnen mehrere meinesgleichen entbehrlich gemacht; und am Ende ist ihnen niemand unentbehrlich.

**Das Fräulein.** Sie sprechen, wie ein Mann sprechen muß, dem die Großen hinwiederum sehr entbehrlich sind. Und niemals waren sie es mehr als jetzt. Ich sage den Großen meinen

---

1 Auf andere Regimenter verteilt.

großen Dank, daß sie ihre Ansprüche auf einen Mann haben fahren lassen, den ich doch nur sehr ungern mit ihnen geteilet hätte. – Ich bin Ihre Gebieterin, Tellheim; Sie brauchen weiter keinen Herrn. – Sie verabschiedet zu finden, das Glück hätte ich mir kaum träumen lassen! – Doch Sie sind nicht bloß verabschiedet: Sie sind noch mehr. Was sind Sie noch mehr? Ein Krüppel, sagten Sie? Nun (indem sie ihn von oben bis unten betrachtet), der Krüppel ist doch noch ziemlich ganz und gerade, scheinet doch noch ziemlich gesund und stark. – Lieber Tellheim, wenn Sie auf den Verlust Ihrer gesunden Gliedmaßen betteln zu gehen denken, so prophezeie ich Ihnen voraus, daß Sie vor den wenigsten Türen etwas bekommen werden; ausgenommen vor den Türen der gutherzigen Mädchen wie ich.

**v. Tellheim.** Jetzt höre ich nur das mutwillige Mädchen, liebe Minna.

**Das Fräulein.** Und ich höre in Ihrem Verweise nur das „liebe Minna". – Ich will nicht mehr mutwillig sein. – Denn ich besinne mich, daß Sie allerdings ein kleiner Krüppel sind. Ein Schuß hat Ihnen den rechten Arm ein wenig gelähmt. – Doch, alles wohl überlegt, so ist auch das so schlimm nicht. Um so viel sichrer bin ich vor Ihren Schlägen.

**v. Tellheim.** Fräulein!

**Das Fräulein.** Sie wollen sagen: Aber Sie um so viel weniger vor meinen. Nun, nun, lieber Tellheim, ich hoffe, Sie werden es nicht dazu kommen lassen.

**v. Tellheim.** Sie wollen lachen, mein Fräulein. Ich beklage nur, daß ich nicht mitlachen kann.

**Das Fräulein.** Warum nicht? Was haben Sie denn gegen das Lachen? Kann man denn auch nicht lachend sehr ernsthaft sein? Lieber Major, das Lachen erhält uns vernünftiger als der Verdruß. Der Beweis liegt vor uns. Ihre lachende Freundin beurteilet Ihre Umstände weit richtiger als Sie selbst. Weil Sie verabschiedet sind, nennen Sie sich an Ihrer Ehre gekränkt; weil Sie einen Schuß in dem Arme haben, machen Sie sich zu einem Krüppel. Ist das so recht? Ist das keine Übertreibung? Und ist es meine Einrichtung, daß alle Übertreibungen des Lächerlichen so fähig sind? Ich wette, wenn ich Ihren Bettler nun vornehme, daß auch dieser ebensowenig Stich halten wird. Sie werden einmal, zweimal, dreimal Ihre Equipage[1] verloren haben; bei dem oder jenem Bankier werden einige Kapitale jetzt mit schwinden; Sie werden diesen und jenen Vorschuß, den Sie im Dienste getan, keine Hoffnung haben, wiederzuerhalten; aber sind Sie darum ein Bettler? Wenn Ihnen auch nichts übriggeblieben ist, als was mein Oheim für Sie mitbringt –

**v. Tellheim.** Ihr Oheim, gnädiges Fräulein, wird für mich nichts mitbringen.

**Das Fräulein.** Nichts, als die zweitausend Pistolen, die Sie unsern Ständen so großmütig vorschossen.

**v. Tellheim.** Hätten Sie doch nur meinen Brief gelesen, gnädiges Fräulein!

**Das Fräulein.** Nun ja, ich habe ihn gelesen. Aber was ich über diesen Punkt darin gelesen, ist mir ein wahres Rätsel. Unmöglich kann man Ihnen aus einer edlen Handlung ein Verbrechen machen wollen. – Erklären Sie mir doch, lieber Major –

**v. Tellheim.** Sie erinnern sich, gnädiges Fräulein, daß ich Ordre hatte, in den Ämtern Ihrer Gegend die Kontribution mit der äußersten Strenge bar beizutreiben. Ich wollte mir diese Strenge ersparen und schoß die fehlende Summe selbst vor. –

**Das Fräulein.** Ja, wohl erinnere ich mich. – Ich liebte Sie um dieser Tat willen, ohne Sie noch gesehen zu haben.

**v. Tellheim.** Die Stände[2] gaben mir ihren Wechsel, und diesen wollte ich bei Zeichnung des Friedens unter die zu ratihabierende Schulden[3] eintragen lassen. Der Wechsel ward für gültig erkannt, aber mir ward das Eigentum desselben streitig gemacht. Man zog spöttisch das Maul, als ich versicherte, die Valute[4] bar hergegeben zu haben. Man erklärte ihn für eine Bestechung, für das Gratial[5] der Stände, weil ich sobald mit ihnen auf die niedrigste Summe einig geworden war, mit der ich mich nur im äußersten Notfall zu begnügen Vollmacht hatte.

---

[1] Ausrüstung. – [2] Die noch aus dem Mittelalter stammenden Landstände, eine aus dem Adel, der Geistlichkeit und den Städten bestehende Korporation, die dem Landesherrn gegenüber unter anderen besonders das Steuerbewilligungsrecht hatte. – [3] Schulden, die nachträglich als zu Recht bestehende Verpflichtungen von seiten der Besiegten im Friedensvertrag anerkannt werden sollen. – [4] Der Gegenwert des Wechsels. – [5] Dankgeschenk.

So kam der Wechsel aus meinen Händen, und wenn er bezahlt wird, wird er sicherlich nicht an mich bezahlt. – Hierdurch, mein Fräulein, halte ich meine Ehre für gekränkt; nicht durch den Abschied, den ich gefordert haben würde, wenn ich ihn nicht bekommen hätte. – Sie sind ernsthaft, mein Fräulein? Warum lachen Sie nicht? Ha, ha, ha! Ich lache ja.

**Das Fräulein.** O, ersticken Sie dieses Lachen, Tellheim! Ich beschwöre Sie! Es ist das schreckliche Lachen des Menschenhasses! Nein, Sie sind der Mann nicht, den eine gute Tat reuen kann, weil sie üble Folgen für ihn hat. Nein, unmöglich können diese üble Folgen dauren! Die Wahrheit muß an den Tag kommen. Das Zeugnis meines Oheims, aller unsrer Stände –

**v. Tellheim.** Ihres Oheims! Ihrer Stände! Ha, ha, ha!

**Das Fräulein.** Ihr Lachen tötet mich, Tellheim! Wenn Sie an Tugend und Vorsicht[1] glauben, Tellheim, so lachen Sie so nicht! Ich habe nie fürchterlicher fluchen hören als Sie lachen. – Und lassen Sie uns das Schlimmste setzen! Wenn man Sie hier durchaus verkennen will, so kann man Sie bei uns nicht verkennen. Nein, wir können, wir werden Sie nicht verkennen, Tellheim. Und wenn unsere Stände die geringste Empfindung von Ehre haben, so weiß ich, was sie tun müssen. Doch ich bin nicht klug: was wäre das nötig? Bilden Sie sich ein, Tellheim, Sie hätten die zweitausend Pistolen an einem wilden Abende verloren. Der König war eine unglückliche Karte für Sie: die Dame (auf sich weisend) wird Ihnen desto günstiger sein. – Die Vorsicht[1], glauben Sie mir, hält den ehrlichen Mann immer schadlos; und öfters schon im voraus. Die Tat, die Sie einmal um zweitausend Pistolen bringen sollte, erwarb mich Ihnen. Ohne diese Tat würde ich nie begierig gewesen sein, Sie kennen zu lernen. Sie wissen, ich kam uneingeladen in die erste Gesellschaft, wo ich Sie zu finden glaubte. Ich kam bloß Ihrentwegen. Ich kam in dem festen Vorsatze, Sie zu lieben, – ich liebte Sie schon! – in dem festen Vorsatze, Sie zu besitzen, wenn ich Sie auch so schwarz und häßlich finden sollte als den Mohr von Venedig. Sie sind so schwarz und häßlich nicht;

[1] Vorsehung.

auch so eifersüchtig werden Sie nicht sein. Aber Tellheim, Tellheim, Sie haben doch noch viel Ähnliches mit ihm! O, über die wilden, unbiegsamen Männer, die nur immer ihr stieres Auge auf das Gespenst der Ehre heften! für alles andere Gefühl sich verhärten! – Hierher Ihr Auge! auf mich, Tellheim! (Der indes vertieft und unbeweglich mit starren Augen immer auf eine Stelle gesehen.) Woran denken Sie? Sie hören mich nicht?

**v. Tellheim** (zerstreut). O ja! Aber sagen Sie mir doch, mein Fräulein, wie kam der Mohr in venezianische Dienste? Hatte der Mohr kein Vaterland? Warum vermietete er seinen Arm und sein Blut einem fremden Staate? –

**Das Fräulein** (erschrocken). Wo sind Sie, Tellheim? – Nun ist es Zeit, daß wir abbrechen. – Kommen Sie! (Indem sie ihn bei der Hand ergreift.) – Franziska, laß den Wagen vorfahren.

**v. Tellheim** (der sich von dem Fräulein losreißt und der Franziska nachgeht). Nein, Franziska; ich kann nicht die Ehre haben, das Fräulein zu begleiten. – Mein Fräulein, lassen Sie mir noch heute meinen gesunden Verstand und beurlauben Sie mich. Sie sind auf dem besten Wege, mich darum zu bringen. Ich stemme mich, so viel ich kann. – Aber weil[1] ich noch bei Verstande bin, so hören Sie, mein Fräulein, was ich fest beschlossen habe, wovon mich nichts in der Welt abbringen soll. – Wenn nicht noch ein glücklicher Wurf für mich im Spiele ist, wenn sich das Blatt nicht völlig wendet, wenn –

**Das Fräulein.** Ich muß Ihnen ins Wort fallen, Herr Major. – Das hätten wir ihm gleich sagen sollen, Franziska. Du erinnerst mich auch an gar nichts. – Unser Gespräch würde ganz anders gefallen sein, Tellheim, wenn ich mit der guten Nachricht angefangen hätte, die Ihnen der Chevalier de la Marlinière nur eben zu bringen kam.

**v. Tellheim.** Der Chevalier de la Marlinière? Wer ist das?

**Franziska.** Es mag ein ganz guter Mann sein, Herr Major, bis auf –

**Das Fräulein.** Schweig, Franziska! – Gleichfalls ein verabschiedeter Offizier, der aus holländischen Diensten –

**v. Tellheim.** Ha! der Leutnant Riccaut!

---

1 Ältere Bedeutung: so lange als.

**Das Fräulein.** Er versicherte, daß er Ihr Freund sei.

**v. Tellheim.** Ich versichere, daß ich seiner nicht bin.

**Das Fräulein.** Und daß ihm, ich weiß nicht, welcher Minister vertrauet habe, Ihre Sache sei dem glücklichsten Ausgange nahe. Es müsse ein königliches Handschreiben an Sie unterwegens sein. –

**v. Tellheim.** Wie kämen Riccaut und ein Minister zu sammen? – Etwas zwar muß in meiner Sache geschehen sein. Denn nur[1] jetzt erklärte mir der Kriegszahlmeister, daß der König alles niedergeschlagen habe, was wider mich urgieret worden[2], und daß ich mein schriftlich gegebenes Ehrenwort, nicht eher von hier zu gehen, als bis man mich völlig entladen[3] habe, wieder zurücknehmen könne. – Das wird es aber auch alles sein. Man wird mich wollen laufen lassen. Allein man irrt sich; ich werde nicht laufen. Eher soll mich hier das äußerste Elend vor den Augen meiner Verleumder verzehren –

**Das Fräulein.** Hartnäckiger Mann!

**v. Tellheim.** Ich brauche keine Gnade; ich will Gerechtigkeit. Meine Ehre –

**Das Fräulein.** Die Ehre eines Mannes wie Sie –

**v. Tellheim** (hitzig). Nein, mein Fräulein, Sie werden von allen Dingen recht gut urteilen können, nur hierüber nicht. Die Ehre ist nicht die Stimme unsers Gewissens, nicht das Zeugnis weniger Rechtschaffenen – –

**Das Fräulein.** Nein, nein, ich weiß wohl. – Die Ehre ist – die Ehre.

**v. Tellheim.** Kurz, mein Fräulein, – Sie haben mich nicht ausreden lassen. – Ich wollte sagen: wenn man mir das Meinige so schimpflich vorenthält, wenn meiner Ehre nicht die vollkommenste Genugtuung geschieht, so kann ich, mein Fräulein, der Ihrige nicht sein. Denn ich bin es in den Augen der Welt nicht wert zu sein. Das Fräulein von Barnhelm verdienet einen unbescholtenen Mann. Es ist eine nichtswürdige Liebe, die kein Bedenken trägt, ihren Gegenstand der Verachtung auszusetzen. Es ist ein nichtswürdiger Mann, der sich nicht schämet,

---

[1] Eben. – [2] Wessen ich beschuldigt worden. – [3] Entlastet.

sein ganzes Glück einem Frauenzimmer zu verdanken, dessen blinde Zärtlichkeit –

**Das Fräulein.** Und das ist Ihr Ernst, Herr Major? – (Indem sie ihm plötzlich den Rücken wendet.) Franziska!

**v. Tellheim.** Werden Sie nicht ungehalten, mein Fräulein –

**Das Fräulein** (beiseite zur Franziska). Jetzt wäre es Zeit! Was rätst du mir, Franziska? –

**Franziska.** Ich rate nichts. Aber freilich macht er es Ihnen ein wenig zu bunt. –

**v. Tellheim** (der sie zu unterbrechen kömmt). Sie sind ungehalten, mein Fräulein –

**Das Fräulein** (höhnisch). Ich? im geringsten nicht.

**v. Tellheim.** Wenn ich Sie weniger liebte, mein Fräulein –

**Das Fräulein** (noch in diesem Tone). O gewiß, es wäre mein Unglück! – Und sehen Sie, Herr Major, ich will Ihr Unglück auch nicht. – Man muß ganz uneigennützig lieben. – Ebensogut, daß ich nicht offenherziger gewesen bin! Vielleicht würde mir Ihr Mitleid gewähret haben, was mir Ihre Liebe versagt. – (Indem sie den Ring langsam vom Finger zieht.)

**v. Tellheim.** Was meinen Sie damit, Fräulein?

**Das Fräulein.** Nein, keines muß das andere weder glücklicher noch unglücklicher machen. So will es die wahre Liebe! Ich glaube Ihnen, Herr Major; und Sie haben zu viel Ehre, als daß Sie die Liebe verkennen sollten.

**v. Tellheim.** Spotten Sie, mein Fräulein?

**Das Fräulein.** Hier! Nehmen Sie den Ring wieder zurück, mit dem Sie mir Ihre Treue verpflichtet. (Überreicht ihm den Ring.) Es sei drum! Wir wollen einander nicht gekannt haben!

**v. Tellheim.** Was höre ich?

**Das Fräulein.** Und das befremdet Sie? – Nehmen Sie, mein Herr. – Sie haben sich doch wohl nicht bloß gezieret?

**v. Tellheim** (indem er den Ring aus ihrer Hand nimmt). Gott! So kann Minna sprechen! –

**Das Fräulein.** Sie können der Meinige in einem Falle nicht sein: ich kann die Ihrige in keinem sein. Ihr Unglück ist wahrscheinlich; meines ist gewiß – Leben Sie wohl! (Will fort.)

**v. Tellheim.** Wohin, liebste Minna? –

**Das Fräulein.** Mein Herr, Sie beschimpfen mich jetzt mit dieser vertraulichen Benennung.

**v. Tellheim.** Was ist Ihnen, mein Fräulein? Wohin?

**Das Fräulein.** Lassen Sie mich. – Meine Tränen vor Ihnen zu verbergen, Verräter! (Geht ab.)

---

## Siebenter Auftritt.

**v. Tellheim. Franziska.**

**v. Tellheim.** Ihre Tränen? Und ich sollte Sie lassen? (Will ihr nach.)

**Franziska** (die ihn zurückhält). Nicht doch, Herr Major! Sie werden ihr ja nicht in ihr Schlafzimmer folgen wollen?

**v. Tellheim.** Ihr Unglück? Sprach sie nicht von Unglück?

**Franziska.** Nun freilich; das Unglück, Sie zu verlieren, nachdem –

**v. Tellheim.** Nachdem? was nachdem? Hierhinter steckt mehr. Was ist es, Franziska? Rede, sprich –

**Franziska.** Nachdem sie, wollte ich sagen, – Ihnen so vieles aufgeopfert.

**v. Tellheim.** Mir aufgeopfert?

**Franziska.** Hören Sie nur kurz. – Es ist für Sie recht gut, Herr Major, daß Sie auf diese Art von ihr losgekommen sind. – Warum soll ich es Ihnen nicht sagen? Es kann doch länger kein Geheimnis bleiben. – Wir sind entflohen! – Der Graf von Bruchsall hat das Fräulein enterbt, weil sie keinen Mann von seiner Hand annehmen wollte. Alles verließ, alles verachtete sie hierauf. Was sollten wir tun? Wir entschlossen uns, denjenigen aufzusuchen, dem wir –

**v. Tellheim.** Ich habe genug! – Komm, ich muß mich zu ihren Füßen werfen.

**Franziska.** Was denken Sie? Gehen Sie vielmehr und danken Ihrem guten Geschicke –

**v. Tellheim.** Elende! für wen hältst du mich? – Nein, liebe Franziska, der Rat kam nicht aus deinem Herzen. Vergib meinem Unwillen!

**Franziska.** Halten Sie mich nicht länger auf. Ich muß sehen, was sie macht. Wie leicht könnte ihr etwas zugestoßen sein. – Gehen Sie! Kommen Sie lieber wieder, wenn Sie wiederkommen wollen. (Geht dem Fräulein nach.)

---

## Achter Auftritt.

**v. Tellheim.**

Aber, Franziska! – O, ich erwarte euch hier! – Nein, das ist dringender! – Wenn sie Ernst sieht, kann mir ihre Vergebung nicht entstehen[1]. – Nun brauch' ich dich, ehrlicher Werner! – Nein, Minna, ich bin kein Verräter! (Eilends ab.)

1 Ausbleiben.

Ende des vierten Aufzuges.

---

# Fünfter Aufzug.

## Erster Auftritt.

Die Szene: der Saal.

**v. Tellheim** von der einen und **Werner** von der andern Seite.

**v. Tellheim.** Ha, Werner! ich suche dich überall. Wo steckst du?

**Werner.** Und ich habe Sie gesucht, Herr Major; so geht's mit dem Suchen. – Ich bringe Ihnen gar eine gute Nachricht.

**v. Tellheim.** Ah, ich brauche jetzt nicht deine Nachrichten: ich brauche dein Geld. Geschwind, Werner, gib mir so viel du hast; und denn suche so viel aufzubringen, als du kannst.

**Werner.** Herr Major? – Nun, bei meiner armen Seele habe ich's doch gesagt: er wird Geld von mir borgen, wenn er selber welches zu verleihen hat.

**v. Tellheim.** Du suchst doch nicht Ausflüchte?

**Werner.** Damit ich ihm nichts vorzuwerfen habe, so nimmt er mir's mit der Rechten und gibt mir's mit der Linken wieder.

**v. Tellheim.** Halte mich nicht auf, Werner! – Ich habe den guten Willen, dir es wiederzugeben; aber wenn und wie? – Das weiß Gott!

**Werner.** Sie wissen es also noch nicht, daß die Hofstaatskasse Ordre hat, Ihnen Ihre Gelder zu bezahlen? Eben erfuhr ich es bei –

**v. Tellheim.** Was plauderst du? Was lässest du dir weismachen? Begreifst du denn nicht, daß, wenn es wahr wäre, ich es doch wohl am ersten wissen müßte? – Kurz, Werner, Geld! Geld!

**Werner.** Je nu, mit Freuden! hier ist was! – Das sind die hundert Louisdor, und das die hundert Dukaten. (Gibt ihm beides.)

**v. Tellheim.** Die hundert Louisdor, Werner, geh und bringe Justen. Er soll sogleich den Ring wieder einlösen, den er heute früh versetzt hat. – Aber wo wirst du mehr hernehmen, Werner? – Ich brauche weit mehr.

**Werner.** Dafür lassen Sie mich sorgen. – Der Mann, der mein Gut gekauft hat, wohnt in der Stadt. Der Zahlungstermin wäre zwar erst in vierzehn Tagen, aber das Geld liegt parat, und ein halb Prozentchen Abzug –

**v. Tellheim.** Nun ja, lieber Werner! – Siehst du, daß ich meine einzige Zuflucht zu dir nehme? – Ich muß dir auch alles vertrauen. Das Fraulein hier, – du hast sie gesehn, – ist unglücklich –

**Werner.** O Jammer!

**v. Tellheim.** Aber morgen ist sie meine Frau –

**Werner.** O Freude!

**v. Tellheim.** Und übermorgen geh' ich mit ihr fort. Ich darf fort; ich will fort. Lieber hier alles im Stiche gelassen! Wer weiß, wo mir sonst ein Glück aufgehoben ist. Wenn du willst, Werner, so komm mit. Wir wollen wieder Dienste nehmen.

**Werner.** Wahrhaftig? – Aber doch, wo's Krieg gibt, Herr Major?

**v. Tellheim.** Wo sonst? – Geh, lieber Werner, wir sprechen davon weiter.

**Werner.** O Herzensmajor! – Übermorgen? Warum nicht lieber morgen? – Ich will schon alles zusammenbringen. – In Persien, Herr Major, gibt's einen trefflichen Krieg; was meinen Sie?

**v. Tellheim.** Wir wollen das überlegen; geh nur, Werner! –

**Werner.** Juchhe! es lebe der Prinz Heraklius! (Geht ab.)

---

## Zweiter Auftritt.

**v. Tellheim.**

Wie ist mir? – Meine ganze Seele hat neue Triebfedern bekommen. Mein eignes Unglück schlug mich nieder, machte mich ärgerlich, kurzsichtig, schüchtern, lässig; ihr Unglück hebt mich empor, ich sehe wieder frei um mich und fühle mich willig und stark, alles für sie zu unternehmen – Was verweile ich? (Will nach dem Zimmer des Fräuleins, aus dem ihm Franziska entgegenkömmt.)

---

## Dritter Auftritt.

**Franziska. v. Tellheim.**

**Franziska.** Sind Sie es doch? – Es war mir, als ob ich Ihre Stimme hörte. – Was wollen Sie, Herr Major?

**v. Tellheim.** Was ich will? – Was macht dein Fräulein? – Komm! –

**Franziska.** Sie will den Augenblick ausfahren.

**v. Tellheim.** Und allein? ohne mich? wohin?

**Franziska.** Haben Sie vergessen, Herr Major?

**v. Tellheim.** Bist du nicht klug, Franziska? – Ich habe sie gereizt, und sie ward empfindlich, ich werde sie um Vergebung bitten, und sie wird mir vergeben.

**Franziska.** Wie? – Nachdem Sie den Ring zurückgenommen, Herr Major?

**v. Tellheim.** Ha! – das tat ich in der Betäubung. – Jetzt denk' ich erst wieder an den Ring. – Wo habe ich ihn hingesteckt? – (Er sucht ihn.) Hier ist er.

**Franziska.** Ist er das? (Indem er ihn wieder einsteckt, beiseite.) Wenn er ihn doch genauer besehen wollte!

**v. Tellheim.** Sie drang mir ihn auf, mit einer Bitterkeit – Ich habe diese Bitterkeit schon vergessen. Ein volles Herz kann die Worte nicht wägen. – Aber sie wird sich auch keinen Augenblick weigern, den Ring wieder anzunehmen. – Und habe ich nicht noch ihren?

**Franziska.** Den erwartet sie dafür zurück. – Wo haben Sie ihn denn, Herr Major? Zeigen Sie mir ihn doch.

**v. Tellheim** (etwas verlegen). Ich habe – ihn anzustecken vergessen. – Just – Just wird mir ihn gleich nachbringen.

**Franziska.** Es ist wohl einer ziemlich wie der andere; lassen Sie mich doch diesen sehen; ich sehe so was gar zu gern.

**v. Tellheim.** Ein andermal, Franziska. Jetzt komm –

**Franziska** (beiseite). Er will sich durchaus nicht aus seinem Irrtume bringen lassen.

**v. Tellheim.** Was sagst du? Irrtume?

**Franziska.** Es ist ein Irrtum, sag' ich, wenn Sie meinen, daß das Fräulein doch noch eine gute Partie sei. Ihr eigenes Vermögen ist gar nicht beträchtlich; durch ein wenig eigennützige Rechnungen können es ihr die Vormünder völlig zu Wasser machen. Sie erwartete alles von dem Oheim; aber dieser grausame Oheim –

**v. Tellheim.** Laß ihn doch! – Bin ich nicht Manns genug, ihr einmal alles zu ersetzen? –

**Franziska.** Hören Sie? Sie klingelt; ich muß herein.

**v. Tellheim.** Ich gehe mit dir.

**Franziska.** Um des Himmels willen nicht! Sie hat mir ausdrücklich verboten, mit Ihnen zu sprechen. Kommen Sie wenigstens mir erst nach. – (Geht herein.)

---

## Vierter Auftritt.

**v. Tellheim.**

(Ihr nachrufend.) Melde mich ihr! – Sprich für mich, Franziska! – Ich folge dir sogleich! – Was werde ich ihr sagen? – Wo das Herz reden darf, braucht es keiner Vorbereitung. – Das einzige möchte eine studierte Wendung bedürfen: ihre Zurückhaltung, ihre Bedenklichkeit, sich als unglücklich in meine Arme zu werfen; ihre Beflissenheit, mir ein Glück vorzuspiegeln, das sie durch mich verloren hat. Dieses Mißtrauen in meine Ehre, in ihren eigenen Wert, vor ihr selbst zu entschuldigen, vor ihr selbst – Vor mir ist es schon entschuldiget! – Ha! hier kömmt sie. –

---

## Fünfter Auftritt.

**Das Fräulein. Franziska. v. Tellheim.**

**Das Fräulein** (im Heraustreten, als ob sie den Major nicht gewahr würde). Der Wagen ist doch vor der Türe, Franziska? – Meinen Fächer! –

**v. Tellheim** (auf sie zu). Wohin, mein Fräulein?

**Das Fräulein** (mit einer affektierten Kälte). Aus, Herr Major. – Ich errate, warum Sie sich nochmals herbemühet haben: mir auch meinen Ring wieder zurückzugeben. – Wohl, Herr Major; haben Sie nur die Güte, ihn der Franziska einzuhändigen. – Franziska, nimm dem Herrn Major den Ring ab! – Ich habe keine Zeit zu verlieren. (Will fort.)

**v. Tellheim** (der ihr vortritt[1]). Mein Fräulein! – Ah, was habe ich erfahren, mein Fräulein! Ich war so vieler Liebe nicht wert.

**Das Fräulein.** So, Franziska? Du hast dem Herrn Major –

**Franziska.** Alles entdeckt.

**v. Tellheim.** Zürnen Sie nicht auf mich, mein Fräulein. Ich bin kein Verräter. Sie haben um mich in den Augen der Welt viel verloren, aber nicht in meinen. In meinen Augen haben Sie unendlich durch diesen Verlust gewonnen. Er war Ihnen noch zu neu; Sie fürchteten, er möchte einen allzu nachteiligen Eindruck auf mich machen; Sie wollten mir ihn vors erste verbergen. Ich beschwere mich nicht über dieses Mißtrauen. Es entsprang aus dem Verlangen, mich zu erhalten. Dieses Verlangen ist mein Stolz! Sie fanden mich selbst unglücklich; und Sie wollten Unglück nicht mit Unglück häufen. Sie konnten nicht vermuten, wie sehr mich Ihr Unglück über das meinige hinaussetzen würde.

**Das Fräulein.** Alles recht gut, Herr Major! Aber es ist nun einmal geschehen. Ich habe Sie Ihrer Verbindlichkeit erlassen; Sie haben durch Zurücknehmung des Ringes –

**v. Tellheim.** In nichts gewilliget! – Vielmehr halte ich mich jetzt für gebundener als jemals. – Sie sind die Meinige, Minna, auf ewig die Meinige. (Zieht den Ring heraus.) Hier, empfangen Sie es zum zweiten Male das Unterpfand meiner Treue –

**Das Fräulein.** Ich diesen Ring wiedernehmen? diesen Ring?

**v. Tellheim.** Ja, liebste Minna, ja!

---

1 In den Weg tritt.

**Das Fräulein.** Was muten Sie mir zu? Diesen Ring?

**v. Tellheim.** Diesen Ring nahmen Sie das erstemal aus meiner Hand, als unser beider Umstände einander gleich und glücklich waren. Sie sind nicht mehr glücklich, aber wiederum einander gleich. Gleichheit ist immer das festeste Band der Liebe. – Erlauben Sie, liebste Minna! – (Ergreift ihre Hand, um ihr den Ring anzustecken.)

**Das Fräulein.** Wie? mit Gewalt, Herr Major? – Nein, da ist keine Gewalt in der Welt, die mich zwingen soll, diesen Ring wieder anzunehmen! – – Meinen Sie etwa, daß es mir an einem Ringe fehlt? – O, Sie sehen ja wohl (auf ihren Ring zeigend), daß ich hier noch einen habe, der Ihrem nicht das Geringste nachgibt? –

**Franziska.** Wenn er es noch nicht merkt! –

**v. Tellheim** (indem er die Hand des Fräuleins fahren läßt). Was ist das? – Ich sehe das Fräulein von Barnhelm, aber ich höre es nicht. – Sie zieren sich, mein Fräulein. – Vergeben Sie, daß ich Ihnen dieses Wort nachbrauche.

**Das Fräulein** (in ihrem wahren Tone). Hat Sie dieses Wort beleidiget, Herr Major?

**v. Tellheim.** Es hat mir weh getan.

**Das Fräulein** (gerührt). Das sollte es nicht, Tellheim. – Verzeihen Sie mir, Tellheim.

**v. Tellheim.** Ha, dieser vertrauliche Ton sagt mir, daß Sie wieder zu sich kommen, mein Fräulein, daß Sie mich noch lieben, Minna. –

**Franziska** (herausplatzend). Bald wäre der Spaß auch zu weit gegangen. –

**Das Fräulein** (gebieterisch). Ohne dich in unser Spiel zu mengen, Franziska, wenn ich bitten darf! –

**Franziska** (beiseite und betroffen). Noch nicht genug?

**Das Fräulein.** Ja, mein Herr; es wäre weibliche Eitelkeit, mich kalt und höhnisch zu stellen. Weg damit! Sie verdienen es, mich ebenso wahrhaft zu finden, als Sie selbst sind. – Ich liebe Sie noch, Tellheim, ich liebe Sie noch; aber demohngeachtet –

**v. Tellheim.** Nicht weiter, liebste Minna, nicht weiter! (Ergreift ihre Hand nochmals, ihr den Ring anzustecken.)

**Das Fräulein** (die ihre Hand zurückzieht). Demohngeachtet, – um so viel mehr werde ich dieses nimmermehr geschehen lassen; nimmermehr! – Wo denken Sie hin, Herr Major? – Ich meinte, Sie hätten an Ihrem eigenen Unglücke genug. – Sie müssen hier bleiben; Sie müssen sich die allervollständigste Genugtuung – ertrotzen. Ich weiß in der Geschwindigkeit kein ander Wort. – Ertrotzen, – und sollte Sie auch das äußerste Elend vor den Augen Ihrer Verleumder darüber verzehren!

**v. Tellheim.** So dacht' ich, so sprach ich, als ich nicht wußte, was ich dachte und sprach. Ärgernis und verbissene Wut hatten meine ganze Seele umnebelt; die Liebe selbst, in dem vollesten Glanze des Glücks, konnte sich darin nicht Tag schaffen. Aber sie sendet ihre Tochter, das Mitleid, die, mit dem finstern Schmerze vertrauter, die Nebel zerstreuet und alle Zugänge meiner Seele den Eindrücken der Zärtlichkeit wiederum öffnet. Der Trieb der Selbsterhaltung erwacht, da ich etwas Kostbarers zu erhalten habe als mich, und es durch mich zu erhalten habe. Lassen Sie sich, mein Fräulein, das Wort Mitleid nicht beleidigen. Von der unschuldigen Ursache unsers Unglücks können wir es ohne Erniedrigung hören. Ich bin diese Ursache; durch mich, Minna, verlieren Sie Freunde und Anverwandte, Vermögen und Vaterland. Durch mich, in mir müssen Sie alles dieses wiederfinden, oder ich habe das Verderben der Liebenswürdigsten Ihres Geschlechts auf meiner Seele. Lassen Sie mich keine Zukunft denken, wo ich mich selbst hassen müßte. – Nein, nichts soll mich hier länger halten. Von diesem Augenblicke an will ich dem Unrechte, das mir hier widerfährt, nichts als Verachtung entgegensetzen. Ist dieses Land die Welt? Geht hier allein die Sonne auf? Wo darf ich nicht hinkommen? Welche Dienste wird man mir verweigern? Und müßte ich sie unter dem entferntesten Himmel suchen: folgen Sie mir nur getrost, liebste Minna; es soll uns an nichts fehlen. – Ich habe einen Freund, der mich gern unterstützet. –

## Sechster Auftritt.

**Ein Feldjäger. v. Tellheim. Das Fräulein. Franziska.**

**Franziska** (indem sie den Feldjäger gewahr wird). St! Herr Major –

**v. Tellheim** (gegen den Feldjäger). Zu wem wollen Sie?

**Der Feldjäger.** Ich suche den Herrn Major von Tellheim. – Ah, Sie sind es ja selbst. Mein Herr Major, dieses königliche Handschreiben[1] (das er aus seiner Brieftasche nimmt) habe ich an Sie zu übergeben.

**v. Tellheim.** An mich?

**Der Feldjäger.** Zufolge der Aufschrift –

**Das Fräulein.** Franziska, hörst du? – Der Chevalier hat doch wahr geredet!

**Der Feldjäger** (indem Tellheim den Brief nimmt). Ich bitte um Verzeihung, Herr Major; Sie hätten es bereits gestern erhalten sollen; aber es ist mir nicht möglich gewesen, Sie auszufragen. Erst heute auf der Parade habe ich Ihre Wohnung von dem Leutnant Riccaut erfahren.

**Franziska.** Gnädiges Fräulein, hören Sie? – Das ist des Chevaliers Minister. – „Wie heißen der Minister da draus auf die breite Platz?" –

**v. Tellheim.** Ich bin Ihnen für Ihre Mühe sehr verbunden.

**Der Feldjäger.** Es ist meine Schuldigkeit, Herr Major. (Geht ab.)

---

## Siebenter Auftritt.

**v. Tellheim. Das Fräulein. Franziska.**

**v. Tellheim.** Ah, mein Fräulein, was habe ich hier? Was enthält dieses Schreiben?

**Das Fräulein.** Ich bin nicht befugt, meine Neugierde so weit zu erstrecken.

**v. Tellheim.** Wie? Sie trennen mein Schicksal noch von dem Ihrigen? – Aber warum steh' ich an, es zu erbrechen? –

---

1 Lessings Sammlung im Nachlaß „Vergleichung deutscher Wörter und Redensarten mit fremden" enthält: „H a n d s c h r e i b e n, im *stilo curiae* von königlichen Briefen oder andern hohen Personen gebräuchlich. So nennen auch die Franzosen *lettres de la main* Briefe, welche der König selbst geschrieben oder unterzeichnet hat."

Es kann mich nicht unglücklicher machen als ich bin; nein, liebste Minna, es kann uns nicht unglücklicher machen; – wohl aber glücklicher! – Erlauben Sie, mein Fräulein! (Erbricht und lieset den Brief, indes daß der Wirt an die Szene[1] geschlichen kömmt.)

## Achter Auftritt.

**Der Wirt. Die Vorigen.**

**Der Wirt** (gegen die Franziska). Bst! mein schönes Kind! auf ein Wort!

**Franziska** (die sich ihm nähert). Herr Wirt? – Gewiß, wir wissen selbst noch nicht, was in dem Briefe steht.

**Der Wirt.** Wer will vom Briefe wissen? – Ich komme des Ringes wegen. Das gnädige Fräulein muß mir ihn gleich wiedergeben. Just ist da, er soll ihn wieder einlösen.

**Das Fräulein** (die sich indes gleichfalls dem Wirte genähert). Sagen Sie Justen nur, daß er schon eingelöset sei; und sagen Sie ihm nur von wem: von mir.

**Der Wirt.** Aber –

**Das Fräulein.** Ich nehme alles auf mich; gehen Sie doch! (Der Wirt geht ab.)

## Neunter Auftritt.

**v. Tellheim. Das Fräulein. Franziska.**

**Franziska.** Und nun, gnädiges Fräulein, lassen Sie es mit dem armen Major gut sein.

**Das Fräulein.** O, über die Vorbitterin! Als ob der Knoten sich nicht von selbst bald lösen müßte.

**v. Tellheim** (nachdem er gelesen, mit der lebhaftesten Rührung). Ha! er hat sich auch hier nicht verleugnet! – O, mein Fräulein, welche Gerechtigkeit! – Welche Gnade! – Das ist mehr, als ich erwartet! – Mehr, als ich verdiene! – Mein Glück, meine Ehre, alles ist wiederhergestellt! – Ich träume doch nicht? (Indem er wieder in den Brief sieht, als um sich nochmals zu überzeugen.) Nein, kein Blendwerk meiner Wünsche! – Lesen Sie selbst, mein Fräulein; lesen Sie selbst!

1 An den Rand der Bühne.

**Das Fräulein.** Ich bin nicht so unbescheiden, Herr Major.

**v. Tellheim.** Unbescheiden? Der Brief ist an mich, an Ihren Tellheim, Minna. Er enthält, – was Ihnen Ihr Oheim nicht nehmen kann. Sie müssen ihn lesen, lesen Sie doch!

**Das Fräulein.** Wenn Ihnen ein Gefalle damit geschieht, Herr Major – (Sie nimmt den Brief und lieset.)

„Mein lieber Major von Tellheim!

Ich tue Euch zu wissen, daß der Handel, der mich um Eure Ehre besorgt machte, sich zu Eurem Vorteil aufgekläret hat. Mein Bruder[1] war des Nähern davon unterrichtet, und sein Zeugnis hat Euch für mehr als unschuldig erkläret. Die Hofstaatskasse hat Ordre, Euch den bewußten Wechsel wieder auszuliefern und die getanen Vorschüsse zu bezahlen; auch habe ich befohlen, daß alles, was die Feldkriegskassen wider Eure Rechnungen urgieren[2], niedergeschlagen werde. Meldet mir, ob Euch Eure Gesundheit erlaubet, wieder Dienste zu nehmen. Ich möchte nicht gern einen Mann von Eurer Bravour und Denkungsart entbehren. Ich bin Euer wohlaffektionierter König etc."

**v. Tellheim.** Nun, was sagen Sie hierzu, mein Fräulein?

**Das Fräulein** (indem sie den Brief wieder zusammenschlägt und zurückgibt). Ich? nichts.

**v.Tellheim.** Nichts?

**Das Fräulein.** Doch ja: daß Ihr König, der ein großer Mann ist, auch wohl ein guter Mann sein mag. – Aber was geht mich das an? Er ist nicht mein König.

**v. Tellheim.** Und sonst sagen Sie nichts? Nichts von Rücksicht auf uns selbst?

**Das Fräulein.** Sie treten wieder in seine Dienste; der Herr Major wird Oberstleutnant, Oberster vielleicht. Ich gratuliere von Herzen.

**v. Tellheim.** Und Sie kennen mich nicht besser? – Nein, da mir das Glück so viel zurückgibt, als genug ist, die Wünsche

---

1 Prinz Heinrich von Preußen, der vierzehn Jahre jüngere Bruder Friedrichs des Großen, genannt „der fehlerlose Feldherr". Er war seit dem März 1758 zum Feldherrn auf dem sächsischen Kriegsschauplatz ernannt, also in erster Linie berufen, über alles, was sich dort ereignet hatte, entscheidende Auskunft zu geben. – 2 Einwenden.

eines vernünftigen Mannes zu befriedigen, soll es einzig von meiner Minna abhangen, ob ich sonst noch jemanden wieder zugehören soll als ihr. Ihrem Dienste allein sei mein ganzes Leben gewidmet! Die Dienste der Großen sind gefährlich und lohnen der Mühe, des Zwanges, der Erniedrigung nicht, die sie kosten. Minna ist keine von den Eiteln, die in ihren Männern nichts als den Titel und die Ehrenstelle lieben. Sie wird mich um mich selbst lieben, und ich werde um sie die ganze Welt vergessen. Ich ward Soldat aus Parteilichkeit, ich weiß selbst nicht, für welche politische Grundsätze, und aus der Grille, daß es für jeden ehrlichen Mann gut sei, sich in diesem Stande eine Zeitlang zu versuchen, um sich mit allem, was Gefahr heißt, vertraulich zu machen und Kälte und Entschlossenheit zu lernen. Nur die äußerste Not hätte mich zwingen können, aus diesem Versuche eine Bestimmung, aus dieser gelegentlichen Beschäftigung ein Handwerk zu machen. Aber nun, da mich nichts mehr zwingt, nun ist mein ganzer Ehrgeiz wiederum einzig und allein, ein ruhiger und zufriedener Mensch zu sein. Der werde ich mit Ihnen, liebste Minna, unfehlbar werden; der werde ich in Ihrer Gesellschaft unveränderlich bleiben. – Morgen verbinde uns das heiligste Band; und sodann wollen wir um uns sehen, und wollen in der ganzen weiten bewohnten Welt den stillsten, heitersten, lachendsten Winkel suchen, dem zum Paradiese nichts fehlt als ein glückliches Paar. Da wollen wir wohnen; da soll jeder unsrer Tage – Was ist Ihnen, mein Fräulein? (Die sich unruhig hin und her wendet und ihre Rührung zu verbergen sucht.)

**Das Fräulein** (sich fassend). Sie sind sehr grausam, Tellheim, mir ein Glück so reizend darzustellen, dem ich entsagen muß. Mein Verlust –

**v. Tellheim.** Ihr Verlust? – Was nennen Sie Ihren Verlust? Alles, was Minna verlieren konnte, ist nicht Minna. Sie sind noch das süßeste, lieblichste, holdseligste, beste Geschöpf unter der Sonne; ganz Güte und Großmut, ganz Unschuld und Freude! – Dann und wann ein kleiner Mutwille; hier und da ein wenig Eigensinn – Desto besser! desto besser! Minna wäre sonst ein Engel, den ich mit Schaudern verehren müßte, den ich nicht lieben könnte. (Ergreift ihre Hand, sie zu küssen.)

**Das Fräulein** (die ihre Hand zurückzieht). Nicht so, mein Herr! – Wie auf einmal so verändert? – Ist dieser schmeichelnde, stürmische Liebhaber der kalte Tellheim? – Konnte nur sein wiederkehrendes Glück ihn in dieses Feuer setzen? – Er erlaube mir, daß ich bei seiner fliegenden Hitze für uns beide Überlegung behalte. – Als er selbst überlegen konnte, hörte ich ihn sagen, es sei eine nichtswürdige Liebe, die kein Bedenken trage, ihren Gegenstand der Verachtung auszusetzen. – Recht; aber ich bestrebe mich einer ebenso reinen und edeln Liebe als er. – Jetzt, da ihn die Ehre ruft, da sich ein großer Monarch um ihn bewirbt, sollte ich zugeben, daß er sich verliebten Träumereien mit mir überließe, daß der ruhmvolle Krieger in einen tändelnden Schäfer ausarte? – Nein, Herr Major, folgen Sie dem Wink Ihres bessern Schicksals –

**v. Tellheim.** Nun wohl! Wenn Ihnen die große Welt reizender ist, Minna, – wohl! so behalte uns die große Welt! – Wie klein, wie armselig ist diese große Welt! – Sie kennen sie nur erst von ihrer Flitterseite[1]. Aber gewiß, Minna, Sie werden – Es sei! Bis dahin, wohl! Es soll Ihren Vollkommenheiten nicht an Bewunderern fehlen, und meinem Glücke wird es nicht an Neidern gebrechen.

**Das Fräulein.** Nein, Tellheim, so ist es nicht gemeint! Ich weise Sie in die große Welt, auf die Bahn der Ehre zurück, ohne Ihnen dahin folgen zu wollen. – Dort braucht Tellheim eine unbescholtene Gattin! Ein sächsisches verlaufenes Fräulein[2], das sich ihm an den Kopf geworfen –

**v. Tellheim** (auffahrend und wild um sich sehend). Wer darf so sprechen? – Ah, Minna, ich erschrecke vor mir selbst, wenn ich mir vorstelle, daß jemand anders dieses gesagt hätte als Sie. Meine Wut gegen ihn würde ohne Grenzen sein.

**Das Fräulein.** Nun da! Das eben besorge ich. Sie würden nicht die geringste Spötterei über mich dulden, und doch würden Sie täglich die bittersten einzunehmen[3] haben. – Kurz; hören

---

[1] Ist entweder herzuleiten von „Flitter", wertloser Aufputz, oder von „flittern", lachen: die lachende Außenseite. – [2] Diese Wendung bezeichnet ein von Hause weggelaufenes, herumstrolchendes Fräulein und birgt noch einen sehr herabsetzenden Nebensinn. – [3] Zu vernehmen.

Sie also, Tellheim, was ich fest beschlossen, wovon mich nichts in der Welt abbringen soll –

**v. Tellheim.** Ehe Sie ausreden, Fräulein, – ich beschwöre Sie, Minna! – überlegen Sie es noch einen Augenblick, daß Sie mir das Urteil über Leben und Tod sprechen! –

**Das Fräulein.** Ohne weitere Überlegung! – So gewiß ich Ihnen den Ring zurückgegeben, mit welchem Sie mir ehemals Ihre Treue verpflichtet, so gewiß Sie diesen nämlichen Ring zurückgenommen, so gewiß soll die unglückliche Barnhelm die Gattin des glücklichern Tellheims nie werden!

**v. Tellheim.** Und hiermit brechen Sie den Stab, Fräulein?

**Das Fräulein.** Gleichheit ist allein das feste Band der Liebe. – Die glückliche Barnhelm wünschte, nur für den glücklichen Tellheim zu leben. Auch die unglückliche Minna hätte sich endlich überreden lassen, das Unglück ihres Freundes durch sich, es sei zu vermehren oder zu lindern. – Er bemerkte es ja wohl, ehe dieser Brief ankam, der alle Gleichheit zwischen uns wieder aufhebt, wie sehr zum Schein ich mich nur noch weigerte.

**v. Tellheim.** Ist das wahr, mein Fräulein? – Ich danke Ihnen, Minna, daß Sie den Stab noch nicht gebrochen. – Sie wollen nur den unglücklichen Tellheim? Er ist zu haben. (Kalt.) Ich empfinde eben, daß es mir unanständig ist, diese späte Gerechtigkeit anzunehmen; daß es besser sein wird, wenn ich das, was man durch einen so schimpflichen Verdacht entehret hat, gar nicht wiederverlange. – Ja; ich will den Brief nicht bekommen haben. Das sei alles, was ich darauf antworte und tue! (Im Begriffe, ihn zu zerreißen.)

**Das Fräulein** (das ihm in die Hände greift). Was wollen Sie, Tellheim?

**v. Tellheim.** Sie besitzen.

**Das Fräulein.** Halten Sie!

**v. Tellheim.** Fräulein, er ist unfehlbar zerrissen, wenn Sie nicht bald sich anders erklären. – Alsdann wollen wir doch sehen, was Sie noch wider mich einzuwenden haben!

**Das Fräulein.** Wie? in diesem Tone? – So soll ich, so muß ich in meinen eignen Augen verächtlich werden? Nimmermehr! Es ist eine nichtswürdige Kreatur, die sich nicht schämet, ihr ganzes Glück der blinden Zärtlichkeit eines Mannes zu verdanken!

**v. Tellheim.** Falsch, grundfalsch!

**Das Fräulein.** Wollen Sie es wagen, Ihre eigene Rede in meinem Munde zu schelten?

**v. Tellheim.** Sophistin! So entehrt sich das schwächere Geschlecht durch alles, was dem stärkern nicht ansteht? So soll sich der Mann alles erlauben, was dem Weibe geziemet? Welches bestimmte die Natur zur Stütze des andern?

**Das Fräulein.** Beruhigen Sie sich, Tellheim! – Ich werde nicht ganz ohne Schutz sein, wenn ich schon die Ehre des Ihrigen ausschlagen muß. So viel muß mir immer noch werden, als die Not erfordert. Ich habe mich bei unserm Gesandten melden lassen. Er will mich noch heute sprechen. Hoffentlich wird er sich meiner annehmen. Die Zeit verfließt. Erlauben Sie, Herr Major. –

**v. Tellheim.** Ich werde Sie begleiten, gnädiges Fräulein.–

**Das Fräulein.** Nicht doch, Herr Major; lassen Sie mich –

**v. Tellheim.** Eher soll Ihr Schatten Sie verlassen! Kommen Sie nur, mein Fräulein, wohin Sie wollen, zu wem Sie wollen. Überall, an Bekannte und Unbekannte, will ich es erzählen, in Ihrer Gegenwart des Tages hundertmal erzählen, welche Bande Sie an mich verknüpfen, aus welchem grausamen Eigensinne Sie diese Bande trennen wollen –

---

## Zehnter Auftritt.

**Just. Die Vorigen.**

**Just** (mit Ungestüm). Herr Major! Herr Major!

**v. Tellheim.** Nun?

**Just.** Kommen Sie doch geschwind, geschwind!

**v. Tellheim.** Was soll ich? Zu mir her! Sprich, was ist's?

**Just.** Hören Sie nur – (Redet ihm heimlich ins Ohr.)

**Das Fräulein** (indes beiseite zur Franziska). Merkst du was, Franziska?

**Franziska.** O, Sie Unbarmherzige! Ich habe hier gestanden wie auf Kohlen!

**v. Tellheim** (zu Justen). Was sagst du? – Das ist nicht möglich! – Sie? (Indem er das Fräulein wild anblickt.) – Sag' es laut; sag' es ihr ins Gesicht! – Hören Sie doch, mein Fräulein! –

**Just.** Der Wirt sagt, das Fräulein von Barnhelm habe den Ring, welchen ich bei ihm versetzt, zu sich genommen; sie habe ihn für den ihrigen erkannt und wolle ihn nicht wieder herausgeben. –

**v. Tellheim.** Ist das wahr, mein Fräulein? – Nein, das kann nicht wahr sein!

**Das Fräulein** (lächelnd). Und warum nicht, Tellheim? – Warum kann es nicht wahr sein?

**v. Tellheim** (heftig). Nun, so sei es wahr! – Welch schreckliches Licht, das mir auf einmal aufgegangen! Nun erkenne ich Sie, die Falsche, die Ungetreue!

**Das Fräulein** (erschrocken). Wer? wer ist diese Ungetreue?

**v. Tellheim.** Sie, die ich nicht mehr nennen will!

**Das Fräulein**. Tellheim!

**v. Tellheim.** Vergessen Sie meinen Namen! – Sie kamen hierher, mit mir zu brechen. Es ist klar! – Daß der Zufall so gern dem Treulosen zustatten kömmt! Er führte Ihnen Ihren Ring in die Hände. Ihre Arglist wußte mir den meinigen zuzuschanzen.

**Das Fräulein.** Tellheim, was für Gespenster sehen Sie! Fassen Sie sich doch und hören Sie mich.

**Franziska** (vor sich). Nun mag sie es haben!

---

## Eilfter Auftritt.

**Werner** mit einem Beutel Gold. **v. Tellheim. Das Fräulein. Franziska. Just.**

**Werner.** Hier bin ich schon, Herr Major! –

**v. Tellheim** (ohne ihn anzusehen). Wer verlangt dich? –

**Werner.** Hier ist Geld! tausend Pistolen!

**v. Tellheim.** Ich will sie nicht!

**Werner.** Morgen können Sie, Herr Major, über noch einmal so viel befehlen.

**v. Tellheim.** Behalte dein Geld!

**Werner.** Es ist ja Ihr Geld, Herr Major. – Ich glaube, Sie sehen nicht, mit wem Sie sprechen?

**v. Tellheim.** Weg damit! sag' ich.

**Werner.** Was fehlt Ihnen? – Ich bin Werner.

**v. Tellheim.** Alle Güte ist Verstellung, alle Dienstfertigkeit Betrug.

**Werner.** Gilt das mir?

**v. Tellheim.** Wie du willst!

**Werner.** Ich habe ja nur Ihren Befehl vollzogen. –

**v. Tellheim.** So vollziehe auch den, und packe dich!

**Werner.** Herr Major! (ärgerlich) ich bin ein Mensch –

**v. Tellheim.** Da bist du was Rechts!

**Werner.** Der auch Galle hat –

**v. Tellheim.** Gut! Galle ist noch das Beste, was wir haben.

**Werner.** Ich bitte Sie, Herr Major, –

**v. Tellheim.** Wievielmal soll ich dir es sagen? Ich brauche dein Geld nicht!

**Werner** (zornig). Nun, so brauch' es, wer da will! (Indem er ihm den Beutel vor die Füße wirft und beiseite geht.)

**Das Fräulein** (zur Franziska). Ah, liebe Franziska, ich hätte dir folgen sollen. Ich habe den Scherz zu weit getrieben. – Doch er darf[1] mich ja nur hören – (Auf ihn zugehend.)

**Franziska** (die, ohne dem Fräulein zu antworten, sich Wernern nähert). Herr Wachtmeister! –

**Werner** (mürrisch). Geh' Sie! –

**Franziska.** Hu! was sind das für Männer!

**Das Fräulein.** Tellheim! – Tellheim! (Der vor Wut an den Fingern naget, das Gesicht wegwendet und nichts höret.) Nein, das ist zu arg! – Hören Sie mich doch! – Sie betrügen sich! – Ein bloßes Mißverständnis, – Tellheim! – Sie wollen Ihre Minna nicht hören? – Können Sie einen solchen Verdacht fassen? – Ich mit Ihnen brechen wollen? – Ich darum hergekommen? – Tellheim!

---

[1] Alte Bedeutung: braucht.

## Zwölfter Auftritt.

**Zwei Bediente** nacheinander von verschiedenen Seiten über den Saal laufend.
**Die Vorigen.**

**Der eine Bediente.** Gnädiges Fräulein, Ihro Exzellenz, der Graf! –

**Der andere Bediente.** Er kömmt, gnädiges Fräulein! –

**Franziska** (die ans Fenster gelaufen). Er ist es! er ist es!

**Das Fräulein.** Ist er's? – O nun geschwind, Tellheim –

**v. Tellheim** (auf einmal zu sich selbst kommend). Wer? wer kömmt? Ihr Oheim, Fräulein? dieser grausame Oheim? Lassen Sie ihn nur kommen; lassen Sie ihn nur kommen! – Fürchten Sie nichts! Er soll Sie mit keinem Blicke beleidigen dürfen! Er hat es mit mir zu tun. – Zwar verdienen Sie es um mich nicht –

**Das Fräulein.** Geschwind, umarmen Sie mich, Tellheim, und vergessen Sie alles –

**v. Tellheim.** Ha, wenn ich wüßte, daß Sie es bereuen könnten! –

**Das Fräulein.** Nein, ich kann es nicht bereuen, mir den Anblick Ihres ganzen Herzens verschafft zu haben! – Ah, was sind Sie für ein Mann! – Umarmen Sie Ihre Minna, Ihre glückliche Minna! aber durch nichts glücklicher als durch Sie! (Sie fällt ihm in die Arme.) Und nun, ihm entgegen! –

**v. Tellheim.** Wem entgegen?

**Das Fräulein.** Dem besten Ihrer unbekannten Freunde.

**v. Tellheim.** Wie?

**Das Fräulein.** Dem Grafen, meinem Oheim, meinem Vater, Ihrem Vater – – Meine Flucht, sein Unwille, meine Enterbung; – hören Sie denn nicht, daß alles erdichtet ist? Leichtgläubiger Ritter[1]!

**v. Tellheim.** Erdichtet? Aber der Ring? der Ring?

**Das Fräulein.** Wo haben Sie den Ring, den ich Ihnen zurückgegeben?

**v. Tellheim.** Sie nehmen ihn wieder? – O, so bin ich glücklich! – Hier Minna! – (Ihn herausziehend.)

---

1 Anspielung auf die Ritterromane und ihre leicht und oft betrogenen Helden.

**Das Fräulein.** So besehen Sie ihn doch erst! – O, über die Blinden, die nicht sehen wollen! – Welcher Ring ist es denn? Den ich von Ihnen habe, oder den Sie von mir? – Ist es denn nicht ebender, den ich in den Händen des Wirts nicht lassen wollen?

**v. Tellheim.** Gott! was seh' ich? was hör' ich?

**Das Fräulein.** Soll ich ihn nun wieder nehmen? soll ich? – Geben Sie her, geben Sie her! (Reißt ihn ihm aus der Hand und steckt ihn ihm selbst an den Finger.) Nun? ist alles richtig?

**v. Tellheim.** Wo bin ich? – (Ihre Hand küssend.) O boshafter Engel! – mich so zu quälen!

**Das Fräulein.** Dieses zur Probe, mein lieber Gemahl, daß Sie mir nie einen Streich spielen sollen, ohne daß ich Ihnen nicht gleich darauf wieder einen spiele. – Denken Sie, daß Sie mich nicht auch gequälet hatten?

**v. Tellheim.** O Komödiantinnen, ich hätte euch doch kennen sollen!

**Franziska.** Nein, wahrhaftig, ich bin zur Komödiantin verdorben. Ich habe gezittert und gebebt und mir mit der Hand das Maul zuhalten müssen.

**Das Fräulein.** Leicht ist mir meine Rolle auch nicht geworden. Aber so kommen Sie doch!

**v. Tellheim.** Noch kann ich mich nicht erholen. – Wie wohl, wie ängstlich ist mir! So erwacht man plötzlich aus einem schreckhaften Traume!

**Das Fräulein.** Wir zaudern. – Ich höre ihn schon.

---

## Dreizehnter Auftritt.

**Der Graf v. Bruchsall,** von verschiedenen Bedienten und dem **Wirte** begleitet. **Die Vorigen.**

**Der Graf** (im Hereintreten). Sie ist doch glücklich angelangt? –

**Das Fräulein** (die ihm entgegenspringt). Ah, mein Vater! –

**Der Graf.** Da bin ich, liebe Minna! (Sie umarmend.) Aber was, Mädchen? (Indem er den Tellheim gewahr wird.) Vierundzwanzig Stunden erst hier, und schon Bekanntschaft, und schon Gesellschaft?

**Das Fräulein.** Raten Sie, wer es ist? –

**Der Graf.** Doch nicht dein Tellheim?

**Das Fräulein.** Wer sonst als er? – Kommen Sie, Tellheim! (Ihn dem Grafen zuführend.)

**Der Graf.** Mein Herr, wir haben uns nie gesehen; aber bei dem ersten Anblicke glaubte ich, Sie zu erkennen. Ich wünschte, daß Sie es sein möchten. – Umarmen Sie mich. – Sie haben meine völlige Hochachtung. Ich bitte um Ihre Freundschaft. – Meine Nichte, meine Tochter liebet Sie –

**Das Fräulein.** Das wissen Sie, mein Vater! – Und ist sie blind, meine Liebe?

**Der Graf.** Nein, Minna; deine Liebe ist nicht blind; aber dein Liebhaber – ist stumm.

**v. Tellheim** (sich ihm in die Arme werfend). Lassen Sie mich zu mir selbst kommen, mein Vater! –

**Der Graf.** So recht, mein Sohn! Ich höre es; wenn dein Mund nicht plaudern kann, so kann dein Herz doch reden. – Ich bin sonst den Offizieren von dieser Farbe (auf Tellheims Uniform weisend) eben nicht gut. Doch Sie sind ein ehrlicher Mann, Tellheim; und ein ehrlicher Mann mag stecken, in welchem Kleide er will, man muß ihn lieben.

**Das Fräulein.** O, wenn Sie alles wüßten! –

**Der Graf.** Was hindert's, daß ich nicht alles erfahre? – Wo sind meine Zimmer, Herr Wirt?

**Der Wirt.** Wollen Ihro Exzellenz nur die Gnade haben, hier hereinzutreten.

**Der Graf.** Komm, Minna! Kommen Sie, Herr Major! (Geht mit dem Wirte und den Bedienten ab.)

**Das Fräulein.** Kommen Sie, Tellheim!

**v. Tellheim.** Ich folge Ihnen den Augenblick, mein Fräulein. Nur noch ein Wort mit diesem Manne! (Gegen Wernern sich wendend.)

**Das Fräulein.** Und ja ein recht gutes; mich dünkt, Sie haben es nötig. – Franziska, nicht wahr? (Dem Grafen nach.)

---

## Vierzehnter Auftritt.

**von Tellheim. Werner. Just. Franziska.**

**v. Tellheim** (auf den Beutel weisend, den Werner weggeworfen). Hier, Just! – hebe den Beutel auf und trage ihn nach Hause. Geh! – (Just damit ab.)

**Werner** (der noch immer mürrisch im Winkel gestanden und an nichts teilzunehmen geschienen; indem er das hört). Ja, nun!

**v. Tellheim** (vertraulich auf ihn zugehend). Werner, wann kann ich die andern tausend Pistolen haben?

**Werner** (auf einmal wieder in seiner guten Laune). Morgen, Herr Major, morgen. –

**v. Tellheim.** Ich brauche dein Schuldner nicht zu werden; aber ich will dein Rentmeister sein. Euch gutherzigen Leuten sollte man allen einen Vormund setzen. Ihr seid eine Art Verschwender. – Ich habe dich vorhin erzürnt, Werner! –

**Werner.** Bei meiner armen Seele, ja! – Ich hätte aber doch so ein Tölpel nicht sein sollen. Nun seh' ich's wohl. Ich verdiente hundert Fuchtel. Lassen Sie mir sie auch schon geben; nur weiter keinen Groll, lieber Major! –

**v. Tellheim.** Groll? – (Ihm die Hand drückend.) Lies es in meinen Augen, was ich dir nicht alles sagen kann. – Ha! wer ein besseres Mädchen und einen redlichern Freund hat als ich, den will ich sehen! – Franziska, nicht wahr? – (Geht ab.)

---

## Funfzehnter Auftritt.

**Werner. Franziska.**

**Franziska** (vor sich). Ja gewiß, es ist ein gar zu guter Mann! – So einer kömmt mir nicht wieder vor. – Es muß heraus! (Schüchtern und verschämt sich Wernern nähernd.) Herr Wachtmeister! –

**Werner** (der sich die Augen wischt). Nu? –

**Franziska.** Herr Wachtmeister –

**Werner.** Was will Sie denn, Frauenzimmerchen?

**Franziska.** Seh' Er mich einmal an, Herr Wachtmeister. –

**Werner.** Ich kann noch nicht; ich weiß nicht, was mir in die Augen gekommen.

**Franziska.** So seh' Er mich doch an!

**Werner.** Ich fürchte, ich habe Sie schon zu viel angesehen, Frauenzimmerchen! – Nun, da seh' ich Sie ja! Was gibt's denn?

**Franziska.** Herr Wachtmeister – – braucht Er keine Frau Wachtmeisterin?

**Werner.** Ist das Ihr Ernst, Frauenzimmerchen?

**Franziska.** Mein völliger!

**Werner.** Zöge Sie wohl auch mit nach Persien?

**Franziska.** Wohin Er will!

**Werner.** Gewiß? – Holla! Herr Major! nicht groß getan! Nun habe ich wenigstens ein ebenso gutes Mädchen und einen ebenso redlichen Freund als Sie! – Geb' Sie mir Ihre Hand, Frauenzimmerchen! Topp! – Über zehn Jahr ist Sie Frau Generalin oder Witwe!

# Emilia Galotti.

Ein Trauerspiel in fünf Aufzügen.

1772.

## Personen.

**Emilia Galotti.**
**Odoardo** und **Claudia** **Galotti,** Eltern der Emilia.
**Hettore Gonzaga,** Prinz von Guastalla.
**Marinelli,** Kammerherr des Prinzen.
**Camillo Rota,** einer von des Prinzen Räten.
**Conti,** Maler.
**Graf Appiani.**
**Gräfin Orsina.**
**Angelo** und einige Bediente.

## Einleitung des Herausgebers.

---

Kein Drama Lessings hat eine so lange und wechselreiche Entstehungsgeschichte wie „Emilia Galotti". Sie führt vom Römerstück der alten klassizistischen Tradition zunächst zum bürgerlichen Trauerspiel, das alle sozialen und politischen Faktoren ausschließt, und steigt schließlich zur Kritik von Staat und Gesellschaft der Gegenwart empor, das deutsche Zeitdrama im großen Stil eröffnend.

Der römische Historiker Livius erzählt im 3. Buche, Kapitel 44–50, seiner römischen Geschichte die Mär von dem starren Plebejer Lucius Virginius und seiner Tochter Virginia. Trotzdem sie dem heißblütigen Standesgenossen Lucius Icilius verlobt ist, will sie der mächtigste der Dezemvirn, Appius Claudius, besitzen. Sie soll als Sklavin in das Haus des Marcus Claudius, seines Klienten, gebracht werden, während der Vater im Kriegslager weilt. Auf den Widerspruch des Icilius steht Appius Claudius zunächst von seinem Vorhaben ab und befiehlt, der Vater solle am nächsten Tage zur Stelle sein, um sein Eigentumsrecht an der Tochter zu beweisen. Icilius weiß die List des Machthabers, der den Vater im Lager festhalten lassen will, zu durchkreuzen, und am nächsten Morgen ist Virginius auf dem Forum zur Stelle. Appius Claudius beugt frech das Recht, spricht die Tochter dem Vater ab und befiehlt dem Liktor, sie ihrem rechtmäßigen Herrn zuzuführen. Virginius bittet, die Amme der Tochter in deren Gegenwart noch einmal über den Sachverhalt befragen zu dürfen, tritt mit Virginia an die Fleischbänke heran, die das Forum umgeben, ergreift dort ein Messer und ersticht sie. Nun erhebt sich das Volk gegen die Dezemvirn, sie werden gestürzt, und die Plebejer erlangen die Gleichberechtigung mit den Patriziern. So wird der Opfertod der Virginia, der zunächst nur eine Tat der Verzweiflung war und ihre jungfräuliche Ehre wahren sollte, zu einem Ereignis von höchster politischer Bedeutung.

Den Renaissancedichtern mußte dieser Stoff besonders willkommen sein; vereinigte er doch alle Eigenschaften, deren nach ihrer Ansicht tragische Sujets bedurften. Viele Dramatiker haben sich vor Lessing daran versucht. Unter ihren Händen war die ursprünglich einfache Erzählung des Livius auf verschiedene Art der dramatischen Wirkung zuliebe umgestaltet worden; aber keiner hatte den Vorgang aus seiner ursprünglichen historischen Umgebung herausgelöst. War doch das alte Rom der bei weitem beliebteste Schauplatz tragischer Handlungen. Auch Lessing wird vermutlich zunächst ein Römerdrama „Virginia" geplant haben, etwa zu derselben Zeit, als er die verwandte Tat der Lucretia zum Ausgangspunkt einer geplanten Tragödie in drei Akten machte, die unter dem Titel „Das befreite Rom" die Vertreibung der Könige darstellen sollte.

Für seine „Virginia", die ebenfalls den freiwilligen Tod als letzte Zuflucht bedrängter weiblicher Tugend zeigt, nahm Lessing die Vorgänger, soweit er konnte, gewiß zur Hand. Neben dem langen Auszug der Virginia-Tragödie des Spaniers Montiano y Luyando in der „Theatralischen Bibliothek" beweist dies die Prosaübersetzung der ersten 25 Verse von Crisps „Virginia", der jüngsten englischen Version, die am 25. Februar 1754 in London auf die Bühne kam. Bis Roethe 1889 die Quelle nachwies, galt dieses Gespräch des Helfershelfers des Appius Claudius mit einem Vertrauten für Lessings Eigentum. Die wenigen Sätze enthalten manches von dem Neuen, was Lessings Drama über den steifen Stoizismus und die oberflächliche Motivierung der Vorgänger hinaushebt. Er zeichnet den Vater, wie Crisp, als leidenschaftlichen, finstern Greis, voll Haß gegen die Gewalthaber, die Tochter fähig und bereit zur Liebe, den Mächtigen völlig von seiner Leidenschaft überwältigt und seinen ergebenen Helfer Listen ersinnend, um das Verlangen des Gebieters zu befriedigen. Im weiteren Verlauf tritt bei Crisp zu den historischen Gestalten eine erfundene Schwester des Claudius, Marcia. Sie liebt denselben Mann wie Virginia, durchschaut zuerst den teuflischen Plan und zeigt dem Virginius, wie verzweifelt seine Lage ist, aber anderseits fehlt ihr ganz die große Leidenschaft der Orsina, die Roethe von ihr herleiten wollte.

Im Jahre 1756 setzte Nicolai in der Ankündigung seiner neuen Zeitschrift, der „Bibliothek der schönen Wissenschaften und freien

Künste", einen Preis von 50 Talern für ein deutsches Trauerspiel aus. Kurz vor dem Ablauf des Termins, am 22. Oktober 1757, schreibt Lessing an Mendelssohn: „Es arbeitet hier noch ein junger Mensch an einem Trauerspiele, welches vielleicht unter allen das beste werden dürfte, wenn er noch ein paar Monate Zeit darauf wenden könnte."

Bald darauf starb in der Neujahrsnacht Cronegk, der Dichter des Trauerspiels, dem Nicolai mit Lessings Zustimmung den Preis erteilen wollte. Lessing schlug darauf vor, die Summe von 50 Talern zu einem zweiten Preis zu schlagen und das nächste Mal 100 Taler auszusetzen. „Unterdes würde mein junger Tragikus fertig, von dem ich mir, nach meiner Eitelkeit, viel Gutes verspreche; denn er arbeitet ziemlich wie ich. Er macht alle Tage sieben Zeilen; er erweitert unaufhörlich seinen Plan und streicht unaufhörlich etwas von dem schon Ausgearbeiteten wieder aus. Sein jetziges Sujet ist eine bürgerliche Virginia, der er den Titel ‚Emilia Galotti' gegeben. Er hat nämlich die Geschichte der römischen Virginia von allem dem abgesondert, was sie für den ganzen Staat interessant machte; er hat geglaubt, daß das Schicksal einer Tochter, die von ihrem Vater umgebracht wird, dem ihre Tugend werter ist als ihr Leben, für sich schon tragisch genug und fähig genug sei, die ganze Seele zu erschüttern, wenn auch gleich kein Umsturz der ganzen Staatsverfassung darauf folgte. Seine Anlage ist nur von drei Akten, und er braucht ohne Bedenken alle Freiheiten der englischen Bühne. Mehr will ich Ihnen nicht davon sagen; so viel aber ist gewiß, ich wünschte den Einfall wegen des Sujets selbst gehabt zu haben. Es dünkt mich so schön, daß ich es ohne Zweifel nimmermehr ausgearbeitet hätte, um es nicht zu verderben."

Den Entwurf dieser ersten „Emilia Galotti" hat Nicolai noch 1775 gesehen. Er sagt, daß nach demselben die Rolle der Orsina nicht vorhanden war, wenigstens nicht auf die jetzige Art. In dem bescheideneren Raum von drei Akten, mit denen sich auch „Das befreite Rom" begnügt hatte, war kaum eine so große Episode unterzubringen.

Das moderne Italien bot den geeigneten Schauplatz. Hier herrschten in zahlreichen Kleinstaaten despotische Fürsten, und schon vor Abällino, dem großen Banditen, war Italien in der Literatur das Land der Räuber und der gedungenen Mörder.

In Hamburg nahm Lessing die „Emilia Galotti" von neuem vor

und begann eine Bearbeitung, die nach seinen Worten an den Bruder Karl vom 10. Februar 1772 „nur gespielt, aber nie gedruckt werden konnte". Es fehlt also wohl dieser Gestalt des Stückes an jenen szenischen Hinweisen und breiteren Ausführungen im Dialog, durch die ein Buchdrama den Mangel ergänzender mimischer Erläuterung ausgleichen muß.

Mit dem schnellen Zusammenbruch des Hamburger Unternehmens schwand auch für den Dramaturgen der Anlaß und die Gelegenheit, als Bühnendichter die Ergebnisse seines reifen Denkens praktisch zu erproben. Es bedurfte dazu eines neuen Anstoßes von außen. Im September 1771 war er in Berlin und verabredete mit seinem alten Verleger Voß eine neue Ausgabe seiner Trauerspiele. Der erste Band sollte Ostern 1772 erscheinen und außer der „Sara" und dem „Philotas" die „Emilia Galotti" bringen. Im Januar 1772 waren die ersten drei Akte vollendet. Da der Dichter in Wolfenbüttel und in Hamburg mit keiner Seele darüber sprechen konnte, wurde er während der Arbeit unsicher und schrieb dem Verleger: „Ich habe Ihnen eine neue Tragödie versprochen; aber wie gut oder wie schlecht – davon habe ich nichts gesagt. Je näher ich gegen das Ende komme, je unzufriedener bin ich selbst damit. Und vielleicht gefällt Ihnen auch schon der Anfang nicht." –

Die begeisterten Worte des Bruders Karl vom 1. und 3. Februar mochten Lessing um so weniger Sicherheit geben, da in ihnen zugleich einige nicht ganz unberechtigte Bedenken gegen den Charakter der Emilia enthalten waren. Indessen eilte er, das Trauerspiel zu vollenden, damit es zum Geburtstag der verwitweten Herzogin von Braunschweig aufgeführt werden könne. Der Herzog, dem er vorsichtig die bereits gedruckten Akte und Auftritte überreichte, hatte nichts dagegen einzuwenden, daß an einem so erfreulichen Tage gerade ein Trauerspiel aufgeführt wurde. So konnte Döbbelin, dessen Truppe damals in Braunschweig weilte, am 13. März 1772 mit dem Stücke einen großen Erfolg einheimsen. Es erschien gleichzeitig in den Trauerspielen und als Einzelausgabe, der noch in demselben Jahre zwei andere folgten, bei Voß in Berlin. Nachher wurde es bei Lebzeiten Lessings nicht mehr gedruckt.

In seinem Briefe an den Herzog von Braunschweig betonte Lessing, daß seine „Emilia Galotti" weiter nichts als die alte römische

Geschichte der Virginia in einer neuen Einkleidung sein solle. Diese Versicherung ist gewiß nicht nur höfischer Vorsicht entsprungen. Lessings Erfindung geht überall von literarischen Anregungen aus. Er benutzt ältere Stoffe, Gestalten, einzelne Szenen und Einfälle, Bilder und Pointen. Aber er wird dadurch nicht zum Plagiator. Alles das bedeutet für ihn nur Bausteine, die er behaut und dem nach eigenem Plan aufsteigenden Bau einfügt. Gerade an der „Emilia Galotti" läßt sich das Verfahren des Dramatikers Lessing am besten nachweisen. Die Erzählung des Livius sollte in die Gegenwart verlegt und zugleich des politischen Interesses entkleidet werden. Dadurch mußte zunächst der vorgeschützte Rechtsanspruch auf die angebliche Sklavin fortfallen, und List und rohe Gewalttat traten an seine Stelle. Im alten Rom konnte Virginius die Tochter kraft seines väterlichen Rechts töten, und sie war nichts als ein willenloses Opfer. Jetzt bedurfte es, sollte der Vater nicht zum Mörder erniedrigt werden, der Zustimmung der Tochter; sie mußte selbst den Tod der drohenden Schande vorziehen. Zwei Begründungen boten sich hierfür dar. Emilia konnte als starre Tugendheldin sterben; aber für eine Heroine dieser Art war in dem bürgerlichen Trauerspiel kein Raum. Der bescheidene Realismus der Gattung erlaubte nur lebensgroße und lebenswahre Gestalten. So wird Emilia notwendig zu einem jungen Mädchen mit den Eigenschaften, die Lessing und seine Zeit an der weiblichen Jugend vor allem schätzte: Frömmigkeit und Gehorsam. Willig nimmt sie die Hand des ernsten Freiers an, der ihre schlummernde Sinnlichkeit nicht zu erwecken vermag. Sie will ihm eine treue, auf Achtung beruhende Zuneigung entgegenbringen. Da tritt ihr der Prinz entgegen, heißblütig wie sie, verführerisch und glänzend. Ein Funke seiner Leidenschaft springt auf sie über und erweckt in ihr ein unruhiges Wogen. Der Aufenthalt im Hause der Grimaldi, im Hause der Freude, vermochte einen leidenschaftlichen Tumult in ihrer Seele zu erregen und zeigte ihr, wie gefährlich ihr die Verführung werden konnte. Vernunft, Erziehung, Religion konnten nur mit äußerster Mühe diesen Aufruhr der Sinne bezwingen, und wenn schon die Luft, die sie dort umwehte, ihre Sinnlichkeit zu solcher Glut anfachte, wie sollten nicht die liebeglühenden Worte und der heiße Händedruck des Prinzen sie überwältigen. Sie verstummt und zittert „wie eine Verbrecherin, die ihr Todesurteil höret". Würde der Prinz sie mit sich fortziehen, sie müßte ihm willenlos folgen. Ohne ihn zu lieben, würde sie ihm zum Opfer fallen. In diesem Augenblick hat sie das Erwachen ihrer Sinne gefühlt, hat fremdes Laster sie zur Mitschuldigen gemacht. Daheim gewann sie mit Hilfe der klugen Mutter ihre Festigkeit wieder und konnte dem Bräutigam mit unverstellter Heiterkeit entgegentreten. Aber als sie dem Prinzen in Dosalo von neuem gegenüber steht, als er wieder in leisen einschmeichelnden Tönen zu ihr redet, da verbündet sich der Zauber seiner Persönlichkeit mit ihren eigenen Sinnen, und nur schwach sträubt sich ihr noch dazu durch Furcht und Schrecken gelähmter Wille, als er sie fortführt. Vor dem Letzten bewahrt sie jetzt nur noch die herbeieilende Mutter. Wenn sie nun durch den Vater erfährt, daß sie von den Ihrigen getrennt werden soll, daß sie wieder in das gefährliche Haus der Grimaldi zurückkehren soll, – was bleibt ihr übrig, als daß sie den letzten möglichen Augenblick nutzt, um sich vor der Gefahr zu retten, der ihr Blut, ihre Sinne erliegen würden.

Anders steht es mit der Tat des Vaters. An ihr bewährt sich wieder die Erfahrung, daß niemals die Rechnung ohne Rest aufgeht, wenn ein älterer Stoff mit der Anschauung und dem Empfinden einer späteren, anders gearteten Generation erfüllt wird. Was dem Römer Virginius natürlich war, wird, auf Odoardo Galotti übertragen, zu einer Tat, die nur als Ausfluß eines von der Verzweiflung umnachteten Geistes gelten kann. Gerade weil Emilia auf das historische Vorbild ausdrücklich verweist, weil sie und der Vater mit unbegreiflicher Ruhe alles zusammentragen, was vor dem Verstande die Opfertat rechtfertigen kann, und weil diese Tat so nicht aus der Leidenschaft geboren, sondern das Erzeugnis kühler Überlegung zu sein scheint. Hier im vorletzten Auftritt ist Odoardo nicht der „brausende Jünglingskopf mit grauen Haaren", und Emilia muß Gedanken aussprechen, die nie über ihre Lippen treten können.

Diese Szene zerstört den Eindruck der Lebenswahrheit des warmen, leicht erregbaren Temperaments Odoardos und seiner Tochter. Man muß erwarten, daß sie beide sich mit einem schnellen Blick verständigen, als es gewiß ist, daß Emilia dem Prinzen nicht entrinnen kann; daß der Vater dann wortlos der Tochter den Dolch in die Brust stößt. Dann wäre freilich dem Zuschauer überlassen, sich die letzten Motive selbst zu ergänzen, und er könnte leicht in die

Irre gehen. Dem wollte Lessing vorbauen, zumal der Annahme, als drohe Emilia rohe Gewalt. Dieses Hauptmotiv des alten Stoffes schaltet er völlig aus, und zwar aus einem doppelten Grunde. Wäre der Prinz ein gemeiner Wüstling wie der Dezemvir Appius Claudius, der nur den körperlichen Besitz der Virginia erzwingen will, so handelte es sich um nichts als den widerwärtigen Mißbrauch despotischer Macht. An Stelle menschlichen Interesses träte das politische, das Lessing gerade ausschalten wollte. Noch wichtiger ist die zweite Ursache dieser Hauptänderung. Sollte Emilia nicht das willenlose Opfer bleiben, so mußte ihr, wie schon dargelegt wurde, der Prinz durch seine Persönlichkeit gefährlich werden. Lessing hob ihn deshalb auf die Höhe feinster ästhetischer Kultur, und diese schloß in seinem persönlichen Verhalten jeden Akt brutaler Gewalt aus.

Lessings Bruder Karl erkannte in ihm das Abbild „unserer guten Prinzen", die ihren Leidenschaften alles aufopfern, so menschlich sie auch sonst seien. Der Prinz ist das Opfer seines Berufs, er hat nicht gelernt, sich selbst irgendeinen Wunsch zu versagen.

So erläßt Lessing dem Prinzen den Hauptteil der Schuld und bürdet alle moralisch verwerflichen Handlungen und die Gesinnung, der sie entstammen, dem „feinen Hofmann" Marinelli auf. Der Klient des Appius Claudius wird dadurch aus einem unbedeutenden Gehilfen zu dem Leiter der äußeren Handlung. Mit allen Mitteln sucht er die Gunst seines Herrn zu erlangen, um ihn zu beherrschen; aber daneben hat er Freude am verwegenen Intrigenspiel und empfindet einen kräftigen, mit Verachtung gemischten Haß gegen die bürgerliche Moral und ihre Vertreter. Er ist keiner von den feige schleichenden Bösewichtern. Mit frecher Sicherheit tritt er dem Prinzen gegenüber, mit vornehmer Kälte und schneidendem Witz weiß er jeden Angriff zu parieren. Vielleicht ist auf ihn manches von dem Erzbösewicht übergegangen, der in Lessings geplantem „bürgerlichen" Faust „ohne alle Teufelei" gegen einen Unschuldigen die Rolle des schwarzen Verführers zu vertreten hatte, und dessen trauriges Exempel nach Lessings Brief an Ebert vom 7. Januar 1770 eine ewige Warnung sein sollte. Auffallend verwandt ist dem Marinelli Lessings in Charakter und Gebaren Goethes Mephistopheles, mit Ausnahme der Szenen, wo der alte Volksteufel durchbricht.

Die Hauptgestalten, die Lessing aus der Erzählung des Livius ins Drama hinübernahm, hat er meisterhaft seinen Absichten gemäß umgeformt. Mißglückt ist ihm aber die Nebenfigur des düsteren Bräutigams, Graf Appiani. An sich interessiert gewiß dieser Vertreter schwermütiger Weltflucht und tiefen männlichen Lebensernstes. Wer wird aber glauben, daß ein Mann an dem Tage, der ihm das höchste, ungetrübte Glück gewähren soll, sich so ganz seiner Schwermut hingeben könne. Nur einem Nervenpatienten trauen wir das zu, und als einen solchen seelischen Krüppel wollte Lessing seinen Appiani nicht aufgefaßt sehen.

An die Stelle der Amme Virginias, die in der Geschichte nur kurz vor der Katastrophe auftaucht, setzt Lessing die Mutter, Claudia Galotti, ein vortreffliches Exemplar einer vornehmen, mehr auf äußere Korrektheit als auf Wahrhaftigkeit bedachten Dame. Ihre weltkluge Beredsamkeit bestimmt Emilia, dem Vater und dem Bräutigam das Zusammentreffen mit dem Prinzen zu verschweigen. Um so erschütternder wirkt dann bei der Katastrophe das Durchbrechen ihrer heißen Mutterliebe.

Unter den neuerfundenen Gestalten überragt alle die gewaltige Gräfin Orsina, die leidenschaftlichste unter allen Frauen, die Lessing geschaffen hat. Gleich der Marwood seines ersten bürgerlichen Trauerspiels, einer schwächeren Vorstudie, ist sie die von Rachsucht erfüllte, verlassene Geliebte. Aber sie steht hoch über der Buhlerin, die nur aus verletzter Eitelkeit und Habgier sich von neuem an den Treulosen herandrängt. Ihre hochgestimmte leidenschaftliche Seele kann von dem Prinzen nicht lassen (auch das dient dazu, seine Macht über das weibliche Geschlecht zu bezeugen und die Furcht, von der Emilia in den Tod getrieben wird, begreiflich zu machen). Als die Gräfin Orsina es erleben muß, daß der Prinz sie abweisen läßt, als er selbst mit leeren Worten an ihr vorbeischreitet, als sie erfahren muß, daß ein neues Opfer sich eben in seinen Fängen sträubt, nachdem er an dem Bräutigam zum Mörder geworden ist, – da haßt sie den Mann, den sie bis zu diesem Augenblick noch immer so heiß geliebt hat, und in Odoardo glaubt sie das Werkzeug ihrer Rache zu finden. Gewiß ist sie nicht wahnwitzig. Schmerz und Wut lassen sie Worte von schneidender Schärfe finden, um den Dolch, den sie Odoardo übergibt, durch seine Hand auf das Herz des Prinzen zu lenken. Die leidenschaftliche Verzweiflung beraubt sie fast der Sinne, aber zugleich erkennt sie mit hellseherischer Klarheit den Zusammenhang und erhebt sich, mit großartigem Witz an Shakespeares „König Lear" und „Hamlet" gemahnend, zum Gipfel tragischer Ironie. Wie Riccaut in der „Minna" und der Patriarch im „Nathan" erscheint sie nur einmal im vierten Aufzug. Von Plautus hat Lessing den Kunstgriff erlernt, der stockenden Handlung des vierten Aufzugs durch diese Gestalten erhöhte Kraft zu verleihen. Mit größter Kunst wird hier die Episode als unentbehrliches Glied dem Schicksalsverlauf eingeordnet.

Lessing wußte, daß dieser Charakter, wenn er einer guten Schauspielerin in die Hände fällt, Wirkung tun müsse. Dasselbe gilt auch von den kleinen Nebenrollen: dem Maler Conti, dem der Verfasser des „Laokoon" eine Fülle kluger Worte über seine Kunst in den Mund gelegt hat; der scharfgezeichneten Galgenphysiognomie des Banditen Angelo und seines Spießgesellen Pirro und dem bescheidenen Beamten Rota. Sie alle zählen zu den dankbaren, aber auch besonders schwierigen Aufgaben der Darstellungskunst. Denn sie verlangen zu ihrer Wiedergabe neben vollster geistiger Beherrschung des höchst inhaltschweren Wortlauts die Fähigkeit, auf alle groben äußerlichen Mittel der Wirkung zu verzichten.

Über die Handlung schrieb der junge Goethe unmittelbar nach dem Erscheinen des Stücks, Mitte Juli 1772, an Herder: „‚Emilia Galotti' ist auch nur gedacht, und nicht einmal Zufall oder Kaprice spinnen irgend drein. Mit halbweg Menschenverstand kann man das Warum von jeder Szene, von jedem Wort, möcht' ich sagen, auffinden. Drum bin ich dem Stück nicht gut, so ein Meisterstück es sonst ist."

Die Hand, welche die aufdämmernde Sinnlichkeit Emilias, das heiße Begehren des Prinzen, die glühende Leidenschaft der Orsina schilderte, zeichnete die Linien allzu schier, allzu bewußt. Wir vermissen das Mitschwingen von Untertönen, wie sie jedes wirkliche starke Erlebnis begleiten. Weil Lessing den tragischen Verlauf so unfehlbar begründet und aus den klar und konsequent gezeichneten Charakteren ableitet, ist er glaubhaft, für den Verstand überzeugend, doch die Einfühlung wird uns erschwert, gerade weil der höchste Scharfsinn des Dichters den unsern immer zur Mitarbeit herausfordert und so die unbefangene Hingabe an die Dichtung gestört wird.

Wie „Minna von Barnhelm" war auch „Emilia Galotti" ein erster Versuch, das ewig Menschliche zu schildern, ohne es seiner

Wurzeln in dem Boden zeitlicher Bedingtheit zu berauben. Lessing unterließ jeden ausdrücklichen Hinweis darauf, daß nicht ein Ungefähr, sondern der Gesellschaftszustand hier die Tragik bedingte. Aber jeder Zuschauer wußte, daß allenthalben von der Begierde unbeschränkter Despoten und willigen Höflingen gleiche Gewalttat zu fürchten, jede Gegenwehr ausgeschlossen war. Der Tod Emilias blieb ohne Folgen, das Volk von Guastalla verharrte in demütigem Gehorsam. Der Prinz heiratete die Prinzessin von Massa, und sein Herz entzündete sich von neuem an der nächsten Schönheit, die ihm in den Weg kam. Marinelli blieb so lange an einem andern kleinen Hofe, bis die fatale Erinnerung, schnell genug, verwischt war und der Unentbehrliche zurückberufen wurde. Odoardo stellte sich dem Gericht, der Prinz schlug die Untersuchung nieder und verwies ihn in Gnaden mit seiner Gattin aus dem Lande. Appiani und Emilia wurden in der Stille der Nacht beerdigt. Der Mörder Angelo entging leicht der mit absichtlicher Lässigkeit geführten Verfolgung.

Ausdrücklich hat keine der ersten Besprechungen den politischen Gehalt erwähnt. Aber schon Ramler las in seiner Besprechung aus dem Stücke die Mahnung: *„Et nunc reges intelligite, erudimini qui judicatis terram"*, und Herder: *„Discite justitiam moniti et non temnere honestum!"* Stark war die Anregung, die das zeitgenössische Drama nach dieser Richtung hin von der „Emilia Galotti" empfing. Gemeinsam mit dem „Götz von Berlichingen", der ein Jahr später erschien, hat sie bewirkt, daß die Tragödie zum realistischen Zeitbild, die Szene zum Tribunal wurde, vor dem gerade diejenigen als Angeklagte erscheinen mußten, die jeder andern Gerichtsbarkeit entzogen waren. Gegen Lessings eigentliche Absicht drang durch unser Trauerspiel die politische und soziale Kritik in das Drama ein, und sein großartigster, gewaltig gesteigerter Nachklang wurde Schillers „Kabale und Liebe". Nachher ist im bürgerlichen Schauspiel Ifflands zwar sorgsam jeder Anstoß für loyale Gemüter vermieden worden, aber in den schurkischen Amtleuten lebt Marinelli fort, und niemals fehlte ein alter leidenschaftlicher Ehrenmann, der mit rauher Tugend gegen die Verderbnis der großen Welt wetterte.

Unermeßlich ist die Wirkung der „Emilia Galotti" auf den Bau und die Sprache des realistischen Dramas gewesen. Wir sehen jetzt die enge Geschlossenheit der Handlung und die pointierte sachliche

Schärfe des Ausdrucks als Eigenschaften an, die der leidenschaftlichen, zerrissenen Art der Stürmer und Dränger völlig widersprechen. In den siebziger Jahren des achtzehnten Jahrhunderts beachtete man vielmehr den gemeinsamen Gegensatz beider zur dramatischen Tradition. Stehend war der Vergleich Lessings mit Shakespeare.

Die Kritik war, soweit sie sich der alten Maßstäbe bediente, dem Stücke nicht gewachsen. Nur wenige wurden ihm gerecht und hielten sich nicht an die Schicklichkeit einzelner Ausdrücke oder andere Kleinigkeiten.

Die Wirkung auf der Bühne blieb hinter der „Minna von Barnhelm" und sogar hinter der „Miß Sara Sampson" zurück. Die Zuschauer verhielten sich an den meisten Orten kühl und spendeten wenigstens nicht ungeteilten Beifall. Die Berliner Aufführung am 6. April, die Hamburger am 15. Mai hatte keinen großen Erfolg, obwohl in Hamburg wenigstens Charlotte Ackermann als Emilia und Schröder als Marinelli gewiß genügen konnten. Die Ursache lag darin, daß Publikum und Darsteller dem Stücke nicht gewachsen waren. Eva König, die damals in Wien weilte, sah auf der Bühne der Madame Huberin, der einst Lessing in Leipzig gehuldigt hatte, eine der ersten Vorstellungen und berichtete am 15. Juli 1772 dem Dichter über die Verunstaltung des Werkes.

Noch jetzt gilt „Emilia Galotti" als eine der schwersten, nirgend vollständig zu bewältigenden Aufgaben der Schauspielkunst. Mit den gewöhnlichen Mitteln der Routine ist ihr nicht beizukommen, und auch für reife, selbständig gestaltende Schauspieler bedarf es der sorgfältigsten Vorbereitung, um alle Feinheiten der Charakteristik und des höchst schwierigen Dialogs sicher zu erfassen und wiederzugeben. Selbst dann werden nur reife Zuschauer die ganze Größe und Lebensfülle der Dichtung zu empfinden vermögen. Zog doch selbst der junge Schiller den „Julius von Tarent" den „Hofintrigen" der „Emilia Galotti" vor. Herder vermißte den tragischen Ausgleich. Friedrich Schlegel sah in ihr „ein gutes Exempel der dramatischen Algebra, ein in Schweiß und Pein produziertes Stück des reinen Verstandes", und Börne vermißte die politischen Folgen und sah die schreckliche unnatürliche Tat Odoardos vergebens geschehen, nicht für die Götter oder das Vaterland, nicht um Emilias Herzensreinheit zu bewahren, die er keiner Verderbnis fähig hält, sondern nur um ihre anatomische Unschuld zu retten. Und dieser Börne galt einmal für einen verständigen und gründlichen Kritiker!

Auch Ludwig Tieck meinte 1825, die Tage seien vorüber, als man in dieser Tragödie trotz ihrer Mängel das vollendetste Trauerspiel unserer Nation erkennen wollte; aber doch sollte jede Bühne, die sich achtet, immer wieder zuzeiten „Emilia" und „Minna" mit ihren angestrengtesten Kräften darstellen. „Das Theater muß von Zeit zu Zeit auch etwas für sich selbst tun, um zu lernen und sich zu erheben, selbst wenn das Publikum diese Bemühungen nur lau aufnehmen sollte."

Aus allen diesen Urteilen tönt der Vorwurf des Mangels an kräftiger sinnlicher Wirkung, der vornehmen Kühle, der allzu sichtbaren Berechnung. Alle diese der Wirkung schädlichen Eigenschaften sind aber eng mit dem höchsten Vorzug der „Emilia Galotti" verbunden, den Goethe am 4. März 1812 Riemer gegenüber rühmte, als er sagte, das Stück spreche eine ungeheure Kultur aus, gegen die wir jetzt schon wieder Barbaren seien. Später wollte er es allerdings nur noch als historisches Denkmal anerkennen. Als Zelter im März 1830 höchst mißvergnügt über eine Aufführung der „Emilia Galotti" geschrieben, erwiderte Goethe begütigend: „Zu seiner Zeit stieg dieses Stück, wie die Insel Delos, aus der Gottsched-Gellert-Weißischen usw. Wasserflut, um eine kreißende Göttin barmherzig aufzunehmen. Wir jungen Leute ermutigten uns daran und wurden Lessing deshalb viel schuldig."

## Erster Aufzug.

Die Szene: ein Kabinett des Prinzen.

---

### Erster Auftritt.

**Der Prinz** an einem Arbeitstische voller Briefschaften und Papiere, deren einige er durchläuft.

Klagen, nichts als Klagen! Bittschriften, nichts als Bittschriften! – Die traurigen Geschäfte; und man beneidet uns noch! – Das glaub' ich: wenn wir allen helfen könnten, dann wären wir zu beneiden. – Emilia? (Indem er noch eine von den Bittschriften aufschlägt und nach dem unterschriebenen Namen sieht.) Eine Emilia? – Aber eine Emilia Bruneschi – nicht Galotti. Nicht Emilia Galotti! – Was will sie, diese Emilia Bruneschi? (Er lieset.) Viel gefodert[1]; sehr viel. – Doch sie heißt Emilia. Gewährt! (Er unterschreibt und klingelt; worauf ein Kammerdiener hereintritt.) Es ist wohl noch keiner von den Räten in dem Vorzimmer?

**Der Kammerdiener.** Nein.

**Der Prinz.** Ich habe zu früh Tag gemacht. – Der Morgen ist so schön. Ich will ausfahren. Marchese Marinelli soll mich begleiten. Laßt ihn rufen. (Der Kammerdiener geht ab.) – Ich kann doch nicht mehr arbeiten. – Ich war so ruhig, bild' ich mir ein, so ruhig – Auf einmal muß eine arme Bruneschi Emilia heißen: – weg ist meine Ruhe und alles! –

**Der Kammerdiener** (welcher wieder hereintritt). Nach dem Marchese ist geschickt. Und hier ein Brief von der Gräfin Orsina.

**Der Prinz.** Der Orsina? Legt ihn hin.

**Der Kammerdiener.** Ihr Läufer wartet.

---

[1] Vgl. Bd. 1, S. 8, Anm. 1 dieser Ausgabe.

**Der Prinz.** Ich will die Antwort senden, wenn es einer bedarf. – Wo ist sie? In der Stadt? oder auf ihrer Villa?

**Der Kammerdiener.** Sie ist gestern in die Stadt gekommen.

**Der Prinz.** Desto schlimmer – besser, wollt' ich sagen. So braucht der Läufer um so weniger zu warten. (Der Kammerdiener geht ab.) Meine teure Gräfin! (Bitter, indem er den Brief in die Hand nimmt.) So gut als gelesen! (Und ihn wieder wegwirft.) – Nun ja; ich habe sie zu lieben geglaubt! Was glaubt man nicht alles? Kann sein, ich habe sie auch wirklich geliebt. Aber – ich habe!

**Der Kammerdiener** (der nochmals hereintritt). Der Maler Conti will die Gnade haben – –

**Der Prinz.** Conti? Recht wohl; laßt ihn hereinkommen. – Das wird mir andere Gedanken in den Kopf bringen. – (Steht auf.)

---

## Zweiter Auftritt.

### Conti. Der Prinz.

**Der Prinz.** Guten Morgen, Conti. Wie leben Sie? Was macht die Kunst?

**Conti.** Prinz, die Kunst geht nach Brot.

**Der Prinz.** Das muß sie nicht; das soll sie nicht, – in meinem kleinen Gebiete gewiß nicht. – Aber der Künstler muß auch arbeiten wollen.

**Conti.** Arbeiten? Das ist seine Lust. Nur zu viel arbeiten müssen, kann ihn um den Namen Künstler bringen.

**Der Prinz.** Ich meine nicht vieles, sondern viel: ein Weniges; aber mit Fleiß. – Sie kommen doch nicht leer, Conti?

**Conti.** Ich bringe das Porträt, welches Sie mir befohlen haben, gnädiger Herr. Und bringe noch eines, welches Sie mir nicht befohlen: aber weil es gesehen zu werden verdient –

**Der Prinz.** Jenes ist? – Kann ich mich doch kaum erinnern –

**Conti.** Die Gräfin Orsina.

**Der Prinz.** Wahr! – Der Auftrag ist nur ein wenig von lange her.

**Conti.** Unsere schönen Damen sind nicht alle Tage zum Malen. Die Gräfin hat seit drei Monaten gerade einmal sich entschließen können, zu sitzen.

**Der Prinz.** Wo sind die Stücke?

**Conti.** In dem Vorzimmer: ich hole sie.

---

## Dritter Auftritt.

**Der Prinz.**

Ihr Bild! – mag! – Ihr Bild ist sie doch nicht selber. – Und vielleicht find' ich in dem Bilde wieder, was ich in der Person nicht mehr erblicke. – Ich will es aber nicht wiederfinden. – Der beschwerliche Maler! Ich glaube gar, sie hat ihn bestochen. – Wär' es auch! Wenn ihr ein anderes Bild, das mit andern Farben, auf einen andern Grund gemalet ist – in meinem Herzen wieder Platz machen will: – Wahrlich, ich glaube, ich wär' es zufrieden. Als ich dort liebte, war ich immer so leicht, so fröhlich, so ausgelassen. – Nun bin ich von allem das Gegenteil. – Doch nein; nein, nein! Behäglicher oder nicht behäglicher: ich bin so besser.

---

## Vierter Auftritt.

**Der Prinz. Conti** mit den Gemälden, wovon er das eine verwandt[1] gegen einen Stuhl lehnet.

**Conti** (indem er das andere zurechtstellet). Ich bitte, Prinz, daß Sie die Schranken unserer Kunst erwägen wollen. Vieles von dem Anzüglichsten[2] der Schönheit liegt ganz außer den Grenzen derselben. – Treten Sie so! –

**Der Prinz** (nach einer kurzen Betrachtung). Vortrefflich, Conti; – ganz vortrefflich! – Das gilt Ihrer Kunst, Ihrem Pinsel. – Aber geschmeichelt, Conti; ganz unendlich geschmeichelt!

**Conti.** Das Original schien dieser Meinung nicht zu sein. Auch ist es in der Tat nicht mehr geschmeichelt, als die Kunst schmeicheln muß. Die Kunst muß malen, wie sich die plastische[3]

---

[1] Umgewandt. – [2] Anziehendsten. – [3] Bildende.

Natur – wenn es eine gibt – das Bild dachte: ohne den Abfall[1], welchen der widerstrebende Stoff unvermeidlich macht; ohne das Verderb, mit welchem die Zeit dagegen ankämpfet.

**Der Prinz.** Der denkende Künstler ist noch eins so viel wert. – Aber das Original, sagen Sie, fand demungeachtet –

**Conti.** Verzeihen Sie, Prinz. Das Original ist eine Person, die meine Ehrerbietung fodert. Ich habe nichts Nachteiliges von ihr äußern wollen.

**Der Prinz.** So viel als Ihnen beliebt! – Und was sagte das Original?

**Conti.** Ich bin zufrieden, sagte die Gräfin, wenn ich nicht häßlicher aussehe.

**Der Prinz.** Nicht häßlicher? – O das wahre Original!

**Conti.** Und mit einer Miene sagte sie das, – von der freilich dieses ihr Bild keine Spur, keinen Verdacht zeiget.

**Der Prinz.** Das meint' ich ja; das ist es eben, worin ich die unendliche Schmeichelei finde. – O! ich kenne sie, jene stolze, höhnische Miene, die auch das Gesicht einer Grazie entstellen würde! – Ich leugne nicht, daß ein schöner Mund, der sich ein wenig spöttisch verziehet, nicht selten um so viel schöner ist. Aber, wohlgemerkt, ein wenig: die Verziehung muß nicht bis zur Grimasse gehen, wie bei dieser Gräfin. Und Augen müssen über den wollüstigen[2] Spötter die Aufsicht führen, – Augen, wie sie die gute Gräfin nun gerade gar nicht hat. Auch nicht einmal hier im Bilde hat.

**Conti.** Gnädiger Herr, ich bin äußerst betroffen –

**Der Prinz.** Und worüber? Alles, was die Kunst aus den großen, hervorragenden, stieren, starren Medusenaugen der Gräfin Gutes machen kann, das haben Sie, Conti, redlich daraus gemacht. – Redlich, sag' ich? – Nicht so redlich, wäre redlicher. Denn sagen Sie selbst, Conti, läßt sich aus diesem Bilde wohl der Charakter der Person schließen? Und das sollte doch. Stolz haben Sie in Würde, Hohn in Lächeln, Ansatz zu trübsinniger Schwärmerei in sanfte Schwermut verwandelt.

**Conti** (etwas ärgerlich). Ah, mein Prinz, – wir Maler rechnen

1 Verschlechterung. – 2 Hier nur soviel wie „sinnlich, vergnügt".

darauf, daß das fertige Bild den Liebhaber noch ebenso warm findet, als warm er es bestellte. Wir malen mit Augen der Liebe; und Augen der Liebe müßten uns auch nur beurteilen.

**Der Prinz.** Je nun, Conti; – warum kamen Sie nicht einen Monat früher damit? – Setzen Sie weg. – Was ist das andere Stück?

**Conti** (indem er es holt und noch verkehrt in der Hand hält). Auch ein weibliches Porträt.

**Der Prinz.** So möcht' ich es bald – lieber gar nicht sehen. Denn dem Ideal hier (mit dem Finger auf die Stirne) – oder vielmehr hier (mit dem Finger auf das Herz) kömmt es doch nicht bei. – Ich wünschte, Conti, Ihre Kunst in andern Vorwürfen[1] zu bewundern.

**Conti.** Eine bewundernswürdigere Kunst gibt es; aber sicherlich keinen bewundernswürdigern Gegenstand als diesen.

**Der Prinz.** So wett' ich, Conti, daß es des Künstlers eigene Gebieterin[2] ist. – (Indem der Maler das Bild umwendet.) Was seh' ich? Ihr Werk, Conti, oder das Werk meiner Phantasie? – Emilia Galotti!

**Conti.** Wie, mein Prinz? Sie kennen diesen Engel?

**Der Prinz** (indem er sich zu fassen sucht, aber ohne ein Auge von dem Bilde zu verwenden). So halb! – um sie eben wiederzukennen. – Es ist einige Wochen her, als ich sie mit ihrer Mutter in einer Vegghia[3] traf. – Nachher ist sie mir nur an heiligen Stätten wieder vorgekommen, – wo das Angaffen sich weniger ziemet. – Auch kenn' ich ihren Vater. Er ist mein Freund nicht. Er war es, der sich meinen Ansprüchen auf Sabionetta am meisten widersetzte. – Ein alter Degen; stolz und rauh; sonst bieder und gut! –

**Conti.** Der Vater! Aber hier haben wir seine Tochter. –

**Der Prinz.** Bei Gott! wie aus dem Spiegel gestohlen! (Noch immer die Augen auf das Bild geheftet.) O, Sie wissen es ja wohl, Conti, daß man den Künstler dann erst recht lobt, wenn man über sein Werk sein Lob vergißt.

---

[1] Gegenständen. – [2] Wörtliche Übersetzung des französischen *„maitresse"*, Geliebte. – [3] Italienisch (spr. Vellja): Abendgesellschaft.

**Conti.** Gleichwohl hat mich dieses noch sehr unzufrieden mit mir gelassen. – Und doch bin ich wiederum sehr zufrieden mit meiner Unzufriedenheit mit mir selbst. – Ha! daß wir nicht unmittelbar mit den Augen malen! Auf dem langen Wege aus dem Auge durch den Arm in den Pinsel, wieviel geht da verloren! – Aber, wie ich sage, daß ich es weiß, was hier verloren gegangen und wie es verloren gegangen und warum es verloren gehen müssen: darauf bin ich ebenso stolz und stolzer, als ich auf alles das bin, was ich nicht verloren gehen lassen. Denn aus jenem erkenne ich mehr als aus diesem, daß ich wirklich ein großer Maler bin, daß es aber meine Hand nur nicht immer ist. – Oder meinen Sie, Prinz, daß Raffael nicht das größte malerische Genie gewesen wäre, wenn er unglücklicherweise ohne Hände wäre geboren worden? Meinen Sie, Prinz?

**Der Prinz** (indem er nur eben von dem Bilde wegblickt). Was sagen Sie, Conti? Was wollen Sie wissen?

**Conti.** O nichts, nichts! – Plauderei! Ihre Seele, merk' ich, war ganz in Ihren Augen. Ich liebe solche Seelen und solche Augen.

**Der Prinz** (mit einer erzwungenen Kälte). Also, Conti, rechnen Sie doch wirklich Emilia Galotti mit zu den vorzüglichsten Schönheiten unserer Stadt?

**Conti.** Also? mit? mit zu den vorzüglichsten? und den vorzüglichsten unserer Stadt? – Sie spotten meiner, Prinz. Oder Sie sahen die ganze Zeit ebensowenig als Sie hörten.

**Der Prinz.** Lieber Conti – (die Augen wieder auf das Bild gerichtet) wie darf unsereiner seinen Augen trauen? Eigentlich weiß doch nur allein ein Maler von der Schönheit zu urteilen.

**Conti.** Und eines jeden Empfindung sollte erst auf den Ausspruch eines Malers warten? – Ins Kloster mit dem, der es von uns lernen will, was schön ist! Aber das muß ich Ihnen doch als Maler sagen, mein Prinz: eine von den größten Glückseligkeiten meines Lebens ist es, daß Emilia Galotti mir gesessen. Dieser Kopf, dieses Antlitz, diese Stirn, diese Augen, diese Nase, dieser Mund, dieses Kinn, dieser Hals, diese Brust, dieser Wuchs, dieser ganze Bau sind von der Zeit an mein einziges Studium der weiblichen Schönheit. – Die Schilderei[1] selbst, wovor sie gesessen, hat ihr abwesender Vater bekommen. Aber diese Kopie –

**Der Prinz** (der sich schnell gegen ihn kehret). Nun, Conti? ist doch nicht schon versagt?

**Conti.** Ist für Sie, Prinz; wenn Sie Geschmack daran finden.

**Der Prinz.** Geschmack! – (Lächelnd.) Dieses Ihr Studium der weiblichen Schönheit, Conti, wie könnt' ich besser tun, als es auch zu dem meinigen zu machen? – Dort, jenes Porträt, nehmen Sie nur wieder mit, – einen Rahmen darum zu bestellen.

**Conti.** Wohl!

**Der Prinz.** So schön, so reich, als ihn der Schnitzer nur machen kann. Es soll in der Galerie aufgestellet werden. – Aber dieses bleibt hier. Mit einem Studio[2] macht man so viel Umstände nicht; auch läßt man das nicht aufhängen, sondern hat es gern bei der Hand. – Ich danke Ihnen, Conti; ich danke Ihnen recht sehr. – Und wie gesagt: in meinem Gebiete soll die Kunst nicht nach Brot gehen; – bis ich selbst keines habe. – Schicken Sie, Conti, zu meinem Schatzmeister und lassen Sie auf Ihre Quittung für beide Porträte sich bezahlen – was Sie wollen. Soviel Sie wollen, Conti.

**Conti.** Sollte ich doch nun bald fürchten, Prinz, daß Sie so noch etwas anders belohnen wollen als die Kunst.

**Der Prinz.** O des eifersüchtigen Künstlers! Nicht doch! – Hören Sie, Conti; soviel Sie wollen. (Conti geht ab.)

---

## Fünfter Auftritt.

**Der Prinz.**

Soviel er will! – (Gegen das Bild.) Dich hab' ich für jeden Preis noch zu wohlfeil! – Ah! schönes Werk der Kunst, ist es wahr, daß ich dich besitze? – Wer dich auch besäße, schönres

---

[1] Häufig im 17. und 18. Jahrhundert (nach dem holländischen *schilderij*) für „Gemälde". – [2] Studienblatt, Skizze.

Meisterstück der Natur! – Was Sie dafür wollen, ehrliche Mutter! Was du willst, alter Murrkopf! Fodre nur! Fodert nur! – Am liebsten kauft' ich dich, Zauberin, von dir selbst! – Dieses Auge voll Liebreiz und Bescheidenheit! Dieser Mund! und wenn er sich zum Reden öffnet! wenn er lächelt! Dieser Mund! – Ich höre kommen. – Noch bin ich mit dir zu neidisch. (Indem er das Bild gegen die Wand drehet.) Es wird Marinelli sein. Hätt' ich ihn doch nicht rufen lassen! Was für einen Morgen könnt' ich haben!

---

## Sechster Auftritt.

**Marinelli. Der Prinz.**

**Marinelli.** Gnädiger Herr, Sie werden verzeihen. – Ich war mir eines so frühen Befehls nicht gewärtig.

**Der Prinz.** Ich bekam Lust, auszufahren. Der Morgen war so schön. – Aber nun ist er ja wohl verstrichen; und die Lust ist mir vergangen. – (Nach einem kurzen Stillschweigen.) Was haben wir Neues, Marinelli?

**Marinelli.** Nichts von Belang, das ich wüßte. – Die Gräfin Orsina ist gestern zur Stadt gekommen.

**Der Prinz.** Hier liegt auch schon ihr guter Morgen (auf ihren Brief zeigend), oder was es sonst sein mag! Ich bin gar nicht neugierig darauf. – Sie haben sie gesprochen?

**Marinelli.** Bin ich, leider, nicht ihr Vertrauter? – Aber wenn ich es wieder von einer Dame werde, der es einkömmt, Sie in gutem Ernste zu lieben, Prinz, so – –

**Der Prinz.** Nichts verschworen, Marinelli!

**Marinelli.** Ja? In der Tat, Prinz? Könnt' es doch kommen? – O! so mag die Gräfin auch so unrecht nicht haben.

**Der Prinz.** Allerdings, sehr unrecht! – Meine nahe Vermählung mit der Prinzessin von Massa will durchaus, daß ich alle dergleichen Händel fürs erste abbreche.

**Marinelli.** Wenn es nur das wäre, so müßte freilich Orsina sich in ihr Schicksal ebensowohl zu finden wissen als der Prinz in seines.

**Der Prinz.** Das unstreitig härter ist als ihres. Mein Herz wird das Opfer eines elenden Staatsinteresse. Ihres darf sie nur zurücknehmen, aber nicht wider Willen verschenken.

**Marinelli.** Zurücknehmen? Warum zurücknehmen? fragt die Gräfin: wenn es weiter nichts als eine Gemahlin ist, die dem Prinzen nicht die Liebe, sondern die Politik zuführet? Neben so einer Gemahlin sieht die Geliebte noch immer ihren Platz. Nicht so einer Gemahlin fürchtet sie aufgeopfert zu sein, sondern – –

**Der Prinz.** Einer neuen Geliebten. – Nun denn? Wollten Sie mir daraus ein Verbrechen machen, Marinelli?

**Marinelli.** Ich? – O! vermengen Sie mich ja nicht, mein Prinz, mit der Närrin, deren Wort ich führe, – aus Mitleid führe. Denn gestern, wahrlich, hat sie mich sonderbar gerühret. Sie wollte von ihrer Angelegenheit mit Ihnen gar nicht sprechen. Sie wollte sich ganz gelassen und kalt stellen. Aber mitten in dem gleichgültigsten Gespräche entfuhr ihr eine Wendung, eine Beziehung über die andere, die ihr gefoltertes Herz verriet. Mit dem lustigsten Wesen sagte sie die melancholischsten Dinge, und wiederum die lächerlichsten Possen mit der allertraurigsten Miene. Sie hat zu den Büchern ihre Zuflucht genommen; und ich fürchte, die werden ihr den Rest geben.

**Der Prinz.** So wie sie ihrem armen Verstande auch den ersten Stoß gegeben. – Aber was mich vornehmlich mit von ihr entfernt hat, das wollen Sie doch nicht brauchen, Marinelli, mich wieder zu ihr zurückzubringen? – Wenn sie aus Liebe närrisch wird, so wäre sie es früher oder später auch ohne Liebe geworden. – Und nun, genug von ihr. – Von etwas andern! – Geht denn gar nichts vor in der Stadt? –

**Marinelli.** So gut wie gar nichts. – Denn daß die Verbindung des Grafen Appiani heute vollzogen wird, – ist nicht viel mehr als gar nichts.

**Der Prinz.** Des Grafen Appiani? und mit wem denn? – Ich soll ja noch hören, daß er versprochen ist.

**Marinelli.** Die Sache ist sehr geheim gehalten worden. Auch war nicht viel Aufhebens davon zu machen. – Sie werden lachen, Prinz. – Aber so geht es den Empfindsamen! Die Liebe spielet ihnen immer die schlimmsten Streiche. Ein Mädchen ohne Vermögen und ohne Rang hat ihn in ihre Schlinge zu ziehen gewußt, – mit ein wenig Larve, aber mit vielem Prunke von Tugend und Gefühl und Witz[1] – und was weiß ich?

**Der Prinz.** Wer sich den Eindrücken, die Unschuld und Schönheit auf ihn machen, ohne weitere Rücksicht so ganz überlassen darf, – ich dächte, der wäre eher zu beneiden als zu belachen. – Und wie heißt denn die Glückliche? – Denn bei alledem ist Appiani – ich weiß wohl, daß Sie, Marinelli, ihn nicht leiden können, ebensowenig als er Sie – bei alledem ist er doch ein sehr würdiger junger Mann, ein schöner Mann, ein reicher Mann, ein Mann voller Ehre. Ich hätte sehr gewünscht, ihn mir verbinden zu können. Ich werde noch darauf denken.

**Marinelli.** Wenn es nicht zu spät ist. – Denn soviel ich höre, ist sein Plan gar nicht, bei Hofe sein Glück zu machen. – Er will mit seiner Gebieterin[2] nach seinen Tälern von Piemont – Gemsen zu jagen auf den Alpen und Murmeltiere abzurichten. – Was kann er Besseres tun? Hier ist es durch das Mißbündnis, welches er trifft, mit ihm doch aus. Der Zirkel der ersten Häuser ist ihm von nun an verschlossen – –

**Der Prinz.** Mit euren ersten Häusern! – in welchen das Zeremoniell, der Zwang, die Langeweile und nicht selten die Dürftigkeit herrschet. – Aber so nennen Sie mir sie doch, der er dieses so große Opfer bringt.

**Marinelli.** Es ist eine gewisse Emilia Galotti.

**Der Prinz.** Wie, Marinelli? eine gewisse –

**Marinelli.** Emilia Galotti.

**Der Prinz.** Emilia Galotti? – Nimmermehr!

**Marinelli.** Zuverlässig, gnädiger Herr.

**Der Prinz.** Nein, sag' ich; das ist nicht, das kann nicht sein. – Sie irren sich in dem Namen. – Das Geschlecht der Galotti ist groß. – Eine Galotti kann es sein: aber nicht Emilia Galotti; nicht Emilia!

**Marinelli.** Emilia – Emilia Galotti!

**Der Prinz.** So gibt es noch eine, die beide Namen führt. –

---

[1] In der alten Bedeutung, dem französischen *„esprit"* entsprechend. – [2] Vgl. oben, S. 163, Anm. 2.

Sie sagten ohnedem: eine gewisse Emilia Galotti – eine gewisse. Von der rechten könnte nur ein Narr so sprechen –

**Marinelli.** Sie sind außer sich, gnädiger Herr. – Kennen Sie denn diese Emilia?

**Der Prinz.** Ich habe zu fragen, Marinelli, nicht Er. – Emilia Galotti? Die Tochter des Obersten Galotti, bei Sabionetta?

**Marinelli.** Ebendie.

**Der Prinz.** Die hier in Guastalla mit ihrer Mutter wohnet?

**Marinelli.** Ebendie.

**Der Prinz.** Unfern der Kirche Allerheiligen?

**Marinelli.** Ebendie.

**Der Prinz.** Mit einem Worte – (indem er nach dem Porträte springt und es dem Marinelli in die Hand gibt). Da! – Diese? Diese Emilia Galotti? – Sprich dein verdammtes „Ebendie" noch einmal und stoß mir den Dolch ins Herz!

**Marinelli.** Ebendie.

**Der Prinz.** Henker! – Diese? – Diese Emilia Galotti wird heute – –

**Marinelli.** Gräfin Appiani! – (Hier reißt der Prinz dem Marinelli das Bild wieder aus der Hand und wirft es beiseite.) Die Trauung geschiehet in der Stille auf dem Landgute des Vaters bei Sabionetta. Gegen Mittag fahren Mutter und Tochter, der Graf und vielleicht ein paar Freunde dahin ab.

**Der Prinz** (der sich voll Verzweiflung in einen Stuhl wirft). So bin ich verloren! – So will ich nicht leben!

**Marinelli.** Aber was ist Ihnen, gnädiger Herr?

**Der Prinz** (der gegen ihn wieder aufspringt). Verräter! – was mir ist? – Nun ja, ich liebe sie; ich bete sie an. Mögt ihr es doch wissen! mögt ihr es doch längst gewußt haben, alle ihr, denen ich der tollen Orsina schimpfliche Fesseln lieber ewig tragen sollte! – Nur daß Sie, Marinelli, der Sie so oft mich Ihrer innigsten Freundschaft versicherten – O, ein Fürst hat keinen Freund! kann keinen Freund haben! – daß Sie, Sie, so treulos, so hämisch mir bis auf diesen Augenblick die Gefahr verhöhlen[1]

[1] Nur hier vorkommende Nebenform zu „verhehlen".

dürfen, die meiner Liebe drohte: wenn ich Ihnen jemals das vergebe, – so werde mir meiner Sünden keine vergeben!

**Marinelli.** Ich weiß kaum Worte zu finden, Prinz, – wenn Sie mich auch dazu kommen ließen – Ihnen mein Erstaunen zu bezeigen. – Sie lieben Emilia Galotti? – Schwur dann gegen Schwur: Wenn ich von dieser Liebe das Geringste gewußt, das Geringste vermutet habe, so möge weder Engel noch Heiliger von mir wissen! – Eben das wollt' ich in die Seele der Orsina schwören. Ihr Verdacht schweift auf einer ganz andern Fährte.

**Der Prinz.** So verzeihen Sie mir, Marinelli; – (indem er sich ihm in die Arme wirft) und betaueren[1] Sie mich.

**Marinelli.** Nun da, Prinz! Erkennen Sie da die Frucht Ihrer Zurückhaltung! – „Fürsten haben keinen Freund! können keinen Freund haben!" – Und die Ursache, wenn dem so ist! – Weil sie keinen haben wollen. – Heute beehren sie uns mit ihrem Vertrauen, teilen uns ihre geheimsten Wünsche mit, schließen uns ihre ganze Seele auf; und morgen sind wir ihnen wieder so fremd, als hätten sie nie ein Wort mit uns gewechselt.

**Der Prinz.** Ach! Marinelli, wie konnt' ich Ihnen vertrauen, was ich mir selbst kaum gestehen wollte?

**Marinelli.** Und also wohl noch weniger der Urheberin Ihrer Qual gestanden haben?

**Der Prinz.** Ihr? – Alle meine Mühe ist vergebens gewesen, sie ein zweites Mal zu sprechen. –

**Marinelli.** Und das erstemal –

**Der Prinz.** Sprach ich sie – O, ich komme von Sinnen! Und ich soll Ihnen noch lange erzählen? – Sie sehen mich einen Raub der Wellen: was fragen Sie viel, wie ich es geworden? Retten Sie mich, wenn Sie können, und fragen Sie dann.

**Marinelli.** Retten? ist da viel zu retten? – Was Sie versäumt haben, gnädiger Herr, der Emilia Galotti zu bekennen, das bekennen Sie nun der Gräfin Appiani. Waren, die man aus der ersten Hand nicht haben kann, kauft man aus der

[1] Die von Lessing stets angewandte Schreibung.

zweiten; – und solche Waren nicht selten aus der zweiten um so viel wohlfeiler.

**Der Prinz.** Ernsthaft, Marinelli, ernsthaft, oder –

**Marinelli.** Freilich, auch um so viel schlechter – –

**Der Prinz.** Sie werden unverschämt!

**Marinelli.** Und dazu will der Graf damit aus dem Lande. – Ja, so müßte man auf etwas anders denken.

**Der Prinz.** Und auf was? – Liebster, bester Marinelli, denken Sie für mich. Was würden Sie tun, wenn Sie an meiner Stelle wären?

**Marinelli.** Vor allen Dingen eine Kleinigkeit als eine Kleinigkeit ansehen – und mir sagen, daß ich nicht vergebens sein wolle, was ich bin, – Herr!

**Der Prinz.** Schmeicheln Sie mir nicht mit einer Gewalt, von der ich hier keinen Gebrauch absehe. – Heute sagen Sie? schon heute?

**Marinelli.** Erst heute – soll es geschehen. Und nur geschehenen Dingen ist nicht zu raten. – (Nach einer kurzen Überlegung.) Wollen Sie mir freie Hand lassen, Prinz? Wollen Sie alles genehmigen, was ich tue?

**Der Prinz.** Alles, Marinelli, alles, was diesen Streich abwenden kann.

**Marinelli.** So lassen Sie uns keine Zeit verlieren. – Aber bleiben Sie nicht in der Stadt. Fahren Sie sogleich nach Ihrem Lustschlosse, nach Dosalo. Der Weg nach Sabionetta geht da vorbei. Wenn es mir nicht gelingt, den Grafen augenblicklich zu entfernen, so denk' ich – Doch, doch; ich glaube, er geht in diese Falle gewiß. Sie wollen ja, Prinz, wegen Ihrer Vermählung einen Gesandten nach Massa schicken? Lassen Sie den Grafen dieser Gesandte sein; mit dem Bedinge, daß er noch heute abreiset. – Verstehen Sie?

**Der Prinz.** Vortrefflich! – Bringen Sie ihn zu mir heraus. Gehen Sie, eilen Sie! Ich werfe mich sogleich in den Wagen. (Marinelli geht ab.)

---

## Siebenter Auftritt.

**Der Prinz.**

Sogleich! sogleich! – Wo blieb es? – (Sich nach dem Porträte umsehend.) Auf der Erde? das war zu arg! (Indem er es aufhebt.) Doch betrachten? betrachten mag ich dich fürs erste nicht mehr. – Warum sollt' ich mir den Pfeil noch tiefer in die Wunde drücken? (Setzt es beiseite.) – Geschmachtet, geseufzet hab' ich lange genug, – länger, als ich gesollt hätte; aber nichts getan! und über die zärtliche Untätigkeit bei einem Haar alles verloren! – Und wenn nun doch alles verloren wäre? Wenn Marinelli nichts ausrichtete? – Warum will ich mich auch auf ihn allein verlassen? Es fällt mir ein, – um diese Stunde (nach der Uhr sehend), um diese nämliche Stunde pflegt das fromme Mädchen alle Morgen bei den Dominikanern die Messe zu hören. – Wie, wenn ich sie da zu sprechen suchte? – Doch heute, heut an ihrem Hochzeittage, – heute werden ihr andere Dinge am Herzen liegen als die Messe. – Indes, wer weiß? – Es ist ein Gang. – (Er klingelt, und indem er einige von den Papieren auf dem Tische hastig zusammenrafft, tritt der Kammerdiener herein.) Laßt vorfahren! – Ist noch keiner von den Räten da?

**Der Kammerdiener.** Camillo Rota.

**Der Prinz.** Er soll hereinkommen. (Der Kammerdiener geht ab.) Nur aufhalten muß er mich nicht wollen. Dasmal nicht! – Ich stehe gern seinen Bedenklichkeiten ein andermal um so viel länger zu Diensten. – Da war ja noch die Bittschrift einer Emilia Bruneschi – (Sie suchend.) Die ist's. – Aber, gute Bruneschi, wo[1] deine Vorsprecherin – –

---

## Achter Auftritt.

**Camillo Rota**, Schriften in der Hand. **Der Prinz.**

**Der Prinz.** Kommen Sie, Rota, kommen Sie. – Hier ist, was ich diesen Morgen erbrochen. Nicht viel Tröstliches! –

---

[1] Hier in der Bedeutung „wenn". Der abgebrochene Satz ist etwa zu ergänzen: „Wenn deine Fürsprecherin (Emilia Galotti) mir keine Liebe gewährt, wird dein Gesuch auch nicht bewilligt."

Sie werden von selbst sehen, was darauf zu verfügen. – Nehmen Sie nur.

**Camillo Rota.** Gut, gnädiger Herr.

**Der Prinz.** Noch ist hier eine Bittschrift, einer Emilia Galot – – Bruneschi will ich sagen. – Ich habe meine Bewilligung zwar schon beigeschrieben. Aber doch – die Sache ist keine Kleinigkeit – Lassen Sie die Ausfertigung noch anstehen. – Oder auch nicht anstehen: wie Sie wollen.

**Camillo Rota.** Nicht wie ich will, gnädiger Herr.

**Der Prinz.** Was ist sonst? Etwas zu unterschreiben?

**Camillo Rota.** Ein Todesurteil wäre zu unterschreiben.

**Der Prinz.** Recht gern. – Nur her! geschwind.

**Camillo Rota** (stutzig und den Prinzen starr ansehend). Ein Todesurteil, sagt' ich.

**Der Prinz.** Ich höre ja wohl[1]. – Es könnte schon geschehen sein. Ich bin eilig.

**Camillo Rota** (seine Schriften nachsehend). Nun hab' ich es doch wohl nicht mitgenommen! – – Verzeihen Sie, gnädiger Herr. – Es kann Anstand damit haben bis morgen.

**Der Prinz.** Auch das! – Packen Sie nur zusammen: ich muß fort – Morgen, Rota, ein Mehres! (Geht ab.)

**Camillo Rota** (den Kopf schüttelnd, indem er die Papiere zu sich nimmt und abgeht). Recht gern? – Ein Todesurteil recht gern? – Ich hätt' es ihn in diesem Augenblicke nicht mögen unterschreiben lassen, und wenn es den Mörder meines einzigen Sohnes betroffen hätte. – Recht gern! recht gern! – Es geht mir durch die Seele, dieses gräßliche „recht gern"!

---

1 Gut.

# Zweiter Aufzug.

Die Szene: ein Saal in dem Hause der Galotti.

## Erster Auftritt.

**Claudia Galotti. Pirro.**

**Claudia** (im Heraustreten zu Pirro, der von der andern Seite hereintritt). Wer sprengte da in den Hof?

**Pirro.** Unser Herr, gnädige Frau.

**Claudia.** Mein Gemahl? Ist es möglich?

**Pirro.** Er folgt mir auf dem Fuße.

**Claudia.** So unvermutet? – (Ihm entgegeneilend.) Ach! mein Bester! –

## Zweiter Auftritt.

**Odoardo Galotti** und **die Vorigen.**

**Odoardo.** Guten Morgen, meine Liebe! – Nicht wahr, das heißt überraschen?

**Claudia.** Und auf die angenehmste Art! – Wenn es anders nur eine Überraschung sein soll.

**Odoardo.** Nichts weiter! Sei unbesorgt. – Das Glück des heutigen Tages weckte mich so früh; der Morgen war so schön; der Weg ist so kurz; ich vermutete euch hier so geschäftig – Wie leicht vergessen sie etwas, fiel mir ein. – Mit einem Worte: ich komme und sehe und kehre sogleich wieder zurück. – Wo ist Emilia? Unstreitig beschäftigt mit dem Putze?

**Claudia.** Ihrer Seele! – Sie ist in der Messe. – „Ich habe heute mehr als jeden andern Tag Gnade von oben zu erflehen", sagte sie und ließ alles liegen und nahm ihren Schleier und eilte –

**Odoardo.** Ganz allein?

**Claudia.** Die wenigen Schritte – –

**Odoardo.** Einer ist genug zu einem Fehltritt!

**Claudia.** Zürnen Sie nicht, mein Bester, und kommen Sie herein, – einen Augenblick auszuruhen und, wann Sie wollen, eine Erfrischung zu nehmen.

**Odoardo.** Wie du meinest, Claudia. – Aber sie sollte nicht allein gegangen sein.

**Claudia.** Und Ihr, Pirro, bleibt hier in dem Vorzimmer, alle Besuche auf heute zu verbitten.

---

## Dritter Auftritt.

**Pirro** und bald darauf **Angelo.**

**Pirro.** Die sich nur aus Neugierde melden lassen. – Was bin ich seit einer Stunde nicht alles ausgefragt worden! – Und wer kömmt da?

**Angelo** (noch halb hinter der Szene in einem kurzen Mantel, den er über das Gesicht gezogen, den Hut in die Stirne). Pirro! – Pirro!

**Pirro.** Ein Bekannter? – (Indem Angelo vollends hereintritt und den Mantel auseinanderschlägt.) Himmel! Angelo? – Du?

**Angelo.** Wie du siehst. – Ich bin lange genug um das Haus herumgegangen, dich zu sprechen. – Auf ein Wort!

**Pirro.** Und du wagst es, wieder ans Licht zu kommen? – Du bist seit deiner letzten Mordtat vogelfrei erkläret; auf deinen Kopf steht eine Belohnung –

**Angelo.** Die doch du nicht wirst verdienen wollen?

**Pirro.** Was willst du? Ich bitte dich, mache mich nicht unglücklich.

**Angelo.** Damit etwa? (Ihm einen Beutel mit Gelde zeigend.) – Nimm! Es gehöret dir!

**Pirro.** Mir?

**Angelo.** Hast du vergessen? Der Deutsche, dein voriger Herr – –

**Pirro.** Schweig davon!

**Angelo.** Den du uns auf dem Wege nach Pisa in die Falle führtest –

**Pirro.** Wenn uns jemand hörte!

**Angelo.** Hatte ja die Güte, uns auch einen kostbaren Ring zu hinterlassen. – Weißt du nicht? – Er war zu kostbar, der Ring, als daß wir ihn sogleich ohne Verdacht hätten zu Gelde machen können. Endlich ist mir es damit gelungen. Ich habe hundert Pistolen[1] dafür erhalten, und das ist dein Anteil. Nimm!

**Pirro.** Ich mag nichts, – behalt' alles.

**Angelo.** Meinetwegen! – wenn es dir gleichviel ist, wie hoch du deinen Kopf feil trägst – (Als ob er den Beutel wieder einstecken wollte.)

**Pirro.** So gib nur! (Nimmt ihn.) – Und was nun? Denn daß du bloß deswegen mich aufgesucht haben solltest – –

**Angelo.** Das kömmt dir nicht so recht glaublich vor? – Halunke! was denkst du von uns? – daß wir fähig sind, jemand seinen Verdienst vorzuenthalten? Das mag unter den sogenannten ehrlichen Leuten Mode sein, unter uns nicht. – Leb' wohl! – (Tut, als ob er gehen wollte und kehrt wieder um.) Eins muß ich doch fragen. – Da kam ja der alte Galotti so ganz allein in die Stadt gesprengt. Was will der?

**Pirro.** Nichts will er: ein bloßer Spazierritt. Seine Tochter wird heut abend auf dem Gute, von dem er herkömmt, dem Grafen Appiani angetrauet. Er kann die Zeit nicht erwarten –

**Angelo.** Und reitet bald wieder hinaus?

**Pirro.** So bald, daß er dich hier trifft, wo du noch lange verziehest. – Aber du hast doch keinen Anschlag auf ihn? Nimm dich in acht. Er ist ein Mann –

**Angelo.** Kenn' ich ihn nicht? Hab' ich nicht unter ihm gedienet? – Wenn darum bei ihm nur viel zu holen wäre! – Wenn fahren die Jungeleute[2] nach?

**Pirro.** Gegen Mittag.

**Angelo.** Mit viel Begleitung?

**Pirro.** In einem einzigen Wagen: die Mutter, die Tochter und der Graf. Ein paar Freunde kommen aus Sabionetta als Zeugen.

---

[1] Vgl. oben, S. 53, Anm. 1. – [2] Entsprechend dem holl. *jongelui,* Neuvermählte.

**Angelo.** Und Bediente?

**Pirro.** Nur zwei, außer mir, der ich zu Pferde voraufreiten soll.

**Angelo.** Das ist gut. – Noch eins: wessen ist die Equipage? Ist es eure, oder des Grafen?

**Pirro.** Des Grafen.

**Angelo.** Schlimm! Da ist noch ein Vorreiter außer einem handfesten Kutscher. Doch! –

**Pirro.** Ich erstaune. Aber was willst du? – Das bißchen Schmuck, das die Braut etwa haben dürfte, wird schwerlich der Mühe lohnen –

**Angelo.** So lohnt ihrer die Braut selbst!

**Pirro.** Und auch bei diesem Verbrechen soll ich dein Mitschuldiger sein?

**Angelo.** Du reitest vorauf. Reite doch, reite! und kehre dich an nichts!

**Pirro.** Nimmermehr!

**Angelo.** Wie? ich glaube gar, du willst den Gewissenhaften spielen. – Bursche! ich denke, du kennst mich. – Wo du plauderst! Wo sich ein einziger Umstand anders findet, als du mir ihn angegeben! –

**Pirro.** Aber, Angelo, um des Himmels willen! –

**Angelo.** Tu, was du nicht lassen kannst! (Geht ab.)

**Pirro.** Ha! Laß dich den Teufel bei einem Haare fassen, und du bist sein auf ewig! Ich Unglücklicher!

---

## Vierter Auftritt.

**Odoardo** und **Claudia Galotti. Pirro.**

**Odoardo.** Sie bleibt mir zu lang' aus –

**Claudia.** Noch einen Augenblick, Odoardo! Es würde sie schmerzen, deines Anblicks so zu verfehlen.

**Odoardo.** Ich muß auch bei dem Grafen noch einsprechen. Kaum kann ich's erwarten, diesen würdigen jungen Mann meinen Sohn zu nennen. Alles entzückt mich an ihm. Und vor allem der Entschluß, in seinen väterlichen Tälern sich selbst zu leben.

**Claudia.** Das Herz bricht mir, wenn ich hieran gedenke. – So ganz sollen wir sie verlieren, diese einzige geliebte Tochter?

**Odoardo.** Was nennst du, sie verlieren? Sie in den Armen der Liebe zu wissen? Vermenge dein Vergnügen an ihr nicht mit ihrem Glücke. – Du möchtest meinen alten Argwohn erneuern, daß es mehr das Geräusch und die Zerstreuung der Welt, mehr die Nähe des Hofes war als die Notwendigkeit, unserer Tochter eine anständige Erziehung zu geben, was dich bewog, hier in der Stadt mit ihr zu bleiben; – fern von einem Manne und Vater, der euch so herzlich liebet.

**Claudia.** Wie ungerecht, Odoardo! Aber laß mich heute nur ein Einziges für diese Stadt, für diese Nähe des Hofes sprechen, die deiner strengen Tugend so verhaßt sind. – Hier, nur hier konnte die Liebe zusammenbringen, was füreinander geschaffen war. Hier nur konnte der Graf Emilien finden; und fand sie.

**Odoardo.** Das räum' ich ein. Aber, gute Claudia, hattest du darum recht, weil dir der Ausgang recht gibt? – Gut, daß es mit dieser Stadterziehung so abgelaufen! Laßt uns nicht weise sein wollen, wo wir nichts als glücklich gewesen! Gut, daß es so damit abgelaufen! – Nun haben sie sich gefunden, die füreinander bestimmt waren; nun laß sie ziehen, wohin Unschuld und Ruhe sie rufen. – Was sollte der Graf hier? Sich bücken, schmeicheln und kriechen und die Marinellis auszustechen suchen? um endlich ein Glück zu machen, dessen er nicht bedarf? um endlich einer Ehre gewürdiget zu werden, die für ihn keine wäre? – Pirro!

**Pirro.** Hier bin ich.

**Odoardo.** Geh und führe mein Pferd vor das Haus des Grafen. Ich komme nach und will mich da wieder aufsetzen. (Pirro geht ab.) – Warum soll der Graf hier dienen, wenn er dort selbst befehlen kann? – Dazu bedenkest du nicht, Claudia, daß durch unsere Tochter er es vollends mit dem Prinzen verderbt. Der Prinz haßt mich –

**Claudia.** Vielleicht weniger als du besorgest.

**Odoardo.** Besorgest! Ich besorg' auch so was![1]

---

1 „Das ist für mich wahrlich kein Gegenstand, der der Besorgnis wert wäre."

**Claudia.** Denn hab' ich dir schon gesagt, daß der Prinz unsere Tochter gesehen hat?

**Odoardo.** Der Prinz? Und wo das?

**Claudia.** In der letzten Vegghia[1], bei dem Kanzler Grimaldi, die er mit seiner Gegenwart beehrte. Er bezeigte sich gegen sie so gnädig – –

**Odoardo.** So gnädig?

**Claudia.** Er unterhielt sich mit ihr so lange – –

**Odoardo.** Unterhielt sich mit ihr?

**Claudia.** Schien von ihrer Munterkeit und ihrem Witze so bezaubert – –

**Odoardo.** So bezaubert? –

**Claudia.** Hat von ihrer Schönheit mit so vielen Lobeserhebungen gesprochen – –

**Odoardo.** Lobeserhebungen? Und das alles erzählst du mir in einem Tone der Entzückung? O Claudia! Claudia! eitle, törichte Mutter!

**Claudia.** Wieso?

**Odoardo.** Nun gut, nun gut! Auch das ist so abgelaufen. – Ha! wenn ich mir einbilde – Das gerade wäre der Ort, wo ich am tödlichsten zu verwunden bin! – Ein Wollüstling, der bewundert, begehrt. – Claudia! Claudia! der bloße Gedanke setzt mich in Wut. – Du hättest mir das sogleich sollen gemeldet haben. – Doch, ich möchte dir heute nicht gern etwas Unangenehmes sagen. Und ich würde (indem sie ihn bei der Hand ergreift), wenn ich länger bliebe. – Drum laß mich! laß mich! – Gott befohlen, Claudia! – Kommt glücklich nach!

---

## Fünfter Auftritt.

**Claudia Galotti.**

Welch ein Mann! – O, der rauhen Tugend! – wenn anders sie diesen Namen verdienet. – Alles scheint ihr verdächtig, alles strafbar! – Oder, wenn das die Menschen kennen heißt: – wer sollte sich wünschen, sie zu kennen? – Wo bleibt

---

[1] Vgl. oben, S. 163, Anm. 3.

aber auch Emilia? – Er ist des Vaters Feind: folglich – folglich, wenn er ein Auge für die Tochter hat, so ist es einzig, um ihn zu beschimpfen? –

## Sechster Auftritt.

**Emilia** und **Claudia Galotti.**

**Emilia** (stürzet in einer ängstlichen Verwirrung herein). Wohl mir! wohl mir! Nun bin ich in Sicherheit. Oder ist er mir gar gefolgt? (Indem sie den Schleier zurückwirft und ihre Mutter erblickt.) Ist er, meine Mutter? ist er? – Nein, dem Himmel sei Dank!

**Claudia.** Was ist dir, meine Tochter? was ist dir?

**Emilia.** Nichts, nichts –

**Claudia.** Und blickest so wild um dich? Und zitterst an jedem Gliede?

**Emilia.** Was hab' ich hören müssen? Und wo, wo hab' ich es hören müssen?

**Claudia.** Ich habe dich in der Kirche geglaubt –

**Emilia.** Ebenda! Was ist dem Laster Kirch' und Altar? – Ach, meine Mutter! (Sich ihr in die Arme werfend.)

**Claudia.** Rede, meine Tochter! – Mach meiner Furcht ein Ende. – Was kann dir da an heiliger Stätte so Schlimmes begegnet sein?

**Emilia.** Nie hätte meine Andacht inniger, brünstiger sein sollen als heute: nie ist sie weniger gewesen, was sie sein sollte.

**Claudia.** Wir sind Menschen, Emilia. Die Gabe zu beten ist nicht immer in unserer Gewalt. Dem Himmel ist beten wollen auch beten.

**Emilia.** Und sündigen wollen auch sündigen.

**Claudia.** Das hat meine Emilia nicht wollen!

**Emilia.** Nein, meine Mutter; so tief ließ mich die Gnade nicht sinken. – Aber daß fremdes Laster uns wider unsern Willen zu Mitschuldigen machen kann!

**Claudia.** Fasse dich! – Sammle deine Gedanken so viel dir möglich. – Sag' es mir mit eins, was dir geschehen.

**Emilia.** Eben hatt' ich mich – weiter von dem Altare, als ich sonst pflege, – denn ich kam zu spät – auf meine Knie gelassen. Eben fing ich an, mein Herz zu erheben, als dicht hinter mir etwas seinen Platz nahm. So dicht hinter mir! – Ich konnte weder vor noch zur Seite rücken, – so gern ich auch wollte; aus Furcht, daß eines andern Andacht mich in meiner stören möchte. – Andacht! das war das Schlimmste, was ich besorgte. – Aber es währte nicht lange, so hört' ich ganz nah' an meinem Ohre, – nach einem tiefen Seufzer, – nicht den Namen einer Heiligen, – den Namen, – zürnen Sie nicht, meine Mutter – den Namen Ihrer Tochter! – Meinen Namen! – O, daß laute Donner mich verhindert hätten, mehr zu hören! – Es sprach von Schönheit, von Liebe – Es klagte, daß dieser Tag, welcher mein Glück mache, – wenn er es anders mache – sein Unglück auf immer entscheide. – Es beschwor mich – hören mußt' ich dies alles. Aber ich blickte nicht um; ich wollte tun, als ob ich es nicht hörte. – Was konnt' ich sonst? – Meinen guten Engel bitten, mich mit Taubheit zu schlagen; und wann auch, wann auch auf immer! – Das bat ich; das war das Einzige, was ich beten konnte. – Endlich ward es Zeit, mich wieder zu erheben. Das heilige Amt ging zu Ende. Ich zitterte, mich umzukehren. Ich zitterte, ihn zu erblicken, der sich den Frevel erlauben dürfen. Und da ich mich umwandte, da ich ihn erblickte –

**Claudia.** Wen, meine Tochter?

**Emilia.** Raten Sie, meine Mutter; raten Sie – Ich glaubte, in die Erde zu sinken – Ihn selbst.

**Claudia.** Wen, ihn selbst?

**Emilia.** Den Prinzen.

**Claudia.** Den Prinzen! – O, gesegnet sei die Ungeduld deines Vaters, der eben hier war und dich nicht erwarten wollte!

**Emilia.** Mein Vater hier? – und wollte mich nicht erwarten?

**Claudia.** Wenn du in deiner Verwirrung auch ihn das hättest hören lassen!

**Emilia.** Nun, meine Mutter? – Was hätt' er an mir Strafbares finden können?

**Claudia.** Nichts; ebensowenig als an mir. Und doch,

doch – Ha, du kennest deinen Vater nicht! In seinem Zorne hätt' er den unschuldigen Gegenstand des Verbrechens mit dem Verbrecher verwechselt. In seiner Wut hätt' ich ihm geschienen, das veranlaßt zu haben, was ich weder verhindern noch vorhersehen können. – Aber weiter, meine Tochter, weiter! Als du den Prinzen erkanntest – Ich will hoffen, daß du deiner mächtig genug warest, ihm in e i n e m Blicke alle die Verachtung zu bezeigen, die er verdienet.

**Emilia.** Das war ich nicht, meine Mutter! Nach dem Blicke, mit dem ich ihn erkannte, hatt' ich nicht das Herz, einen zweiten auf ihn zu richten. Ich floh –

**Claudia.** Und der Prinz dir nach –

**Emilia.** Was ich nicht wußte, bis ich in der Halle[1] mich bei der Hand ergriffen fühlte. Und von ihm! Aus Scham mußt' ich standhalten: mich von ihm loszuwinden, würde die Vorbeigehenden zu aufmerksam auf uns gemacht haben. Das war die einzige Überlegung, deren ich fähig war – oder deren ich nun mich wieder erinnere. Er sprach, und ich hab' ihm geantwortet. Aber was er sprach, was ich ihm geantwortet, – fällt mir es noch bei, so ist es gut, so will ich es Ihnen sagen, meine Mutter. Jetzt weiß ich von dem allen nichts. Meine Sinne hatten mich verlassen. – Umsonst denk' ich nach, wie ich von ihm weg und aus der Halle gekommen. Ich finde mich erst auf der Straße wieder und höre ihn hinter mir herkommen, und höre ihn mit mir zugleich in das Haus treten, mit mir die Treppe hinaufsteigen – –

**Claudia.** Die Furcht hat ihren besondern Sinn[2], meine Tochter! – Ich werde es nie vergessen, mit welcher Gebärde du hereinstürztest. – Nein, so weit durfte er nicht wagen, dir zu folgen. – Gott! Gott! wenn dein Vater das wüßte! – Wie wild er schon war, als er nur hörte, daß der Prinz dich jüngst nicht ohne Mißfallen[3] gesehen! – Indes, sei ruhig, meine Tochter! Nimm es für einen Traum, was dir begegnet ist. Auch

[1] Vorhalle der Kirche. – [2] Nach Lessings eigner Erklärung (an Karl Lessing 10. Februar 1772) soll der Satz, den ursprünglich Emilia sprach, nur besagen, daß sie nun wohl sehe, die Furcht habe sie getäuscht. – [3] Ungenauer Sprachgebrauch; die Bedeutung ist: „nicht mit Mißfallen".

wird es noch weniger Folgen haben als ein Traum. Du entgehest heute mit eins allen Nachstellungen.

**Emilia.** Aber, nicht, meine Mutter? Der Graf muß das wissen. Ihm muß ich es sagen.

**Claudia.** Um alle Welt nicht! – Wozu? warum? Willst du für nichts und wieder für nichts ihn unruhig machen? Und wann er es auch itzt nicht würde: wisse, mein Kind, daß ein Gift, welches nicht gleich wirket, darum kein minder gefährliches Gift ist. Was auf den Liebhaber keinen Eindruck macht, kann ihn auf den Gemahl machen. Den Liebhaber könnt' es sogar schmeicheln, einem so wichtigen Mitbewerber den Rang abzulaufen. Aber, wenn er ihm den nun einmal abgelaufen hat; ah! mein Kind, – so wird aus dem Liebhaber oft ein ganz anderes Geschöpf. Dein gutes Gestirn behüte dich vor dieser Erfahrung.

**Emilia.** Sie wissen, meine Mutter, wie gern ich Ihren bessern Einsichten mich in allem unterwerfe. – Aber, wenn er es von einem andern erführe, daß der Prinz mich heute gesprochen? Würde mein Verschweigen nicht, früh oder spät, seine Unruhe vermehren? – Ich dächte doch, ich behielte lieber vor ihm nichts auf dem Herzen.

**Claudia.** Schwachheit! verliebte Schwachheit! – Nein, durchaus nicht, meine Tochter! Sag' ihm nichts. Laß ihn nichts merken!

**Emilia.** Nun ja, meine Mutter! Ich habe keinen Willen gegen den Ihrigen. – Aha! (Mit einem tiefen Atemzuge.) Auch wird mir wieder ganz leicht. – Was für ein albernes, furchtsames Ding ich bin! – Nicht, meine Mutter? – Ich hätte mich noch wohl anders dabei nehmen[1] können, und würde mir ebensowenig vergeben haben.

**Claudia.** Ich wollte dir das nicht sagen, meine Tochter, bevor dir es dein eigner gesunder Verstand sagte. Und ich wußte, er würde dir es sagen, sobald du wieder zu dir selbst gekommen. – Der Prinz ist galant. Du bist die unbedeutende Sprache der Galanterie zu wenig gewohnt. Eine Höflichkeit

---

1 Benehmen.

wird in ihr zur Empfindung, eine Schmeichelei zur Beteurung, ein Einfall zum Wunsche, ein Wunsch zum Vorsatze. Nichts klingt in dieser Sprache wie alles: und alles ist in ihr so viel als nichts.

**Emilia.** O, meine Mutter! – so müßte ich mir mit meiner Furcht vollends lächerlich vorkommen! – Nun soll er gewiß nichts davon erfahren, mein guter Appiani! Er könnte mich leicht für mehr eitel als tugendhaft halten – Hui! daß er da selbst kömmt! Es ist sein Gang.

---

## Siebenter Auftritt.

**Graf Appiani. Die Vorigen.**

**Appiani** (tritt tiefsinnig mit vor sich hingeschlagenen Augen herein und kömmt näher, ohne sie zu erblicken, bis Emilia ihm entgegenspringt). Ah, meine Teuerste! – Ich war mir Sie in dem Vorzimmer nicht vermutend.

**Emilia.** Ich wünschte Sie heiter, Herr Graf, auch wo Sie mich nicht vermuten. – So feierlich? so ernsthaft? – Ist dieser Tag keiner freudigern Aufwallung wert?

**Appiani.** Er ist mehr wert als mein ganzes Leben. Aber schwanger mit so viel Glückseligkeit für mich, – mag es wohl diese Glückseligkeit selbst sein, die mich so ernst, die mich, wie Sie es nennen, mein Fräulein, so feierlich macht. – (Indem er die Mutter erblickt.) Ha! auch Sie hier, meine gnädige Frau! – nun bald mir mit einem innigern Namen zu verehrende!

**Claudia.** Der mein größter Stolz sein wird! – Wie glücklich bist du, meine Emilia! – Warum hat dein Vater unsere Entzückung nicht teilen wollen?

**Appiani.** Eben habe ich mich aus seinen Armen gerissen – oder vielmehr er sich aus meinen. – Welch ein Mann, meine Emilia, Ihr Vater! Das Muster aller männlichen Tugend! Zu was für Gesinnungen erhebt sich meine Seele in seiner Gegenwart! Nie ist mein Entschluß, immer gut, immer edel zu sein, lebendiger, als wenn ich ihn sehe – wenn ich ihn mir denke. Und womit sonst als mit der Erfüllung dieses Entschlusses kann ich mich der Ehre würdig machen, sein Sohn zu heißen, – der Ihrige zu sein, meine Emilia?

**Emilia.** Und er wollte mich nicht erwarten!

**Appiani.** Ich urteile, weil ihn seine Emilia für diesen augenblicklichen Besuch zu sehr erschüttert, zu sehr sich seiner ganzen Seele bemächtiget hätte.

**Claudia.** Er glaubte dich mit deinem Brautschmucke beschäftiget zu finden, und hörte –

**Appiani.** Was ich mit der zärtlichsten Bewunderung wieder von ihm gehört habe. – So recht, meine Emilia! Ich werde eine fromme Frau an Ihnen haben; und die nicht stolz auf ihre Frömmigkeit ist.

**Claudia.** Aber, meine Kinder, eines tun und das andere nicht lassen! – Nun ist es hohe Zeit; nun mach', Emilia!

**Appiani.** Was? meine gnädige Frau.

**Claudia.** Sie wollen sie doch nicht so, Herr Graf, so, wie sie da ist, zum Altare führen?

**Appiani.** Wahrlich, das werd' ich nun erst gewahr. – Wer kann Sie sehen, Emilia, und auch auf Ihren Putz achten! – Und warum nicht so, so, wie sie da ist?

**Emilia.** Nein, mein lieber Graf, nicht so: nicht ganz so. Aber auch nicht viel prächtiger; nicht viel. – Husch, husch, und ich bin fertig! – Nichts, gar nichts von dem Geschmeide, dem letzten Geschenke Ihrer verschwenderischen Großmut! Nichts, gar nichts, was sich nur zu solchem Geschmeide schickte! – Ich könnte ihm gram sein, diesem Geschmeide, wenn es nicht von Ihnen wäre. – Denn dreimal hat mir von ihm geträumet –

**Claudia.** Nun! davon weiß ich ja nichts.

**Emilia.** Als ob ich es trüge, und als ob plötzlich sich jeder Stein desselben in eine Perle verwandele. – Perlen aber, meine Mutter, Perlen bedeuten Tränen.

**Claudia.** Kind! Die Bedeutung ist träumerischer als der Traum. – Warest du nicht von jeher eine größere Liebhaberin von Perlen als von Steinen? –

**Emilia.** Freilich, meine Mutter, freilich –

**Appiani** (nachdenkend und schwermütig). Bedeuten Tränen – bedeuten Tränen!

**Emilia.** Wie? Ihnen fällt das auf? Ihnen?

**Appiani.** Jawohl; ich sollte mich schämen. – Aber,

wenn die Einbildungskraft einmal zu traurigen Bildern gestimmt ist –

**Emilia.** Warum ist sie das auch? – Und was meinen Sie, das ich mir ausgedacht habe? – Was trug ich, wie sah ich, als ich Ihnen zuerst gefiel? – Wissen Sie es noch?

**Appiani.** Ob ich es noch weiß? Ich sehe Sie in Gedanken nie anders als so; und sehe Sie so, auch wenn ich Sie nicht so sehe.

**Emilia.** Also, ein Kleid von der nämlichen Farbe, von dem nämlichen Schnitte; fliegend und frei –

**Appiani.** Vortrefflich!

**Emilia.** Und das Haar –

**Appiani.** In seinem eignen braunen Glanze; in Locken, wie sie die Natur schlug –

**Emilia.** Die Rose darin nicht zu vergessen! Recht! recht! – Eine kleine Geduld, und ich stehe so vor Ihnen da!

## Achter Auftritt.

**Graf Appiani. Claudia Galotti.**

**Appiani** (indem er ihr mit einer niedergeschlagenen Miene nachsieht). Perlen bedeuten Tränen! – Eine kleine Geduld! – Ja, wenn die Zeit nur außer uns wäre! – Wenn eine Minute am Zeiger sich in uns nicht in Jahre ausdehnen könnte! –

**Claudia.** Emiliens Beobachtung, Herr Graf, war so schnell als richtig. Sie sind heut ernster als gewöhnlich. Nur noch einen Schritt von dem Ziele Ihrer Wünsche, – sollt' es Sie reuen, Herr Graf, daß es das Ziel Ihrer Wünsche gewesen?

**Appiani.** Ah, meine Mutter, und Sie können das von Ihrem Sohne argwohnen? – Aber, es ist wahr; ich bin heut ungewöhnlich trübe und finster. – Nur sehen Sie, gnädige Frau, – noch einen Schritt vom Ziele oder noch gar nicht ausgelaufen sein, ist im Grunde eines. – Alles, was ich sehe, alles, was ich höre, alles, was ich träume, prediget mir seit gestern und ehegestern diese Wahrheit. Dieser eine Gedanke kettet sich an jeden andern, den ich haben muß und haben will. – Was ist das? Ich versteh' es nicht. –

**Claudia.** Sie machen mich unruhig, Herr Graf –

**Appiani.** Eines kömmt dann zum andern! – Ich bin ärgerlich; ärgerlich über meine Freunde, über mich selbst –

**Claudia.** Wieso?

**Appiani.** Meine Freunde verlangen schlechterdings, daß ich dem Prinzen von meiner Heirat ein Wort sagen soll, ehe ich sie vollziehe. Sie geben mir zu, ich sei es nicht schuldig: aber die Achtung gegen ihn woll' es nicht anders. – Und ich bin schwach genug gewesen, es ihnen zu versprechen. Eben wollt' ich noch bei ihm vorfahren.

**Claudia** (stutzig). Bei dem Prinzen?

## Neunter Auftritt.

**Pirro**, gleich darauf **Marinelli** und **die Vorigen.**

**Pirro.** Gnädige Frau, der Marchese Marinelli hält vor dem Hause und erkundiget sich nach dem Herrn Grafen.

**Appiani.** Nach mir?

**Pirro.** Hier ist er schon. (Öffnet ihm die Türe und gehet ab.)

**Marinelli.** Ich bitt' um Verzeihung, gnädige Frau. – Mein Herr Graf, ich war vor Ihrem Hause und erfuhr, daß ich Sie hier treffen würde. Ich hab' ein dringendes Geschäft an Sie – Gnädige Frau, ich bitte nochmals um Verzeihung; es ist in einigen Minuten geschehen.

**Claudia.** Die ich nicht verzögern will. (Macht ihm eine Verbeugung und geht ab.)

## Zehnter Auftritt.

**Marinelli. Appiani.**

**Appiani.** Nun, mein Herr?

**Marinelli.** Ich komme von des Prinzen Durchlaucht.

**Appiani.** Was ist zu seinem Befehle?

**Marinelli.** Ich bin stolz, der Überbringer einer so vorzüglichen Gnade zu sein. – Und wenn Graf Appiani nicht mit Gewalt einen seiner ergebensten Freunde in mir verkennen will – –

**Appiani.** Ohne weitere Vorrede; wenn ich bitten darf.

**Marinelli.** Auch das! – Der Prinz muß sogleich an den Herzog von Massa in Angelegenheit seiner Vermählung mit dessen Prinzessin Tochter einen Bevollmächtigten senden. Er war lange unschlüssig, wen er dazu ernennen sollte. Endlich ist seine Wahl, Herr Graf, auf Sie gefallen.

**Appiani.** Auf mich?

**Marinelli.** Und das, – wenn die Freundschaft ruhmredig sein darf – nicht ohne mein Zutun –

**Appiani.** Wahrlich, Sie setzen mich wegen eines Dankes in Verlegenheit. – Ich habe schon längst nicht mehr erwartet, daß der Prinz mich zu brauchen geruhen werde. –

**Marinelli.** Ich bin versichert, daß es ihm bloß an einer würdigen Gelegenheit gemangelt hat. Und wenn auch diese so eines Mannes, wie Graf Appiani, noch nicht würdig genug sein sollte, so ist freilich meine Freundschaft zu voreilig gewesen.

**Appiani.** Freundschaft und Freundschaft, um das dritte Wort! – Mit wem red' ich denn? Des Marchese Marinelli Freundschaft hätt' ich mir nie träumen lassen. –

**Marinelli.** Ich erkenne mein Unrecht, Herr Graf, mein unverzeihliches Unrecht, daß ich, ohne Ihre Erlaubnis, Ihr Freund sein wollen. – Bei dem allen: was tut das? Die Gnade des Prinzen, die Ihnen angetragene Ehre, bleiben, was sie sind; und ich zweifle nicht, Sie werden sie mit Begierd' ergreifen.

**Appiani** (nach einiger Überlegung). Allerdings.

**Marinelli.** Nun, so kommen Sie.

**Appiani.** Wohin?

**Marinelli.** Nach Dosalo zu dem Prinzen. – Es liegt schon alles fertig, und Sie müssen noch heut abreisen.

**Appiani.** Was sagen Sie? – Noch heute?

**Marinelli.** Lieber noch in dieser nämlichen Stunde als in der folgenden. Die Sache ist von der äußersten Eil'.

**Appiani.** In Wahrheit? – So tut es mir leid, daß ich die Ehre, welche mir der Prinz zugedacht, verbitten muß.

**Marinelli.** Wie?

**Appiani.** Ich kann heute nicht abreisen; – auch morgen nicht; – auch übermorgen noch nicht. –

**Marinelli.** Sie scherzen, Herr Graf.

**Appiani.** Mit Ihnen?

**Marinelli.** Unvergleichlich! Wenn der Scherz den[1] Prinzen gilt, so ist er um soviel lustiger. – Sie können nicht?

**Appiani.** Nein, mein Herr, nein. – Und ich hoffe, daß der Prinz selbst meine Entschuldigung wird gelten lassen.

**Marinelli.** Die bin ich begierig, zu hören.

**Appiani.** O, eine Kleinigkeit! – Sehen Sie: ich soll noch heut eine Frau nehmen.

**Marinelli.** Nun? und dann?

**Appiani.** Und dann? – und dann? – Ihre Frage ist auch verzweifelt naiv.

**Marinelli.** Man hat Exempel, Herr Graf, daß sich Hochzeiten aufschieben lassen. – Ich glaube freilich nicht, daß der Braut oder dem Bräutigam immer damit gedient ist. Die Sache mag ihr Unangenehmes haben. Aber doch, dächt' ich, der Befehl des Herrn –

**Appiani.** Der Befehl des Herrn? – des Herrn? Ein Herr, den man sich selber wählt, ist unser Herr so eigentlich nicht – Ich gebe zu, daß Sie dem Prinzen unbedingtern Gehorsam schuldig wären. Aber nicht ich. – Ich kam an seinen Hof als ein Freiwilliger. Ich wollte die Ehre haben, ihm zu dienen; aber nicht sein Sklave werden. Ich bin der Vasall eines größern Herrn –

**Marinelli.** Größer oder kleiner: Herr ist Herr.

**Appiani.** Daß ich mit Ihnen darüber stritte! – Genug, sagen Sie dem Prinzen, was Sie gehört haben: – daß es mir leid tut, seine Gnade nicht annehmen zu können, weil ich eben heut eine Verbindung vollzöge, die mein ganzes Glück ausmache.

**Marinelli.** Wollen Sie ihm nicht zugleich wissen lassen, mit wem?

**Appiani.** Mit Emilia Galotti.

**Marinelli.** Der Tochter aus diesem Hause?

**Appiani.** Aus diesem Hause.

**Marinelli.** Hm! hm!

---

[1] Gelten mit Akkusativ statt des Dativs.

**Appiani.** Was beliebt?

**Marinelli.** Ich sollte meinen, daß es sonach um so weniger Schwierigkeit haben könne, die Zeremonie bis zu Ihrer Zurückkunft auszusetzen.

**Appiani.** Die Zeremonie? Nur die Zeremonie?

**Marinelli.** Die guten Eltern werden es so genau nicht nehmen.

**Appiani.** Die guten Eltern?

**Marinelli.** Und Emilia bleibt Ihnen ja wohl gewiß.

**Appiani.** Ja wohl gewiß? – Sie sind mit Ihrem Ja wohl – ja wohl ein ganzer Affe!

**Marinelli.** Mir das, Graf?

**Appiani.** Warum nicht?

**Marinelli.** Himmel und Hölle! – Wir werden uns sprechen.

**Appiani.** Pah! Hämisch ist der Affe; aber –

**Marinelli.** Tod und Verdammnis! – Graf, ich fodere Genugtuung.

**Appiani.** Das versteht sich.

**Marinelli.** Und würde sie gleich itzt nehmen: – nur daß ich dem zärtlichen Bräutigam den heutigen Tag nicht verderben mag.

**Appiani.** Gutherziges Ding! Nicht doch! Nicht doch! (Indem er ihn bei der Hand ergreift.) Nach Massa freilich mag ich mich heute nicht schicken lassen, aber zu einem Spaziergange mit Ihnen hab' ich Zeit übrig. – Kommen Sie, kommen Sie!

**Marinelli** (der sich losreißt und abgeht). Nur Geduld, Graf, nur Geduld!

---

## Eilfter Auftritt.

**Appiani. Claudia Galotti.**

**Appiani.** Geh, Nichtswürdiger! – Ha! das hat gut getan. Mein Blut ist in Wallung gekommen. Ich fühle mich anders und besser.

**Claudia** (eiligst und besorgt). Gott! Herr Graf – Ich hab' einen heftigen Wortwechsel gehört. – Ihr Gesicht glühet. Was ist vorgefallen?

**Appiani.** Nichts, gnädige Frau, gar nichts. Der Kammerherr Marinelli hat mir einen großen Dienst erwiesen. Er hat mich des Ganges zum Prinzen überhoben.

**Claudia.** In der Tat?

**Appiani.** Wir können nun um so viel früher abfahren. Ich gehe, meine Leute zu treiben, und bin sogleich wieder hier. Emilia wird indes auch fertig.

**Claudia.** Kann ich ganz ruhig sein, Herr Graf?

**Appiani.** Ganz ruhig, gnädige Frau. (Sie geht herein und er fort.)

## Dritter Aufzug.

Die Szene: ein Vorsaal auf dem Lustschlosse des Prinzen.

### Erster Auftritt.

**Der Prinz. Marinelli.**

**Marinelli.** Umsonst; er schlug die angetragene Ehre mit der größten Verachtung aus.

**Der Prinz.** Und so bleibt es dabei? so geht es vor sich? so wird Emilia noch heute die Seinige?

**Marinelli.** Allem Ansehen nach.

**Der Prinz.** Ich versprach mir von Ihrem Einfalle so viel! – Wer weiß, wie albern Sie sich dabei genommen. – Wenn der Rat eines Toren einmal gut ist, so muß ihn ein gescheuter Mann ausführen. Das hätt' ich bedenken sollen.

**Marinelli.** Da find' ich mich schön belohnt!

**Der Prinz.** Und wofür belohnt?

**Marinelli.** Daß ich noch mein Leben darüber in die Schanze schlagen wollte. – Als ich sahe, daß weder Ernst noch Spott den Grafen bewegen konnte, seine Liebe der Ehre nachzusetzen, versucht' ich es, ihn in Harnisch zu jagen. Ich sagte ihm Dinge, über die er sich vergaß. Er stieß Beleidigungen gegen mich aus, und ich forderte Genugtuung – und forderte sie gleich auf der Stelle. – Ich dachte so: entweder er mich oder ich ihn. Ich ihn: so ist das Feld ganz unser. Oder er mich: nun, wenn auch; so muß er fliehen, und der Prinz gewinnt wenigstens Zeit.

**Der Prinz.** Das hätten Sie getan, Marinelli?

**Marinelli.** Ha! man sollt' es voraus wissen, wenn man so töricht bereit ist, sich für die Großen aufzuopfern – man sollt' es voraus wissen, wie erkenntlich sie sein würden –

**Der Prinz.** Und der Graf? – Er stehet in dem Rufe, sich so etwas nicht zweimal sagen zu lassen.

**Marinelli.** Nachdem es fällt, ohne Zweifel. – Wer kann es ihm verdenken? – Er versetzte, daß er auf heute doch noch etwas Wichtigers zu tun habe, als sich mit mir den Hals zu brechen. Und so beschied er mich auf die ersten acht Tage nach der Hochzeit.

**Der Prinz.** Mit Emilia Galotti! Der Gedanke macht mich rasend! – Darauf ließen Sie es gut sein und gingen: – und kommen und prahlen, daß Sie Ihr Leben für mich in die Schanze geschlagen; sich mir aufgeopfert –

**Marinelli.** Was wollen Sie aber, gnädiger Herr, das ich weiter hätte tun sollen?

**Der Prinz.** Weiter tun? – Als ob Er etwas getan hätte!

**Marinelli.** Und lassen Sie doch hören, gnädiger Herr, was Sie für sich selbst getan haben. – Sie waren so glücklich, sie noch in der Kirche zu sprechen. Was haben Sie mit ihr abgeredet?

**Der Prinz** (höhnisch). Neugierde zur Gnüge! – Die ich nur befriedigen muß. – O, es ging alles nach Wunsch. – Sie brauchen sich nicht weiter zu bemühen, mein allzu dienstfertiger Freund! – Sie kam meinem Verlangen mehr als halbes Weges entgegen. Ich hätte sie nur gleich mitnehmen dürfen. (Kalt und befehlend.) Nun wissen Sie, was Sie wissen wollen; – und können gehn!

**Marinelli.** Und können gehn! – Ja, ja; das ist das Ende vom Liede! und würd' es sein, gesetzt auch, ich wollte noch das Unmögliche versuchen. – Das Unmögliche sag' ich? – So unmöglich wär' es nun wohl nicht, aber kühn. – Wenn wir die Braut in unserer Gewalt hätten, so stünd' ich dafür, daß aus der Hochzeit nichts werden sollte.

**Der Prinz.** Ei! wofür der Mann nicht alles stehen will! Nun dürft' ich Ihm nur noch ein Kommando von meiner Leibwache geben, und Er legte sich an der Landstraße damit in Hinterhalt und fiele selbstfunfziger[1] einen Wagen an, und riss' ein Mädchen heraus, das er im Triumphe mir zubrächte.

---

[1] Zu fünfzig; aus der Bibel und vielen älteren Schriften bekannte Kollektivbezeichnung.

**Marinelli.** Es ist eher ein Mädchen mit Gewalt entführt worden, ohne daß es einer gewaltsamen Entführung ähnlich gesehen.

**Der Prinz.** Wenn Sie das zu machen wüßten, so würden Sie nicht erst lange davon schwatzen.

**Marinelli.** Aber für den Ausgang müßte man nicht stehen sollen. – Es könnten sich Unglücksfälle dabei eräugnen[1] –

**Der Prinz.** Und es ist meine Art, daß ich Leute Dinge verantworten lasse, wofür sie nicht können!

**Marinelli.** Also, gnädiger Herr – (Man hört von weitem einen Schuß.) Ha! was war das? – Hört' ich recht? – Hörten Sie nicht auch, gnädiger Herr, einen Schuß fallen? – Und da noch einen!

**Der Prinz.** Was ist das? was gibt's?

**Marinelli.** Was meinen Sie wohl? – Wie wann ich tätiger wäre, als Sie glauben?

**Der Prinz.** Tätiger? – So sagen Sie doch –

**Marinelli.** Kurz: wovon ich gesprochen, geschieht.

**Der Prinz.** Ist es möglich?

**Marinelli.** Nur vergessen Sie nicht, Prinz, wessen Sie mich eben versichert. – Ich habe nochmals Ihr Wort – –

**Der Prinz.** Aber die Anstalten sind doch so –

**Marinelli.** Als sie nur immer sein können! – Die Ausführung ist Leuten anvertrauet, auf die ich mich verlassen kann. Der Weg geht hart an der Planke des Tiergartens vorbei. Da wird ein Teil den Wagen angefallen haben, gleichsam um ihn zu plündern. Und ein anderer Teil, wobei einer von meinen Bedienten ist, wird aus dem Tiergarten gestürzt sein; den Angefallenen gleichsam zur Hülfe. Während des Handgemenges, in das beide Teile zum Schein geraten, soll mein Bedienter Emilien ergreifen, als ob er sie retten wolle, und durch den Tiergarten in das Schloß bringen. – So ist die Abrede. – Was sagen Sie nun, Prinz?

**Der Prinz.** Sie überraschen mich auf eine sonderbare Art. – Und eine Bangigkeit überfällt mich – (Marinelli tritt an das Fenster.) Wornach sehen Sie?

[1] Historisch richtige Form, mittelhochdeutsch *eröugen,* von „Auge" abgeleitet.

**Marinelli.** Dahinaus muß es sein! – Recht! – und eine Maske kömmt bereits um die Planke gesprengt, – ohne Zweifel, mir den Erfolg zu berichten. – Entfernen Sie sich, gnädiger Herr.

**Der Prinz.** Ah, Marinelli –

**Marinelli.** Nun? Nicht wahr, nun hab' ich zu viel getan, und vorhin zu wenig?

**Der Prinz.** Das nicht. Aber ich sehe bei alledem nicht ab – –

**Marinelli.** Absehn? – Lieber alles mit eins! – Geschwind, entfernen Sie sich. – Die Maske muß Sie nicht sehen. (Der Prinz gehet ab.)

---

## Zweiter Auftritt.

**Marinelli** und bald darauf **Angelo**.

**Marinelli** (der wieder nach dem Fester geht). Dort fährt der Wagen langsam nach der Stadt zurück. – So langsam? Und in jedem Schlage ein Bedienter? – Das sind Anzeigen, die mir nicht gefallen; – daß der Streich wohl nur halb gelungen ist; – daß man einen Verwundeten gemächlich zurückführet – und keinen Toten. – Die Maske steigt ab. – Es ist Angelo selbst. Der Tolldreiste! – Endlich, hier weiß er die Schliche[1]. – Er winkt mir zu. Er muß seiner Sache gewiß sein. – Ha, Herr Graf, der Sie nicht nach Massa wollten, und nun noch einen weitern Weg müssen! – Wer hatte Sie die Affen so kennen gelehrt? (Indem er nach der Türe zugeht.) Jawohl sind sie hämisch. – Nun, Angelo?

**Angelo** (der die Maske abgenommen). Passen Sie auf, Herr Kammerherr! Man muß sie gleich bringen.

**Marinelli.** Und wie lief es sonst ab?

**Angelo.** Ich denke ja, recht gut.

**Marinelli.** Wie steht es mit dem Grafen?

**Angelo.** Zu dienen! So, so! – Aber er muß Wind gehabt haben. Denn er war nicht so ganz unbereitet.

---

[1] Schleichwege.

**Marinelli.** Geschwind, sage mir, was du mir zu sagen hast! – Ist er tot?

**Angelo.** Es tut mir leid um den guten Herrn.

**Marinelli.** Nun da, für dein mitleidiges Herz! (Gibt ihm einen Beutel mit Gold.)

**Angelo.** Vollends mein braver Nicolo! der das Bad mit bezahlen müssen.

**Marinelli.** So? Verlust auf beiden Seiten?

**Angelo.** Ich könnte weinen um den ehrlichen Jungen! Ob mir sein Tod schon das (indem er den Beutel in der Hand wieget) um ein Vierteil verbessert. Denn ich bin sein Erbe; weil ich ihn gerächet habe. Das ist so unser Gesetz: ein so gutes, mein' ich, als für Treu' und Freundschaft je gemacht worden. Dieser Nicolo, Herr Kammerherr –

**Marinelli.** Mit deinem Nicolo! – Aber der Graf, der Graf –

**Angelo.** Blitz! der Graf hatte ihn gut gefaßt. Dafür faßt' ich auch wieder den Grafen! – Er stürzte; und wenn er noch lebendig zurück in die Kutsche kam, so steh' ich dafür, daß er nicht lebendig wieder herauskömmt.

**Marinelli.** Wenn das nur gewiß ist, Angelo.

**Angelo.** Ich will Ihre Kundschaft verlieren, wenn es nicht gewiß ist! – Haben Sie noch was zu befehlen? denn mein Weg ist der weiteste; wir wollen heute noch über die Grenze.

**Marinelli.** So geh.

**Angelo.** Wenn wieder was vorfällt, Herr Kammerherr, – Sie wissen, wo ich zu erfragen bin. Was sich ein andrer zu tun getrauet, wird für mich auch keine Hexerei sein. Und billiger bin ich als jeder andere. (Geht ab.)

**Marinelli.** Gut das! – Aber doch nicht so recht gut. – Pfui, Angelo! so ein Knicker zu sein! Einen zweiten Schuß wäre er ja wohl noch wert gewesen. – Und wie er sich vielleicht nun martern muß, der arme Graf! – Pfui, Angelo! Das heißt, sein Handwerk sehr grausam treiben, – und verpfuschen. – Aber davon muß der Prinz noch nichts wissen. Er muß erst selbst finden, wie zuträglich ihm dieser Tod ist. – Dieser Tod! – Was gäb' ich um die Gewißheit!

## Dritter Auftritt.

**Der Prinz. Marinelli.**

**Der Prinz.** Dort kömmt sie die Allee herauf. Sie eilet vor dem Bedienten her. Die Furcht, wie es scheinet, beflügelt ihre Füße. Sie muß noch nichts argwohnen. Sie glaubt sich nur vor Räubern zu retten. – Aber wie lange kann das dauren?

**Marinelli.** So haben wir sie doch fürs erste.

**Der Prinz.** Und wird die Mutter sie nicht aufsuchen? Wird der Graf ihr nicht nachkommen? Was sind wir alsdann weiter? Wie kann ich sie ihnen vorenthalten?

**Marinelli.** Auf das alles weiß ich freilich noch nichts zu antworten. Aber wir müssen sehen. Gedulden Sie sich, gnädiger Herr. Der erste Schritt mußte doch getan sein. –

**Der Prinz.** Wozu? wenn wir ihn zurücktun müssen.

**Marinelli.** Vielleicht müssen wir nicht. – Da sind tausend Dinge, auf die sich weiter fußen läßt. – Und vergessen Sie denn das Vornehmste?

**Der Prinz.** Was kann ich vergessen, woran ich sicher noch nicht gedacht habe? – Das Vornehmste? was ist das?

**Marinelli.** Die Kunst zu gefallen, zu überreden, – die einem Prinzen, welcher liebt, nie fehlet.

**Der Prinz.** Nie fehlet? Außer, wo er sie gerade am nötigsten brauchte. – Ich habe von dieser Kunst schon heut einen zu schlechten Versuch gemacht. Mit allen Schmeicheleien und Beteuerungen konnt' ich ihr auch nicht ein Wort auspressen. Stumm und niedergeschlagen und zitternd stand sie da; wie eine Verbrecherin, die ihr Todesurteil höret. Ihre Angst steckte mich an, ich zitterte mit und schloß mit einer Bitte um Vergebung. Kaum getrau' ich mir, sie wieder anzureden. – Bei ihrem Eintritte wenigstens wag' ich es nicht zu sein. Sie, Marinelli, müssen sie empfangen. Ich will hier in der Nähe hören, wie es abläuft, und kommen, wenn ich mich mehr gesammelt habe.

## Vierter Auftritt.

**Marinelli** und bald darauf dessen Bedienter **Battista** mit **Emilien**.

**Marinelli.** Wenn sie ihn nicht selbst stürzen gesehen – Und das muß sie wohl nicht; da sie so fortgeeilet – Sie kömmt. Auch ich will nicht das erste sein, was ihr hier in die Augen fällt. (Er zieht sich in einen Winkel des Saales zurück.)

**Battista.** Nur hier herein, gnädiges Fräulein.

**Emilia** (außer Atem). Ah! – Ah! – Ich danke Ihm, mein Freund; – ich dank' Ihm. – Aber Gott, Gott! wo bin ich? – Und so ganz allein? Wo bleibt meine Mutter? Wo blieb der Graf? – Sie kommen doch nach? mir auf dem Fuße nach?

**Battista.** Ich vermute.

**Emilia.** Er vermutet? Er weiß es nicht? Er sah sie nicht? – Ward nicht gar hinter uns geschossen? –

**Battista.** Geschossen? – Das wäre! –

**Emilia.** Ganz gewiß! Und das hat den Grafen oder meine Mutter getroffen. –

**Battista.** Ich will gleich nach ihnen ausgehen.

**Emilia.** Nicht ohne mich. – Ich will mit; ich muß mit; komm Er, mein Freund!

**Marinelli** (der plötzlich herzutritt, als ob er eben hereinkäme). Ah, gnädiges Fräulein! Was für ein Unglück, oder vielmehr, was für ein Glück – was für ein glückliches Unglück verschafft uns die Ehre –

**Emilia** (stutzend). Wie? Sie hier, mein Herr? – Ich bin also wohl bei Ihnen? – Verzeihen Sie, Herr Kammerherr. Wir sind von Räubern ohnfern überfallen worden. Da kamen uns gute Leute zu Hülfe; – und dieser ehrliche Mann hob mich aus dem Wagen und brachte mich hierher. – Aber ich erschrecke, mich allein gerettet zu sehen. Meine Mutter ist noch in der Gefahr. Hinter uns ward sogar geschossen. Sie ist vielleicht tot; – und ich lebe? – Verzeihen Sie. Ich muß fort; ich muß wieder hin, – wo ich gleich hätte bleiben sollen.

**Marinelli.** Beruhigen Sie sich, gnädiges Fräulein. Es stehet alles gut; sie werden bald bei Ihnen sein, die geliebten Personen, für die Sie so viel zärtliche Angst empfinden. – Indes, Battista, geh, lauf; sie dürften vielleicht nicht wissen, wo das Fräulein ist. Sie dürften sie vielleicht in einem von den Wirtschaftshäusern des Gartens suchen. Bringe sie unverzüglich hierher. (Battista geht ab.)

**Emilia.** Gewiß? Sind sie alle geborgen? Ist ihnen nichts widerfahren? – Ah, was ist dieser Tag für ein Tag des Schreckens für mich! – Aber ich sollte nicht hier bleiben; ich sollte ihnen entgegeneilen –

**Marinelli.** Wozu das, gnädiges Fräulein? Sie sind ohnedem schon ohne Atem und Kräfte. Erholen Sie sich vielmehr und geruhen, in ein Zimmer zu treten, wo mehr Bequemlichkeit ist. – Ich will wetten, daß der Prinz schon selbst um Ihre teure ehrwürdige Mutter ist und sie Ihnen zuführet.

**Emilia.** Wer, sagen Sie?

**Marinelli.** Unser gnädigster Prinz selbst.

**Emilia** (äußerst bestürzt). Der Prinz?

**Marinelli.** Er floh auf die erste Nachricht Ihnen zu Hülfe. – Er ist höchst ergrimmt, daß ein solches Verbrechen ihm so nahe, unter seinen Augen gleichsam, hat dürfen gewagt werden. Er läßt den Tätern nachsetzen, und ihre Strafe, wenn sie ergriffen werden, wird unerhört sein.

**Emilia.** Der Prinz! – Wo bin ich denn also?

**Marinelli** Auf Dosalo, dem Lustschlosse des Prinzen.

**Emilia.** Welch ein Zufall! – Und Sie glauben, daß er gleich selbst erscheinen könne? – Aber doch in Gesellschaft meiner Mutter?

**Marinelli.** Hier ist er schon.

---

## Fünfter Auftritt.

**Der Prinz. Emilia. Marinelli.**

**Der Prinz.** Wo ist sie? wo? – Wir suchen Sie überall, schönstes Fräulein. – Sie sind doch wohl? – Nun, so ist alles wohl! Der Graf, Ihre Mutter –

**Emilia.** Ah, gnädigster Herr! wo sind sie? wo ist meine Mutter?

**Der Prinz.** Nicht weit; hier ganz in der Nähe.

**Emilia.** Gott, in welchem Zustande werde ich die eine

oder den andern vielleicht treffen! Ganz gewiß treffen! – denn Sie verhehlen mir, gnädiger Herr – ich seh' es, Sie verhehlen mir –

**Der Prinz.** Nicht doch, bestes Fräulein. – Geben Sie mir Ihren Arm und folgen Sie mir getrost.

**Emilia** (unentschlossen). Aber – wenn ihnen nichts widerfahren – wenn meine Ahnungen mich trügen: – warum sind sie nicht schon hier? Warum kamen sie nicht mit Ihnen, gnädiger Herr?

**Der Prinz.** So eilen Sie doch, mein Fräulein, alle diese Schreckenbilder mit eins verschwinden zu sehen. –

**Emilia.** Was soll ich tun! (Die Hände ringend.)

**Der Prinz.** Wie, mein Fraulein? Sollten Sie einen Verdacht gegen mich hegen? –

**Emilia** (die vor ihm niederfällt). Zu Ihren Füßen, gnädiger Herr –

**Der Prinz** (sie aufhebend). Ich bin äußerst beschämt. – Ja, Emilia, ich verdiene diesen stummen Vorwurf. – Mein Betragen diesen Morgen ist nicht zu rechtfertigen; – zu entschuldigen höchstens. Verzeihen Sie meiner Schwachheit. Ich hätte Sie mit keinem Geständnisse beunruhigen sollen, von dem ich keinen Vorteil zu erwarten habe. Auch ward ich durch die sprachlose Bestürzung, mit der Sie es anhörten oder vielmehr nicht anhörten, genugsam bestraft. – Und könnt' ich schon diesen Zufall, der mir nochmals, ehe alle meine Hoffnung auf ewig verschwindet, – mir nochmals das Glück, Sie zu sehen und zu sprechen, verschafft; könnt' ich schon diesen Zufall für den Wink eines günstigen Glückes erklären, – für den wunderbarsten Aufschub meiner endlichen Verurteilung erklären, um nochmals um Gnade flehen zu dürfen; so will ich doch – beben Sie nicht, mein Fräulein – einzig und allein von Ihrem Blicke abhangen. Kein Wort, kein Seufzer soll Sie beleidigen. – Nur kränke mich nicht Ihr Mißtrauen. Nur zweifeln Sie keinen Augenblick an der unumschränktesten Gewalt, die Sie über mich haben. Nur falle Ihnen nie bei, daß Sie eines andern Schutzes gegen mich bedürfen. – Und nun kommen Sie, mein Fräulein, – kommen Sie, wo Entzückungen auf Sie warten, die Sie mehr billigen[1]. (Er führt sie nicht ohne Sträuben ab.) Folgen Sie uns, Marinelli. –

**Marinelli.** Folgen Sie uns, – das mag heißen: folgen Sie uns nicht! – Was hätte ich ihnen auch zu folgen? Er mag sehen, wie weit er es unter vier Augen mit ihr bringt. – Alles, was ich zu tun habe, ist – zu verhindern, daß sie nicht gestöret werden. Von dem Grafen zwar hoffe ich nun wohl nicht. Aber von der Mutter; von der Mutter! Es sollte mich sehr wundern, wenn die so ruhig abgezogen wäre und ihre Tochter im Stiche gelassen hätte. – Nun, Battista? was gibt's?

---

## Sechster Auftritt.

**Battista. Marinelli.**

**Battista** (eiligst). Die Mutter, Herr Kammerherr –

**Marinelli.** Dacht' ich's doch! – Wo ist sie?

**Battista.** Wann Sie ihr nicht zuvorkommen, so wird sie den Augenblick hier sein. – Ich war gar nicht willens, wie Sie mir zum Schein geboten, mich nach ihr umzusehen, als ich ihr Geschrei von weitem hörte. Sie ist der Tochter auf der Spur, und wo nur nicht – unserm ganzen Anschlage! Alles, was in dieser einsamen Gegend von Menschen ist, hat sich um sie versammelt; und jeder will der sein, der ihr den Weg weiset. Ob man ihr schon gesagt, daß der Prinz hier ist, daß Sie hier sind, weiß ich nicht. – Was wollen Sie tun?

**Marinelli.** Laß sehen! – (Er überlegt.) Sie nicht einlassen, wenn sie weiß, daß die Tochter hier ist? – Das geht nicht. – Freilich, sie wird Augen machen, wenn sie den Wolf bei dem Schäfchen sieht. – Augen? Das möchte noch sein. Aber der Himmel sei unsern Ohren gnädig! – Nun was? die beste Lunge erschöpft sich; auch sogar eine weibliche. Sie hören alle auf zu schreien, wenn sie nicht mehr können. – Dazu, es ist doch einmal die Mutter, die wir auf unserer Seite haben müssen. – Wenn ich die Mütter recht kenne: – so etwas von einer

---

[1] Der Doppelsinn der letzten Worte soll in Emilia den Glauben erwecken, der Prinz werde sie zu ihrer Mutter und dem Grafen führen.

Schwiegermutter eines Prinzen zu sein, schmeichelt die meisten. – Laß sie kommen, Battista, laß sie kommen!

**Battista.** Hören Sie! hören Sie!

**Claudia Galotti** (innerhalb). Emilia! Emilia! Mein Kind, wo bist du?

**Marinelli.** Geh, Battista, und suche nur ihre neugierigen Begleiter zu entfernen.

---

## Siebenter Auftritt.

**Claudia Galotti. Battista. Marinelli.**

**Claudia** (die in die Türe tritt, indem Battista herausgehen will). Ha! der hob sie aus dem Wagen! Der führte sie fort! Ich erkenne dich. Wo ist sie? Sprich, Unglücklicher!

**Battista.** Das ist mein Dank?

**Claudia.** O, wenn du Dank verdienest, (in einem gelinden Tone) – so verzeihe mir, ehrlicher Mann! – Wo ist sie? – Laßt mich sie nicht länger entbehren. Wo ist sie?

**Battista.** O, Ihre Gnaden, sie könnte in dem Schoße der Seligkeit nicht aufgehobner sein. – Hier mein Herr wird Ihre Gnaden zu ihr führen. (Gegen einige Leute, welche nachdringen wollen.) Zurück da! ihr!

---

## Achter Auftritt.

**Claudia Galotti. Marinelli.**

**Claudia.** Dein Herr? – (Erblickt den Marinelli und fährt zurück.) Ha! – Das dein Herr? – Sie hier, mein Herr? Und hier meine Tochter? Und Sie, Sie sollen mich zu ihr führen?

**Marinelli.** Mit vielem Vergnügen, gnädige Frau.

**Claudia.** Halten Sie! – Eben fällt mir es bei – Sie waren es ja – nicht? – der den Grafen diesen Morgen in meinem Hause aufsuchte? mit dem ich ihn allein ließ? mit dem er Streit bekam?

**Marinelli.** Streit? – Was ich nicht wüßte; ein unbedeutender Wortwechsel in herrschaftlichen Angelegenheiten –

**Claudia.** Und Marinelli heißen Sie?

**Marinelli.** Marchese Marinelli.

**Claudia.** So ist es richtig. – Hören Sie doch, Herr Marchese. – Marinelli war – der Name Marinelli war – begleitet mit einer Verwünschung – Nein, daß ich den edeln Mann nicht verleumde! – begleitet mit keiner Verwünschung – Die Verwünschung denk' ich hinzu – Der Name Marinelli war das letzte Wort des sterbenden Grafen.

**Marinelli.** Des sterbenden Grafen? Grafen Appiani? – Sie hören, gnädige Frau, was mir in Ihrer seltsamen Rede am meisten auffällt. – Des sterbenden Grafen? – Was Sie sonst sagen wollen, versteh' ich nicht.

**Claudia** (bitter und langsam). Der Name Marinelli war das letzte Wort des sterbenden Grafen! – Verstehen Sie nun? – Ich verstand es erst auch nicht: obschon mit einem Tone gesprochen – mit einem Tone! – Ich höre ihn noch! Wo waren meine Sinne, daß sie diesen Ton nicht sogleich verstanden?

**Marinelli.** Nun, gnädige Frau? – Ich war von jeher des Grafen Freund; sein vertrautester Freund. Also, wenn er mich noch im Sterben nannte –

**Claudia.** Mit dem Tone? – Ich kann ihn nicht nachahmen! ich kann ihn nicht beschreiben; aber er enthielt alles! alles! – Was? Räuber wären es gewesen, die uns anfielen? – Mörder waren es; erkaufte Mörder! – Und Marinelli, Marinelli war das letzte Wort des sterbenden Grafen! Mit einem Tone!

**Marinelli.** Mit einem Tone? – Ist es erhört, auf einen Ton, in einem Augenblicke des Schreckens vernommen, die Anklage eines rechtschaffnen Mannes zu gründen?

**Claudia.** Ha, könnt' ich ihn nur vor Gerichte stellen, diesen Ton! – Doch, weh mir! Ich vergesse darüber meine Tochter. – Wo ist sie? – Wie? auch tot? – Was konnte meine Tochter dafür, daß Appiani dein Feind war?

**Marinelli.** Ich verzeihe der bangen Mutter. – Kommen Sie, gnädige Frau – Ihre Tochter ist hier; in einem von den nächsten Zimmern, und hat sich hoffentlich von ihrem Schrecken schon völlig erholt. Mit der zärtlichsten Sorgfalt ist der Prinz selbst um sie beschäftiget –

**Claudia.** Wer? – Wer selbst?

**Marinelli.** Der Prinz.

**Claudia.** Der Prinz? – Sagen Sie wirklich, der Prinz? – Unser Prinz?

**Marinelli.** Welcher sonst?

**Claudia.** Nun dann! – Ich unglückselige Mutter! – Und ihr Vater! ihr Vater! – Er wird den Tag ihrer Geburt verfluchen. Er wird mich verfluchen.

**Marinelli.** Um des Himmels willen, gnädige Frau! Was fällt Ihnen nun ein?

**Claudia.** Es ist klar! – Ist es nicht? – Heute im Tempel! vor den Augen der Allerreinesten[1]! in der nähern Gegenwart des Ewigen! – begann das Bubenstück; da brach es aus! (Gegen den Marinelli.) Ha, Mörder! feiger, elender Mörder! Nicht tapfer genug, mit eigner Hand zu morden; aber nichtswürdig genug, zu Befriedigung eines fremden Kitzels zu morden! – morden zu lassen! – Abschaum aller Mörder! – Was ehrliche Mörder sind, werden dich unter sich nicht dulden! Dich! Dich! – Denn warum soll ich dir nicht alle meine Galle, allen meinen Geifer mit einem einzigen Worte ins Gesicht speien? – Dich! Dich Kuppler!

**Marinelli.** Sie schwärmen[2], gute Frau. – Aber mäßigen Sie wenigstens Ihr wildes Geschrei, und bedenken Sie, wo Sie sind.

**Claudia.** Wo ich bin? Bedenken, wo ich bin? – Was kümmert es die Löwin, der man die Jungen geraubet, in wessen Walde sie brüllet?

**Emilia** (innerhalb). Ha, meine Mutter! Ich höre meine Mutter!

**Claudia.** Ihre Stimme? Das ist sie! Sie hat mich gehört; sie hat mich gehört. Und ich sollte nicht schreien? – Wo bist du, mein Kind? Ich komme, ich komme! (Sie stürzt in das Zimmer und Marinelli ihr nach.)

---

1 Der Jungfrau Maria. – 2 Sie reden irre.

# Vierter Aufzug.

Die Szene bleibt.

## Erster Auftritt.

**Der Prinz. Marinelli.**

**Der Prinz** (als[1] aus dem Zimmer von Emilien kommend). Kommen Sie, Marinelli! Ich muß mich erholen – und muß Licht von Ihnen haben.

**Marinelli.** O der mütterlichen Wut! Ha! ha! ha!

**Der Prinz.** Sie lachen?

**Marinelli.** Wenn Sie gesehen hätten, Prinz, wie toll sich hier, hier im Saale, die Mutter gebärdete – Sie hörten sie ja wohl schreien! – und wie zahm sie auf einmal ward bei dem ersten Anblicke von Ihnen – – Ha! ha! – Das weiß ich ja wohl, daß keine Mutter einem Prinzen die Augen auskratzt, weil er ihre Tochter schön findet.

**Der Prinz.** Sie sind ein schlechter Beobachter! – Die Tochter stürzte der Mutter ohnmächtig in die Arme. Darüber vergaß die Mutter ihre Wut; nicht über mir. Ihre Tochter schonte sie, nicht mich; wenn sie es nicht lauter, nicht deutlicher sagte – was ich lieber selbst nicht gehört, nicht verstanden haben will.

**Marinelli.** Was, gnädiger Herr?

**Der Prinz.** Wozu die Verstellung? – Heraus damit. Ist es wahr? oder ist es nicht wahr?

**Marinelli.** Und wenn es denn wäre!

**Der Prinz.** Wenn es denn wäre? – Also ist es? – Er ist tot? tot? – (Drohend.) Marinelli! Marinelli!

[1] Scheinbar.

**Marinelli.** Nun?

**Der Prinz.** Bei Gott! bei dem allgerechten Gott! ich bin unschuldig an diesem Blute. – Wenn Sie mir vorher gesagt hätten, daß es dem Grafen das Leben kosten werde – Nein, nein! und wenn es mir selbst das Leben gekostet hätte! –

**Marinelli.** Wenn ich Ihnen vorher gesagt hätte? – Als ob sein Tod in meinem Plane gewesen wäre! Ich hatte es dem Angelo auf die Seele gebunden, zu verhüten, daß niemanden Leides geschähe. Es würde auch ohne die geringste Gewalttätigkeit abgelaufen sein, wenn sich der Graf nicht die erste erlaubt hätte. Er schoß Knall und Fall den einen nieder.

**Der Prinz.** Wahrlich; er hätte sollen Spaß verstehen!

**Marinelli.** Daß Angelo sodann in Wut kam und den Tod seines Gefährten rächte –

**Der Prinz.** Freilich, das ist sehr natürlich!

**Marinelli.** Ich hab' es ihm genug verwiesen.

**Der Prinz.** Verwiesen? Wie freundschaftlich! – Warnen Sie ihn, daß er sich in meinem Gebiete nicht betreten läßt. Mein Verweis möchte so freundschaftlich nicht sein.

**Marinelli.** Recht wohl! – Ich und Angelo; Vorsatz und Zufall: alles ist eins. – Zwar ward es voraus bedungen, zwar ward es voraus versprochen, daß keiner der Unglücksfälle, die sich dabei eräugnen könnten, mir zuschulden kommen solle –

**Der Prinz.** Die sich dabei eräugnen – könnten, sagen Sie? oder sollten?

**Marinelli.** Immer besser! – Doch, gnädiger Herr – ehe Sie mir es mit dem trocknen Worte sagen, wofür Sie mich halten – eine einzige Vorstellung! Der Tod des Grafen ist mir nichts weniger als gleichgültig. Ich hatte ihn ausgefodert; er war mir Genugtuung schuldig; er ist ohne diese aus der Welt gegangen; und meine Ehre bleibt beleidiget. Gesetzt, ich verdiente unter jeden andern Umständen den Verdacht, den Sie gegen mich hegen: aber auch unter diesen? – (Mit einer angenommenen Hitze.) Wer das von mir denken kann! –

**Der Prinz** (nachgebend). Nun gut, nun gut –

**Marinelli.** Daß er noch lebte! O, daß er noch lebte! Alles, alles in der Welt wollte ich darum geben – (bitter) selbst die

Gnade meines Prinzen, – diese unschätzbare, nie zu verscherzende Gnade – wollt' ich drum geben!

**Der Prinz.** Ich verstehe. – Nun gut, nun gut. Sein Tod war Zufall, bloßer Zufall. Sie versichern es; und ich, ich glaub' es. – Aber wer mehr? Auch die Mutter? Auch Emilia? – Auch die Welt?

**Marinelli** (kalt). Schwerlich.

**Der Prinz.** Und wenn man es nicht glaubt, was wird man denn glauben? – Sie zucken die Achsel? – Ihren Angelo wird man für das Werkzeug und mich für den Täter halten –

**Marinelli** (noch kälter). Wahrscheinlich genug.

**Der Prinz.** Mich! mich selbst! – Oder ich muß von Stund' an alle Absicht auf Emilien aufgeben –

**Marinelli** (höchst gleichgültig). Was Sie auch gemußt hätten – wenn der Graf noch lebte. –

**Der Prinz** (heftig, aber sich gleich wieder fassend). Marinelli! – Doch, Sie sollen mich nicht wild machen. – Es sei so – Es ist so! Und das wollen Sie doch nur sagen: der Tod des Grafen ist für mich ein Glück – das größte Glück, was mir begegnen konnte, – das einzige Glück, was meiner Liebe zustatten kommen konnte. Und als dieses – mag er doch geschehen sein, wie er will! – Ein Graf mehr in der Welt, oder weniger! Denke ich Ihnen so recht? – Topp! auch ich erschrecke vor einem kleinen Verbrechen nicht. Nur, guter Freund, muß es ein kleines stilles Verbrechen, ein kleines heilsames Verbrechen sein. Und sehen Sie, unseres da wäre nun gerade weder stille noch heilsam. Es hätte den Weg zwar gereiniget, aber zugleich gesperrt. Jedermann würde es uns auf den Kopf zusagen, – und leider hätten wir es gar nicht einmal begangen! – Das liegt doch wohl nur bloß an Ihren weisen, wunderbaren Anstalten?

**Marinelli.** Wenn Sie so befehlen –

**Der Prinz.** Woran sonst? – Ich will Rede!

**Marinelli.** Es kömmt mehr auf meine Rechnung, was nicht darauf gehört.

**Der Prinz.** Rede will ich!

**Marinelli.** Nun dann! Was läge an meinen Anstalten? daß den Prinzen bei diesem Unfalle ein so sichtbarer Verdacht trifft? – An dem Meisterstreiche liegt das, den er selbst meinen Anstalten mit einzumengen die Gnade hatte.

**Der Prinz.** Ich?

**Marinelli.** Er erlaube mir, ihm zu sagen, daß der Schritt, den er heute morgen in der Kirche getan – mit so vielem Anstande er ihn auch getan – so unvermeidlich er ihn auch tun mußte – daß dieser Schritt dennoch nicht in den Tanz gehörte.

**Der Prinz.** Was verdarb er denn auch?

**Marinelli.** Freilich nicht den ganzen Tanz; aber doch voritzo den Takt.

**Der Prinz.** Hm! Versteh' ich Sie?

**Marinelli.** Also, kurz und einfältig[1]. Da ich die Sache übernahm, nicht wahr, da wußte Emilia von der Liebe des Prinzen noch nichts? Emiliens Mutter noch weniger. Wenn ich nun auf diesen Umstand baute? und der Prinz indes den Grund meines Gebäudes untergrub? –

**Der Prinz** (sich vor die Stirne schlagend). Verwünscht!

**Marinelli.** Wenn er es nun selbst verriet, was er im Schilde führe?

**Der Prinz.** Verdammter Einfall!

**Marinelli.** Und wenn er es nicht selbst verraten hätte? – Traun! ich möchte doch wissen, aus welcher meiner Anstalten Mutter oder Tochter den geringsten Argwohn gegen ihn schöpfen könnte?

**Der Prinz.** Daß Sie recht haben!

**Marinelli.** Daran tu' ich freilich sehr unrecht. – Sie werden verzeihen, gnädiger Herr –

---

## Zweiter Auftritt.

### Battista. Der Prinz. Marinelli.

**Battista** (eiligst). Eben kömmt die Gräfin an.

**Der Prinz.** Die Gräfin? Was für eine Gräfin?

**Battista.** Orsina.

---

[1] Einfach.

**Der Prinz.** Orsina? – Marinelli! – Orsina? – Marinelli!

**Marinelli.** Ich erstaune darüber, nicht weniger als Sie selbst.

**Der Prinz.** Geh, lauf, Battista: sie soll nicht aussteigen. Ich bin nicht hier. Ich bin für sie nicht hier. Sie soll augenblicklich wieder umkehren. Geh, lauf! – (Battista geht ab.) Was will die Närrin? Was untersteht sie sich? Wie weiß sie, daß wir hier sind? Sollte sie wohl auf Kundschaft kommen? Sollte sie wohl schon etwas vernommen haben? – Ah, Marinelli! So reden Sie, so antworten Sie doch! – Ist er beleidiget, der Mann, der mein Freund sein will? Und durch einen elenden Wortwechsel beleidiget? Soll ich ihn um Verzeihung bitten?

**Marinelli.** Ah, mein Prinz, sobald Sie wieder Sie sind, bin ich mit ganzer Seele wieder der Ihrige! – Die Ankunft der Orsina ist mir ein Rätsel wie Ihnen. Doch abweisen wird sie schwerlich sich lassen. Was wollen Sie tun?

**Der Prinz.** Sie durchaus nicht sprechen; mich entfernen –

**Marinelli.** Wohl! und nur geschwind. Ich will sie empfangen –

**Der Prinz.** Aber bloß um sie gehen zu heißen. – Weiter geben Sie mit ihr sich nicht ab. Wir haben andere Dinge hier zu tun –

**Marinelli.** Nicht doch, Prinz! Diese andern Dinge sind getan. Fassen Sie doch Mut! Was noch fehlt, kömmt sicherlich von selbst. – Aber hör' ich sie nicht schon? – Eilen Sie, Prinz! – Da (auf ein Kabinett zeigend, in welches sich der Prinz begibt), wenn Sie wollen, werden Sie uns hören können. – Ich fürchte, ich fürchte, sie ist nicht zu ihrer besten Stunde ausgefahren.

---

## Dritter Auftritt.

### Die Gräfin Orsina. Marinelli.

**Orsina** (ohne den Marinelli anfangs zu erblicken). Was ist das? – Niemand kömmt mir entgegen, außer ein Unverschämter, der mir lieber gar den Eintritt verweigert hätte? – Ich bin doch zu Dosalo? Zu dem Dosalo, wo mir sonst ein ganzes Heer geschäftiger Augendiener entgegenstürzte? wo mich sonst

Liebe und Entzücken erwarteten? – Der Ort ist es: aber, aber! – Sieh' da, Marinelli! – Recht gut, daß der Prinz Sie mitgenommen. – Nein, nicht gut! Was ich mit ihm auszumachen hätte, hätte ich nur mit ihm auszumachen. – Wo ist er?

**Marinelli.** Der Prinz, meine gnädige Gräfin?

**Orsina.** Wer sonst?

**Marinelli.** Sie vermuten ihn also hier? wissen ihn hier? – Er wenigstens ist der Gräfin Orsina hier nicht vermutend.

**Orsina.** Nicht? So hat er meinen Brief heute morgen nicht erhalten?

**Marinelli.** Ihren Brief? Doch ja; ich erinnere mich, daß er eines Briefes von Ihnen erwähnte.

**Orsina.** Nun? habe ich ihn nicht in diesem Briefe auf heute um eine Zusammenkunft hier auf Dosalo gebeten? – Es ist wahr, es hat ihm nicht beliebet, mir schriftlich zu antworten. Aber ich erfuhr, daß er eine Stunde darauf wirklich nach Dosalo abgefahren. Ich glaubte, das sei Antworts genug; und ich komme.

**Marinelli.** Ein sonderbarer Zufall!

**Orsina.** Zufall? – Sie hören ja, daß es verabredet worden. So gut als verabredet. Von meiner Seite der Brief, von seiner die Tat. – Wie er dasteht, der Herr Marchese! Was er für Augen macht! Wundert sich das Gehirnchen? und worüber denn?

**Marinelli.** Sie schienen gestern so weit entfernt, dem Prinzen jemals wieder vor die Augen zu kommen.

**Orsina.** Beßrer Rat kömmt über Nacht. – Wo ist er? wo ist er? – Was gilt's, er ist in dem Zimmer, wo ich das Gequieke, das Gekreusche hörte? – Ich wollte herein, und der Schurke vom Bedienten trat vor.

**Marinelli.** Meine liebste, beste Gräfin –

**Orsina.** Es war ein weibliches Gekreusche. Was gilt's, Marinelli? – O sagen Sie mir doch, sagen Sie mir – wenn ich anders Ihre liebste, beste Gräfin bin – Verdammt, über das Hofgeschmeiß! Soviel Worte, soviel Lügen! – Nun, was liegt daran, ob Sie mir es voraus sagen oder nicht? Ich werd' es ja wohl sehen. (Will gehen.)

**Marinelli** (der sie zurückhält). Wohin?

**Orsina.** Wo ich längst sein sollte. – Denken Sie, daß es schicklich ist, mit Ihnen hier in dem Vorgemache einen elenden Schnickschnack zu halten, indes der Prinz in dem Gemache auf mich wartet?

**Marinelli.** Sie irren sich, gnädige Gräfin. Der Prinz erwartet Sie nicht. Der Prinz kann Sie hier nicht sprechen – will Sie nicht sprechen.

**Orsina.** Und wäre doch hier? und wäre doch auf meinen Brief hier?

**Marinelli.** Nicht auf Ihren Brief –

**Orsina.** Den ja er erhalten, sagen Sie –

**Marinelli.** Erhalten, aber nicht gelesen.

**Orsina** (heftig). Nicht gelesen? – (Minder heftig.) Nicht gelesen? – (Wehmütig und eine Träne aus dem Auge wischend.) Nicht einmal gelesen?

**Marinelli.** Aus Zerstreuung, weiß ich. – Nicht aus Verachtung.

**Orsina** (stolz). Verachtung? – Wer denkt daran? – Wem brauchen Sie das zu sagen? – Sie sind ein unverschämter Tröster, Marinelli! – Verachtung! Verachtung! Mich verachtet man auch! mich! – (Gelinder, bis zum Tone der Schwermut.) Freilich liebt er mich nicht mehr. Das ist ausgemacht. Und an die Stelle der Liebe trat in seiner Seele etwas anders. Das ist natürlich. Aber warum denn eben Verachtung? Es braucht ja nur Gleichgültigkeit zu sein. Nicht wahr, Marinelli?

**Marinelli.** Allerdings, allerdings.

**Orsina** (höhnisch). Allerdings? – O des weisen Mannes, den man sagen lassen kann, was man will! – Gleichgültigkeit! Gleichgültigkeit an die Stelle der Liebe? – Das heißt, nichts an die Stelle von etwas. Denn lernen Sie, nachplauderndes Hofmännchen, lernen Sie von einem Weibe, daß Gleichgültigkeit ein leeres Wort, ein bloßer Schall ist, dem nichts, gar nichts entspricht. Gleichgültig ist die Seele nur gegen das, woran sie nicht denkt; nur gegen ein Ding, das für sie kein Ding ist. Und nur gleichgültig für ein Ding, das kein Ding ist, – das ist so viel, als gar nicht gleichgültig. – Ist dir das zu hoch, Mensch?

**Marinelli** (vor sich). O weh! wie wahr ist es, was ich fürchtete!

**Orsina.** Was murmeln Sie da?

**Marinelli.** Lauter Bewunderung! – Und wem ist es nicht bekannt, gnädige Gräfin, daß Sie eine Philosophin sind?

**Orsina.** Nicht wahr? – Ja, ja; ich bin eine. – Aber habe ich mir es itzt merken lassen, daß ich eine bin? – O pfui, wenn ich mir es habe merken lassen; und wenn ich mir es öfterer habe merken lassen! Ist es wohl noch Wunder, daß mich der Prinz verachtet? Wie kann ein Mann ein Ding lieben, das, ihm zum Trotze, auch denken will? Ein Frauenzimmer, das denket, ist ebenso ekel als ein Mann, der sich schminket. Lachen soll es, nichts als lachen, um immerdar den gestrengen Herrn der Schöpfung bei guter Laune zu erhalten. – Nun, worüber lach' ich denn gleich, Marinelli? – Ach, jawohl! Über den Zufall, daß ich dem Prinzen schreibe, er soll nach Dosalo kommen; daß der Prinz meinen Brief nicht lieset, und daß er doch nach Dosalo kömmt. Ha! ha! ha! Wahrlich ein sonderbarer Zufall! Sehr lustig, sehr närrisch! – Und Sie lachen nicht mit, Marinelli? – Mitlachen kann ja wohl der gestrenge Herr der Schöpfung, ob wir arme Geschöpfe gleich nicht mitdenken dürfen. – (Ernsthaft und befehlend.) So lachen Sie doch!

**Marinelli.** Gleich, gnädige Gräfin, gleich!

**Orsina.** Stock! Und darüber geht der Augenblick vorbei. Nein, nein, lachen Sie nur nicht. – Denn sehen Sie, Marinelli (nachdenkend bis zur Rührung), was mich so herzlich zu lachen macht, das hat auch seine ernsthafte – sehr ernsthafte Seite. Wie alles in der Welt! – Zufall? Ein Zufall wär' es, daß der Prinz nicht daran gedacht, mich hier zu sprechen, und mich doch hier sprechen muß? Ein Zufall? – Glauben Sie mir, Marinelli: das Wort Zufall ist Gotteslästerung. Nichts unter der Sonne ist Zufall; – am wenigsten das, wovon die Absicht so klar in die Augen leuchtet. – Allmächtige, allgütige Vorsicht, vergib mir, daß ich mit diesem albernen Sünder einen Zufall genennet habe, was so offenbar dein Werk, wohl gar dein unmittelbares Werk ist! – (Hastig gegen Marinelli.) Kommen Sie mir, und verleiten Sie mich noch einmal zu so einem Frevel!

**Marinelli** (vor sich). Das geht weit! – Aber, gnädige Gräfin –

**Orsina.** Still mit dem Aber! Die Aber kosten Überlegung: – und mein Kopf! mein Kopf! (Sich mit der Hand die Stirne haltend.) – Machen Sie, Marinelli, machen Sie, daß ich ihn bald spreche, den Prinzen; sonst bin ich es wohl gar nicht imstande. – Sie sehen, wir sollen uns sprechen; wir müssen uns sprechen –

---

## Vierter Auftritt.

**Der Prinz. Orsina. Marinelli.**

**Der Prinz** (indem er aus dem Kabinette tritt, vor sich). Ich muß ihm zu Hülfe kommen –

**Orsina** (die ihn erblickt, aber unentschlüssig bleibt, ob sie auf ihn zugehen soll). Ha! da ist er.

**Der Prinz** (geht quer über den Saal bei ihr vorbei nach den andern Zimmern, ohne sich im Reden aufzuhalten). Sieh da! unsere schöne Gräfin. – Wie sehr betaure[1] ich, Madame, daß ich mir die Ehre Ihres Besuchs für heute so wenig zunutze machen kann! Ich bin beschäftiget. Ich bin nicht allein. – Ein andermal, meine liebe Gräfin! Ein andermal. – Itzt halten Sie länger sich nicht auf. Ja nicht länger! – Und Sie, Marinelli, ich erwarte Sie. –

---

## Fünfter Auftritt.

**Orsina. Marinelli.**

**Marinelli.** Haben Sie es, gnädige Gräfin, nun von ihm selbst gehört, was Sie mir nicht glauben wollen?

**Orsina** (wie betäubt). Hab' ich? hab' ich wirklich?

**Marinelli.** Wirklich.

**Orsina** (mit Rührung). „Ich bin beschäftiget. Ich bin nicht allein." Ist das die Entschuldigung ganz, die ich wert bin? Wen weiset man damit nicht ab? Jeden Überlästigen, jeden Bettler. Für mich keine einzige Lüge mehr? Keine einzige kleine Lüge mehr, für mich? – Beschäftiget? womit denn? Nicht allein?

---

[1] Vgl. oben, S. 170, Anm. 1.

wer wäre denn bei ihm? – Kommen Sie, Marinelli; aus Barmherzigkeit, lieber Marinelli! Lügen Sie mir eines auf eigene Rechnung vor. Was kostet Ihnen denn eine Lüge? – Was hat er zu tun? Wer ist bei ihm? – Sagen Sie mir; sagen Sie mir, was Ihnen zuerst in den Mund kömmt – und ich gehe.

**Marinelli** (vor sich). Mit dieser Bedingung kann ich ihr ja wohl einen Teil der Wahrheit sagen.

**Orsina.** Nun? Geschwind, Marinelli; und ich gehe. – Er sagte ohnedem, der Prinz: „Ein andermal, meine liebe Gräfin!" Sagte er nicht so? – Damit er mir Wort hält, damit er keinen Vorwand hat, mir nicht Wort zu halten: geschwind, Marinelli, Ihre Lüge; und ich gehe.

**Marinelli.** Der Prinz, liebe Gräfin, ist wahrlich nicht allein. Es sind Personen bei ihm, von denen er sich keinen Augenblick abmüßigen kann; Personen, die eben einer großen Gefahr entgangen sind. Der Graf Appiani –

**Orsina.** Wäre bei ihm? – Schade, daß ich über diese Lüge Sie ertappen muß. Geschwind eine andere. – Denn Graf Appiani, wenn Sie es noch nicht wissen, ist eben von Räubern erschossen worden. Der Wagen mit seinem Leichname begegnete mir kurz vor der Stadt. – Oder ist er nicht? Hätte es mir bloß geträumet?

**Marinelli.** Leider nicht bloß geträumet! – Aber die andern, die mit dem Grafen waren, haben sich glücklich hieher nach dem Schlosse gerettet: seine Braut nämlich und die Mutter der Braut, mit welchen er nach Sabionetta zu seiner feierlichen Verbindung fahren wollte.

**Orsina.** Also die? Die sind bei dem Prinzen? die Braut? und die Mutter der Braut? – Ist die Braut schön?

**Marinelli.** Dem Prinzen geht ihr Unfall ungemein nahe.

**Orsina.** Ich will hoffen; auch wenn sie häßlich wäre. Denn ihr Schicksal ist schrecklich. – Armes, gutes Mädchen, eben da er dein auf immer werden sollte, wird er dir auf immer entrissen! – Wer ist sie denn, diese Braut? Kenn' ich sie gar? – Ich bin so lange aus der Stadt, daß ich von nichts weiß.

**Marinelli.** Es ist Emilia Galotti.

**Orsina.** Wer? – Emilia Galotti? Emilia Galotti? – Marinelli! daß ich diese Lüge nicht für Wahrheit nehme!

**Marinelli.** Wieso?

**Orsina.** Emilia Galotti?

**Marinelli.** Die Sie schwerlich kennen werden –

**Orsina.** Doch! doch! Wenn es auch nur von heute wäre. – Im Ernst, Marinelli? Emilia Galotti? – Emilia Galotti wäre die unglückliche Braut, die der Prinz tröstet?

**Marinelli** (vor sich). Sollte ich ihr schon zu viel gesagt haben?

**Orsina.** Und Graf Appiani war der Bräutigam dieser Braut? der eben erschossene Appiani?

**Marinelli.** Nicht anders.

**Orsina.** Bravo! o bravo! bravo! (In die Hände schlagend.)

**Marinelli.** Wie das?

**Orsina.** Küssen möcht' ich den Teufel, der ihn dazu verleitet hat!

**Marinelli.** Wen? verleitet? wozu?

**Orsina.** Ja, küssen, küssen möcht' ich ihn – Und wenn Sie selbst dieser Teufel wären, Marinelli.

**Marinelli.** Gräfin!

**Orsina.** Kommen Sie her! Sehen Sie mich an! steif an! Aug' in Auge!

**Marinelli.** Nun?

**Orsina.** Wissen Sie nicht, was ich denke?

**Marinelli.** Wie kann ich das?

**Orsina.** Haben Sie keinen Anteil daran?

**Marinelli.** Woran?

**Orsina.** Schwören Sie! – Nein, schwören Sie nicht. Sie möchten eine Sünde mehr begehen – Oder ja; schwören Sie nur. Eine Sünde mehr oder weniger für einen, der doch verdammt ist! – Haben Sie keinen Anteil daran?

**Marinelli.** Sie erschrecken mich, Gräfin.

**Orsina.** Gewiß? – Nun, Marinelli, argwohnet Ihr gutes Herz auch nichts?

**Marinelli.** Was? worüber?

**Orsina.** Wohl – so will ich Ihnen etwas vertrauen; –

etwas, das Ihnen jedes Haar auf dem Kopfe zu Berge sträuben soll. – Aber hier, so nahe an der Türe, möchte uns jemand hören. Kommen Sie hierher. – Und! (Indem sie den Finger auf den Mund legt) Hören Sie! ganz in geheim! ganz in geheim! (und ihren Mund seinem Ohre nähert, als ob sie ihm zuflüstern wollte, was sie aber sehr laut ihm zuschreiet.) Der Prinz ist ein Mörder!

**Marinelli.** Gräfin – Gräfin – sind Sie ganz von Sinnen?

**Orsina.** Von Sinnen? Ha! ha! ha! (Aus vollem Halse lachend.) Ich bin selten, oder nie, mit meinem Verstande so wohl zufrieden gewesen, als eben itzt. – Zuverlässig, Marinelli; – aber es bleibt unter uns – (leise) der Prinz ist ein Mörder! des Grafen Appiani Mörder! – Den haben nicht Räuber, den haben Helfershelfer des Prinzen, den hat der Prinz umgebracht!

**Marinelli.** Wie kann Ihnen so eine Abscheulichkeit in den Mund, in die Gedanken kommen?

**Orsina.** Wie? – Ganz natürlich. – Mit dieser Emilia Galotti, die hier bei ihm ist – deren Bräutigam so über Hals über Kopf sich aus der Welt trollen müssen, – mit dieser Emilia Galotti hat der Prinz heute morgen in der Halle bei den Dominikanern ein langes und breites gesprochen. Das weiß ich; das haben meine Kundschafter gesehen. Sie haben auch gehört, was er mit ihr gesprochen. – Nun, guter Herr? Bin ich von Sinnen? Ich reime, dächt' ich, doch noch so ziemlich zusammen, was zusammen gehört. – Oder trifft auch das nur so von ungefähr zu? Ist Ihnen auch das Zufall? O, Marinelli, so verstehen Sie auf die Bosheit der Menschen sich ebenso schlecht als auf die Vorsicht.

**Marinelli.** Gräfin, Sie würden sich um den Hals reden –

**Orsina.** Wenn ich das mehrern sagte? – Desto besser, desto besser! – Morgen will ich es auf dem Markte ausrufen. – Und wer mir widerspricht – wer mir widerspricht, der war des Mörders Spießgeselle. – Leben Sie wohl. (Indem sie fortgehen will, begegnet sie an der Türe dem alten Galotti, der eiligst hereintritt.)

## Sechster Auftritt.

**Odoardo Galotti. Die Gräfin. Marinelli.**

**Odoardo Galotti.** Verzeihen Sie, gnädige Frau –

**Orsina.** Ich habe hier nichts zu verzeihen. Denn ich habe hier nichts übelzunehmen – An diesen Herrn wenden Sie sich (ihn nach dem Marinelli weisend).

**Marinelli** (indem er ihn erblicket, vor sich). Nun vollends! der Alte! –

**Odoardo.** Vergeben Sie, mein Herr, einem Vater, der in der äußersten Bestürzung ist – daß er so unangemeldet hereintritt.

**Orsina.** Vater? (Kehrt wieder um.) Der Emilia, ohne Zweifel. – Ha, willkommen!

**Odoardo.** Ein Bedienter kam mir entgegengesprengt mit der Nachricht, daß hierherum die Meinigen in Gefahr wären. Ich fliege herzu und höre, daß der Graf Appiani verwundet worden; daß er nach der Stadt zurückgekehret; daß meine Frau und Tochter sich in das Schloß gerettet. – Wo sind sie, mein Herr? wo sind sie?

**Marinelli.** Sein Sie ruhig, Herr Oberster. Ihrer Gemahlin und Ihrer Tochter ist nichts Übels widerfahren; den Schreck ausgenommen. Sie befinden sich beide wohl. Der Prinz ist bei ihnen. Ich gehe sogleich, Sie zu melden.

**Odoardo.** Warum melden? erst melden?

**Marinelli.** Aus Ursachen – von wegen – von wegen des Prinzen. Sie wissen, Herr Oberster, wie Sie mit dem Prinzen stehen. Nicht auf dem freundschaftlichsten Fuße. So gnädig er sich gegen Ihre Gemahlin und Tochter bezeiget – es sind Damen – Wird darum auch Ihr unvermuteter Anblick ihm gelegen sein?

**Odoardo.** Sie haben recht, mein Herr; Sie haben recht.

**Marinelli.** Aber, gnädige Gräfin – kann ich vorher die Ehre haben, Sie nach Ihrem Wagen zu begleiten?

**Orsina.** Nicht doch, nicht doch.

**Marinelli** (sie bei der Hand nicht unsanft ergreifend). Erlauben Sie, daß ich meine Schuldigkeit beobachte. –

**Orsina.** Nur gemach! – Ich erlasse Sie deren, mein Herr.

– Daß doch immer Ihresgleichen Höflichkeit zur Schuldigkeit machen, um, was eigentlich ihre Schuldigkeit wäre, als die Nebensache betreiben zu dürfen! – Diesen würdigen Mann je eher je lieber zu melden, das ist Ihre Schuldigkeit.

**Marinelli.** Vergessen Sie, was Ihnen der Prinz selbst befohlen?

**Orsina.** Er komme und befehle es mir noch einmal. Ich erwarte ihn.

**Marinelli** (leise zu dem Obersten, den er beiseite ziehet). Mein Herr, ich muß Sie hier mit einer Dame lassen, die – der – mit deren Verstande – Sie verstehen mich. Ich sage Ihnen dieses, damit Sie wissen, was Sie auf ihre Reden zu geben haben – deren sie oft sehr seltsame führet. Am besten, Sie lassen sich mit ihr nicht ins Wort[1].

**Odoardo.** Recht wohl. – Eilen Sie nur, mein Herr.

---

## Siebenter Auftritt.

**Die Gräfin Orsina. Odoardo Galotti.**

**Orsina** (nach einigem Stillschweigen, unter welchem sie den Obersten mit Mitleid betrachtet, so wie er sie mit einer flüchtigen Neugierde). Was er Ihnen auch da gesagt hat, unglücklicher Mann! –

**Odoardo** (halb vor sich, halb gegen sie). Unglücklicher?

**Orsina.** Eine Wahrheit war es gewiß nicht – am wenigsten eine von denen, die auf Sie warten.

**Odoardo.** Auf mich warten? – Weiß ich nicht schon genug? – Madame! – Aber reden Sie nur, reden Sie nur.

**Orsina.** Sie wissen nichts.

**Odoardo.** Nichts?

**Orsina.** Guter, lieber Vater! – Was gäbe ich darum, wann Sie auch mein Vater wären! – Verzeihen Sie! die Unglücklichen ketten sich so gern aneinander. – Ich wollte treulich Schmerz und Wut mit Ihnen teilen.

**Odoardo.** Schmerz und Wut? Madame! – Aber ich vergesse – Reden Sie nur.

---

1 Ins Gespräch.

**Orsina.** Wenn es gar Ihre einzige Tochter – Ihr einziges Kind wäre! – Zwar einzig oder nicht. Das unglückliche Kind ist immer das einzige.

**Odoardo.** Das unglückliche? – Madame! – Was will ich von ihr? – Doch, bei Gott, so spricht keine Wahnwitzige!

**Orsina.** Wahnwitzige? Das war es also, was er Ihnen von mir vertraute? – Nun, nun; es mag leicht keine von seinen gröbsten Lügen sein. – Ich fühle so was! – Und glauben Sie, glauben Sie mir: wer über gewisse Dinge den Verstand nicht verlieret, der hat keinen zu verlieren. –

**Odoardo.** Was soll ich denken?

**Orsina.** Daß Sie mich also ja nicht verachten! – Denn auch Sie haben Verstand, guter Alter; auch Sie. – Ich seh' es an dieser entschlossenen, ehrwürdigen Miene. Auch Sie haben Verstand; und es kostet mich ein Wort, – so haben Sie keinen.

**Odoardo.** Madame! – Madame! – Ich habe schon keinen mehr, noch ehe Sie mir dieses Wort sagen, wenn Sie mir es nicht bald sagen. – Sagen Sie es! sagen Sie es! – Oder es ist nicht wahr – es ist nicht wahr, daß Sie von jener guten, unsers Mitleids, unserer Hochachtung so würdigen Gattung der Wahnwitzigen sind – Sie sind eine gemeine[1] Törin. Sie haben nicht, was Sie nie hatten.

**Orsina.** So merken Sie auf! – Was wissen Sie, der Sie schon genug wissen wollen? Daß Appiani verwundet worden? Nur verwundet? – Appiani ist tot!

**Odoardo.** Tot? tot? – Ha, Frau, das ist wider die Abrede. Sie wollten mich um den Verstand bringen: und Sie brechen mir das Herz.

**Orsina.** Das beiher! – Nur weiter. – Der Bräutigam ist tot: und die Braut – Ihre Tochter – schlimmer als tot.

**Odoardo.** Schlimmer? schlimmer als tot? – Aber doch zugleich auch tot? – Denn ich kenne nur e i n Schlimmeres –

---

[1] Gewöhnliche.

**Orsina.** Nicht zugleich auch tot. Nein, guter Vater, nein! – Sie lebt, sie lebt. Sie wird nun erst recht anfangen zu leben. – Ein Leben voll Wonne! Das schönste, lustigste Schlaraffenleben – so lang' es dauert.

**Odoardo.** Das Wort, Madame, das einzige Wort, das mich um den Verstand bringen soll! heraus damit! – Schütten Sie nicht Ihren Tropfen Gift in einen Eimer. – Das einzige Wort! geschwind.

**Orsina.** Nun da; buchstabieren Sie es zusammen! – Des Morgens sprach der Prinz Ihre Tochter in der Messe; des Nachmittags hat er sie auf seinem Lust – Lustschlosse.

**Odoardo.** Sprach sie in der Messe? Der Prinz meine Tochter?

**Orsina.** Mit einer Vertraulichkeit! mit einer Inbrunst! – Sie hatten nichts Kleines abzureden. Und recht gut, wenn es abgeredet worden; recht gut, wenn Ihre Tochter freiwillig sich hierher gerettet! Sehen Sie: so ist es doch keine gewaltsame Entführung, sondern bloß ein kleiner – kleiner Meuchelmord.

**Odoardo.** Verleumdung! verdammte Verleumdung! Ich kenne meine Tochter. Ist es Meuchelmord, so ist es auch Entführung. – (Blickt wild um sich und stampft und schäumet.) Nun, Claudia? Nun, Mütterchen? – Haben wir nicht Freude erlebt! O des gnädigen Prinzen! O der ganz besondern Ehre!

**Orsina.** Wirkt es, Alter! wirkt es?

**Odoardo.** Da steh' ich nun vor der Höhle des Räubers – (Indem er den Rock von beiden Seiten auseinander schlägt und sich ohne Gewehr[1] sieht.) Wunder, daß ich aus Eilfertigkeit nicht auch die Hände zurückgelassen! – (An alle Schubsäcke[2] fühlend, als etwas suchend.) Nichts! gar nichts! nirgends!

**Orsina.** Ha, ich verstehe! – Damit kann ich aushelfen! – Ich hab' einen mitgebracht. (Einen Dolch hervorziehend.) Da nehmen Sie! Nehmen Sie geschwind, eh' uns jemand sieht. – Auch hätte ich noch etwas – Gift. Aber Gift ist nur für uns Weiber; nicht für Männer. – Nehmen Sie ihn! (Ihm den Dolch aufdringend.) Nehmen Sie!

---

[1] Hier in der allgemeineren, älteren Bedeutung: Waffe. – [2] Taschen.

**Odoardo.** Ich danke, ich danke. – Liebes Kind, wer wieder sagt, daß du eine Närrin bist, der hat es mit mir zu tun.

**Orsina.** Stecken Sie beiseite! geschwind beiseite! – Mir – wird die Gelegenheit versagt, Gebrauch davon zu machen. Ihnen wird sie nicht fehlen, diese Gelegenheit, und Sie werden sie ergreifen, die erste die beste, – wenn Sie ein Mann sind. – Ich, ich bin nur ein Weib: aber so kam ich her! fest entschlossen! – Wir, Alter, wir können uns alles vertrauen. Denn wir sind beide beleidiget; von dem nämlichen Verführer beleidiget. – Ah, wenn Sie wüßten – wenn Sie wüßten, wie überschwenglich, wie unaussprechlich, wie unbegreiflich ich von ihm beleidiget worden und noch werde, – Sie könnten, Sie würden Ihre eigene Beleidigung darüber vergessen. – Kennen Sie mich? Ich bin Orsina; die betrogene, verlassene Orsina. – Zwar vielleicht nur um Ihre Tochter verlassen. – Doch was kann Ihre Tochter dafür? – Bald wird auch sie verlassen sein. – Und dann wieder eine! – Und wieder eine! – Ha! (wie in der Entzückung) welch eine himmlische Phantasie! Wann wir einmal alle – wir, das ganze Heer der Verlassenen, – wir alle in Bacchantinnen, in Furien verwandelt, wenn wir alle ihn unter uns hätten, ihn unter uns zerrissen, zerfleischten, sein Eingeweide durchwühlten, – um das Herz zu finden, das der Verräter einer jeden versprach und keiner gab! Ha! das sollte ein Tanz werden! das sollte!

## Achter Auftritt.

**Claudia Galotti. Die Vorigen.**

**Claudia** (die im Hereintreten sich umsiehet, und sobald sie ihren Gemahl erblickt, auf ihn zuflieget). Erraten! – Ah, unser Beschützer, unser Retter! Bist du da, Odoardo? Bist du da? – Aus ihren Wispern, aus ihren Mienen schloß ich es. – Was soll ich dir sagen, wenn du noch nichts weißt? – Was soll ich dir sagen, wenn du schon alles weißt? – Aber wir sind unschuldig. Ich bin unschuldig. Deine Tochter ist unschuldig. Unschuldig, in allem unschuldig!

**Odoardo** (der sich bei Erblickung seiner Gemahlin zu fassen sucht). Gut, gut. Sei nur ruhig, nur ruhig – und antworte mir. (Gegen die Orsina.) Nicht Madame, als ob ich noch zweifelte – Ist der Graf tot?

**Claudia.** Tot.

**Odoardo.** Ist es wahr, daß der Prinz heute morgen Emilien in der Messe gesprochen?

**Claudia.** Wahr. Aber wenn du wüßtest, welchen Schreck es ihr verursacht, in welcher Bestürzung sie nach Hause kam –

**Orsina.** Nun, hab' ich gelogen?

**Odoardo** (mit einem bittern Lachen). Ich wollt' auch nicht, Sie hätten! Um wie vieles nicht!

**Orsina.** Bin ich wahnwitzig?

**Odoardo** (wild hin und her gehend). O – noch bin ich es auch nicht.

**Claudia.** Du gebotest mir ruhig zu sein, und ich bin ruhig. – Bester Mann, darf auch ich – ich dich bitten –

**Odoardo.** Was willst du? Bin ich nicht ruhig? Kann man ruhiger sein als ich bin? – (Sich zwingend.) Weiß es Emilia, daß Appiani tot ist?

**Claudia.** Wissen kann sie es nicht. Aber ich fürchte, daß sie es argwohnet, weil er nicht erscheinet. –

**Odoardo.** Und sie jammert und winselt –

**Claudia.** Nicht mehr. – Das ist vorbei; nach ihrer Art, die du kennest. Sie ist die Furchtsamste und Entschlossenste unsers Geschlechts. Ihrer ersten Eindrücke nie mächtig; aber nach der geringsten Überlegung in alles sich findend, auf alles gefaßt. Sie hält den Prinzen in einer Entfernung, sie spricht mit ihm in einem Tone – Mache nur, Odoardo, daß wir wegkommen.

**Odoardo.** Ich bin zu Pferde. – Was zu tun? – Doch, Madame, Sie fahren ja nach der Stadt zurück?

**Orsina.** Nicht anders.

**Odoardo.** Hätten Sie wohl die Gewogenheit, meine Frau mit sich zu nehmen?

**Orsina.** Warum nicht? Sehr gern.

**Odoardo.** Claudia – (ihr die Gräfin bekannt machend) die Gräfin Orsina; eine Dame von großem Verstande; meine

Freundin, meine Wohltäterin. – Du mußt mit ihr herein; um uns sogleich den Wagen herauszuschicken. Emilia darf nicht wieder nach Guastalla. Sie soll mit mir.

**Claudia.** Aber – wenn nur – Ich trenne mich ungern von dem Kinde.

**Odoardo.** Bleibt der Vater nicht in der Nähe? Man wird ihn endlich doch vorlassen. Keine Einwendung! – Kommen Sie, gnädige Frau. (Leise zu ihr.) Sie werden von mir hören. – Komm, Claudia. (Er führt sie ab.)

# Fünfter Aufzug.

Die Szene bleibt.

---

## Erster Auftritt.

**Marinelli. Der Prinz.**

**Marinelli.** Hier, gnädiger Herr, aus diesem Fenster können Sie ihn sehen. Er geht die Arkade auf und nieder. – Eben biegt er ein; er kömmt. – Nein, er kehrt wieder um. – Ganz einig ist er mit sich noch nicht. Aber um ein Großes ruhiger ist er – oder scheinet er. Für uns gleichviel! – Natürlich! Was ihm auch beide Weiber in den Kopf gesetzt haben, wird er es wagen zu äußern? – Wie Battista gehört, soll ihm seine Frau den Wagen sogleich heraussenden. Denn er kam zu Pferde. – Geben Sie acht, wenn er nun vor Ihnen erscheinet, wird er ganz untertänigst Eurer Durchlaucht für den gnädigen Schutz danken, den seine Familie bei diesem so traurigen Zufalle hier gefunden; wird sich mitsamt seiner Tochter zu fernerer Gnade empfehlen; wird sie ruhig nach der Stadt bringen und es in tiefster Unterwerfung erwarten, welchen weitern Anteil Euer Durchlaucht an seinem unglücklichen, lieben Mädchen zu nehmen geruhen wollen.

**Der Prinz.** Wenn er nun aber so zahm nicht ist? Und schwerlich, schwerlich wird er es sein. Ich kenne ihn zu gut. – Wenn er höchstens seinen Argwohn erstickt, seine Wut verbeißt; aber Emilien, anstatt sie nach der Stadt zu führen, mit sich nimmt? bei sich behält? oder wohl gar in ein Kloster außer meinem Gebiete verschließt? Wie dann?

**Marinelli.** Die fürchtende Liebe sieht weit. Wahrlich! – Aber er wird ja nicht –

**Der Prinz.** Wenn er nun aber! Wie dann? Was wird es uns dann helfen, daß der unglückliche Graf sein Leben darüber verloren?

**Marinelli.** Wozu dieser traurige Seitenblick? Vorwärts! denkt der Sieger; es falle neben ihm Feind oder Freund. – Und wenn auch! Wenn er es auch wollte, der alte Neidhart[1], was Sie von ihm fürchten, Prinz – (überlegend) das geht! Ich hab' es! – Weiter als zum Wollen soll er es gewiß nicht bringen. Gewiß nicht! – Aber daß wir ihn nicht aus dem Gesichte verlieren. – (Tritt wieder ans Fenster.) Bald hätt' er uns überrascht! Er kömmt. – Lassen Sie uns ihm noch ausweichen: und hören Sie erst, Prinz, was wir auf den zu befürchtenden Fall tun müssen.

**Der Prinz** (drohend). Nur, Marinelli[2] –

**Marinelli.** Das unschuldigste von der Welt!

---

## Zweiter Auftritt.

**Odoardo Galotti.**

Noch niemand hier? – Gut; ich soll noch kälter werden. Es ist mein Glück. – Nichts verächtlicher als ein brausender Jünglingskopf mit grauen Haaren! Ich hab' es mir so oft gesagt. Und doch ließ ich mich fortreißen, und von wem? Von einer Eifersüchtigen; von einer für[3] Eifersucht Wahnwitzigen. – Was hat die gekränkte Tugend mit der Rache des Lasters zu schaffen? Jene allein hab' ich zu retten. – Und deine Sache, – mein Sohn! mein Sohn! – Weinen konnt' ich nie; – und will es nun nicht erst lernen. – Deine Sache wird ein ganz anderer zu seiner machen! Genug für mich, wenn dein Mörder die Frucht seines Verbrechens nicht genießt. – Dies martere ihn mehr als das Verbrechen! Wenn nun bald ihn Sättigung und Ekel von Lüsten zu Lüsten treiben, so vergälle die Erinnerung, diese eine Lust nicht gebüßet zu haben, ihm den Genuß aller! In jedem Traume führe der blutige Bräutigam

---

[1] Schon zu Lessings Zeit veraltete Bezeichnung eines mürrischen, bärbeißigen Menschen. – [2] Zu ergänzen: „nichts Verbrecherisches". – [3] Vor; wie in der älteren Sprache häufig.

ihm die Braut vor das Bette, und wann er dennoch den wollüstigen Arm nach ihr ausstreckt, so höre er plötzlich das Hohngelächter der Hölle und erwache!

---

## Dritter Auftritt.

**Marinelli. Odoardo Galotti.**

**Marinelli.** Wo blieben Sie, mein Herr? wo blieben Sie?

**Odoardo.** War meine Tochter hier?

**Marinelli.** Nicht sie; aber der Prinz.

**Odoardo.** Er verzeihe. – Ich habe die Gräfin begleitet.

**Marinelli.** Nun?

**Odoardo.** Die gute Dame!

**Marinelli.** Und Ihre Gemahlin?

**Odoardo.** Ist mit der Gräfin, – um uns den Wagen sogleich herauszusenden. Der Prinz vergönne nur, daß ich mich solange mit meiner Tochter noch hier verweile.

**Marinelli.** Wozu diese Umstände? Würde sich der Prinz nicht ein Vergnügen daraus gemacht haben, sie beide, Mutter und Tochter, selbst nach der Stadt zu bringen?

**Odoardo.** Die Tochter wenigstens würde diese Ehre haben verbitten müssen.

**Marinelli.** Wieso?

**Odoardo.** Sie soll nicht mehr nach Guastalla.

**Marinelli.** Nicht? und warum nicht?

**Odoardo.** Der Graf ist tot.

**Marinelli.** Um so viel mehr –

**Odoardo.** Sie soll mit mir.

**Marinelli.** Mit Ihnen?

**Odoardo.** Mit mir. Ich sage Ihnen ja, der Graf ist tot. – Wenn Sie es noch nicht wissen – Was hat sie nun weiter in Guastalla zu tun? – Sie soll mit mir.

**Marinelli.** Allerdings wird der künftige Aufenthalt der Tochter einzig von dem Willen des Vaters abhangen. Nur vors erste –

**Odoardo.** Was vors erste?

**Marinelli.** Werden Sie wohl erlauben müssen, Herr Oberster, daß sie nach Guastalla gebracht wird.

**Odoardo.** Meine Tochter? nach Guastalla gebracht wird? und warum?

**Marinelli.** Warum? Erwägen Sie doch nur –

**Odoardo** (hitzig). Erwägen! erwägen! Ich erwäge, daß hier nichts zu erwägen ist. – Sie soll, sie muß mit mir.

**Marinelli.** O mein Herr, – was brauchen wir uns hierüber zu ereifern? Es kann sein, daß ich mich irre; daß es nicht nötig ist, was ich für nötig halte. – Der Prinz wird es am besten zu beurteilen wissen. Der Prinz entscheide. – Ich geh' und hole ihn.

---

## Vierter Auftritt.

**Odoardo Galotti.**

Wie? – Nimmermehr! – Mir vorschreiben, wo sie hin soll? – Mir sie vorenthalten? – Wer will das? Wer darf das? – Der hier alles darf, was er will? Gut, gut; so soll er sehen, wieviel auch ich darf, ob ich es schon nicht dürfte! Kurzsichtiger Wüterich! Mit dir will ich es wohl aufnehmen. Wer kein Gesetz achtet, ist ebenso mächtig, als wer kein Gesetz hat. Das weißt du nicht? Komm an! komm an! – Aber, sieh da! Schon wieder; schon wieder rennet der Zorn mit dem Verstande davon. – Was will ich? Erst müßt' es doch geschehen sein, worüber ich tobe. Was plaudert nicht eine Hofschranze! Und hätte ich ihn doch nur plaudern lassen! Hätte ich seinen Vorwand, warum sie wieder nach Guastalla soll, doch nur angehört! – So könnte ich mich itzt auf eine Antwort gefaßt machen. – Zwar auf welchen kann mir eine fehlen? – Sollte sie mir aber fehlen; sollte sie – Man kömmt. Ruhig, alter Knabe, ruhig!

---

## Fünfter Auftritt.

**Der Prinz. Marinelli. Odoardo Galotti.**

**Der Prinz.** Ah, mein lieber, rechtschaffner Galotti, – so etwas muß auch geschehen, wenn ich Sie bei mir sehen soll. Um ein Geringeres tun Sie es nicht. Doch keine Vorwürfe!

**Odoardo.** Gnädiger Herr, ich halte es in allen Fällen für unanständig[1], sich zu seinem Fürsten zu drängen. Wen er kennt, den wird er fodern lassen, wenn er seiner bedarf. Selbst itzt bitte ich um Verzeihung –

**Der Prinz.** Wie manchem andern wollte ich diese stolze Bescheidenheit wünschen! – Doch zur Sache. Sie werden begierig sein, Ihre Tochter zu sehen. Sie ist in neuer Unruhe, wegen der plötzlichen Entfernung einer so zärtlichen Mutter. – Wozu auch diese Entfernung? Ich wartete nur, daß die liebenswürdige Emilie sich völlig erholet hätte, um beide im Triumphe nach der Stadt zu bringen. Sie haben mir diesen Triumph um die Hälfte verkümmert; aber ganz werde ich mir ihn nicht nehmen lassen.

**Odoardo.** Zu viel Gnade! – Erlauben Sie, Prinz, daß ich meinem unglücklichen Kinde alle die mannigfaltigen Kränkungen erspare, die Freund und Feind, Mitleid und Schadenfreude in Guastalla für sie bereithalten.

**Der Prinz.** Um die süßen Kränkungen des Freundes und des Mitleids würde es Grausamkeit sein, sie zu bringen. Daß aber die Kränkungen des Feindes und der Schadenfreude sie nicht erreichen sollen, dafür, lieber Galotti, lassen Sie mich sorgen.

**Odoardo.** Prinz, die väterliche Liebe teilet ihre Sorgen nicht gern. – Ich denke, ich weiß es, was meiner Tochter in ihren itzigen Umständen einzig ziemet. – Entfernung aus der Welt; – ein Kloster – sobald als möglich.

**Der Prinz.** Ein Kloster?

**Odoardo.** Bis dahin weine sie unter den Augen ihres Vaters.

**Der Prinz.** So viel Schönheit soll in einem Kloster verblühen? – Darf eine einzige fehlgeschlagene Hoffnung uns gegen die Welt so unversöhnlich machen? – Doch allerdings: dem Vater hat niemand einzureden. Bringen Sie Ihre Tochter, Galotti, wohin Sie wollen.

**Odoardo** (gegen Marinelli). Nun, mein Herr?

**Marinelli.** Wenn Sie mich sogar auffodern! –

**Odoardo.** O mitnichten, mitnichten.

---

[1] Hier in der milderen Bedeutung von „unangemessen".

**Der Prinz.** Was haben sie beide?

**Odoardo.** Nichts, gnädiger Herr, nichts. – Wir erwägen bloß, welcher von uns sich in Ihnen geirret hat.

**Der Prinz.** Wieso? – Reden Sie, Marinelli!

**Marinelli.** Es geht mir nahe, der Gnade meines Fürsten in den Weg zu treten. Doch wenn die Freundschaft gebietet, vor allem in ihm den Richter aufzufodern –

**Der Prinz.** Welche Freundschaft? –

**Marinelli.** Sie wissen, gnädiger Herr, wie sehr ich den Grafen Appiani liebte; wie sehr unser beider Seelen ineinander verwebt schienen –

**Odoardo.** Das wissen Sie, Prinz? So wissen Sie es wahrlich allein.

**Marinelli.** Von ihm selbst zu seinem Rächer bestellet –

**Odoardo.** Sie?

**Marinelli.** Fragen Sie nur Ihre Gemahlin. Marinelli, der Name Marinelli war das letzte Wort des sterbenden Grafen: und in einem Tone! in einem Tone! – Daß er mir nie aus dem Gehöre komme, dieser schreckliche Ton, wenn ich nicht alles anwende, daß seine Mörder entdeckt und bestraft werden!

**Der Prinz.** Rechnen Sie auf meine kräftigste Mitwirkung.

**Odoardo.** Und meine heißesten Wünsche! – Gut, gut! – Aber was weiter?

**Der Prinz.** Das frag' ich, Marinelli.

**Marinelli.** Man hat Verdacht, daß es nicht Räuber gewesen, welche den Grafen angefallen.

**Odoardo** (höhnisch). Nicht? wirklich nicht?

**Marinelli.** Daß ein Nebenbuhler ihn aus dem Wege räumen lassen.

**Odoardo** (bitter). Ei! ein Nebenbuhler?

**Marinelli.** Nicht anders.

**Odoardo.** Nun dann, – Gott verdamm' ihn, den meuchelmörderschen Buben!

**Marinelli.** Ein Nebenbuhler, und ein begünstigter Nebenbuhler –

**Odoardo.** Was? ein begünstigter? – Was sagen Sie?

**Marinelli.** Nichts, als was das Gerüchte verbreitet.

**Odoardo.** Ein begünstigter? von meiner Tochter begünstiget?

**Marinelli.** Das ist gewiß nicht. Das kann nicht sein. Dem widersprech' ich trotz Ihnen[1]. – Aber bei dem allen, gnädiger Herr, – denn das gegründetste Vorurteil wieget auf der Waage der Gerechtigkeit soviel als nichts – bei dem allen wird man doch nicht umhin können, die schöne Unglückliche darüber zu vernehmen.

**Der Prinz.** Jawohl, allerdings.

**Marinelli.** Und wo anders? wo kann das anders geschehen als in Guastalla?

**Der Prinz.** Da haben Sie recht, Marinelli; da haben Sie recht. – Ja so, das verändert die Sache, lieber Galotti. Nicht wahr? Sie sehen selbst –

**Odoardo.** O ja, ich sehe – Ich sehe, was ich sehe. – Gott! Gott!

**Der Prinz.** Was ist Ihnen? was haben Sie mit sich?

**Odoardo.** Daß ich es nicht vorausgesehen, was ich da sehe. Das ärgert mich; weiter nichts. – Nun ja; sie soll wieder nach Guastalla. Ich will sie wieder zu ihrer Mutter bringen; und bis die strengste Untersuchung sie freigesprochen, will ich selbst aus Guastalla nicht weichen. Denn wer weiß, – (mit einem bittern Lachen) wer weiß, ob die Gerechtigkeit nicht auch nötig findet, mich zu vernehmen.

**Marinelli.** Sehr möglich! In solchen Fällen tut die Gerechtigkeit lieber zuviel als zuwenig. – Daher fürchte ich sogar –

**Der Prinz.** Was? was fürchten Sie?

**Marinelli.** Man werde vorderhand nicht verstatten können, daß Mutter und Tochter sich sprechen.

**Odoardo.** Sich nicht sprechen?

**Marinelli.** Man werde genötiget sein, Mutter und Tochter zu trennen.

**Odoardo.** Mutter und Tochter zu trennen?

**Marinelli.** Mutter und Tochter und Vater. Die Form des Verhörs erfodert diese Vorsichtigkeit schlechterdings. Und es tut mir leid, gnädiger Herr, daß ich mich gezwungen sehe,

1 Noch heftiger als Sie.

ausdrücklich darauf anzutragen, wenigstens Emilien in eine besondere Verwahrung zu bringen.

**Odoardo.** Besondere Verwahrung? – Prinz! Prinz! – Doch ja; freilich, freilich! Ganz recht: in eine besondere Verwahrung! Nicht, Prinz? nicht? – O wie fein die Gerechtigkeit ist! Vortrefflich! (Fährt schnell nach dem Schubsacke, in welchem er den Dolch hat.)

**Der Prinz** (schmeichelhaft[1] auf ihn zutretend). Fassen Sie sich, lieber Galotti –

**Odoardo** (beiseite, indem er die Hand leer wieder herauszieht). Das sprach sein Engel!

**Der Prinz.** Sie sind irrig; Sie verstehen ihn nicht. Sie denken bei dem Worte Verwahrung wohl gar an Gefängnis und Kerker.

**Odoardo.** Lassen Sie mich daran denken, und ich bin ruhig!

**Der Prinz.** Kein Wort von Gefängnis, Marinelli! Hier ist die Strenge der Gesetze mit der Achtung gegen unbescholtene Tugend leicht zu vereinigen. Wenn Emilia in besondere Verwahrung gebracht werden muß, so weiß ich schon – die alleranständigste[2]. Das Haus meines Kanzlers – Keinen Widerspruch, Marinelli! – Da will ich sie selbst hinbringen, da will ich sie der Aufsicht einer der würdigsten Damen übergeben. Die soll mir für sie bürgen, haften. – Sie gehen zu weit, Marinelli, wirklich zu weit, wenn Sie mehr verlangen. – Sie kennen doch, Galotti, meinen Kanzler Grimaldi und seine Gemahlin?

**Odoardo.** Was sollt' ich nicht? Sogar die liebenswürdigen Töchter dieses edeln Paares kenn' ich. Wer kennt sie nicht? – (Zu Marinelli.) Nein, mein Herr, geben Sie das nicht zu. Wenn Emilia verwahrt werden muß, so müsse sie in dem tiefsten Kerker verwahret werden. Dringen Sie darauf; ich bitte Sie. – Ich Tor mit meiner Bitte! ich alter Geck[3]! – Jawohl hat sie recht, die gute Sibylle: Wer über gewisse Dinge seinen Verstand nicht verlieret, der hat keinen zu verlieren!

**Der Prinz.** Ich verstehe Sie nicht. – Lieber Galotti, was kann ich mehr tun? – Lassen Sie es dabei; ich bitte Sie. –

---

[1] Mit einschmeichelnder Miene. – [2] Die allerpassendste. – [3] Ältere Bedeutung: Narr.

Ja, ja, in das Haus meines Kanzlers! da soll sie hin; da bring' ich sie selbst hin; und wenn ihr da nicht mit der äußersten Achtung begegnet wird, so hat mein Wort nichts gegolten. Aber sorgen Sie nicht. – Dabei bleibt es! dabei bleibt es! – Sie selbst, Galotti, mit sich, können es halten, wie Sie wollen. Sie können uns nach Guastalla folgen; Sie können nach Sabionetta zurückkehren, wie Sie wollen. Es wäre lächerlich, Ihnen vorzuschreiben. – Und nun, auf Wiedersehen, lieber Galotti! – Kommen Sie, Marinelli; es wird spät.

**Odoardo** (der in tiefen Gedanken gestanden). Wie! so soll ich sie gar nicht sprechen, meine Tochter? Auch hier nicht? – Ich lasse mir ja alles gefallen; ich finde ja alles ganz vortrefflich. Das Haus eines Kanzlers ist natürlicherweise eine Freistatt der Tugend. O, gnädiger Herr, bringen Sie ja meine Tochter dahin; nirgends anders als dahin. – Aber sprechen wollt' ich sie doch gerne vorher. Der Tod des Grafen ist ihr noch unbekannt. Sie wird nicht begreifen können, warum man sie von ihren Eltern trennet. Ihr jenen auf gute Art beizubringen, sie dieser Trennung wegen zu beruhigen, – muß ich sie sprechen, gnädiger Herr, muß ich sie sprechen.

**Der Prinz.** So kommen Sie denn –

**Odoardo.** O, die Tochter kann auch wohl zu dem Vater kommen. – Hier, unter vier Augen, bin ich gleich mit ihr fertig. Senden Sie mir sie nur, gnädiger Herr.

**Der Prinz.** Auch das! – O Galotti, wenn Sie mein Freund, mein Führer, mein Vater sein wollten! (Der Prinz und Marinelli gehen ab.)

---

## Sechster Auftritt.

### Odoardo Galotti.

(Ihm nachsehend; nach einer Pause). Warum nicht? – Herzlich gern – Ha! ha! ha! – (Blickt wild umher.) Wer lacht da? – Bei Gott, ich glaub', ich war es selbst. – Schon recht! Lustig, lustig. Das Spiel geht zu Ende. So oder so! – Aber – (Pause.) wenn sie mit ihm sich verstünde? Wenn es das alltägliche Possenspiel wäre? Wenn sie es nicht wert wäre, was ich für sie tun will? – (Pause.) Für sie tun will? Was will ich denn für sie tun? – Hab' ich das Herz, es mir zu sagen? – Da denk' ich so was; so was, was sich nur denken läßt. – Gräßlich! Fort, fort! Ich will sie nicht erwarten. Nein! – (Gegen den Himmel.) Wer sie unschuldig in diesen Abgrund gestürzt hat, der ziehe sie wieder heraus. Was braucht er meine Hand dazu? Fort! (Er will gehen und sieht Emilien kommen.) Zu spät! Ah! er will meine Hand; er will sie!

## Siebenter Auftritt.

**Emilia. Odoardo.**

**Emilia.** Wie? Sie hier, mein Vater? – Und nur Sie? – Und meine Mutter? nicht hier? – Und der Graf? nicht hier? – Und Sie so unruhig, mein Vater?

**Odoardo.** Und du so ruhig, meine Tochter?

**Emilia.** Warum nicht, mein Vater? – Entweder ist nichts verloren oder alles. Ruhig sein können und ruhig sein müssen: kömmt es nicht auf eines?

**Odoardo.** Aber, was meinest du, daß der Fall ist?

**Emilia.** Daß alles verloren ist, – und daß wir wohl ruhig sein müssen, mein Vater.

**Odoardo.** Und du wärest ruhig, weil du ruhig sein mußt? – Wer bist du? Ein Mädchen? und meine Tochter? So sollte der Mann und der Vater sich wohl vor dir schämen? – Aber laß doch hören: was nennest du alles verloren? – daß der Graf tot ist?

**Emilia.** Und warum er tot ist! Warum! – Ha, so ist es wahr, mein Vater? So ist sie wahr, die ganze schreckliche Geschichte, die ich in dem nassen und wilden Auge meiner Mutter las? – Wo ist meine Mutter? Wo ist sie hin, mein Vater?

**Odoardo.** Voraus, – wenn wir anders ihr nachkommen.

**Emilia.** Je eher, je besser. Denn wenn der Graf tot ist, wenn er darum tot ist – darum! was verweilen wir noch hier? Lassen Sie uns fliehen, mein Vater!

**Odoardo.** Fliehen? – Was hätt' es dann für Not? – Du bist, du bleibst in den Händen deines Räubers.

**Emilia.** Ich bleibe in seinen Händen?

**Odoardo.** Und allein, ohne deine Mutter, ohne mich.

**Emilia.** Ich allein in seinen Händen? – Nimmermehr, mein Vater. – Oder Sie sind nicht mein Vater. – Ich allein in seinen Händen? – Gut, lassen Sie mich nur; lassen Sie mich nur. – Ich will doch sehn, wer mich hält, – wer mich zwingt, – wer der Mensch ist, der einen Menschen zwingen kann.

**Odoardo.** Ich meine, du bist ruhig, mein Kind.

**Emilia.** Das bin ich. Aber was nennen Sie ruhig sein? Die Hände in den Schoß legen? Leiden, was man nicht sollte? Dulden, was man nicht dürfte?

**Odoardo.** Ha! wenn du so denkest! – Laß dich umarmen, meine Tochter! – Ich hab' es immer gesagt: das Weib wollte die Natur zu ihrem Meisterstücke machen. Aber sie vergriff sich im Tone; sie nahm ihn zu fein. Sonst ist alles besser an euch als an uns. – Ha, wenn das deine Ruhe ist, so habe ich meine in ihr wiedergefunden! Laß dich umarmen, meine Tochter! – Denke nur: unter dem Vorwande einer gerichtlichen Untersuchung, – o des höllischen Gaukelspieles! – reißt er dich aus unsern Armen und bringt dich zur Grimaldi.

**Emilia.** Reißt mich? bringt mich? – Will mich reißen, will mich bringen: will! will! – Als ob wir, wir keinen Willen hätten, mein Vater!

**Odoardo.** Ich ward auch so wütend, daß ich schon nach diesem Dolche griff (ihn herausziehend), um einem von beiden – beiden! – das Herz zu durchstoßen.

**Emilia.** Um des Himmels willen nicht, mein Vater! – Dieses Leben ist alles, was die Lasterhaften haben. – Mir, mein Vater, mir geben Sie diesen Dolch.

**Odoardo.** Kind, es ist keine Haarnadel.

**Emilia.** So werde die Haarnadel zum Dolche! – Gleichviel.

**Odoardo.** Was? Dahin wäre es gekommen? Nicht doch; nicht doch! Besinne dich. – Auch du hast nur e i n Leben zu verlieren.

**Emilia.** Und nur e i n e Unschuld!

**Odoardo.** Die über alle Gewalt erhaben ist. –

**Emilia.** Aber nicht über alle Verführung. – Gewalt! Gewalt! wer kann der Gewalt nicht trotzen? Was Gewalt heißt, ist nichts; Verführung ist die wahre Gewalt. – Ich habe

Blut, mein Vater; so jugendliches, so warmes Blut als eine. Auch meine Sinne sind Sinne. Ich stehe für nichts. Ich bin für nichts gut. Ich kenne das Haus der Grimaldi. Es ist das Haus der Freude. Eine Stunde da, unter den Augen meiner Mutter, – und es erhob sich so mancher Tumult in meiner Seele, den die strengsten Übungen der Religion kaum in Wochen besänftigen konnten! – Der Religion! Und welcher Religion? – Nichts Schlimmers zu vermeiden, sprangen Tausende in die Fluten, und sind Heilige! – Geben Sie mir, mein Vater, geben Sie mir diesen Dolch.

**Odoardo.** Und wenn du ihn kenntest, diesen Dolch! –

**Emilia.** Wenn ich ihn auch nicht kenne! – Ein unbekannter Freund ist auch ein Freund. – Geben Sie mir ihn, mein Vater; geben Sie mir ihn.

**Odoardo.** Wenn ich dir ihn nun gebe – da! (Gibt ihr ihn.)

**Emilia.** Und da! (Im Begriffe, sich damit zu durchstoßen, reißt der Vater ihr ihn wieder aus der Hand.)

**Odoardo.** Sieh, wie rasch! – Nein, das ist nicht für deine Hand.

**Emilia.** Es ist wahr, mit einer Haarnadel soll ich – (Sie fährt mit der Hand nach dem Haare, eine zu suchen, und bekommt die Rose zu fassen.) Du noch hier? – Herunter mit dir! Du gehörest nicht in das Haar einer, – wie mein Vater will, daß ich werden soll!

**Odoardo.** O, meine Tochter! –

**Emilia.** O, mein Vater, wenn ich Sie erriete! – Doch nein, das wollen Sie auch nicht. Warum zauderten Sie sonst? – (In einem bittern Tone, während sie die Rose zerpflückt.) Ehedem wohl gab es einen Vater, der, seine Tochter von der Schande zu retten, ihr den ersten den besten Stahl in das Herz senkte – ihr zum zweiten[1] das Leben gab. Aber alle solche Taten sind von ehedem! Solcher Väter gibt es keinen mehr!

**Odoardo.** Doch, meine Tochter, doch! (Indem er sie durchsticht.) Gott, was hab' ich getan! (Sie will sinken, und er faßt sie in seine Arme.)

**Emilia.** Eine Rose gebrochen, ehe der Sturm sie entblättert. – Lassen Sie mich sie küssen, diese väterliche Hand.

---

[1] Zum zweiten Male.

## Achter Auftritt.

**Prinz. Marinelli. Die Vorigen.**

**Der Prinz** (im Hereintreten). Was ist das? – Ist Emilien nicht wohl?

**Odoardo.** Sehr wohl, sehr wohl!

**Der Prinz** (indem er näher kömmt). Was seh' ich? – Entsetzen!

**Marinelli.** Weh mir!

**Der Prinz.** Grausamer Vater, was haben Sie getan?

**Odoardo.** Eine Rose gebrochen, ehe der Sturm sie entblättert. – War es nicht so, meine Tochter?

**Emilia.** Nicht Sie, mein Vater – Ich selbst – ich selbst –

**Odoardo.** Nicht du, meine Tochter, – nicht du! – Gehe mit keiner Unwahrheit aus der Welt. Nicht du, meine Tochter! Dein Vater, dein unglücklicher Vater!

**Emilia.** Ah – mein Vater – (Sie stirbt, und er legt sie sanft auf den Boden.)

**Odoardo.** Zieh hin! – Nun da, Prinz! Gefällt sie Ihnen noch? Reizt sie noch Ihre Lüste? Noch, in diesem Blute, das wider Sie um Rache schreiet? (Nach einer Pause.) Aber Sie erwarten, wo das alles hinaus soll? Sie erwarten vielleicht, daß ich den Stahl wider mich selbst kehren werde, um meine Tat wie eine schale Tragödie zu beschließen? – Sie irren sich. Hier! (Indem er ihm den Dolch vor die Füße wirft.) Hier liegt er, der blutige Zeuge meines Verbrechens! Ich gehe und liefere mich selbst in das Gefängnis. Ich gehe und erwarte Sie als Richter. – Und dann dort – erwarte ich Sie vor dem Richter unser aller!

**Der Prinz** (nach einigem Stillschweigen, unter welchem er den Körper mit Entsetzen und Verzweiflung betrachtet, zu Marinelli). Hier! heb' ihn auf. – Nun? Du bedenkst dich? – Elender? – (Indem er ihm den Dolch aus der Hand reißt.) Nein, dein Blut soll mit diesem Blute sich nicht mischen. – Geh, dich auf ewig zu verbergen! – Geh! sag' ich. – Gott! Gott! – Ist es zum Unglücke so mancher nicht genug, daß Fürsten Menschen sind; müssen sich auch noch Teufel in ihren Freund verstellen?

---

# Nathan der Weise.

Ein dramatisches Gedicht in fünf Aufzügen.

Introite, nam et heic Dii sunt!
APVD GELLIVM.[1]

1779.

[1] „Tretet ein, denn auch hier sind Götter. Bei Gellius", dem römischen Schriftsteller Aulus Gellius, in der Vorrede zu seiner Sammlung *„Noctes atticae"*, geschrieben um 175 n. Chr., angeblich ein Ausspruch des griechischen Philosophen Heraklit.

## Personen.

Sultan **Saladin.**
**Sittah,** dessen Schwester.
**Nathan,** ein reicher Jude in Jerusalem.
**Recha,** dessen angenommene Tochter.
**Daja,** eine Christin, aber in dem Hause des Juden als Gesellschafterin der Recha.
Ein junger **Tempelherr.**
Ein **Derwisch.**
Der **Patriarch** von Jerusalem.
Ein **Klosterbruder.**
Ein **Emir** nebst verschiednen **Mamelucken** des Saladin.

Die Szene ist in Jerusalem.

## Einleitung des Herausgebers.

Lessing nennt den Nathan den Sohn seines eintretenden Alters, den die Polemik hat entbinden helfen. Diese Dichtung, so voll abgeklärter Weisheit wie keine andere in deutscher Sprache, ist eine Ausgeburt des leidenschaftlichsten Geisteskampfes. Seit dem Beginn des Jahres 1778 wogte der Streit mit Goeze hin und her. Elf Gänge hatte Lessing mit blitzendem Degen getan, und der Gegner war noch nicht müde geworden, sie mit dem breiten Schwert seiner Rechtgläubigkeit zu parieren. Da wurde dem Wolfenbütteler Bibliothekar im Juli von Braunschweig aus die Fortsetzung des Streites verboten. So kommt er, noch dazu von Schulden und Geldsorgen gedrückt, auf den „närrischen Einfall", es mit einem Drama auf Subskription zu versuchen. Vom 8. August 1778 datiert ist die Ankündigung: „Da man durchaus will, daß ich auf einmal von einer Arbeit feiern soll, die ich mit derjenigen frommen Verschlagenheit ohne Zweifel nicht betrieben habe, mit der sie allein glücklich zu betreiben ist, so führt mir mehr Zufall als Wahl einen meiner alten theatralischen Versuche in die Hände, von dem ich sehe, daß er schon längst die letzte Feile verdient hätte."

Gewiß war damals nicht mehr vorhanden als der knappe Entwurf der Szenenfolge, den Erich Schmidt in den Februar 1776 setzt, weil damals Lessing bereits ernstlich die Ausführung bedachte. Im November 1778 wurde dieser Entwurf abgeschrieben und zu einem vollständigen Szenarium erweitert. Am 14. November begann die Ausführung in Versen, am 6. Dezember wurde der zweite Aufzug, am 28. der dritte, am 2. Februar 1779 der vierte und am 7. März der fünfte Akt angefangen. Im Mai erschien das „dramatische Gedicht" im Druck ohne das Vorwort, das Lessing schon zweifach entworfen hatte, auch ohne ein geplantes Nachspiel: „Der Derwisch". Das Stück bedurfte keiner vorausgehenden oder nachfolgenden Erläuterung.

Die Erzählung in Boccaccios „Dekameron", die Lessing als seine Quelle nennt, hat ihrerseits wieder eine lange Vorgeschichte. Die ursprüngliche Fassung ist aufgezeichnet von einem Rabbiner Salomo aben Verga im „Schebet Jehuda" gegen das Jahr 1500, in der Absicht, die Gleichberechtigung seines Glaubens mit der herrschenden christlichen Religion zu verteidigen. Mit leichter Umänderung konnte diese Forderung der Toleranz auf die Bekenner des Islams ausgedehnt werden, wie auch anderseits der Wertunterschied der Ringe sich ohne Mühe so ausdeuten ließ, daß nur die Christen den echten Ring besaßen und die andern beiden ihm nur betrügerisch nachgeahmt waren. Dann wurde der Träger des echten Ringes zugleich zum Lieblingssohn des Vaters, und die beiden andern Söhne mußten durch schlechtere Art die Zurücksetzung verdienen. In dieser Weise haben französische und italienische Dichter des Mittelalters die sinnreiche Parabel in das Gegenteil der ursprünglichen Absicht verkehrt, und die weitverbreitete Sammlung der *„Gesta Romanorum"* brachte sie in ihrem 89. Kapitel mit dem Zusatz, daß der echte Ring alle Krankheiten heile. Im 120. Kapitel verleiht ein sterbender König seinem dritten Sohne einen goldenen Ring, ein Halsband und ein kostbares Tuch. „Der Ring besaß aber die Eigenschaft, daß der, welcher ihn an seinem Finger trug, sich die Gunst aller gewann." Da Lessing die *„Gesta Romanorum"* genau kannte, dürfte er von dieser Stelle die bedeutsame Eigenschaft des echten Ringes, vor Gott und Menschen angenehm zu machen, entlehnt haben. Aber im übrigen konnten ihm selbstverständlich diese intoleranten Versionen für seinen Zweck nichts geben. Er hielt sich im allgemeinen treu an die dritte Erzählung des ersten Tages des „Dekameron".

Den hohen poetischen und ethischen Gehalt dieser Erzählung hat Lessing wesentlich gesteigert. Außer der den *„Gesta Romanorum"* entlehnten schönen Eigenschaft des Ringes fügte er noch eine Reihe höchst bedeutsamer eigener Erfindungen hinzu. Dem Vater erscheint bald der eine, bald der andere Sohn des Ringes würdiger. Er will die Tyrannei des e i n e n Ringes in seinem Hause nicht länger dulden. Die Söhne treten vor den Richter, und dieser erklärt alle drei Ringe für unecht, wenn sie nicht mit der Wunderkraft, vor Gott und Menschen angenehm zu machen, auch die Liebe zum Nebenmenschen zu wecken vermögen. In dieser Liebe soll sich die Kraft aller drei Ringe bewähren. Jeder der Söhne soll mit eigenem, freiem sittlichen Streben und tätiger Liebe der Kraft des Ringes zu Hilfe kommen. Endlich der Verweis auf den höheren Richter, der nach Jahrtausenden das rechte Wort sprechen soll.

Das wichtigste ist folgendes. Die alte Erzählung wollte die drei großen monotheistischen Religionen gleichsetzen und zu gegenseitiger Duldung mahnen, weil sie alle durch das Gnadengeschenk göttlicher Offenbarung den Menschen verliehen worden wären. Hier wurde die Frage nach dem Grund ihrer Unterschiede nicht gestellt. Dagegen verweist Lessings Sultan auf die äußeren Unterschiede der Religionen und ihrer Bekenner, und das gibt den Anlaß zu der neuen und eigentlich entscheidenden Wendung. Alle Religionen sind historisch begründet; kein Dogma kann und soll dem andern weichen, sofern jedes die Fähigkeit bewährt, seine Bekenner durch den Glauben mit edler, allgemeinmenschlicher Gesinnung zu erfüllen.

Im Drama sollte der Inhalt der Erzählung in Handlung umgesetzt werden. Dazu müssen Bekenner der drei Religionen auftreten, an denen die Wirkung ihres Glaubens sichtbar wird, und, damit nicht genug, auch ihr gegenseitiges Verhalten im engen Kreise soll ein verkleinertes Abbild der Beziehungen der großen Glaubensgemeinschaften bieten, wie sie tatsächlich bestehen und wie Lessings sehnsüchtiger Wunsch sie für eine ferne Zukunft erhofft.

Aus Menschen, die einander gehaßt und verfolgt haben, wird eine liebende Familie, nachdem das Wesen der leidenschaftlich Verblendeten geläutert ist und Achtung und Liebe an Stelle der aus gegenseitigem Verkennen entspringenden Abneigung getreten sind.

Nur Nathan bedarf solcher Reinigungskur nicht. Er heißt mit Recht der Weise; aber die ursprünglich geplanten, von Lessing zweimal aufgezeichneten Schlußworte Saladins lauteten: „Du sollst nicht mehr Nathan der Weise, du sollst nicht mehr Nathan der Kluge – du sollst Nathan der Gute heißen." Aus klugem ursprünglichen Verstand, zugleich aus reinem, durch Leiden und reife Menschenkenntnis geläutertem Herzen fließt seine Weisheit. Er empfing Namen und Gesinnung von dem reichen und wohltätigen Nathan der dritten Novelle des zehnten Tages des „Dekameron", der sein Leben freiwillig in Gefahr bringt und einen leidenschaftlichen Jüngling, einen hassenden Nebenbuhler zum bewundernden Freunde gewinnt.

Lessings Nathan ist ein frommer Jude, aber kein Eiferer. Er gehört dem Volke an, „das zuerst das auserwählte Volk sich nannte, das seinen Stolz, nur sein Gott sei der rechte Gott, auf Christ und Muselmann vererbte" (Vers 1290 ff.). Aber die Stammeseigentümlichkeiten schimmern bei ihm nur noch leise durch die schöne Menschlichkeit, die er sich erworben hat: in seiner Redeweise mit ihrem leichten Anflug orientalischer Spitzfindigkeit, in der Freude am Besitz, in der praktischen Denkart des Kaufmanns. Er ist ebensowenig ein typischer Jude, wie der Patriarch ein typischer Christ. Lessing will nicht das Judentum verherrlichen, will nicht etwa behaupten, hier könnten leichter und häufiger als in anderen Religionen Menschen wie Nathan entstehen. Welche Stelle er dem Judentum anwies, lehrte ein Jahr nach dem „Nathan" die „Erziehung des Menschengeschlechts". Da Lessing zu Christen sprach, denen er die Lehre einprägen wollte, daß alle Länder gute Menschen tragen (Vers 1274), so war es am vorteilhaftesten, zum Träger dieser Lehre einen Angehörigen des Volkes zu wählen, das, mitten unter den Christen lebend, durch Haß und Verachtung litt. Wie in seinem Jugendlustspiele „Die Juden" nur die Möglichkeit behauptet wurde, ein Jude könne zum gesitteten Menschen werden, wie Lessing es dort aussprach, daß er kein Freund allgemeiner Urteile über ganze Völker sei, so läßt er auch Nathan zum Tempelherrn sagen: „Verachtet mein Volk, so sehr Ihr wollt ... Sind wir unser Volk?" Man beachte auch, daß Nathan in dem Drama, das seinen Namen trägt, der einzige Vertreter seines Stammes ist. Ihm gab der Dichter den ganzen Reichtum von Herzensmilde und im höchsten Wortsinn selbsterrungener Bildung, den ihn langjähriger Umgang mit dem edelsten der lebenden deutschen Juden, Moses Mendelssohn, kennen lehrte, der freilich immer nur ein Jude bleiben wollte und deshalb doch nicht ganz dem Nathan glich.

Die zweite bei Boccaccio gegebene Gestalt ist Saladin. Er lebte in Sage und Geschichte als tapferer und edler Fürst fort. Seit Lessing im Jahre 1753 den ersten Band von Marignys „Geschichte der Araber unter der Regierung der Kalifen" verdeutscht hatte, war ihm die gute Charakteristik Saladins aus dem dritten Bande dieses Werkes bekannt. Er wollte selbst dazu einen vierten Teil schreiben, hat sich also gewiß mit dem Stoffe über die eigentliche Verdeutschungsarbeit hinaus befaßt. Viel mehr noch boten ihm die 1758 erschienene *„Histoire* *de Saladin"* von Marin in zwei Bänden und der Araber Bohadin, dessen „Denkwürdigkeiten aus dem Leben Saladins" Schiller 1790 herausgab. Aber der große Kalif war Lessing und seinen Zeitgenossen vor allem durch Voltaire zu einer allbekannten strahlenden Heldengestalt geworden. In Voltaires „Geschichte der Kreuzzüge", die Lessing 1752 übersetzte, stand unter anderen Anekdoten auch die von dem Tempelherrn Melieu, der seinen Orden und seine Religion verließ, um unter Saladin zu dienen, und der Sultan Orosman in Voltaires *„Zaïre"* entläßt den gefangenen Ritter Nerestan auf sein Ehrenwort, damit er in der Heimat das Lösegeld aufbringe, wie es auch Marin von Saladin berichtet. Um die höchste Tugend des Orientalen, die Wohltätigkeit, recht zu üben, hat er Al Hafi, einen aus dem Bettlerorden der Gheber, zu seinem Schatzmeister gemacht. Voltaire hatte 1769 sein *poëme dramatique „Les Guèbres ou la Tolérance"* veröffentlicht. In der Vorrede zur zweiten Auflage sagte er, er habe hier sein Talent nur dazu anwenden wollen, um Achtung für die Gesetze, allgemeine Nächstenliebe, Menschlichkeit, Schonung, Duldsamkeit zu erwecken. Wenn die Priester in diesem Stücke grausam ihre Macht mißbrauchen, weist der Herrscher sie in ihre Schranken:

*„Je pense en citoyen, j'agis en empereur,*
*Je haïs le fanatique et le persécuteur."*

Lessing macht aus den Ghebern mohammedanische Wüstenheilige, die auf Besitz verzichten und am Ganges ein weltfernes, zufriedenes Bettlerdasein führen. Sein Al Hafi ist in vielen Einzelheiten einem eigenartigen Berliner Glaubensgenossen Nathans nachgebildet, dem Mathematiker und leidenschaftlichen Schachspieler Abraham Wulff, der im Hause Moses Mendelssohns lebte. Die kluge Schwester Saladins, Sittah, erscheint auch in der Geschichte als eine opferfreudige Helferin in den Geldnöten des Bruders.

Unter den Christen ist Daja, die ursprünglich Dinah heißen sollte, eine von den beschränkten „guten Seelen", hinter deren Tugend und Rechtgläubigkeit ein kleinlicher enger Verstand, auf den eigenen Vorteil bedacht, lauert. Köstlich wirkt ihre plauderhafte Geschäftigkeit, die liebevolle Fürsorge für Recha und das Streben, sie dem christlichen Tempelherrn zu verbinden. An geistiger Begabung steht wenig über ihr der Klosterbruder. Aus einem Reitknecht ist er zum Einsiedler geworden und soll nun wider seinen Willen sich von neuem ins Kampfgewühl mischen, aber diesmal nicht mit ehrlichem Schwert, sondern mit listigen Worten, die seiner „frommen Einfalt" im Grunde genommen ganz gut zur Verfügung stehen. So erfüllt er die Pflicht des Gehorsams buchstäblich und doch so, daß die böse Absicht möglichst vereitelt wird. Er haßt keinen seines Glaubens wegen und hat den reinen Sinn des Christentums in einem stillen Kindergemüt sicher gebettet. Es gehört mit zur Charakteristik des Patriarchen, daß er sich einen solchen Diener erwählt. Denn so wie Lessing ihn zeichnet, ist er ein dumm-schlauer, verrannter Zelot, ein herrschsüchtiger Pfaffe, aufgebläht von eingebildetem Machtbewußtsein über seine Herde. Die Grundzüge lieferte die Geschichte, und Lessing bedauerte, daß sein Patriarch noch nicht ganz so schlecht erschiene wie der historische. Marin schildert den Patriarchen Heraklius, den Vertreter des Christentums in Jerusalem vor Saladins Eroberung, als buhlerischen, habsüchtigen, trägen, prunksüchtigen und schamlosen Gesellen, als einen Gegenstand des Abscheus für den ganzen Orient. Bei Lessing sind alle diese Eigenschaften gemildert durch die groteske Komik, so daß die lichten Farben des Märchenlustspiels auch diese absichtlich tief schwarz gehaltene Kontrastfigur umspielen. Selbst an dieser Stelle hat Lessing der Polemik, die den „Nathan" zur Welt brachte, nicht gestattet, seine Ausbildung zum reinen Kunstwerk zu schädigen. Sein Gegner Goeze hat für den Patriarchen nichts anderes Nachweisbares hergegeben als den Verweis auf das Theater (Vers 2522 ff.). Wenn Lessing sagt, er wolle mit seinem Stück den Theologen einen ärgeren Possen spielen als mit noch zehn Fragmenten, so muß man dies auf den aller positiven Religion feindlichen Geist, der den „Nathan" erfüllt, nicht auf die Szene des Patriarchen beziehen.

Dieser Geist offenbart sich in zwei Gestalten, Recha und dem Tempelherrn. Recha ist das Geschöpf Nathans, er hat sie so erzogen, daß sie weder Christin noch Jüdin heißen kann und doch von warmem Gottesglauben erfüllt ist. Keine Vernunftreligion ohne Anschaulichkeit, sondern eine starke persönliche Beziehung zum Übersinnlichen hat Nathan ihr geschenkt. Recha ist das Abbild der Stieftochter des Dichters, Malchen König. Mit derselben innigen Liebe wie Nathan umfaßte er sein Pflegekind, und er gestand der Freundin Elise Reimarus (7. Mai 1780), daß ihm das Mädchen diese Liebe auf alle Art, die er nur wünschen könne, erwidere. „Ich habe Ihnen, meine Beste, soviel ich mich erinnere, bereits auch unaufgefordert gestanden, daß ihre häuslichen Tugenden es allein sind, die mir das Leben, das ich leider so fortführen muß, noch erträglich machen. Ich hätte hinzufügen können, wenn ich es nicht getan habe, daß ich vor dem Augenblick zittere, der sie von mir nehmen wird, erzittere, ob ich ihn schon meines eigenen Nutzens wegen keinen Augenblick verschieben will." So könnte auch Nathan sprechen, und ebenso selbstlos sucht auch er die Pflegetochter glücklich zu machen, „nur muß der erste beste sie ihm nicht entreißen wollen". Recha (oder, wie sie im Entwurf heißt, Rahel) ist nach einer Stelle dieses Entwurfs „nichts als ein unschuldiges Mädchen, ohne alle geoffenbarte Religion, wovon sie kaum die Namen kennt, aber voll Gefühl des Guten und Furcht vor Gott". So hat schon der junge Lessing seinen „Freigeist" ohne Religion, aber voll edler Gesinnungen gezeichnet, so dachte sich das Zeitalter der Humanität das Ideal der Erziehung. Die großen Begriffe Tugend, Gott und Unsterblichkeit sollten ausreichen, ein schönes und von allen Vorurteilen freies Menschentum reifen zu lassen. Durch die Neigung zur Schwärmerei, die Lessing seiner Recha verlieh, vermied er es, daß ihr Wesen eine abstrakte Erfüllung dieses Ideals wurde. Aber es ist nicht leicht, diese allzu verständige Schwärmerin mit ihren schnellen Übergängen von begeisterter Ekstase zu kühler, scharfer Überlegung zu erfassen und auf der Bühne darzustellen, zumal da sie als fertiger Charakter vor uns hintritt.

Ihr Gegensatz ist der Tempelherr, an dem die Lehre der großen Erzählung Nathans zum Erlebnis wird. Der Orden der Tempelherren kämpfte zwar für das Christentum gegen die Ungläubigen, aber er stand in dem Rufe, daß seine Mitglieder laue Christen wären, und lag mit der Kirche häufig im Streit. Auch Lessings Tempelherr ist frei von religiösem Fanatismus. Er hat die fromme Raserei erkannt, die den eigenen Gott als den besseren der ganzen Welt aufdrängen will, und ihm genügt es, ein Mensch zu heißen. Aber die Vorurteile des Standes und des Stammes müssen aus seiner Seele schwinden, ehe er Nathan und Saladin als Gleichgesinnter umarmen kann. Der leidenschaftliche Trotzkopf, der stolze Verächter der Juden wird nicht mit einem Schlage geläutert. Immer wieder lodert seine jähe Hitze auf, aber die edle Männlichkeit verbürgt den Sieg über das heiße Herz.

Der Tempelherr steht im Mittelpunkt der Episode, die Lessing zu der Erzählung des Boccaccio hinzuerfand, der neuen Handlung. Mit Saladin verbindet ihn Blutsverwandtschaft, mit Nathan die Rettung Rechas. Weil er nun in Liebe zu ihr entbrennt, weil Nathans Vorsicht ihm ihre Hand nicht sogleich gewähren will, bereitet er dem Juden schlimmste Gefahr für Leib und Leben. Eine ungewöhnlich lange Vorhandlung muß dazu helfen, die glückliche Lösung aus solcher Verwirrung zu finden. Recha und Kurt von Staufen stammen von Saladins geliebtem Bruder, der Christ geworden ist und eine Tochter des Staufergeschlechts geheiratet hat. Das leidenschaftliche Verlangen nach Rechas Besitz war nur gefährliche Verirrung brüderlicher Liebe, wie sie Lessing in Voltaires *„Zaïre"* und in den *„Guèbres"* schon vorgezeichnet fand, und wie sie so mancher Dichter jener Zeit, von Diderots *„Fils naturel"* bis zur „Braut von Messina" als dramatisches Motiv verwandte. Handlungen dieser Art können nicht mit der üblichen Vereinigung der Liebenden schließen. Im Entwurf erwog Lessing die Absicht, die Neigung des Tempelherrn von Recha zu Sittah hinüberzuwenden, aber zum Glück hat er auf diesen kaum vorbereiteten Herzensbund verzichtet.

Freilich ist die Motivierung im ganzen so leicht, mischt sich so viel wunderbarer Zufall ein, daß der inneren Form eine solche Lösung nicht widersprochen hätte. Will man „Nathan den Weisen", der an geistigem Reichtum dem „Faust" Goethes allein unter allen deutschen Dramen verglichen werden kann, nach seiner Technik und der beherrschenden Grundbestimmung irgendeiner Gattung einreihen, so wäre es das stilisierte Lustspiel mit historischem oder sagenhaftem Hintergrund, dessen beste Erzeugnisse später Grillparzers „Weh dem, der lügt" und Hebbels „Rubin" darstellten. Damals war diese Gattung ganz unbekannt. „Minna von Barnhelm", die uns jetzt nahe verwandt erscheint, löste bei jener Generation den wesentlich verschiedenen Eindruck eines realistischen Zeitbildes aus und konnte deshalb nicht als Vorläufer gelten. Die großen Fragen der Menschheit hatte noch niemand anders als im hohen Stil der Tragödie zu behandeln gewagt. Die Stürmer und Dränger hatten nach Shakespeares Vorbild Ernst und Komik grell nebeneinander gestellt, aber ihnen fehlte die abgeklärte Ruhe und das anmutige Ebenmaß der Dichtung Lessings, die nur durch häufigen Szenenwechsel von den neu errungenen Freiheiten des

Bühnengebrauchs kündete. Noch der reife Schiller stand der Form des „Nathan" ratlos gegenüber. Er sagte, ohne sehr wesentliche Veränderungen würde es kaum möglich gewesen sein, dieses dramatische Gedicht in eine gute Tragödie umzuschaffen; aber mit bloß zufälligen Veränderungen möchte es eine gute Komödie abgegeben haben.

Lessing selbst war sich der ungewöhnlichen Art seines Werkes wohl bewußt und gab ihm deshalb die von Voltaires *„Guèbres"* entlehnte Bezeichnung „dramatisches Gedicht". Damit soll nicht etwa ein Verzicht auf die Bühne ausgesprochen werden, wie Lessings unterdrückte Vorrede beweist. Er durfte freilich nicht hoffen, das Stück in absehbarer Zeit dargestellt zu sehen. Abgesehen von dem Thema, das den Widerspruch der orthodoxen Theologen aller Konfessionen herausforderte, erschwerte auch die äußere Form den Weg aufs Theater. Die Schauspieler hatten sich überall, wo die alte Alexandriner-Dramatik abgestorben war, völlig des Verses entwöhnt. Wenn Lessing trotzdem für seinen „Nathan" den Vers wählte, so tat er dies aus einem inneren künstlerischen Bedürfnis, das sowohl seinem ästhetischen Empfinden wie der Sonderart gerade dieses Kunstwerks entsprang. Schon Ende der fünfziger Jahre hatte ihn das englische Beispiel in seinen dramatischen Entwürfen zum Versmaß Shakespeares hingelenkt. Die gesuchte militärische Knappheit des „Philotas", der Realismus der beiden folgenden großen dramatischen Werke verbot jegliche noch so leichte Idealisierung durch die äußere Form. Der „Nathan" dagegen ist eingetaucht in die Atmosphäre einer der Wirklichkeit fernen Kunstwelt. Ihr Organ wird deshalb dieser Vers, der keinem Schema entspricht und im Grunde genommen mehr einer rhythmisch gehobenen Prosa gleicht. Es fehlt ihm ebenso an schönem Rhythmus wie an Rücksicht auf den guten Zusammenklang der aneinander gereihten Worte. So mag ein verwöhntes Ohr hier an manchen Stellen verletzt werden; am wenigsten doch wohl durch die zwanzig Sechsfüßer, die der sorgfältigen Durchsicht Ramlers und Karl Lessings getrotzt hatten. Lessing selbst war sich darüber klar, daß diese Verse der Vollendung entbehrten. Er schrieb an Ramler den 18. Dezember 1778: „Das ist bloß ein Versuch, mit dem ich eilen muß, und den ich so ziemlich in Ansehung des Wohlklanges von der Hand wegschlagen zu können glaube. Denn ich habe wirklich nicht die Verse des Wohlklanges wegen gewählt, sondern weil ich glaubte, daß der orientalische Ton, den ich doch hier und da habe angeben müssen, in der Prosa zu sehr auffallen dürfte. Auch erlaube, meinte ich, der Vers immer einen Absprung eher, wie ich ihn itzt zu meiner anderweitigen Absicht bei aller Gelegenheit ergreifen muß." Den „orientalischen Ton" hatte Lessing schon 1774 in Gleims „Halladat" in demselben Versgewand gefunden und sich daran aufrichtig erfreut. So sollten nun seine eigenen Verse denselben Eindruck einer uns fremden, beschaulichen, bilder- und farbenfrohen Welt erwecken, die der ursprünglichen Natur auch in ihrer Redeweise noch nahe steht. Deshalb hatte er ein Recht, dem Bruder zu schreiben, diese Verse wären viel schlechter, wenn sie viel besser wären.

Gerade weil sie sich nicht allzu hoch über die Fläche prosaischer Rede erheben, sind sie die Bahnbrecher für das deutsche Versdrama der klassischen Zeit geworden. Im Jahre des „Nathan" schrieb Goethe seine „Iphigenie" in freien Rhythmen ohne die äußere Abteilung in Verszeilen, formte sie aber bis 1786 in fünffüßige Jamben um. Schiller wählte für seinen „Don Carlos" sogleich den Nathan-Vers und verlieh ihm mit dem volleren Ton auch schon ebenmäßigeren Gang. Mit dem „Wallenstein" gelangte endgültig auch auf der Bühne diese Form zur Alleinherrschaft im höheren Drama, die ihr weder der romantische Trochäus, noch der Knittelvers, noch sonst ein Metrum streitig machen konnte. Die zeitgenössische Kritik hat die äußere Form kaum beachtet, höchstens erwähnt, „daß die Verse ganz so natürlich zu fließen scheinen, als Lessings Prosa immer tut". Auch in bezug auf den Inhalt wußte sie wenig zu sagen. Die „Vossische Zeitung" verwies auf den weisen Rezensenten, der über fünfzig Jahre an dieser Zeitung arbeiten werde. So vermieden es auch die übrigen Journale, bei ihren Lesern Anstoß zu erregen.

Die Theologen blieben stumm, wie es Lessing richtig vorausgesagt hatte. Die theologische Fakultät in Leipzig wollte das Stück unterdrücken, wie früher den „Werther", und hob in ihrer Eingabe vor allem die Erzählung von den drei Ringen als eine der christlichen Religion sehr anstößige Stelle hervor, aber zum Verbot kam es diesmal nicht. Erfolgreicher war die Geistlichkeit in Frankfurt a. M., wo der Rat schon am 28. Mai 1779 den Verkauf des Dramas wegen des „skandalösesten Inhalts in Rücksicht der Religion" untersagte.

Es lohnt sich nicht, der einzigen ganz matten Gegenschrift von dem alten Breslauer Arzte Tralles zu gedenken, noch der ebenso schwachen, langatmigen und verspäteten Erwiderung darauf von W. von Schütz. Wertlos sind auch die Fortsetzungen und Parodien in dramatischer Form, an ihrer Spitze das fünfaktige Drama „Der Mönch vom Libanon", verfaßt von dem Meininger Hofprediger Johann Georg Pfranger, 1782 und 1785 gedruckt. Hier wird Saladin vor seinem Tode durch den Mönch, der in Wahrheit sein zum Christentum bekehrter Bruder Assad ist, von der Größe des Christentums überzeugt. Auch in diesem schwächlichen Drama herrscht im ganzen eine milde Toleranz, obwohl der geistliche Verfasser selbstverständlich für das Recht der positiven Religionen eintritt. Eine Reihe andrer unbedeutender dramatischer Dichtungen ahmt die äußere Handlung nach oder sucht analoge Gestalten und Vorgänge im Rahmen der Gegenwart darzustellen.

Sehr schnell wurde der „Nathan" in fremde Sprachen übersetzt: ins Englische schon 1780, ins Holländische 1781, ins Französische 1783, ins Dänische 1799. Eine freie französische Bearbeitung lieferte in den neunziger Jahren Joseph Chénier in drei Akten nach dem Schema der klassischen Tragödie. Eine andere französische Nachdichtung verfaßte 1806 Cubières de Palmézeaux unter dem Titel *„Nathan le sage ou le juif philosophe. Comédie-heroique en trois actes et en prose, ornée de ballets et de spectacles".* Dieses Machwerk reiht sich unfreiwillig den Travestien ein, unter denen die bekannteste 1804 von dem leichtfertigen Julius von Voß als „Posse in zwei Akten mit Intermezzos, Chören, Tanz, gelehrtem Zweikampf, Mord und Totschlag" bezeichnet wurde.

Wie die meisten dramatischen Parodien ist auch diese die Bestätigung des Bühnenerfolges. Erst kurz zuvor hatte der „Nathan" den Weg auf die Bühne gefunden. Als er 1779 erschien, verzagte selbst der große Schauspieler Friedrich Ludwig Schröder trotz höchster Bewunderung vor dem Wagnis, dieses Werk öffentlich vorzuführen, und der Mißerfolg des ungenügenden Versuchs, den Döbbelin am 14. April 1783 in Berlin unternahm, gab ihm scheinbar recht. Dann hat im achtzehnten Jahrhundert nur noch das ferne Preßburg 1785 den „Nathan" dargestellt gesehen.

Als die neue Ära der Kunst Thaliens auf der Weimarer Bühne durch große Gegenstände den tiefen Grund der Menschheit aufzuregen und das Herz in ungewohnten Tönen zu gewinnen begann, konnte in Magdeburg am 27. Juli 1801 durch den trefflichen Direktor

Schmidt der „Nathan" vor einem willigen und dankbaren Publikum erscheinen. Für Weimar bereitete noch in demselben Jahre Schiller das Stück zu, auch hier nicht ohne Gewaltsamkeit das liebenswürdige Kleinwerk der Arabesken beschneidend und die Sprache von volkstümlichen Elementen säubernd, um die angestrebte edle Würde zu erreichen. So wenig er gerade dieser höchsten Leistung Lessings gerecht wurde, sah er doch mit Goethe, dem Leiter des Weimarer Theaters, ein, daß die Musterbühne des „Nathan" nicht entbehren konnte. Am 28. November 1801 wurde er zum erstenmal aufgeführt, und schnell folgten die meisten andern großen deutschen Theater nach, zuletzt, erst 1819, das Wiener Burgtheater, nachdem die Zensur bis dahin immer wieder die Darstellung „wegen der Hauptidee, welche dem Ganzen zugrunde liegt und sich auf die Religion bezieht", verboten hatte. Als endlich durch die ärgsten Verstümmelungen die Zustimmung des Wiener Erzbischofs erlangt war, wurde der „Nathan" mit großem Beifall begrüßt und die antifanatische Tendenz des Stückes tief empfunden. Dafür schrien nach Schreyvogels Bericht die „Neufrommen" über Verrat an der Religion.

Über ein Jahrhundert übt nun schon Lessings höchste Dichtung von den Brettern ihre Wirkung, ohne daß ihre Kraft sich mindert. Und so erfüllt sich der Wunsch Goethes: „Möge doch die bekannte Erzählung, glücklich dargestellt, das deutsche Publikum auf ewige Zeiten erinnern, daß es nicht nur berufen wird, um zu schauen, sondern auch um zu hören und zu vernehmen! Möge zugleich das darin ausgesprochene göttliche Duldungs- und Schonungsgefühl der Nation heilig und wert bleiben!"

# Erster Aufzug.

## Erster Auftritt.

Szene: Flur in Nathans Hause.

**Nathan,** von der Reise kommend. **Daja,** ihm entgegen.

**Daja.**

Er ist es! Nathan! – Gott sei ewig Dank,
Daß Ihr doch endlich einmal wiederkommt.

**Nathan.**

Ja, Daja; Gott sei Dank! – Doch warum endlich?
Hab' ich denn eher wiederkommen wollen?
Und wiederkommen können? Babylon
Ist von Jerusalem, wie ich den Weg
Seitab bald rechts, bald links zu nehmen bin
Genötigt worden, gut zweihundert Meilen[1];
Und Schulden einkassieren ist gewiß
Auch kein Geschäft, das merklich födert[2], das
So von der Hand sich schlagen läßt.

**Daja.**

O Nathan,
Wie elend, elend hättet Ihr indes
Hier werden können! Euer Haus …

**Nathan.**

Das brannte.
So hab' ich schon vernommen. – Gebe Gott,
Daß ich nur alles schon vernommen habe!

[1] In gerader Linie sind es nur 140 Meilen. – [2] Nach der Analogie der falschen Form „fodern" gebildet.

**Daja.**

Und wäre leicht von Grund aus abgebrannt.

**Nathan.**

Dann, Daja, hätten wir ein neues uns
Gebaut, und ein bequemeres.

**Daja.**

Schon wahr! –
Doch Recha wär' bei einem Haare mit
Verbrannt.

**Nathan.**

Verbrannt? Wer? meine Recha? sie? –
Das hab' ich nicht gehört. – Nun dann! So hätte
Ich keines Hauses mehr bedurft. – Verbrannt
Bei einem Haare! – Ha! sie ist es wohl!
Ist wirklich wohl verbrannt! – Sag' nur heraus!
Heraus nur! – Töte mich, und martre mich
Nicht länger. – Ja, sie ist verbrannt.

**Daja.**

Wenn sie
Es wäre, würdet Ihr von mir es hören?

**Nathan.**

Warum erschreckest du mich denn? – O Recha!
O meine Recha!

**Daja.**

Eure? Eure Recha?

**Nathan.**

Wenn ich mich wieder je entwöhnen müßte,
Dies Kind mein Kind zu nennen!

**Daja.**

Nennt Ihr alles,
Was Ihr besitzt, mit ebensoviel Rechte
Das Eure?

**Nathan.**

Nichts mit größerm! Alles, was
Ich sonst besitze, hat Natur und Glück

Mir zugeteilt. Dies Eigentum allein
Dank' ich der Tugend.

**Daja.**

O wie teuer laßt
Ihr Eure Güte, Nathan, mich bezahlen!
Wenn Güt', in solcher Absicht ausgeübt,
Noch Güte heißen kann!

**Nathan.**

In solcher Absicht?
In welcher?

**Daja.**

Mein Gewissen.

**Nathan.**

Daja, laß
Vor allen Dingen dir erzählen …

**Daja.**

Mein
Gewissen, sag' ich …

**Nathan.**

Was in Babylon
Für einen schönen Stoff ich dir gekauft.
So reich, und mit Geschmack so reich! Ich bringe
Für Recha selbst kaum einen schönern mit.

**Daja.**

Was hilft's? Denn mein Gewissen, muß ich Euch
Nur sagen, läßt sich länger nicht betäuben.

**Nathan.**

Und wie die Spangen, wie die Ohrgehenke,
Wie Ring und Kette dir gefallen werden,
Die in Damaskus ich dir ausgesucht,
Verlanget mich zu sehn.

**Daja.**

So seid Ihr nun!
Wenn Ihr nur schenken könnt! nur schenken könnt!

**Nathan.**

Nimm du so gern, als ich dir geb', – und schweig!

**Daja.**

Und schweig! – Wer zweifelt, Nathan, daß Ihr nicht
Die Ehrlichkeit, die Großmut selber seid?
Und doch …

**Nathan.**

Doch bin ich nur ein Jude. – Gelt,
Das willst du sagen?

**Daja.**

Was ich sagen will,
Das wißt Ihr besser.

**Nathan.**

Nun, so schweig!

**Daja.**

Ich schweige.
Was Sträfliches vor Gott hierbei geschieht,
Und ich nicht hindern kann, nicht ändern kann, –
Nicht kann, – komm' über Euch!

**Nathan.**

Komm' über mich! –
Wo aber ist sie denn? wo bleibt sie? – Daja,
Wenn du mich hintergehst! – Weiß sie es denn,
Daß ich gekommen bin?

**Daja.**

Das frag' ich Euch!
Noch zittert ihr der Schreck durch jede Nerve.
Noch malet Feuer ihre Phantasie
Zu allem, was sie malt. Im Schlafe wacht,
Im Wachen schläft ihr Geist: bald weniger
Als Tier, bald mehr als Engel.

**Nathan.**

Armes Kind!
Was sind wir Menschen!

**Daja.**

Diesen Morgen lag
Sie lange mit verschloßnem Aug' und war
Wie tot. Schnell fuhr sie auf und rief: „Horch! horch!

Da kommen die Kamele meines Vaters!
Horch! seine sanfte Stimme selbst!" – Indem
Brach sich ihr Auge wieder, und ihr Haupt,
Dem seines Armes Stütze sich entzog,
Stürzt' auf das Kissen. – Ich, zur Pfort' hinaus!
Und sieh: da kommt Ihr wahrlich! kommt Ihr wahrlich! –
Was Wunder! ihre ganze Seele war
Die Zeit her nur bei Euch – und ihm. –

**Nathan.**

Bei ihm?
Bei welchem Ihm?

**Daja.**

Bei ihm, der aus dem Feuer
Sie rettete.

**Nathan.**

Wer war das? wer? – Wo ist er?
Wer rettete mir meine Recha? wer?

**Daja.**

Ein junger Tempelherr, den wenig Tage
Zuvor man hier gefangen eingebracht
Und Saladin begnadigt hatte.

**Nathan.**

Wie?
Ein Tempelherr, dem Sultan Saladin
Das Leben ließ? Durch ein geringres Wunder
War Recha nicht zu retten? Gott!

**Daja.**

Ohn' ihn,
Der seinen unvermuteten Gewinst
Frisch wieder wagte, war es aus mit ihr.

**Nathan.**

Wo ist er, Daja, dieser edle Mann? –
Wo ist er? Führe mich zu seinen Füßen.
Ihr gabt ihm doch vors erste, was an Schätzen
Ich euch gelassen hatte? gabt ihm alles?
Verspracht ihm mehr? weit mehr?

**Daja.**

Wie konnten wir?

**Nathan.**

Nicht? nicht?

**Daja.**

Er kam, und niemand weiß, woher
Er ging, und niemand weiß, wohin. – Ohn' alle
Des Hauses Kundschaft, nur von seinem Ohr
Geleitet, drang mit vorgespreiztem Mantel
Er kühn durch Flamm' und Rauch der Stimme nach,
Die uns um Hülfe rief. Schon hielten wir
Ihn für verloren, als aus Rauch und Flamme
Mit eins er vor uns stand, im starken Arm
Empor sie tragend. Kalt und ungerührt
Vom Jauchzen unsers Danks setzt seine Beute
Er nieder, drängt sich unters Volk und ist –
Verschwunden!

**Nathan.**

Nicht auf immer, will ich hoffen.

**Daja.**

Nachher die ersten Tage sahen wir
Ihn untern Palmen auf und nieder wandeln,
Die dort des Auferstandnen Grab umschatten.
Ich nahte mich ihm mit Entzücken, dankte,
Erhob, entbot, beschwor, – nur einmal noch
Die fromme Kreatur zu sehen, die
Nicht ruhen könne, bis sie ihren Dank
Zu seinen Füßen ausgeweinet.

**Nathan.**

Nun?

**Daja.**

Umsonst! Er war zu unsrer Bitte taub;
Und goß so bittern Spott auf mich besonders …

**Nathan.**

Bis dadurch abgeschreckt …

**Daja.**

Nichts weniger!

Ich trat ihn jeden Tag von neuem an,
Ließ jeden Tag von neuem mich verhöhnen.
Was litt ich nicht von ihm! Was hätt' ich nicht
Noch gern ertragen! – Aber lange schon
Kommt er nicht mehr, die Palmen zu besuchen,
Die unsers Auferstandnen Grab umschatten;
Und niemand weiß, wo er geblieben ist. –
Ihr staunt? Ihr sinnt?

**Nathan.**

Ich überdenke mir,
Was das auf einen Geist, wie Rechas, wohl
Für Eindruck machen muß. Sich so verschmäht
Von dem zu finden, den man hochzuschätzen
Sich so gezwungen fühlt; so weggestoßen
Und doch so angezogen werden; – traun,
Da müssen Herz und Kopf sich lange zanken,
Ob Menschenhaß, ob Schwermut siegen soll.
Oft siegt auch keines, und die Phantasie,
Die in den Streit sich mengt, macht Schwärmer,
Bei welchen bald der Kopf das Herz und bald
Das Herz den Kopf muß spielen. – Schlimmer Tausch! –
Das letztere, verkenn' ich Recha nicht,
Ist Rechas Fall: sie schwärmt.

**Daja.**

Allein so fromm,
So liebenswürdig!

**Nathan.**

Ist doch auch geschwärmt!

**Daja.**

Vornehmlich e i n e – Grille, wenn Ihr wollt,
Ist ihr sehr wert. Es sei ihr Tempelherr
Kein irdischer und keines irdischen[1];
Der Engel einer, deren Schutze sich
Ihr kleines Herz von Kindheit auf so gern

[1] Zu ergänzen: Geschlechts.

Vertrauet glaubte, sei aus seiner Wolke,
In die er sonst verhüllt, auch noch im Feuer,
Um sie geschwebt, mit eins als Tempelherr
Hervorgetreten. – Lächelt nicht! – Wer weiß?
Laßt lächelnd wenigstens ihr einen Wahn,
In dem sich Jud' und Christ und Muselmann
Vereinigen; – so einen süßen Wahn!

**Nathan.**

Auch mir so süß! – Geh, wackre Daja, geh;
Sieh, was sie macht; ob ich sie sprechen kann. –
Sodann such' ich den wilden, launigen[1]
Schutzengel auf. Und wenn ihm noch beliebt,
Hiernieden unter uns zu wallen, noch
Beliebt, so ungesittet Ritterschaft
Zu treiben, find' ich ihn gewiß und bring'
Ihn her.

**Daja.**

Ihr unternehmet viel.

**Nathan.**

Macht dann
Der süße Wahn der süßern Wahrheit Platz –
Denn, Daja, glaube mir: dem Menschen ist
Ein Mensch noch immer lieber als ein Engel –,
So wirst du doch auf mich, auf mich nicht zürnen,
Die Engelschwärmerin geheilt zu sehn?

**Daja.**

Ihr seid so gut, und seid zugleich so schlimm!
Ich geh'! – doch hört! doch seht! – da kommt sie selbst.

---

## Zweiter Auftritt.

**Recha** und die **Vorigen**.

**Recha.**

So seid Ihr es doch ganz und gar, mein Vater?
Ich glaubt', Ihr hättet Eure Stimme nur
Vorausgeschickt. Wo bleibt Ihr? Was für Berge,

---

[1] Mürrischen.

Für Wüsten, was für Ströme trennen uns
Denn noch? Ihr atmet Wand an Wand mit ihr
Und eilt nicht, Eure Recha zu umarmen?
Die arme Recha, die indes verbrannte! –
Fast, fast verbrannte! Fast nur. Schaudert nicht!
Es ist ein garst'ger Tod, verbrennen. O!

**Nathan.**

Mein Kind! mein liebes Kind!

**Recha.**

Ihr mußtet über
Den Euphrat, Tigris, Jordan; über – wer
Weiß was für Wasser all? – Wie oft hab' ich
Um Euch gezittert, eh' das Feuer mir
So nahe kam! Denn seit das Feuer mir
So nahe kam, dünkt mich im Wasser sterben
Erquickung, Labsal, Rettung. – Doch Ihr seid
Ja nicht ertrunken; ich, ich bin ja nicht
Verbrannt. Wie wollen wir uns freun und Gott,
Gott loben! Er, er trug Euch und den Nachen
Auf Flügeln seiner *unsichtbaren* Engel
Die ungetreuen Ström' hinüber. Er,
Er winkte meinem Engel, daß er *sichtbar*
Auf seinem weißen Fittiche mich durch
Das Feuer trüge –

**Nathan** (beiseite).

Weißem Fittiche!
Ja, ja! der weiße vorgespreizte Mantel
Des Tempelherrn.

**Recha.**

Er sichtbar, sichtbar mich
Durchs Feuer trüg', von seinem Fittiche
Verweht[1]. – Ich also, ich hab' einen Engel
Von Angesicht zu Angesicht gesehn,
Und *meinen* Engel.

**Nathan.**

Recha wär' es wert;

---

1 Auf das Feuer bezüglich.

Und würd' an ihm nichts Schönres sehn als er
An ihr.

**Recha** (lächelnd).

Wem schmeichelt Ihr, mein Vater? wem?
Dem Engel, oder Euch?

**Nathan.**

Doch hätt' auch nur
Ein Mensch – ein Mensch, wie die Natur sie täglich
Gewährt, dir diesen Dienst erzeigt: er müßte
Für dich ein Engel sein. Er müßt' und würde.

**Recha.**

Nicht so ein Engel; nein! ein wirklicher;
Es war gewiß ein wirklicher! – Habt Ihr,
Ihr selbst, die Möglichkeit, daß Engel sind,
Daß Gott zum Besten derer, die ihn lieben,
Auch Wunder könne tun, mich nicht gelehrt?
Ich lieb' ihn ja.

**Nathan.**

Und er liebt dich; und tut
Für dich und deinesgleichen stündlich Wunder;
Ja, hat sie schon von aller Ewigkeit
Für euch getan.

**Recha.**

Das hör' ich gern.

**Nathan.**

Wie? weil
Es ganz natürlich, ganz alltäglich klänge,
Wenn dich ein eigentlicher Tempelherr
Gerettet hätte, sollt' es darum weniger
Ein Wunder sein? – Der Wunder höchstes ist,
Daß uns die wahren, echten Wunder so
Alltäglich werden können, werden sollen.
Ohn' dieses allgemeine Wunder hätte
Ein Denkender wohl schwerlich Wunder je
Genannt, was Kindern bloß so heißen müßte,
Die gaffend nur das Ungewöhnlichste,
Das Neueste nur verfolgen.

**Daja** (zu Nathan).

Wollt Ihr denn
Ihr ohnedem schon überspanntes Hirn
Durch solcherlei Subtilitäten ganz
Zersprengen?

**Nathan.**

Laß mich! – Meiner Recha wär'
Es Wunders nicht genug, daß sie ein Mensch
Gerettet, welchen selbst kein kleines Wunder
Erst retten müssen? Ja, kein kleines Wunder!
Denn wer hat schon gehört, daß Saladin
Je eines Tempelherrn verschont? daß je
Ein Tempelherr von ihm verschont zu werden
Verlangt? gehofft? ihm je für seine Freiheit
Mehr als den ledern Gurt geboten, der
Sein Eisen schleppt; und höchstens seinen Dolch?

**Recha.**

Das schließt für mich[1], mein Vater. – Darum eben
War das kein Tempelherr; er schien es nur. –
Kömmt kein gefangner Tempelherr je anders
Als zum gewissen Tode nach Jerusalem,
Geht keiner in Jerusalem so frei
Umher, wie hätte mich des Nachts freiwillig
Denn einer retten können?

**Nathan.**

Sieh! wie sinnreich.
Jetzt, Daja, nimm das Wort. Ich hab' es ja
Von dir, daß er gefangen hergeschickt
Ist worden. Ohne Zweifel weißt du mehr.

**Daja.**

Nun ja. – So sagt man freilich; – doch man sagt
Zugleich, daß Saladin den Tempelherrn
Begnadigt, weil er seiner Brüder einem,
Den er besonders lieb gehabt, so ähnlich sehe.

1 Diese Schlußfolgerung spricht für meine Ansicht.

Doch da es viele zwanzig[1] Jahre her,
Daß dieser Bruder nicht mehr lebt, – er hieß,
Ich weiß nicht, wie; – er blieb, ich weiß nicht, wo: –
So klingt das ja so gar – so gar unglaublich,
Daß an der ganzen Sache wohl nichts ist.

**Nathan.**

Ei, Daja! Warum wäre denn das so
Unglaublich? Doch wohl nicht – wie's wohl geschieht –
Um lieber etwas noch Unglaublichers
Zu glauben? – Warum hätte Saladin,
Der sein Geschwister[2] insgesamt so liebt,
In jüngern Jahren einen Bruder nicht
Noch ganz besonders lieben können? – Pflegen
Sich zwei Gesichter nicht zu ähneln? – Ist
Ein alter Eindruck ein verlorner? – Wirkt
Das Nämliche nicht mehr das Nämliche? –
Seit wenn? – Wo steckt hier das Unglaubliche? –
Ei freilich, weise Daja, wär's für dich
Kein Wunder mehr; und *deine* Wunder nur
Bedürf … – verdienen, will ich sagen, Glauben.

**Daja.**

Ihr spottet.

**Nathan.**

Weil du meiner spottest. – Doch
Auch so noch, Recha, bleibet deine Rettung
Ein Wunder, dem nur möglich, der die strengsten
Entschlüsse, die unbändigsten Entwürfe
Der Könige, sein Spiel – wenn nicht sein Spott, –
Gern an den schwächsten Fäden lenkt.

**Recha.**

Mein Vater!
Mein Vater, wenn ich irr', Ihr wißt, ich irre
Nicht gern.

**Nathan.**

Vielmehr, du läßt dich gern belehren. –

---

[1] Weit über zwanzig. – [2] Früher häufig in diesem kollektiven Sinn.

Sieh! eine Stirn, so oder so gewölbt;
Der Rücken einer Nase, so vielmehr
Als so geführet; Augenbraunen, die
Auf einem scharfen oder stumpfen Knochen
So oder so sich schlängeln; eine Linie,
Ein Bug, ein Winkel, eine Falt', ein Mal,
Ein Nichts auf eines wilden Europäers
Gesicht: – und du entkömmst dem Feu'r, in Asien!
Das wär' kein Wunder, wundersücht'ges Volk?
Warum bemüht ihr denn noch einen Engel?

**Daja.**

Was schadet's – Nathan, wenn ich sprechen darf –
Bei alledem, von einem Engel lieber
Als einem Menschen sich gerettet denken?
Fühlt man der ersten, unbegreiflichen
Ursache seiner Rettung nicht sich so
Viel näher?

**Nathan.**

Stolz! und nichts als Stolz! Der Topf
Von Eisen will mit einer silbern Zange
Gern aus der Glut gehoben sein, um selbst
Ein Topf von Silber sich zu dünken. – Pah! –
Und was es schadet, fragst du? was es schadet?
Was hilft es? dürft' ich nur hinwieder fragen. –
Denn dein „Sich Gott um so viel näher fühlen"
Ist Unsinn oder Gotteslästerung. –
Allein es schadet; ja, es schadet allerdings. –
Kommt! hört mir zu. – Nicht wahr? dem Wesen, das
Dich rettete, – es sei ein Engel oder
Ein Mensch, – dem möchtet ihr, und du besonders,
Gern wieder viele große Dienste tun? –
Nicht wahr? – Nun, einem Engel, was für Dienste,
Für große Dienste könnt ihr dem wohl tun?
Ihr könnt ihm danken, zu ihm seufzen, beten,
Könnt in Entzückung über ihn zerschmelzen,
Könnt an dem Tage seiner Feier fasten,
Almosen spenden. – Alles nichts. – Denn mich

Deucht immer, daß ihr selbst und euer Nächster
Hierbei weit mehr gewinnt als er. Er wird
Nicht fett durch euer Fasten, wird nicht reich
Durch eure Spenden, wird nicht herrlicher
Durch eu'r Entzücken, wird nicht mächtiger
Durch eu'r Vertraun. Nicht wahr? Allein ein Mensch!

**Daja.**

Ei freilich, hätt' ein Mensch etwas für ihn
Zu tun, uns mehr Gelegenheit verschafft.
Und Gott weiß, wie bereit wir dazu waren!
Allein er wollte ja, bedurfte ja
So völlig nichts, war in sich, mit sich so
Vergnügsam, als nur Engel sind, nur Engel
Sein können.

**Recha.**

Endlich, als er gar verschwand …

**Nathan.**

Verschwand? – Wie denn verschwand? – Sich untern Palmen
Nicht ferner sehen ließ? – Wie? oder habt
Ihr wirklich schon ihn weiter aufgesucht?

**Daja.**

Das nun wohl nicht.

**Nathan.**

Nicht, Daja? nicht? – Da sieh
Nun, was es schad't! – Grausame Schwärmerinnen! –
Wenn dieser Engel nun – nun krank geworden! …

**Recha.**

Krank!

**Daja.**

Krank! Er wird doch nicht!

**Recha.**

Welch kalter Schauer
Befällt mich! – Daja! – Meine Stirne, sonst
So warm, fühl'! ist auf einmal Eis.

**Nathan.**

Er ist

Ein Franke, dieses Klimas ungewohnt,
Ist jung, der harten Arbeit seines Standes,
Des Hungerns, Wachens ungewohnt.

**Recha.**

Krank! krank!

**Daja.**

Das wäre möglich, meint ja Nathan nur.

**Nathan.**

Nun liegt er da! hat weder Freund noch Geld,
Sich Freunde zu besolden.

**Recha.**

Ah, mein Vater!

**Nathan.**

Liegt ohne Wartung, ohne Rat und Zuspruch,
Ein Raub der Schmerzen und des Todes, da!

**Recha.**

Wo? wo?

**Nathan.**

Er, der für eine, die er nie
Gekannt, gesehn – genug, es war ein Mensch –
Ins Feu'r sich stürzte …

**Daja.**

Nathan, schonet ihrer!

**Nathan.**

Der, was er rettete, nicht näher kennen,
Nicht weiter sehen mocht', – um ihm den Dank
Zu sparen …

**Daja.**

Schonet ihrer, Nathan!

**Nathan.**

Weiter
Auch nicht zu sehn verlangt', – es wäre denn,
Daß er zum zweitenmal es retten sollte –
Denn g'nug, es ist ein Mensch …

**Daja.**

Hört auf, und seht!

**Nathan.**

Der, der hat sterbend, sich zu laben, nichts –
Als das Bewußtsein dieser Tat!

**Daja.**

Hört auf!
Ihr tötet sie!

**Nathan.**

Und du hast ihn getötet! –
Hätt'st so ihn töten können. – Recha! Recha!
Es ist Arznei, nicht Gift, was ich dir reiche.
Er lebt! – komm zu dir! – ist auch wohl nicht krank;
Nicht einmal krank!

**Recha.**

Gewiß? – nicht tot? nicht krank?

**Nathan.**

Gewiß, nicht tot! – Denn Gott lohnt Gutes, hier
Getan, auch hier noch. – Geh! – Begreifst du aber,
Wieviel andächtig schwärmen leichter als
Gut handeln ist? wie gern der schlaffste Mensch
Andächtig schwärmt, um nur, – ist er zuzeiten
Sich schon der Absicht deutlich nicht bewußt –
Um nur gut handeln nicht zu dürfen?

**Recha.**

Ah,
Mein Vater! laßt, laßt Eure Recha doch
Nie wiederum allein! – Nicht wahr, er kann
Auch wohl verreist nur sein?

**Nathan.**

Geht! – Allerdings. –
Ich seh', dort mustert mit neugier'gem Blick
Ein Muselmann mir die beladenen
Kamele. Kennt ihr ihn?

**Daja.**

Ha! Euer Derwisch.

**Nathan.**

Wer?

**Daja.**

Euer Derwisch, Euer Schachgesell!

**Nathan.**

Al-Hafi[1]? das Al-Hafi?

**Daja.**

Itzt des Sultans
Schatzmeister.

**Nathan.**

Wie? Al-Hafi? Träumst du wieder? –
Er ist's! – wahrhaftig, ist's! – kömmt auf uns zu.
Hinein mit euch, geschwind![2] – Was werd' ich hören!

---

## Dritter Auftritt.

**Nathan** und der **Derwisch**.

**Derwisch.**

Reißt nur die Augen auf, so weit Ihr könnt!

**Nathan.**

Bist du's? bist du es nicht? – In dieser Pracht,
Ein Derwisch! …

**Derwisch.**

Nun? warum denn nicht? Läßt sich
Aus einem Derwisch denn nichts, gar nichts machen?

**Nathan.**

Ei wohl, genug! – Ich dachte mir nur immer,
Der Derwisch – so der rechte Derwisch – woll'
Aus sich nichts machen lassen.

**Derwisch.**

Beim Propheten!
Daß ich kein rechter bin, mag auch wohl wahr sein.
Zwar wenn man muß –

**Nathan.**

Muß! Derwisch! – Derwisch muß?

---

[1] Deutsch: der Barfüßer; Beiname, nach der damit bezeichneten Äußerlichkeit dem Derwisch beigelegt. – [2] Al-Hafi darf als Muselmann die unverschleierten Frauen nicht sehen.

Kein Mensch muß müssen, und ein Derwisch müßte?
Was müßt' er denn?

**Derwisch.**

Warum man ihn recht bittet,
Und er für gut erkennt, das muß ein Derwisch.

**Nathan.**

Bei unserm Gott! da sagst du wahr. – Laß dich
Umarmen, Mensch. – Du bist doch noch mein Freund?

**Derwisch.**

Und fragt nicht erst, was ich geworden bin?

**Nathan.**

Trotz dem, was du geworden!

**Derwisch.**

Könnt' ich nicht
Ein Kerl im Staat geworden sein, des Freundschaft
Euch ungelegen wäre?

**Nathan.**

Wenn dein Herz
Noch Derwisch ist, so wag' ich's drauf. Der Kerl
Im Staat ist nur dein Kleid.

**Derwisch.**

Das auch geehrt
Will sein. – Was meint Ihr? ratet! – Was wär' ich
An Eurem Hofe?

**Nathan.**

Derwisch; weiter nichts.
Doch nebenher wahrscheinlich – Koch.

**Derwisch.**

Nun ja!
Mein Handwerk bei Euch zu verlernen. – Koch!
Nicht Kellner auch? – Gesteht, daß Saladin
Mich besser kennt. – Schatzmeister bin ich bei
Ihm worden.

**Nathan.**

Du? – bei ihm?

**Derwisch.**

Versteht:
Des kleinern Schatzes, – denn des größern waltet
Sein Vater noch – des Schatzes für sein Haus.

**Nathan.**

Sein Haus ist groß.

**Derwisch.**

Und größer, als Ihr glaubt;
Denn jeder Bettler ist von seinem Hause.

**Nathan.**

Doch ist den Bettlern Saladin so feind –

**Derwisch.**

Daß er mit Strumpf[1] und Stiel sie zu vertilgen
Sich vorgesetzt, – und sollt' er selbst darüber
Zum Bettler werden.

**Nathan.**

Brav! – So mein' ich's eben.

**Derwisch.**

Er ist's auch schon, trotz einem! – Denn sein Schatz
Ist jeden Tag mit Sonnenuntergang
Viel leerer noch als leer. Die Flut, so hoch
Sie morgens eintritt, ist des Mittags längst
Verlaufen –

**Nathan.**

Weil Kanäle sie zum Teil
Verschlingen, die zu füllen oder zu
Verstopfen gleich unmöglich ist.

**Derwisch.**

Getroffen!

**Nathan.**

Ich kenne das!

**Derwisch.**

Es taugt nun freilich nichts,
Wenn Fürsten Geier unter Äsern sind.

---

[1] Strumpf in der älteren Sprache für „Strunk" in der bekannten Redensart, wie hier, verwendet.

Doch sind sie Äser unter Geiern, taugt's
Noch zehnmal weniger.

**Nathan.**

O nicht doch, Derwisch!
Nicht doch!

**Derwisch.**

Ihr habt gut reden, Ihr! – Kommt an[1]:
Was gebt Ihr mir? so tret' ich meine Stell'
Euch ab.

**Nathan.**

Was bringt dir deine Stelle?

**Derwisch.**

Mir?
Nicht viel. Doch Euch, Euch kann sie trefflich wuchern.
Denn ist es Ebb' im Schatz, – wie öfters ist, –
So zieht Ihr Eure Schleusen auf: schießt vor
Und nehmt an Zinsen, was Euch nur gefällt.

**Nathan.**

Auch Zins vom Zins der Zinsen?

**Derwisch.**

Freilich!

**Nathan.**

Bis
Mein Kapital zu lauter Zinsen wird[2].

**Derwisch.**

Das lockt Euch nicht? – So schreibet unsrer Freundschaft
Nur gleich den Scheidebrief! Denn wahrlich hab'
Ich sehr auf Euch gerechnet.

**Nathan.**

Wahrlich? Wie
Denn so? wieso denn?

**Derwisch.**

Daß Ihr mir mein Amt
Mit Ehren würdet führen helfen; daß

[1] Kommt her. – [2] Kapital und Zinsen würden nicht erstattet werden.

Ich allzeit offne Kasse bei Euch hätte. –
Ihr schüttelt?

**Nathan.**

Nun, verstehn wir uns nur recht!
Hier gibt's zu unterscheiden. – Du? warum
Nicht du? Al-Hafi Derwisch ist zu allem,
Was ich vermag, mir stets willkommen. – Aber
Al-Hafi Defterdar[1] des Saladin,
Der – dem –

**Derwisch.**

Erriet ich's nicht? Daß Ihr doch immer
So gut als klug, so klug als weise seid! –
Geduld! Was Ihr am Hafi unterscheidet,
Soll bald geschieden wieder sein. – Seht da
Das Ehrenkleid, das Saladin mir gab.
Eh' es verschossen ist, eh' es zu Lumpen
Geworden, wie sie einen Derwisch kleiden,
Hängt's in Jerusalem am Nagel, und
Ich bin am Ganges, wo ich leicht und barfuß
Den heißen Sand mit meinen Lehrern trete.

**Nathan.**

Dir ähnlich g'nug!

**Derwisch.**

Und Schach mit ihnen spiele.

**Nathan.**

Dein höchstes Gut!

**Derwisch.**

Denkt nur, was mich verführte! –
Damit ich selbst nicht länger betteln dürfte?
Den reichen Mann mit Bettlern spielen könnte?
Vermögend wär', im Hui den reichsten Bettler
In einen armen Reichen zu verwandeln?

**Nathan.**

Das nun wohl nicht.

[1] Persisch: Schatzmeister.

**Derwisch.**

Weit etwas Abgeschmackters!
Ich fühlte mich zum erstenmal geschmeichelt,
Durch Saladins gutherz'gen Wahn geschmeichelt –

**Nathan.**

Der war?

**Derwisch.**

Ein Bettler wisse nur, wie Bettlern
Zumute sei; ein Bettler habe nur
Gelernt, mit guter Weise Bettlern geben.
„Dein Vorfahr", sprach er, „war mir viel zu kalt,
Zu rauh. Er gab so unhold, wenn er gab;
Erkundigte so ungestüm sich erst
Nach dem Empfänger; nie zufrieden, daß
Er nur den Mangel kenne, wollt' er auch
Des Mangels Ursach' wissen, um die Gabe
Nach dieser Ursach' filzig abzuwägen.
Das wird Al-Hafi nicht! So unmild mild
Wird Saladin im Hafi nicht erscheinen!
Al-Hafi gleicht verstopften Röhren nicht,
Die ihre klar und still empfangnen Wasser
So unrein und so sprudelnd wiedergeben.
Al-Hafi denkt, Al-Hafi fühlt wie ich!" –
So lieblich klang des Voglers Pfeife, bis
Der Gimpel in dem Netze war. – Ich Geck[1]!
Ich eines Gecken Geck[2]!

**Nathan.**

Gemach, mein Derwisch,
Gemach!

**Derwisch.**

Ei was! – Es wär' nicht Geckerei,
Bei[3] Hunderttausenden die Menschen drücken,
Ausmergeln, plündern, martern, würgen und
Ein Menschenfreund an einzeln scheinen wollen?
Es wär' nicht Geckerei, des Höchsten Milde,
Die sonder Auswahl über Bös' und Gute

---

[1] In der älteren Bedeutung: eitler Narr. – [2] Steigerung. – [3] Zu.

Und Flur und Wüstenei, in Sonnenschein
Und Regen sich verbreitet, – nachzuäffen,
Und nicht des Höchsten immer volle Hand
Zu haben? Was? es wär' nicht Geckerei …

**Nathan.**

Genug! hör' auf!

**Derwisch.**

Laßt *meiner* Geckerei
Mich doch nur auch erwähnen! – Was? es wäre
Nicht Geckerei, an solchen Geckereien
Die gute Seite dennoch auszuspüren,
Um Anteil dieser guten Seite wegen
An dieser Geckerei zu nehmen? He?
Das nicht?

**Nathan.**

Al-Hafi, mache, daß du bald
In deine Wüste wieder kömmst. Ich fürchte,
Grad' unter Menschen möchtest du, ein Mensch
Zu sein, verlernen.

**Derwisch.**

Recht, das fürcht' ich auch.
Lebt wohl!

**Nathan.**

So hastig? – Warte doch, Al-Hafi.
Entläuft dir denn die Wüste? – Warte doch! –
Daß er mich hörte! – He, Al-Hafi! hier –
Weg ist er; und ich hätt' ihn noch so gern
Nach unserm Tempelherrn gefragt. Vermutlich,
Daß er ihn kennt.

---

## Vierter Auftritt.

**Daja** eilig herbei. **Nathan**.

**Daja.**

O Nathan, Nathan!

**Nathan.**

Nun?
Was gibt's?

**Daja.**

Er läßt sich wieder sehn! Er läßt
Sich wieder sehn!

**Nathan.**

Wer, Daja? wer?

**Daja.**

Er! er!

**Nathan.**

Er? Er? – Wann läßt sich *der* nicht sehn! – Ja so,
Nur euer Er heißt er. – Das sollt' er nicht,
Und wenn er auch ein Engel wäre, nicht!

**Daja.**

Er wandelt untern Palmen wieder auf
Und ab und bricht von Zeit zu Zeit sich Datteln.

**Nathan.**

Sie essend? – und als Tempelherr?

**Daja.**

Was quält
Ihr mich? – Ihr gierig Aug' erriet ihn hinter
Den dicht verschränkten Palmen schon; und folgt
Ihm unverrückt. Sie läßt Euch bitten, – Euch
Beschwören, – ungesäumt ihn anzugehn.
O eilt! Sie wird Euch aus dem Fenster winken,
Ob er hinaufgeht oder weiter ab
Sich schlägt. O eilt!

**Nathan.**

So wie ich vom Kamele
Gestiegen? – Schickt sich das? – Geh, eile du
Ihm zu und meld' ihm meine Wiederkunft.
Gib acht, der Biedermann hat nur mein Haus
In meinem Absein nicht betreten wollen
Und kömmt nicht ungern, wenn der Vater selbst
Ihn laden läßt. Geh, sag, ich lass' ihn bitten,
Ihn herzlich bitten …

**Daja.**

All umsonst! Er kömmt
Euch nicht. – Denn kurz; er kömmt zu keinem Juden.

**Nathan.**

So geh, geh wenigstens, ihn anzuhalten;
Ihn wenigstens mit deinen Augen zu
Begleiten. – Geh, ich komme gleich dir nach.

(Nathan eilet hinein und Daja heraus.)

---

## Fünfter Auftritt.

Szene: Ein Platz mit Palmen,

unter welchen der **Tempelherr** auf und nieder geht. Ein **Klosterbruder** folgt ihm in einiger Entfernung von der Seite, immer als ob er ihn anreden wolle.

**Tempelherr.**

Der folgt mir nicht vor Langerweile! – Sieh,
Wie schielt er nach den Händen! – Guter Bruder, –
Ich kann Euch auch wohl Vater nennen; nicht?

**Klosterbruder.**

Nur Bruder – Laienbruder nur[1], zu dienen.

**Tempelherr.**

Ja, guter Bruder, wer nur selbst was hätte!
Bei Gott! bei Gott! ich habe nichts –

**Klosterbruder.**

Und doch
Recht warmen Dank! Gott geb' Euch tausendfach,
Was Ihr gern geben wolltet. Denn der Wille
Und nicht die Gabe macht den Geber. – Auch
Ward ich dem Herrn Almosens wegen gar
Nicht nachgeschickt.

**Tempelherr.**

Doch aber nachgeschickt?

**Klosterbruder.**

Ja, aus dem Kloster.

**Tempelherr.**

Wo ich eben jetzt
Ein kleines Pilgermahl zu finden hoffte?

---

[1] Die Laienbrüder haben nur das Gelübde des Gehorsams abgelegt und werden in den Klöstern zu niederen Diensten verwendet; die Anrede „Vater" kommt nur den Mönchen zu.

**Klosterbruder.**

Die Tische waren schon besetzt; komm' aber
Der Herr nur wieder mit zurück.

**Tempelherr.**

Wozu?
Ich habe Fleisch wohl lange nicht gegessen:
Allein was tut's? Die Datteln sind ja reif.

**Klosterbruder.**

Nehm' sich der Herr in acht mit dieser Frucht.
Zu viel genossen, taugt sie nicht, verstopft
Die Milz, macht melancholisches Geblüt.

**Tempelherr.**

Wenn ich nun melancholisch gern mich fühlte? –
Doch dieser Warnung wegen wurdet Ihr
Mir doch nicht nachgeschickt?

**Klosterbruder.**

O nein! – Ich soll
Mich nur nach Euch erkunden, auf den Zahn
Euch fühlen.

**Tempelherr.**

Und das sagt Ihr mir so selbst?

**Klosterbruder.**

Warum nicht?

**Tempelherr.**

(Ein verschmitzter Bruder!) – Hat
Das Kloster Euresgleichen mehr?

**Klosterbruder.**

Weiß nicht.
Ich muß gehorchen, lieber Herr.

**Tempelherr.**

Und da
Gehorcht Ihr denn auch, ohne viel zu klügeln?

**Klosterbruder.**

Wär's sonst gehorchen, lieber Herr?

**Tempelherr.**

(Daß doch
Die Einfalt immer Recht behält!) – Ihr dürft
Mir doch auch wohl vertrauen, wer mich gern
Genauer kennen möchte? – Das Ihr's selbst
Nicht seid, will ich wohl schwören.

**Klosterbruder.**

Ziemte mir's?
Und frommte mir's?

**Tempelherr.**

Wem ziemt und frommt es denn,
Daß er so neubegierig ist? wem denn?

**Klosterbruder.**

Dem Patriarchen, muß ich glauben. – Denn
Der sandte mich Euch nach.

**Tempelherr.**

Der Patriarch?
Kennt der das rote Kreuz auf weißem Mantel
Nicht besser?

**Klosterbruder.**

Kenn' ja ich's!

**Tempelherr.**

Nun, Bruder? nun? –
Ich bin ein Tempelherr; und ein gefangner. –
Setz' ich hinzu: gefangen bei Tebnin[1],
Der Burg, die mit des Stillstands[2] letzter Stunde
Wir gern erstiegen hätten, um sodann
Auf Sidon loszugehn; – setz' ich hinzu:
Selbzwanzigster[3] gefangen und allein
Vom Saladin begnadiget, so weiß
Der Patriarch, was er zu wissen braucht; –
Mehr, als er braucht.

---

[1] Tebnin bei Tyrus, von den Sarazenen 1187 erobert. – [2] Es ist an einen Waffenstillstand zu denken, der zwischen den kriegführenden Parteien auf kurze Zeit geschlossen wird, so daß im Augenblick des Ablaufs der verabredeten Zeit die Feindseligkeiten wieder beginnen. – [3] Vgl. oben, S. 193, Anm. 1.

**Klosterbruder.**

Wohl aber schwerlich mehr,
Als er schon weiß. – Er wüßt' auch gern, warum
Der Herr vom Saladin begnadigt worden,
Er ganz allein.

**Tempelherr.**

Weiß ich das selber? – Schon
Den Hals entblößt, kniet' ich auf meinem Mantel,
Den Streich erwartend, als mich schärfer Saladin
Ins Auge faßt, mir näher springt und winkt.
Man hebt mich auf, ich bin entfesselt, will
Ihm danken, seh' sein Aug' in Tränen, stumm
Ist er, bin ich; er geht, ich bleibe. – Wie
Nun das zusammenhängt, enträtsle sich
Der Patriarche selbst.

**Klosterbruder.**

Er schließt daraus,
Daß Gott zu großen, großen Dingen Euch
Müss' aufbehalten haben.

**Tempelherr.**

Ja, zu großen!
Ein Judenmädchen aus dem Feu'r zu retten;
Auf Sinai neugier'ge Pilger zu
Geleiten, und dergleichen mehr.

**Klosterbruder.**

Wird schon
Noch kommen! – Ist inzwischen auch nicht übel. –
Vielleicht hat selbst der Patriarch bereits
Weit wicht'gere Geschäfte für den Herrn.

**Tempelherr.**

So? meint Ihr, Bruder? – Hat er gar Euch schon
Was merken lassen?

**Klosterbruder.**

Ei, jawohl! – Ich soll
Den Herrn nur erst ergründen, ob er so
Der Mann wohl ist.

**Tempelherr.**

Nun ja, ergründet nur!
(Ich will doch sehn, wie der ergründet!) – Nun?

**Klosterbruder.**

Das Kürz'ste wird wohl sein, daß ich dem Herrn
Ganz gradezu des Patriarchen Wunsch
Eröffne.

**Tempelherr.**

Wohl!

**Klosterbruder.**

Er hätte durch den Herrn
Ein Briefchen gern bestellt.

**Tempelherr.**

Durch mich? Ich bin
Kein Bote. – Das, das wäre das Geschäft,
Das weit glorreicher sei, als Judenmädchen
Dem Feu'r entreißen?

**Klosterbruder.**

Muß doch wohl! Denn – sagt
Der Patriarch – an diesem Briefchen sei
Der ganzen Christenheit sehr viel gelegen.
Dies Briefchen wohlbestellt zu haben, – sagt
Der Patriarch, – werd' einst im Himmel Gott
Mit einer ganz besondern Krone lohnen.
Und dieser Krone, – sagt der Patriarch, –
Sei niemand würd'ger als mein Herr.

**Tempelherr.**

Als ich?

**Klosterbruder.**

Denn diese Krone zu verdienen, – sagt
Der Patriarch, – sei schwerlich jemand auch
Geschickter als mein Herr.

**Tempelherr.**

Als ich?

**Klosterbruder.**

Er sei

Hier frei, könn' überall sich hier besehn[1],
Versteh', wie eine Stadt zu stürmen und
Zu schirmen, könne, – sagt der Patriarch, –
Die Stärk' und Schwäche der von Saladin
Neu aufgeführten innern, zweiten Mauer
Am besten schätzen, sie am deutlichsten
Den Streitern Gottes, – sagt der Patriarch, –
Beschreiben.

**Tempelherr.**

Guter Bruder, wenn ich doch
Nun auch des Briefchens nähern Inhalt wüßte.

**Klosterbruder.**

Ja den, – den weiß ich nun wohl nicht so recht.
Das Briefchen aber ist an König Philipp[2]. –
Der Patriarch … Ich hab' mich oft gewundert,
Wie doch ein Heiliger, der sonst so ganz
Im Himmel lebt, zugleich so unterrichtet
Von Dingen dieser Welt zu sein, herab
Sich lassen kann. Es muß ihm sauer werden.

**Tempelherr.**

Nun dann? der Patriarch? –

**Klosterbruder.**

Weiß ganz genau,
Ganz zuverlässig, wie und wo, wie stark,
Von welcher Seite Saladin, im Fall
Es völlig wieder losgeht, seinen Feldzug
Eröffnen wird.

**Tempelherr.**

Das weiß er?

**Klosterbruder.**

Ja, und möcht'
Es gern dem König Philipp wissen lassen:

---

[1] Sich umsehn; mehrfach bei Lessing in dieser Bedeutung. – [2] König Philipp II. August von Frankreich unternahm gemeinsam mit Richard Löwenherz 1190 einen Kreuzzug, kehrte aber schon im folgenden Jahre nach Frankreich zurück, nachdem er Ptolemais belagert und mit Richards Hilfe eingenommen hatte.

Damit der ungefähr ermessen könne,
Ob die Gefahr denn gar so schrecklich, um
Mit Saladin den Waffenstillestand,
Den Euer Orden schon so brav gebrochen,
Es koste, was es wolle, wiederher-
Zustellen.

**Tempelherr.**

Welch ein Patriarch! – Ja so!
Der liebe tapfre Mann will mich zu keinem
Gemeinen[1] Boten, will mich – zum Spion. –
Sagt Euerm Patriarchen, guter Bruder,
So viel Ihr mich ergründen können, wär'
Das meine Sache nicht. – Ich müsse mich
Noch als Gefangenen betrachten, und
Der Tempelherren einziger Beruf
Sei, mit dem Schwerte dreinzuschlagen, nicht
Kundschafterei zu treiben.

**Klosterbruder.**

Dacht' ich's doch! –
Will's auch dem Herrn nicht eben sehr verübeln. –
Zwar kömmt das Beste noch. – Der Patriarch
Hiernächst hat ausgegattert[2], wie die Feste
Sich nennt und wo auf Libanon sie liegt,
In der die ungeheuern Summen stecken,
Mit welchen Saladins vorsicht'ger Vater
Das Heer besoldet und die Zurüstungen
Des Kriegs bestreitet. Saladin verfügt
Von Zeit zu Zeit auf abgelegnen Wegen
Nach dieser Feste sich, nur kaum begleitet. –
Ihr merkt[3] doch?

**Tempelherr.**

Nimmermehr!

**Klosterbruder.**

Was wäre da
Wohl leichter, als des Saladins sich zu

[1] Gewöhnlichen. – [2] Ausgekundschaftet; wie man durch ein Gitter oder Gatter heimlich in einen verschlossenen Raum späht. – [3] Versteht.

Bemächtigen? den Garaus ihm zu machen? –
Ihr schaudert? – O, es haben schon ein paar
Gottsfürcht'ge Maroniten[1] sich erboten,
Wenn nur ein wackrer Mann sie führen wolle,
Das Stück zu wagen.

**Tempelherr.**

Und der Patriarch
Hätt' auch zu diesem wackern Manne mich
Ersehn?

**Klosterbruder.**

Er glaubt, daß König Philipp wohl
Von Ptolemais aus die Hand hierzu
Am besten bieten könne.

**Tempelherr.**

Mir? mir, Bruder?
Mir? Habt Ihr nicht gehört? nur erst[2] gehört,
Was für Verbindlichkeit dem Saladin
Ich habe?

**Klosterbruder.**

Wohl hab' ich's gehört.

**Tempelherr.**

Und doch?

**Klosterbruder.**

Ja, – meint der Patriarch, – das wär' schon gut;
Gott aber und der Orden …

**Tempelherr.**

Ändern nichts!
Gebieten mir kein Bubenstück!

**Klosterbruder.**

Gewiß nicht! –
Nur, – meint der Patriarch, – sei Bubenstück
Vor Menschen nicht auch Bubenstück vor Gott.

---

[1] Syrische Christen im Libanongebirge, benannt nach dem heiligen Maron. 1182 hatten sie sich der katholischen Kirche angeschlossen. – [2] Soeben.

**Tempelherr.**

Ich wär' dem Saladin mein Leben schuldig,
Und raubt' ihm seines?

**Klosterbruder.**

Pfui! – Doch bliebe, – meint
Der Patriarch, – noch immer Saladin
Ein Feind der Christenheit, der Euer Freund
Zu sein kein Recht erwerben könne.

**Tempelherr.**

Freund?
An dem ich bloß nicht will zum Schurken werden,
Zum undankbaren Schurken?

**Klosterbruder.**

Allerdings! –
Zwar, – meint der Patriarch, – des Dankes sei
Man quitt, vor Gott und Menschen quitt, wenn uns
Der Dienst um unsertwillen nicht geschehen.
Und da verlauten wolle, – meint der Patriarch, –
Daß Euch nur darum Saladin begnadet,
Weil ihm in Eurer Mien', in Euerm Wesen
So was von seinem Bruder eingeleuchtet …

**Tempelherr.**

Auch dieses weiß der Patriarch, und doch? –
Ah! wäre das gewiß! Ah, Saladin! –
Wie? die Natur hätt' auch nur e i n e n Zug
Von mir in deines Bruders Form gebildet,
Und dem entspräche nichts in meiner Seele?
Was dem entspräche, könnt' ich unterdrücken,
Um einem Patriarchen zu gefallen? –
Natur, so leugst du nicht! So widerspricht
Sich Gott in seinen Werken nicht! – Geht, Bruder! –
Erregt mir meine Galle nicht! – Geht! geht!

**Klosterbruder.**

Ich geh', und geh' vergnügter, als ich kam.
Verzeihe mir der Herr. Wir Klosterleute
Sind schuldig, unsern Obern zu gehorchen.

## Sechster Auftritt.

Der **Tempelherr** und **Daja**, die den Tempelherrn schon eine Zeitlang von weiten beobachtet hatte und sich nun ihm nähert.

**Daja.**

Der Klosterbruder, wie mich dünkt, ließ in
Der besten Laun' ihn nicht – Doch muß ich mein
Paket nur wagen.[1]

**Tempelherr.**

Nun, vortrefflich! – Lügt
Das Sprichwort wohl, daß Mönch und Weib und Weib
Und Mönch des Teufels beide Krallen sind?
Er wirft mich heut aus einer in die andre.

**Daja.**

Was seh' ich? – Edler Ritter, Euch? – Gott Dank!
Gott tausend Dank! – Wo habt Ihr denn
Die ganze Zeit gesteckt? – Ihr seid doch wohl
Nicht krank gewesen?

**Tempelherr.**

Nein.

**Daja.**

Gesund doch?

**Tempelherr.**

Ja.

**Daja.**

Wir waren Euertwegen wahrlich ganz
Bekümmert.

**Tempelherr.**

So?

**Daja.**

Ihr wart gewiß verreist?

**Tempelherr.**

Erraten!

**Daja.**

Und kamt heut erst wieder?

---

1 Nach dem französischen *risquer le paquet*, etwas auf gutes Glück wagen.

**Tempelherr.**

Gestern.

**Daja.**

Auch Rechas Vater ist heut angekommen.
Und nun darf Recha doch wohl hoffen?

**Tempelherr.**

Was?

**Daja.**

Warum[1] sie Euch so öfters bitten lassen.
Ihr Vater ladet Euch nun selber bald
Aufs dringlichste. Er kömmt von Babylon
Mit zwanzig hochbeladenen Kamelen
Und allem, was an edeln Spezereien,
An Steinen und an Stoffen Indien
Und Persien und Syrien, gar Sina[2]
Kostbares nur gewähren.

**Tempelherr.**

Kaufe nichts.

**Daja.**

Sein Volk verehret ihn als einen Fürsten.
Doch daß es ihn den Weisen Nathan nennt
Und nicht vielmehr den Reichen, hat mich oft
Gewundert.

**Tempelherr.**

Seinem Volk ist reich und weise
Vielleicht das nämliche.

**Daja.**

Vor allen aber
Hätt's ihn den Guten nennen müssen. Denn
Ihr stellt Euch gar nicht vor, wie gut er ist.
Als er erfuhr, wie viel Euch Recha schuldig,
Was hätt' in diesem Augenblicke nicht
Er alles Euch getan, gegeben!

**Tempelherr.**

Ei!

---

[1] Worum. – [2] China.

**Daja.**

Versucht's und kommt und seht!

**Tempelherr.**

Was denn? wie schnell
Ein Augenblick vorüber ist?

**Daja.**

Hätt' ich,
Wenn er so gut nicht wär', es mir so lange
Bei ihm gefallen lassen? Meint Ihr etwa,
Ich fühle meinen Wert als Christin nicht?
Auch mir ward's vor der Wiege nicht gesungen,
Daß ich nur darum meinem Ehgemahl
Nach Palästina folgen würd', um da
Ein Judenmädchen zu erziehn. Es war
Mein lieber Ehgemahl ein edler Knecht
In Kaiser Friedrichs[1] Heere –

**Tempelherr.**

Von Geburt
Ein Schweizer, dem die Ehr' und Gnade ward,
Mit Seiner Kaiserlichen Majestät
In einem Flusse zu ersaufen. – Weib!
Wie vielmal habt Ihr mir das schon erzählt?
Hört Ihr denn gar nicht auf, mich zu verfolgen?

**Daja.**

Verfolgen! lieber Gott!

**Tempelherr.**

Ja, ja, verfolgen.
Ich will nun einmal Euch nicht weiter sehn!
Nicht hören! Will von Euch an eine Tat
Nicht fort und fort erinnert sein, bei der
Ich nichts gedacht; die, wenn ich drüber denke,
Zum Rätsel von mir selbst mir wird. Zwar möcht'
Ich sie nicht gern bereuen. Aber seht;

[1] Friedrich Barbarossa, der 1190 im Kalykydnos ertrank. Die Chronologie schließt freilich dieses, kurz vor der Zeit, in der das Stück spielt, geschehene Ereignis aus, da Daja schon seit langen Jahren im Hause Nathans lebte.

Eräugnet[1] so ein Fall sich wieder, Ihr
Seid schuld, wenn ich so rasch nicht handle, wenn
Ich mich vorher erkund' – und brennen lasse,
Was brennt.

**Daja.**

Bewahre Gott!

**Tempelherr.**

Von heut an tut
Mir den Gefallen wenigstens, und kennt
Mich weiter nicht. Ich bitt' Euch drum. Auch laßt
Den Vater mir vom Halse. Jud' ist Jude.
Ich bin ein plumper Schwab. Des Mädchens Bild
Ist längst aus meiner Seele, wenn es je
Da war.

**Daja.**

Doch Eures ist aus ihrer nicht.

**Tempelherr.**

Was soll's nun aber da? was soll's?

**Daja.**

Wer weiß!
Die Menschen sind nicht immer, was sie scheinen.

**Tempelherr.**

Doch selten etwas bessers. (Er geht.)

**Daja.**

Wartet doch!
Was eilt Ihr?

**Tempelherr.**

Weib, macht mir die Palmen nicht
Verhaßt, worunter ich so gern sonst wandle.

**Daja.**

So geh, du deutscher Bär! so geh! – Und doch
Muß ich die Spur des Tieres nicht verlieren.
(Sie geht ihm von weiten nach.)

---

1 Vgl. oben, S. 194, Anm. 1.

## Zweiter Aufzug.

### Erster Auftritt.

Die Szene: des Sultans Palast.

**Saladin** und **Sittah** spielen Schach.

**Sittah.**
Wo bist du, Saladin? Wie spielst du heut?

**Saladin.**
Nicht gut? Ich dächte doch.

**Sittah.**
Für mich; und kaum.[1]
Nimm diesen Zug zurück.

**Saladin.**
Warum?

**Sittah.**
Der Springer 79
Wird unbedeckt.

**Saladin.**
Ist wahr. Nun so!

**Sittah.**
So zieh'
Ich in die Gabel.[2]

**Saladin.**
Wieder wahr. – Schach dann!

**Sittah.**
Was hilft dir das? Ich setze vor, und du
Bist, wie du warst.

---

[1] Du spielst zu meinen Gunsten; aber so schlecht, daß es mir, trotzdem ich dadurch gewinne, doch kaum gut erscheint. – [2] Eine Stellung, durch die von zwei Figuren des Gegners eine sicher beim nächsten Zug verloren geht.

**Saladin.**

Aus dieser Klemme, seh'
Ich wohl, ist ohne Buße nicht zu kommen.
Mag's! nimm den Springer nur.

**Sittah.**

Ich will ihn nicht.
Ich geh' vorbei.

**Saladin.**

Du schenkst mir nichts. Dir liegt
An diesem Platze mehr als an dem Springer.

**Sittah.**

Kann sein.

**Saladin.**

Mach deine Rechnung nur nicht ohne
Den Wirt. Denn sieh! Was gilt's, das warst du nicht
Vermuten?[1]

**Sittah.**

Freilich nicht. Wie konnt' ich auch
Vermuten, daß du deiner Königin
So müde wärst?

**Saladin.**

Ich meiner Königin?

**Sittah.**

Ich seh' nun schon: ich soll heut meine tausend
Dinar'[2], kein Naserinchen[3] mehr, gewinnen.

**Saladin.**

Wieso?

**Sittah.**

Frag' noch! – Weil du mit Fleiß, mit aller
Gewalt verlieren willst. – Doch dabei find'
Ich meine Rechnung nicht. Denn außer, daß
Ein solches Spiel das unterhaltendste
Nicht ist, gewann ich immer nicht am meisten
Mit dir, wenn ich verlor? Wenn hast du mir

[1] Alte Konstruktion. – [2] Orientalische Goldmünze, vom lat. *denarius.* – [3] Der Naseri, benannt nach dem Kalifen Naser, ist eine Kupfermünze.

Den Satz[1], mich des verlornen Spieles wegen
Zu trösten, doppelt nicht hernach geschenkt?

**Saladin.**

Ei sieh! so hättest du ja wohl, wenn du
Verlorst, mit Fleiß verloren, Schwesterchen?

**Sittah.**

Zum wenigsten kann gar wohl sein, daß deine
Freigebigkeit, mein liebes Brüderchen,
Schuld ist, daß ich nicht besser spielen lernen.

**Saladin.**

Wir kommen ab vom Spiele. Mach' ein Ende!

**Sittah.**

So bleibt es? Nun dann: Schach! und doppelt Schach!

**Saladin.**

Nun freilich; dieses Abschach[2] hab' ich nicht
Gesehn, das meine Königin zugleich
Mit niederwirft.

**Sittah.**

War dem noch abzuhelfen?
Laß sehn.

**Saladin.**

Nein, nein; nimm nur die Königin.
Ich war mit diesem Steine nie recht glücklich.

**Sittah.**

Bloß mit dem Steine?

**Saladin.**

Fort damit! – Das tut
Mir nichts. Denn so ist alles wiederum
Geschützt.

**Sittah.**

Wie höflich man mit Königinnen
Verfahren müsse, hat mein Bruder mich
Zu wohl gelehrt.

(Sie läßt sie stehen.)

---

[1] Einsatz. – [2] Wohl aus Aberschach, Doppelschach, wodurch die feindliche Königin unbedingt verloren ist.

**Saladin.**

Nimm oder nimm sie nicht!
Ich habe keine mehr.

**Sittah.**

Wozu sie nehmen?
Schach! – Schach!

**Saladin.**

Nur weiter.

**Sittah.**

Schach! – und Schach! – und Schach! –

**Saladin**

Und matt!

**Sittah.**

Nicht ganz; du ziehst den Springer noch
Dazwischen, oder, was du machen willst.
Gleichviel!

**Saladin.**

Ganz recht! – Du hast gewonnen, und
Al-Hafi zahlt. – Man lass' ihn rufen! gleich! –
Du hattest, Sittah, nicht so unrecht, ich
War nicht so ganz beim Spiele, war zerstreut.
Und dann: wer gibt uns denn die glatten Steine
Beständig, die an nichts erinnern, nichts
Bezeichnen? Hab' ich mit dem Iman denn
Gespielt?[1] – Doch was? Verlust will Vorwand. Nicht
Die ungeformten Steine, Sittah, sind's,
Die mich verlieren machten, deine Kunst,
Dein ruhiger und schneller Blick …

**Sittah.**

Auch so
Willst du den Stachel des Verlusts nur stumpfen.
Genug, du warst zerstreut, und mehr als ich.

[1] Aus einer seiner Quellen entnahm Lessing, daß die strenggläubigen Mohammedaner, also vor allem der Geistliche, der Imam, nicht mit Figuren, nur mit glatten Steinen, Schach spielen dürfen, weil der Koran die Nachbildung tierischer und menschlicher Gestalten verbietet. Saladin führt sein schlechtes Spiel auf die ihn langweilenden gleichförmigen Steine zurück.

**Saladin.**

Als du? Was hätte dich zerstreuet?

**Sittah.**

Deine
Zerstreuung freilich nicht! – O Saladin,
Wenn werden wir so fleißig wieder spielen!

**Saladin.**

So spielen wir um so viel gieriger! –
Ah! weil es wieder losgeht, meinst du? – Mag's! –
Nur zu! – Ich habe nicht zuerst gezogen;
Ich hätte gern den Stillestand aufs neue
Verlängert; hätte meiner Sittah gern,
Gern einen guten Mann zugleich verschafft.
Und das muß Richards[1] Bruder sein: er ist
Ja Richards Bruder.

**Sittah.**

Wenn du deinen Richard
Nur loben kannst!

**Saladin.**

Wenn unserm Bruder Melek
Dann Richards Schwester wär' zu Teile worden:
Ha! welch ein Haus zusammen! Ha, der ersten,
Der besten Häuser in der Welt das beste! –
Du hörst, ich bin, mich selbst zu loben, auch
Nicht faul. Ich dünk' mich meiner Freunde wert. –
Das hätte Menschen geben sollen! das!

**Sittah.**

Hab' ich des schönen Traums nicht gleich gelacht?
Du kennst die Christen nicht, willst sie nicht kennen.
Ihr Stolz ist: Christen sein, nicht Menschen. Denn
Selbst das, was, noch von ihrem Stifter her,
Mit Menschlichkeit den Aberglauben wirzt,
Das lieben sie, nicht weil es menschlich ist,
Weil's Christus lehrt, weil's Christus hat getan. –

[1] Richard Löwenherz plante, seine Schwester mit dem Bruder Saladins, Melek el Adel, zu verheiraten.

Wohl ihnen, daß er ein so guter Mensch
Noch war! Wohl ihnen, daß sie seine Tugend
Auf Treu und Glaube nehmen können! – Doch
Was Tugend? – Seine Tugend nicht, sein Name
Soll überall verbreitet werden, soll
Die Namen aller guten Menschen schänden,
Verschlingen[1]. Um den Namen, um den Namen
Ist ihnen nur zu tun.

**Saladin.**

Du meinst: warum
Sie sonst verlangen würden, daß auch ihr,
Auch du und Melek, Christen hießet, eh'
Als Ehgemahl ihr Christen lieben wolltet?

**Sittah.**

Jawohl! Als wär' von Christen nur, als Christen,
Die Liebe zu gewärtigen, womit
Der Schöpfer Mann und Männin ausgestattet!

**Saladin.**

Die Christen glauben mehr Armseligkeiten,
Als daß sie die nicht auch noch glauben könnten! –
Und gleichwohl irrst du dich. – Die Tempelherren,
Die Christen nicht, sind schuld, sind nicht als Christen,
Als Tempelherren schuld. Durch die allein
Wird aus der Sache nichts. Sie wollen Akka[2],
Das Richards Schwester unserm Bruder Melek
Zum Brautschatz bringen müßte, schlechterdings
Nicht fahren lassen. Daß des Ritters Vorteil
Gefahr nicht laufe, spielen sie den Mönch[3],
Den albern Mönch. Und ob[4] vielleicht im Fluge
Ein guter Streich gelänge, haben sie
Des Waffenstillstandes Ablauf kaum
Erwarten können.[5] – Lustig! Nur so weiter!

---

[1] Der Name Christi, den seine Bekenner tragen, soll alle anderen Menschen, auch die guten, um den Namen tugendhafter, edler Menschen bringen. – [2] Der andere Name der Stadt Ptolemais. – [3] Sie schützen bigotte Frömmigkeit vor. – [4] Und um zu versuchen, ob. – [5] Anspielung auf das Ereignis, bei dem der Tempelherr gefangen wurde.

Ihr Herren, nur so weiter! – Mir schon recht! –
Wär' alles sonst nur, wie es müßte.

**Sittah.**

Nun?
Was irrte ich denn sonst? Was könnte sonst
Dich aus der Fassung bringen?

**Saladin.**

Was von je
Mich immer aus der Fassung hat gebracht. –
Ich war auf Libanon, bei unserm Vater.
Er unterliegt den Sorgen noch …

**Sittah.**

O weh!

**Saladin.**

Er kann nicht durch, es klemmt sich allerorten,
Es fehlt bald da, bald dort –

**Sittah.**

Was klemmt? was fehlt?

**Saladin.**

Was sonst, als was ich kaum zu nennen würd'ge?
Was, wenn ich's habe, mir so überflüssig,
Und hab' ich's nicht, so unentbehrlich scheint. –
Wo bleibt Al-Hafi denn? Ist niemand nach
Ihm aus? – Das leidige, verwünschte Geld! –
Gut, Hafi, daß du kömmst.

---

## Zweiter Auftritt.

**Der Derwisch Al-Hafi. Saladin. Sittah.**

**Al-Hafi.**

Die Gelder aus
Ägypten sind vermutlich angelangt.
Wenn's nur fein viel ist.

**Saladin.**

Hast du Nachricht?

**Al-Hafi.**

Ich?
Ich nicht. Ich denke, daß ich hier sie in
Empfang soll nehmen.

**Saladin.**

Zahl' an Sittah tausend
Dinare!

(In Gedanken hin und her gehend.)

**Al-Hafi.**

Zahl'! anstatt empfang'! O schön!
Das ist für Was noch weniger als Nichts. –
An Sittah? – wiederum an Sittah? Und
Verloren? – wiederum im Schach verloren? –
Da steht es noch, das Spiel!

**Sittah.**

Du gönnst mir doch
Mein Glück?

**Al-Hafi** (das Spiel betrachtend).

Was gönnen? Wenn – Ihr wißt ja wohl.

**Sittah** (ihm winkend).

Bst! Hafi! bst!

**Al-Hafi**
(noch auf das Spiel gerichtet).

Gönnt's Euch nur selber erst!

**Sittah.**

Al-Hafi! bst!

**Al-Hafi** (zu Sittah).

Die Weißen waren Euer?
Ihr bietet Schach?

**Sittah.**

Gut, daß er nichts gehört!

**Al-Hafi.**

Nun ist der Zug an ihm?

**Sittah** (ihm näher tretend).

So sage doch,
Daß ich mein Geld bekommen kann.

**Al-Hafi** (noch auf das Spiel geheftet).
Nun ja;
Ihr sollt's bekommen, wie Ihr's stets bekommen.

**Sittah.**
Wie? bist du toll?

**Al-Hafi.**
Das Spiel ist ja nicht aus.
Ihr habt ja nicht verloren, Saladin.

**Saladin** (kaum hinhörend).
Doch! doch! Bezahl'! bezahl'!

**Al-Hafi.**
Bezahl'! bezahl'!
Da steht ja Eure Königin.

**Saladin** (noch so).
Gilt nicht; 93
Gehört nicht mehr ins Spiel.

**Sittah.**
So mach', und sag',
Daß ich das Geld mir nur kann holen lassen.

**Al-Hafi** (noch immer in das Spiel vertieft).
Versteht sich, so wie immer. – Wenn auch schon,
Wenn auch die Königin nichts gilt, Ihr seid
Doch darum noch nicht matt.

**Saladin**
(tritt hinzu und wirft das Spiel um).
Ich bin es; will 94
Es sein.

**Al-Hafi.**
Ja so! – Spiel wie Gewinst! So, wie
Gewonnen, so bezahlt.

**Saladin** (zu Sittah).
Was sagt er? was?

**Sittah** (von Zeit zu Zeit dem Hafi winkend).
Du kennst ihn ja. Er sträubt sich gern, läßt gern
Sich bitten, ist wohl gar ein wenig neidisch. –

**Saladin.**

Auf dich doch nicht? Auf meine Schwester nicht? –
Was hör' ich, Hafi? Neidisch? du?

**Al-Hafi.**

Kann sein!
Kann sein! – Ich hätt' ihr Hirn wohl lieber selbst,
Wär' lieber selbst so gut als sie.

**Sittah.**

Indes
Hat er doch immer richtig noch bezahlt.
Und wird auch heut bezahlen. Laß ihn nur! –
Geh nur, Al-Hafi, geh! Ich will das Geld
Schon holen lassen.

**Al-Hafi.**

Nein; ich spiele länger
Die Mummerei nicht mit. Er muß es doch
Einmal erfahren.

**Saladin.**

Wer? und was?

**Sittah.**

Al-Hafi!
Ist dieses dein Versprechen? Hältst du so
Mir Wort?

**Al-Hafi.**

Wie konnt' ich glauben, daß es so
Weit gehen würde.

**Saladin.**

Nun? erfahr' ich nichts?

**Sittah.**

Ich bitte dich, Al-Hafi, sei bescheiden[1].

**Saladin.**

Das ist doch sonderbar! Was könnte Sittah
So feierlich, so warm bei einem Fremden,
Bei einem Derwisch lieber als bei mir,

---

[1] Diskret, zurückhaltend.

Bei ihrem Bruder, sich verbitten wollen.
Al-Hafi, nun befehl' ich. – Rede, Derwisch!

**Sittah.**

Laß eine Kleinigkeit, mein Bruder, dir
Nicht näher treten, als sie würdig ist.
Du weißt, ich habe zu verschiednen Malen
Dieselbe Summ' im Schach von dir gewonnen.
Und weil ich itzt das Geld nicht nötig habe,
Weil itzt in Hafis Kasse doch das Geld
Nicht eben allzu häufig ist, so sind
Die Posten stehn geblieben. Aber sorgt
Nur nicht! Ich will sie weder dir, mein Bruder,
Noch Hafi, noch der Kasse schenken.

**Al-Hafi.**

Ja,
Wenn's das nur wäre! das!

**Sittah.**

Und mehr dergleichen. –
Auch das ist in der Kasse stehn geblieben,
Was du mir einmal ausgeworfen, ist
Seit wenig Monden stehn geblieben.

**Al-Hafi.**

Noch
Nicht alles.

**Saladin.**

Noch nicht? – Wirst du reden?

**Al-Hafi.**

Seit aus Ägypten wir das Geld erwarten,
Hat sie …

**Sittah** (zu Saladin).

Wozu ihn hören?

**Al-Hafi.**

Nicht nur nichts
Bekommen …

**Saladin.**

Gutes Mädchen! – Auch beiher
Mit vorgeschossen. Nicht?

**Al-Hafi.**

Den ganzen Hof
Erhalten; Euern Aufwand ganz allein
Bestritten.

**Saladin.**

Ha! das, das ist meine Schwester! (Sie umarmend.)

**Sittah.**

Wer hatte, dies zu können, mich so reich
Gemacht als du, mein Bruder?

**Al-Hafi.**

Wird schon auch
So bettelarm sie wieder machen, als
Er selber ist.

**Saladin.**

Ich arm? der Bruder arm?
Wenn hab' ich mehr, wenn weniger gehabt? –
Ein Kleid, ein Schwert, ein Pferd – und einen Gott![1]
Was brauch' ich mehr? Wenn kann's an dem mir fehlen?
Und doch, Al-Hafi, könnt' ich mit dir schelten.

**Sittah.**

Schilt nicht, mein Bruder. Wenn ich unserm Vater
Auch seine Sorgen so erleichtern könnte!

**Saladin.**

Ah! Ah! Nun schlägst du meine Freudigkeit
Auf einmal wieder nieder! – Mir, für mich
Fehlt nichts, und kann nichts fehlen. Aber ihm,
Ihm fehlet, und in ihm uns allen. – Sagt,
Was soll ich machen? – Aus Ägypten kommt
Vielleicht noch lange nichts. Woran das liegt,
Weiß Gott. Es ist doch da noch alles ruhig. –
Abbrechen[2], einziehn[3], sparen will ich gern,

---

[1] Dieser geschichtlich überlieferte Ausspruch Saladins wird in V. 1006 wiederholt. – [2] Sich etwas versagen. – [3] Sich einschränken.

Mir gern gefallen lassen, wenn es mich,
Bloß mich betrifft, bloß mich, und niemand sonst
Darunter leidet. – Doch was kann das machen?
*Ein* Pferd, *ein* Kleid, *ein* Schwert muß ich doch haben.
Und meinem Gott ist auch nichts abzudingen.
Ihm g'nügt schon so mit wenigem genug:
Mit meinem Herzen. – Auf den Überschuß
Von deiner Kasse, Hafi, hatt' ich sehr
Gerechnet.

**Al-Hafi.**

Überschuß? – Sagt selber, ob
Ihr mich nicht hättet spießen, wenigstens
Mich drosseln[1] lassen, wenn auf Überschuß
Ich von Euch wär' ergriffen worden. Ja,
Auf Unterschleif! das war zu wagen.

**Saladin.**

Nun,
Was machen wir denn aber? – Konntest du
Vorerst bei niemand andern borgen als
Bei Sittah?

**Sittah.**

Würd' ich dieses Vorrecht, Bruder,
Mir haben nehmen lassen? Mir von ihm?
Auch noch besteh' ich drauf. Noch bin ich auf
Dem Trocknen völlig nicht.

**Saladin.**

Nur völlig nicht!
Das fehlte noch! – Geh gleich, mach' Anstalt, Hafi!
Nimm auf, bei wem du kannst! und wie du kannst!
Geh, borg', versprich. – Nur, Hafi, borge nicht
Bei denen, die ich reich gemacht. Denn borgen
Von diesen möchte wiederfodern heißen.
Geh zu den Geizigsten; die werden mir
Am liebsten leihen. Denn sie wissen wohl,
Wie gut ihr Geld in meinen Händen wuchert.

---

[1] Erdrosseln, durch die seidene Schnur; es ist dies die Art, wie Staatsbeamte im Orient hingerichtet wurden.

**Al-Hafi.**

Ich kenne deren keine.

**Sittah.**

Eben fällt
Mir ein, gehört zu haben, Hafi, daß
Dein Freund zurückgekommen.

**Al-Hafi** (betroffen).

Freund? mein Freund?
Wer wär' denn das?

**Sittah.**

Dein hochgepries'ner Jude.

**Al-Hafi.**

Gepries'ner Jude? hoch von mir?

**Sittah.**

Dem Gott, –
Mich denkt[1] des Ausdrucks noch recht wohl, des einst
Du selber dich von ihm bedientest, – dem
Sein Gott von allen Gütern dieser Welt
Das Kleinst' und Größte so in vollem Maß
Erteilet habe. –

**Al-Hafi.**

Sagt' ich so? – Was meint'
Ich denn damit?

**Sittah.**

Das Kleinste: Reichtum. Und
Das Größte: Weisheit.

**Al-Hafi.**

Wie? von einem Juden?
Von einem Juden hätt' ich das gesagt?

**Sittah.**

Das hättest du von deinem Nathan nicht
Gesagt?

**Al-Hafi.**

Ja so! von dem! vom Nathan! – Fiel
Mir der doch gar nicht bei. – Wahrhaftig? Der

[1] Nach Logaus Vorbild von Lessing gebrauchte ungewöhnliche Konstruktion.

Ist endlich wieder heimgekommen? Ei!
So mag's doch gar so schlecht mit ihm nicht stehn. –
Ganz recht: den nannt' einmal das Volk den Weisen!
Den Reichen auch.

**Sittah.**

Den Reichen nennt es ihn
Itzt mehr als je. Die ganze Stadt erschallt,
Was er für Kostbarkeiten, was für Schätze
Er mitgebracht.

**Al-Hafi.**

Nun, ist's der Reiche wieder,
So wird's auch wohl der Weise wieder sein.

**Sittah.**

Was meinst du, Hafi, wenn du diesen angingst?

**Al-Hafi.**

Und was bei ihm? – Doch wohl nicht borgen? – Ja,
Da kennt Ihr ihn. – Er borgen! – Seine Weisheit
Ist eben, daß er niemand borgt.

**Sittah.**

Du hast
Mir sonst doch ganz ein ander Bild von ihm
Gemacht.

**Al-Hafi.**

Zur Not wird er Euch Waren borgen.
Geld aber, Geld? Geld nimmermehr! – Es ist
Ein Jude freilich übrigens, wie's nicht
Viel Juden gibt. Er hat Verstand, er weiß
Zu leben, spielt gut Schach. Doch zeichnet er
Im Schlechten sich nicht minder als im Guten
Von allen andern Juden aus. – Auf den,
Auf den nur rechnet nicht. – Den Armen gibt
Er zwar; und gibt vielleicht trotz[1] Saladin.
Wennschon nicht ganz so viel, doch ganz so gern,
Doch ganz so sonder Ansehn. Jud' und Christ
Und Muselmann und Parsi, alles ist
Ihm eins.

[1] So, daß er es Saladin gleich- oder zuvortut.

**Sittah.**

Und so ein Mann …

**Saladin.**

Wie kömmt es denn,
Daß ich von diesem Manne nie gehört? …

**Sittah.**

Der sollte Saladin nicht borgen? nicht
Dem Saladin, der nur für andre braucht,
Nicht sich?

**Al-Hafi.**

Da seht nun gleich den Juden wieder,
Den ganz gemeinen[1] Juden! – Glaubt mir's doch! –
Er ist aufs Geben Euch so eifersüchtig,
So neidisch! Jedes „Lohn von Gott", das in
Der Welt gesagt wird, zög' er lieber ganz
Allein. Nur darum eben leiht er keinem,
Damit er stets zu geben habe. Weil
Die Mild' ihm im Gesetz geboten, die
Gefälligkeit ihm aber nicht geboten, macht
Die Mild' ihn zu dem ungefälligsten
Gesellen auf der Welt. Zwar bin ich seit
Geraumer Zeit ein wenig übern Fuß
Mit ihm gespannt[2]; doch denkt nur nicht, daß ich
Ihm darum nicht Gerechtigkeit erzeige.
Er ist zu allem gut, bloß dazu nicht,
Bloß dazu wahrlich nicht. Ich will auch gleich
Nur gehn, an andre Türen klopfen … Da
Besinn' ich mich soeben eines Mohren,
Der reich und geizig ist. – Ich geh'; ich geh'.

**Sittah.**

Was eilst du, Hafi?

**Saladin.**

Laß ihn! laß ihn!

---

[1] Der gewöhnlichen Durchschnittsart entsprechend. – [2] Die Redensart, aus der unser „auf gespanntem Fuß stehen" entstanden ist.

## Dritter Auftritt.

**Sittah. Saladin.**

**Sittah.**

Eilt
Er doch, als ob er mir nur gern entkäme! –
Was heißt das? – Hat er wirklich sich in ihm
Betrogen, oder – möcht' er uns nur gern
Betriegen?

**Saladin.**

Wie? das fragst du mich? Ich weiß
Ja kaum, von wem die Rede war; und höre
Von euerm Juden, euerm Nathan, heut
Zum erstenmal.

**Sittah.**

Ist's möglich, daß ein Mann
Dir so verborgen blieb, von dem es heißt,
Er habe Salomons und Davids Gräber
Erforscht, und wisse deren Siegel[1] durch
Ein mächtiges geheimes Wort zu lösen?
Aus ihnen bring' er dann von Zeit zu Zeit
Die unermeßlichen Reichtümer an
Den Tag, die keinen mindern Quell verrieten.

**Saladin.**

Hat seinen Reichtum dieser Mann aus Gräbern,
So waren's sicherlich nicht Salomons,
Nicht Davids Gräber. Narren lagen da
Begraben!

**Sittah.**

Oder Bösewichter! – Auch
Ist seines Reichtums Quelle weit ergiebiger,
Weit unerschöpflicher als so ein Grab
Voll Mammon.

**Saladin.**

Denn er handelt, wie ich hörte.

---

[1] Das Siegel Salomos bannte nach der talmudischen Sage die Geister und gab dem, der sie wieder befreite, indem er das Siegel löste, Macht über sie. Der jüdische Historiker Josephus berichtet, daß in dem Grabe Davids unermeßliche Schätze lagen.

**Sittah.**

Sein Saumtier treibt auf allen Straßen, zieht
Durch alle Wüsten; seine Schiffe liegen
In allen Häfen. Das hat mir wohl eh'
Al-Hafi selbst gesagt, und voll Entzücken
Hinzugefügt, wie groß, wie edel dieser
Sein Freund anwende, was so klug und emsig
Er zu erwerben für zu klein nicht achte,
Hinzugefügt, wie frei von Vorurteilen
Sein Geist, sein Herz wie offen jeder Tugend,
Wie eingestimmt[1] mit jeder Schönheit sei.

**Saladin.**

Und itzt sprach Hafi doch so ungewiß,
So kalt von ihm.

**Sittah.**

Kalt nun wohl nicht, verlegen.
Als halt' er's für gefährlich, ihn zu loben,
Und woll' ihn unverdient doch auch nicht tadeln. –
Wie? oder wär' es wirklich so, daß selbst
Der Beste seines Volkes seinem Volke
Nicht ganz entfliehen kann? daß wirklich sich
Al-Hafi seines Freunds von dieser Seite
Zu schämen hätte? – Sei dem, wie ihm wolle! –
Der Jude sei mehr oder weniger
Als Jud', ist er nur reich, genug für uns!

**Saladin.**

Du willst ihm aber doch das Seine mit
Gewalt nicht nehmen, Schwester?

**Sittah.**

Ja, was heißt
Bei dir Gewalt? Mit Feu'r und Schwert? Nein, nein,
Was braucht es mit den Schwachen für Gewalt
Als ihre Schwäche? – Komm vor itzt nur mit
In meinen Haram[2], eine Sängerin

---

[1] Es liegt der Gedanke an die Saite zu Grunde, die beim Erklingen der genau gleichgestimmten mitschwingt. – [2] Die bessere Form für Harem.

Zu hören, die ich gestern erst gekauft.
Es reift indes bei mir vielleicht ein Anschlag,
Den ich auf diesen Nathan habe. – Komm!

---

## Vierter Auftritt.

Szene: Vor dem Hause des Nathan, wo es an die Palmen stößt.

**Recha** und **Nathan** kommen heraus. Zu ihnen **Daja**.

**Recha.**

Ihr habt Euch sehr verweilt, mein Vater. Er
Wird kaum noch mehr zu treffen sein.

**Nathan.**

Nun, nun;
Wenn hier, hier untern Palmen schon nicht mehr,
Doch anderwärts. – Sei itzt nur ruhig. – Sieh!
Kömmt dort nicht Daja auf uns zu?

**Recha.**

Sie wird
Ihn ganz gewiß verloren haben.

**Nathan.**

Auch
Wohl nicht.

**Recha.**

Sie würde sonst geschwinder kommen.

**Nathan.**

Sie hat uns wohl noch nicht gesehn …

**Recha.**

Nun sieht
Sie uns.

**Nathan.**

Und doppelt ihre Schritte. Sieh! –
Sei doch nur ruhig! ruhig!

**Recha.**

Wolltet Ihr
Wohl eine Tochter, die hier ruhig wäre?
Sich unbekümmert ließe, wessen Wohltat
Ihr Leben sei? Ihr Leben, – das ihr nur
So lieb, weil sie es Euch zuerst verdanket.

**Nathan.**

Ich möchte dich nicht anders, als du bist;
Auch wenn ich wüßte, daß in deiner Seele
Ganz etwas anders noch sich rege.

**Recha.**

Was,
Mein Vater?

**Nathan.**

Fragst du mich? so schüchtern mich?
Was auch in deinem Innern vorgeht, ist
Natur und Unschuld. Laß es keine Sorge
Dir machen. Mir, mir macht es keine. Nur
Versprich mir: wenn dein Herz vernehmlicher
Sich einst erklärt, mir seiner Wünsche keinen
Zu bergen.

**Recha.**

Schon die Möglichkeit, mein Herz
Euch lieber zu verhüllen, macht mich zittern.

**Nathan.**

Nichts mehr hiervon! Das ein für allemal
Ist abgetan. – Da ist ja Daja. – Nun?

**Daja.**

Noch wandelt er hier untern Palmen und
Wird gleich um jene Mauer kommen. – Seht,
Da kömmt er!

**Recha.**

Ah! und scheinet unentschlossen,
Wohin? ob weiter? ob hinab? ob rechts?
Ob links?

**Daja.**

Nein, nein; er macht den Weg ums Kloster
Gewiß noch öfter, und denn muß er hier
Vorbei. – Was gilt's?

**Recha.**

Recht! recht! – Hast du ihn schon
Gesprochen? Und wie ist er heut?

**Daja.**

Wie immer.

**Nathan.**

So macht nur, daß er euch hier nicht gewahr
Wird. Tretet mehr zurück. Geht lieber ganz
Hinein.

**Recha.**

Nur einen Blick noch! – Ah! die Hecke,
Die mir ihn stiehlt.

**Daja.**

Kommt! kommt! Der Vater hat
Ganz recht. Ihr lauft Gefahr, wenn er Euch sieht,
Daß auf der Stell' er umkehrt.

**Recha.**

Ah! die Hecke!

**Nathan.**

Und kömmt er plötzlich dort aus ihr hervor,
So kann er anders nicht, er muß euch sehn.
Drum geht doch nur!

**Daja.**

Kommt! kommt! Ich weiß ein Fenster,
Aus dem wir sie bemerken[1] können.

**Recha.**

Ja?

(Beide hinein.)

---

1 Beobachten.

## Fünfter Auftritt.

**Nathan** und bald darauf der **Tempelherr**.

**Nathan.**

Fast scheu' ich mich des Sonderlings. Fast macht
Mich seine rauhe Tugend stutzen. Daß
Ein Mensch doch einen Menschen so verlegen
Soll machen können! – Ha! er kömmt. – Bei Gott!
Ein Jüngling wie ein Mann. Ich mag ihn wohl,
Den guten, trotz'gen Blick! den prallen[1] Gang!
Die Schale kann nur bitter sein; der Kern
Ist's sicher nicht. – Wo sah' ich doch dergleichen? –
Verzeihet, edler Franke[2] …

**Tempelherr.**

Was?

**Nathan.**

Erlaubt …

**Tempelherr.**

Was, Jude? was?

**Nathan.**

Daß ich mich untersteh',
Euch anzureden.

**Tempelherr.**

Kann ich's wehren? Doch
Nur kurz.

**Nathan.**

Verzieht, und eilet nicht so stolz,
Nicht so verächtlich einem Mann vorüber,
Den Ihr auf ewig Euch verbunden habt.

**Tempelherr.**

Wie das? – Ah, fast errat' ich's. Nicht? Ihr seid …

**Nathan.**

Ich heiße Nathan, bin des Mädchens Vater,
Das Eure Großmut aus dem Feu'r gerettet,
Und komme …

---

[1] Fest aufstampfenden, so daß der Boden prallt. – [2] Im Orient Bezeichnung aller Europäer.

**Tempelherr.**

Wenn zu danken, – spart's! Ich hab'
Um diese Kleinigkeit des Dankes schon
Zu viel erdulden müssen. – Vollends Ihr,
Ihr seid mir gar nichts schuldig. Wußt' ich denn,
Daß dieses Mädchen Eure Tochter war?
Es ist der Tempelherren Pflicht, dem ersten,
Dem besten beizuspringen, dessen Not
Sie sehn. Mein Leben war mir ohnedem
In diesem Augenblicke lästig. Gern,
Sehr gern ergriff ich die Gelegenheit,
Es für ein andres Leben in die Schanze
Zu schlagen, für ein andres – wenn's auch nur
Das Leben einer Jüdin wäre.

**Nathan.**

Groß!
Groß und abscheulich! – Doch die Wendung läßt
Sich denken. Die bescheidne Größe flüchtet
Sich hinter das Abscheuliche, um der
Bewundrung auszuweichen. – Aber wenn
Sie so das Opfer der Bewunderung
Verschmäht, was für ein Opfer denn verschmäht
Sie minder? – Ritter, wenn Ihr hier nicht fremd
Und nicht gefangen wäret, würd' ich Euch
So dreist nicht fragen. Sagt, befehlt, womit
Kann man Euch dienen?

**Tempelherr.**

Ihr? Mit nichts.

**Nathan.**

Ich bin
Ein reicher Mann.

**Tempelherr.**

Der reichre Jude war
Mir nie der bessre Jude.

**Nathan.**

Dürft Ihr denn

Darum nicht nützen, was demungeachtet
Er bessres hat? nicht seinen Reichtum nützen?

**Tempelherr.**

Nun gut, das will ich auch nicht ganz verreden,
Um meines Mantels willen nicht. Sobald
Der ganz und gar verschlissen, weder Stich
Noch Fetze länger halten will, komm' ich
Und borge mir bei Euch zu einem neuen
Tuch oder Geld. – Seht nicht mit eins so finster!
Noch seid Ihr sicher, noch ist's nicht so weit
Mit ihm. Ihr seht, er ist so ziemlich noch
Im Stande. Nur der eine Zipfel da
Hat einen garst'gen Fleck, er ist versengt.
Und das bekam er, als ich Eure Tochter
Durchs Feuer trug.

**Nathan**

(der nach dem Zipfel greift und ihn betrachtet).

Es ist doch sonderbar,
Daß so ein böser Fleck, daß so ein Brandmal
Dem Mann ein bessres Zeugnis redet als
Sein eigner Mund. Ich möcht' ihn küssen gleich –
Den Flecken! – Ah, verzeiht! – Ich tat es ungern.

**Tempelherr.**

Was?

**Nathan.**

Eine Träne fiel darauf.

**Tempelherr.**

Tut nichts!
Er hat der Tropfen mehr. – (Bald aber fängt
Mich dieser Jud' an zu verwirren.)

**Nathan.**

Wär't
Ihr wohl so gut, und schicktet Euern Mantel
Auch einmal meinem Mädchen?

**Tempelherr.**

Was damit?

**Nathan.**

Auch ihren Mund auf diesen Fleck zu drücken.
Denn Eure Kniee selber zu umfassen,
Wünscht sie nun wohl vergebens.

**Tempelherr.**

Aber, Jude –
Ihr heißet Nathan? – Aber, Nathan – Ihr
Setzt Eure Worte sehr – sehr gut – sehr spitz –
Ich bin betreten – Allerdings – ich hätte …

**Nathan.**

Stellt und verstellt Euch, wie Ihr wollt. Ich find'
Auch hier Euch aus[1]. Ihr wart zu gut, zu bieder,
Um höflicher zu sein. – Das Mädchen, ganz
Gefühl, der weibliche Gesandte, ganz
Dienstfertigkeit, der Vater weit entfernt –
Ihr trugt für ihren guten Namen Sorge,
Floht ihre Prüfung, floht, um nicht zu siegen.
Auch dafür dank' ich Euch –

**Tempelherr.**

Ich muß gestehn,
Ihr wißt, wie Tempelherren denken sollten.

**Nathan.**

Nur Tempelherren? *sollten* bloß? und bloß,
Weil es die Ordensregeln so gebieten?
Ich weiß, wie gute Menschen denken; weiß,
Daß alle Länder gute Menschen tragen.

**Tempelherr.**

Mit Unterschied, doch hoffentlich?

**Nathan.**

Jawohl;
An Farb', an Kleidung, an Gestalt verschieden.

**Tempelherr.**

Auch hier bald mehr, bald weniger als dort.

---

[1] Ich entdecke auch hierin die verborgene Ursachen Eurer Handlungsweise.

**Nathan.**

Mit diesem Unterschied ist's nicht weit her.
Der große Mann braucht überall viel Boden,
Und mehrere, zu nah' gepflanzt, zerschlagen
Sich nur die Äste. Mittelgut, wie wir,
Find't sich hingegen überall in Menge.
Nur muß der eine nicht den andern mäkeln.
Nur muß der Knorr den Knubben[1] hübsch vertragen.
Nur muß ein Gipfelchen sich nicht vermessen,
Daß es allein der Erde nicht entschossen.

**Tempelherr.**

Sehr wohl gesagt! – Doch kennt Ihr auch das Volk,
Das diese Menschenmäkelei zuerst
Getrieben? Wißt Ihr, Nathan, welches Volk
Zuerst das auserwählte Volk sich nannte?
Wie? wenn ich dieses Volk nun zwar nicht haßte,
Doch wegen seines Stolzes zu verachten
Mich nicht entbrechen könnte? Seines Stolzes,
Den es auf Christ und Muselmann vererbte,
Nur sein Gott sei der rechte Gott! – Ihr stutzt,
Daß ich, ein Christ, ein Tempelherr, so rede?
Wenn hat und wo die fromme Raserei,
Den bessern Gott zu haben, diesen bessern
Der ganzen Welt als besten aufzudringen,
In ihrer schwärzesten Gestalt sich mehr
Gezeigt als hier, als itzt? Wem hier, wem itzt
Die Schuppen nicht vom Auge fallen … Doch
Sei blind, wer will! – Vergeßt, was ich gesagt;
Und laßt mich! (Will gehen.)

**Nathan.**

Ha! Ihr wißt nicht, wie viel fester
Ich nun mich an Euch drängen werde. – Kommt,
Wir müssen, müssen Freunde sein! – Verachtet

---

[1] Knorr (hochdeutsch) und Knubbe (niederdeutsch) soll beides einen niedrigen, von Auswüchsen entstellten Stamm bezeichnen. Die Kleinen müssen gegenseitig ihre Mängel dulden und sich nicht überheben. Auch „Gipfelchen" bezeichnet den niedrigen Baum.

Mein Volk, so sehr Ihr wollt. Wir haben beide
Uns unser Volk nicht auserlesen. Sind
Wir unser Volk? Was heißt denn Volk?
Sind Christ und Jude eher Christ und Jude
Als Mensch? Ah! wenn ich einen mehr in Euch
Gefunden hätte, dem es g'nügt, ein Mensch
Zu heißen!

**Tempelherr.**

Ja, bei Gott, das habt Ihr, Nathan!
Das habt Ihr! – Eure Hand! – Ich schäme mich,
Euch einen Augenblick verkannt zu haben.

**Nathan.**

Und ich bin stolz darauf. Nur das Gemeine
Verkennt man selten.

**Tempelherr.**

Und das Seltene
Vergißt man schwerlich. – Nathan, ja;
Wir müssen, müssen Freunde werden.

**Nathan.**

Sind
Es schon. – Wie wird sich meine Recha freuen! –
Und ah! welch eine heitre Ferne schließt
Sich meinen Blicken auf! – Kennt sie nur erst!

**Tempelherr.**

Ich brenne vor Verlangen – Wer stürzt dort
Aus Euerm Hause? Ist's nicht ihre Daja?

**Nathan.**

Jawohl. So ängstlich?

**Tempelherr.**

Unsrer Recha ist
Doch nichts begegnet?

## Sechster Auftritt.

**Die Vorigen** und **Daja** eilig.

**Daja.**

Nathan! Nathan!

**Nathan.**

Nun?

**Daja.**

Verzeihet, edler Ritter, daß ich Euch
Muß unterbrechen.

**Nathan.**

Nun, was ist's?

**Tempelherr.**

Was ist's?

**Daja.**

Der Sultan hat geschickt. Der Sultan will
Euch sprechen. Gott, der Sultan!

**Nathan.**

Mich? der Sultan?
Er wird begierig sein, zu sehen, was
Ich Neues mitgebracht. Sag' nur, es sei
Noch wenig oder gar nichts ausgepackt.

**Daja.**

Nein, nein; er will nichts sehen, will Euch sprechen,
Euch in Person, und bald, sobald Ihr könnt.

**Nathan.**

Ich werde kommen. – Geh nur wieder, geh!

**Daja.**

Nehmt ja nicht übel auf, gestrenger Ritter. –
Gott, wir sind so bekümmert, was der Sultan
Doch will.

**Nathan.**

Das wird sich zeigen. Geh nur, geh!

## Siebenter Auftritt.

**Nathan** und der **Tempelherr**.

**Tempelherr.**

So kennt Ihr ihn noch nicht? – ich meine, von
Person.

**Nathan.**

Den Saladin? Noch nicht. Ich habe
Ihn nicht vermieden, nicht gesucht zu kennen.
Der allgemeine Ruf sprach viel zu gut
Von ihm, daß ich nicht lieber glauben wollte
Als sehn. Doch nun, – wenn anders dem so ist, –
Hat er durch Sparung Eures Lebens …

**Tempelherr.**

Ja;
Dem allerdings ist so. Das Leben, das
Ich leb', ist sein Geschenk.

**Nathan.**

Durch das er mir
Ein doppelt, dreifach Leben schenkte. Dies
Hat alles zwischen uns verändert, hat
Mit eins ein Seil mir umgeworfen, das
Mich seinem Dienst auf ewig fesselt. Kaum,
Und kaum kann ich es nun erwarten, was
Er mir zuerst befehlen wird. Ich bin
Bereit zu allem, bin bereit, ihm zu
Gestehn, daß ich es Euertwegen bin.

**Tempelherr.**

Noch hab' ich selber ihm nicht danken können,
So oft ich auch ihm in den Weg getreten.
Der Eindruck, den ich auf ihn machte, kam
So schnell, als schnell er wiederum verschwunden.
Wer weiß, ob er sich meiner gar erinnert.
Und dennoch muß er, einmal wenigstens,
Sich meiner noch erinnern, um mein Schicksal
Ganz zu entscheiden. Nicht genug, daß ich
Auf sein Geheiß noch bin, mit seinem Willen

Noch leb', ich muß nun auch von ihm erwarten,
Nach wessen Willen ich zu leben habe.

**Nathan.**

Nicht anders[1]; um so mehr will ich nicht säumen. –
Es fällt vielleicht ein Wort, das mir, auf Euch
Zu kommen, Anlaß gibt. – Erlaubt, verzeiht –
Ich eile – Wenn, wenn aber sehn wir Euch
Bei uns?

**Tempelherr.**

Sobald ich darf.

**Nathan.**

Sobald Ihr wollt.

**Tempelherr.**

Noch heut.

**Nathan.**

Und Euer Name? – muß ich bitten.

**Tempelherr.**

Mein Name war – ist Curd von Stauffen. – Curd!

**Nathan.**

Von Stauffen? – Stauffen? – Stauffen?

**Tempelherr.**

Warum fällt
Euch das so auf?

**Nathan.**

Von Stauffen? – Des Geschlechts
Sind wohl schon mehrere …

**Tempelherr.**

O ja! hier waren,
Hier faulen des Geschlechts schon mehrere.
Mein Oheim selbst, – mein Vater, will ich sagen, –
Doch warum schärft sich Euer Blick auf mich
Je mehr und mehr?

**Nathan.**

O nichts! o nichts! Wie kann
Ich Euch zu sehn ermüden?

---

1 Ganz richtig.

**Tempelherr.**

Drum verlaß
Ich Euch zuerst. Der Blick des Forschers fand
Nicht selten mehr, als er zu finden wünschte.
Ich fürcht' ihn, Nathan. Laßt die Zeit allmählich,
Und nicht die Neugier unsre Kundschaft[1] machen. (Er geht.)

**Nathan**

(der ihm mit Erstaunen nachsieht).

„Der Forscher fand nicht selten mehr, als er
Zu finden wünschte." – Ist es doch, als ob
In meiner Seel' er lese! – Wahrlich, ja;
Das könnt' auch mir begegnen. – Nicht allein
Wolfs Wuchs, Wolfs Gang, auch seine Stimme. So,
Vollkommen so, warf Wolf sogar den Kopf,
Trug Wolf sogar das Schwert im Arm, strich Wolf
Sogar die Augenbraunen mit der Hand,
Gleichsam das Feuer seines Blicks zu bergen. –
Wie solche tiefgeprägte Bilder doch
Zuzeiten in uns schlafen können, bis
Ein Wort, ein Laut sie weckt. – Von Stauffen! –
Ganz recht, ganz recht, Filnek und Stauffen. –
Ich will das bald genauer wissen, bald.
Nur erst zum Saladin. – Doch wie? lauscht dort
Nicht Daja? – Nun, so komm nur näher, Daja.

---

## Achter Auftritt.

**Daja. Nathan.**

**Nathan.**

Was gilt's? nun drückt's euch beiden schon das Herz,
Noch ganz was anders zu erfahren, als
Was Saladin mir will.

**Daja.**

Verdenkt Ihr's ihr?
Ihr fingt soeben an, vertraulicher

---

1 Bekanntschaft.

Mit ihm zu sprechen, als des Sultans Botschaft
Uns von dem Fenster scheuchte.

**Nathan.**

Nun, so sag'
Ihr nur, daß sie ihn jeden Augenblick
Erwarten darf.

**Daja.**

Gewiß? gewiß?

**Nathan.**

Ich kann
Mich doch auf dich verlassen, Daja? Sei
Auf deiner Hut, ich bitte dich. Es soll
Dich nicht gereuen. Dein Gewissen selbst
Soll seine Rechnung dabei finden. Nur
Verdirb mir nichts in meinem Plane. Nur
Erzähl' und frage mit Bescheidenheit,
Mit Rückhalt[1] …

**Daja.**

Daß Ihr doch noch erst so was
Erinnern könnt! – Ich geh'; geht Ihr nur auch.
Denn seht! ich glaube gar, da kömmt vom Sultan
Ein zweiter Bot', Al-Hafi, Euer Derwisch. (Geht ab.)

---

## Neunter Auftritt.

**Nathan. Al-Hafi.**

**Al-Hafi.**

Ha! ha! zu Euch wollt' ich nun eben wieder.

**Nathan.**

Ist's denn so eilig? Was verlangt er denn
Von mir?

**Al-Hafi.**

Wer?

**Nathan.**

Saladin. – Ich komm', ich komme.

---

[1] Zurückhaltung.

**Al-Hafi.**

Zu wem? Zum Saladin?

**Nathan.**

Schickt Saladin
Dich nicht?

**Al-Hafi.**

Mich? nein. Hat er denn schon geschickt?

**Nathan.**

Ja freilich hat er.

**Al-Hafi.**

Nun, so ist es richtig.

**Nathan.**

Was? was ist richtig?

**Al-Hafi.**

Daß … ich bin nicht schuld;
Gott weiß, ich bin nicht schuld. – Was hab' ich nicht
Von Euch gesagt, gelogen, um es abzuwenden!

**Nathan.**

Was abzuwenden? Was ist richtig?

**Al-Hafi.**

Daß
Nun Ihr sein Defterdar geworden. Ich
Betaur' Euch. Doch mit ansehn will ich's nicht.
Ich geh' von Stund' an, geh', Ihr habt es schon
Gehört, wohin, und wißt den Weg. – Habt Ihr
Des Wegs was zu bestellen, sagt; ich bin
Zu Diensten. Freilich muß es mehr nicht sein,
Als was ein Nackter mit sich schleppen kann.
Ich geh', sagt bald.

**Nathan.**

Besinn' dich doch, Al-Hafi.
Besinn' dich, daß ich noch von gar nichts weiß.
Was plauderst du denn da?

**Al-Hafi.**

Ihr bringt sie doch
Gleich mit, die Beutel?

**Nathan.**
Beutel?

**Al-Hafi.**
Nun, das Geld,
Das Ihr dem Saladin vorschießen sollt.

**Nathan.**
Und weiter ist es nichts?

**Al-Hafi.**
Ich sollt' es wohl
Mit ansehn, wie er Euch von Tag zu Tag
Aushöhlen wird bis auf die Zehen? Sollt'
Es wohl mit ansehn, daß Verschwendung aus
Der weisen Milde sonst nie leeren Scheuern
So lange borgt und borgt und borgt, bis auch
Die armen eingebornen Mäuschen drin
Verhungern? – Bildet Ihr vielleicht Euch ein,
Wer Euers Gelds bedürftig sei, der werde
Doch Euerm Rate wohl auch folgen? – Ja;
Er Rate folgen! Wenn hat Saladin
Sich raten lassen? – Denkt nur, Nathan, was
Mir eben itzt mit ihm begegnet.

**Nathan.**
Nun?

**Al-Hafi.**
Da komm' ich zu ihm, eben daß er Schach
Gespielt mit seiner Schwester. Sittah spielt
Nicht übel, und das Spiel, das Saladin
Verloren glaubte, schon gegeben hatte,
Das stand noch ganz so da. Ich seh' Euch hin,
Und sehe, daß das Spiel noch lange nicht
Verloren.

**Nathan.**
Ei! das war für dich ein Fund!

**Al-Hafi.**
Er durfte mit dem König an den Bauer

Nur rücken auf ihr Schach. – Wenn ich's Euch gleich
Nur zeigen könnte!

**Nathan.**

O, ich traue dir!

**Al-Hafi.**

Denn so bekam der Roche Feld[1], und sie
War hin. – Das alles will ich ihm nun weisen
Und ruf' ihn. – Denkt! …

**Nathan.**

Er ist nicht der Meinung?

**Al-Hafi.**

Er hört mich gar nicht an und wirft verächtlich
Das ganze Spiel in Klumpen.

**Nathan.**

Ist das möglich?

**Al-Hafi.**

Und sagt, er wolle matt nun einmal sein;
Er wolle! Heißt das spielen?

**Nathan.**

Schwerlich wohl;
Heißt mit dem Spiele spielen.

**Al-Hafi.**

Gleichwohl galt
Es keine taube Nuß.

**Nathan.**

Geld hin, Geld her!
Das ist das wenigste. Allein dich gar
Nicht anzuhören! über einen Punkt
Von solcher Wichtigkeit dich nicht einmal
Zu hören! deinen Adlerblick nicht zu
Bewundern; das, das schreit um Rache; nicht?

**Al-Hafi.**

Ach was? Ich sag' Euch das nur so, damit
Ihr sehen könnt, was für ein Kopf er ist.

---

1 Der Turm wurde wieder frei.

Kurz, ich, ich halt's mit ihm nicht länger aus.
Da lauf' ich nun bei allen schmutz'gen Mohren
Herum und frage, wer ihm borgen will.
Ich, der ich nie für mich gebettelt habe,
Soll nun für andre borgen. Borgen ist
Viel besser nicht als betteln; so wie leihen,
Auf Wucher leihen, nicht viel besser ist
Als stehlen. Unter meinen Gebern[1] an
Dem Ganges brauch' ich beides nicht, und brauche
Das Werkzeug beider nicht zu sein. Am Ganges,
Am Ganges nur gibt's Menschen. Hier seid Ihr
Der einzige, der noch so würdig wäre,
Daß er am Ganges lebte. – Wollt Ihr mit? –
Laßt ihm mit eins den Plunder ganz im Stiche,
Um den es ihm zu tun. Er bringt Euch nach
Und nach doch drum. So wär' die Plackerei
Auf einmal aus. Ich schaff' Euch einen Dalk[2].
Kommt! kommt!

**Nathan.**

Ich dächte zwar, das blieb' uns ja
Noch immer übrig. Doch, Al-Hafi, will
Ich's überlegen. Warte …

**Al-Hafi.**

Überlegen?
Nein, so was überlegt sich nicht.

**Nathan.**

Nur bis
Ich von dem Sultan wiederkomme, bis
Ich Abschied erst …

**Al-Hafi.**

Wer überlegt, der sucht
Bewegungsgründe, nicht zu dürfen[3]. Wer

---

[1] Die historischen Geber sind Feueranbeter, also nicht Mohammedaner, wohnen auch nicht am Ganges und sind keine Weisen und Einsiedler, wie Lessing sie schildert. – [2] Das Gewand des Derwischs, arabisch *dalak*. Lessing änderte irrtümlich in „Delk". – [3] Hier in der alten Bedeutung „brauchen".

Sich Knall und Fall ihm selbst zu leben nicht
Entschließen kann, der lebet andrer Sklav'
Auf immer. – Wie Ihr wollt! – Lebt wohl! wie's Euch
Wohl dünkt. – Mein Weg liegt dort und Eurer da.

**Nathan.**

Al-Hafi! Du wirst selbst doch erst das Deine
Berichtigen?

**Al-Hafi.**

Ach Possen! Der Bestand
Von meiner Kass' ist nicht des Zählens wert,
Und meine Rechnung bürgt – Ihr oder Sittah.
Lebt wohl! (Ab.)

**Nathan** (ihm nachsehend).

Die bürg' ich! – Wilder, guter, edler –
Wie nenn' ich ihn? – Der wahre Bettler ist
Doch einzig und allein der wahre König!
(Von einer andern Seite ab.)

# Dritter Aufzug.

## Erster Auftritt.

Szene: in Nathans Hause.

**Recha** und **Daja.**

**Recha.**

Wie, Daja, drückte sich mein Vater aus?
„Ich dürf' ihn jeden Augenblick erwarten?"
Das klingt – nicht wahr? – als ob er noch so bald
Erscheinen werde. – Wie viel Augenblicke
Sind aber schon vorbei! – Ah nun: wer denkt
An die verflossenen? – Ich will allein
In jedem nächsten Augenblicke leben.
Er wird doch einmal kommen, der ihn bringt.

**Daja.**

O der verwünschten Botschaft von dem Sultan!
Denn Nathan hätte sicher ohne sie
Ihn gleich mit hergebracht.

**Recha.**

Und wenn er nun
Gekommen, dieser Augenblick, wenn denn
Nun meiner Wünsche wärmster, innigster
Erfüllet ist, was dann? – was dann?

**Daja.**

Was dann?
Dann hoff' ich, daß auch meiner Wünsche wärmster
Soll in Erfüllung gehen.

**Recha.**

Was wird dann

In meiner Brust an dessen Stelle treten,
Die schon verlernt, ohn' einen herrschenden
Wunsch aller Wünsche sich zu dehnen? – Nichts?
Ah, ich erschrecke! …

**Daja.**

Mein, mein Wunsch wird dann
An des erfüllten Stelle treten, meiner.
Mein Wunsch, dich in Europa, dich in Händen
Zu wissen, welche deiner würdig sind.

**Recha.**

Du irrst. – Was diesen Wunsch zu deinem macht,
Das nämliche verhindert, daß er meiner
Je werden kann. Dich zieht dein Vaterland:
Und meines, meines sollte mich nicht halten?
Ein Bild der Deinen, das in deiner Seele
Noch nicht verloschen, sollte mehr vermögen,
Als die ich sehn und greifen kann und hören,
Die Meinen?

**Daja.**

Sperre dich, so viel du willst!
Des Himmels Wege sind des Himmels Wege.
Und wenn es nun dein Retter selber wäre,
Durch den sein Gott, für den er kämpft, dich in
Das Land, dich zu dem Volke führen wollte,
Für welche du geboren wurdest?

**Recha.**

Daja!
Was sprichst du da nun wieder, liebe Daja!
Du hast doch wahrlich deine sonderbaren[1]
Begriffe! „Sein, sein Gott! für den er kämpft!"
Wem eignet Gott? was ist das für ein Gott,
Der einem Menschen eignet? der für sich
Muß kämpfen lassen? – Und wie weiß
Man denn, *für* welchen Erdkloß man geboren,
Wenn man's für den nicht ist, *auf* welchem man

1 Besonderen, ganz persönlichen.

Geboren? – Wenn mein Vater dich so hörte!
Was tat er dir, mir[1] immer nur mein Glück
So weit von ihm als möglich vorzuspiegeln?
Was tat er dir, den Samen der Vernunft,
Den er so rein in meine Seele streute,
Mit deines Landes Unkraut oder Blumen
So gern zu mischen? – Liebe, liebe Daja,
Er will nun[2] deine bunten Blumen nicht
Auf meinem Boden! – Und ich muß dir sagen,
Ich selber fühle meinen Boden, wenn
Sie noch so schön ihn kleiden, so entkräftet,
So ausgezehrt durch deine Blumen, fühle
In ihrem Dufte, sauersüßem Dufte,
Mich so betäubt, so schwindelnd! – Dein Gehirn
Ist dessen mehr gewohnt. Ich tadle drum
Die stärkern Nerven nicht, die ihn vertragen.
Nur schlägt er mir nicht zu[3]; und schon dein Engel,
Wie wenig fehlte, daß er mich zur Närrin
Gemacht? – Noch schäm' ich mich vor meinem Vater
Der Posse!

**Daja.**

Posse! – Als ob der Verstand
Nur hier zu Hause wäre! Posse! Posse!
Wenn ich nur reden dürfte!

**Recha.**

Darfst du nicht?
Wenn war ich nicht ganz Ohr, so oft es dir
Gefiel, von deinen Glaubenshelden mich
Zu unterhalten? Hab' ich ihren Taten
Nicht stets Bewunderung und ihren Leiden
Nicht immer Tränen gern gezollt? Ihr Glaube
Schien freilich mir das Heldenmäßigste
An ihnen nie. Doch so viel tröstender
War mir die Lehre, daß Ergebenheit
In Gott von unserm Wähnen über Gott

[1] „Das dich veranlaßt, mir" usw. – [2] Nun einmal. – [3] Zuschlagen, von demselben Schlage sein, gleichartig und deshalb zusagend.

So ganz und gar nicht abhängt. – Liebe Daja,
Das hat mein Vater uns so oft gesagt,
Darüber hast du selbst mit ihm so oft
Dich einverstanden, warum untergräbst
Du denn allein, was du mit ihm zugleich
Gebauet? – Liebe Daja, das ist kein
Gespräch, womit wir unserm Freund am besten
Entgegensehn. Für mich zwar, ja! Denn mir,
Mir liegt daran unendlich, ob auch er …
Horch, Daja! – Kommt es nicht an unsre Türe?
Wenn *er* es wäre! horch!

---

## Zweiter Auftritt.

**Recha. Daja** und der **Tempelherr**, dem jemand von außen die Türe öffnet mit den Worten:

Nur hier herein!

**Recha**

(fährt zusammen, faßt sich und will ihm zu Füßen fallen).

Er ist's! – Mein Retter, ah!

**Tempelherr.**

Dies zu vermeiden,
Erschien ich bloß so spät, und doch –

**Recha.**

Ich will
Ja zu den Füßen dieses stolzen Mannes
Nur Gott noch einmal danken, nicht dem Manne.
Der Mann will keinen Dank, will ihn so wenig,
Als ihn der Wassereimer will, der bei
Dem Löschen so geschäftig sich erwiesen.
Der ließ sich füllen, ließ sich leeren, mir
Nichts dir nichts, also auch der Mann. Auch der
Ward nun so in die Glut hineingestoßen,
Da fiel ich ungefähr ihm in den Arm,
Da blieb ich ungefähr, so wie ein Funken
Auf seinem Mantel, ihm in seinen Armen,
Bis wiederum, ich weiß nicht was, uns beide

Herausschmiß aus der Glut. – Was gibt es da
Zu danken? – In Europa treibt der Wein
Zu noch weit andern Taten. – Tempelherren,
Die müssen einmal nun so handeln, müssen,
Wie etwas besser zugelernte Hunde,
Sowohl aus Feuer als aus Wasser holen.

**Tempelherr**

(der sie mit Erstaunen und Unruhe die Zeit über betrachtet).

O Daja, Daja! Wenn in Augenblicken
Des Kummers und der Galle meine Laune
Dich übel anließ, warum jede Torheit,
Die meiner Zung' entfuhr, ihr hinterbringen?
Das hieß sich zu empfindlich rächen, Daja!
Doch wenn du nur von nun an besser mich
Bei ihr vertreten willst.

**Daja.**

Ich denke, Ritter,
Ich denke nicht, daß diese kleinen Stacheln,
Ihr an das Herz geworfen, Euch da sehr
Geschadet haben.

**Recha.**

Wie? Ihr hattet Kummer?
Und wart mit Euerm Kummer geiziger
Als Euerm Leben?

**Tempelherr.**

Gutes, holdes Kind! –
Wie ist doch meine Seele zwischen Auge
Und Ohr geteilt! – Das war das Mädchen nicht,
Nein, nein, das war es nicht, das aus dem Feuer
Ich holte. – Denn wer hätte die gekannt
Und aus dem Feuer nicht geholt? Wer hätte
Auf mich gewartet? – Zwar – verstellt[1] – der Schreck.

(Pause, unter der er in Anschauung ihrer sich wie verliert.)

**Recha.**

Ich aber find' Euch noch den nämlichen. –

(Dergleichen; bis sie fortfährt, um ihn in seinem Anstaunen zu unterbrechen.)

---

[1] Entstellt.

Nun, Ritter, sagt uns doch, wo Ihr so lange
Gewesen! – Fast dürft' ich auch fragen, wo
Ihr itzo seid.

**Tempelherr.**

Ich bin, – wo ich vielleicht
Nicht sollte sein. –

**Recha.**

Wo Ihr gewesen? – Auch
Wo Ihr vielleicht nicht solltet sein gewesen?
Das ist nicht gut.

**Tempelherr.**

Auf – auf – wie heißt der Berg?
Auf Sinai.

**Recha.**

Auf Sinai? – Ah schön!
Nun kann ich zuverlässig doch einmal
Erfahren, ob es wahr …

**Tempelherr.**

Was? was? Ob's wahr,
Daß noch daselbst der Ort zu sehn, wo Moses
Vor Gott gestanden, als …

**Recha.**

Nun das wohl nicht.
Denn wo er stand, stand er vor Gott. Und davon
Ist mir zur G'nüge schon bekannt. – Ob's wahr,
Möcht' ich nur gern von Euch erfahren, daß –
Daß es bei weitem nicht so mühsam sei,
Auf diesen Berg hinaufzusteigen als
Herab?[1] – Denn seht: so viel ich Berge noch
Gestiegen bin, war's just das Gegenteil. –
Nun, Ritter? – Was? – Ihr kehrt Euch von mir ab?
Wollt mich nicht sehn?

---

1 Lessing fand in Breuning von Buchenbachs „Orientalischer Reyß" (Straßburg 1612), S. 193, die Erzählung, daß die Pilger beim Abstieg vom Sinai auf einem anderen, stufenlosen Wege weit größere Beschwerden als beim Aufstieg zu überwinden hatten. Er benutzt diese Notiz, um die Eigenart des Sinai als eines Berges besonderer, wunderbarer Art zu bestätigen.

**Tempelherr.**

Weil ich Euch hören will.

**Recha.**

Weil Ihr mich nicht wollt merken lassen, daß
Ihr meiner Einfalt lächelt, daß Ihr lächelt,
Wie ich Euch doch so gar nichts Wichtigers
Von diesem heiligen Berg aller Berge
Zu fragen weiß? Nicht wahr?

**Tempelherr.**

So muß
Ich doch Euch wieder in die Augen sehn. –
Was? Nun schlagt Ihr sie nieder? nun verbeißt
Das Lächeln Ihr? wie ich noch erst in Mienen,
In zweifelhaften Mienen lesen will,
Was ich so deutlich hör', Ihr so vernehmlich
Mir sagt – verschweigt[1]? – Ah Recha! Recha! Wie
Hat er so wahr gesagt: „Kennt sie nur erst!"

**Recha.**

Wer hat? – von wem? – Euch das gesagt?

**Tempelherr.**

„Kennt sie
Nur erst!" hat Euer Vater mir gesagt;
Von Euch gesagt.

**Daja.**

Und ich nicht etwa auch?
Ich denn nicht auch?

**Tempelherr.**

Allein, wo ist er denn?
Wo ist denn Euer Vater? Ist er noch
Beim Sultan?

**Recha.**

Ohne Zweifel.

---

1 Was der Tempelherr in Rechas zweifelhaften, bisher noch keine sichere Gewähr ihres inneren Zustandes gebenden Mienen lesen will, ist wohl das Geständnis ihrer Liebe.

**Tempelherr.**

Noch, noch da? –
O mich vergeßlichen! Nein, nein; da ist
Er schwerlich mehr. – Er wird dort unten bei
Dem Kloster meiner warten; ganz gewiß.
So red'ten, mein' ich, wir es ab. Erlaubt!
Ich geh', ich hol' ihn …

**Daja.**

Das ist meine Sache.
Bleibt, Ritter, bleibt. Ich bring' ihn unverzüglich.

**Tempelherr.**

Nicht so, nicht so! Er sieht mir selbst entgegen,
Nicht Euch. Dazu, er könnte leicht … wer weiß? …
Er könnte bei dem Sultan leicht, … Ihr kennt
Den Sultan nicht! … leicht in Verlegenheit
Gekommen sein. – Glaubt mir; es hat Gefahr,
Wenn ich nicht geh'.

**Recha.**

Gefahr? was für Gefahr?

**Tempelherr.**

Gefahr für mich, für Euch, für ihn, wenn ich
Nicht schleunig, schleunig geh'. (Ab.)

---

## Dritter Auftritt.

**Recha** und **Daja.**

**Recha.**

Was ist das, Daja? –
So schnell? – Was kömmt ihm an? Was fiel ihm auf?
Was jagt ihn?

**Daja.**

Laßt nur, laßt. Ich denk', es ist
Kein schlimmes Zeichen.

**Recha.**

Zeichen? und wovon?

**Daja.**

Daß etwas vorgeht innerhalb. Es kocht

Und soll nicht überkochen. Laßt ihn nur.
Nun ist's an Euch.

**Recha.**

Was ist an mir? Du wirst,
Wie er, mir unbegreiflich.

**Daja.**

Bald nun könnt
Ihr ihm die Unruh' all vergelten, die
Er Euch gemacht hat. Seid nur aber auch
Nicht allzu streng, nicht allzu rachbegierig.

**Recha.**

Wovon du sprichst, das magst du selber wissen.

**Daja.**

Und seid denn Ihr bereits so ruhig wieder?

**Recha.**

Das bin ich; ja, das bin ich …

**Daja.**

Wenigstens
Gesteht, daß Ihr Euch seiner Unruh' freut;
Und seiner Unruh' danket, was Ihr itzt
Von Ruh' genießt.

**Recha.**

Mir völlig unbewußt!
Denn was ich höchstens dir gestehen könnte,
Wär', daß es mich – mich selbst befremdet, wie
Auf einen solchen Sturm in meinem Herzen
So eine Stille plötzlich folgen können.
Sein voller Anblick, sein Gespräch, sein Tun
Hat mich …

**Daja.**

Gesättigt schon?

**Recha.**

Gesättigt, will
Ich nun nicht sagen, nein – bei weitem nicht –

**Daja.**

Den heißen Hunger nur gestillt.

**Recha.**

Nun ja;
Wenn du so willst.

**Daja.**

Ich eben nicht.

**Recha.**

Er wird
Mir ewig wert, mir ewig werter, als
Mein Leben bleiben, wenn auch schon mein Puls
Nicht mehr bei seinem bloßen Namen wechselt,
Nicht mehr mein Herz, so oft ich an ihn denke,
Geschwinder, stärker schlägt. – Was schwatz' ich? Komm,
Komm, liebe Daja, wieder an das Fenster,
Das auf die Palmen sieht.

**Daja.**

So ist er doch
Wohl noch nicht ganz gestillt, der heiße Hunger.

**Recha.**

Nun werd' ich auch die Palmen wieder sehn:
Nicht ihn bloß untern Palmen.

**Daja.**

Diese Kälte
Beginnt auch wohl ein neues Fieber nur.

**Recha.**

Was Kält'? Ich bin nicht kalt. Ich sehe wahrlich
Nicht minder gern, was ich mit Ruhe sehe.

---

## Vierter Auftritt.

Szene: ein Audienzsaal in dem Palaste des Saladin.

**Saladin** und **Sittah.**

**Saladin**

(im Hereintreten, gegen die Türe).

Hier bringt den Juden her, sobald er kömmt.
Er scheint sich eben nicht zu übereilen.

**Sittah.**

Er war auch wohl nicht bei der Hand, nicht gleich
Zu finden.

**Saladin.**

Schwester! Schwester!

**Sittah.**

Tust du doch,
Als stünde dir ein Treffen vor.

**Saladin.**

Und das
Mit Waffen, die ich nicht gelernt zu führen.
Ich soll mich stellen[1], soll besorgen lassen[2],
Soll Fallen legen, soll auf Glatteis führen.
Wenn hätt' ich das gekonnt? Wo hätt' ich das
Gelernt? – Und soll das alles, ah, wozu?
Wozu? – Um Geld zu fischen; Geld! – Um Geld,
Geld einem Juden abzubangen, Geld!
Zu solchen kleinen Listen wär' ich endlich
Gebracht, der Kleinigkeiten kleinste mir
Zu schaffen?

**Sittah.**

Jede Kleinigkeit, zu sehr
Verschmäht, die rächt sich, Bruder.

**Saladin.**

Leider wahr. –
Und wenn nun dieser Jude gar der gute,
Vernünft'ge Mann ist, wie der Derwisch dir
Ihn ehedem beschrieben?

**Sittah.**

O nun dann!
Was hat es dann für Not! Die Schlinge liegt
Ja nur dem geizigen, besorglichen,
Furchtsamen Juden, nicht dem guten, nicht
Dem weisen Manne. Dieser ist ja so

---

[1] Verstellen. – [2] Besorgnis, Furcht erregen.

Schon unser, ohne Schlinge. Das Vergnügen,
Zu hören, wie ein solcher Mann sich ausred't;
Mit welcher dreisten Stärk' entweder er
Die Stricke kurz zerreißet oder auch
Mit welcher schlauen Vorsicht er die Netze[1]
Vorbei sich windet: dies Vergnügen hast
Du obendrein.

**Saladin.**

Nun, das ist wahr. Gewiß;
Ich freue mich darauf.

**Sittah.**

So kann dich ja
Auch weiter nichts verlegen machen. Denn
Ist's einer aus der Menge bloß, ist's bloß
Ein Jude wie ein Jude, gegen den
Wirst du dich doch nicht schämen, so zu scheinen,
Wie er die Menschen all' sich denkt? Vielmehr
Wer sich ihm besser zeigt, der zeigt sich ihm
Als Geck, als Narr.

**Saladin.**

So muß ich ja wohl gar
Schlecht handeln, daß von mir der Schlechte nicht
Schlecht denke?

**Sittah.**

Traun! wenn du schlecht handeln nennst,
Ein jedes Ding nach seiner Art zu brauchen.

**Saladin.**

Was hätt' ein Weiberkopf erdacht, das er
Nicht zu beschönen wüßte!

**Sittah.**

Zu beschönen!

**Saladin.**

Das feine, spitze Ding, besorg' ich nur,
In meiner plumpen Hand zerbricht! – So was
Will ausgeführt sein, wie's erfunden ist:

[1] An den Netzen.

Mit aller Pfiffigkeit, Gewandtheit. – Doch,
Mag's doch nur, mag's! Ich tanze, wie ich kann;
Und könnt' es freilich lieber schlechter noch
Als besser.

**Sittah.**

Trau' dir auch nur nicht zu wenig!
Ich stehe dir für dich! Wenn du nur willst. –
Daß uns die Männer deinesgleichen doch
So gern bereden möchten, nur ihr Schwert,
Ihr Schwert nur habe sie soweit gebracht.
Der Löwe schämt sich freilich, wenn er mit
Dem Fuchse jagt: – des Fuchses, nicht der List.

**Saladin.**

Und daß die Weiber doch so gern den Mann
Zu sich herunter hätten! – Geh nur, geh! –
Ich glaube meine Lektion zu können.

**Sittah.**

Was? ich soll gehn?

**Saladin.**

Du wolltest doch nicht bleiben?

**Sittah.**

Wenn auch nicht bleiben – im Gesicht Euch bleiben –
Doch hier im Nebenzimmer –

**Saladin.**

Da zu horchen?
Auch das nicht, Schwester, wenn ich soll bestehn. –
Fort, fort! der Vorhang rauscht; er kömmt! – Doch daß
Du ja nicht da verweilst! Ich sehe nach.

(Indem sie sich durch die eine Türe entfernt, tritt Nathan zu der andern herein, und Saladin hat sich gesetzt.)

---

## Fünfter Auftritt.

**Saladin** und **Nathan.**

**Saladin.**

Tritt näher, Jude! – Näher! – Nur ganz her! –
Nur ohne Furcht!

**Nathan.**

Die bleibe deinem Feinde!

**Saladin.**

Du nennst dich Nathan?

**Nathan.**

Ja.

**Saladin.**

Den weisen Nathan?

**Nathan.**

Nein.

**Saladin.**

Wohl! nennst du dich nicht, nennt dich das Volk.

**Nathan.**

Kann sein, das Volk!

**Saladin.**

Du glaubst doch nicht, daß ich
Verächtlich von des Volkes Stimme denke? –
Ich habe längst gewünscht, den Mann zu kennen,
Den es den Weisen nennt.

**Nathan.**

Und wenn es ihn
Zum Spott so nennte? Wenn dem Volke weise
Nichts weiter wär' als klug? und klug nur der,
Der sich auf seinen Vorteil gut versteht?

**Saladin.**

Auf seinen wahren Vorteil, meinst du doch?

**Nathan.**

Dann freilich wär' der Eigennützigste
Der Klügste. Dann wär' freilich klug und weise
Nur eins.

**Saladin.**

Ich höre dich erweisen, was
Du widersprechen willst. – Des Menschen wahre
Vorteile, die das Volk nicht kennt, kennst du.
Hast du zu kennen wenigstens gesucht,

Hast drüber nachgedacht: das auch allein
Macht schon den Weisen.

**Nathan.**

Der sich jeder dünkt
Zu sein.

**Saladin.**

Nun der Bescheidenheit genug!
Denn sie nur immerdar zu hören, wo
Man trockene Vernunft erwartet, ekelt.
Laß uns zur Sache kommen! Aber, aber
Aufrichtig, Jud', aufrichtig!

**Nathan.**

Sultan, ich
Will sicherlich dich so bedienen, daß
Ich deiner fernern Kundschaft würdig bleibe.

**Saladin.**

Bedienen? wie?

**Nathan.**

Du sollst das Beste haben
Von allen, sollst es um den billigsten
Preis haben.

**Saladin.**

Wovon sprichst du? Doch wohl nicht
Von deinen Waren? – Schachern wird mit dir
Schon meine Schwester. (Das der Horcherin!) –
Ich habe mit dem Kaufmann nichts zu tun.

**Nathan.**

So wirst du ohne Zweifel wissen wollen,
Was ich auf meinem Wege von dem Feinde,
Der allerdings sich wieder reget, etwa
Bemerkt, getroffen? – Wenn ich unverhohlen ...

**Saladin.**

Auch darauf bin ich eben nicht mit dir
Gesteuert. Davon weiß ich schon, soviel
Ich nötig habe. – Kurz, –

**Nathan.**

Gebiete, Sultan.

**Saladin.**

Ich heische deinen Unterricht in ganz
Was anderm; ganz was anderm. – Da nun du
So weise bist, so sage mir doch einmal –
Was für ein Glaube, was für ein Gesetz
Hat dir am meisten eingeleuchtet?

**Nathan.**

Sultan,
Ich bin ein Jud'.

**Saladin.**

Und ich ein Muselmann.
Der Christ ist zwischen uns. – Von diesen drei
Religionen kann doch eine nur
Die wahre sein. – Ein Mann, wie du, bleibt da
Nicht stehen, wo der Zufall der Geburt
Ihn hingeworfen, oder, wenn er bleibt,
Bleibt er aus Einsicht, Gründen, Wahl des Bessern.
Wohlan! so teile deine Einsicht mir
Dann mit. Laß mich die Gründe hören, denen
Ich selber nachzugrübeln nicht die Zeit
Gehabt. Laß mich die Wahl, die diese Gründe
Bestimmt, – versteht sich, im Vertrauen – wissen,
Damit ich sie zu meiner mache. – Wie?
Du stutzest? wägst mich mit dem Auge? – Kann
Wohl sein, daß ich der erste Sultan bin,
Der eine solche Grille hat, die mich
Doch eines Sultans eben nicht so ganz
Unwürdig dünkt. – Nicht wahr? – So rede doch!
Sprich! – Oder willst du einen Augenblick,
Dich zu bedenken? Gut; ich geb' ihn dir. –
(Ob sie wohl horcht? Ich will sie doch belauschen,
Will hören, ob ich's recht gemacht. –) Denk' nach!
Geschwind, denk' nach! Ich säume nicht, zurück-
Zukommen.

(Er geht in das Nebenzimmer, nach welchem sich Sittah begeben.)

## Sechster Auftritt.

**Nathan** allein.

Hm! hm! – wunderlich! – Wie ist
Mir denn? – Was will der Sultan? was? – Ich bin
Auf Geld gefaßt, und er will – Wahrheit. Wahrheit!
Und will sie so, – so bar, so blank, – als ob
Die Wahrheit Münze wäre! – Ja, wenn noch
Uralte Münze, die gewogen ward! –
Das ginge noch! Allein so neue Münze,
Die nur der Stempel macht, die man aufs Brett
Nur zählen darf[1], das ist sie doch nun nicht!
Wie Geld in Sack, so striche man in Kopf
Auch Wahrheit ein? Wer ist denn hier der Jude?
Ich oder er? – Doch wie? Sollt' er auch wohl
Die Wahrheit nicht in Wahrheit fodern? – Zwar,
Zwar der Verdacht, daß er die Wahrheit nur
Als Falle brauche, wär' auch gar zu klein! –
Zu klein? – Was ist für einen Großen denn
Zu klein? – Gewiß, gewiß: er stürzte mit
Der Türe so ins Haus! Man pocht doch, hört
Doch erst, wenn man als Freund sich naht. – Ich muß
Behutsam gehn! – Und wie? wie das? – So ganz
Stockjude sein zu wollen, geht schon nicht. –
Und ganz und gar nicht Jude, geht noch minder.
Denn, wenn kein Jude, dürft' er mich nur fragen,
Warum kein Muselmann? – Das war's! Das kann
Mich retten! – Nicht die Kinder bloß speist man
Mit Märchen ab. – Er kömmt. Er komme nur!

---

## Siebenter Auftritt.

**Saladin** und **Nathan.**

### Saladin.

(So ist das Feld hier rein!) – Ich komm' dir doch
Nicht zu geschwind zurück? Du bist zu Rande

[1] Braucht.

Mit deiner Überlegung. – Nun, so rede!
Es hört uns keine Seele.

**Nathan.**

Möcht' auch doch
Die ganze Welt uns hören.

**Saladin.**

So gewiß
Ist Nathan seiner Sache? Ha! das nenn'
Ich einen Weisen! Nie die Wahrheit zu
Verhehlen! für sie alles auf das Spiel
Zu setzen! Leib und Leben! Gut und Blut!

**Nathan.**

Ja! ja! wann's nötig ist und nutzt.

**Saladin.**

Von nun
An darf ich hoffen, einen meiner Titel,
Verbesserer der Welt und des Gesetzes,
Mit Recht zu führen.

**Nathan.**

Traun, ein schöner Titel!
Doch, Sultan, eh' ich mich dir ganz vertraue,
Erlaubst du wohl, dir ein Geschichtchen zu
Erzählen?

**Saladin.**

Warum das nicht? Ich bin stets
Ein Freund gewesen von Geschichtchen, gut
Erzählt.

**Nathan.**

Ja, gut erzählen, das ist nun
Wohl eben meine Sache nicht.

**Saladin.**

Schon wieder
So stolz bescheiden? – Mach'! erzähl', erzähle!

**Nathan.**

Vor grauen Jahren lebt' ein Mann in Osten,
Der einen Ring von unschätzbarem Wert

Aus lieber Hand besaß. Der Stein war ein
Opal, der hundert schöne Farben spielte,
Und hatte die geheime Kraft, vor Gott
Und Menschen angenehm zu machen, wer
In dieser Zuversicht ihn trug. Was Wunder,
Daß ihn der Mann in Osten darum nie
Vom Finger ließ und die Verfügung traf,
Auf ewig ihn bei seinem Hause zu
Erhalten? Nämlich so. Er ließ den Ring
Von seinen Söhnen dem geliebtesten
Und setzte fest, daß dieser wiederum
Den Ring von seinen Söhnen dem vermache,
Der ihm der liebste sei, und stets der liebste,
Ohn' Ansehn der Geburt, in Kraft allein
Des Rings, das Haupt, der Fürst des Hauses werde. –
Versteh mich, Sultan.

**Saladin.**

Ich versteh' dich. Weiter!

**Nathan.**

So kam nun dieser Ring von Sohn zu Sohn,
Auf einen Vater endlich von drei Söhnen,
Die alle drei ihm gleich gehorsam waren,
Die alle drei er folglich gleich zu lieben
Sich nicht entbrechen konnte. Nur von Zeit
Zu Zeit schien ihm bald der, bald dieser, bald
Der dritte, – sowie jeder sich mit ihm
Allein befand und sein ergießend Herz
Die andern zwei nicht teilten, – würdiger
Des Ringes, den er denn auch einem jeden
Die fromme Schwachheit hatte zu versprechen.
Das ging nun so, so lang' es ging. – Allein
Es kam zum Sterben, und der gute Vater
Kömmt in Verlegenheit. Es schmerzt ihn, zwei
Von seinen Söhnen, die sich auf sein Wort
Verlassen, so zu kränken. – Was zu tun? –
Er sendet ingeheim zu einem Künstler,
Bei dem er nach dem Muster seines Ringes

Zwei andere bestellt und weder Kosten
Noch Mühe sparen heißt, sie jenem gleich,
Vollkommen gleich zu machen. Das gelingt
Dem Künstler. Da er ihm die Ringe bringt,
Kann selbst der Vater seinen Musterring
Nicht unterscheiden. Froh und freudig ruft
Er seine Söhne, jeden insbesondre,
Gibt jedem insbesondre seinen Segen –
Und seinen Ring – und stirbt. – Du hörst doch, Sultan?

**Saladin**

(der sich betroffen von ihm gewandt).

Ich hör', ich höre! – Komm mit deinem Märchen
Nur bald zu Ende. – Wird's?

**Nathan.**

Ich bin zu Ende.
Denn was noch folgt, versteht sich ja von selbst. –
Kaum war der Vater tot, so kömmt ein jeder
Mit seinem Ring, und jeder will der Fürst
Des Hauses sein. Man untersucht, man zankt,
Man klagt. Umsonst; der rechte Ring war nicht
Erweislich. –

(Nach einer Pause, in welcher er des Sultans Antwort erwartet.)

Fast so unerweislich, als
Uns itzt – der rechte Glaube.

**Saladin.**

Wie? das soll
Die Antwort sein auf meine Frage? . . .

**Nathan.**

Soll
Mich bloß entschuldigen, wenn ich die Ringe
Mir nicht getrau' zu unterscheiden, die
Der Vater in der Absicht machen ließ,
Damit sie nicht zu unterscheiden wären.

**Saladin.**

Die Ringe! – Spiele nicht mit mir! – Ich dächte,
Daß die Religionen, die ich dir

Genannt, doch wohl zu unterscheiden wären;
Bis auf die Kleidung, bis auf Speis' und Trank!

**Nathan.**

Und nur von seiten ihrer Gründe nicht. –
Denn gründen alle sich nicht auf Geschichte?
Geschrieben oder überliefert! – Und
Geschichte muß doch wohl allein auf Treu
Und Glauben angenommen werden? – Nicht? –
Nun, wessen Treu und Glauben zieht man denn
Am wenigsten in Zweifel? Doch der Seinen?
Doch deren Blut wir sind? Doch deren, die
Von Kindheit an uns Proben ihrer Liebe
Gegeben? die uns nie getäuscht, als wo
Getäuscht zu werden uns heilsamer war? –
Wie kann ich meinen Vätern weniger
Als du den deinen glauben? Oder umgekehrt. –
Kann ich von dir verlangen, daß du deine
Vorfahren Lügen strafst, um meinen nicht
Zu widersprechen? Oder umgekehrt.
Das nämliche gilt von den Christen. Nicht? –

**Saladin.**

(Bei dem Lebendigen! Der Mann hat recht.
Ich muß verstummen.)

**Nathan.**

Laß auf unsre Ring'
Uns wieder kommen. Wie gesagt: die Söhne
Verklagten sich, und jeder schwur dem Richter,
Unmittelbar aus seines Vaters Hand
Den Ring zu haben. – Wie auch wahr! – Nachdem
Er von ihm lange das Versprechen schon
Gehabt, des Ringes Vorrecht einmal zu
Genießen. – Wie nicht minder wahr! – Der Vater,
Beteu'rte jeder, könne gegen ihn
Nicht falsch gewesen sein; und eh' er dieses
Von ihm, von einem solchen lieben Vater
Argwohnen lass': eh' müss' er seine Brüder,

So gern er sonst von ihnen nur das beste
Bereit zu glauben sei, des falschen Spiels
Bezeihen, und er wolle die Verräter
Schon auszufinden wissen, sich schon rächen.

**Saladin.**

Und nun der Richter? – Mich verlangt zu hören,
Was du den Richter sagen lässest. Sprich!

**Nathan.**

Der Richter sprach: „Wenn ihr mir nun den Vater
Nicht bald zur Stelle schafft, so weis' ich euch
Von meinem Stuhle. Denkt ihr, daß ich Rätsel
Zu lösen da bin? Oder harret ihr,
Bis daß der rechte Ring den Mund eröffne? –
Doch halt! Ich höre ja, der rechte Ring
Besitzt die Wunderkraft, beliebt zu machen,
Vor Gott und Menschen angenehm. Das muß
Entscheiden! Denn die falschen Ringe werden
Doch das nicht können! – Nun: wen lieben zwei
Von euch am meisten? – Macht, sagt an! Ihr schweigt?
Die Ringe wirken nur zurück? und nicht
Nach außen? Jeder liebt sich selber nur
Am meisten? – O, so seid ihre alle drei
Betrogene Betrieger! Eure Ringe
Sind alle drei nicht echt. Der echte Ring
Vermutlich ging verloren. Den Verlust
Zu bergen, zu ersetzen, ließ der Vater
Die drei für einen machen."

**Saladin.**

Herrlich! herrlich!

**Nathan.**

„Und also, fuhr der Richter fort, wenn ihr
Nicht meinen Rat statt meines Spruches wollt:
Geht nur! – Mein Rat ist aber der: ihr nehmt
Die Sache völlig wie sie liegt. Hat von
Euch jeder seinen Ring von seinem Vater,
So glaube jeder sicher seinen Ring

Den echten. – Möglich, daß der Vater nun
Die Tyrannei des einen Rings nicht länger
In seinem Hause dulden wollen! – Und gewiß,
Daß er euch alle drei geliebt, und gleich
Geliebt, indem er zwei nicht drücken mögen,
Um einen zu begünstigen. – Wohlan!
Es eifre jeder seiner unbestochnen,
Von Vorurteilen freien Liebe nach!
Es strebe von euch jeder um die Wette,
Die Kraft des Steins in seinem Ring an Tag
Zu legen! komme dieser Kraft mit Sanftmut,
Mit herzlicher Verträglichkeit, mit Wohltun,
Mit innigster Ergebenheit in Gott
Zu Hülf'! Und wenn sich dann der Steine Kräfte
Bei euern Kindes-Kindeskindern äußern,
So lad' ich über tausend tausend Jahre
Sie wiederum vor diesen Stuhl. Da wird
Ein weisrer Mann auf diesem Stuhle sitzen
Als ich und sprechen. Geht! – So sagte der
Bescheidne[1] Richter.

**Saladin.**

Gott! Gott!

**Nathan.**

Saladin,
Wenn du dich fühlest, dieser weisere
Versprochne Mann zu sein ...

**Saladin**

(der auf ihn zustürzt und seine Hand ergreift, die er bis zu Ende nicht wieder fahren läßt).

Ich Staub? Ich Nichts?
O Gott!

**Nathan.**

Was ist dir, Sultan?

**Saladin.**

Nathan, lieber Nathan! –
Die tausend tausend Jahre deines Richters
Sind noch nicht um. – Sein Richterstuhl ist nicht
Der meine. – Geh! – Geh! – Aber sei mein Freund.

[1] Erfahrene, weltweise.

**Nathan.**

Und weiter hätte Saladin mir nichts
Zu sagen?

**Saladin.**

Nichts.

**Nathan.**

Nichts?

**Saladin.**

Gar nichts. – Und warum?

**Nathan.**

Ich hätte noch Gelegenheit gewünscht,
Dir eine Bitte vorzutragen.

**Saladin.**

Braucht's
Gelegenheit zu einer Bitte? – Rede!

**Nathan.**

Ich komm' von einer weiten Reis', auf welcher
Ich Schulden eingetrieben. – Fast hab' ich
Des baren Gelds zu viel. – Die Zeit beginnt
Bedenklich wiederum zu werden, – und
Ich weiß nicht recht, wo sicher damit hin. –
Da dacht' ich, ob nicht du vielleicht, – weil doch
Ein naher Krieg des Geldes immer mehr
Erfodert, – etwas brauchen könntest.

**Saladin** (ihm steif in die Augen sehend).

Nathan! –
Ich will nicht fragen, ob Al-Hafi schon
Bei dir gewesen, – will nicht untersuchen,
Ob dich nicht sonst ein Argwohn treibt, mir dieses
Erbieten freierdings zu tun: . . .

**Nathan.**

Ein Argwohn?

**Saladin.**

Ich bin ihn wert. – Verzeih mir! – denn was hilft's?
Ich muß dir nur gestehen, – daß ich im
Begriffe war –

**Nathan.**

Doch nicht, das nämliche
An mich zu suchen?

**Saladin.**

Allerdings.

**Nathan.**

So wär'
Uns beiden ja geholfen! – Daß ich aber
Dir alle meine Barschaft nicht kann schicken,
Das macht der junge Tempelherr. – Du kennst
Ihn ja. – Ihm hab' ich eine große Post[1]
Vorher noch zu bezahlen.

**Saladin.**

Tempelherr?
Du wirst doch meine schlimmsten Feinde nicht
Mit deinem Geld auch unterstützen wollen?

**Nathan.**

Ich spreche von dem einen nur, dem du
Das Leben spartest . . .

**Saladin.**

Ah! woran erinnerst
Du mich! – Hab' ich doch diesen Jüngling ganz
Vergessen! – Kennst du ihn? – Wo ist er?

**Nathan.**

Wie?
So weißt du nicht, wie viel von deiner Gnade
Für ihn, durch ihn auf mich geflossen? Er,
Er mit Gefahr des neuerhaltnen Lebens
Hat meine Tochter aus dem Feu'r gerettet.

**Saladin.**

Er? Hat er das? – Ha! darnach sah er aus.
Das hätte, traun, mein Bruder auch getan,
Dem er so ähnelt! – Ist er denn noch hier?
So bring' ihn her! – Ich habe meiner Schwester

---

[1] Schuldsumme, vom ital. *posta.*

Von diesem ihren Bruder, den sie nicht
Gekannt, so viel erzählet, daß ich sie
Sein Ebenbild doch auch muß sehen lassen! –
Geh, hol' ihn! – Wie aus einer guten Tat,
Gebar sie auch schon bloße Leidenschaft,
Doch so viel andre gute Taten fließen!
Geh, hol' ihn!

**Nathan**

(indem er Saladins Hand fahren läßt).

Augenblicks! Und bei dem andern
Bleibt es doch auch? (Ab.)

**Saladin.**

Ah! daß ich meine Schwester
Nicht horchen lassen! – Zu ihr! zu ihr! – Denn
Wie soll ich alles das ihr nun erzählen?

(Ab von der andern Seite.)

---

## Achter Auftritt.

Die Szene: unter den Palmen, in der Nähe des Klosters, wo der Tempelherr Nathans wartet.

**Der Tempelherr**

(geht, mit sich selbst kämpfend, auf und ab, bis er losbricht).

– Hier hält das Opfertier ermüdet still. –
Nun gut! Ich mag nicht, mag nicht näher wissen,
Was in mir vorgeht, mag voraus nicht wittern,
Was vorgehn wird. – Genug, ich bin umsonst
Geflohn! umsonst. – Und weiter *konnt'* ich doch
Auch nichts als fliehn? – Nun komm', was kommen soll! –
Ihm auszubeugen, war der Streich zu schnell
Gefallen, unter den zu kommen ich
So lang' und viel mich weigerte. – Sie sehn,
Die ich zu sehn so wenig lüstern war, –
Sie sehn, und der Entschluß, sie wieder aus
Den Augen nie zu lassen. – Was, Entschluß?
Entschluß ist Vorsatz, Tat; und ich, ich litt',
Ich litte[1] bloß. – Sie sehn, und das Gefühl,

---

[1] Indikativ Präteriti.

An sie verstrickt, in sie verwebt zu sein,
War eins. – Bleibt eins. – Von ihr getrennt
Zu leben, ist mir ganz undenkbar, wär'
Mein Tod, – und wo wir immer nach dem Tode
Noch sind, auch da mein Tod. – Ist das nun Liebe:
So – liebt der Tempelritter freilich, – liebt
Der Christ das Judenmädchen freilich. – Hm!
Was tut's? – Ich hab' in dem Gelobten Lande –
Und drum auch mir gelobt auf immerdar! –
Der Vorurteile mehr schon abgelegt. –
Was will mein Orden auch? Ich Tempelherr
Bin tot; war von dem Augenblick ihm tot,
Der mich zu Saladins Gefangnen machte.
Der Kopf, den Saladin mir schenkte, wär'
Mein alter? – Ist ein neuer; der von allem
Nichts weiß, was jenem eingeplaudert ward,
Was jenen band. – Und ist ein bessrer; für
Den väterlichen Himmel mehr gemacht.
Das spür' ich ja. Denn erst mit ihm beginn'
Ich so zu denken, wie mein Vater hier
Gedacht muß haben, wenn man Märchen nicht
Von ihm mir vorgelogen. – Märchen? – doch
Ganz glaubliche, die glaublicher mir nie
Als itzt geschienen, da ich nur Gefahr
Zu straucheln laufe, wo er fiel. – Er fiel?
Ich will mit Männern lieber fallen, als
Mit Kindern stehn. – Sein Beispiel bürget mir
Für seinen Beifall. Und an wessen Beifall
Liegt mir denn sonst? – An Nathans? – O, an dessen
Ermunt'rung mehr als Beifall kann es mir
Noch weniger gebrechen. – Welch ein Jude! –
Und der so ganz nur Jude scheinen will!
Da kömmt er; kömmt mit Hast, glüht heitre Freude.
Wer kam vom Saladin je anders? – He!
He, Nathan!

## Neunter Auftritt.

**Nathan** und der **Tempelherr.**

**Nathan.**

Wie? seid Ihr's?

**Tempelherr.**

Ihr habt
Sehr lang' Euch bei dem Sultan aufgehalten.

**Nathan.**

So lange nun wohl nicht. Ich ward im Hingehn
Zu viel verweilt. – Ah, wahrlich, Curd, der Mann
Steht seinen Ruhm. Sein Ruhm ist bloß sein Schatten. –
Doch laßt vor allen Dingen Euch geschwind
Nur sagen . . .

**Tempelherr.**

Was?

**Nathan.**

Er will Euch sprechen, will,
Daß ungesäumt Ihr zu ihm kommt. Begleitet
Mich nur nach Hause, wo ich noch für ihn
Erst etwas anders zu verfügen habe,
Und dann, so gehn wir.

**Tempelherr.**

Nathan, Euer Haus
Betret' ich wieder eher nicht . . .

**Nathan.**

So seid
Ihr doch indes schon dagewesen? habt
Indes sie doch gesprochen? – Nun? – Sagt, wie
Gefällt Euch Recha?

**Tempelherr.**

Über allen Ausdruck! –
Allein, – sie wiedersehn – das werd' ich nie!
Nie! nie! – Ihr müßtet mir zur Stelle denn
Versprechen, – daß ich sie auf immer, immer –
Soll können sehn.

**Nathan.**

Wie wollt Ihr, daß ich das
Versteh'?

**Tempelherr**

(nach einer kurzen Pause ihm plötzlich um den Hals fallend).

Mein Vater!

**Nathan.**

– Junger Mann!

**Tempelherr** (ihn ebenso plötzlich wieder lassend).

Nicht Sohn? –
Ich bitt' Euch, Nathan! –

**Nathan.**

Lieber junger Mann!

**Tempelherr.**

Nicht Sohn? – Ich bitt' Euch, Nathan! – Ich beschwör'
Euch bei den ersten Banden der Natur! –
Zieht ihnen spätre Fesseln doch nicht vor! –
Begnügt Euch doch, ein Mensch zu sein! – Stoßt mich
Nicht von Euch!

**Nathan.**

Lieber, lieber Freund! . . .

**Tempelherr.**

Und Sohn?
Sohn nicht? – Auch dann nicht, dann nicht einmal, wenn
Erkenntlichkeit zum Herzen Eurer Tochter
Der Liebe schon den Weg gebahnet hätte?
Auch dann nicht einmal, wenn in eins zu schmelzen
Auf Euern Wink nur beide warteten? –
Ihr schweigt?

**Nathan.**

Ihr überrascht mich, junger Ritter.

**Tempelherr.**

Ich überrasch' Euch? – überrasch' Euch, Nathan,
Mit Euern eigenen Gedanken? – Ihr
Verkennt sie doch in meinem Munde nicht? –
Ich überrasch' Euch?

**Nathan.**

Eh ich einmal weiß,
Was für ein Stauffen Euer Vater denn
Gewesen ist!

**Tempelherr.**

Was sagt Ihr, Nathan? was? –
In diesem Augenblicke fühlt Ihr nichts
Als Neubegier?

**Nathan.**

Denn seht! Ich habe selbst
Wohl einen Stauffen ehedem gekannt,
Der Conrad hieß.

**Tempelherr.**

Nun – wenn mein Vater denn
Nun ebenso geheißen hätte?

**Nathan.**

Wahrlich?

**Tempelherr.**

Ich heiße selber ja nach meinem Vater: Curd
Ist Conrad.

**Nathan.**

Nun – so war mein Conrad doch
Nicht Euer Vater. Denn mein Conrad war,
Was Ihr, war Tempelherr, war nie vermählt.

**Tempelherr.**

O darum!

**Nathan.**

Wie?

**Tempelherr.**

O darum könnt' er doch
Mein Vater wohl gewesen sein.

**Nathan.**

Ihr scherzt.

**Tempelherr.**

Und Ihr nehmt's wahrlich zu genau! – Was wär's
Denn nun? So was von Bastard oder Bankert!

Der Schlag ist auch nicht zu verachten. – Doch
Entlaßt mich immer meiner Ahnenprobe.
Ich will Euch Eurer wiederum entlassen.
Nicht zwar, als ob ich den geringsten Zweifel
In Euern Stammbaum setzte. Gott behüte!
Ihr könnt ihn Blatt vor Blatt bis Abraham
Hinauf belegen. Und von da so weiter,
Weiß ich ihn selbst, will ich ihn selbst beschwören.

**Nathan.**

Ihr werdet bitter. – Doch verdien' ich's? – Schlug
Ich denn Euch schon was ab? – Ich will Euch ja
Nur bei dem Worte, nicht den Augenblick
So fassen. – Weiter nichts.

**Tempelherr.**

Gewiß? – Nichts weiter?
O, so vergebt! . . .

**Nathan.**

Nun kommt nur, kommt!

**Tempelherr.**

Wohin?
Nein! – Mit in Euer Haus? – Das nicht! das nicht! –
Da brennt's! – Ich will Euch hier erwarten. Geht! –
Soll ich sie wiedersehn, so seh' ich sie
Noch oft genug. Wo nicht, so sah ich sie
Schon viel zu viel . . .

**Nathan.**

Ich will mich möglichst eilen.

---

## Zehnter Auftritt.

Der **Tempelherr** und bald darauf **Daja.**

**Tempelherr.**

Schon mehr als g'nug! – Des Menschen Hirn faßt so
Unendlich viel, und ist doch manchmal auch
So plötzlich voll! von einer Kleinigkeit
So plötzlich voll! – Taugt nichts, taugt nichts; es sei

Auch voll, wovon es will. – Doch nur Geduld!
Die Seele wirkt den aufgedunsnen Stoff
Bald ineinander, schafft sich Raum, und Licht
Und Ordnung kommen wieder. – Lieb' ich denn
Zum ersten Male? – Oder war, was ich
Als Liebe kenne, Liebe nicht? – Ist Liebe
Nur, was ich itzt empfinde? . . .

**Daja**

(die sich von der Seite herbeigeschlichen).

Ritter! Ritter!

**Tempelherr.**

Wer ruft? – Ha, Daja, Ihr?

**Daja.**

Ich habe mich
Bei ihm vorbeigeschlichen. Aber noch
Könnt' er uns sehn, wo Ihr da steht. – Drum kommt
Doch näher zu mir, hinter diesen Baum.

**Tempelherr.**

Was gibt's denn? – So geheimnisvoll? – Was ist's?

**Daja.**

Jawohl betrifft es ein Geheimnis, was
Mich zu Euch bringt, und zwar ein doppeltes.
Das eine weiß nur ich, das andre wißt
Nur Ihr. – Wie wär' es, wenn wir tauschten?
Vertraut mir Euers, so vertrau' ich Euch
Das meine.

**Tempelherr.**

Mit Vergnügen. – Wenn ich nur
Erst weiß, was Ihr für meines achtet. Doch
Das wird aus Euerm wohl erhellen. – Fangt
Nur immer an.

**Daja.**

Ei denkt doch! – Nein, Herr Ritter:
Erst Ihr; ich folge. – Denn versichert, mein
Geheimnis kann Euch gar nichts nutzen, wenn
Ich nicht zuvor das Eure habe. – Nur

Geschwind! – Denn frag' ich's Euch erst ab, so habt
Ihr nichts vertrauet. Mein Geheimnis dann
Bleibt mein Geheimnis, und das Eure seid
Ihr los. – Doch, armer Ritter! – Daß ihr Männer
Ein solch Geheimnis vor uns Weibern haben
Zu können auch nur glaubt!

**Tempelherr.**

Das wir zu haben
Oft selbst nicht wissen.

**Daja.**

Kann wohl sein. Drum muß
Ich freilich erst, Euch selbst damit bekannt
Zu machen, schon die Freundschaft haben. – Sagt:
Was hieß denn das, daß Ihr so Knall und Fall
Euch aus dem Staube machtet? daß Ihr uns
So sitzen ließet? – daß Ihr nun mit Nathan
Nicht wiederkommt? – Hat Recha denn so wenig
Auf Euch gewirkt? wie? oder auch so viel? –
So viel! so viel! – Lehrt Ihr des armen Vogels,
Der an der Rute klebt, Geflattre mich
Doch kennen! – Kurz: gesteht es mir nur gleich,
Daß Ihr sie liebt, liebt bis zum Unsinn, und
Ich sag' Euch was . . .

**Tempelherr.**

Zum Unsinn? Wahrlich; Ihr
Versteht Euch trefflich drauf.

**Daja.**

Nun gebt mir nur
Die Liebe zu, den Unsinn will ich Euch
Erlassen.

**Tempelherr.**

Weil er sich von selbst versteht? –
Ein Tempelherr ein Judenmädchen lieben! . . .

**Daja.**

Scheint freilich wenig Sinn zu haben. – Doch
Zuweilen ist des Sinns in einer Sache

Auch mehr, als wir vermuten; und es wäre
So unerhört doch nicht, daß uns der Heiland
Auf Wegen zu sich zöge, die der Kluge
Von selbst nicht leicht betreten würde.

**Tempelherr.**

Das
So feierlich? – (Und setz' ich statt des Heilands
Die Vorsicht: hat sie denn nicht recht? –) Ihr macht
Mich neubegieriger, als ich wohl sonst
Zu sein gewohnt bin.

**Daja.**

O ! das ist das Land
Der Wunder!

**Tempelherr.**

(Nun! – des Wunderbaren. Kann
Es auch wohl anders sein? Die ganze Welt
Drängt sich ja hier zusammen.) – Liebe Daja,
Nehmt für gestanden an, was Ihr verlangt:
Daß ich sie liebe, daß ich nicht begreife,
Wie ohne sie ich leben werde, daß . . .

**Daja.**

Gewiß? gewiß? – So schwört mir, Ritter, sie
Zur Eurigen zu machen, sie zu retten,
Sie zeitlich hier, sie ewig dort zu retten.

**Tempelherr.**

Und wie? – Wie kann ich? – Kann ich schwören, was
In meiner Macht nicht steht?

**Daja.**

In Eurer Macht
Steht es. Ich bring' es durch ein einzig Wort
In Eure Macht.

**Tempelherr.**

Daß selbst der Vater nichts
Dawider hätte?

**Daja.**

Ei, was Vater! Vater!
Der Vater soll schon müssen.

**Tempelherr.**

Müssen, Daja? –
Noch ist er unter Räuber nicht gefallen. –
Er muß nicht müssen.

**Daja.**

Nun, so muß er wollen,
Muß gern am Ende wollen.

**Tempelherr.**

Muß und gern! –
Doch, Daja, wenn ich Euch nun sage, daß
Ich selber diese Sait' ihm anzuschlagen
Bereits versucht?

**Daja.**

Was? und er fiel nicht ein[1]?

**Tempelherr.**

Er fiel mit einem Mißlaut ein, der mich –
Beleidigte.

**Daja.**

Was sagt Ihr? – Wie? Ihr hättet
Den Schatten eines Wunsches nur nach Recha
Ihm blicken lassen, und er wär' vor Freuden
Nicht aufgesprungen? hätte frostig sich
Zurückgezogen? hätte Schwierigkeiten
Gemacht?

**Tempelherr.**

So ungefähr.

**Daja.**

So will ich denn
Mich länger keinen Augenblick bedenken –
(Pause.)

**Tempelherr.**

Und Ihr bedenkt Euch doch?

**Daja.**

Der Mann ist sonst
So gut! – Ich selber bin so viel ihm schuldig! –

1 Stimmte nicht bei.

Daß er doch gar nicht hören will! – Gott weiß,
Das Herze blutet mir, ihn so zu zwingen.

**Tempelherr.**

Ich bitt' Euch, Daja, setzt mich kurz und gut
Aus dieser Ungewißheit. Seid Ihr aber
Noch selber ungewiß, ob, was Ihr vorhabt,
Gut oder böse, schändlich oder löblich
Zu nennen, – schweigt! Ich will vergessen, daß
Ihr etwas zu verschweigen habt.

**Daja.**

Das spornt
Anstatt zu halten. Nun, so wißt denn: Recha
Ist keine Jüdin, ist – ist eine Christin.

**Tempelherr** (kalt).

So? Wünsch' Euch Glück! Hat's schwer gehalten? Laßt
Euch nicht die Wehen schrecken! – Fahret ja
Mit Eifer fort, den Himmel zu bevölkern,
Wenn Ihr die Erde nicht mehr könnt!

**Daja.**

Wie, Ritter?
Verdienet meine Nachricht diesen Spott?
Daß Recha eine Christin ist, das freuet
Euch, einen Christen, einen Tempelherrn,
Der Ihr sie liebt, nicht mehr?

**Tempelherr.**

Besonders, da
Sie eine Christin ist von Eurer Mache.

**Daja.**

Ah! so versteht Ihr's? So mag's gelten! – Nein!
Den will ich sehn, der die bekehren soll!
Ihr Glück ist, längst zu sein, was sie zu werden
Verdorben ist.

**Tempelherr.**

Erklärt Euch oder – geht!

**Daja.**

Sie ist ein Christenkind, von Christeneltern
Geboren, ist getauft . . .

**Tempelherr** (hastig).

Und Nathan?

**Daja.**

Nicht
Ihr Vater!

**Tempelherr.**

Nathan nicht ihr Vater? – Wißt
Ihr, was Ihr sagt?

**Daja.**

Die Wahrheit, die so oft
Mich blut'ge Tränen weinen machen. – Nein,
Er ist ihr Vater nicht . . .

**Tempelherr.**

Und hätte sie
Als seine Tochter nur erzogen? hätte
Das Christenkind als eine Jüdin sich
Erzogen?

**Daja.**

Ganz gewiß.

**Tempelherr.**

Sie wüßte nicht,
Was sie geboren sei? – Sie hätt' es nie
Von ihm erfahren, daß sie eine Christin
Geboren sei und keine Jüdin?

**Daja.**

Nie!

**Tempelherr.**

Er hätt' in diesem Wahne nicht das Kind
Bloß auferzogen, ließ' das Mädchen noch
In diesem Wahne?

**Daja.**

Leider!

**Tempelherr.**

Nathan – Wie? –

Der weise gute Nathan hätte sich
Erlaubt, die Stimme der Natur so zu
Verfälschen? – Die Ergießung eines Herzens
So zu verlenken, die, sich selbst gelassen,
Ganz andre Wege nehmen würde? – Daja,
Ihr habt mir allerdings etwas vertraut –
Von Wichtigkeit, – was Folgen haben kann, –
Was mich verwirrt, – worauf ich gleich nicht weiß,
Was mir zu tun. – Drum laßt mir Zeit. – Drum geht!
Er kömmt hier wiederum vorbei. Er möcht'
Uns überfallen. Geht!

**Daja.**

Ich wär' des Todes!

**Tempelherr.**

Ich bin ihn itzt zu sprechen ganz und gar
Nicht fähig. Wenn Ihr ihm begegnet, sagt
Ihm nur, daß wir einander bei dem Sultan
Schon finden würden.

**Daja.**

Aber laßt Euch ja
Nichts merken gegen ihn. – Das soll nur so
Den letzten Druck dem Dinge geben, soll
Euch Rechas wegen alle Skrupel nur
Benehmen! – Wenn Ihr aber dann sie nach
Europa führt, so laßt Ihr doch mich nicht
Zurück?

**Tempelherr.**

Das wird sich finden. Geht nur, geht!

---

# Vierter Aufzug.

## Erster Auftritt.

Szene: in den Kreuzgängen des Klosters.

Der **Klosterbruder** und bald darauf der **Tempelherr.**

**Klosterbruder.**

Ja, ja! er hat schon recht, der Patriarch!
Es hat mir freilich noch von alledem
Nicht viel gelingen wollen, was er mir
So aufgetragen. – Warum trägt er mir
Auch lauter solche Sachen auf? – Ich mag
Nicht fein sein, mag nicht überreden, mag
Mein Näschen nicht in alles stecken, mag
Mein Händchen nicht in allem haben. – Bin
Ich darum aus der Welt geschieden, ich
Für mich, um mich für andre mit der Welt
Noch erst recht zu verwickeln?

**Tempelherr** (mit Hast auf ihn zukommend).

Guter Bruder!
Da seid Ihr ja. Ich hab' Euch lange schon
Gesucht.

**Klosterbruder.**

Mich, Herr?

**Tempelherr.**

Ihr kennt mich schon nicht mehr?

**Klosterbruder.**

Doch, doch! Ich glaubte nur, daß ich den Herrn
In meinem Leben wieder nie zu sehn
Bekommen würde. Denn ich hofft' es zu

Dem lieben Gott. – Der liebe Gott, der weiß,
Wie sauer mir der Antrag ward, den ich
Dem Herrn zu tun verbunden war. Er weiß,
Ob ich gewünscht, ein offnes Ohr bei Euch
Zu finden, weiß, wie sehr ich mich gefreut,
Im Innersten gefreut, daß Ihr so rund
Das alles ohne viel Bedenken von
Euch wiest, was einem Ritter nicht geziemt. –
Nun kommt Ihr doch, nun hat's doch nachgewirkt!

**Tempelherr.**

Ihr wißt es schon, warum ich komme? Kaum
Weiß ich es selbst.

**Klosterbruder.**

Ihr habt's nun überlegt,
Habt nun gefunden, daß der Patriarch
So unrecht doch nicht hat, daß Ehr' und Geld
Durch seinen Anschlag zu gewinnen, daß
Ein Feind ein Feind ist, wenn er unser Engel
Auch siebenmal gewesen wäre. Das,
Das habt Ihr nun mit Fleisch und Blut erwogen
Und kommt und tragt Euch wieder an. – Ach Gott!

**Tempelherr.**

Mein frommer, lieber Mann! gebt Euch zufrieden.
Deswegen komm' ich nicht, deswegen will
Ich nicht den Patriarchen sprechen. Noch,
Noch denk' ich über jenen Punkt, wie ich
Gedacht, und wollt' um alles in der Welt
Die gute Meinung nicht verlieren, deren
Mich ein so grader, frommer, lieber Mann
Einmal gewürdiget. – Ich komme bloß,
Den Patriarchen über eine Sache
Um Rat zu fragen . . .

**Klosterbruder.**

Ihr den Patriarchen?
Ein Ritter einen – Pfaffen?

(Sich schüchtern umsehend.)

**Tempelherr.**

Ja, – die Sach'
Ist ziemlich pfäffisch.

**Klosterbruder.**

Gleichwohl fragt der Pfaffe
Den Ritter nie, die Sache sei auch noch
So ritterlich.

**Tempelherr.**

Weil er das Vorrecht hat,
Sich zu vergehn, das unsereiner ihm
Nicht sehr beneidet. – Freilich, wenn ich nur
Für mich zu handeln hätte, freilich, wenn
Ich Rechenschaft nur mir zu geben hätte,
Was braucht' ich Euers Patriarchen? Aber
Gewisse Dinge will ich lieber schlecht
Nach andrer Willen machen, als allein
Nach meinem gut. – Zudem, ich seh' nun wohl,
Religion ist auch Partei, und wer
Sich drob auch noch so unparteiisch glaubt,
Hält, ohn' es selbst zu wissen, doch nur seiner
Die Stange. Weil das einmal nun so ist,
Wird's so wohl recht sein.

**Klosterbruder.**

Dazu schweig' ich lieber.
Denn ich versteh' den Herrn nicht recht.

**Tempelherr.**

Und doch! –
(Laß sehn, warum mir eigentlich zu tun!
Um Machtspruch oder Rat? – Um lautern oder
Gelehrten Rat?) – Ich dank' Euch, Bruder, dank'
Euch für den guten Wink. – Was, Patriarch? –
Seid Ihr mein Patriarch! Ich will ja doch
Den Christen mehr im Patriarchen als
Den Patriarchen in dem Christen fragen. –
Die Sach' ist die . . .

**Klosterbruder.**

Nicht weiter, Herr, nicht weiter!

Wozu? – Der Herr verkennt mich. – Wer viel weiß,
Hat viel zu sorgen, und ich habe ja
Mich einer Sorge nur[1] gelobt. – O gut!
Hört! seht! Dort kommt zu meinem Glück er selbst.
Bleibt hier nur stehn. Er hat Euch schon erblickt.

## Zweiter Auftritt.

Der **Patriarch,** welcher mit allem geistlichen Pomp den einen Kreuzgang heraufkömmt, und die **Vorigen.**

**Tempelherr.**

Ich wich' ihm lieber aus. – Wär' nicht mein Mann! –
Ein dicker, roter, freundlicher Prälat!
Und welcher Prunk!

**Klosterbruder.**

Ihr solltet ihn erst sehn
Nach Hofe sich erheben. Itzo kömmt
Er nur von einem Kranken.

**Tempelherr.**

Wie sich da
Nicht Saladin wird schämen müssen!

**Patriarch**

(indem er näher kömmt, winkt dem Bruder).

Hier! –
Das ist ja wohl der Tempelherr. Was will
Er?

**Klosterbruder.**

Weiß nicht.

**Patriarch**

(auf ihn zugehend, indem der Bruder und das Gefolge zurücktreten).

Nun, Herr Ritter! – Sehr erfreut,
Den braven, jungen Mann zu sehn! – Ei, noch
So gar jung! – Nun, mit Gottes Hülfe, daraus
Kann etwas werden.

**Tempelherr.**

Mehr, ehrwürd'ger Herr,
Wohl schwerlich, als schon ist. Und eher noch
Was weniger.

[1] Dem Gehorsam.

**Patriarch.**

Ich wünsche wenigstens,
Daß so ein frommer Ritter lange noch
Der lieben Christenheit, der Sache Gottes
Zu Ehr' und Frommen blühn und grünen möge!
Das wird denn auch nicht fehlen, wenn nur fein
Die junge Tapferkeit dem reifen Rate
Des Alters folgen will! – Womit wär' sonst
Dem Herrn zu dienen?

**Tempelherr.**

Mit dem nämlichen,
Woran es meiner Jugend fehlt: mit Rat.

**Patriarch.**

Recht gern! – Nur ist der Rat auch anzunehmen.

**Tempelherr.**

Doch blindlings nicht?

**Patriarch.**

Wer sagt denn das? – Ei freilich
Muß niemand die Vernunft, die Gott ihm gab,
Zu brauchen unterlassen, – wo sie hin-
Gehört. – Gehört sie aber überall
Denn hin? – O nein! – Zum Beispiel: wenn uns Gott
Durch einen seiner Engel, – ist zu sagen,
Durch einen Diener seines Worts, – ein Mittel
Bekannt zu machen würdiget, das Wohl
Der ganzen Christenheit, das Heil der Kirche,
Auf irgendeine ganz besondre Weise
Zu fördern, zu befestigen, wer darf
Sich da noch unterstehn, die Willkür des,
Der die Vernunft erschaffen, nach Vernunft
Zu untersuchen und das ewige
Gesetz der Herrlichkeit des Himmels nach
Den kleinen Regeln einer eiteln Ehre
Zu prüfen? – Doch hiervon genug. – Was ist
Es denn, worüber unsern Rat für itzt
Der Herr verlangt?

**Tempelherr.**

Gesetzt, ehrwürd'ger Vater,
Ein Jude hätt' ein einzig Kind, – es sei
Ein Mädchen, – das er mit der größten Sorgfalt
Zu allem Guten auferzogen, das
Er liebe mehr als seine Seele, das
Ihn wieder mit der frömmsten Liebe liebe.
Und nun würd' unsereinem hinterbracht,
Dies Mädchen sei des Juden Tochter nicht,
Er hab' es in der Kindheit aufgelesen,
Gekauft, gestohlen, – was Ihr wollt, man wisse,
Das Mädchen sei ein Christenkind und sei
Getauft, der Jude hab' es nur als Jüdin
Erzogen, laß es nur als Jüdin und
Als seine Tochter so verharren: – sagt,
Ehrwürd'ger Vater, was wär' hierbei wohl
Zu tun?

**Patriarch.**

Mich schaudert! – Doch zu allererst
Erkläre sich der Herr, ob so ein Fall
Ein Faktum oder eine Hypothes'.
Das ist zu sagen, ob der Herr sich das
Nur bloß so dichtet oder ob's geschehn
Und fortfährt zu geschehn.

**Tempelherr.**

Ich glaubte, das
Sei eins, um Euer Hochehrwürden Meinung
Bloß zu vernehmen.

**Patriarch.**

Eins? – Da seh' der Herr,
Wie sich die stolze menschliche Vernunft
Im Geistlichen doch irren kann. – Mit nichten!
Denn ist der vorgetragne Fall nur so
Ein Spiel des Witzes, so verlohnt es sich
Der Mühe nicht, im Ernst ihn durchzudenken.
Ich will den Herrn damit auf das Theater[1]

[1] Der Verweis auf das Theater ist ein beabsichtigter Anachronismus.

Verwiesen haben, wo dergleichen *pro*
*Et contra*[1] sich mit vielem Beifall könnte
Behandeln lassen. – Hat der Herr mich aber
Nicht bloß mit einer theatral'schen Schnurre
Zum besten, ist der Fall ein Faktum, hätt'
Er sich wohl gar in unsrer Diözes',
In unsrer lieben Stadt Jerusalem,
Eräugnet, – ja, alsdann –

**Tempelherr.**

Und was alsdann?

**Patriarch.**

Dann wäre mit dem Juden fördersamst[2]
Die Strafe zu vollziehn, die päpstliches
Und kaiserliches Recht so einem Frevel,
So einer Lastertat bestimmen.

**Tempelherr.**

So?

**Patriarch.**

Und zwar bestimmen obbesagte Rechte
Dem Juden, welcher einen Christen zur
Apostasie verführt, – den Scheiterhaufen, –
Den Holzstoß –

**Tempelherr.**

So?

**Patriarch.**

Und wie vielmehr dem Juden,
Der mit Gewalt ein armes Christenkind
Dem Bunde seiner Tauf' entreißt! Denn ist
Nicht alles, was man Kindern tut, Gewalt? –
Zu sagen: – ausgenommen, was die Kirch'
An Kindern tut[3].

**Tempelherr.**

Wenn aber nun das Kind,
Erbarmte seiner sich der Jude nicht,
Vielleicht im Elend umgekommen wäre?

[1] Für und wider. – [2] Zuvörderst. – [3] Die Taufe.

**Patriarch.**

Tut nichts! der Jude wird verbrannt. – Denn besser,
Es wäre hier im Elend umgekommen,
Als daß zu seinem ewigen Verderben
Es so gerettet ward. – Zudem, was hat
Der Jude Gott denn vorzugreifen? Gott
Kann, wen er retten will, schon ohn' ihn retten.

**Tempelherr.**

Auch trotz ihm, sollt' ich meinen, – selig machen.

**Patriarch.**

Tut nichts! der Jude wird verbrannt.

**Tempelherr.**

Das geht
Mir nah'! Besonders, da man sagt, er habe
Das Mädchen nicht sowohl in seinem als
Vielmehr in keinem Glauben auferzogen
Und sie von Gott nicht mehr nicht weniger
Gelehrt, als der Vernunft genügt.

**Patriarch.**

Tut nichts!
Der Jude wird verbrannt . . . Ja, wär' allein
Schon dieserwegen wert, dreimal verbrannt
Zu werden! – Was? ein Kind ohn' allen Glauben
Erwachsen lassen? – Wie? die große Pflicht,
Zu glauben, ganz und gar ein Kind nicht lehren?
Das ist zu arg! – Mich wundert sehr, Herr Ritter,
Euch selbst . . .

**Tempelherr.**

Ehrwürd'ger Herr, das übrige,
Wenn Gott will, in der Beichte. (Will gehn.)

**Patriarch.**

Was? mir nun
Nicht einmal Rede stehn? – Den Bösewicht,
Den Juden, mir nicht nennen? – mir ihn nicht
Zur Stelle schaffen? – O, da weiß ich Rat!
Ich geh' sogleich zum Sultan. – Saladin,

Vermöge der Kapitulation[1],
Die er beschworen, muß uns, muß uns schützen;
Bei allen Rechten, allen Lehren schützen,
Die wir zu unsrer allerheiligsten
Religion nur immer rechnen dürfen!
Gottlob! wir haben das Original.
Wir haben seine Hand, sein Siegel. Wir! –
Auch mach' ich ihm gar leicht begreiflich, wie
Gefährlich selber für den Staat es ist,
Nichts glauben! Alle bürgerliche Bande
Sind aufgelöset, sind zerrissen, wenn
Der Mensch nichts glauben darf[2]. – Hinweg! hinweg
Mit solchem Frevel! …

**Tempelherr.**

Schade, daß ich nicht
Den trefflichen Sermon mit bessrer Muse
Genießen kann! Ich bin zum Saladin
Gerufen.

**Patriarch.**

Ja? – Nun so – Nun freilich – Dann –

**Tempelherr.**

Ich will den Sultan vorbereiten, wenn
Es Eurer Hochehrwürden so gefällt.

**Patriarch.**

O, o! – Ich weiß, der Herr hat Gnade funden
Vor Saladin! – Ich bitte, meiner nur
Im besten bei ihm eingedenk zu sein. –
Mich treibt der Eifer Gottes lediglich.
Was ich zu viel tu', tu' ich ihm. – Das wolle
Doch ja der Herr erwägen! – Und nicht wahr,
Herr Ritter? das vorhin Erwähnte von
Dem Juden war nur ein Problema? – ist
Zu sagen –

**Tempelherr.**

Ein Problema. (Geht ab.)

---

1 Vertrag. – 2 Braucht.

**Patriarch.**

(Dem ich tiefer
Doch auf den Grund zu kommen suchen muß.
Das wär' so wiederum ein Auftrag für
Den Bruder Bonafides[1].) – Hier, mein Sohn!
(Er spricht im Abgehn mit dem Klosterbruder.)

---

## Dritter Auftritt.

Szene: Zimmer im Palaste des Saladin,
in welches von Sklaven eine Menge Beutel getragen und auf dem Boden nebeneinander gestellt werden.
**Saladin** und bald darauf **Sittah.**

**Saladin** (der dazu kömmt).

Nun wahrlich! das hat noch kein Ende. – Ist
Des Dings noch viel zurück?

**Ein Sklave.**

Wohl noch die Hälfte.

**Saladin.**

So tragt das übrige zu Sittah. – Und
Wo bleibt Al-Hafi? Das hier soll sogleich
Al-Hafi zu sich nehmen. – Oder ob
Ich's nicht vielmehr dem Vater schicke? Hier
Fällt mir es doch nur durch die Finger. – Zwar
Man wird wohl endlich hart; und nun gewiß
Soll's Künste kosten, mir viel abzuzwacken.
Bis wenigstens die Gelder aus Ägypten
Zur Stelle kommen, mag das Armut[2] sehn,
Wie's fertig wird! – Die Spenden bei dem Grabe,
Wenn die nur fortgehn! Wenn die Christenpilger
Mit leeren Händen nur nicht abziehn dürfen!
Wenn nur –

**Sittah.**

Was soll nun das? Was soll das Geld
Bei mir?

---

[1] Guter Glaube, ein sehr passender Name für den Klosterbruder. – [2] Als Kollektivbezeichnung auch bei Luther sächlich.

**Saladin.**

Mach dich davon bezahlt und leg'
Auf Vorrat, wenn was übrigbleibt.

**Sittah.**

Ist Nathan
Noch mit dem Tempelherrn nicht da?

**Saladin.**

Er sucht
Ihn allerorten.

**Sittah.**

Sieh doch, was ich hier,
Indem mir so mein alt Geschmeide durch
Die Hände geht, gefunden.

(Ihm ein klein Gemälde zeigend.)

**Saladin.**

Ha! mein Bruder!
Das ist er, ist er! – War er! war er! ah! –
Ah, wackrer, lieber Junge, daß ich dich
So früh verlor! Was hätt' ich erst mit dir,
An deiner Seit' erst unternommen! – Sittah,
Laß mir das Bild. Auch kenn' ich's schon: er gab
Es deiner ältern Schwester, seiner Lilla[1],
Die eines Morgens ihn so ganz und gar
Nicht aus den Armen lassen wollt'. Es war
Der letzte, den er ausritt. – Ah, ich ließ
Ihn reiten und allein! – Ah, Lilla starb
Vor Gram und hat mir's nie vergeben, daß
Ich so allein ihn reiten lassen. – Er
Blieb weg!

**Sittah.**

Der arme Bruder!

**Saladin.**

Laß nur gut
Sein! – Einmal bleiben wir doch alle weg! –
Zudem, – wer weiß? Der Tod ist's nicht allein,

---

1 Vermutlich der arabische Name Leila, der „Nacht" bedeutet.

Der einem Jüngling seiner Art das Ziel
Verrückt. Er hat der Feinde mehr, und oft
Erliegt der Stärkste gleich dem Schwächsten. – Nun,
Sei wie ihm sei! – Ich muß das Bild doch mit
Dem jungen Tempelherrn vergleichen, muß
Doch sehn, wie viel mich meine Phantasie
Getäuscht.

**Sittah.**

Nur darum bring' ich's. Aber gib
Doch, gib! Ich will dir das wohl sagen, das
Versteht ein weiblich Aug' am besten.

**Saladin** (zu einem Türsteher, der hereintritt).

Wer
Ist da? – der Tempelherr? – Er komm'!

**Sittah.**

Euch nicht
Zu stören, ihn mit meiner Neugier nicht
Zu irren –

(Sie setzt sich seitwärts auf einen Sofa und läßt den Schleier fallen.)

**Saladin.**

Gut so! gut! – (Und nun sein Ton!
Wie der wohl sein wird! – Assads Ton
Schläft auch wohl wo in meiner Seele noch!)

---

## Vierter Auftritt.

Der **Tempelherr** und **Saladin.**

**Tempelherr.**

Ich, dein Gefangner, Sultan . . .

**Saladin.**

Mein Gefangner?
Wem ich das Leben schenke, werd' ich dem
Nicht auch die Freiheit schenken?

**Tempelherr.**

Was dir ziemt
Zu tun, ziemt mir erst zu vernehmen, nicht

Vorauszusetzen. Aber, Sultan, – Dank,
Besondern Dank dir für mein Leben zu
Beteuern, stimmt mit meinem Stand' und meinem
Charakter nicht. – Es steht in allen Fällen
Zu deinen Diensten wieder.

**Saladin.**

Brauch es nur
Nicht wider mich! – Zwar ein Paar Hände mehr,
Die gönnt' ich meinem Feinde gern. Allein
Ihm so ein Herz auch mehr zu gönnen, fällt
Mir schwer. – Ich habe mich mit dir in nichts
Betrogen, braver junger Mann! Du bist
Mit Seel' und Leib mein Assad. Sieh! ich könnte
Dich fragen, wo du denn die ganze Zeit
Gesteckt? in welcher Höhle du geschlafen?[1]
In welchem Ginnistan[2], von welcher guten
Div[3] diese Blume fort und fort so frisch
Erhalten worden? Sieh! ich könnte dich
Erinnern wollen, was wir dort und dort
Zusammen ausgeführt. Ich könnte mit
Dir zanken, daß du ein Geheimnis doch
Vor mir gehabt! Ein Abenteuer mir
Doch unterschlagen, – Ja, das könnt' ich, wenn
Ich dich nur säh' und nicht auch mich. – Nun, mag's!
Von dieser süßen Träumerei ist immer
Doch so viel wahr, daß mir in meinem Herbst
Ein Assad wieder blühen soll. – Du bist
Es doch zufrieden, Ritter?

**Tempelherr.**

Alles, was
Von dir mir kömmt, – sei, was es will – das lag
Als Wunsch in meiner Seele.

**Saladin.**

Laß uns das

---

[1] Anspielung auf die im Orient weitverbreitete Legende von den Siebenschläfern, die in einer Höhle lange Jahre schliefen. – [2] Feenland, sprich Dschinnistân. – [3] Fee; eigentlich böser Geist.

Sogleich versuchen. – Bliebst du wohl bei mir?
Um mir?[1] – Als Christ, als Muselmann, gleichviel!
Im weißen Mantel oder Jamerlonk[2];
Im Tulban[3] oder deinem Filze, wie
Du willst! Gleichviel! Ich habe nie verlangt,
Daß allen Bäumen *eine* Rinde wachse.

**Tempelherr.**

Sonst wärst du wohl auch schwerlich, der du bist:
Der Held, der lieber Gottes Gärtner wäre.

**Saladin.**

Nun dann; wenn du nicht schlechter von mir denkst,
So wären wir ja halb schon richtig?

**Tempelherr.**

Ganz!

**Saladin** (ihm die Hand bietend).

Ein Wort?

**Tempelherr** (einschlagend).

Ein Mann! – Hiermit empfange mehr,
Als du mir nehmen konntest. Ganz der deine!

**Saladin.**

Zu viel Gewinn für einen Tag! zu viel! –
Kam er nicht mit?

**Tempelherr.**

Wer?

**Saladin.**

Nathan.

**Tempelherr** (frostig).

Nein. Ich kam
Allein.

**Saladin.**

Welch eine Tat von dir! Und welch

---

1 „Um" im 18. Jahrhundert und namentlich bei Lessing nicht selten mit dem Dativ. – 2 Türkisch Jagmurluk, eigentlich Regenmantel, das weite Oberkleid der Araber (Lessing). – 3 Tulban, bessere Form für Turban.

Ein weises Glück, das eine solche Tat
Zum Besten eines solchen Mannes ausschlug.[1]

**Tempelherr.**

Ja, ja!

**Saladin.**

So kalt? – Nein, junger Mann! wenn Gott
Was Gutes durch uns tut, muß man so kalt
Nicht sein! – selbst aus Bescheidenheit so kalt
Nicht scheinen wollen!

**Tempelherr.**

Daß doch in der Welt
Ein jedes Ding so manche Seiten hat! –
Von denen oft sich gar nicht denken läßt,
Wie sie zusammenpassen!

**Saladin.**

Halte dich
Nur immer an die best' und preise Gott!
Der weiß, wie sie zusammenpassen. – Aber
Wenn du so schwierig sein willst, junger Mann,
So werd' auch ich ja wohl auf meiner Hut
Mich mit dir halten müssen? Leider bin
Auch ich ein Ding von vielen Seiten, die
Oft nicht so recht zu passen scheinen mögen.

**Tempelherr.**

Das schmerzt! – Denn Argwohn ist so wenig sonst
Mein Fehler –

**Saladin.**

Nun, so sage doch, mit wem
Du's hast? – Es schien ja gar mit Nathan. Wie?
Auf Nathan Argwohn? du? – Erklär' dich! sprich!
Komm, gib mir deines Zutrauns erste Probe.

**Tempelherr.**

Ich habe wider Nathan nichts. Ich zürn'
Allein mit mir –

---

[1] Das Glück gibt den Ausschlag für die Wirkung der Tat.

**Saladin.**

Und über was?

**Tempelherr.**

Daß mir
Geträumt, ein Jude könn' auch wohl ein Jude
Zu sein verlernen, daß mir wachend so
Geträumt.

**Saladin.**

Heraus mit diesem wachen Traume!

**Tempelherr.**

Du weißt von Nathans Tochter, Sultan. Was
Ich für sie tat, tat ich, – weil ich's tat.
Zu stolz, Dank einzuernten, wo ich ihn
Nicht säete, verschmäht' ich Tag für Tag,
Das Mädchen noch einmal zu sehn. Der Vater
War fern, er kömmt, er hört, er sucht mich auf,
Er dankt, er wünscht, daß seine Tochter mir
Gefallen möge, spricht von Aussicht, spricht
Von heitern Fernen. – Nun, ich lasse mich
Beschwatzen, komme, sehe, finde wirklich
Ein Mädchen . . . Ah, ich muß mich schämen, Sultan! –

**Saladin.**

Dich schämen? – daß ein Judenmädchen auf
Dich Eindruck machte, doch wohl nimmermehr?

**Tempelherr.**

Daß diesem Eindruck, auf das liebliche
Geschwätz des Vaters hin, mein rasches Herz
So wenig Widerstand entgegensetzte! –
Ich Tropf! ich sprang zum zweitenmal ins Feuer. –
Denn nun warb *ich*, und nun ward *ich* verschmäht.

**Saladin.**

Verschmäht?

**Tempelherr.**

Der weise Vater schlägt nun wohl
Mich platterdings nicht aus. Der weise Vater
Muß aber doch sich erst erkunden, erst

Besinnen. Allerdings! Tat ich denn das
Nicht auch? Erkundete, besann ich denn
Mich erst nicht auch, als sie im Feuer schrie? –
Fürwahr! bei Gott! Es ist doch gar was Schönes,
So weise, so bedächtig sein!

**Saladin.**

Nun, nun!
So sieh doch einem Alten etwas nach!
Wie lange können seine Weigerungen
Denn dauern? Wird er denn von dir verlangen,
Daß du erst Jude werden sollst?

**Tempelherr.**

Wer weiß!

**Saladin.**

Wer weiß? – der diesen Nathan besser kennt.

**Tempelherr.**

Der Aberglaub', in dem wir aufgewachsen,
Verliert, auch wenn wir ihn erkennen, darum
Doch seine Macht nicht über uns. – Es sind
Nicht alle frei, die ihrer Ketten spotten.

**Saladin.**

Sehr reif bemerkt! Doch Nathan, wahrlich Nathan …

**Tempelherr.**

Der Aberglauben schlimmster ist, den seinen
Für den erträglichern zu halten . . .

**Saladin.**

Mag
Wohl sein! Doch Nathan . . .

**Tempelherr.**

Dem allein
Die blöde Menschheit zu vertrauen[1], bis
Sie hellern Wahrheitstag gewöhne; dem
Allein . . .

[1] Diesem (dem innerlich schon überwundenen Aberglauben, in dem wir aufgewachsen) die blöde (geistig blinde) Menschheit anzuvertrauen.

**Saladin.**

Gut! Aber Nathan! – Nathans Los
Ist diese Schwachheit nicht.

**Tempelherr.**

So dacht' ich auch! …
Wenn gleichwohl dieser Ausbund aller Menschen
So ein gemeiner[1] Jude wäre, daß
Er Christenkinder zu bekommen suche,
Um sie als Juden aufzuziehn, – wie dann?

**Saladin.**

Wer sagt ihm so was nach?

**Tempelherr.**

Das Mädchen selbst,
Mit welcher er mich körnt[2], mit deren Hoffnung
Er gern mir zu bezahlen schiene[3], was
Ich nicht umsonst für sie getan soll haben, –
Dies Mädchen selbst ist seine Tochter – nicht,
Ist ein verzettelt Christenkind.

**Saladin.**

Das er
Demungeachtet dir nicht geben wollte?

**Tempelherr** (heftig).

Woll' oder wolle nicht! Er ist entdeckt.
Der tolerante Schwätzer[4] ist entdeckt!
Ich werde hinter diesen jüd'schen Wolf
Im philosoph'schen Schafpelz Hunde schon
Zu bringen wissen, die ihn zausen sollen!

**Saladin** (ernst).

Sei ruhig, Christ!

**Tempelherr.**

Was? ruhig, Christ? – Wenn Jud'
Und Muselmann auf Jud', auf Muselmann
Bestehen, soll allein der Christ den Christen
Nicht machen dürfen?

[1] Durchschnittsjude. – [2] Lockt, wie einen Vogel durch Körner. – [3] Indikativ Präteriti. – [4] Der Mann, der immer von Toleranz schwatzt, ist entlarvt.

**Saladin** (noch ernster).

Ruhig, Christ!

**Tempelherr** (gelassen).

Ich fühle
Des Vorwurfs ganze Last, – die Saladin
In diese Silbe preßt! Ah, wenn ich wüßte,
Wie Assad – Assad sich an meiner Stelle
Hierbei genommen[1] hätte!

**Saladin.**

Nicht viel besser! –
Vermutlich ganz so brausend! – Doch wer hat
Denn dich auch schon gelehrt, mich so wie er
Mit einem Worte zu bestechen? Freilich,
Wenn alles sich verhält, wie du mir sagest,
Kann ich mich selber kaum in Nathan finden. –
Indes, er ist mein Freund, und meiner Freunde
Muß keiner mit dem andern hadern. – Laß
Dich weisen! Geh behutsam! Gib ihn nicht
Sofort den Schwärmern[2] deines Pöbels preis!
Verschweig, was deine Geistlichkeit, an ihm
Zu rächen, mir so nahe legen würde!
Sei keinem Juden, keinem Muselmanne
Zum Trotz ein Christ!

**Tempelherr.**

Bald wär's damit zu spät!
Doch Dank der Blutbegier des Patriarchen,
Des Werkzeug mir zu werden graute!

**Saladin.**

Wie?
Du kamst zum Patriarchen eher als
Zu mir?

**Tempelherr.**

Im Sturm der Leidenschaft, im Wirbel
Der Unentschlossenheit! – Verzeih! – Du wirst

---

1 Benommen. – 2 Fanatikern.

Von deinem Assad, fürcht' ich, ferner nun
Nichts mehr in mir erkennen wollen.

**Saladin.**

Wär'
Es diese Furcht nicht selbst! Mich dünkt, ich weiß,
Aus welchen Fehlern unsre Tugend keimt.
Pfleg' diese ferner nur, und jene sollen
Bei mir dir wenig schaden. – Aber geh!
Such' du nun Nathan, wie er dich gesucht,
Und bring' ihn her. Ich muß euch doch zusammen
Verständigen. – Wär' um das Mädchen dir
Im Ernst zu tun, sei ruhig. Sie ist dein!
Auch soll es Nathan schon empfinden, daß
Er ohne Schweinefleisch ein Christenkind
Erziehen dürfen! – Geh!

(Der Tempelherr geht ab, und Sittah verläßt den Sofa.)

## Fünfter Auftritt.

**Saladin** und **Sittah.**

**Sittah.**

Ganz sonderbar!

**Saladin.**

Gelt, Sittah? Muß mein Assad nicht ein braver,
Ein schöner junger Mann gewesen sein?

**Sittah.**

Wenn er so war und nicht zu diesem Bilde
Der Tempelherr vielmehr gesessen! – Aber
Wie hast du doch vergessen können, dich
Nach seinen Eltern zu erkundigen?

**Saladin.**

Und insbesondre wohl nach seiner Mutter?
Ob seine Mutter hierzulande nie
Gewesen sei? – Nicht wahr?

**Sittah.**

Das machst du gut!

**Saladin.**

O, möglicher wär' nichts! Denn Assad war
Bei hübschen Christendamen so willkommen,
Auf hübsche Christendamen so erpicht,
Daß einmal gar die Rede ging – Nun, nun;
Man spricht nicht gern davon. – Genug; ich hab'
Ihn wieder! – will mit allen seinen Fehlern,
Mit allen Launen seines weichen Herzens
Ihn wieder haben! – Oh! das Mädchen muß
Ihm Nathan geben. Meinst du nicht?

**Sittah.**

Ihm geben?
Ihm lassen!

**Saladin.**

Allerdings! Was hätte Nathan,
Sobald er nicht ihr Vater ist, für Recht
Auf sie? Wer ihr das Leben so erhielt,
Tritt einzig in die Rechte des, der ihr
Es gab.

**Sittah.**

Wie also, Saladin? wenn du
Nur gleich das Mädchen zu dir nähmst? Sie nur
Dem unrechtmäßigen Besitzer gleich
Entzögest?

**Saladin.**

Täte das wohl not?

**Sittah.**

Not nun
Wohl eben nicht! – Die liebe Neubegier
Treibt mich allein, dir diesen Rat zu geben.
Denn von gewissen Männern mag ich gar
Zu gern so bald wie möglich wissen, was
Sie für ein Mädchen lieben können.

**Saladin.**

Nun,
So schick' und laß sie holen.

**Sittah.**

Darf ich, Bruder?

**Saladin.**

Nur schone Nathans! Nathan muß durchaus
Nicht glauben, daß man mit Gewalt ihn von
Ihr trennen wolle.

**Sittah.**

Sorge nicht.

**Saladin.**

Und ich,
Ich muß schon selbst sehn, wo Al-Hafi bleibt.

---

## Sechster Auftritt.

Szene: die offne Flur in Nathans Hause, gegen die Palmen zu; wie im ersten Auftritte des ersten Aufzuges.

Ein Teil der Waren und Kostbarkeiten liegt ausgekramt, deren ebendaselbst gedacht wird.

**Nathan** und **Daja.**

**Daja.**

O, alles herrlich! alles auserlesen!
O, alles – wie nur Ihr es geben könnt.
Wo wird der Silberstoff mit goldnen Ranken
Gemacht? Was kostet er? – Das nenn' ich noch
Ein Brautkleid! Keine Königin verlangt
Es besser.

**Nathan.**

Brautkleid? Warum Brautkleid eben?

**Daja.**

Je nun! Ihr dachtet daran freilich nicht,
Als Ihr ihn kauftet. – Aber wahrlich, Nathan,
Der und kein andrer muß es sein! Er ist
Zum Brautkleid wie bestellt. Der weiße Grund
Ein Bild der Unschuld, und die goldnen Ströme,
Die allerorten diesen Grund durchschlängeln,
Ein Bild des Reichtums. Seht Ihr? Allerliebst!

**Nathan.**

Was witzelst du mir da? Von wessen Brautkleid
Sinnbilderst du mir so gelehrt? – Bist du
Denn Braut?

**Daja.**

Ich?

**Nathan.**

Nun wer denn?

**Daja.**

Ich? – lieber Gott!

**Nathan.**

Wer denn? Von wessen Brautkleid sprichst du denn? –
Das alles ist ja dein und keiner andern.

**Daja.**

Ist mein? Soll mein sein? – Ist für Recha nicht?

**Nathan.**

Was ich für Recha mitgebracht, das liegt
In einem andern Ballen. Mach'! nimm weg!
Trag deine Siebensachen fort!

**Daja.**

Versucher!
Nein, wären es die Kostbarkeiten auch
Der ganzen Welt! Nicht rühr' an! wenn Ihr mir
Vorher nicht schwört, von dieser einzigen
Gelegenheit, dergleichen Euch der Himmel
Nicht zweimal schicken wird, Gebrauch zu machen.

**Nathan.**

Gebrauch? von was? – Gelegenheit? wozu?

**Daja.**

O stellt Euch nicht so fremd! – Mit kurzen Worten!
Der Tempelherr liebt Recha; gebt sie ihm.
So hat doch einmal Eure Sünde, die
Ich länger nicht verschweigen kann, ein Ende.
So kömmt das Mädchen wieder unter Christen;
Wird wieder, was sie ist; ist wieder, was
Sie ward, und Ihr, Ihr habt mit all dem Guten,

Das wir Euch nicht genug verdanken können,
Nicht Feuerkohlen bloß auf Euer Haupt
Gesammelt.

**Nathan.**

Doch die alte Leier wieder? –
Mit einer neuen Saite nur bezogen,
Die, fürcht' ich, weder stimmt noch hält.

**Daja.**

Wieso?

**Nathan.**

Mir wär' der Tempelherr schon recht. Ihm gönnt'
Ich Recha mehr als einem in der Welt.
Allein … Nun, habe nur Geduld.

**Daja.**

Geduld?
Geduld ist Eure alte Leier nun
Wohl nicht?

**Nathan.**

Nur wenig Tage noch Geduld! …
Sieh doch! – Wer kömmt denn dort? Ein Klosterbruder?
Geh, frag' ihn, was er will.

**Daja.**

Was wird er wollen?
(Sie geht auf ihn zu und fragt.)

**Nathan.**

So gib! – und eh' er bittet. – (Wüßt' ich nur
Dem Tempelherrn erst beizukommen, ohne
Die Ursach' meiner Neugier ihm zu sagen!
Denn wenn ich sie ihm sag', und der Verdacht
Ist ohne Grund, so hab' ich ganz umsonst
Den Vater auf das Spiel gesetzt.) – Was ist's?

**Daja.**

Er will Euch sprechen.

**Nathan.**

Nun, so laß ihn kommen
Und geh indes.

---

## Siebenter Auftritt.

**Nathan** und der **Klosterbruder.**

**Nathan.**

(Ich bliebe Rechas Vater
Doch gar zu gern! – Zwar kann ich's denn nicht bleiben,
Auch wenn ich aufhör', es zu heißen? – Ihr,
Ihr selbst werd' ich's doch immer auch noch heißen,
Wenn sie erkennt, wie gern ich's wäre.) – Geh! –
Was ist zu Euern Diensten, frommer Bruder?

**Klosterbruder.**

Nicht eben viel. – Ich freue mich, Herr Nathan,
Euch annoch wohl zu sehn.

**Nathan.**

So kennt Ihr mich?

**Klosterbruder.**

Je nu; wer kennt Euch nicht? Ihr habt so manchem
Ja Euern Namen in die Hand gedrückt.
Er steht in meiner auch seit vielen Jahren.

**Nathan** (nach seinem Beutel langend).

Kommt, Bruder, kommt: ich frisch' ihn auf.

**Klosterbruder.**

Habt Dank!
Ich würd' es Ärmern stehlen; nehme nichts. –
Wenn Ihr mir nur erlauben wollt, ein wenig
Euch *meinen* Namen aufzufrischen. Denn
Ich kann mich rühmen, auch in *Eure* Hand
Etwas gelegt zu haben, was nicht zu
Verachten war.

**Nathan.**

Verzeiht! – Ich schäme mich –
Sagt, was? – und nehmt zur Buße siebenfach
Den Wert desselben von mir an.

**Klosterbruder.**

Hört doch
Vor allen Dingen, wie ich selber nur

Erst heut an dies mein Euch vertrautes Pfand
Erinnert worden.

**Nathan.**

Mir vertrautes Pfand?

**Klosterbruder.**

Vor kurzem saß ich noch als Eremit
Auf Quarantana[1], unweit Jericho.
Da kam arabisch Raubgesindel, brach
Mein Gotteshäuschen ab und meine Zelle
Und schleppte mich mit fort. Zum Glück entkam
Ich noch und floh hierher zum Patriarchen,
Um mir ein ander Plätzchen auszubitten,
Allwo ich meinem Gott in Einsamkeit
Bis an mein selig Ende dienen könne.

**Nathan.**

Ich steh auf Kohlen, guter Bruder. Macht
Es kurz. Das Pfand! das mir vertraute Pfand!

**Klosterbruder.**

Sogleich, Herr Nathan. – Nun, der Patriarch
Versprach mir eine Siedelei auf Tabor,
Sobald als eine leer, und hieß inzwischen
Im Kloster mich als Laienbruder bleiben.
Da bin ich itzt, Herr Nathan, und verlange
Des Tags wohl hundertmal auf Tabor. Denn
Der Patriarch braucht mich zu allerlei,
Wovor ich großen Ekel habe. Zum
Exempel:

**Nathan.**

Macht, ich bitt' Euch!

**Klosterbruder.**

Nun, es kömmt! –
Da hat ihm jemand heut ins Ohr gesetzt,
Es lebe hier herum ein Jude, der

[1] Der Name, von *quarante,* vierzig, abgeleitet, bezeichnet die Wüste zwischen Jerusalem und Jericho, wo angeblich Jesus vierzig Tage fastete.

Ein Christenkind als seine Tochter sich
Erzöge.

**Nathan.**

Wie? (Betroffen.)

**Klosterbruder.**

Hört mich nur aus! – Indem
Er mir nun aufträgt, diesem Juden stracks,
Womöglich, auf die Spur zu kommen, und
Gewaltig sich ob eines solchen Frevels
Erzürnt, der ihm die wahre Sünde wider
Den heil'gen Geist bedünkt; – das ist die Sünde,
Die aller Sünden größte Sünd' uns gilt,
Nur daß wir, Gott sei Dank, so recht nicht wissen,
Worin sie eigentlich besteht, – da wacht
Mit einmal mein Gewissen auf, und mir
Fällt bei, ich könnte selber wohl vorzeiten
Zu dieser unverzeihlich großen Sünde
Gelegenheit gegeben haben. – Sagt:
Hat Euch ein Reitknecht nicht vor achtzehn Jahren
Ein Töchterchen gebracht von wenig Wochen?

**Nathan.**

Wie das? – Nun freilich – allerdings –

**Klosterbruder.**

Ei, seht
Mich doch recht an! – Der Reitknecht, der bin ich.

**Nathan.**

Seid Ihr?

**Klosterbruder.**

Der Herr, von welchem ich's Euch brachte,
War – ist mir recht – ein Herr von Filnek. – Wolf
Von Filnek!

**Nathan.**

Richtig!

**Klosterbruder.**

Weil die Mutter kurz
Vorher gestorben war, und sich der Vater

Nach – mein' ich – Gazza[1] plötzlich werfen mußte,
Wohin das Würmchen ihm nicht folgen konnte:
So sandt' er's Euch. Und traf ich Euch damit
Nicht in Darun[2]?

**Nathan.**

Ganz recht!

**Klosterbruder.**

Es wär' kein Wunder,
Wenn mein Gedächtnis mich betrög'. Ich habe
Der braven Herrn so viel gehabt; und diesem
Hab' ich nur gar zu kurze Zeit gedient.
Er blieb bald drauf bei Askalon[3]; und war
Wohl sonst ein lieber Herr.

**Nathan.**

Jawohl! jawohl!
Dem ich so viel, so viel zu danken habe!
Der mehr als einmal mich dem Schwert entrissen!

**Klosterbruder.**

O schön! So werd't Ihr seines Töchterchens
Euch um so lieber angenommen haben.

**Nathan.**

Das könnt Ihr denken.

**Klosterbruder.**

Nun, wo ist es denn?
Es ist doch wohl nicht etwa gar gestorben? –
Laßt's lieber nicht gestorben sein! – Wenn sonst
Nur niemand um die Sache weiß, so hat
Es gute Wege.

**Nathan.**

Hat es?

**Klosterbruder.**

Traut mir, Nathan!
Denn seht, ich denke so! Wenn an das Gute,
Das ich zu tun vermeine, gar zu nah

---

[1] Stadt westlich vom Toten Meere. – [2] Darun, richtiger Darum, zwei Stunden südlich von Gaza. – [3] Askalon, Hafenstadt, um die in den Kreuzzügen häufig gekämpft wurde.

Was gar zu Schlimmes grenzt, so tu ich lieber
Das Gute nicht, weil wir das Schlimme zwar
So ziemlich zuverlässig kennen, aber
Bei weitem nicht das Gute. – War ja wohl
Natürlich, wenn das Christentöchterchen
Recht gut von Euch erzogen werden sollte,
Daß Ihr's als Euer eigen Töchterchen
Erzögt. – Das hättet Ihr mit aller Lieb'
Und Treue nun getan und müßtet so
Belohnet werden? Das will mir nicht ein.
Ei freilich, klüger hättet Ihr getan,
Wenn Ihr die Christin durch die zweite Hand
Als Christin auferziehen lassen; aber
So hättet Ihr das Kindchen Eures Freunds
Auch nicht geliebt. Und Kinder brauchen Liebe –
Wär's eines wilden Tieres Lieb' auch nur –
In solchen Jahren mehr als Christentum.
Zum Christentume hat's noch immer Zeit.
Wenn nur das Mädchen sonst gesund und fromm
Vor Euern Augen aufgewachsen ist,
So blieb's vor Gottes Augen, was es war.
Und ist denn nicht das ganze Christentum
Aufs Judentum gebaut? Es hat mich oft
Geärgert, hat mir Tränen g'nug gekostet,
Wenn Christen gar so sehr vergessen konnten,
Daß unser Herr ja selbst ein Jude war.

**Nathan.**

Ihr, guter Bruder, müßt mein Fürsprach sein,
Wenn Haß und Gleißnerei sich gegen mich
Erheben sollten – wegen einer Tat –
Ah, wegen einer Tat! – Nur Ihr, Ihr sollt
Sie wissen! – Nehmt sie aber mit ins Grab!
Noch hat mich nie die Eitelkeit versucht,
Sie jemand andern zu erzählen. Euch
Allein erzähl' ich sie. Der frommen Einfalt
Allein erzähl' ich sie. Weil die allein

Versteht, was sich der gottergebne Mensch
Für Taten abgewinnen kann.

**Klosterbruder.**

Ihr seid
Gerührt, und Euer Auge steht voll Wasser?

**Nathan.**

Ihr traft mich mit dem Kinde zu Darun.
Ihr wißt wohl aber nicht, daß wenig Tage
Zuvor in Gath[1] die Christen alle Juden
Mit Weib und Kind ermordet hatten, wißt
Wohl nicht, daß unter diesen meine Frau
Mit sieben hoffnungsvollen Söhnen sich
Befunden, die in meines Bruders Hause,
Zu dem ich sie geflüchtet, insgesamt
Verbrennen müssen.

**Klosterbruder.**

Allgerechter!

**Nathan.**

Als
Ihr kamt, hatt' ich drei Tag' und Nächt' in Asch'
Und Staub vor Gott gelegen und geweint. –
Geweint? Beiher mit Gott auch wohl gerechtet,
Gezürnt, getobt, mich und die Welt verwünscht,
Der Christenheit den unversöhnlichsten
Haß zugeschworen –

**Klosterbruder.**

Ach! Ich glaub's Euch wohl!

**Nathan.**

Doch nun kam die Vernunft allmählich wieder.
Sie sprach mit sanfter Stimm': „Und doch ist Gott!
Doch war auch Gottes Ratschluß das! Wohlan!
Komm! übe, was du längst begriffen hast,
Was sicherlich zu üben schwerer nicht
Als zu begreifen ist, wenn du nur willst.
Steh auf!" – Ich stand! und rief zu Gott: Ich will!

---

[1] Stadt nordwestlich von Jerusalem.

Willst du nur, daß ich will! – Indem stiegt Ihr
Vom Pferd und überreichtet mir das Kind,
In Euern Mantel eingehüllt. – Was Ihr
Mir damals sagtet, was ich Euch, hab' ich
Vergessen. So viel weiß ich nur: ich nahm
Das Kind, trug's auf mein Lager, küßt' es, warf
Mich auf die Knie und schluchzte: Gott! auf sieben
Doch nun schon eines wieder!

**Klosterbruder.**

Nathan! Nathan!
Ihr seid ein Christ! – Bei Gott, Ihr seid ein Christ!
Ein beßrer Christ war nie!

**Nathan.**

Wohl uns! Denn was
Mich Euch zum Christen macht, das macht Euch mir
Zum Juden! – Aber laßt uns länger nicht
Einander nur erweichen. Hier braucht's Tat!
Und ob mich siebenfache Liebe schon
Bald an dies einz'ge fremde Mädchen band,
Ob der Gedanke mich schon tötet, daß
Ich meine sieben Söhn' in ihr aufs neue
Verlieren soll, – wenn sie von meinen Händen
Die Vorsicht wieder fodert, – ich gehorche!

**Klosterbruder.**

Nun vollends! – Eben das bedacht' ich mich
So viel, Euch anzuraten! Und so hat's
Euch Euer guter Geist schon angeraten!

**Nathan.**

Nur muß der erste beste mir sie nicht
Entreißen wollen!

**Klosterbruder.**

Nein, gewiß nicht!

**Nathan.**

Wer
Auf sie nicht größre Rechte hat als ich,
Muß frühere zum mind'sten haben –

**Klosterbruder.**

Freilich!

**Nathan.**

Die ihm Natur und Blut erteilen.

**Klosterbruder.**

So
Mein' ich es auch!

**Nathan.**

Drum nennt mir nur geschwind
Den Mann, der ihr als Bruder oder Ohm,
Als Vetter oder sonst als Sipp'[1] verwandt,
Ihm will ich sie nicht vorenthalten – Sie,
Die jedes Hauses, jedes Glaubens Zierde
Zu sein erschaffen und erzogen ward. –
Ich hoff', Ihr wißt von diesem Euern Herrn
Und dem Geschlechte dessen mehr als ich.

**Klosterbruder.**

Das, guter Nathan, wohl nun schwerlich! – Denn
Ihr habt ja schon gehört, daß ich nur gar
Zu kurze Zeit bei ihm gewesen.

**Nathan.**

Wißt
Ihr denn nicht wenigstens, was für Geschlechts
Die Mutter war? – War sie nicht eine Stauffin?

**Klosterbruder.**

Wohl möglich! – Ja, mich dünkt.

**Nathan.**

Hieß nicht ihr Bruder
Conrad von Stauffen? – und war Tempelherr?

**Klosterbruder.**

Wenn mich's nicht triegt. Doch halt! Da fällt mir ein,
Daß ich vom sel'gen Herrn ein Büchelchen
Noch hab'. Ich zog's ihm aus dem Busen, als
Wir ihn bei Askalon verscharrten.

---

[1] Sippe ist sowohl die Familie wie der einzelne Verwandte.

**Nathan.**

Nun?

**Klosterbruder.**

Es sind Gebete drin. Wir nennen's ein
Brevier. – Das, dacht' ich, kann ein Christenmensch
Ja wohl noch brauchen. – Ich nun freilich nicht –
Ich kann nicht lesen –

**Nathan.**

Tut nichts! – Nur zur Sache.

**Klosterbruder.**

In diesem Büchelchen stehn vorn und hinten,
Wie ich mir sagen lassen, mit des Herrn
Selbsteigner Hand die Angehörigen
Von ihm und ihr geschrieben.

**Nathan.**

O erwünscht!
Geht! lauft! holt mir das Büchelchen. Geschwind!
Ich bin bereit, mit Gold es aufzuwiegen;
Und tausend Dank dazu! Eilt! lauft!

**Klosterbruder.**

Recht gern!
Es ist Arabisch aber, was der Herr
Hineingeschrieben. (Ab.)

**Nathan.**

Einerlei! Nur her! –
Gott! wenn ich doch das Mädchen noch behalten
Und einen solchen Eidam mir damit
Erkaufen könnte! – Schwerlich wohl! – Nun, fall'
Es aus, wie's will! – Wer mag es aber denn
Gewesen sein, der bei dem Patriarchen
So etwas angebracht? Das muß ich doch
Zu fragen nicht vergessen. – Wenn es gar
Von Daja käme?

---

### Achter Auftritt.

**Daja** und **Nathan.**

**Daja** (eilig und verlegen).
Denkt doch, Nathan!

**Nathan.**
Nun?

**Daja.**
Das arme Kind erschrak wohl recht darüber!
Da schickt . . .

**Nathan.**
Der Patriarch?

**Daja.**
Des Sultans Schwester,
Prinzessin Sittah . . .

**Nathan.**
Nicht der Patriarch?

**Daja.**
Nein, Sittah! – Hört Ihr nicht? – Prinzessin Sittah
Schickt her und läßt sie zu sich holen.

**Nathan.**
Wen?
Läßt Recha holen? – Sittah läßt sie holen? –
Nun, wenn sie Sittah holen läßt und nicht
Der Patriarch . . .

**Daja.**
Wie kommt Ihr denn auf den?

**Nathan.**
So hast du kürzlich nichts von ihm gehört?
Gewiß nicht? Auch ihm nichts gesteckt[1]?

**Daja.**
Ich? ihm?

**Nathan.**
Wo sind die Boten?

**Daja.**
Vorn.

---

1 Heimlich hinterbracht.

**Nathan.**

Ich will sie doch
Aus Vorsicht selber sprechen. Komm! – Wenn nur
Vom Patriarchen nichts dahintersteckt. (Ab.)

**Daja.**

Und ich – ich fürchte ganz was anders noch.
Was gilt's? die einzige vermeinte Tochter
So eines reichen Juden wär' auch wohl
Für einen Muselmann nicht übel? – Hui,
Der Tempelherr ist drum[1]. Ist drum: wenn ich
Den zweiten Schritt nicht auch noch wage, nicht
Auch ihr noch selbst entdecke, wer sie ist! –
Getrost! Laß mich den ersten Augenblick,
Den ich allein sie habe, dazu brauchen!
Und der wird sein – vielleicht nun eben, wenn
Ich sie begleite. So ein erster Wink
Kann unterwegens wenigstens nicht schaden.
Ja, ja! Nur zu! Itzt oder nie! Nur zu! (Ihm nach.)

1 Ist um den Besitz Rechas gebracht.

# Fünfter Aufzug.

## Erster Auftritt.

Szene: Das Zimmer in Saladins Palaste, in welches die Beutel mit Geld getragen worden, die noch zu sehen.

**Saladin** und bald darauf verschiedene **Mamelucken**.

**Saladin** (im Hereintreten).

Da steht das Geld nun noch! Und niemand weiß
Den Derwisch aufzufinden, der vermutlich
Ans Schachbrett irgendwo geraten ist,
Das ihn wohl seiner selbst vergessen macht, –
Warum nicht meiner? – Nun, Geduld! Was gibt's?

**Ein Mameluck.**

Erwünschte Nachricht, Sultan! Freude, Sultan! …
Die Karawane von Kahira[1] kommt;
Ist glücklich da! mit siebenjährigem
Tribut des reichen Nils.

**Saladin.**

Brav, Ibrahim!
Du bist mir wahrlich ein willkommner Bote! –
Ha! endlich einmal! endlich! – Habe Dank
Der guten Zeitung.

**Der Mameluck** (wartend).

(Nun? nur her damit!)

**Saladin.**

Was wart'st du? – Geh nur wieder.

**Der Mameluck.**

Dem Willkommnen
Sonst nichts?

1 Kairo.

**Saladin.**

Was denn noch sonst?

**Der Mameluck.**

Dem guten Boten
Kein Botenbrot? – So wär' ich ja der erste,
Den Saladin mit Worten abzulohnen,
Doch endlich lernte? – Auch ein Ruhm! – Der erste,
Mit dem er knickerte.

**Saladin.**

So nimm dir nur
Dort einen Beutel.

**Der Mameluck.**

Nein, nun nicht! Du kannst
Mir sie nun alle schenken wollen.

**Saladin.**

Trotz! –
Komm her! Da hast du zwei. – Im Ernst? er geht?
Tut mir's an Edelmut zuvor? – Denn sicher
Muß ihm es saurer werden, auszuschlagen,
Als mir zu geben. – Ibrahim! – Was kommt
Mir denn auch ein, so kurz vor meinem Abtritt
Auf einmal ganz ein andrer sein zu wollen? –
Will Saladin als Saladin nicht sterben? –
So mußt' er auch als Saladin nicht leben.

**Ein zweiter Mameluck.**

Nun, Sultan! . . .

**Saladin.**

Wenn du mir zu melden kömmst . . .

**Zweiter Mameluck.**

Daß aus Ägypten der Transport nun da!

**Saladin.**

Ich weiß schon.

**Zweiter Mameluck.**

Kam ich doch zu spät!

**Saladin.**

Warum

Zu spät? – Da nimm für deinen guten Willen
Der Beutel einen oder zwei.

**Zweiter Mameluck.**

Macht drei!

**Saladin.**

Ja, wenn du rechnen kannst! – So nimm sie nur.

**Zweiter Mameluck.**

Es wird wohl noch ein dritter kommen, – wenn
Er anders kommen kann.

**Saladin.**

Wie das?

**Zweiter Mameluck.**

Je nu,
Er hat auch wohl den Hals gebrochen! Denn
Sobald wir drei der Ankunft des Transports
Versichert waren, sprengte jeder frisch
Davon. Der Vorderste, der stürzt! und so
Komm' ich nun vor, und bleib' auch vor bis in
Die Stadt; wo aber Ibrahim, der Lecker[1],
Die Gassen besser kennt.

**Saladin.**

O der gestürzte!
Freund, der gestürzte! – Reit' ihm doch entgegen.

**Zweiter Mameluck.**

Das werd' ich ja wohl tun! – Und wenn er lebt,
So ist die Hälfte dieser Beutel sein. (Geht ab.)

**Saladin.**

Sieh, welch ein guter, edler Kerl auch das! –
Wer kann sich solcher Mamelucken rühmen?
Und wär' mir denn zu denken nicht erlaubt,
Daß sie mein Beispiel bilden helfen? – Fort
Mit dem Gedanken, sie zu guter Letzt
Noch an ein anders zu gewöhnen! …

**Ein dritter Mameluck.**

Sultan, …

[1] Laffe, Genüßling.

**Saladin.**

Bist du's, der stürzte?

**Dritter Mameluck.**

Nein. Ich melde nur, –
Daß Emir Mansor, der die Karawane
Geführt, vom Pferde steigt . . .

**Saladin.**

Bring ihn! geschwind! –
Da ist er ja! –

---

## Zweiter Auftritt.

**Emir Mansor** und **Saladin.**

**Saladin.**

Willkommen, Emir! Nun,
Wie ist's gegangen? – Mansor, Mansor, hast
Uns lange warten lassen!

**Mansor.**

Dieser Brief
Berichtet, was dein Abulkassem erst
Für Unruh' in Thebais dämpfen müssen,
Eh' wir es wagen durften, abzugehen.
Den Zug darauf hab' ich beschleuniget
So viel, wie möglich war.

**Saladin.**

Ich glaube dir! –
Und nimm nur, guter Mansor, nimm sogleich . . .
Du tust es aber doch auch gern? . . . nimm frische
Bedeckung nur sogleich. Du mußt sogleich
Noch weiter, mußt der Gelder größern Teil
Auf Libanon zum Vater bringen.

**Mansor.**

Gern!
Sehr gern!

**Saladin.**

Und nimm dir die Bedeckung ja
Nur nicht zu schwach. Es ist um Libanon

Nicht alles mehr so sicher. Hast du nicht
Gehört? Die Tempelherrn sind wieder rege.
Sei wohl auf deiner Hut! – Komm nur! Wo hält
Der Zug? Ich will ihn sehn und alles selbst
Betreiben. – Ihr[1]! ich bin sodann bei Sittah.

---

## Dritter Auftritt.

Szene: Die Palmen vor Nathans Hause,
wo der **Tempelherr** auf und nieder geht.

Ins Haus nun will ich einmal nicht. – Er wird
Sich endlich doch wohl sehen lassen! – Man
Bemerkte mich ja sonst so bald, so gern! –
Will's noch erleben, daß er sich's verbittet,
Vor seinem Hause mich so fleißig finden
Zu lassen. – Hm! – ich bin doch aber auch
Sehr ärgerlich. – Was hat mich denn nun so
Erbittert gegen ihn? – Er sagte ja,
Noch schlüg' er mir nichts ab. Und Saladin
Hat's über sich genommen, ihn zu stimmen. –
Wie? sollte wirklich wohl in mir der Christ
Noch tiefer nisten, als in ihm der Jude? –
Wer kennt sich recht? Wie könnt' ich ihm denn sonst
Den kleinen Raub nicht gönnen wollen, den
Er sich's zu solcher Angelegenheit
Gemacht, den Christen abzujagen? – Freilich;
Kein kleiner Raub, ein solch Geschöpf! – Geschöpf?
Und wessen? – Doch des Sklaven nicht, der auf
Des Lebens öden Strand den Block geflößt
Und sich davon gemacht? Des Künstlers doch
Wohl mehr, der in dem hingeworfnen Blocke
Die göttliche Gestalt sich dachte, die
Er dargestellt? – Ach! Rechas wahrer Vater
Bleibt trotz dem Christen, der sie zeugte – bleibt
In Ewigkeit der Jude. – Wenn ich mir

1 Zu den Sklaven.

Sie lediglich als Christendirne denke,
Sie sonder alles das mir denke, was
Allein ihr so ein Jude geben konnte, –
Sprich, Herz, – was wär' an ihr, das dir gefiel?
Nichts! Wenig! Selbst ihr Lächeln, wär' es nichts
Als sanfte, schöne Zuckung ihrer Muskeln,
Wär', was sie lächeln macht, des Reizes unwert,
In den es sich auf ihrem Munde kleidet, –
Nein; selbst ihr Lächeln nicht! Ich hab' es ja
Wohl schöner noch an Aberwitz, an Tand,
An Höhnerei, an Schmeichler und an Buhler
Verschwenden sehn! – Hat's da mich auch bezaubert?
Hat's da mir auch den Wunsch entlockt, mein Leben
In seinem Sonnenscheine zu verflattern? –
Ich wüßte nicht. Und bin auf den doch launisch[1],
Der diesen höhern Wert allein ihr gab?
Wie das? warum? – Wenn ich den Spott verdiente,
Mit dem mich Saladin entließ! Schon schlimm
Genug, daß Saladin es glauben konnte!
Wie klein ich ihm da scheinen mußte! wie
Verächtlich! – Und das alles um ein Mädchen? –
Curd! Curd! das geht so nicht. Lenk ein! Wenn vollends
Mir Daja nur was vorgeplaudert hätte,
Was schwerlich zu erweisen stünde? – Sieh,
Da tritt er endlich, in Gespräch vertieft,
Aus seinem Hause! – Ha! mit wem! – Mit ihm?
Mit meinem Klosterbruder? – Ha! so weiß
Er sicherlich schon alles! ist wohl gar
Dem Patriarchen schon verraten! – Ha!
Was hab' ich Querkopf nun gestiftet! – Daß
Ein einz'ger Funken dieser Leidenschaft
Doch unsers Hirns so viel verbrennen kann! –
Geschwind entschließ dich, was nunmehr zu tun!
Ich will hier seitwärts ihrer warten, – ob
Vielleicht der Klosterbruder ihn verläßt.

---

[1] Ärgerlich.

## Vierter Auftritt.

**Nathan** und der **Klosterbruder.**

**Nathan** (im Näherkommen).
Habt nochmals, guter Bruder, vielen Dank!

**Klosterbruder.**
Und Ihr desgleichen!

**Nathan.**
Ich? von Euch? wofür?
Für meinen Eigensinn, Euch aufzudringen,
Was Ihr nicht braucht? – Ja, wenn ihm Eurer nur
Auch nachgegeben hätt', Ihr mit Gewalt
Nicht wolltet reicher sein als ich.

**Klosterbruder.**
Das Buch
Gehört ja ohnedem nicht mir, gehört
Ja ohnedem der Tochter, ist ja so
Der Tochter ganzes väterliches Erbe. –
Je nu, sie hat ja Euch. – Gott gebe nur,
Daß Ihr es nie bereuen dürft[1], so viel
Für sie getan zu haben!

**Nathan.**
Kann ich das?
Das kann ich nie. Seid unbesorgt!

**Klosterbruder.**
Nu, nu!
Die Patriarchen und die Tempelherren . . .

**Nathan.**
Vermögen mir des Bösen nie so viel
Zu tun, daß irgendwas mich reuen könnte,
Geschweige das! – Und seid Ihr denn so ganz
Versichert, daß ein Tempelherr es ist,
Der Euern Patriarchen hetzt?

**Klosterbruder.**
Es kann

[1] Braucht.

Beinah' kein andrer sein. Ein Tempelherr
Sprach kurz vorher mit ihm, und was ich hörte,
Das klang darnach.

**Nathan.**

Es ist doch aber nur
Ein einziger itzt in Jerusalem.
Und diesen kenn' ich. Dieser ist mein Freund.
Ein junger, edler, offner Mann!

**Klosterbruder.**

Ganz recht;
Der nämliche! – Doch was man ist und was
Man sein muß in der Welt, das paßt ja wohl
Nicht immer.

**Nathan.**

Leider nicht. – So tue, wer's
Auch immer ist, sein Schlimmstes oder Bestes!
Mit Euerm Buche, Bruder, trotz' ich allen
Und gehe gradenwegs damit zum Sultan.

**Klosterbruder.**

Viel Glücks! Ich will Euch denn nur hier verlassen.

**Nathan.**

Und habt sie nicht einmal gesehn? – Kommt ja
Doch bald, doch fleißig wieder. – Wenn nur heut
Der Patriarch noch nichts erfährt! – Doch was?
Sagt ihm auch heute, was Ihr wollt.

**Klosterbruder.**

Ich nicht.
Lebt wohl! (Geht ab.)

**Nathan.**

Vergeßt uns ja nicht, Bruder! – Gott!
Daß ich nicht gleich hier unter freiem Himmel
Auf meine Kniee sinken kann! Wie sich
Der Knoten, der so oft mir bange machte,
Nun von sich selber löset! – Gott! wie leicht
Mir wird, daß ich nun weiter auf der Welt
Nichts zu verbergen habe! daß ich vor

Den Menschen nun so frei kann wandeln als
Vor dir, der du allein den Menschen nicht
Nach seinen Taten brauchst zu richten, die
So selten seine Taten sind, o Gott! –

## Fünfter Auftritt.

**Nathan** und der **Tempelherr,** der von der Seite auf ihn zukömmt.

**Tempelherr.**
He! wartet, Nathan; nehmt mich mit!

**Nathan.**
Wer ruft? –
Seid Ihr es, Ritter? Wo gewesen, daß
Ihr bei dem Sultan Euch nicht treffen lassen?

**Tempelherr.**
Wir sind einander fehlgegangen. Nehmt's
Nicht übel.

**Nathan.**
Ich nicht; aber Saladin . . .

**Tempelherr.**
Ihr wart nur eben fort . . .

**Nathan.**
Und spracht ihn doch?
Nun, so ist's gut.

**Tempelherr.**
Er will uns aber beide
Zusammen sprechen.

**Nathan.**
Desto besser. Kommt
Nur mit. Mein Gang stand ohnehin zu ihm. –

**Tempelherr.**
Ich darf ja doch wohl fragen, Nathan, wer
Euch da verließ?

**Nathan.**
Ihr kennt ihn doch wohl nicht?

**Tempelherr.**

War's nicht die gute Haut, der Laienbruder,
Des sich der Patriarch so gern zum Stöber[1]
Bedient?

**Nathan.**

Kann sein! Beim Patriarchen ist
Er allerdings.

**Tempelherr.**

Der Pfiff ist gar nicht übel:
Die Einfalt vor der Schurkerei voraus
Zu schicken.

**Nathan.**

Ja, die dumme; – nicht die fromme.

**Tempelherr.**

An fromme glaubt kein Patriarch.

**Nathan.**

Für den
Nun steh' ich. Der wird seinem Patriarchen
Nichts Ungebührliches vollziehen helfen.

**Tempelherr.**

So stellt er wenigstens sich an. – Doch hat
Er Euch von mir denn nichts gesagt?

**Nathan.**

Von Euch?
Von Euch nun namentlich wohl nichts. – Er weiß
Ja wohl auch schwerlich Euern Namen?

**Tempelherr.**

Schwerlich.

**Nathan.**

Von einem Tempelherren freilich hat
Er mir gesagt . . .

**Tempelherr.**

Und was?

---

[1] Spürhund, der das Wild aufstöbert.

**Nathan.**

Womit er Euch
Doch ein für allemal nicht meinen kann!

**Tempelherr.**

Wer weiß? Laßt doch nur hören.

**Nathan.**

Daß mich einer
Bei seinem Patriarchen angeklagt . . .

**Tempelherr.**

Euch angeklagt? – Das ist, mit seiner Gunst –
Erlogen. – Hört mich, Nathan! – Ich bin nicht
Der Mensch, der irgend etwas abzuleugnen
Imstande wäre. Was ich tat, das tat ich!
Doch bin ich auch nicht der, der alles, was
Er tat, als wohlgetan verteid'gen möchte.
Was sollt' ich eines Fehls mich schämen? Hab'
Ich nicht den festen Vorsatz, ihn zu bessern?
Und weiß ich etwa nicht, wie weit mit dem
Es Menschen bringen können? – Hört mich, Nathan! –
Ich bin des Laienbruders Tempelherr,
Der Euch verklagt soll haben, allerdings. –
Ihr wißt ja, was mich wurmisch[1] machte, was
Mein Blut in allen Adern sieden machte!
Ich Gauch! – ich kam, so ganz mit Leib und Seel'
Euch in die Arme mich zu werfen. Wie
Ihr mich empfingt – wie kalt – wie lau – denn lau
Ist schlimmer noch als kalt, wie abgemessen
Mir auszubeugen Ihr beflissen wart,
Mit welchen aus der Luft gegriffnen Fragen
Ihr Antwort mir zu geben scheinen wolltet,
Das darf ich kaum mir itzt noch denken, wenn
Ich soll gelassen bleiben. – Hört mich, Nathan! –
In dieser Gärung schlich mir Daja nach
Und warf mir ihr Geheimnis an den Kopf,

[1] Was mich wurmte. Adelung sagt: ein wurmiger Mensch, ärgerlich, verdrießlich.

Das mir den Aufschluß Euers rätselhaften
Betragens zu enthalten schien.

**Nathan.**

Wie das?

**Tempelherr.**

Hört mich nur aus! – Ich bildete mir ein,
Ihr wolltet, was Ihr einmal nun den Christen
So abgejagt, an einen Christen wieder
Nicht gern verlieren. Und so fiel mir ein,
Euch kurz und gut das Messer an die Kehle
Zu setzen.

**Nathan.**

Kurz und gut? und gut? – Wo steckt
Das Gute?

**Tempelherr.**

Hört mich, Nathan! – Allerdings:
Ich tat nicht recht! – Ihr seid wohl gar nicht schuldig. –
Die Närrin Daja weiß nicht, was sie spricht –
Ist Euch gehässig – Sucht Euch nur damit
In einen bösen Handel zu verwickeln –
Kann sein! kann sein! – Ich bin ein junger Laffe,
Der immer nur an beiden Enden schwärmt,
Bald viel zu viel, bald viel zu wenig tut –
Auch das kann sein! Verzeiht mir, Nathan.

**Nathan.**

Wenn
Ihr so mich freilich fasset –

**Tempelherr.**

Kurz, ich ging
Zum Patriarchen! – hab' Euch aber nicht
Genannt. Das ist erlogen, wie gesagt!
Ich hab' ihm bloß den Fall ganz allgemein
Erzählt, um seine Meinung zu vernehmen. –
Auch das hätt' unterbleiben können: ja doch! –
Denn kannt' ich nicht den Patriarchen schon
Als einen Schurken? Konnt' ich Euch nicht selber

Nur gleich zur Rede stellen? – Mußt' ich der
Gefahr, so einen Vater zu verlieren,
Das arme Mädchen opfern? – Nun, was tut's!
Die Schurkerei des Patriarchen, die
So ähnlich immer sich erhält[1], hat mich
Des nächsten Weges wieder zu mir selbst
Gebracht. – Denn hört mich, Nathan; hört mich aus! –
Gesetzt, er wüßt' auch Euern Namen, was
Nun mehr, was mehr? – Er kann Euch ja das Mädchen
Nur nehmen, wenn sie niemands ist, als Euer.
Er kann sie doch aus *Euerm* Hause nur
Ins Kloster schleppen. – Also – gebt sie mir!
Gebt sie nur mir und laßt ihn kommen. Ha!
Er soll's wohl bleiben lassen, mir mein Weib
Zu nehmen. – Gebt sie mir; geschwind! – Sie sei
Nun Eure Tochter, oder sei es nicht!
Sei Christin, oder Jüdin, oder keines!
Gleichviel! gleichviel! Ich werd' Euch weder itzt
Noch jemals sonst in meinem ganzen Leben
Darum befragen. Sei, wie's sei!

**Nathan.**

Ihr wähnt
Wohl gar, daß mir die Wahrheit zu verbergen
Sehr nötig?

**Tempelherr.**

Sei, wie's sei!

**Nathan.**

Ich hab' es ja
Euch – oder wem es sonst zu wissen ziemt –
Noch nicht geleugnet, daß sie eine Christin
Und nichts als meine Pflegetochter ist. –
Warum ich's aber ihr noch nicht entdeckt? –
Darüber brauch' ich nur bei ihr mich zu
Entschuldigen.

**Tempelherr.**

Das sollt Ihr auch bei ihr

[1] Die sich selbst immer so ähnlich bleibt.

Nicht brauchen. – Gönnt's ihr doch, daß sie Euch nie
Mit andern Augen darf[1] betrachten! Spart
Ihr die Entdeckung doch! – Noch habt Ihr ja,
Ihr ganz allein, mit ihr zu schalten. Gebt
Sie mir! Ich bitt' Euch, Nathan; gebt sie mir!
Ich bin's allein, der sie zum zweiten Male
Euch retten kann – und will.

**Nathan.**

Ja – konnte! konnte!
Nun auch nicht mehr. Es ist damit zu spät.

**Tempelherr.**

Wieso? zu spät?

**Nathan.**

Dank sei dem Patriarchen . . .

**Tempelherr.**

Dem Patriarchen? Dank? ihm Dank? wofür?
Dank hätte *der* bei uns verdienen wollen?
Wofür? wofür?

**Nathan.**

Daß wir nun wissen, wem
Sie anverwandt; nun wissen, wessen Händen
Sie sicher ausgeliefert werden kann.

**Tempelherr.**

Das dank' ihm – wer für mehr ihm danken wird!

**Nathan.**

Aus diesen müßt Ihr sie nun auch erhalten,
Und nicht aus meinen.

**Tempelherr.**

Arme Recha! Was
Dir alles zustößt, arme Recha! Was
Ein Glück für andre Waisen wäre, wird
Dein Unglück! – Nathan! – Und wo sind sie, diese
Verwandte?

**Nathan.**

Wo sie sind?

1 Braucht.

**Tempelherr.**

Und wer sie sind?

**Nathan.**

Besonders hat ein Bruder sich gefunden,
Bei dem Ihr um sie werben müßt.

**Tempelherr.**

Ein Bruder?
Was ist er, dieser Bruder? Ein Soldat?
Ein Geistlicher? – Laßt hören, was ich mir
Versprechen darf.

**Nathan.**

Ich glaube, daß er keines
Von beiden – oder beides ist. Ich kenn'
Ihn noch nicht recht.

**Tempelherr.**

Und sonst?

**Nathan.**

Ein braver Mann!
Bei dem sich Recha gar nicht übel wird
Befinden.

**Tempelherr.**

Doch ein Christ! – Ich weiß zuzeiten
Auch gar nicht, was ich von Euch denken soll: –
Nehmt mir's nicht ungut, Nathan. – Wird sie nicht
Die Christin spielen müssen unter Christen?
Und wird sie, was sie lange g'nug gespielt,
Nicht endlich werden? Wird den lautern Weizen,
Den Ihr gesät, das Unkraut endlich nicht
Ersticken? – Und das kümmert Euch so wenig?
Demungeachtet könnt Ihr sagen – Ihr? –
Daß sie bei ihrem Bruder sich nicht übel
Befinden werde?

**Nathan.**

Denk' ich! hoff' ich! – Wenn
Ihr ja bei ihm was mangeln sollte, hat
Sie Euch und mich denn nicht noch immer?

**Tempelherr.**

O!
Was wird bei ihm ihr mangeln können! Wird
Das Brüderchen mit Essen und mit Kleidung,
Mit Naschwerk und mit Putz das Schwesterchen
Nicht reichlich g'nug versorgen? Und was braucht
Ein Schwesterchen denn mehr? – Ei freilich: auch
Noch einen Mann! – Nun, nun; auch den, auch den
Wird ihr das Brüderchen zu seiner Zeit
Schon schaffen, wie er immer nur zu finden!
Der christlichste der beste! – Nathan, Nathan!
Welch einen Engel hattet Ihr gebildet,
Den Euch nun andre so verhunzen werden!

**Nathan.**

Hat keine Not! Er wird sich unsrer Liebe
Noch immer wert genug behaupten.

**Tempelherr.**

Sagt
Das nicht! Von meiner Liebe sagt das nicht!
Denn die läßt nichts sich unterschlagen, nichts.
Es sei auch noch so klein! Auch keinen Namen! –
Doch halt! – Argwohnt sie wohl bereits, was mit
Ihr vorgeht?

**Nathan.**

Möglich, ob ich schon nicht wüßte,
Woher?

**Tempelherr.**

Auch ebenviel, sie soll – sie muß
In beiden Fällen, was ihr Schicksal droht,
Von mir zuerst erfahren. Mein Gedanke,
Sie eher wieder nicht zu sehn, zu sprechen,
Als bis ich sie die Meine nennen dürfe,
Fällt weg. Ich eile . . .

**Nathan.**

Bleibt! wohin?

**Tempelherr.**

Zu ihr!

Zu sehn, ob diese Mädchenseele Manns genug
Wohl ist, den einzigen Entschluß zu fassen,
Der ihrer würdig wäre!

**Nathan.**
Welchen?

**Tempelherr.**
Den:
Nach Euch und ihrem Bruder weiter nicht
Zu fragen –

**Nathan.**
Und?

**Tempelherr.**
Und mir zu folgen; – wenn
Sie drüber eines Muselmannes Frau
Auch werden müßte.

**Nathan.**
Bleibt! Ihr trefft sie nicht.
Sie ist bei Sittah, bei des Sultans Schwester.

**Tempelherr.**
Seit wenn? warum?

**Nathan.**
Und wollt Ihr da bei ihnen
Zugleich den Bruder finden: kommt nur mit.

**Tempelherr.**
Den Bruder? welchen? Sittahs oder Rechas?

**Nathan.**
Leicht beide. Kommt nur mit! Ich bitt' Euch, kommt!
(Er führt ihn fort.)

---

## Sechster Auftritt.

Szene: In Sittahs Harem.
**Sittah** und **Recha** in Unterhaltung begriffen.

**Sittah.**
Was freu' ich mich nicht deiner, süßes Mädchen! –
Sei so beklemmt nur nicht! so angst! so schüchtern! –
Sei munter! sei gesprächiger! vertrauter!

**Recha.**

Prinzessin, . . .

**Sittah.**

Nicht doch! nicht Prinzessin! Nenn'
Mich Sittah, – deine Freundin, – deine Schwester.
Nenn' mich dein Mütterchen! – Ich könnte das
Ja schier auch sein. – So jung! so klug! so fromm!
Was du nicht alles weißt, nicht alles mußt
Gelesen haben!

**Recha.**

Ich gelesen? – Sittah,
Du spottest deiner kleinen albern Schwester.
Ich kann kaum lesen.

**Sittah.**

Kannst kaum, Lügnerin!

**Recha.**

Ein wenig meines Vaters Hand! – Ich meinte,
Du sprächst von Büchern.

**Sittah.**

Allerdings! von Büchern.

**Recha.**

Nun, Bücher wird mir wahrlich schwer zu lesen! –

**Sittah.**

Im Ernst?

**Recha.**

In ganzem Ernst. Mein Vater liebt
Die kalte Buchgelehrsamkeit, die sich
Mit toten Zeichen ins Gehirn nur drückt,
Zu wenig.

**Sittah.**

Ei, was sagst du! – Hat indes
Wohl nicht sehr unrecht! – Und so manches, was
Du weißt ... ?

**Recha.**

Weiß ich allein aus seinem Munde.
Und könnte bei dem meisten dir noch sagen,
Wie, wo, warum er mich's gelehrt.

**Sittah.**

So hängt
Sich freilich alles besser an. So lernt
Mit eins die ganze Seele.

**Recha.**

Sicher hat
Auch Sittah wenig oder nichts gelesen!

**Sittah.**

Wieso? – Ich bin nicht stolz aufs Gegenteil. –
Allein wieso? Dein Grund! Sprich dreist. Dein Grund? 354

**Recha.**

Sie ist so schlecht und recht, so unverkünstelt,
So ganz sich selbst nur ähnlich . . .

**Sittah.**

Nun?

**Recha.**

Das sollen
Die Bücher uns nur selten lassen, sagt
Mein Vater.

**Sittah.**

O, was ist dein Vater für
Ein Mann!

**Recha.**

Nicht wahr?

**Sittah.**

Wie nah er immer doch 355
Zum Ziele trifft!

**Recha.**

Nicht wahr? – Und diesen Vater –

**Sittah.**

Was ist dir, Liebe?

**Recha.**

Diesen Vater –

**Sittah.**

Gott!
Du weinst?

**Recha.**

Und diesen Vater – Ah! es muß
Heraus! Mein Herz will Luft, will Luft . . .
(Wirft sich, von Tränen überwältigt, zu ihren Füßen.)

**Sittah.**

Kind, was
Geschieht dir? Recha?

**Recha.**

Diesen Vater soll –
Soll ich verlieren!

**Sittah.**

Du? verlieren? ihn?
Wie das? – Sei ruhig! – Nimmermehr! – Steh auf!

**Recha.**

Du sollst vergebens dich zu meiner Freundin,
Zu meiner Schwester nicht erboten haben!

**Sittah.**

Ich bin's ja! bin's! – Steh doch nur auf! Ich muß
Sonst Hülfe rufen.

**Recha** (die sich ermannt und aufsteht).

Ah! verzeih! vergib! –
Mein Schmerz hat mich vergessen machen, wer
Du bist. Vor Sittah gilt kein Winseln, kein
Verzweifeln. Kalte, ruhige Vernunft
Will alles über sie allein vermögen.
Wes Sache diese bei ihr führt, der siegt!

**Sittah.**

Nun dann?

**Recha.**

Nein, meine Freundin, meine Schwester
Gibt das nicht zu! Gibt nimmer zu, daß mir
Ein andrer Vater aufgedrungen werde!

**Sittah.**

Ein andrer Vater? aufgedrungen? dir?
Wer kann das? kann das auch nur wollen, Liebe?

**Recha.**

Wer? Meine gute, böse Daja kann
Das wollen, – will das können. – Ja, du kennst
Wohl diese gute, böse Daja nicht?
Nun, Gott vergeb' es ihr! – belohn' es ihr!
Sie hat mir so viel Gutes, – so viel Böses
Erwiesen!

**Sittah.**

Böses dir? – So muß sie Gutes
Doch wahrlich wenig haben.

**Recha.**

Doch! recht viel,
Recht viel!

**Sittah.**

Wer ist sie?

**Recha.**

Eine Christin, die
In meiner Kindheit mich gepflegt, mich so
Gepflegt, – Du glaubst nicht! – die mir eine Mutter
So wenig missen lassen! – Gott vergelt'
Es ihr! – die aber mich auch so geängstet,
Mich so gequält!

**Sittah.**

Und über was? warum?
Wie?

**Recha.**

Ach! die arme Frau, – ich sag' dir's ja –
Ist eine Christin, – muß aus Liebe quälen, –
Ist eine von den Schwärmerinnen, die
Den allgemeinen, einzig wahren Weg
Nach Gott zu wissen wähnen!

**Sittah.**

Nun versteh' ich!

**Recha.**

Und sich gedrungen fühlen, einen jeden,
Der dieses Wegs verfehlt, darauf zu lenken. –

Kaum können sie auch anders. Denn ist's wahr,
Daß dieser Weg allein nur richtig führt,
Wie sollen sie gelassen ihre Freunde
Auf einem andern wandeln sehn, – der ins
Verderben stürzt, ins ewige Verderben?
Es müßte möglich sein, denselben Menschen
Zur selben Zeit zu lieben und zu hassen. –
Auch ist's das nicht, was endlich laute Klagen
Mich über sie zu führen zwingt. Ihr Seufzen,
Ihr Warnen, ihr Gebet, ihr Drohen hätt'
Ich gern noch länger ausgehalten, gern!
Es brachte mich doch immer auf Gedanken,
Die gut und nützlich. Und wem schmeichelt's doch
Im Grunde nicht, sich gar so wert und teuer,
Von wem's auch sei, gehalten fühlen, daß
Er den Gedanken nicht ertragen kann,
Er müss' einmal auf ewig uns entbehren!

**Sittah.**

Sehr wahr!

**Recha.**

Allein – allein – das geht zu weit!
Dem kann ich nichts entgegensetzen, nicht
Geduld, nicht Überlegung, nichts!

**Sittah.**

Was? wem?

**Recha.**

Was sie mir eben itzt entdeckt will haben.

**Sittah.**

Entdeckt? und eben itzt?

**Recha.**

Nur eben itzt!
Wir nahten auf dem Weg hierher uns einem
Verfallnen Christentempel. Plötzlich stand
Sie still, schien mit sich selbst zu kämpfen, blickte
Mit nassen Augen bald gen Himmel, bald
Auf mich. „Komm", sprach sie endlich, „laß uns hier

Durch diesen Tempel in die Richte[1] gehn!"
Sie geht; ich folg' ihr, und mein Auge schweift
Mit Graus die wankenden Ruinen durch.
Nun steht sie wieder, und ich sehe mich
An den versunknen Stufen eines morschen
Altars mit ihr. Wie ward mir, als sie da
Mit heißen Tränen, mit gerungnen Händen
Zu meinen Füßen stürzte . . .

**Sittah.**

Gutes Kind!

**Recha.**

Und bei der Göttlichen, die da wohl sonst
So manch Gebet erhört, so manches Wunder
Verrichtet habe, mich beschwor, – mit Blicken
Des wahren Mitleids mich beschwor, mich meiner
Doch zu erbarmen! – Wenigstens ihr zu
Vergeben, wenn sie mir entdecken müsse,
Was ihre Kirch' auf mich für Anspruch habe.

**Sittah.**

(Unglückliche! – Es ahnte mir!)

**Recha.**

Ich sei
Aus christlichem Geblüte, sei getauft,
Sei Nathans Tochter nicht, er nicht mein Vater! –
Gott! Gott! Er nicht mein Vater! – Sittah! Sittah!
Sieh mich aufs neu' zu deinen Füßen . . .

**Sittah.**

Recha!
Nicht doch! steh auf! – Mein Bruder kömmt! steh auf!

---

[1] Den nächsten Weg.

## Siebenter Auftritt.

**Saladin** und die **Vorigen.**

**Saladin.**

Was gibt's hier, Sittah?

**Sittah.**

Sie ist von sich! Gott!

**Saladin.**

Wer ist's?

**Sittah.**

Du weißt ja …

**Saladin.**

Unsers Nathans Tochter?
Was fehlt ihr?

**Sittah.**

Komm doch zu dir, Kind! – Der Sultan …

**Recha**

(die sich auf den Knieen zu Saladins Füßen schleppt, den Kopf zur Erde gesenkt).

Ich steh' nicht auf! nicht eher auf! – mag eher
Des Sultans Antlitz nicht erblicken! – eher
Den Abglanz ewiger Gerechtigkeit
Und Güte nicht in seinen Augen, nicht
Auf seiner Stirn bewundern …

**Saladin.**

Steh … steh auf!

**Recha.**

Eh' er mir nicht verspricht …

**Saladin.**

Komm! ich verspreche …
Sei was es will!

**Recha.**

Nicht mehr, nicht weniger,
Als meinen Vater mir zu lassen und
Mich ihm! – Noch weiß ich nicht, wer sonst mein Vater
Zu sein verlangt, – verlangen kann. Will's auch
Nicht wissen. Aber macht denn nur das Blut
Den Vater? nur das Blut?

**Saladin** (der sie aufhebt).

Ich merke wohl! –
Wer war so grausam denn, dir selbst – dir selbst
Dergleichen in den Kopf zu setzen? Ist
Es denn schon völlig ausgemacht? erwiesen?

**Recha.**

Muß wohl! Denn Daja will von meiner Amm'
Es haben.

**Saladin.**

Deiner Amme!

**Recha.**

Die es sterbend
Ihr zu vertrauen sich verbunden fühlte.

**Saladin.**

Gar sterbend! – Nicht auch faselnd[1] schon? – Und wär's
Auch wahr! – Jawohl: das Blut, das Blut allein
Macht lange noch den Vater nicht! macht kaum
Den Vater eines Tieres, gibt zum höchsten
Das erste Recht, sich diesen Namen zu
Erwerben! – Laß dir doch nicht bange sein! –
Und weißt du was? Sobald der Väter zwei
Sich um dich streiten, – laß sie beide, nimm
Den dritten! – Nimm dann mich zu deinem Vater!

**Sittah.**

O tu's! o tu's!

**Saladin.**

Ich will ein guter Vater,
Recht guter Vater sein! – Doch halt! mir fällt
Noch viel was bessers bei. – Was brauchst du denn
Der Väter überhaupt? Wenn sie nun sterben?
Beizeiten sich nach einem umgesehn,
Der mit uns um die Wette leben will!
Kennst du noch keinen? . . .

**Sittah.**

Mach' sie nicht erröten!

---

[1] Vgl. „Benvenuto Cellini", 2. Buch, Kap. 5: „Der arme Narr faselt, es wird nicht lange mehr währen" (Goethes Werke, hrsg. von K. Heinemann, Bd. 27, S. 166).

**Saladin.**

Das hab' ich allerdings mir vorgesetzt.
Erröten macht die Häßlichen so schön
Und sollte Schöne nicht noch schöner machen? –
Ich habe deinen Vater Nathan und
Noch einen – einen noch hierher bestellt.
Errätst du ihn? – Hierher! Du wirst mir doch
Erlauben, Sittah?

**Sittah.**

Bruder!

**Saladin.**

Daß du ja
Vor ihm recht sehr errötest, liebes Mädchen!

**Recha.**

Vor wem? erröten? . . .

**Saladin.**

Kleine Heuchlerin!
Nun, so erblasse lieber! – Wie du willst
Und kannst! –

(Eine Sklavin tritt herein und nahet sich Sittah.)

Sie sind doch etwa nicht schon da?

**Sittah** (zur Sklavin).

Gut! laß sie nur herein. – Sie sind es, Bruder!

---

## Letzter Auftritt.

**Nathan** und der **Tempelherr** zu den **Vorigen.**

**Saladin.**

Ah, meine guten lieben Freunde! – Dich,
Dich, Nathan, muß ich nur vor allen Dingen
Bedeuten, daß du nun, sobald du willst,
Dein Geld kannst wiederholen lassen! . . .

**Nathan.**

Sultan! . . .

**Saladin.**

Nun steh' ich auch zu deinen Diensten . . .

**Nathan.**

Sultan! . . .

**Saladin.**

Die Karawan' ist da. Ich bin so reich
Nun wieder, als ich lange nicht gewesen. –
Komm, sag' mir, was du brauchst, so recht was Großes
Zu unternehmen! Denn auch ihr, auch ihr,
Ihr Handelsleute, könnt des baren Geldes
Zu viel nie haben!

**Nathan.**

Und warum zuerst
Von dieser Kleinigkeit? – Ich sehe dort
Ein Aug' in Tränen, das zu trocknen, mir
Weit angelegner ist. (Geht auf Recha zu.) Du hast geweint?
Was fehlt dir? – bist doch meine Tochter noch?

**Recha.**

Mein Vater! . . .

**Nathan.**

Wir verstehen uns. Genug! –
Sei heiter! Sei gefaßt! Wenn sonst dein Herz
Nur dein noch ist! Wenn deinem Herzen sonst
Nur kein Verlust nicht droht! – Dein Vater ist
Dir unverloren!

**Recha.**

Keiner, keiner sonst!

**Tempelherr.**

Sonst keiner? – Nun! so hab' ich mich betrogen.
Was man nicht zu verlieren fürchtet, hat
Man zu besitzen nie geglaubt und nie
Gewünscht. – Recht wohl! recht wohl! – Das ändert, Nathan,
Das ändert alles! – Saladin, wir kamen
Auf dein Geheiß. Allein, ich hatte dich
Verleitet; itzt bemüh' dich nur nicht weiter!

**Saladin.**

Wie gach[1] nun wieder, junger Mann! – Soll alles

[1] Ungestüm.

Dir denn entgegenkommen, alles dich
Erraten?

**Tempelherr.**

Nun du hörst ja! siehst ja, Sultan!

**Saladin.**

Ei wahrlich! – Schlimm genug, daß deiner Sache
Du nicht gewisser warst!

**Tempelherr.**

So bin ich's nun.

**Saladin.**

Wer so auf irgendeine Wohltat trotzt,
Nimmt sie zurück. Was du gerettet, ist
Deswegen nicht dein Eigentum. Sonst wär'
Der Räuber, den sein Geiz ins Feuer jagt,
So gut ein Held wie du!

(Auf Recha zugehend, um sie dem Tempelherrn zuzuführen.)

Komm, liebes Mädchen,
Komm! Nimm's mit ihm nicht so genau. Denn wär'
Er anders, wär' er minder warm und stolz,
Er hätt' es bleiben lassen, dich zu retten.
Du mußt ihm eins fürs andre rechnen. – Komm!
Beschäm' ihn! tu, was ihm zu tun geziemte!
Bekenn' ihm deine Liebe! trage dich ihm an!
Und wenn er dich verschmäht, dir's je vergißt,
Wie ungleich mehr in diesem Schritte du
Für ihn getan, als er für dich ... Was hat
Er denn für dich getan? Ein wenig sich
Beräuchern lassen! – ist was rechts! – so hat
Er meines Bruders, meines Assad, nichts!
So trägt er seine Larve, nicht sein Herz.
Komm, Liebe ...

**Sittah.**

Geh! geh, Liebe, geh! Es ist
Für deine Dankbarkeit noch immer wenig,
Noch immer nichts.

**Nathan.**

Halt, Saladin! halt, Sittah!

**Saladin.**

Auch du?

**Nathan.**

Hier hat noch einer mitzusprechen . . .

**Saladin.**

Wer leugnet das? – Unstreitig, Nathan, kömmt
So einem Pflegevater eine Stimme
Mit zu! Die erste, wenn du willst. – Du hörst,
Ich weiß der Sache ganze Lage.

**Nathan.**

Nicht so ganz! –
Ich rede nicht von mir. Es ist ein andrer,
Weit, weit ein andrer, den ich, Saladin,
Doch auch vorher zu hören bitte.

**Saladin.**

Wer?

**Nathan.**

Ihr Bruder!

**Saladin.**

Rechas Bruder?

**Nathan.**

Ja!

**Recha.**

Mein Bruder?
So hab' ich einen Bruder?

**Tempelherr**

(aus seiner wilden, stummen Zerstreuung auffahrend).

Wo? wo ist
Er, dieser Bruder? Noch nicht hier? Ich sollt'
Ihn hier ja treffen.

**Nathan.**

Nur Geduld!

**Tempelherr** (äußerst bitter).

Er hat

Ihr einen Vater aufgebunden, – wird
Er keinen Bruder für sie finden?

**Saladin.**

Das
Hat noch gefehlt! Christ! ein so niedriger
Verdacht wär' über Assads Lippen nicht
Gekommen. – Gut! fahr nur so fort!

**Nathan.**

Verzeih
Ihm! – Ich verzeih' ihm gern. – Wer weiß, was wir
An seiner Stell', in seinem Alter dächten!
(Freundschaftlich auf ihn zugehend.)
Natürlich, Ritter! – Argwohn folgt auf Mißtraun! –
Wenn Ihr mich Euers wahren Namens gleich
Gewürdigt hättet . . .

**Tempelherr.**

Wie?

**Nathan.**

Ihr seid kein Stauffen!

**Tempelherr.**

Wer bin ich denn?

**Nathan.**

Heißt Curd von Stauffen nicht!

**Tempelherr.**

Wie heiß ich denn?

**Nathan.**

Heißt Leu von Filneck.

**Tempelherr.**

Wie?

**Nathan.**

Ihr stutzt?

**Tempelherr.**

Mit Recht! Wer sagt das?

**Nathan.**

Ich, der mehr,

Noch mehr Euch sagen kann. Ich straf' indes
Euch keiner Lüge.

**Tempelherr.**

Nicht?

**Nathan.**

Kann doch wohl sein,
Daß jener Nam' Euch ebenfalls gebührt.

**Tempelherr.**

Das sollt' ich meinen! – (Das hieß Gott ihn sprechen!)

**Nathan.**

Denn Eure Mutter – die war eine Stauffin.
Ihr Bruder, Euer Ohm, der Euch erzogen,
Dem Eure Eltern Euch in Deutschland ließen,
Als, von dem rauhen Himmel dort vertrieben,
Sie wieder hierzulande kamen, – der
Hieß Curd von Stauffen; mag an Kindes Statt
Vielleicht Euch angenommen haben! – Seid
Ihr lange schon mit ihm nun auch herüber
Gekommen? Und er lebt doch noch?

**Tempelherr.**

Was soll
Ich sagen? – Nathan! – Allerdings! So ist's!
Er selbst ist tot. Ich kam erst mit der letzten
Verstärkung unsers Ordens. – Aber, aber –
Was hat mit diesem allen Rechas Bruder
Zu schaffen?

**Nathan.**

Euer Vater . . .

**Tempelherr.**

Wie? auch den
Habt Ihr gekannt? Auch den?

**Nathan.**

Er war mein Freund.

**Tempelherr.**

War Euer Freund? Ist's möglich, Nathan! . . .

**Nathan.**

Nannte
Sich Wolf von Filneck; aber war kein Deutscher . . .

**Tempelherr.**

Ihr wißt auch das?

**Nathan.**

War einer Deutschen nur
Vermählt, war Eurer Mutter nur nach Deutschland
Auf kurze Zeit gefolgt . . .

**Tempelherr.**

Nicht mehr! Ich bitt'
Euch! – Aber Rechas Bruder? Rechas Bruder . . .

**Nathan.**

Seid Ihr!

**Tempelherr.**

Ich? ich ihr Bruder?

**Recha.**

Er mein Bruder?

**Sittah.**

Geschwister!

**Saladin.**

Sie Geschwister!

**Recha** (will auf ihn zu).

Ah! mein Bruder!

**Tempelherr** (tritt zurück).

Ihr Bruder!

**Recha**
(hält an und wendet sich zu Nathan).

Kann nicht sein! nicht sein! – Sein Herz
Weiß nichts davon! – Wir sind Betrieger! Gott!

**Saladin** (zum Tempelherrn).

Betrieger? wie? Das denkst du? kannst du denken?
Betrieger selbst! Denn alles ist erlogen
An dir: Gesicht und Stimm' und Gang! Nichts dein!
So eine Schwester nicht erkennen wollen! Geh!

**Tempelherr** (sich demütig ihm nahend).
Mißdeut' auch du nicht mein Erstaunen, Sultan!
Verkenn in einem Augenblick, in dem
Du schwerlich deinen Assad je gesehen,
Nicht ihn und mich!
(Auf Nathan zueilend.)
Ihr nehmt und gebt mir, Nathan!
Mit vollen Händen beides! – Nein! Ihr gebt
Mir mehr, als Ihr mir nehmt! unendlich mehr!
(Recha um den Hals fallend.)
Ah meine Schwester! meine Schwester!

**Nathan.**

Blanda
Von Filneck!

**Tempelherr.**

Blanda? Blanda? – Recha nicht?
Nicht Eure Recha mehr? – Gott! Ihr verstoßt
Sie! gebt ihr ihren Christennamen wieder!
Verstoßt sie meinetwegen! – Nathan! Nathan!
Warum es sie entgelten lassen? sie!

**Nathan.**

Und was? – O meine Kinder! meine Kinder! –
Denn meiner Tochter Bruder wär' mein Kind
Nicht auch, – sobald er will?
(Indem er sich ihren Umarmungen überläßt, tritt Saladin mit unruhigem Erstaunen zu seiner Schwester.)

**Saladin.**

Was sagst du, Schwester?

**Sittah.**

Ich bin gerührt . . .

**Saladin.**

Und ich, – ich schaudere
Vor einer größern Rührung fast zurück!
Bereite dich nur drauf, so gut du kannst.

**Sittah.**

Wie?

**Saladin.**

Nathan, auf ein Wort! ein Wort! –

(Indem Nathan zu ihm tritt, tritt Sittah zu dem Geschwister[1], ihm ihre Teilnehmung zu bezeigen, und Nathan und Saladin sprechen leiser.)

Hör'! hör' doch, Nathan! Sagtest du vorhin
Nicht –?

**Nathan.**

Was?

**Saladin.**

Aus Deutschland sei ihr Vater nicht
Gewesen, ein geborner Deutscher nicht.
Was war er denn? wo war er sonst denn her?

**Nathan.**

Das hat er selbst mir nie vertrauen wollen.
Aus seinem Munde weiß ich nichts davon.

**Saladin.**

Und war auch sonst kein Frank', kein Abendländer?

**Nathan.**

O! daß er der nicht sei, gestand er wohl. –
Er sprach am liebsten Persisch . . .

**Saladin.**

Persisch? Persisch?
Was will ich mehr? – Er ist's! Er war es!

**Nathan.**

Wer?

**Saladin.**

Mein Bruder! ganz gewiß! Mein Assad! ganz
Gewiß!

**Nathan.**

Nun, wenn du selbst darauf verfällst: –
Nimm die Versichrung hier in diesem Buche!

(Ihm das Brevier überreichend.)

**Saladin** (es begierig aufschlagend).

Ah! seine Hand! Auch die erkenn' ich wieder!

---

[1] Vgl. oben, S. 262, Anm. 2.

**Nathan.**

Noch wissen sie von nichts! Noch steht's bei dir
Allein, was sie davon erfahren sollen!

**Saladin** (indes er darin geblättert).

Ich meines Bruders Kinder nicht erkennen?
Ich meine Neffen – meine Kinder nicht?
Sie nicht erkennen? ich? Sie dir wohl lassen?
(Wieder laut.)
Sie sind's! sie sind es, Sittah, sind! Sie sind's!
Sind beide meines . . . deines Bruders Kinder!
(Er rennt in ihre Umarmungen.)

**Sittah** (ihm folgend).

Was hör' ich! – Konnt's auch anders, anders sein! –

**Saladin** (zum Tempelherrn).

Nun mußt du doch wohl, Trotzkopf, mußt mich lieben!
(Zu Recha.)
Nun bin ich doch, wozu ich mich erbot?
Magst wollen oder nicht!

**Sittah.**

Ich auch! ich auch!

**Saladin** (zum Tempelherrn zurück).

Mein Sohn! mein Assad! meines Assads Sohn!

**Tempelherr.**

Ich deines Bluts! – So waren jene Träume,
Womit man meine Kindheit wiegte, doch –
Doch mehr als Träume! (Ihm zu Füßen fallend.)

**Saladin** (ihn aufhebend).

Seht den Bösewicht!
Er wußte was davon und konnte mich
Zu seinem Mörder machen wollen! Wart'!
(Unter stummer Wiederholung allseitiger Umarmungen fällt der Vorhang.)

# Fabeln

## und

# Erzählungen in Versen.

# Einleitung des Herausgebers.

---

Die Tierfabel hat sich wegen ihres lehrhaften Charakters zu allen Zeiten besonderer Gunst, nicht nur bei Schulmeistern, zu erfreuen gehabt. Die unter dem Namen des Äsop überlieferten prosaischen Umschreibungen griechischer Fabeln und ihre poetischen lateinischen Bearbeitungen durch Phädrus wurden immer wieder seit dem Mittelalter übersetzt und nachgeahmt, am glänzendsten von Lafontaine, der durch Geist und eleganten Vortrag das lehrhafte Element vergessen ließ. In seinen *„Contes"* überwog die pikante Erzählung kleiner, häufig sehr gewagter Geschichten aus dem Alltagsleben in der Art der italienischen Renaissancenovellen die eigentliche Fabel. An Lafontaine und seinem trockneren Landsmann Houdart de la Motte bildete Hagedorn die graziöse Kunst seines „Versuchs in poetischen Fabeln und Erzählungen" (1738) und Gellert den Plauderton seiner „Fabeln", die 1746–48 erschienen und ihrem Schöpfer die höchste Volkstümlichkeit errangen.

Lessing ist in seinen Versfabeln der getreue Schüler Hagedorns und Gellerts. Seine erste öffentlich erschienene Dichtung, „Der Wunsch zu sterben" (Nr. 16), könnte von Gellert verfaßt sein. Späteres geht allerdings mit keckem Frohsinn weit über die zahme Frivolität des frommen Leipzigers hinaus. Seine Wegweiser sind auf diesen schlüpfrigen Pfaden die Verfasser der alten Fazetien, der Schwänke von sinnlichen Pfaffen und lüsternen Frauen, an ihrer Spitze der Italiener Gian-Francesco Poggio und der Deutsche Heinrich Bebel. Jede Rücksicht auf die Moral setzen diese Geschichten außer acht, um nur Erzählungskunst und Witz zu betätigen.

Das stärkste dieser Art wagte Lessing im „Eremiten", der 1749 als besonderes Schriftchen erschien.

Die anderen Stücke waren zuerst 1747–51 in Zeitschriften gedruckt worden und erschienen 1753 im ersten Teile der „Schriften".

Die ganz anders gearteten Prosafabeln, von denen einige hier eingefügt waren, sonderte Lessing später aus und veröffentlichte sie 1759 mit seinen „Abhandlungen" über die Fabel besonders (vgl. Bd. 3 dieser Ausgabe). Zum zweiten Male wurden dann die sorgfältig durchgesehenen „Fabeln und Erzählungen" für den zweiten Teil der „Vermischten Schriften" 1771 gedruckt, aber erst 1784 veröffentlicht.

## 1. Der Sperling und die Feldmaus.

Zur Feldmaus sprach ein Spatz: „Sieh dort den Adler sitzen!
Sieh, weil[1] du ihn noch siehst! er wiegt den Körper schon;
Bereit zum kühnen Flug, bekannt mit Sonn' und Blitzen,
Zielt er nach Jovis Thron.
Doch wette, – seh' ich schon nicht adlermäßig aus –
Ich flieg' ihm gleich." – „Fleug, Prahler!" rief die Maus.
Indes flog jener auf, kühn auf geprüfte Schwingen,
Und dieser wagt's, ihm nachzudringen.
Doch kaum, daß ihr ungleicher Flug
Sie beide bis zur Höh' gemeiner[2] Bäume trug,
Als beide sich dem Blick der blöden Maus entzogen
Und beide, wie sie schloß, gleich unermeßlich flogen.

* * *

Ein unbiegsamer[3] F* will kühn wie Milton singen.
Nach dem er Richter wählt, nach dem wird's ihm gelingen.

---

## 2. Der Adler und die Eule.

Der Adler Jupiters und Pallas' Eule stritten.
„Abscheulich Nachtgespenst!" – „Bescheidner, darf ich bitten.
Der Himmel heget mich und dich;
Was bist du also mehr als ich?"
Der Adler sprach: „Wahr ist's, im Himmel sind wir beide;
Doch mit dem Unterscheide:
Ich kam durch eignen Flug,
Wohin dich deine Göttin trug."

---

[1] Ältere Bedeutung: so lange als. – [2] Vgl. oben, S. 95, Anm. 2. – [3] Früher häufig in der Bedeutung: ungewandt, talentlos.

## 3. Der Tanzbär.

Ein Tanzbär war der Kett' entrissen,
Kam wieder in den Wald zurück
Und tanzte seiner Schar ein Meisterstück
Auf den gewohnten Hinterfüßen.
„Seht", schrie er, „das ist Kunst; das lernt man in der Welt.
Tut mir es nach, wenn's euch gefällt,
Und wenn ihr könnt!" – „Geh", brummt ein alter Bär,
„Dergleichen Kunst, sie sei so schwer,
Sie sei so rar sie sei,
Zeigt deinen niedern Geist und deine Sklaverei."

* * *

Ein großer Hofmann sein,
Ein Mann, dem Schmeichelei und List
Statt Witz und Tugend ist;
Der durch Kabalen steigt, des Fürsten Gunst erstiehlt,
Mit Wort und Schwur als Komplimenten spielt,
Ein solcher Mann, ein großer Hofmann sein,
Schließt das Lob oder Tadel ein?

---

## 4. Der Hirsch und der Fuchs.

„Hirsch, wahrlich, das begreif' ich nicht",
Hört' ich den Fuchs zum Hirsche sagen,
„Wie dir der Mut so sehr gebricht;
Der kleinste Windhund kann dich jagen.
Besieh dich doch, wie groß du bist!
Und sollt' es dir an Stärke fehlen?
Den größten Hund, so stark er ist,
Kann dein Geweih mit einem Stoß entseelen.
Uns Füchsen muß man wohl die Schwachheit übersehn;
Wir sind zu schwach zum Widerstehn.
Doch daß ein Hirsch nicht weichen muß,
Ist sonnenklar. Hör' meinen Schluß:
Ist jemand stärker als sein Feind,
Der braucht sich nicht vor ihm zurückzuziehen.

Du bist den Hunden nun weit überlegen, Freund,
Und folglich darfst du niemals fliehen." –

„Gewiß, ich hab' es nie so reiflich überlegt.
Von nun an", sprach der Hirsch, „sieht man mich unbewegt,
Wenn Hund' und Jäger auf mich fallen;
Nun widersteh' ich allen."

Zum Unglück, daß Dianens Schar
So nah mit ihren Hunden war.
Sie bellen, und sobald der Wald
Von ihrem Bellen widerschallt,
Fliehn schnell der schwache Fuchs und starke Hirsch davon.

* * *

Natur tut allzeit mehr als Demonstration.

---

## 5. Die Sonne.

Der Stern, durch den es bei uns tagt –
„Ach! Dichter, lern' wie unsereiner sprechen!
Muß man, wenn du erzählst
Und uns mit albern Fabeln quälst,
Sich denkend noch den Kopf zerbrechen?" –
Nun gut! die Sonne ward gefragt,
Ob sie es nicht verdrösse,
Daß ihre unermeßne Größe
Die durch den Schein betrogne Welt
Im Durchschnitt größer kaum als eine Spanne hält?

„Mich", spricht sie, „sollte dieses kränken?
Wer ist die Welt? wer sind sie, die so denken?
Ein blind Gewürm! Genug, wenn jene Geister nur,
Die auf der Wahrheit dunkeln Spur
Das Wesen von dem Scheine trennen,
Wenn diese mich nur besser kennen!"

* * *

Ihr Dichter, welche Feu'r und Geist
Des Pöbels blödem Blick entreißt,

Lernt, will euch mißgeschätzt des Lesers Kaltsinn kränken,
Zufrieden mit euch selbst, stolz wie die Sonne denken!

## 6. Das Muster der Ehen.

Ein rares Beispiel will ich singen,
Wobei die Welt erstaunen wird.
Daß alle Ehen Zwietracht bringen,
Glaubt jeder, aber jeder irrt.

Ich sah das Muster aller Ehen,
Still wie die stillste Sommernacht.
O, daß sie keiner möge sehen,
Der mich zum frechen Lügner macht!

Und gleichwohl war die Frau kein Engel
Und der Gemahl kein Heiliger;
Es hatte jedes seine Mängel;
Denn niemand ist von allen leer.

Doch sollte mich ein Spötter fragen,
Wie diese Wunder möglich sind?
Der lasse sich zur Antwort sagen:
Der Mann war taub, die Frau war blind.

## 7. Faustin.

Faustin, der ganze funfzehn Jahr
Entfernt von Haus und Hof und Weib und Kindern war,
Ward, von dem Wucher reich gemacht,
Auf seinem Schiffe heimgebracht.
„Gott", seufzt der redliche Faustin,
Als ihm die Vaterstadt in dunkler Fern' erschien,
„Gott, strafe mich nicht meiner Sünden
Und gib mir nicht verdienten Lohn!
Laß, weil du gnädig bist, mich Tochter, Weib und Sohn
Gesund und fröhlich wiederfinden."
So seufzt Faustin, und Gott erhört den Sünder.
Er kam und fand sein Haus in Überfluß und Ruh'.

Er fand sein Weib und seine beiden Kinder
Und – Segen Gottes! – zwei dazu.

---

## 8. Die eheliche Liebe.

Klorinde starb; sechs Wochen drauf
Gab auch ihr Mann das Leben auf,
Und seine Seele nahm aus diesem Weltgetümmel
Den pfeilgeraden Weg zum Himmel.
„Herr Petrus", rief er, „aufgemacht!" –
„Wer da?" – „Ein wackrer Christ." –
„Was für ein wackrer Christ?" –
„Der manche Nacht,
Seitdem die Schwindsucht ihn aufs Krankenbette brachte,
In Furcht, Gebet und Zittern wachte.
Macht bald!" – – Das Tor wird aufgetan.
„Ha! ha! Klorindens Mann!
Mein Freund", spricht Petrus, „nur herein;
Noch wird bei Eurer Frau ein Plätzchen ledig sein." –
„Was? meine Frau im Himmel? wie?
Klorinden habt Ihr eingenommen?
Lebt wohl! habt Dank für Eure Müh'!
Ich will schon sonst wo unterkommen."

---

## 9. Die Bäre[1].

Den Bären glückt' es nun schon seit geraumer Zeit,
Mit Brummen, plumpem Ernst und stolzer Frömmigkeit
Das Sittenrichteramt bei allen schwächern Tieren
Aus angemaßter Macht gleich Wütrichen zu führen.
Ein jedes furchte[2] sich, und keines war so kühn,
Sich um die saure Pflicht nebst ihnen zu bemühn;
Bis endlich noch im Fuchs der Patriot erwachte,
Und hier und da ein Fuchs auf Sittensprüche dachte.

---

[1] Die Form „Bäre" ist historisch unberechtigt und sehr selten. – [2] Die Form „furchte" (mit unterdrücktem Umlaut) war, namentlich zu Beginn der neuhochdeutschen Zeit, weit verbreitet.

Nun sah man beide stets auf gleiche Zwecke sehn,
Und beide sah man doch verschiedne Wege gehn.
Die Bäre wollen nur durch Strenge heilig machen;
Die Füchse strafen auch, doch strafen sie mit Lachen.
Dort brauchet man nur Fluch, hier brauchet man nur Scherz;
Dort bessert man den Schein, hier bessert man das Herz;
Dort sieht man Düsternheit, hier sieht man Licht und Leben,
Dort nach der Heuchelei, hier nach der Tugend streben.
Du, der du weiter denkst, fragst du mich nicht geschwind:
Ob beide Teile wohl auch gute Freunde sind?
O wären sie's! Welch Glück für Tugend, Witz und Sitten!
Doch nein, der arme Fuchs wird von dem Bär bestritten
Und trotz des guten Zwecks von ihm in Bann getan.
Warum? der Fuchs greift selbst die Bäre tadelnd an.

* * *

Ich kann mich diesmal nicht bei der Moral verweilen;
Die fünfte Stunde schlägt; ich muß zum Schauplatz[1] eilen.
Freund, leg die Predigt weg! Willst du nicht mit mir gehn?
„Was spielt man?" Den „Tartüff"[2]. „Dies Schandstück sollt' ich sehn?"

## 10. Der Löwe und die Mücke.

Ein junger Held vom muntern Heere,
Das nur der Sonnenschein belebt,
Und das mit saugendem Gewehre
Nach Ruhm gestochner Beulen strebt,
Doch die man noch zum großen Glücke,
Durch zwei Paar Strümpfe hindern kann,
Der junge Held war eine Mücke.
Hört meines Helden Taten an!

Auf ihren Kreuz- und Ritterzügen
Fand sie, entfernt von ihrer Schar,
Im Schlummer einen Löwen liegen,
Der von der Jagd entkräftet war.

---

[1] Vgl. oben, S. 91, Anm. 1. – [2] Molières *„Tartuffe"* (1667) als bestes Beispiel des Witzes, der sich gegen die Scheinheiligen kehrt.

„Seht, Schwestern, dort den Löwen schlafen!"
Schrie sie die Schwestern gaukelnd an.
„Jetzt will ich hin und will ihn strafen.
Er soll mir bluten, der Tyrann!"

Sie eilt, und mit verwegnem Sprunge
Setzt sie sich auf des Königs Schwanz.
Sie sticht und flieht mit schnellem Schwunge,
Stolz auf den sauern Lorbeerkranz.
Der Löwe will sich nicht bewegen?
Wie? ist er tot? Das heiß' ich Wut!
Zu mördrisch war der Mücke Degen;
Doch sagt, ob er nicht Wunder tut?

„Ich bin es, die den Wald befreiet,
Wo seine Mordsucht sonst getobt.
Seht, Schwestern, den der Tiger scheuet,
Der stirbt! Mein Stachel sei gelobt!"
Die Schwestern jauchzen voll Vergnügen
Um ihre laute Siegerin:
„Wie? Löwen, Löwen zu besiegen!
Wie, Schwester, kam dir das in Sinn?" –

„Ja, Schwestern, wagen muß man! wagen!
Ich hätt' es selber nicht gedacht.
Auf! lasset uns mehr Feinde schlagen.
Der Anfang ist zu schön gemacht."
Doch unter diesen Siegesliedern,
Da jede von Triumphen sprach,
Erwacht der matte Löwe wieder
Und eilt erquickt dem Raube nach.

---

## 11. Das Kruzifix.

„Hans", spricht der Pater, „du mußt laufen,
Uns in der nächsten Stadt ein Kruzifix zu kaufen.
Nimm Matzen mit, hier hast du Geld.
Du wirst wohl sehn, wie teuer man es hält."

Hans kömmt mit Matzen nach der Stadt.
Der erste Künstler war der beste.
„Herr, wenn Er Kruzifixe hat,
So laß Er uns doch eins zum heil'gen Osterfeste."

Der Künstler war ein schalk'scher Mann,
Der gern der Einfalt lachte
Und Dumme gern noch dümmer machte,
Und fing im Scherz zu fragen an:
„Was wollt ihr denn für eines?" –

„Je nun", spricht Matz, „ein wacker feines.
Wir werden sehn, was Ihr uns gebt." –

„Das glaub' ich wohl, allein das frag' ich nicht.
Ein totes oder eins, das lebt?"

Hans guckte Matzen und Matz Hansen ins Gesicht.
Sie öffneten das Maul, allein es red'te nicht.
„Nun, gebt mir doch Bericht.
Habt ihr den Pater nicht gefragt?" –
„Mein Blut!"[1] spricht endlich Hans, der aus dem Traum erwachte,
„Mein Blut! er hat uns nichts gesagt.
Weißt du es, Matz?" – „Ich dachte;
Wenn du's nicht weißt; wie soll ich's wissen?" –
„So werdet ihr den Weg noch einmal gehen müssen." –
„Das wollen wir wohl bleiben lassen.
Ja, wenn es nicht zur Frone[2] wär'."

Sie denken lange hin und her
Und wissen keinen Rat zu fassen.
Doch endlich fällt es Matzen ein:
„Je! Hans, sollt's nicht am besten sein,
Wir kauften eins, das lebt? – Denn sieh,
Ist's ihm nicht recht, so macht's ja wenig Müh',
Wär's auch ein Ochs, es totzuschlagen." –

[1] Soviel wie: „Bei meinem Leben!" – [2] Ein Frondienst, der auf Grund von Herrschaftsrechten den Gutsbesitzern oder den Geistlichen ohne Entgelt geleistet werden mußte.

„Nu ja“, spricht Hans, „das wollt’ ich eben sagen:
So haben wir nicht viel zu wagen.“

* * *

Das war ein Argument, ihr Herren Theologen,
Das Hans und Matz *ex tuto*[1] zogen.

---

## 12. Der Eremit.

Im Walde, nah bei einer Stadt,
Die man mir nicht genennet hat,
Ließ einst ein seltenes Gefieder,
Ein junger Eremit, sich nieder.

„In einer Stadt“, denkt Applikant[2],
„Die man ihm nicht genannt?
Was muß er wohl für eine meinen?
Beinahe sollte mir es scheinen,
Daß die, – nein die – gemeinet wär’.“
Kurz, Applikant denkt hin und her
Und schließt, noch eh’ er mich gelesen,
Es sei gewiß Berlin gewesen.

„Berlin? Ja, ja, das sieht man bald;
Denn bei Berlin ist ja ein Wald.“

Der Schluß ist stark, bei meiner Ehre;
Ich dachte nicht, daß es so deutlich wäre.
Der Wald paßt herrlich auf Berlin,
Ohn’ ihn beim Haar herbeizuziehn.
Und ob das übrige wird passen,
Will ich dem Leser überlassen.
Auf Griechisch weiß ich, wie sie hieß;
Doch wer versteht’s? Kerapolis.[3]

Hier, nahe bei Kerapolis,
War’s, wo ein junger Eremite

---

[1] Aus dem, was gewiß ist. – [2] Derjenige, der Nutzanwendungen aus allgemeinen Sätzen zieht oder Geschichten auf bestimmte Persönlichkeiten oder Örtlichkeiten zu beziehen liebt. – [3] „Hörnerstadt“. Die Erklärung des ersonnenen Namens gibt das Folgende.

In einer kleinen, leeren Hütte
Im dicksten Wald sich niederließ.
Was je ein Eremit getan,
Fing er mit größtem Eifer an:
Er betete, er sang, er schrie
Des Tags, des Nachts und spät und früh.
Er aß kein Fleisch, er trank nicht Wein,
Ließ Wurzeln seine Nahrung sein
Und seinen Trank das helle Wasser;
Bei allem Appetit kein Prasser.
Er geißelte sich bis aufs Blut
Und wußte, wie das Wachen tut.
Er fastete wohl ganze Tage
Und blieb auf einem Fuße stehn
Und machte sich rechtschaffne Plage,
In Himmel mühsam einzugehn.
Was Wunder also, daß gar bald
Vom jungen Heiligen im Wald
Der Ruf bis in die Stadt erschallt?

Die erste, die aus dieser Stadt
Zu ihm die heil'ge Wallfahrt tat,
War ein betagtes Weib.
Auf Krücken, zitternd kam sie an
Und fand den wilden Gottesmann,
Der sie von weitem kommen sahe,
Dem hölzern Kreuze knieend nahe.
Je näher sie ihm kömmt, je mehr
Schlägt er die Brust und weint und winselt er,
Und, wie es sich für einen Heil'gen schicket,
Erblickt sie nicht, ob er sie gleich erblicket.
Bis er zuletzt vom Knieen matt
Und heiliger Verstellung satt,
Vom Fasten, Kreuz'gen, Klosterleben,
Marienbildern, Opfergeben,
Von Beichte, Salbung, Seelenmessen,
Ohn' das Vermächtnis zu vergessen,

Von Rosenkränzen mit ihr red'te,
Und das so oratorisch sagt,
Daß sie erbärmlich weint und klagt,
Als ob er sie geprügelt hätte.
Zum Schluß bricht sie von seiner Hütte,
Wozu der saure Eremite
Mit Not ihr die Erlaubnis gab,
Sich einen heil'gen Splitter ab,
Den sie beküsset und belecket
Und in den welken Busen stecket.
Mit diesem Schatz von Heiligkeit
Kehrt sie zurück, begnadigt und erfreut,
Und läßt daheim die frömmsten Frauen
Ihn küssen, andre nur beschauen.
Sie ging zugleich von Haus zu Haus
Und rief auf allen Gassen aus:
„Der ist verloren und verflucht,
Der unsern Eremiten nicht besucht!"
Und brachte hundert Gründe bei,
Warum es sonderlich den Weibern nützlich sei.

Ein altes Weib kann Eindruck machen,
Zum Weinen bei der Frau und bei dem Mann zum Lachen.
Zwar ist der Satz nicht allgemein;
Auch Männer können Weiber sein.
Doch diesmal waren sie es nicht.
Die Weiber schienen nur erpicht,
Den teuern Waldseraph zu sehen.
Die Männer aber? – wehrten's nicht
Und ließen ihre Weiber gehen.
Die Häßlichen und Schönen,
Die ältesten und jüngsten Frauen,
Das arme wie das reiche Weib, –
Kurz jede ging, sich zu erbauen,
Und jede fand erwünschten Zeitvertreib.

„Was? Zeitvertreib, wo man erbauen will?
Was soll der Widerspruch bedeuten?"

Ein Widerspruch? Das wäre viel!
„Er sprach ja sonst von lauter Seligkeiten!" –
O! davon sprach er noch, nur mit dem Unterscheide:
Mit Alten sprach er stets von Tod und Eitelkeit,
Mit Armen von des Himmels Freude,
Mit Häßlichen von Ehrbarkeit,
Nur mit den Schönen allezeit
Vom ersten jeder Christentriebe.
Was ist das? Wer mich fragt, kann der ein Christ wohl sein?
Denn jeder Christ kömmt damit überein,
Es sei die liebe Liebe.

Der Eremit war jung; das hab' ich schon gesagt.
Doch schön? Wer nach der Schönheit fragt,
Der mag ihn hier[1] besehn.
Genug, den Weibern war er schön.
Ein starker, frischer, junger Kerl,
Nicht dicke wie ein Faß, nicht hager wie ein Querl –
„Nun, nun, aus seiner Kost ist jenes leicht zu schließen."
Doch sollte man auch wissen,
Daß Gott dem, den er liebt,
Zu Steinen wohl Gedeihen gibt;
Und das ist doch kein fett Gerichte!
Ein bräunlich männliches Gesichte,
Nicht allzu klein, nicht allzu groß,
Das sich im dichten Barte schloß;
Die Blicke wild, doch sonder Anmut nicht;
Die Nase lang, wie man die Kaisernasen[2] dicht't.
Das ungebundne Haar floß straubigt[3] um das Haupt;
Und wesentlich're Schönheitsstücke
Hat der zerrißne Rock dem Blicke
Nicht ganz entdeckt, nicht ganz geraubt.
Der Waden nur noch zu gedenken:
Sie waren groß und hart wie Stein.

[1] In der Beschreibung, die sogleich folgt. – [2] Es ist wohl besonders an die großen Nasen der Kaiser aus dem Hause Habsburg gedacht. – [3] Sich sträubend, in die Höhe stehend.

Das sollen, wie man sagt, nicht schlimme Zeichen sein;
Allein den Grund wird man mir schenken.

Nun wahrlich, so ein Kerl kann Weiber lüstern machen.
Ich sag' es nicht für mich; es sind geschehne Sachen.
„Geschehne Sachen? was?
So ist man gar zur Tat gekommen?"
Mein lieber Simplex, fragt sich das?
Weswegen hätt' er denn die Predigt unternommen?
Die süße Lehre süßer Triebe?
Die Liebe heischet Gegenliebe,
Und wer ihr Priester ist, verdienet keinen Haß.

O Andacht, mußt du doch so manche Sünde decken!
Zwar die Moral ist hier zu scharf,
Weil mancher Mensch sich nicht bespiegeln darf,
Aus Furcht, er möchte vor sich selbst erschrecken.
Drum will ich nur mit meinen Lehren
Ganz still nach Hause wieder kehren.
Kömmt mir einmal der Einfall ein,
Und ein Verleger will für mich so gnädig sein,
Mich in groß Quart[1] in Druck zu nehmen,
So könnt' ich mich vielleicht bequemen,
Mit hundert englischen Moralen[2],
Die ich im Laden sah, zu prahlen,
Exempelschätze, Sittenrichter,
Die alten und die neuen Dichter
Mit witz'gen Fingern nachzuschlagen,
Und was die sagen und nicht sagen,
In einer Note abzuschreiben.
Bringt, sag' ich noch einmal, man mich gedruckt an Tag;
Denn in der Handschrift lass' ich's bleiben,
Weil ich mich nicht belügen mag.

---

[1] Format kostbar ausgestatteter, teurer und deshalb für den Verfasser einträglicher Bücher. – [2] Die englische Literatur bot das Vorbild der moralisierenden Dichtung, zumal der „moralischen Wochenschriften", die zahlreiche Klugheitsregeln (Moralen) enthielten.

Ich fahr' in der Erzählung fort –
Doch möcht' ich in der Tat gestehn,
Ich hätte manchmal mögen sehn,
Was die und die, die an den Wallfahrtsort
Mit heiligen Gedanken kam,
Für fremde Mienen an sich nahm,
Wenn der verwegne Eremit
Fein listig, Schritt vor Schritt,
Vom Geist aufs Fleisch zu reden kam.
Ich zweifle nicht, daß die verletzte Scham
Den Zorn nicht[1] ins Gesicht getrieben,
Daß Mund und Hand nicht in Bewegung kam,
Weil beide die Bewegung lieben;
Allein, daß die Versöhnung ausgeblieben,
Glaub' ich, und wer die Weiber kennt,
Nicht eher, als kein Stroh mehr brennt.
Denn wird doch wohl ein Löwe zahm;
Und eine Frau ist ohnedem ein Lamm.
„Ein Lamm? du magst die Weiber kennen!"
Je nun, man kann sie doch insoweit Lämmer nennen,
Als sie von selbst ins Feuer rennen.

„Fährst du in der Erzählung fort?
Und bleibst mit deinem Kritisieren
Doch ewig an demselben Ort?"
So kann das Nützliche den Dichter auch verführen.
Nun gut, ich fahre fort
Und sag', um wirklich fortzufahren,
Daß nach fünf Vierteljahren
Die Schelmereien ruchbar waren.
„Erst nach fünf Vierteljahren? Nu;
Der Eremit hat wacker ausgehalten.
So viel trau' ich mir doch nicht zu;
Ich möchte nicht sein Amt ein Vierteljahr verwalten.
Allein wie ward es ewig[2] kund?

[1] Lessing und seine Zeitgenossen setzen häufig nach „fürchten" und „zweifeln" die überflüssige Negation wie in der französischen Sprache. – [2] Endlich, schließlich.

Hat es ein schlauer Mann erfahren?
Verriet es einer Frau waschhafter Mund?
Wie? oder daß den Hochverrat
Ein alt neugierig Weib aus Neid begangen hat?"
O nein; hier muß man besser raten;
Zwei muntre Mädchen hatten schuld,
Die voller frommen Ungeduld
Das taten, was die Mütter taten;
Und dennoch wollten sich die Mütter nicht bequemen,
Die guten Kinder mitzunehmen.
„Sie merkten also wohl den Braten?" –
Und haben ihn gar dem Papa verraten.
„Die Töchter sagten's dem Papa?
Wo blieb die Liebe zur Mama?"
O! die kann nichts darunter leiden;
Denn wenn ein Mädchen auch die Mutter liebt,
Daß es der Mutter in der Not
Den letzten Bissen Brot
Aus seinem Munde gibt,
So kann das Mädchen doch die Mutter hier beneiden,
Hier, wo so Lieb' als Klugheit spricht:
Ihr Schönen, trotz der Kinderpflicht,
Vergeßt euch selber nicht!
Kurz, durch die Mädchen kam's ans Licht,
Daß er, der Eremit, beinah' die ganze Stadt
Zu Schwägern oder Kindern hat.

O! der verfluchte Schelm! Wer hätte das gedacht!
Die ganze Stadt ward aufgebracht,
Und jeder Ehmann schwur, daß in der ersten Nacht
Er und sein Mitgenoß, der Hain,
Des Feuers Beute müsse sein.
Schon rotteten sich ganze Scharen,
Die zu der Rache fertig waren.
Doch ein hochweiser Magistrat
Besetzt das Tor und sperrt die Stadt,
Der Eigenrache vorzukommen,

Und schicket alsobald
Die Schergen in den Wald,
Die ihn vom Kreuze weg und in Verhaft genommen.
Man red'te schon von Galgen und von Rad,
So sehr schien sein Verbrechen häßlich;
Und keine Strafe war so gräßlich,
Die, wie man sagt, er nicht verdienet hat.
Und nur ein Hagestolz, ein schlauer Advokat,
Sprach: „O! dem kömmt man nicht ans Leben,
Der, es Unzähligen zu geben,
So rühmlich sich beflissen hat."

Der Eremite, der die Nacht
Im Kerker ungewiß und sorgend durchgewacht,
Ward morgen ins Verhör gebracht.
Der Richter war ein schalk'scher Mann,
Der jeden mit Vergnügen schraubte
Und doch – (wie man sich irren kann!)
Von seiner Frau das beste glaubte.
„Sie ist ein Ausbund aller Frommen
Und nur einmal in Wald gekommen,
Den Pater Eremit zu sehn.
Einmal! Was kann da viel geschehn?"
So denkt der gütige Herr Richter.
Denk' immer so, zu deiner Ruh',
Lacht gleich die Wahrheit und der Dichter
Und deine fromme Frau dazu.

Nun tritt der Eremit vor ihn.
„Mein Freund, wollt Ihr von selbst die nennen,
Die – die Ihr kennt und die Euch kennen,
So könnt Ihr der Tortur entfliehn.
Doch" – „Darum lass' ich mich nicht plagen,
Ich will sie alle sagen.
Herr Richter, schreib' Er nur!" Und wie?
Der Eremit entdecket sie?
Ein Eremite kann nicht schweigen?
Sonst ist das Plaudern nur den Stutzern eigen.

Der Richter schrieb. „Die erste war
Kamilla" – „Wer? Kamilla?" – „Ja, fürwahr!
Die andern sind: Sophia, Laura, Doris,
Angelika, Korinna, Chloris" –
„Der Henker mag sie alle fassen,
Gemach! und eine nach der andern fein!
Denn eine nur vorbeizulassen" –
„Wird wohl kein großer Schade sein",
Fiel jeder Ratsherr ihm ins Wort.
„Hört", schrieen sie, „erzählt nur fort!"
Weil jeder Ratsherr in Gefahr,
Sein eigen Weib zu hören, war.
„Ihr Herren", schrie der Richter, „nein!
Die Wahrheit muß am Tage sein;
Was können wir sonst für ein Urteil fassen?" –
„Ihn", schrieen alle, „gehn zu lassen." –
„Nein, die Gerechtigkeit" – und kurz der Delinquent
Hat jede noch einmal genennt,
Und jeder hing der Richter dann
Ein loses Wort für ihren Hahnrei an.
Das Hundert war schon mehr als voll;
Der Eremit, der mehr gestehen soll,
Stockt, weigert sich, scheut sich zu sprechen –
„Nu, nu, nur fort! was zwingt Euch wohl,
So unvermutet abzubrechen?"–
„Das sind sie alle!" – „Seid Ihr toll?
Ein Held wie Ihr! Gestehet nur, gesteht!
Die letzten waren, wie Ihr seht:
Klara, Pulcheria, Susanne,
Charlotte, Marianne, Hanne.
Denkt nach! Ich lass' Euch Zeit dazu!" –
„Das sind sie wirklich alle!" – „Nu –
Macht, eh' wir schärfer in Euch dringen!" –
„Nein, keine mehr; ich weiß genau" –
„Ha! ha! ich seh', man soll Euch zwingen" –
„Nun gut, Herr Richter, – Seine Frau." –

* * *

Daß man von der Erzählung nicht
Als einem Weibermärchen spricht,
So mach' ich sie zum Lehrgedicht
Durch beigefügten Unterricht:
Wer seines Nächsten Schande sucht,
Wird selber seine Schande finden!
Nicht wahr, so liest man mich mit Frucht,
Und ich erzähle sonder Sünden?

---

## 13. Die Brille.

Dem alten Freiherrn von Chrysant
Wagt's Amor, einen Streich zu spielen.
Für einen Hagestolz bekannt,
Fing um die Sechzig er sich wieder an zu fühlen.

Es flatterte, von Alt und Jung begafft,
Mit Reizen ganz besondrer Kraft
Ein Bürgermädchen in der Nachbarschaft.
Dies Bürgermädchen hieß Finette.
Finette ward des Freiherrn Siegerin.
Ihr Bild stand mit ihm auf und ging mit ihm zu Bette.
Da dacht' in seinem Sinn
Der Freiherr: „Und warum denn nur ihr Bild?
Ihr Bild, das zwar den Kopf, doch nicht die Arme füllt?
Sie selbst steh' mit mir auf und geh' mit mir zu Bette.
Sie werde meine Frau! Es schelte, wer da schilt;
Genäd'ge Tant' und Nicht' und Schwägerin!
Finett' ist meine Frau und – Ihre Dienerin."

Schon so gewiß? Man wird es hören.
Der Freiherr kömmt, sich zu erklären,
Ergreift das Mädchen bei der Hand,
Tut, wie ein Freiherr, ganz bekannt
Und spricht: „Ich, Freiherr von Chrysant,
Ich habe Sie, mein Kind, zu meiner Frau ersehen.
Sie wird sich hoffentlich nicht selbst im Lichte stehen.
Ich habe Gut's die Hüll' und Fülle."

Und hierauf las er ihr durch eine große Brille
Von einem großen Zettel ab,
Wie viel ihm Gott an Gütern gab,
Wie reich er sie beschenken wolle,
Welch großen Witwenschatz sie einmal haben solle.
Dies alles las der reiche Mann
Ihr von dem Zettel ab und guckte durch die Brille
Bei jedem Punkte sie begierig an.

„Nun, Kind, was ist Ihr Wille?"
Mit diesen Worten schwieg der Freiherr stille
Und nahm mit diesen Worten seine Brille –
(Denn, dacht' er, wird das Mädchen nun
So wie ein kluges Mädchen tun,
Wird mich und sie ihr schnelles Ja beglücken,
Werd' ich den ersten Kuß auf ihre Lippen drücken:
So könnt' ich im Entzücken
Die teure Brille leicht zerknicken!) –
Die teure Brille wohlbedächtig ab.

Finette, der dies Zeit sich zu bedenken gab,
Bedachte sich und sprach nach reiflichem Bedenken:
„Sie sprechen, gnäd'ger Herr, vom Freien und vom Schenken;
Ach, gnäd'ger Herr, das alles wär' sehr schön!
Ich würd' in Samt und Seide gehn –
Was gehn? Ich würde nicht mehr gehn;
Ich würde stolz mit Sechsen fahren.
Mir würden ganze Scharen
Von Dienern zu Gebote stehn.
Ach! wie gesagt, das alles wär' sehr schön,
Wenn ich – wenn ich – –"
„Ein Wenn? Ich will doch sehn
(Hier sahe man den alten Herrn sich blähn),
Was für ein Wenn mir kann im Wege stehn!"

„Wenn ich nur nicht verschworen hätte – – "
„Verschworen? was? Finette,
Verschworen, nicht zu frein? –

O Grille", rief der Freiherr, „Grille!"
Und griff nach seiner Brille
Und nahm das Mädchen durch die Brille
Nochmals in Augenschein
Und rief beständig: „Grille! Grille!
Verschworen, nicht zu frein!" –

„Behüte!" sprach Finette,
„Verschworen nur, mir keinen Mann zu frein,
Der so, wie Ihre Gnaden pflegt,
Die Augen in der Tasche trägt!"

## 14. Nix Bodenstrom.

Nix Bodenstrom, ein Schiffer, nahm –
War es in Hamburg oder Amsterdam,
Daran ist wenig oder nichts gelegen –
Ein junges Weib.
„Das ist auch sehr verwegen,
Freund!" sprach ein Kaufherr, den zum Hochzeitschmause
Der Schiffer bat. „Du bist so lang' und oft von Hause;
Dein Weibchen bleibt indes allein,
Und dennoch – willst du mit Gewalt denn Hahnrei sein?
Indes, daß du zur See dein Leben wagst,
Indes, daß du in Surinam, am Amazonenflusse,
Dich bei den Hottentotten, Kannibalen plagst:
Indes wird sie – –"
„Mit Eurem schönen Schlusse!"
Versetzte Nix. „Indes, indes! Ei nun!
Das nämliche kann Euer Weibchen tun, –
Denn, Herr, was braucht's dazu für Zeit? –
Indes Ihr auf der Börse seid."

## 15. Das Geheimnis.

Hans war zum Pater hingetreten,
Ihm seine Sünden vorzubeten.
Hans war noch jung, doch ohne Ruhm,
So jung er war, von Herzen dumm.

Der Pater hört' ihn an. Hans beichtete nicht viel.
Was sollte Hans auch beichten?
Von Sünden wußt' er nichts und desto mehr vom Spiel.
Spiel ist ein Mittelding, das braucht' er nicht zu beichten.
„Nun, soll das alles sein?
Fällt", sprach der Pater, „dir sonst nichts zu beichten ein?" –
„Ehrwürd'ger Herr, sonst nichts." – „Sonst weißt du gar nichts mehr?" –
„Gar nichts, bei meiner Ehr'!" –
„Sonst weißt du nichts? das wäre schlecht!
So wenig Sünden? Hans, besinn dich recht!" –
„Ach Herr! mit Seinem scharfen Fragen …
Ich wüßte wohl noch was." –
„Nu? Nur heraus!" – „Ja, das,
Herr Pater, kann ich Ihm bei meiner Treu' nicht sagen." –
„So? weißt du etwa schon, worüber junge Dirnen,
Wenn man es ihnen tut und ihnen nicht tut, zürnen?" –
„Herr, ich versteh' Euch nicht." – „Und desto besser; gut.
Du weißt doch nichts von Dieberei, von Blut?
Dein Vater hurt doch nicht?" – „O, meine Mutter spricht's;
Doch das ist alles nichts." –
„Nichts? Nu, was weißt du denn? Gesteh'! du mußt es sagen!
Und ich versprech' es dir,
Was du gestehest, bleibt bei mir." –
„Auf Sein Versprechen, Herr, mag es ein andrer wagen;
Daß ich kein Narre bin!
Er darf's, Ehrwürd'ger Herr, nur einem Jungen sagen,
So ist mein Glücke hin." –
„Verstockter Bösewicht", fuhr ihn der Pater an,
„Weißt du, vor wem du stehst? … daß ich dich zwingen kann?
Geh! dein Gewissen soll dich brennen!
Kein Heiliger dich kennen!
Dich kenn' Maria nicht, auch nicht Mariens Sohn!"
Hier wär' dem armen Bauerjungen
Vor Angst beinah' das Herz zersprungen.
Er weint' und sprach voll Reu': „Ich weiß" – „Das weiß ich schon,

Daß du was weißt; doch was?" – „Was sich nicht sagen läßt." –
„Noch zauderst du?" – „Ich weiß" – „Was denn?" – „Ein Vogelnest.
Doch wo es ist, fragt nicht; ich fürchte drumzukommen.
Vorm Jahre hat mir Matz wohl zehne weggenommen." –
„Geh', Narr, ein Vogelnest war nicht der Mühe wert,
Daß du es mir gesagt und ich's von dir begehrt."

* *
*

Ich kenn' ein drolligt Volk[1], mit mir kennt es die Welt,
Das schon seit manchen Jahren
Die Neugier auf der Folter hält,
Und dennoch kann sie nichts erfahren.
Hör' auf, leichtgläub'ge Schar, sie forschend zu umschlingen!
Hör' auf, mit Ernst in sie zu dringen!
Wer kein Geheimnis hat, kann leicht den Mund verschließen.
Das Gift der Plauderei ist, nichts zu plaudern wissen.
Und wissen sie auch was, so kann mein Märchen lehren,
Daß oft Geheimnisse uns nichts Geheimes lehren,
Und man zuletzt wohl spricht: „War das der Mühe wert,
Daß ihr es mir gesagt und ich's von euch begehrt?"

## 16. Der Wunsch zu sterben.

Eine Erzählung.

Ein durch die Jagd ergrimmter Bär
Latscht hinter einen Wandrer her.
Aus Rache will er ihn zerreißen.
(Das mag dem Wandrer wohl ein unverdientes Unglück heißen.)
„Aus Rache, dummes Tier?" wird mancher Leser sprechen,
„Kannst du dich nicht an deinen Jägern rächen?"
O schimpft mir nicht das gute Vieh:
Es folgt den Trieben nur; Vernunft regiert es nie.
Es hat ja unter uns … was sagt' ich? nein … bei Hunden
Gewiß nicht wenige von gleicher Art gefunden.
Geschwinde! Wanderer, geschwind und rette dich.

[1] Die Freimäurer.

Er läuft, der Bär läuft nach. Er schreit, will sich verstecken,
Der Bär nicht faul, sucht ihn, bricht brummend durch die Hecken
Und jagt ihn wieder vor. Der ändert oft den Lauf,
Bald rechts, bald vor, bald links. Doch alle diese Ränke
Sind hier umsonst. Warum? Der Bär hat auch Gelenke.
Gewiß, so eine Jagd wär' mir nicht lächerlich!
Jedoch zu was wird sich der Wandrer nun entschließen?
Er springt den nächsten Baum hinauf.
O! das wird niemand wohl das beste Mittel nennen.
Er mußte doch in aller Angst nicht wissen,
Daß Bäre[1] gleichfalls klettern können.
Das tolle Tier erblickt es kaum,
So stutzt es, brummt und kratzt den Baum,
Es bäumt den schweren Leib, es setzt die Vordertatzen
An Rind' und Ästen ein so schnell als scheue Katzen.
So langsam gegenteils hebt es des Körpers Wucht;
Doch kömmt es schon so hoch, daß er den Gipfel sucht.
Was gibt uns oft die Angst nicht ein?
Der Wandrer sucht des Feindes los zu sein.
Er stößt, und stößt den Fuß mit voller Leibesstärke
Dem Bäre vor den Kopf. Doch große Wunderwerke
Tat dieses Stößchen nicht. Wie kann es anders sein?
Wer Bäre töten will, braucht der den Fuß allein?
Er taumelt nur, anstatt zu fallen,
Und fasset schnell mit seinen Krallen
Des Wandrers Fuß, der nach ihm stieß.
Er hält ihn wie ein Bär. Durch Zerren und durch Beißen
Sucht er den Raub herabzureißen.
Jedoch je mehr er rieß[2],
Je mehr hält jener sich
An Ästen fest und ritterlich.
Wenn Witz und Tapferkeit uns nicht erretten kann,
Beut oft das blinde Glück uns seine Rettung an.
Der wütend plumpe Bär
Ist für den dünnen Ast zu schwer;

[1] Vgl. oben, S. 123, Anm. 1. – [2] Rieß war noch im 17. Jahrhundert neben der kurzen Präteritumform im Gebrauch.

Der bricht, und er fällt schütternd schnell zu Boden.
Der Fall bringt ihn fast um den Oden,
Und keuchend schleicht er zornig fort.
Von Schrecken, Furcht und Schmerzen eingenommen,
Sieht kaum der Wanderer, daß er der Not entkommen.
Nun lobt er wohl durch jedes Wort
Mit zärtlich dankbarem Gemüte
Des Himmels unverhoffte Güte?
O, weit gefehlet! nein! mit zitternd schwacher Sprache
Flucht, lästert, schreiet er selbst wider Gott um Rache.
Er kriecht vom Baum herab und läßt sich murrend nieder.
Sein nasses Auge sieht das Blut der wunden Glieder.
Der Schmerz verführet ihn, daß er den Tod begehrt,
Den Tod, vor dem er sich mit Flieh'n und Schrei'n gewehrt.
Bald flucht er auf den Bär, der ihn nicht ganz zerrissen;
Bald flucht er auf sich selbst, daß er sich retten müssen.
„O näh're dich, erwünschter Tod!
Benimm mir Leben, Schmerz und Not!
Entführ' mir dieser Wunsch doch mit dem letzten Hauche!"
St! St! was raschelt dort, dort hinter jenem Strauche?
Beglückter Wanderer! dein Wunsch ist schon erhört.
Es kömmt ein neuer Bär, der dich im Klagen stört.
Ein Bär? Erschrick nur nicht! Ein Bär.
Ohn' Zweifel schickt der Tod ihn her.
Der Tod? Ja! ja, der Tod, den du gewünschet hast,
Gewünschet und erfleht. „Das ist ein schlimmer Gast.
Der Henker! weiß er denn gar nichts von Komplimenten?
Wenn meine Beine doch mich nur erretten könnten!"
Mit Mühe sucht er aufzustehn;
Doch kann er nicht vom Flecke gehn.
Hier kam ihm schnell ein ander Mittel ein,
Das ihm vorher nicht eingekommen.
Er hatt' es einst (zehn Jahre mocht' es sein)
Von einem Reisenden vernommen
Und hatt' es nie, nur in der Not, vergessen,
Daß Bäre selten Tote fressen.
Sein Einfall wirft ihn hurtig nieder;

Die schon vor Schrecken kalten Glieder
Streckt er starr von sich weg, so sehr er immer kann,
Und hält den Oden mühsam an.
Der Bär beschnopert ihn, find't keines Lebens Spur,
Mag sich an Toten nicht begnügen,
Kehrt sittsam um und brummet nur
Und läßt den Schalk in Ruhe liegen.
Was ist bei dir ein Wunsch? Mein Freund, laß mich's verstehen!
Du wünschst den Tod: er kömmt; du suchst ihm zu entgehen.
Steh' auf! der Bär ist fort. Was fluchst du ihm noch nach?
Zum Danke, daß er dir nicht Hals und Beine brach?
Was soll die Lästerung? Verringert sie die Schmerzen?
Noch wünschest du den Tod? Das geht dir wohl von Herzen?
Nur schade, daß er dich vorhin so spotten sah:
Sonst wär' er wahrlich längst auf dein Ersuchen da.
Der schwüle Tag vergeht; der Abend bricht herein.
O, könnt' er, in geborstnen Feldern
Wie durch die Hitze matten Wäldern,
Mein Wandrer, ebenfalls dir zur Erquickung sein!
Man sieht die Luft, sich abzukühlen,
Mit stummen Blitzen häufig spielen.
„O!" schreit der Wanderer, „zög' sich ein Wetter auf!
O hemmten Blitz und Schlag mir Pein und Lebenslauf!"
Schnell zeigt der Donnergott dem Wunsche sich gewogen.
Des ganzen Himmels weite Ferne
Verdeckt viel Dunst; die hellsten Sterne
Sind schwarz mit Wolken überzogen,
Schnell fährt der Blitz heraus, kracht hier und dort ein Schlag.
Auf, Wandrer, freue dich! das ist dein Sterbetag!
Nun wird der Tod auf Donnerkeilen
Zu dir verlaßnem Armen eilen.
Was scherz'st du noch voll Furcht? … Ihr Freunde, gebt doch acht;
Doch bitt' ich, zwinget euch, daß ihr nicht drüber lacht …
„Ja! das ist Pein … o, stürb' ich doch! …
Komm, Tod! komm doch … du zauderst noch?
Jedoch hier mag ich wohl nicht allzu sicher liegen?

Ich habe ja einmal gehört,
Wie die Erfahrung oft gelehrt,
Daß Donner gern in Eichen schlügen.
O machte mir ein Lorbeerbaum
Doch unter seinen Ästen Raum.
O weh! wie schmerzt das Bein! Erbarm' dich doch, o Tod!
Jedoch dort schlug es ein … Nun ist's die höchste Not,
Soll mich das Wetter nicht verletzen,
Mich schnell in Sicherheit zu setzen!"
Geh! dummer Wandrer, geh! such' einen sichern Ort
Und wünsche bald den Tod, bald wünsch' ihn wieder fort.
Mich soll dein Wankelmut der Menschen Zagheit lehren,
Muß ich sie so wie dich verwegen wünschen hören.
Glaubt, Freunde, glaubet mir, der ist ein weiser Mann,
Der zwar das Leben liebt, doch mutig sterben kann!

---

## 17. Die kranke Pulcheria.

Freie Übersetzung einer Erzählung aus dem Fontaine,
im ersten Teile, S. 175.

Pulcheria ward krank … „Vielleicht die Lust zu büßen,
Die … " Pfui, wer wird nun gleich so voller Argwohn sein?
Schweigt, Neider! hört mir zu! ich lenke wieder ein.
Pulcheria ward krank. Unruhig im Gewissen,
Ließ ihr der Schmerz manchmal, die Schwermut niemals Ruh'.
„Wie? Was? Pulcheria wär' melancholisch worden?
Sprich, Lügner, lieber gar, sie trat in Nonnenorden."
Schon wieder stört ihr mich? Schweigt doch und hört mir zu!
Als sie einst ihre Not zu lauten Seufzern trieb,
Sprach Lady, ihre Magd: „Laßt doch den Priester holen;
Legt dem die Beichte ab, so seid Ihr Gott empfohlen;
Und beichten müsset Ihr, ist Euch der Himmel lieb." –
„Ja, dieser Rat ist gut", spricht unsre kranke Schöne.
„Lauf oder schicke gleich zum Pater Andres hin;
Andres … merk's wohl … weil ich auch sonst sein Beichtkind bin,
So oft ich mich mit dir, o lieber Gott, versöhne."
Gleich läuft ein Diener hin, klopft an das Kloster an,

Und so, als wenn das Tor davon zerspringen solle.
„Nu, nu! gemach! gemach!" Man fragt, zu wem er wolle.
„Je, macht nur erstlich auf." Das Tor wird aufgetan.
„Der Pater Andres wird zu meiner Frau begehret,
Die gerne beichten will, weil sie bald sterben kann." –
„Wer?" fragt ein Bruder ihn, „Andres? der gute Mann!
Zehn Jahr ist's schon, daß der im Himmel Beichte höret."

## 18. Die Nuß und die Katze.

Eine Fabel.

„Gewiß, Herr Wirt, dies Obst ist nicht für meinen Magen.
Denn wenn ich mir, es frei zu sagen,
Ja eine Baumfrucht loben muß,
So lob' ich mir die welsche Nuß.
Die schmeckt doch noch! … Bei meiner Treu!
Der zart'ste Apfel kömmt der Nuß, der Nuß nicht bei."
Ein Kätzchen, das der Wirtin Liebe
Nie mit Gewalt zum Mausen triebe,
Und itzt in ihrem Schoße saß,
War schlau, vernahm und merkte das.
„Was?" dacht' es, „eine Nuß soll so vortrefflich schmecken?
Halt! diese Wahrheit soll mein Maul gleich selbst entdecken."
Es sprang vom Schoße weg und lief dem Garten zu.
Nu, Katze, nu, wie dumm bist du!
Der schönen Chloris Schoß um eine Nuß zu lassen?
Wärst du ein junger Herr, wie würde sie dich hassen!
Nein, Schönen, räumet mir nur diesen Ort erst ein;
So wahr er mich ergetzt, ich will kein Kätzchen sein.
Doch dieses sag' ich nur so im Vorübergehen.
Horcht! ich erzähle fort. Beim Garten blieb ich stehen?
Nicht? Ja. Wohl gut. Hier fand der Katze Lüsternheit
Beim nächsten Nußbaum nun, worauf sie sich gefreut.
Wollt ihr etwan ein Bild zu meiner Fabel malen:
So malt die Nüsse ja noch in den grünen Schalen,
Die unsre Katze fand. Darauf kömmt alles an.
Denn als sie kaum darein den ersten Biß getan,

So schnaubt und sprudelt sie, als wenn sie Glas gefressen.
„Dich", spricht sie, „lobt der Mensch: so mag er dich auch essen.
O! pfui, was muß er nicht für eine Zunge haben!
An solcher Säure sich zu laben!"

O schweig' nur, dummes Tier!
Du schmähst zur Ungebühr.
Du hättest auf den Kern nur erstlich kommen sollen,
Denn den, die Schale nicht, hat Lydas loben wollen!

## 19. Morydan.

Das Schiff, wo Morydan mit Weib und Kindern war,
Kam plötzlich in Gefahr.
„Ach, Götter, lasset euch bewegen,
Befehlt", schrie Morydan, „daß See und Sturm sich legen!
Nur diesmal lasset mich der nassen Gruft entfliehn;
Nie, nie, gelob' ich euch, mehr übers Meer zu ziehn!
Neptun, erhöre mich!
Sechs schwarze Rinder schenk' ich dir
Zum Opfer dankbar froh dafür!" –
„Sechs schwarze Rinder?" rief Mondar,
Sein Nachbar, der zugegen war.
„Sechs schwarze Rinder? Bist du toll?
Mir ist es ja, mir ist es schon bekannt,
Daß solchen Reichtum dir das Glück nicht zugewandt,
Und glaubst doch, daß es Gott Neptun nicht wissen soll?"

* * *

Wie oft, o Sterblicher, wie ofte trauest du
Der Gottheit weniger als deinem Nachbar zu!

## 20. Die Teilung.

An seiner Braut, Fräulein Christinchens, Seite
Saß Junker Bogislav Dietrich Karl Ferdinand
Von – sein Geschlecht bleibt ungenannt –
Und tat wie alle seine Landesleute,
Die Pommern, ganz abscheulich witzig und galant.

Was schwatzte nicht für zuckersüße Schmeicheleien
Der Junker seinem Fräulein vor!
Was raunte nicht für kühne Schelmereien
Er ihr vertraut ins Ohr?
Mund, Aug' und Nas' und Brust und Hände,
Ein jedes Glied macht ihn entzückt,
Bis er, entzückt auch über Hüft' und Lende,
Den plumpen Arm um Hüft' und Lende drückt.
Das Fräulein war geschnürt (vielleicht zum ersten Male).
„Ha!" schrie der Junker; „wie geschlank[1]!
Ha, welch ein Leib! Verdammt, daß ich nicht male!
Als käm' er von der Drechselbank!
So dünn! – Was braucht es viel zu sprechen?
Ich wette gleich – was wetten wir? wieviel?
Ich will ihn voneinander brechen!
Mit den zwei Fingern will ich ihn zerbrechen
Wie einen Pfeifenstiel!" –

„Wie?" rief das Fräulein, „wie? zerbrechen?
Zerbrechen (rief sie nochmal) mich?
Sie könnten sich an meinem Latze stechen.
Ich bitte, Sie verschonen sich[2]." –

„Beim Element! so will ich's wagen",
Schrie Junker Bogislav, „wohlan!"
Und hatte schon die Hände kreuzweis angeschlagen
Und packte schon heroisch an,
Als schnell ein „Bruder! Bruder, halt!"
Vom Ofen her aus einem Winkel schallt.

In diesem Winkel saß vergessen, nicht verloren,
Des Bräut'gams jüngster Bruder, Fritz.
Fritz saß mit offnem Aug' und Ohren,
Ein Kind voll Mutterwitz.

„Halt!" schrie er, „Bruder! Auf ein Wort!"
Und zog den Bruder mit sich fort:

---

[1] Früher häufige, jetzt veraltete Form. – [2] Nach dem französischen *ménagez-vous* gebildet.

„Zerbrichst du sie, die schöne Docke[1],
So nimm die Oberhälfte dir!
Die Hälfte mit dem Unterrocke,
Die, lieber Bruder, schenke mir!“

## 21. Der über uns.

Hans Steffen stieg bei Dämmerung (und kaum
Konnt' er vor Näschigkeit die Dämmerung erwarten)
In seines Edelmannes Garten
Und plünderte den besten Äpfelbaum.

Johann und Hanne konnten kaum
Vor Liebesglut die Dämmerung erwarten
Und schlichen sich in ebendiesen Garten
Von ungefähr an ebendiesen Äpfelbaum.

Hans Steffen, der im Winkel oben saß
Und fleißig brach und aß,
Ward mäuschenstill vor Wartung böser Dinge,
Daß seine Näscherei ihm diesmal schlecht gelinge.
Doch bald vernahm er unten Dinge,
Worüber er der Furcht vergaß
Und immer sachte weiter aß.

Johann warf Hannen in das Gras.
„O pfui!“ rief Hanne, „welcher Spaß!
Nicht doch, Johann!“ – „Ei was!“ –
„O, schäme dich! – Ein andermal – o laß –
O, schäme dich! – Hier ist es naß.“ – –
„Naß oder nicht, was schadet das?
Es ist ja reines Gras.“ –

Wie dies Gespräche weiter lief,
Das weiß ich nicht. Wer braucht's zu wissen?
Sie stunden wieder auf und Hanne seufzte tief:
„So, schöner Herr! heißt das bloß küssen?

1 Puppe.

Das Männerherz! Kein einz'ger hat Gewissen!
Sie könnten es uns so versüßen!
Wie grausam aber müssen
Wir armen Mädchen öfters dafür büßen!
Wenn nun auch mir ein Unglück widerfährt –
Ein Kind – ich zittre – wer ernährt
Mir dann das Kind? Kannst du es mir ernähren?" –
„Ich?" sprach Johann, „die Zeit mag's lehren.
Doch wird's auch nicht von mir ernährt,
Der über uns wird's schon ernähren,
Dem über uns vertrau'!"

Dem über uns! Dies hörte Steffen.
Was, dacht' er, will das Pack mich äffen?
Der über ihnen? Ei, wie schlau!
„Nein!" schrie er, „laßt euch andre Hoffnung laben!
Der über euch ist nicht so toll!
Wenn ich ein Bankbein[1] nähren soll,
So will ich es auch selbst gedrechselt haben!"

Wer hier erschrak und aus dem Garten rann[2],
Das waren Hanne und Johann.
Doch gaben bei dem Edelmann
Sie auch den Äpfeldieb wohl an?
Ich glaube nicht, daß sie's getan.

1 Anspielung auf Bankert, uneheliches Kind. – 2 Diese fälschlich vom starken Verbum „rinnen" entlehnte Form findet sich auch bei Goethe statt „rannte".

# Nachwort zu dieser Ausgabe

Der vorliegende Band der Studienkreis-Edition mit Gotthold Ephraim Lessings Dramen *Miß Sara Sampson*, *Minna von Barnhelm*, *Emilia Galotti* und *Nathan der Weise* sowie seinen in Prosa oder in Versform abgefassten Fabeln und Erzählungen ist die dritte Publikation der 1999 begonnenen Reihe, in der zunächst Johann Wolfgang von Goethes Werke *Die Leiden des jungen Werther*, *Iphigenie auf Tauris*, *Faust I* und *Faust II* erschienen sind. Während der zweite Band mit Friedrich von Schillers meistgelesenen Dramen *Die Räuber*, *Kabale und Liebe*, *Don Karlos, Infant von Spanien*, *Maria Stuart* sowie *Wilhelm Tell* anlässlich des 200. Todestages des Dichters im Jahre 2005 herauskam, liegt für die Herausgabe dieses Bandes kein großes Jubiläumsereignis vor. Zwar jährt sich auch Lessings Todestag 2006 zum 225. Mal, so dass damit wohl zumindest ein kleiner aktueller Anlass für das Erscheinen dieses Buches gegeben ist, doch sind es ganz andere Gründe für den Studienkreis gewesen, diesen Band als Nachfolgepublikation zu veröffentlichen: Lessings Werke sind auch heute noch bundesweiter Kernlernstoff des schulischen Deutschunterrichts – Lessings und natürlich Goethes und Schillers Werke gehören zu den meistrezipierten Dichtungen des 18. Jahrhunderts, allenfalls die Stücke E. T. A. Hoffmanns und Heinrich von Kleists erreichen eine ähnlich große schulische Berücksichtigung. Aber nicht allein die *Lesefrequenz* war maßgeblich für die Auswahl von Lessings Werken, es ist auch die andauernde *Aktualität* der in seinen Dichtungen enthaltenen Ideen gewesen, die sich zu Beginn des 21. Jahrhunderts in einer Zeit zunehmend heftig geführter religiös motivierter Auseinandersetzungen zum Beispiel besonders gut mit Lessings *Nathan* belegen lässt. Dabei geht der

Herausgeber – wie bei den Goethe- und Schiller-Bänden – davon aus, dass kaum ein Schüler oder eine Schülerin gleich allen in diesem Buch enthaltenen Texten im Unterricht begegnen wird. So soll die vorliegende Textsammlung auch dieses Mal eine Veröffentlichung mit Angebotscharakter darstellen, die dem Benutzer ermöglicht, sich über den in der Schule behandelten Stoff hinaus mit den Texten des ausgewählten Dichters zu beschäftigen.

Grundlage dieses dritten Bandes der Studienkreis-Edition mit den Dramen, Fabeln und Erzählungen Gotthold Ephraim Lessings ist die 1911 erschienene Ausgabe vom Bibliographischen Institut Leipzig und Wien, die der Literarhistoriker und Germanist Georg Witkowski (1863–1939) erarbeitet hat und die in der Reihe *Meyers Klassiker-Ausgaben* veröffentlicht wurde. Witkowski, der nach seinem Literaturgeschichtsstudium in Leipzig und München 1886 promoviert wurde, der sich 1889 habilitierte und der dann Professor für deutsche Sprache und Literatur wurde, bevor er nach der Machtübernahme durch die Nationalsozialisten entlassen wurde und in die Niederlande emigrierte, hat die sieben Bände seiner Ausgabe kritisch durchgesehen und erläutert. *Lessings Werke*, so der genaue Titel, umfassen mit Sinngedichten, Liedern, Fabeln und Erzählungen sowie Dramen nicht nur die literarischen Texte des Dichters, sondern zum Beispiel auch seine theologischen und philosophischen Schriften, literaturtheoretische Überlegungen, Briefe, Rezensionen, so genannte *Selbstbetrachtungen und Einfälle* sowie die Beiträge zur *Hamburgischen Dramaturgie*, aus denen aber für die Studienkreis-Edition lediglich diejenigen Werke ausgesucht wurden, die zu den in den Sekundarstufen bevorzugt gelesenen Lessing-Texten gehören: *Fabeln und Erzählungen in Versen* sowie *Miß Sara Sampson* aus dem ersten Band, *Minna von Barnhelm*, *Emilia Galotti* sowie *Nathan der Weise* aus dem zweiten Band und *Fabeln* aus dem dritten Band.

Soweit es drucktechnisch möglich ist, gibt der vorliegende Lessing-Band der Studienkreis-Edition die von Georg Witkowski herausgegebene Ausgabe inklusive aller Hervorhebungen und Variationen im Satzspiegel text-, seiten- und zeilenidentisch wieder, ist also ein Neudruck, der – ohne jede unserem 21. Jahrhundert entsprechende Änderung von Orthographie und Interpunktion und ohne weitere Modernisierung – lediglich den Fraktursatz in eine dem heutigen Leser vertraute Antiquaschrift überführt; dass dabei offenkundige Druckfehler beseitigt worden sind, ist selbstverständlich, auch wurde aus nachvollziehbaren Gründen der Zeilenidentität in den Fällen nicht entsprochen, in denen die Lesbarkeit nicht mehr gewährleistet gewesen wäre, doch beschränken sich diese Ausnahmen auf weit weniger als ein Promille des Gesamttextes.

Georg Witkowski hat den Lessing-Texten Erläuterungen hinzugefügt, die als Fußnoten Einzelheiten erklären sollen. Die Studienkreis-Edition hat diese Annotationen übernommen, was auch für die Zeilenzähler der Witkowski'schen Ausgabe sowie deren Seitenzahlen der jeweiligen Bände am oberen linken oder rechten Seitenrand gilt, die die durchlaufende Paginierung der Studienkreis-Edition am unteren Seitenrand ergänzen. Verweise in den als Fußnoten auftretenden Erläuterungen, die sich naturgemäß immer auf die originale Witkowski-Ausgabe beziehen, können somit gegebenenfalls dort nachgeschlagen werden, weshalb auch die Zählweise der Zeilenzähler nicht harmonisiert worden ist: So beginnt die Zählung in den *Fabeln*, in *Miß Sara Sampson*, in *Minna von Barnhelm* und in *Emilia Galotti* auf jeder Seite neu, in *Nathan der Weise* ist sie hingegen fortlaufend und in den *Fabeln und Erzählungen in Versen* startet sie schließlich seitenunabhängig mit jeder einzelnen Fabel bzw. Erzählung von Neuem. Auch auf eine terminologische bzw. Formulierungsvereinheitlichung ist aufgrund der Überlegung, Verweise nachschlagen zu können, verzichtet worden, so dass zum Beispiel der jeweils achte und damit letzte Auftritt des jeweils fünften Aufzuges in *Emilia Galotti* bzw. *Nathan der Weise* unterschiedlich als *achter Auftritt* bzw.

*letzter Auftritt* überschrieben werden. Diese Inkonsequenzen Witkowskis mussten aufgrund der Vorgabe für die Studienkreis-Edition, so nah wie möglich am Original zu bleiben, mitgetragen werden.

Zu ergänzen ist schließlich, dass aus der Witkowski-Ausgabe nicht nur die Fußnoten-Annotationen übernommen wurden, sondern dass auch die von ihm stammenden *Einleitungen des Herausgebers*, die jedem der sechs ausgewählten Texte vorangestellt sind, wieder abgedruckt worden sind. Sie sind auch aus heutiger Sicht trotz ihres Alters von fast hundert Jahren noch so interessant und aussagekräftig, dass sie in die Studienkreis-Edition übernommen worden sind.

## Leben, Werk und Wirkung Gotthold Ephraim Lessings im Allgemeinen

Gotthold Ephraim Lessing, erster freier Schriftsteller deutscher Sprache, Kritiker und Übersetzer, Philosoph und Aufklärer, Literaturtheoretiker und Theologe, Bibliothekar und Gelehrter, gilt als eine der herausragendsten Persönlichkeiten des deutschen Geisteslebens des 18. Jahrhunderts: als Vollender der deutschen Aufklärung, der ständig auf der Suche nach Wahrheit und Toleranz und gleichzeitig im Kampf gegen Vorurteile und religiösen Dogmatismus gewesen sei, als ein nie fertiger und sensibler Dialektiker, dem die Relativierung alles absolut Hingestellten ein Denkbedürfnis gewesen sei, als herausragender Vertreter von Vernunft, Freiheit und Menschlichkeit – gegen kirchliche Bevormundung und Fürstenwillkür. Es fällt schwer, seiner Bedeutung und Größe in einem kurzen Nachwort gerecht zu werden, und doch soll hier der Versuch unternommen werden, die Vielseitigkeit Lessings nachzuzeichnen. Dabei werden die Ausführungen dieses Kapitels chronologisch gegliedert sein, erst in dem sich anschließenden zweiten Kapitel wird auf die Werke im Einzelnen Bezug genommen, die in diesem Band der Studienkreis-Edition veröffentlicht sind.

## Kindheit und Jugendjahre (1729–1746)

Geboren wurde Lessing am 22. Januar 1729 in Kamenz in Sachsen, und zwar als drittes von zwölf Kindern seines Vaters Johann Gottfried Lessing und seiner Mutter Justine Salome, geb. Feller, die beide verzweigten sächsischen Pfarrers- und Juristenfamilien entstammten. Der orthodoxe, gelehrte, streitbare, patriarchalisch gesonnene Vater, der zahlreiche erbauliche, historische und apologetische Schriften im Geist eines kämpferischen Luthertums verfasst hat, sowie das protestantische Pfarrhaus überhaupt prägten den jungen Lessing so nachhaltig, dass er das geistige Erbe des Vaterhauses sein Leben lang bewahrte: Lessing, der dem Vater „auch in Zeiten der Entfremdung die Hochachtung nicht versagte, dürfte ihm neben dem leicht erregbaren Temperament [...] ein lebenslanges Väter- und Patriarchentrauma verdankt haben [...]. Kein Zweifel, daß der väterliche Dogmatismus wesentlich dazu beigetragen hat, daß Lessing so radikal mit dem Geist des Elternhauses brach und damit zum Urbild der vielen revoltierenden und freigeistigen Pfarrerssöhne wurde, die die deutsche Literaturgeschichte seitdem aufweist (u.a. Wieland, Lichtenberg, Bürger, Lenz, Nietzsche, Benn)" (Walther Killy [Hrsg.], *Literaturlexikon: Autoren und Werke deutscher Sprache*, Band 7, Gütersloh/München 1990, S. 241; Abkürzungen wurden ausgeschrieben). Auch seinen ersten Unterricht verdankte Lessing seinem Vater, bevor er dann auf die städtische Lateinschule in Kamenz ging und schließlich von 1741 bis 1746 fünf Jahre auf der angesehenen Fürstenschule St. Afra in Meißen verbrachte, einem Eliteinternat, das seinen Zöglingen täglich zehn Stunden Unterricht, aber keine Ferien bot und wo Lessing vor allem mit lateinischer Philologie konfrontiert wurde. Außerdem eignete sich der junge Lessing eine umfassende Kenntnis der klassischen Literatur an, lernte Französisch und Englisch, bildete sich in Mathematik und Philosophie und startete mit anakreontischen Gedichten sowie mit Gedankenlyrik seine ersten poetischen Gehversuche.

## Die Leipziger Universitätsjahre (1746–1748)

Nach dem Erwerb einer gewissen Gelehrsamkeit während der Meißener Schuljahre standen für Lessing die Universitätsjahre in Leipzig mehr im Zeichen des Erhalts einer weltmännischen Bildung und einer zunehmenden Hinwendung zur Schriftstellerei als Liebhaberei und Beruf. Zunächst als Theologie-Student, dann aber als Hörer von Lehrveranstaltungen zur Medizin und zur Philosophie erwarb Lessing eine Vielzahl kultureller Anregungen, auch lernte er bereits zu diesem Zeitpunkt den Universitätsprofessor, Literaturtheoretiker und Publizisten Johann Christoph Gottsched kennen, den er schon wenige Jahre später in seiner Bedeutung übertreffen sollte. Lessings erste Dramen entstanden in dieser Zeit, so die Typenlustspiele *Damon* (1747) und *Der junge Gelehrte* (1748) sowie die Komödien *Der Misogyne* (1748) und *Die alte Jungfer* (1748). Lessing äußerte den Wunsch, ein „deutscher Molière“ zu werden, „also das satirisch entlarvende Typen-Lustspiel mit seiner pointiert intellektuellen Komik zu pflegen“ (Karl S. Guthke, *Gotthold Ephraim Lessing*, Stuttgart $^{3}$1979, S. 23), und tatsächlich führte er die deutsche Aufklärungskomödie zu dieser Zeit auf ihren Höhepunkt. 1748 verließ Lessing Leipzig, weil er sich auf diese Weise seinen Gläubigern entziehen konnte, und zog nach Berlin, das sein Leben lang immer wieder eine Rolle für ihn spielen sollte.

## Arbeit als Journalist, Übersetzer sowie Kritiker in Berlin und Wittenberg (1748–1755)

Die Übersiedlung nach Berlin, wo Lessing nach einem Aufenthalt in Wittenberg Ende 1748 ankam, stellte für Lessing den Versuch dar, als freier Schriftsteller auf eigenen Füßen zu stehen, was zur Folge hatte, dass seine literarische Tätigkeit auch auf die Kritik verlagert wurde. Er arbeitete als Rezensent und Wissenschaftsredakteur der *Berlinischen privilegierten Zeitung* und schrieb nicht nur Buchbesprechungen, sondern verfasste auch Übersetzungen aus dem Lateinischen, Spanischen, Englischen und Französischen, womit er mit einer Tätigkeit Geld verdiente, die andere Schriftsteller seiner Zeit ebenfalls verrichteten, wenn man beispielsweise an Matthias Claudius oder Johann Heinrich Voß denkt, an Bodmer oder Gottsched, an Wilhelm von Humboldt oder Herder, Goethe oder Schiller, Wieland oder Hölderlin, Tieck oder die Brüder Schlegel oder auch Rückert oder Mörike: Sie alle waren daran beteiligt, die antiken, italienischen, französischen und englischen Schriftsteller in die deutsche Sprache zu übertragen – Aufklärung, Sturm und Drang sowie Klassik und Romantik wurden ergriffen von einer Welle der Verdeutschung, in deren Verlauf das Übersetzen als ein selbständiges Problem erkannt wurde und die verschiedenen Techniken, Theorien und Methoden der Literaturübertragung diskutiert wurden (vgl. Hans-Diether Grohmann, *Matthias Claudius als Übersetzer französischsprachiger Schriftsteller*, Neumünster 1995, S. 15f.). Besonders in der zweiten Hälfte des 18. Jahrhunderts wurden „mit einer geradezu vehementen Plötzlichkeit die Tore weit aufgestoßen, [begann] mit neuem Enthusiasmus eine Epoche der Entdeckungen von Literaturen der Vergangenheit wie der fremden Völker, setzt[e] eine geistige Expansion ohne Beispiel ein" (Bernhard Zeller [Hrsg.], *Weltliteratur – Die Lust am Übersetzen im Jahrhundert Goethes*, München

1982, S. 6), an der auch Gotthold Ephraim Lessing nicht unmaßgeblich partizipierte. Teils als Auftragsarbeit, teils aus persönlichem Interesse entstanden aus seiner Feder mehrere Tausend übersetzte Seiten, so zum Beispiel die Übertragung mit dem Titel *Des Herrn von Voltaire kleinere historische Schriften*, nach deren Erscheinen allerdings das gute Einvernehmen mit Voltaire bald endete.

Lessing machte sich während dieser Berliner Zeit in erster Linie als Kritiker einen geachteten und gefürchteten Namen und etablierte sich als „tonangebender deutscher ‚Kunstrichter'" (Guthke 1979, a.a.O., S. 27), der ein normatives Kunstrichten durch eine verstehende Würdigung ersetzte, die sich durch die Anerkennung von regulativen Gesetzen wie Ganzheit, Lebendigkeit und gattungsspezifische Wirkung auszeichnete. In Wittenberg erhielt Lessing nach dem Verfassen einer Magisterarbeit im April 1752 die entsprechende Magisterwürde, und was schließlich auch noch in diese Zeit fiel, war die Beendigung der Arbeit an *Miß Sara Sampson*, dem ersten deutschen bürgerlichen Trauerspiel, das ab Seite 612 näher vorgestellt wird.

## Die Zeit in Leipzig und Berlin (1755–1760)

Im Herbst 1755 ging Lessing – trotz der Erfolge, die er in Berlin erzielt hatte – zurück nach Leipzig, von wo aus er im Frühjahr 1756 eine auf bis zu drei Jahre berechnete europäische Bildungsreise antrat, die wegen des Beginns des Siebenjährigen Krieges (1756–1763) jedoch sehr früh in Amsterdam abgebrochen werden musste. Es folgte in Leipzig, wo Lessing bis 1758 bleiben sollte, eine Zeit des weitgehend richtungslosen Schriftstellerns; zum „kleinen Freundeskreis gehör[t]en seit der Mitte der fünfziger Jahre die zukunftsweisenden Autoren Friedrich Nicolai und Moses Mendelssohn, mit denen ihn zeitlebens eine Freundes- und Arbeitsgemeinschaft [verband]. Dazu [kamen] Karl Wilhelm Ramler und der früh verstorbene Ewald von Kleist [= das Vorbild für die Figur des Tellheim in Lessings *Minna von Barnhelm*]. Auch [war] Lessing Mitglied des ‚Montagclubs', einer elitären Vereinigung, in der sich die soziale und geistige Elite Berlins, beschränkt auf 24 Mitglieder, versammelt[e]" (Peter J. Brenner, *Gotthold Ephraim Lessing*, Stuttgart 2000, S. 15). Immerhin stammt noch aus der Leipziger Zeit der literatur- und kritikgeschichtlich bedeutsame Briefwechsel mit Mendelssohn und Nicolai über das Trauerspiel. Während Lessing die Auffassung vertrat, das Trauerspiel erfülle seine moralischen Wirkungsabsichten am ehesten, indem es sich an die Gefühle der Rezipienten wendet und ihr Mitleid erregt, war Mendelssohn der Überzeugung, dass die sittliche Wirkung am sichersten durch die Bewunderung eines standhaften, vollkommenen Helden zu erzielen sei, womit er sich zum Befürworter der stoischen Tragödie des Barock und des französischen sowie Gottsched'schen Klassizismus machte. In dem 1759 entstandenen Einakter *Philotas* setzte Lessing seine empfindsame Trauerspiel-Konzeption um und realisierte seine Absage an das Ideal des unempfindlichen politischen Helden.

Ein zweiter Erfolg Lessings aus der Zeit bis 1760 waren schließlich seine Beiträge zu der Zeitschrift *Briefe, die neueste Literatur betreffend*, die er in Berlin ab Januar 1759 zusammen mit Mendelssohn und Nicolai herausgab und die ihn zur entscheidenden kritischen Instanz der deutschen literarischen Öffentlichkeit machte. Lessing wiederholte in diesem Organ seine Kritik an der französischen Klassik und an Johann Christoph Gottsched sowie Johann Jakob Bodmer und seinen Anhängern und postulierte gleichzeitig die Vorbildhaftigkeit Shakespeares, der in seinen Dramen den wirklichen menschlichen Verhältnissen näher gestanden habe als die Vertreter des klassizistischen französischen Dramas (17. Brief). Der Sekundärliteratur zufolge müssen die *Literaturbriefe*, die eine kritische Sichtung der damaligen deutschen Gegenwartsliteratur darstellen, als bahnbrechender Erfolg gesehen werden, der Bodmer und Gottsched, dessen formale Bindung im Drama an die drei Einheiten von Zeit, Handlung und Raum Lessing als allzu äußerlich zurückwies, vergessen ließ; doch wenn Lessings journalistische Karriere damit ihren Höhepunkt fand, so erreichte sie dabei aber im Grunde auch bereits ihren Abschluss.

## Preußische Dienste in Breslau und neuerliche Rückkehr nach Berlin (1760–1767)

Lessing hatte in Berlin trotz aller angespannten Arbeit, die bereits erste Resignations- und Verschleißerscheinungen hatte aufkommen lassen, keine finanziell gesicherte Existenz führen können, und so ging er 1760 nach Breslau, wo ihm der preußische General und Stadtkommandant Bogislaw Friedrich von Tauentzien, der nach Kriegsende Gouverneur Schlesiens wurde, den Posten eines Sekretärs anbot, eine Stellung, die ihm sowohl Freiräume als auch wichtige Anregungen für Milieustudien bot. Nach Peter J. Brenner hat Lessing in Breslau sein Glück nicht gemacht, „aber geändert haben sich seine Lebensumstände radikal. Auf der einen Seite steht die Sicherheit einer festen Anstellung als Gouvernementssekretär. Auf der anderen Seite war die Erfüllung beamtenhafter Dienstpflichten Lessings Sache nicht. Er zeigt, auch hierin seiner Zeit voraus, Neigungen zum Boheme-Leben" (Brenner 2000, a.a.O., S. 15). Tatsächlich hatte Lessing erstmals genug Geld und Freizeit, sich sorglos im Kasino und am Spieltisch zu zeigen, wofür ihn kein Geringerer als Goethe auch tadelte.

1764, nach einer lebensgefährlichen Erkrankung, zog es Lessing nach Berlin zurück, wo er die beiden Werke abschloss, die er in Breslau begonnen hatte: Seine gelehrt-kritische und literarische Tätigkeit hatte nämlich fast ausschließlich den zwei Hauptwerken *Laokoon* und *Minna von Barnhelm* (ab S. 616 näher vorgestellt) gegolten, die nun in den Frühjahren 1766 bzw. 1767 erschienen. Sie wurden wichtige und triumphale Erfolge, Ersteres als kunsttheoretische Schrift, deren zentraler Gegenstand die Frage nach der Eigenart des Poetischen in Abgrenzung zu den übrigen schönen Künsten ist, womit Lessing in die ästhetische Diskussion seiner Zeit eingriff, Letzteres als Komödie, die „den Deutschen das erste Drama von aktuellem nationalen Gehalt geschenkt [hatte]. Aus dem Kritiker der Nation war damit auch der Dichter der Nation geworden – jedenfalls bis zum Erscheinen des *Werther*" (Killy 1990, a.a.O., S. 242). Es bleibt erstaunlich, dass diese schriftstellerischen Erfolge immer noch nicht ausreichten, Lessing ein angemessenes Unterkommen in Berlin zu sichern, denn gerade der *Laokoon* wurde in der gesamten europäischen Gelehrtenrepublik mit großem Interesse rezipiert: „Lessings Schrift verknüpft und gliedert als erste in logischer Folge Gedanken, die andere Schriftsteller und Kunsttheoretiker seiner Zeit, Mendelssohn beispielsweise oder Shaftesbury und Diderot, schon skizziert hatten. Klarheit und Geschmeidigkeit seiner Sprache dienen einer temperamentvollen Argumentation, die durch eine Fülle von Zitaten antiker Schriftsteller an Überzeugungskraft gewinnt und durch weitläufige Anmerkungen zu Streitfragen der Kunstkritik theoretische Verbindlichkeit anstrebt. Zugleich erhält die Theorie einen neuen praktischen Aspekt, von dem sich die nachfolgende Generation der Dichter und Kritiker leiten ließ: Lessings souveräne Ableitung von Kunstprinzipien aus dem Gegenstand selbst, seinen spezifischen Materialien und Zeichen, vernichtete die Herrschaft abstrakt hergeleiteter Regeln, orientierte sich vor allem an der Frage nach der Wirkung der Kunstwerke auf Betrachter wie Leser und bereitete damit auch der Genie-Ästhetik des Sturm und Drang den Weg." (Walter Jens [Hrsg.], *Kindlers neues Literatur-Lexikon* [Studienausgabe], Band 10, München 1996, S. 321; Hervorhebungen wurden eliminiert) Am Hof war man weiterhin an Lessing nicht interessiert, so dass ein wenig nachvollziehbar wird, was gerade jüngere Lessing-Biographien versuchen darzustellen, die nämlich das allzu helle Bild Lessings korrigieren und populäre

Urteile als stark revisionsbedürftig ansehen: „Lessing war ein schwieriger Mensch. In seinem Leben ist ihm, entgegen dem Anschein, nichts geglückt, und erst die Nachwelt hat ihn zum Klassiker gemacht, der er Zeit seines Lebens nicht geworden ist.“ (Brenner 2000, a.a.O., S. 9)

## Die Zeit in Hamburg (1767–1770)

1767 entschied sich Lessing für ein neues – ebenso hoffnungsvolles wie ungewisses – Projekt, als er nach Hamburg übersiedelte, wo zwölf Privatunternehmer ein so genanntes *Nationaltheater* gegründet hatten, für das sie ihm die gut bezahlte Stelle eines Hausdramaturgen und Stückeschreibers anboten. Hamburg, das kein absolutistisch regiertes Territorium, sondern ein republikanischer Stadt-Staat war, galt als eines der Zentren deutschen Theaterlebens des 18. Jahrhunderts und konnte auf eine beträchtliche Opern- und Wandertheatertradition zurückblicken.

Obwohl die Berufung von einem gewissen literarischen Ruhm zeugt, den sich Lessing bis zu dem Zeitpunkt bereits erworben hatte, trat er das neue Amt, dessen Aufgabe darin bestand, die Unternehmensgründer zu beraten, eigene Stücke zu liefern und die Aufführungen in einem eigenen Periodikum, der *Hamburgischen Dramaturgie*, zu besprechen, mit Skepsis an. Er sollte Recht behalten, denn die Idee erwies sich als Fehlspekulation: Mit dem offenbar eher kaufmännisch als künstlerisch ambitionierten Hamburger Publikum blieb auch das Geld aus, und die Schauspieler fühlten sich von den Qualitätsansprüchen und Neuerungsvorschlägen ihres prominenten Betreuers überfordert, so dass nach einem Jahr das Unternehmen zerrüttet und nach einem weiteren Jahr sogar am Ende war (Killy 1990, a.a.O., S. 242). Auch die Gründung eines Autorenverlags endete für Lessing im Konkurs, so dass sich seine Schulden häuften, obwohl ihm mit der *Hamburgischen Dramaturgie*, – einer Weiterführung seines früheren

Kampfes gegen den stoischen und regelmäßigen Klassizismus der Franzosen im Stil von Corneille oder Voltaire und für das *natürliche, empfindsame bürgerliche Drama* –, eine erneute bahnbrechende literarische Großtat gelungen war: „Die dramatische *Katharsis*, die Reinigung von zerstörerischen Leidenschaften, geschieht durch die Furcht, die der Zuschauer für den Helden empfindet [,] und durch die Furcht des auf den Zuschauer bezogenen Mitleids. In diesem Sinn verwirft Lessing das barocke Märtyrerdrama, da weder das absolut Gute noch das absolut Schlechte dazu angetan sind, Mitleid zu erregen." (Winfried Freund, *Deutsche Literatur*, Köln $^{2}$2000, S. 57) Im Einzelnen bedeutete dies die folgenden dramentheoretischen Entscheidungen, die sich als Theoreme wechselseitig bedingten, ineinander griffen und so im Wesentlichen ein zusammenhängendes System bildeten: Lessings Einsatz gegen die Regeln besonders von der Einheit der Zeit und des Ortes, soweit sie mit Unwahrscheinlichkeit verbunden waren, gegen die Geschichtstreue auf Kosten der allgemeinmenschlichen Wahrheit, gegen den Bösewicht und den unempfindlichen Märtyrer, dafür aber für den *Helden von unserem Schrot und Korn*, für die überzeugende theatralische Illusion, für die konsequenten, berechenbaren Charaktere und den *natürlichen Gang der Handlung*.

Beurteilt man Lessings Hamburger Zeit nicht nach literarischem oder finanziellem Erfolg, so bleibt schließlich noch festzuhalten, dass er dort Freunde gewann, die ihm bis an das Lebensende erhalten blieben, und außerdem seine spätere Frau Eva König kennen lernte. Er verkehrte im Hause des orthodox lutherischen Hamburger Hauptpastors Johann Melchior Goeze, mit dem er später in einen theologischen Streit geriet, der bis zu einem Skandal heranwuchs, außerdem kritisierte er die legale Unsitte des Nachdruckens und befürwortete das Recht der Autoren auf den Selbstverlag. „Damit ist ein Punkt berührt, der Lessing gerade in diesen […] Hamburger Jahren maßgeblich beschäftigt: die

Frage nach dem Verhältnis des Schriftstellers zum Geld. Nach der Episode als Angestellter in Breslau macht sich Lessing ernsthaft, und biographisch gesehen nicht zu früh, Gedanken über den Erwerb seines Lebensunterhalts. Die Schlussbemerkung, mit der er die *Hamburgische Dramaturgie* abbricht, ist berühmt geworden. Er klagt über den Nachdruck des Textes, der ihm großen ökonomischen Schaden zugefügt habe, und schließt mit den Worten: ‚Sonst wäre es Zeit, daß die Gelehrten mit Ernst darauf dächten, das bekannte Leibnizische Projekt auszuführen' [...] – nämlich eine Vereinigung der Gelehrten zum Selbstverlag ihrer Bücher zu gründen." (Brenner 2000, a.a.O., S. 17)

## Arbeit als Bibliothekar in Wolfenbüttel (1770–1781)

Lessing beschloss seine Hamburger Zeit mit der kränkenden Einsicht, erneut lebensgeschichtlich gescheitert zu sein, und folgte im April 1770 einem Ruf als Bibliothekar an die berühmte herzogliche Bibliothek in Wolfenbüttel, der ehemaligen Residenzstadt der braunschweigischen Herzöge, wo die letzte Phase seines Lebens begann. Der Herzog Karl I. von Braunschweig sowie der Erbprinz Karl Wilhelm Ferdinand, der die Berufung betrieben hatte, erhofften sich – ganz im zeitüblichen Sinne barocker Repräsentation – von Lessing eine Steigerung des Ansehens des Hofes. Zwar empfand dieser die Bibliothekarstätigkeit im Allgemeinen als Ausübung eines missliebigen Amtes, doch bot ihm die Anstellung Zeit und Gelegenheit zu schriftstellerischer Tätigkeit unterschiedlichster Art: „Als Bibliothekar verstand sich [Lessing] nicht nur als Hüter, sondern auch als wissenschaftlicher Bearbeiter der Bestände. Es entstanden lexikographisch-sprachgeschichtliche, literaturgeschichtlich-philologische, auch historische und theologische Studien, zum Teil erschienen in einer Buchreihe der Bibliothek." (Walther Killy/Rudolf Vierhaus [Hrsg.], *Deutsche Biographische Enzyklopädie*, Band 6, München 2001, S. 346) In die Wolfenbütteler Zeit fallen auch die Fertigstellungen derjenigen beiden Dramen, die noch in der Gegenwart sofort mit dem Namen *Lessing* verbunden werden: die des mit einem bis heute umstrittenen Gehalt versehenen bürgerlichen Trauerspiels *Emilia Galotti* (ab S. 622 näher vorgestellt) und die von dem dramatischen Gedicht *Nathan der Weise* (ab S. 628 näher vorgestellt). In engem Zusammenhang mit dem in diesem Werk formulierten Ideal der aufgeklärten Toleranz und Humanität und mit Lessings utopischer Zukunftsperspektive stehen auch seine beiden letzten größeren Prosaschriften *Ernst und Falk. Gespräche für Freymäurer* (1778–1780, zwei Teile), Lessings eigene Version von wahrer Freimaurerei, und *Die Erziehung des Menschengeschlechts* (vollständig 1780), die als geschichtsphilosophischer Versuch zu den wichtigsten Werken Lessings zu rechnen ist. Nicht zu vergessen sind schließlich auch die 1778 erschienenen *Anti-Goeze*-Beiträge, jene elf theologischen Streitschriften, mit denen sich Lessing gegen den bereits auf S. 607 erwähnten Pastor Goeze richtete, bis ihm im Juli 1778 durch den Herzog von Braunschweig die Fortsetzung der Fehde verboten wurde.

Lessings Lebensverhältnisse in Wolfenbüttel waren eingeschränkt, und so versuchte er, der Vereinsamung in der Kleinstadt durch Reisen u. a. nach Wien und Italien, durch Besuche bedeutender Gelehrter und durch den Braunschweiger Freundeskreis um Johann Joachim Eschenburg entgegenzuwirken. Auch seiner Vorliebe für guten Wein und seiner schon früh belegten Spielleidenschaft gab Lessing häufig nach, weshalb er mit seinem relativ ansehnlichen Gehalt, das ihm neben einem kostenlos zur Verfügung gestellten großzügigen Haus sowie unentgeltlich bezogenem Brennholz gezahlt wurde, des Öfteren nicht auskam. Zu Recht weist die Sekundärliteratur darauf hin, dass diese Eigenschaften Lessings „ein anderes Bild als das überlieferte des rational kalkulierenden und reflektierenden Aufklärers" (Brenner 2000, a. a. O., S. 20) abgeben.

Für die Wolfenbütteler Zeit zu erwähnen bleibt schließlich Lessings Versuch, eine Familiengründung nachzuholen: Nach der Verlobung im Jahr 1771 heiratete er im Oktober 1776 die zu dem Zeitpunkt 40 Jahre alte Eva König, eine gebildete und warmherzige Hamburger Kaufmannswitwe, die 1769 ihren ersten Mann, einen Hamburger Seidenhändler, verloren und die Tapeten- und Seidenfabriken ihres Mannes in Wien verkauft hatte, um die finanzielle Zukunft seiner Kinder aus erster Ehe zu sichern. Ihr Briefwechsel mit Lessing aus den Jahren 1770–1777 gilt als bedeutendes Dokument aufklärerischen Geistes, doch nach der Eheschließung ist den beiden nicht mehr viel Zeit geblieben: Bereits Anfang Januar 1778, 14 Monate nach der Eheschließung, starb Eva König im Kindbett, nachdem auch der Weihnachten 1777 geborene Sohn Traugott schon einen Tag nach seiner Geburt verstorben war.

## Tod am 15. Februar 1781 in Braunschweig

Gotthold Ephraim Lessing ist nur 52 Jahre alt geworden. Isolationsängste, erste Anzeichen einer chronischen Krankheit sowie wiederkehrende Fieberanfälle hatten ihn schon vorher geplagt. Auch der Ruch des Gotteslästerers, der ihn seit dem Streit mit dem Hauptpastor Goeze umgab, kränkte ihn tief. Immerhin fehlte es ihm in dieser Zeit des Abschieds nicht an Freunden, und so wurde er von seiner geliebten Stieftochter Amalie in den Monaten der schweren Krankheit gepflegt. Sie war auch an seiner Seite, als er am 15. 02. 1781 während eines Aufenthalts in Braunschweig starb.

Der Verfasser dieser allgemeinen Nachzeichnung des Lebens, des Werkes und der Wirkung Gotthold Ephraim Lessings hat versucht, unter weitestgehendem Ausschluss von dessen – diesem Nachwort vorangestellten – Dramen, Erzählungen und Fabeln, die erst auf den Folgeseiten näher vorgestellt und interpretiert werden sollen, Lessing als Persönlichkeit darzustellen, die zu Recht als großer Mann des Theaters in die Literaturgeschichte eingegangen ist. Mit Hilfe seiner Dramen und seiner dramaturgischen Schriften führte Lessing das noch unbedeutende deutsche Theater seiner Zeit an den europäischen Standard heran. Sozialgeschichtlich ist er als literarischer Wegbereiter der Emanzipation eines sich konstituierenden Bürgertums zu verstehen, auch gilt er als erster so genannter *moderner Schriftsteller*, weil er schriftstellerische Produktions- und Distributionsmöglichkeiten der neu entstandenen bürgerlichen Öffentlichkeit ökonomisch zu nutzen versuchte, wenn ihm das auch nicht gelang. Der Sekundärliteratur zufolge gehören zu den Grundcharakteristika des Lessing'schen Schreibens das didaktische Prinzip der umfassenden Information und weiterführenden Anregung, das dialogische Moment, welches das Publikum seiner Dramen zum Selbstdenken anregen soll, die Instrumentalisierung vor allem der klassischen Philologie als Mittel der Kritik und schließlich der methodische Weg, das Falsche als Voraussetzung der Erkenntnis des Wahren zu erfassen.

Der Verfasser dieses Nachworts hat schließlich auch versucht, neben der *allgemeinen Bedeutung Lessings* Details zu erwähnen, die den *Menschen Lessing* ins rechte Bild rücken sollen. Sie mögen marginal anmuten, aber sie gehören, wie Brenner schreibt, nicht nur zu Lessings Leben, sondern auch zu seiner Rezeptionsgeschichte: „Denn bis in die jüngste Zeit wurde Lessing als ein Opfer der Herrschenden dargestellt, die das Genie in ihrem Lande verkannt und unterdrückt hätten. – Dieses Bild ist falsch. Es gehört zum Charakterbild Lessings, dass er selbst sich mehr im Wege gestanden hat, als dass er durch äußere Mächte an seiner Entfaltung gehindert worden wäre." (Brenner 2000, a.a.O., S. 21) Trotz allem bleibt festzuhalten, dass Lessing der einzige Autor seiner Epoche ist, dessen Werke ihren festen Platz auf den Bühnen der Gegenwart haben. Sein Einfluss ist so vorherrschend,

„seine Bedeutung schon unter den Zeitgenossen so unumstritten, daß man sich beinah genötigt sieht, die Aufklärungsepoche, zumindest in ihrer zweiten Phase, in Deutschland präziser und zutreffender als Lessingzeit zu bezeichnen. Denn dieser deutsche Aufklärer paßt sich in keine Definition von ‚Aufklärung' ein. Er überschreitet in seiner literarischen Praxis, in seinen polemischen Schriften und in seiner Lust am Selbstdenken auch die Regelsysteme aufklärerischer oder philosophisch-ästhetischer Festlegungen. [...] Seine *Minna von Barnhelm*, ein ‚Lustspiel' über den Krieg, hat die Komödientradition in Deutschland geprägt. Nach dem publikumswirksamen Rührstück *Miß Sara Sampson* hat Lessing mit *Emilia Galotti* neue Maßstäbe für das bürgerliche Trauerspiel gesetzt und sich selbst auf eine Weise korrigiert, daß sein Drama noch immer lebendig und rätselhaft wirkt. Mit *Nathan der Weise* hat er die engen Grenzen der dramatischen Gattungen überschritten und ein Lebensthema, den Kampf gegen den Antisemitismus, weitergeführt." (Wolfgang Kröger, *Gotthold Ephraim Lessing*, Stuttgart 1995, S. 17)

## Vorstellung und Interpretation der abgedruckten Dramen sowie Vers- und Prosafabeln im Einzelnen

### *Miß Sara Sampson*

„Mit Lessings ‚Miß Sara Sampson' beginnt die Vorgeschichte des deutschen Dramas der Gegenwart", schreibt Georg Witkowski in seiner *Einleitung des Herausgebers* auf Seite 7 des vorliegenden Buches zu diesem Drama, und doch ist der Schauplatz des ersten Lessing'schen Trauerspiels England, wo der der höfischen Welt der Ränke und Intrigen sowie des genusssüchtigen Zeitvertreibs entstammende Mellefont die blutjunge und tugendhafte Miss

Sara Sampson, Tochter von Sir William Sampson, aus dem väterlichen Haus entführt hat, um mit ihr nach Frankreich zu fliehen und sie dort zu heiraten. Er ist mit ihr in einem Provinzgasthof abgestiegen, weil die Heirat nicht sofort erfolgen kann, da Mellefont angeblich das Erbe eines Vetters zufallen soll, sofern er eine Verwandte heiratet, die ihn aber ebenso sehr hasst wie er sie. Mellefont, der in der Literatur auch als *charakterloser Mensch mit einem wüsten Leben* und als *Wüstling aus Schwäche, jedoch ohne Zynismus* charakterisiert wird, hat sich mit der Verwandten auf einen Vergleich, nämlich eine Teilung, geeinigt und wartet in dieser Sache auf letzte Nachrichten; in Selbstgesprächen verrät er indessen, sich trotz seiner Liebe zu Sara aus Furcht, zeitlebens gefesselt zu werden, immer noch nicht endgültig für die Heirat mit ihr entschieden zu haben.

Die dramatische Verwicklung will es, dass „dem flüchtigen Paar nicht nur Saras Vater, mit dessen Auftritt das Stück beginnt, auf der Spur [ist], sondern auch Marwood, die ehemalige Geliebte Mellefonts, die diesen zurückerobern will und ihn durch die Anwesenheit der gemeinsamen Tochter Arabella erweichen will" (Jens 1996, a.a.O., S. 325). Sie erreicht es, dass sie bei Sara durch Mellefont als Lady Solmes, eine Verwandte Mellefonts, vorgestellt wird, nachdem dieser ihr klargemacht hat, niemals mehr zu ihr zurückkehren zu wollen, und sie sich daraufhin verstellt und vorgegeben hat, abreisen zu wollen, wenn sie Sara gesehen habe. Entgegen der mit Mellefont getroffenen Abmachung gibt die Marwood im Verlauf eines hochdramatischen Gesprächs mit ihrer Rivalin ihre Identität als frühere Geliebte Mellefonts preis, und auch ihr zehnjähriges Kind Arabella entdeckt sie ihr als seine Tochter. Sara fällt in Ohnmacht, woraufhin die Marwood sich in ihrer Eifersucht dazu hinreißen lässt, Gift in Saras Arznei zu mischen und zu fliehen. Sir William Sampson, dessen Kenntnis vom Aufenthaltsort seiner Tochter auf die Marwood zurückgeht und der Sara in einem Brief längst verziehen hat, findet seine

Tochter als Sterbende wieder. Vor ihrem Tod verzeiht diese der Marwood und allen anderen, die ihr Unrecht taten, und bittet ihren Vater, Mellefont als Sohn anzunehmen und für Arabella zu sorgen. „Den Edelmut Saras und ihres Vaters vor Augen, bleibt es Mellefont verwehrt, sich an der Marwood zu rächen; er findet weder die Kraft, sich selbst zu verzeihen, noch vermag er die ihm von William Sampson angebotene Sohnesstellung anzunehmen: So bleibt ihm nur [mit Hilfe eines Dolches] das Gericht an sich selbst, erst danach – sterbend – bringt er die Bitte um Gnade über seine Lippen und nimmt die väterliche Liebe William Sampsons an." (Jens 1996, a.a.O., S. 325) Der alte Vater schließlich will Mellefont zusammen mit Sara ein Grab errichten und trifft Anstalten, um für die ihm von den beiden Toten anempfohlene Arabella zu sorgen: „Laß mich nicht länger [...] bei diesem tötenden Anblicke verweilen. *Ein* Grab soll beide umschließen. Komm, schleunige Arbeit zu machen, und dann laß uns auf Arabellen denken. Sie sei, wer sie sei, sie ist ein Vermächtnis meiner Tochter." (S. 103 dieser Ausgabe)

„Neben Friedrich Hebbels dem Poetischen Realismus zugeschriebenen Stück *Maria Magdalena* aus dem Jahre 1844 und Gotthold Ephraim Lessings zuvor erschienenen Dramen *Emilia Galotti* von 1772 sowie *Miß Sara Sampson* von 1755 gehört Schillers 1784 in Frankfurt am Main uraufgeführtes Werk *Kabale und Liebe* zu den großen vier deutschen bürgerlichen Trauerspielen", schrieb der Verfasser dieses Nachworts im Schiller-Band der Studienkreis-Edition, und weiter liest man: „Den Anfang machte also der junge Lessing mit dem Stück *Miß Sara Sampson*, das als Prototyp des empfindsamen bürgerlichen Trauerspiels ‚von ganz und gar privatem, menschlich-mitmenschlichem statt heroisch-geschichtlichem und gesellschaftlich-staatlichem Gehalt' (Karl S. Guthke, *Gotthold Ephraim Lessing*, Stuttgart $^{3}$1979, S. 31) gilt." (Studienkreis [Hrsg.], *Friedrich von Schiller*, Bochum 2005, S. 823) In der Tat war in Deutschland das frühe bürgerliche

Trauerspiel eine Gattung der Empfindsamkeit, was auch in England so gewesen ist, „doch ist für die deutsche Entwicklung daran zu erinnern, dass hier die Bindung der Personen an ihren Beruf und Stand und an ein entsprechendes standestypisches Denken oder gar an emanzipatorisches bürgerliches Standesbewusstsein zunächst ebenso fehlte wie eine gesellschaftskritische Tendenz. *Bürgerlich* war das frühe deutsche bürgerliche Trauerspiel vielmehr im Sinne von *mitmenschlich-privat-moralisch-gefühlvoll;* eine indirekte soziologische Bedeutung hat es allerdings insofern gehabt, als das mit diesen Begriffen bezeichnete Ethos das der aufstrebenden Mittelschicht der fünfziger und sechziger Jahre des 18. Jahrhunderts war (vgl. Karl S. Guthke, *Das deutsche bürgerliche Trauerspiel*, Stuttgart [4]1984, S. 50f.)." (Studienkreis 2005, a.a.O., S. 823)

Nachdem Lessing *Miß Sara Sampson* im Frühjahr 1755 in wenigen Wochen niedergeschrieben hatte, erschien das Stück im sechsten Teil seiner *Schriften* bei dem Berliner Verleger Voß. Die erste Anzeige des Druckes in der *Berlinischen privilegierten Zeitung* vom 3. Mai 1755 stammt mit großer Wahrscheinlichkeit von Lessing selbst; es heißt dort u.a.: „Der sechste Theil fängt mit einem bürgerlichen Trauerspiel an, welches *Miß Sara Sampson* heißt. – Ein bürgerliches Trauerspiel! Mein Gott! Findet man in Gottscheds critischer Dichtkunst ein Wort von so einem Dinge? Dieser berühmte Lehrer hat nun länger als zwanzig Jahr seinem lieben Deutschland die drey Einheiten vorgeprediget, und dennoch wagt man es auch hier, die Einheit des Orts recht mit Willen zu übertreten. Was soll daraus werden?" (zitiert nach Veronica Richel, *Gotthold Ephraim Lessing: Miss* [sic] *Sara Sampson*, Stuttgart 2003, S. 42) Nach der Uraufführung im Juli war dann auch ersichtlich, wie aufrührend das Werk auf die zeitgenössischen Rezipienten wirkte. Dies geht bereits aus der *Einleitung* Witkowskis auf Seite 11 f. dieser Ausgabe hervor, wenn er schreibt, dass nach den Aufführungen „kein Zuschauer mit trockenen Augen" das

Theater verließ. Nicht nur Lessings Freunde Ramler und Nicolai berichteten von den Tränen der Zuschauer, auch „Professor Klotz, später ein erbitterter Gegner Lessings, schreibt wohlgesetzt: ‚cum Arabella prodiisset … statim ex oculis lacrimae'" ([Übersetzung: „Als Arabella hervortrat, entstürzten den Augen Tränen."] – Karl Eibl, *Gotthold Ephraim Lessing: Miß Sara Sampson*, Frankfurt/Main 1971, S. 161). Während Gottsched und den Gottschedianern, die Lessing in seiner Selbstrezension ausdrücklich herausforderte, das Stück offenbar die Sprache verschlug und der Aufschrei der Regeltreuen, der eigentlich zu erwarten gewesen wäre, ausblieb, wurde das Drama in das Repertoire der vier wichtigsten deutschen Bühnen in Frankfurt/Oder, Berlin, Leipzig und Hamburg aufgenommen. Da auch diese noch Wanderbühnen mit nur zeitweilig festem Sitz waren, verbreiteten sich der Ruhm des zu dem Zeitpunkt noch jungen Verfassers sowie „die von seinem Werk ausgelöste Tränenflut schnell über den ganzen Norden des Reiches" (Eibl 1971, a.a.O., S. 162). Der große Theatererfolg von *Miß Sara Sampson* dauerte etwa zwanzig Jahre an, was allerdings nicht für den Süden des Reiches galt, denn der war von der Theaterreform noch nicht erfasst.

## *Minna von Barnhelm* oder *Das Soldatenglück*

Uraufgeführt wurde Lessings *Minna von Barnhelm* 1767 im Hamburger Nationaltheater, erste Entwürfe datieren aber aus dem Jahr 1763, jenem Jahr, in dem der Siebenjährige Krieg endete, der in diesem Drama thematisiert wird: Der preußische Major von Tellheim „gehörte im Siebenjährigen Krieg zu den Offizieren, die auf Befehl ihres Königs immer neue Kontributionen aus dem besetzten Sachsen herauspressen sollten. Da Tellheim die Schwierigkeiten der Stände kannte, war er nicht mit ‚äußerster Strenge', wie es die Ordre vorschrieb, verfahren, sondern hatte ihnen – menschlich denkend – die fehlende Summe gegen einen Wechsel aus eigenen Mitteln vorgeschossen. Diese großmütige Tat machte auf das reiche Fräulein von Barnhelm starken Eindruck. Ohne ihn je gesehen zu haben, gewann sie den Major lieb und legte alles darauf an, seine Bekanntschaft zu machen. So war es zu einem Verlöbnis gekommen. Bei Friedensschluß erhielt der zum Krüppel geschossene Tellheim seinen Abschied, und als er seinen Wechsel präsentierte, bestritt der preußische Staat, daß er Tellheims rechtmäßiges Eigentum sei; man erklärte den Wechsel für ein Bestechungsgeld der Stände, das Tellheim empfangen habe, damit er die niedrigsten Kontributionen eintreibe. Eine langwierige Untersuchung des Falles hatte den in seiner Ehre gekränkten Major in finanzielle Bedrängnis gebracht." (Karl Heinz Berger u.a. [Hrsg.], *Schauspielführer in drei Bänden*, Band II/1: Deutsche Dramatik bis 1945, Berlin 1975, S. 74)

Hier beginnt die eigentliche Dramenhandlung, deren oben skizzierte Vorgeschichte sich erst im Ablauf des Stückes allmählich herausschält. Major von Tellheim logiert mit seinem Diener Just in einem Berliner Vorstadtgasthof, und obwohl er völlig mittellos ist, bewahrt er sich seine großzügige und hilfsbereite Haltung, als er zum Beispiel der Witwe eines gefallenen Freundes eine erhebliche Schuldensumme erlässt. Er wird schließlich von dem geschäftstüchtigen Wirt, der sich nach und nach als Polizeispitzel entpuppt, in seiner Abwesenheit und ohne sein Wissen und Einverständnis aus seinem Zimmer aus- und in ein miserables Zimmer umquartiert, weil dieser es einer zugereisten vornehmen Dame, dem sächsischen Edelfräulein Minna von Barnhelm, und ihrer Zofe Franziska anbieten will. Tellheim, der nicht weiß, welche neuen Gäste sein altes Zimmer bezogen haben, will daraufhin den Gasthof ganz verlassen, und damit er seine Schulden bezahlen kann, lässt er sogar durch Just seinen Verlobungsring beim Wirt versetzen. Aus der Unterhaltung, die das Fräulein von Barnhelm mit Franziska führt, erfährt der Zuschauer unterdessen, dass es die Suche nach ihrem Bräutigam Tellheim ist, deretwegen sie nach Berlin gereist ist; Tellheim hatte ihr – aus Scham über seine Lage – nur ein einziges Mal nach dem Krieg geschrieben.

Als der geschwätzige Wirt dem Fräulein bei der Aufnahme ihrer Personalien den Ring zeigt, erkennt sie in dem Pfandstück den Verlobungsring Tellheims wieder. Voller Glück darüber, „den lange Vermißten so unverhofft in ihrer Nähe zu wissen, löst sie den Ring ein und beginnt jenes sublime Spiel, das ihr den schon verloren geglaubten Bräutigam wieder in die Arme führen soll" (Jens 1996, a.a.O., S. 322). Minna, die glaubt, am Ziel ihrer Wünsche zu sein, lässt Tellheim zu sich bitten, doch tritt ihr dieser, der sich als Bettler, als Krüppel, als Verabschiedeter, als Gekränkter sieht, kühl und distanziert entgegen, weil er es für mit seiner Ehre unverträglich hält, sein Verlöbnis mit dem reichen Fräulein fortzusetzen und sie an sich zu binden. Hypochondrisch reißt er sich schließlich von der redegewandten Minna, die alle seine Einwände mit behutsamer Ironie zu bagatellisieren vermag, los, stürzt davon und versucht in einem Brief sein Verhalten zu rechtfertigen. Dieser wird von Minna zwar erbrochen, aber angeblich ungelesen an Tellheim zurückexpediert. Das Fräulein bittet ihn stattdessen um eine weitere Unterredung, in der sie mit einer List den Tellheim'schen in preußischem Ehrgefühl getroffenen Entschluss in den Dienst ihrer eigenen Sache stellen will, und „weiht Franziska, die sich dem ehemaligen, stets hilfsbereiten Wachtmeister des Majors, Paul Werner, zu nähern beginnt, in ihren Plan ein: Sie zeigt sich Tellheim gegenüber plötzlich ablehnend und gibt ihm seinen (vom Wirt eingelösten), doch, wie er meint, ihren Verlobungsring zurück; durch Franziska läßt sie dem Major hinterbringen, sie sei wegen ihrer Liebe zu ihm von ihrem Oheim enterbt worden." (Berger 1975, a.a.O., S. 75)

Minna fordert also Tellheims Liebe und edelmütige Hilfsbereitschaft heraus, und die List gelingt: Da es sich nun um Minnas Wohlergehen zu handeln scheint, fühlt er sich verpflichtet, ihr beizustehen und alles für sie zu unternehmen. Er bittet Werner, dessen Geldangebote er vorher stets abgewiesen hat, um große Summen, fleht Minna an, *ihren* Verlobungsring wieder anzunehmen, und die scheinbar unglückliche Minna zu ehelichen ist für ihn ebenso Ehrensache, wie es vorher Ehrensache gewesen ist, sich als Unglücklicher der scheinbar Glücklichen zu entziehen. Bestärkt wird Tellheim zudem dadurch, dass ein Feldjäger die Entscheidung des Gerichts und den *Gnadenbeweis* des Königs überbringt, durch die die gegen Tellheim erhobenen Anschuldigungen aufgehoben werden und er selbst glänzend rehabilitiert wird. Nun spielt Minna ihr Spiel aber zu Ende und stellt sich taub gegen Tellheims ungestümes Werben; sie weigert sich, mit ihrem angeblichen Unglück das seine zu vergrößern, und erkennt indessen voll Freude, dass er von seinem starren Ehrgefühl geheilt ist. Als endlich völlig überraschend Minnas Onkel, der Graf von Bruchsal, erscheint, kommt Minnas kokettes Spiel an den Tag: Sie klärt alle Missverständnisse auf und steckt sich den eigenen Verlobungsring wieder auf den Finger. Die Liebenden sind versöhnt und werden vom Oheim als wiedervereintes Paar gesegnet, und auch Franziska und Werner, dem volle Genugtuung gegeben wird, nachdem Tellheim ihn vorher im Zorn beleidigt hatte, werden ein Paar.

Das Paradoxe an Lessings Lustspiel *Minna von Barnhelm* ist die in ihm enthaltene Tragödie; die Tellheimfabel ist tragisch und in sich selbst nur tragisch auflösbar, was Otto Mann bereits 1948 richtig darlegt: „Tellheim, dieser tapferste, redlichste Offizier, nicht nur nach dem Krieg als ein seinem König ferner nicht mehr nötiger Krüppel kurzweg abgedankt, sondern unter der seine Ehre vernichtenden Beschuldigung, er habe, statt von den sächsischen Ständen die befohlene Kontribution einzutreiben, sich mit einer geringeren Summe begnügt und sich hierfür mit einem ansehnlichen Wechsel bezahlen lassen – dieser Tellheim ist in einer durchaus tragischen Situation, an einer tückischsten Fatalität gescheitert, ein Opfer seiner Menschenfreundlichkeit, bei seinem starken Rechts- und Ehrgefühl in Gefahr, ein Verbrecher aus verlorener Ehre, ein Michael Kohlhaas zu werden. Hier spricht in dem Lustspiel auch der Tragiker Lessing." (Otto Mann, *Lessing: Sein und Leistung*, Hamburg 1948, S. 205) Und doch gilt dieses Stück als Lessings Meisterleistung, als erste aus dem bedeutenden Leben gegriffene Theaterproduktion der Deutschen, als wahrste Ausgeburt des Siebenjährigen Krieges, voll von vollkommenem norddeutschen Nationalgehalt, um nur einige Einschätzungen zu nennen. Der Grund für den großen Bühnenerfolg liegt offensichtlich also darin, dass es Lessing, der sich schon seit langem mit der Komödientradition und ihrer Theorie befasst hatte, gelungen war, dem Genre der so genannten *Verlachkomödie* ein ernsthaftes Lustspiel entgegenzusetzen, dessen Protagonist Tellheim keine Figur ist, die ausgelacht oder verlacht werden kann und der der Zuschauer sich überlegen fühlen könnte. Das Stück enthält zudem einen Realitätsgehalt und zeigt im Vergleich mit den sächsischen Komödien ebenso wie mit Lessings eigenen frühen Komödien neue Züge: „Der Einfluss des rührenden Lustspiels wird sichtbar; ein psychologisches und realistisches Interesse setzt sich durch; und schließlich sind die Personen nicht als Typen, aber auch nicht als Individuen, sondern als Repräsentanten ihres Standes gezeichnet, die durch die jeweiligen konkreten Besonderheiten ihrer historischen Lebenssituation individuelle Züge erhalten […]." (Brenner 2000, a.a.O., S. 109) Die dargestellte zeitgenössische Wirklichkeit lässt sich genau bestimmen: Das Stück spielt am 22. August 1763, der Ort ist ein Gasthaus in Berlin, das in eine weiterreichende geographische Konstellation eingebunden ist, denn Tellheim ist preußischer Offizier, aber gebürtiger Kurländer, und Minna kommt aus dem unterdrückten Feindesland Sachsen. Peter J. Brenner macht deutlich, dass es inzwischen viele gründliche historische Studien gibt, die den „Zeitstückcharakter der Komödie" herausgearbeitet haben: „Die Verführung ist bis heute gelegentlich allzu groß, das Stück nach dem

Modell einer historischen Abbildästhetik zu lesen." (Brenner 2000, a.a.O., S. 112)

Die dargelegten Gründe für den großen Erfolg der *Minna von Barnhelm* sollten nicht vergessen lassen, dass es Lessing in seinem Stück zudem gelungen ist, ausgesprochen berühmt gewordene Nebenfiguren in den Stoff integriert zu haben, die die Handlung des Dramas stark beleben: Dies gilt für den groben und treuen Diener Just genauso wie für den Wirt, den Witkowski in seiner *Einleitung* zu *Minna von Barnhelm* charakterisiert als „[g]anz aus dem Leben gegriffen [...], neugierig und deshalb willige[n] Gehilfe[n] der Polizei, kriechend und unverschämt, je nach den Umständen" (S.164 dieser Ausgabe). Die reizende Franziska und der raubauzige preußische Wachtmeister Werner, in dem die Sekundärliteratur einen *miles gloriosus* mit goldenem Herzen sieht, sind weiterhin ebenso zu nennen wie natürlich der französische Pseudo-Kavalier und Falschspieler Riccaut de la Marlinière, der angesichts dessen, dass das Stück zeitweise wie ein Trauerspiel anmutet, den lustspielhaften Ausgang prästabilisiert. Im Leutnant Riccaut, der sich selbst als „*Honnêt-homme*" ([sic]; S. 227) sieht, obwohl er einer „*Affaire d'honneur*" (S. 227) wegen ein „abgedankte[r] *Capitaine*" (S. 227) ist, der „*vis-à-vis du rien*" (S. 227), also finanziell vor dem Ruin steht, ist die Parallele zu Tellheim offenkundig, ebenso sehr aber auch der Kontrast: „Ohne zu zögern, nimmt Riccaut Geld an von Minna, um es zu verspielen; denn er liebt wie sie das Spiel. Beim Spielen aber kommt es ihm, wie er unverfroren andeutet, auf ein bißchen ‚*Corriger la fortune*' nicht an. Minnas entsetzte Frage ‚*Falsch spielen? Betrügen?*' quittiert er mit Invektiven gegen ihre Sprache – ‚*Betrügen! O, was ist die deutsch Sprak für ein arm Sprak! für ein plump Sprak!*' Minnas ‚Sprache des Herzens' entlarvt aber den scheinbar weltläufigen Konversationston von Riccauts ‚Sprache des Witzes' als hohl und verlogen." (Jens 1996, a.a.O., S. 322) Für den Handlungsverlauf des Stückes hat Riccaut so gut wie keine Funktionen, über den toten Punkt der Handlung im vierten Aufzug hilft er dem Zuschauer hingegen wunderbar hinweg (vgl. auch S. 163f. dieser Ausgabe).

Für die jüngere Wirkungsgeschichte der *Minna* ist interessant zu wissen, dass dieses Drama nach dem Zweiten Weltkrieg – in dem im Übrigen auch die Nationalsozialisten Lessings Meisterkomödie aufgriffen, um ihren Verfasser für politische Zwecke zu nutzen, indem sie den Stoff als *Das Fräulein von Barnhelm* 1940 verfilmten – als *Nachkriegsstück* neu entdeckt worden ist. Der existenzielle Ernst der Tellheim-Figur wurde herausgespielt, außerdem wurde die Komödie in die Nähe von Kleist gerückt und an ihr das Traumspielhafte vieler Szenen herausgearbeitet. In einer Berliner Inszenierung der 90er-Jahre wurde schließlich ein riesiges Bett in das Zentrum des Spiels gestellt, und das spielerische Überwiegen Minnas wurde durch eine Schauspielerin von üppig-barocken Ausmaßen deutlich gemacht. So kommt denn Wolfgang Kröger in seiner Lessing-Biographie zu dem Schluss, dass auch ungeachtet solchen gewaltsam-anachronistischen Umgangs mit *Minna von Barnhelm* ersichtlich ist, dass dieses Schauspiel Lessings nicht in seinem engen Zeitkontext fixiert ist, „sondern [...] in seiner Problemstellung, seiner Personenzeichnung und seiner Handlungsstruktur immer wieder aktuelle Bezüge entdecken läßt und neue Rätsel aufgibt. Das macht die *Minna* zu einem der meistgespielten Stücke auch des heutigen Theaters." (Kröger 1995, a. a. O., S. 42)

## *Emilia Galotti*

Genauso wie *Miß Sara Sampson* ließ Lessing auch sein zweites bürgerliches Trauerspiel *Emilia Galotti* nicht in Deutschland, sondern im europäischen Ausland spielen: dieses Mal in einem zeitgenössischen italienischen Duodezfürstentum, wo der in der Literatur als liebenswürdig-gewissenlos, aber auch als haltlos und tyrannisch bezeichnete Prinz von Guastalla namens Hettore Gonzaga in dem Augenblick seiner Geliebten, der Gräfin Orsina, überdrüssig geworden ist, als er Emilia Galotti kennen gelernt hat, ein unschuldiges Mädchen ohne Vermögen und Rang und Tochter des rechtschaffenen und strengen Obersten Odoardo Galotti. Der Maler Conti, der auch von Orsina ein Bild gemalt hat, bietet dem Prinzen ein Gemälde von Emilia zum Kauf an, worauf dieser in Verzückung gerät und Conti reiche Belohnung verspricht. Als der Prinz wenig später von Marinelli, seinem Kammerherrn, erfährt, dass Emilia noch am selben Tag den edlen Grafen Appiani heiraten wird, will er nicht auf sie verzichten: Er schleicht sich während einer morgendlichen Messe zu ihr in der Kirche heran und flüstert ihr leidenschaftliche Liebesworte zu, wird aber abgewiesen. Gleichzeitig versucht der intrigante Marinelli, der mit Appiani verfeindet ist, dessen Liebesbund mit Emilia dadurch zu zerstören, dass er ihm den vermeintlich ehrenvollen diplomatischen Auftrag, als Gesandter ins Ausland zu gehen, überbringt, was Appianis sofortige Abreise nach Massa erforderlich machte. Dieser Versuch, die Heirat aufzuschieben, misslingt jedoch, weil Appiani ablehnt; überdies beleidigt er noch Marinelli, so dass dieser Genugtuung fordert. Zuvor hatte bereits Odoardo Galotti seiner Frau Claudia erklärt, darüber besorgt zu sein, dass der Prinz sich lobend über Emilia geäußert habe. Er ist kaum gegangen, „als Emilia verwirrt hereinstürzt und berichtet, der Prinz habe sie in der Kirche und später auf dem Markt mit seinen Anträgen belästigt. Die eitle und ein wenig dümmliche Mutter aber fühlt sich durch die Galanterie des Prinzen noch geschmeichelt. Appiani hat böse Vorahnungen, erfährt jedoch nichts von dem Vorgefallenen" (Berger 1975, a.a.O., S. 76), auch nicht, nachdem Marinelli ihm den Auftrag vergeblich überbracht hat.

Marinelli greift daraufhin zu gefährlicheren Mitteln und bereitet mit unausgesprochener Billigung des Prinzen einen heimtückischen Anschlag vor, was der Zuschauer dadurch erfährt, dass Angelo, der Vertraute Marinellis, mit Pirro, seinem ehemaligen Spießgesellen und dem jetzigen Diener bei den Galottis, einen eventuellen Überfall auf den Brautzug bespricht, der am Nachmittag die Brautleute auf die Güter Appianis bringen soll, wo die Trauung stattfinden wird. In der Tat lässt Marinelli den Hochzeitszug auf dem Weg zur Trauung durch seine maskierten Bediensteten überfallen, wobei Appiani im Kampf getötet wird. Emilia, dem Scheine nach vor den *Räubern* gerettet, wird auf das nahe prinzliche Lustschloss Dosalo gebracht, angeblich um sie zu schützen. Während der Prinz sie dort ungeduldig erwartet und hofft, dass der Überfall für die Tat von Wegelagerern gehalten wird, ist Emilia, die noch nichts von der Ermordung des Bräutigams weiß, beim Wiedersehen des Prinzen auf das Äußerste bestürzt. Ihre Mutter, die ebenfalls auf das Schloß *gerettet* wird und die ja von den ihrer Tochter gegenüber geäußerten Liebesworten des Prinzen in der Kirche weiß, durchschaut bald den wahren Zusammenhang und nennt Marinelli, dessen Name das letzte Wort des sterbenden Appiani war, einen Mörder.

Marinelli kritisiert den Prinzen, weil dieser durch sein Verhalten in der Kirche und auf dem Marktplatz den Verdacht der Urheberschaft des Überfalls auf sich gelenkt habe. Derweil teilt die vom Prinzen abgewiesene Gräfin Orsina, die sich ebenfalls in dem Lustschloss aufhält, wo sie vergeblich den Prinzen zu sprechen versucht, und die in ihrer Eifersucht auch – wie vorher schon Claudia – den verbrecherischen Anschlag längst durchschaut hat, ihre Befürchtungen dem verzweifelten Odoardo mit, der schließlich auch noch herbeigeeilt gekommen ist: Rücksichtslos verständigt sie ihn über Appianis Tod und die Gefahr, die seiner Tochter droht, und händigt dem Waffenlosen ihren eigenen Dolch aus, mit dem er Appiani und sie rächen und den Prinzen niederstechen soll. Odoardo nimmt zwar den Dolch an, führt die Tat jedoch nicht aus; stattdessen will er seine Tochter mit nach Hause nehmen, um sie seinem unbeugsamen bürgerlichen Ehrgefühl entsprechend in ein Kloster zu schicken. Marinelli und der Prinz versuchen ihn vergeblich von dieser Meinung abzubringen und verweigern ihm schließlich selbstherrlich die Mitnahme seiner Tochter unter dem Vorwand, dass Emilia im Hause des Kanzlers Grimaldi erst noch eine gerichtliche Untersuchung abwarten müsse, bis der Überfall vollständig aufgeklärt sei. Immerhin erreicht es Odoardo, seine Tochter allein sprechen zu dürfen, und er enthüllt ihr den ganzen Hergang des Überfalls mit dem Tod Appianis und die Absichten des Prinzen. In tiefster Not fürchtet sie weniger, dass man ihr Gewalt antun könne, als dass sie trotz aller Verabscheuung des Prinzen seiner Verführung erliegen könne, und so beschwört sie den Vater, ihr den Dolch zu überlassen, um sich zu töten: „Gewalt! Gewalt! wer kann der Gewalt nicht trotzen? Was Gewalt heißt, ist nichts; Verführung ist die wahre Gewalt. – Ich habe Blut, mein Vater; so jugendliches, so warmes Blut als eine. Auch meine Sinne sind Sinne. Ich stehe für nichts. Ich bin für nichts gut. Ich kenne das Haus der Grimaldi. Es ist das Haus der Freude. Eine Stunde da, unter den Augen meiner Mutter, – und es erhob sich so mancher Tumult in meiner Seele, den die strengsten Übungen der Religion kaum in Wochen besänftigen konnten! – Der Religion! [...] Geben Sie mir, mein Vater, geben Sie mir diesen Dolch." (S. 356f. dieser Ausgabe) Emilia versucht, sich selbst zu erstechen, was Odoardo verhindert. Erst, als Emilia ihrem Vater das Beispiel des römischen Virginius, der seine junge, unschuldige Tochter Virginia ersticht, weil er sie nur so vor den Nachstellungen des Decemvirn Appius Claudius bewahren kann (vgl. S. 269 dieser Ausgabe), vorhält, überwindet Odoardo sein Zögern und ersticht seine Tochter selbst, um sie vor weiterer Schande zu bewahren. Der entsetzte Prinz erkennt zwar seine Schuld, schiebt aber alle Verantwortung auf Marinelli, den er als Sündenbock aus Guastalla verbannt: „Geh, dich auf ewig zu verbergen! – Geh! sag' ich. – Gott! Gott! – Ist es zum Unglücke so mancher nicht genug, daß Fürsten Menschen sind; müssen sich auch noch Teufel in ihren Freund verstellen?" (S. 358 dieser Ausgabe)

Bereits der Inhalt von *Emilia Galotti* macht deutlich, dass Lessing schon mit diesem Drama diejenige Richtung verließ, die er noch mit *Miß Sara Sampson* verfolgt hat: Weg vom empfindsamen bürgerlichen Trauerspiel hin zu einem stark sozialpolitisch ausgerichteten Stück, das – bei aller Tragik, die an sich schon besteht, wenn ein Vater seine Tochter umbringt, weil ihm ihre Tugend mehr wert ist als ihr Leben – in der Literaturkritik überwiegend als Anklage gegen den fürstlichen Absolutismus und seine Ständegesellschaft interpretiert wird. *Emilia Galotti* gilt als eines der ersten politischen Dramen der neueren deutschen Literatur, das die folgende Generation der Stürmer und Dränger, vor allem auch den jungen Schiller und den jungen Goethe, in dessen *Werther* der Held vor seinem Selbstmord dieses Drama liest, nachhaltig beeinflusste.

Die besondere Bedeutung dieses Stückes liegt zu ganz großen Teilen darin, dass seine oben benannte sozialpolitische Ausrichtung ganz unterschiedlich begründet werden kann. So vermag *Emilia Galotti* – auch ohne dass auf die Machenschaften des Prinzen und seines Höflings ein Umsturz der ganzen Staatsverfassung folgte – sicherlich als Wendung gegen die feudalistische Machtanmaßung und Willkür interpretiert zu werden. Das entwicklungsgeschichtlich Neue läge dann in der Konstellation, dass die individualistische Gewissenlosigkeit auf die höfischen und die soziale Verantwortlichkeit auf die bürgerlichen Kreise projiziert würden, Bosheit und Redlichkeit wären nicht mehr ohne Unterschied auf höfische und bürgerliche Kreise verteilt – vielmehr wäre der moralische zum sozialen Gegensatz geworden. Dies implizierte aber auch, dass Odoardo rückhaltlos als vorbildhaft dargestellt wäre, „nämlich als exemplarische Verkörperung einer ohne Abstriche als positiv verstandenen Moral" (Guthke 1984, a.a.O., S. 73). Dass sich aber in Odoardo die sittliche Überlegenheit des Bürgertums wirklich manifestierte und dass namentlich in seinem Entschluss, statt den Fürsten seine Tochter zu töten, dem Bürgertum ein leuchtendes Denkmal seiner moralischen Integrität und sittlichen Kraft errichtet würde, darf mit Fug und Recht nicht nur aus heutiger Sicht bezweifelt werden. Genau gegenteilig kann Odoardos Verhalten nämlich auch gedeutet werden, als moralisches Versagen und als charakterliche Schwäche: „sei es, daß seine ins Absurde und Inhumane übertriebene Moralanschauung mehr in den Vordergrund gerückt wird oder seine im Grunde emotional-labile, kopflose Art, die seine Republikanertugend als Schein und Maske entlarvt." (Guthke 1984, a.a.O., S. 74) Odoardo also als Repräsentant des herkömmlichen Patriarchen, der seine Tochter Emilia in einem Zustand der unmündigen Weltferne hält und ihr keine Möglichkeit lässt, die Versuchungen zu bestehen, in die sie gerät? Dieser Ansicht folgend liefe die Tragödie hinaus auf eine Anklage der als Tugend missverstandenen bürgerlichen Passivität, womit Emilia kein Tugendideal mehr wäre, sondern die Inkarnation bürgerlicher Lethargie im absolutistischen Staat und womit das Bürgertum – wie später in Hebbels *Maria Magdalena* – selbst Gegenstand der Kritik wäre.

Eine weitere Möglichkeit, *Emilia Galotti* zu deuten, liegt schließlich in einer sich auf die Theodizeefrage konzentrierenden religiösen Auslegung, die das philosophische und theologische Bemühen beinhaltet, den Glauben an die Weisheit und Gerechtigkeit Gottes mit dem Vorhandensein des Übels in der Welt zu vereinigen: „Odoardo verweist in seinen Schlußworten auf den göttlichen Richter als letzte Instanz, der er sich unterwirft. [...] Besonders Benno von Wiese hat diese religiöse Dimension des Tragischen der ‚Emilia Galotti' [...] gesehen – zwar im Hinblick auf eine letztgültige Rechtfertigung Gottes, während neuere Deutungen dieser Richtung das Stück eher als Prozeß gegen einen versagenden Gott verstehen [...]." (Guthke 1984, a.a.O., S. 74f.) Die sozialpolitische Interpretation weiß mit solch religiösen Fragestellungen nichts anzufangen, doch bleibt auch das völlige Absehen von einer religiösen Perspektive fragwürdig – gerade angesichts der Andeutungen Odoardos in seinen an den Prinzen gerichteten Schlussworten: „Ich gehe und liefere mich selbst in das Gefängnis. Ich gehe und erwarte Sie als Richter. – Und dann dort – erwarte ich Sie vor dem Richter unser aller!" (S. 358 dieser Ausgabe) Entbehrt ein solcher Dramenschluss jeder politischen Konsequenz? Stellt er eine Vertröstung auf eine jenseitige Erlösung dar? Ist er als Kritik Lessings an einer unpolitischen Haltung des deutschen Bürgertums zu verstehen? Eine dichotomische Zuordnung der *Emilia* allein entweder zu der Gruppe der sozialkritischen Propagandastücke oder zu jener der Tragödien religiöser (Des-)Orientierung scheint jedenfalls unsinnig zu sein, und so ist dem bekannten Lessing-Forscher Guthke sicherlich Recht zu geben, wenn er abschließend wie folgt zitiert werden kann: „Man begegnete allerdings einem komplexen Stück wie der ‚Emilia Galotti' unangemessen, ja verfiele prinzipiell in die schematische Denkform der sozialpolitischen Deutung, wollte man hier im Sinne des Entweder-Oder entscheiden [...]. Das Tragische ist jedenfalls nicht schon im politischen Mißstand beschlossen; dieser ist eher Chiffre der gebrechlichen Welt, in der die Tragik ihren Ansatz, aber nicht ihre Vollendung findet." (Guthke 1984, a.a.O., S. 75)

## *Nathan der Weise*

Das letzte der in dieser Textausgabe abgedruckten Dramen Gotthold Ephraim Lessings ist mit *Nathan der Weise* ein so genanntes *dramatisches Gedicht*, das sich wie *Miß Sara Sampson*, *Minna von Barnhelm* und *Emilia Galotti* ebenfalls in fünf Aufzüge gliedert. Es spielt zur Zeit der Kreuzzüge im mittelalterlichen Jerusalem, in der Stadt der Weltreligionen, in der das Christentum, das Judentum und der Islam unmittelbar aufeinander treffen. Hier lebt der reiche Jude Nathan, dem die Christen sieben Söhne getötet haben, mit Recha, die christlicher Abstammung ist und die er an Kindes statt angenommen hat; mit Hilfe Dajas, einer Christin, die als Rechas Gesellschafterin fungiert, erzieht er sie in seinem Haus. – Als Nathan von einer Geschäftsreise heimkehrt, findet er Daja in heller Aufregung, und er erfährt, dass sein Haus gebrannt hat. Recha wäre darin umgekommen, wenn nicht ein junger Tempelritter, der gerade aus der Gefangenschaft des regierenden Sultans Saladin, eines Muselmanen, entlassen worden war, sie unter der Gefahr des eigenen Lebens aus den Flammen der Feuersbrunst gerettet hätte. Saladin hatte für den Tempelherrn, der einem christlichen Ritterorden angehört, in einem unerwarteten Gnadenakt das Todesurteil aufgehoben, weil dieser seinem vor langer Zeit verstorbenen Lieblingsbruder Assad sehr ähnlich sieht. Recha und Daja sehen in der Rettung ein Wunder, denn der Tempelherr war nach einem Gefecht in Gefangenschaft geraten und hätte auf des Sultans Befehl eigentlich in der üblichen Weise getötet werden sollen.

Um dem Tempelritter danken zu können, lädt Nathan ihn in sein Haus ein, doch der junge Mann lehnt zunächst ab, weil Nathan ein Jude ist; schon vorher hatte er den Dank der Frauen aus Nathans Haus schroff zurückgewiesen. Schließlich gelingt es dem erfahrenen, klug argumentierenden Nathan, der sich von der verächtlichen Haltung des Tempelherrn nicht abschrecken lässt, doch, „was Recha und Daja bisher mißlungen ist: den widerspenstigen Tempelherrn in ein vorurteilsfreies Gespräch zu ziehen und ihn, als Dank für die mutige Tat, zu einem Besuch bei Recha zu bewegen" (Jens 1996, a.a.O., S. 327). So findet Nathan in dem Tempelherrn endlich einen Mann, dem es genügt, Mensch zu sein, bevor er Jude oder Christ ist, und beide schließen Freundschaft.

Mit der oben skizzierten Handlung verbindet sich eine andere: Der freigebige Sultan, dessen Hofhaltung bereits von seiner edlen Schwester Sittah bezahlt werden muss, ist in so großer Geldnot, dass er den reichen Nathan zu sich kommen lässt, um Geld von ihm zu leihen. Saladin will neben Nathans viel gepriesener Freigebigkeit auch dessen Vernunft prüfen und stellt die heikle und verfängliche Frage nach der wahren Religion. Nathan nimmt die Gelegenheit wahr, die Kraft aufklärerischer Weisheit zu demonstrieren, und antwortet mit der berühmten, so genannten Ringparabel, die als Erzählung im *Decamerone* des Boccaccio überliefert ist:
Im Altertum lebte einst ein reicher König, der unter anderen Kostbarkeiten einen Ring besaß, der die Eigenschaft hatte, seinen Träger „vor Gott [u]nd Menschen angenehm zu machen" (S. 467 dieser Ausgabe), und den der König wegen seines Wertes und seiner Schönheit auf immer für seine Nachkommenschaft erhalten wissen wollte; darum befahl er, dass derjenige unter seinen Söhnen, welchem er diesen Ring hinterlasse, als sein Erbe und als Haupt der Familie angesehen werde. Nach diesem Brauch wurde der Ring von Vater und Sohn auf viele Geschlechter vererbt, bis ihn ein Herrscher bekam, der drei gleich liebenswerte und tugendhafte Söhne hatte. Den Jünglingen war der Brauch bekannt, und jeder wünschte, der Glückliche zu sein. Ein jeder von ihnen bat deshalb den schon hochbetagten Vater, ihn vor seinem Tode mit dem Ring zu beschenken. Der Vater, der keine Wahl zu treffen wusste, ersann einen Weg, alle drei zufrieden zu stellen: Er ließ bei einem geschickten Künstler heimlich zwei weitere Ringe anfertigen, die dem ersten so völlig ähnlich sahen, dass niemand den echten von den unechten unterscheiden konnte. Auf seinem Sterbebett gab er jedem seiner Söhne insgeheim einen von den drei Ringen. Nach dem Tode des Vaters wollte nun jeder der Söhne der alleinige Erbe sein, und um den Vorrang vor seinen Brüdern zu behaupten, zog jeder, dem hergebrachten Brauch gemäß, seinen Ring hervor. Da war aber ein Ring dem anderen so

ähnlich, dass es nicht möglich war, den echten zu erkennen: Die Frage, wer der rechtmäßige Erbe des Vaters sei, blieb unentschieden, bis ein kluger Richter den Streit so schlichtete, dass er einzig das praktische Handeln zum Maßstab für die Echtheit des Rings erhob: „Es eifre jeder seiner unbestochnen, / Von Vorurteilen freien Liebe nach! / Es strebe von euch jeder um die Wette, / Die Kraft des Steins in seinem Ring an Tag / Zu legen! komme dieser Kraft mit Sanftmut, / Mit herzlicher Verträglichkeit, mit Wohltun, / Mit innigster Ergebenheit in Gott / Zu Hülf'!" (S. 471 dieser Ausgabe) Und eben dieses gelte von den drei Religionen: Ein jeder möge seinen Glauben für den wahren halten, aber solange kein Weiserer den Streit entscheide, mache den Wert des Glaubens allein das Fühlen, Denken und Handeln seines Trägers aus. (Zusammenfassung der Ringparabel adaptiert nach Berger 1975, a.a.O., S. 78)

Der Sultan zeigt sich von Nathans Weisheit beeindruckt, versteht, dass es müßig ist, den Absolutheitsanspruch irgendeiner der Religionen in theoretischer Argumentation zu begründen, ohne den Glauben durch praktische Humanität auszuweisen, und bittet den Juden, der ihm von sich aus Geld anbietet, um seine Freundschaft. Währenddessen hat sich der Tempelherr in die junge Recha leidenschaftlich verliebt und begehrt sie zur Frau, wovon Nathan nichts wissen will, weil er in dem jungen Mann einen nahen Verwandten Rechas vermutet. Voller Zorn trägt daraufhin der Tempelherr, dem Daja die christliche Abkunft Rechas verraten hat, den Fall, dass ein Jude eine getaufte Christin ihrem Glauben entrissen habe, dem Patriarchen von Jerusalem vor und erkundigt sich – ohne jedoch einen Namen zu nennen – nach dem Strafmaß für eine solche Tat. Der Patriarch, ein korrumpierter Vertreter der Christenheit, antwortet, dass darauf der Feuertod stehe, und weil er den Juden in eine Intrige verstricken will, schickt er mit einem Klosterbruder einen Spion aus. Zufällig ist dieser kein anderer als jener ehemalige Reitknecht, der Nathan vor achtzehn Jahren im

Auftrag seines Herrn das wenige Wochen alte, elternlose Mädchen Recha übergeben hatte. Gerührt erkennen sich beide wieder, und der Klosterschüler überreicht Nathan zudem ein kleines arabisches Büchlein, das er dem toten Vater des Mädchens abgenommen hatte und aus dem hervorgeht, dass Recha und der Tempelherr Geschwister sind. „Beider Vater aber ist niemand anders als Assad, der verschollene Bruder Sultan Saladins. So erweisen sich die als Jüdin aufgezogene Recha, der christliche Tempelherr und der Muselman Saladin als Glieder einer einzigen Familie, ein Symbol für die drei verwandten, an einen einzigen Gott glaubenden großen Weltreligionen." (Felix Emmel, *rororo-Schauspielführer*, Reinbek 1968, S. 128) Nathan als Stifter dieses Glückes, der indessen an der leiblichen Verwandtschaft nicht teilhat, wird von Recha und dem Tempelherrn als Vater im Sinne höherer Geistes- und Seelenverwandtschaft anerkannt und in den Bund der Menschlichkeit, der nun Jude, Christ und Muselman vereinigt, aufgenommen.

Wie schon an anderer Stelle angesprochen, bezeichnete Lessing seinen *Nathan* als ein *dramatisches Gedicht*, so dass er sich auf diese Weise den für das Lustspiel und für die Tragödie geltenden Festsetzungen von vornherein entziehen konnte. In der Tat enthält Lessings Drama zwar komische und tragische Bauelemente, doch versteht es sich weder als Komödie noch als Tragödie, was allein daraus erhellt, dass es trotz einer nicht unwirksamen Handlung im Grunde nicht auf das Ende hin konstruiert ist; „[d]as Entscheidende, eine moral- und geschichtsphilosophische Botschaft, steht als märchenhafte Erzählung in der Mitte" (Killy 1990, a.a.O., S. 246; Abkürzungen wurden ausgeschrieben). In formaler Hinsicht betrat Lessing zudem Neuland mit der für ihn völlig ungewöhnlichen, aber meisterhaft praktizierten Verwendung des Blankverses, die den fünfhebigen jambischen Vers ohne Reimbindung zum gebräuchlichsten des klassischen deutschen Dramas machte.

Doch auch inhaltlich wollte der Aufklärer Neuland betreten, dieses umso mehr, nachdem man ihm seine Streitschriften gegen den orthodoxen Hauptpastor Goeze verboten hatte. Die von ihm herausgegebenen *Wolfenbütteler Fragmente* mit ihren umfangreichen Partien aus einem sehr undogmatischen und religionskritischen Werk von Samuel Reimarus hatten ihn ja in eine so scharfe Auseinandersetzung mit der zeitgenössischen Orthodoxie verwickelt, dass ihm ein Kabinettsbefehl die Veröffentlichung weiterer Teile des Reimarus-Nachlasses untersagt hatte (vgl. S. 609 dieser Ausgabe), und so nutzte Lessing endlich die Plattform des Theaters, um von dort das Evangelium eines toleranten Humanismus, dem die deutsche Klassik gläubig folgte, zu verkünden: „Dieser Humanismus erlöste die Klassik ein für allemal von den unduldsamen Fanatismen der orthodoxen Religionen. Von solchen Fesseln befreit, bekannte sie sich mit Lessing zu einer ‚von Vorurteilen freien Liebe' als humanistischem Maßstab. Dieses Ideal, das im *Nathan* seine Ausprägung fand, hat nicht nur Goethes Leben und Werk mitbestimmt, sondern sich auch zu Schiller-Beethovens ‚Seid umschlungen, Millionen' gesteigert. Die wesentliche Bedeutung des *Nathan* ist die eines humanistischen Manifestes, dessen Kernstück die Parabel von den drei Ringen bildet […]." (Emmel 1968, a.a.O., S. 128f.) Dass das Stück inhaltlich auch wesentlich weitgefasster interpretiert werden kann, zeigen die vielen anderen Inhalte, die ihm in der Forschungsliteratur attestiert werden: Sie reichen von der *historischen Offenbarung als Erziehungsplan* über den *Vorsehungsoptimismus im Sinne Leibniz'* und den *Glauben an die Notwendigkeit individueller Wahrheitssuche* bis hin zur *Verpflichtung auf allgemeinmenschliche Solidarität* und natürlich zum *Gebot der Toleranz*, womit im *Nathan* im Grunde noch einmal alle Axiome des Lessing'schen aufklärerischen Weltbildes zusammengefasst würden. Für die enorme poetische Vielschichtigkeit des *Nathan* spricht schließlich auch, dass nicht erst im Verlauf der über zweihundertjährigen Rezeptionsgeschichte die große oben skizzierte Interpretationsbreite erzielt wurde, sondern dass schon Lessings Zeitgenossen – abgesehen davon, dass von fast allen die antiheroische, pazifistische Tendenz als substanziell erkannt wurde – ein recht unterschiedliches Verständnis von seinem Drama hatten. Während beispielsweise für Goethe eine heitere Naivität das vordringlichste Merkmal des Stückes war, sah Friedrich von Schlegel im *Nathan* „ein ‚dramatisiertes Elementarbuch des höheren Zynismus' […], wobei er mit Zynismus eine Haltung im Sinn hat[te], die herkömmliche Wertordnungen aufs empfindlichste erschüttert, moralische und gesellschaftliche Autoritäten in Zweifel zieht, heldenhafte Posen und pathetische Formeln als Lügen demontiert" (Thomas Koebner, „‚Nathan der Weise'. Ein polemisches Stück?", in: *Reclam-Interpretationen: Lessings Dramen*, Stuttgart 1987, S. 138–207, hier S. 139f.).

Wie bereits in der *Einleitung* Witkowskis zu Lessings *Nathan* auf Seite 374 dieser Ausgabe erwähnt wird, kam eine Aufführung des Stückes zu den Lebzeiten des Autors nicht zustande, erst 1801 fand es auf der Bühne in der gekürzten Bearbeitung Friedrich Schillers gedämpften Beifall. Obwohl das Stück dann im 19. Jahrhundert zum Teil zur Schullektüre des liberalen Bildungsbürgertums aufstieg, galt es – wie der Toleranzgedanke Lessings insgesamt – auch als Anschlag auf das Christentum und zog bereits relativ früh antisemitische Ausfälle auf sich. Im Dritten Reich wurde das Alterswerk Lessings wegen der Zugehörigkeit Nathans zum Judentum, wegen seiner Friedensbereitschaft und wegen der Versöhnung demonstrierenden Handlung des Werkes totgeschwiegen und vom Spielplan verbannt. Demgegenüber wurde aus der Sicht des intellektuellen Exils in der Zeit von 1933 bis 1945, der Anti-Nazi-Germanistik im Ausland und zionistischer Autoren „mit Blick auf das Hitler-Reich wieder Friedrich Theodor Vischers Frage aufgeworfen, ob Lessing die ‚Härte der Gegensätze' angemessen berücksichtigt oder sie vielleicht allzu sehr heruntergespielt und eingeebnet habe. Eine Kontroverse zwischen Harold Lenz und Meno Spann über die Realitätstüchtigkeit von Nathans ‚Weisheit' in der Zeitschrift *German Quarterly* 1941 war dafür bezeichnend." (Koebner 1987, a.a.O., S. 141)

Nach dem Zweiten Weltkrieg waren es gleich mehrere deutsche Bühnen, die ihren Betrieb mit einer Aufführung dieses Stückes, das u.a. als *zeitgemäß supranationales Wiedergutmachungsstück* bezeichnet wurde, wieder eröffneten und damit ein Zeichen setzen wollten. In den 50er-Jahren erlebte das Stück auf den deutschsprachigen Bühnen eine regelrechte Renaissance, wobei besonders das Edelmütige und Verzeihende der jüdischen Figur sowie ihre geistreich-menschenkluge Weisheit und Herzenswärme herausgestellt wurden, die zum Beispiel besonders gut Gestalt gewonnen hatten in der Verkörperung Nathans durch den während der Naziherrschaft emigrierten Schauspieler Ernst Deutsch.

Vor mehr als zehn Jahren begann man aber dann, den polemischen Charakter des Dramas wieder auf der Bühne zu verdeutlichen, Nathans Ängste und seine verborgene Agressivität wurden herausgespielt. „Seine ‚Weisheit' wird dabei verstehbar als ein Versuch, die Wunden vernarben zu lassen und angesichts des Schreckens nicht völlig kopf- und herzlos zu werden. Diese ‚Weisheit' ist dem Juden Nathan nicht zugewachsen und nicht habituell, sie ist als kalkulierte und äußerst gefährdete Überlebensstrategie zu verstehen. Theaterinszenierungen, die das herausarbeiten, zeigen das Familientableau der Schlußszene dementsprechend ‚rissig': daß Saladin und Sittah dem Juden die Tochter entreißen, wird betont; Nathans Abseitsstehen wird gezeigt; oder es wird der ganze Dramenschluß als märchenhaft-unwirklich bloßgestellt. *Dieser* Nathan, zu dessen Identität das Pogrom in Gath und damit die ganze jüdische Geschichte gehört, verbirgt sich immer wieder (wie in der Leipziger Inszenierung von 1992) in seinem Tallit, im Gebetsmantel, um die Schläge auszuhalten und sich inmitten des Kriegs und der Bedrohung neu besinnen zu können." (Kröger 1995, a.a.O., S. 61f.)

## Vers- und Prosafabeln

Außerhalb des Theaters war Lessings *dichterisches* Interesse durchaus begrenzt; während seine Lyrik daher auch mehr eine Jugendepisode blieb, die sich nur bedingt in das spätere Aufklärungsprogramm einfügte, bemühte er sich auf dem Gebiet der Fabeln und Epigramme als Textsorten der verkleideten Moral und des kritischen Witzes immerhin in sowohl theoretischer als auch praktischer Hinsicht. Dabei gelang Lessing namentlich mit den Fabeln und seinen darüber verfassten Abhandlungen Bedeutendes und Eigenes: „Anders als seine erfolgreichen Vorgänger La Fontaine und Gellert, die aus der Gattung ein moralisierendes Unterhaltungsgenre gemacht hatten, besann er sich auf das Aesopische Urbild im Sinne einer strengen Denkschule zurück. Danach hatte die Fabel kurz, konkret, emotions- und kommentarlos auf den Punkt hin konstruiert zu sein, moralische Wahrheit in der Form reiner Anschaulichkeit, wofür seine eigene Fabelproduktion meisterhafte Beispiele bietet." (Killy 1990, a.a.O., S. 246; Abkürzungen wurden ausgeschrieben) Der Begriff der *Äsopischen Fabel* weist im Übrigen auf den Helden einer griechischen volkstümlichen Erzählung aus dem sechsten vorchristlichen Jahrhundert zurück, die in den *Äsoproman* eingegangen ist: Der in Phrygien, einem antiken Reich in Nordwestkleinasien, lebende Sklave Äsop behauptete sich mit seinem Mutterwitz vor Gelehrten und Mächtigen und erzählte dabei Fabeln.

Für den aufklärerisch ambitionierten Lessing war wichtig, dass in der frühen Aufklärungszeit Literatur vor allem nach ihrem nutzbringenden und didaktischen Wert eingeschätzt wurde. Dies hatte für die Fabeldichtung eine regelrechte Renaissance zur Folge, Wolfgang Kröger spricht in seiner Lessing-Biographie gar davon, dass zwischen 1740 und 1780 die Fabel zur Modegattung in der deutschsprachigen Literatur geworden ist; „Lessings intensive Beschäftigung mit der Fabel, sowohl was die eigenen praktischen Versuche als auch was die Fabeltheorie angeht, hat wohl mit dieser ‚Marktsituation' zu tun: Der junge Autor Lessing wollte vermutlich am Publikumserfolg der zahlreichen Fabelsammlungen partizipieren." (Kröger 1995, a.a.O., S. 73) Schon während seiner Studentenzeit in Leipzig von 1746 bis 1748 (vgl. S. 600 dieser Ausgabe) hatte Lessing begonnen, sich mit der Fabel auseinander zu setzen und Versfabeln zu publizieren. Seit 1747 veröffentlichte er sie in Zeitungen und Zeitschriften wie den *Ermunterungen zum Vergnügen des Gemüths*, der *Berlinischen privilegierten Staats- und gelehrten Zeitung* sowie dem *Neuesten aus dem Reiche des Witzes* und stellte sie 1753 im ersten Band von seinen *Schriften* unter dem Titel *Fabeln und Erzählungen* zusammen. Nachdem er 1757 eingehend den Äsop studiert hatte, entstand danach eine Reihe weiterer Prosafabeln, die sich in der 1759 erschienenen Separatausgabe *Gotthold Ephraim Lessings Fabeln. Drei Bücher. Nebst Abhandlungen mit dieser Dichtungsart verwandten Inhalts* niederschlugen (Näheres hierzu auf S. 108 und S. 561f. dieser Ausgabe).

Inhaltlich sind die Fabeln Lessings ausgesprochen mannigfach: Sie reichen von einer literarischen Kritik an den Dichtern des ‚Weltschmerzes' und den Klopstock-Nachahmern (so etwa in *Der Hirsch* [S. 148 dieser Ausgabe], *Der Strauß* [S. 142] oder *Der Sperling und der Strauß* [S. 120]) über die Entlarvung der Stellenjäger im Bereich der Wissenschaft (*Der Adler und der Fuchs* [S. 148]) und den archaischen Tiefsinn des *Tiresias* (S. 136f.), der erst zum Friedensstifter werden kann, wenn er die Liebe aus der Sicht des Weibes erkannt hat, bis hin zu einer noch heute aktuellen Sozialkritik (*Der Esel mit dem Löwen* [S. 128]), Heinz Rölleke spricht angesichts dieser Themenpalette von einem „vielgestaltige[n] Ideenstrom" (Heinz Rölleke [Hrsg.], *Gotthold Ephraim*

*Lessing: Fabeln/Abhandlungen über die Fabel*, Stuttgart 1992, S. 163). Gerade dem letztgenannten Thema merkt man dabei an, dass die Fabeln Lessings zu großen Teilen in der Zeit des Siebenjährigen Krieges veröffentlicht worden sind, in der von ihm soziale oder politische Missstände angeklagt werden. So entlarvt beispielsweise die frühe Versfabel *Der Tanzbär* (S. 564) schonungslos den Opportunismus der Höflingstypen, und die Fabel von der *Wasserschlange* (S. 130) deckt schließlich die Brutalität einer absolut-königlichen Gewalt auf, wiewohl sie in Bezug auf die Untertanen (in der Fabel die Frösche) nicht eindeutig und bestimmt interpretiert werden kann: „Werden die Frösche wegen ihrer Dummheit, einen solchen aktiven König gewollt zu haben, gescholten? Werden sie als aufmüpfig gezeigt, indem sie den König anklagen? Ist der besonders mutige, Widerstand offen formulierende Frosch tatsächlich mutig und vorbildlich oder dummdreist und warnendes Beispiel? Die Prägnanz der Lessingschen Fassung, seine Verkürzungen gegenüber den themenähnlichen Äsop- und Phädrus-Fabeln öffnen also die Fabel zum Leser hin und dienen dem Zweck der anschauenden Erkenntnis ebenso wie der Erziehung von ‚selbstdenkenden Köpfen' […]." (Kröger 1995, a.a.O., S. 76) In eben dieser Prägnanz und Kürze der Fabeln Lessings, die sie offen für verschiedene Interpretationen machen, sowie in ihrer oft zusätzlich vorhandenen inhaltlichen Aktualität liegt auch heute ihr besonderer didaktischer Wert. Und wenn an anderer Stelle dieses Nachworts ausgeführt wurde, dass Lessings Dramen selbst auf den Bühnen der Gegenwart ihren festen Platz behauptet haben, so sind es seine Fabeln, die ihren selbstverständlichen Platz im Deutsch- und Literaturunterricht der Gegenwart besitzen. Allein der überschaubare Umfang, was natürlich auch für andere epische Kurzformen wie Märchen oder Sagen gilt, macht Lessings und viele andere Fabeln zu einem prädestinierten Unterrichtsgegenstand, was sich besonders daran erkennen lässt, dass die Fabel gerade in der jüngsten Zeit „als originäre literaturdidaktische Herausforderung" (Günter Lange [Hrsg.], *Taschenbuch des Deutschunterrichts*, Band 2, Baltmannsweiler $^{6}$1998, S. 554) wiederentdeckt worden ist.

5,–

208